モンゴル時代の出版文化

Noriko Miya 宮 紀子 著

名古屋大学出版会

3　李嵩　市担嬰戯

4　蘇漢臣　貨郎図 1

5　貨郎図 1（部分）

6　蘇漢臣　貨郎図 2

7　王振鵬　聖蹟図

8　純陽帝君神游顕化図（山西永楽宮純陽殿壁画　1358 年）（『中国殿堂壁画全集 3　元代道観』山西人民出版社　1997 年）

9　モンゴル時代の私塾（拡大図）

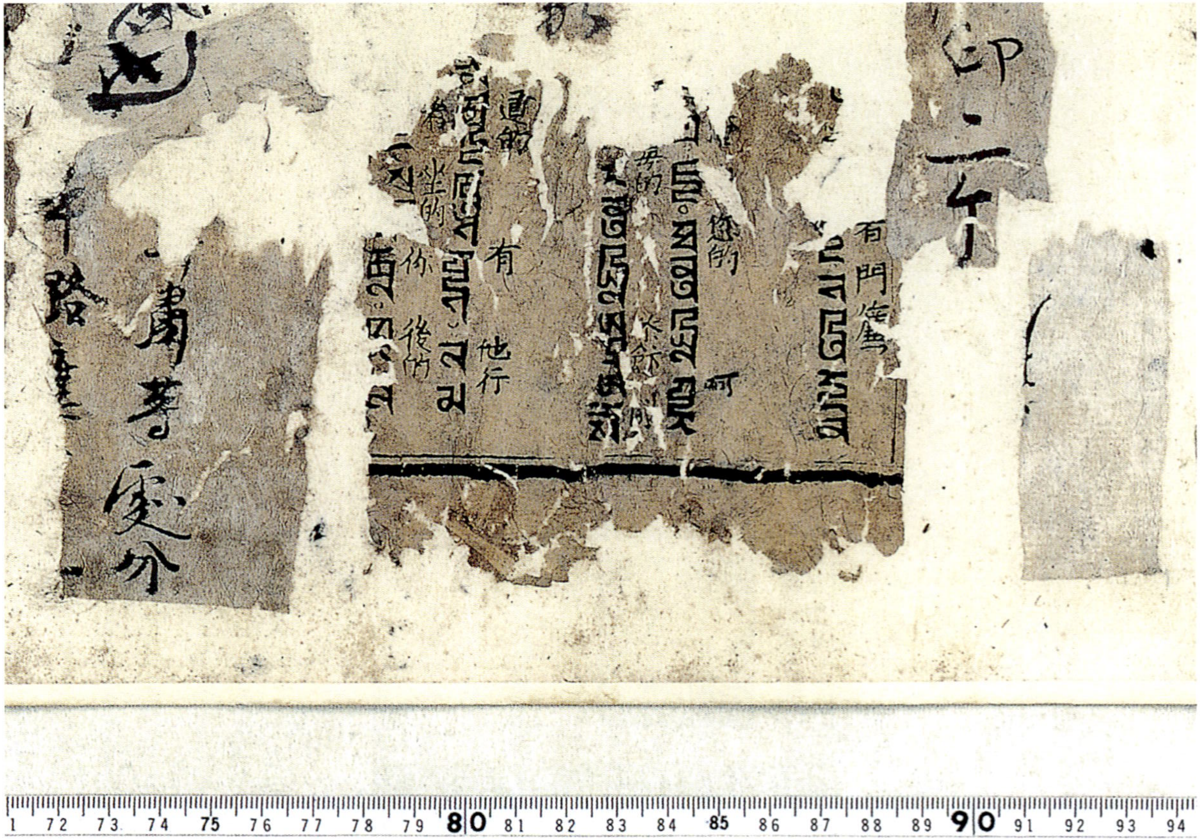

10　甘粛で発見された元刊本の断片（天理大学付属図書館蔵）。パクパ字モンゴル語と口語漢語による直訳。

11　如来大宝法王建普度大斎長巻画（『宝蔵：中国西蔵歴史文物 3』朝華出版社　2000 年）。右から漢文，ペルシア語，百夷語，ティベット語，モンゴル語。舞台は，現在の中国江蘇省南京市の霊谷寺。

12　広輪疆理図（米国国会図書館蔵　彩色は筆者）

13　広輪疆理図（重要美術品『水東日記』　大倉集古館蔵）

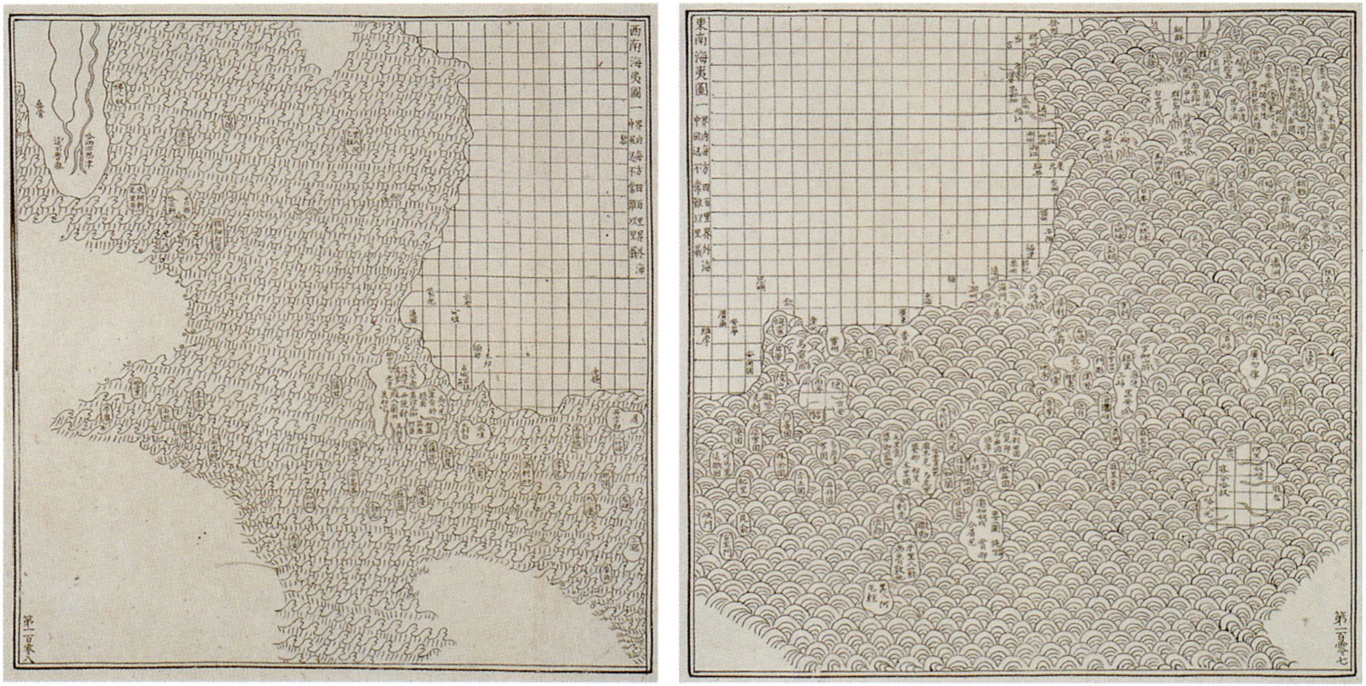

14　東南海夷図・西南海夷図（国立公文書館蔵）

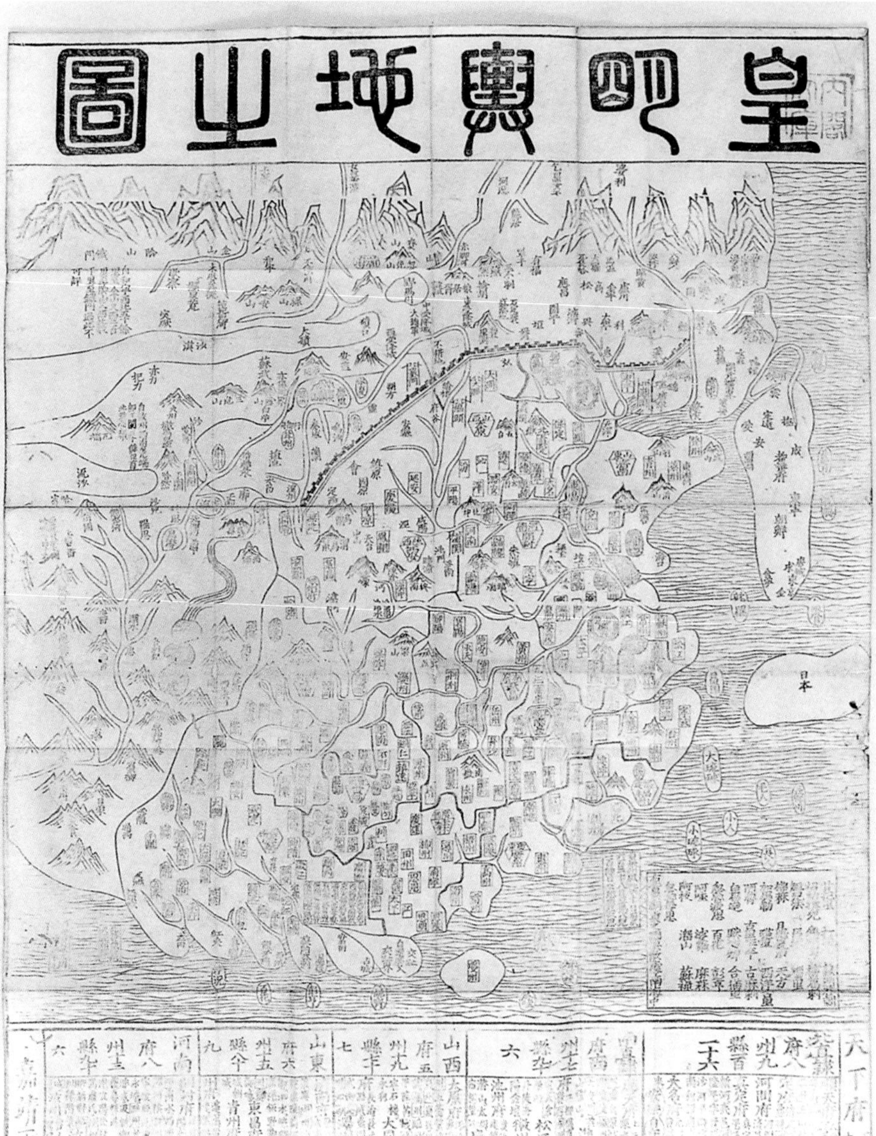

15　皇明輿地之図（国立公文書館蔵）

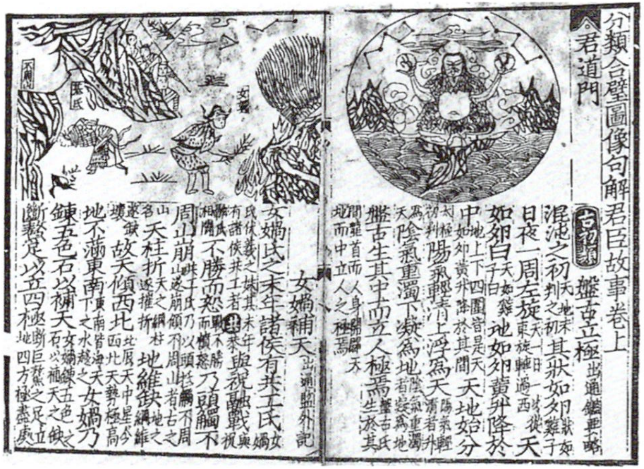

分類合璧圖像句解君臣故事巻上

君道門

盤古立極

混沌之初其狀如卵日夜一周左旋天如卵白地如卵黄升降於中天地始分陽氣輕上浮為天陰氣重濁下凝為地盤古生其中而立人極焉

女媧補天

女媧氏之末年諸侯有共工氏與祝融戰不勝而怒乃頭觸不周山崩天柱折地維缺故天傾西北地不滿東南女媧乃錬五色石以補天斷鼇足以立四極

16　全相本『君臣故事』（前田尊経閣蔵五山版）

17　蕭何追韓信図梅瓶（南京博物院蔵）

18　磁州窑　唐僧取経図枕（広東省博物館蔵）

モンゴル時代の出版文化

目　　次

第 III 部　地図からみたモンゴル時代

序　章

「貨郎図」が語るもの

ここに「貨郎図」と題する一幅の絵がある［口絵1］。貨郎とは，雑貨を売り歩く行商人，小間物売りのこと。きらびやかな首飾りを掛けた幼い子供が，父親らしき若く眉目秀麗な男性に抱きかかえられながら，歓声をあげている。後ろに控え，慈愛の眼差しで子供を見守っている豪華な髪飾り，耳輪，首飾りを纏った婦人が，母親だろう。子供の目にとまったのは，吹き流しのついた灯籠だろうか。それとも，芭蕉扇を担いだ小さな人形だろうか。お面や，楽器，風鈴，色とりどりの装身具，双六や将棋の駒，玩具の槍，弓矢，旗，子供の喜びそうな品々がぎっしりふたつの籠につめこまれている。描かれる品々，および売り手と買い手の服装は，当時の風俗を知る上でまたとない資料である。しかも，この「貨郎図」は，現在上海人民美術出版社の所蔵にかかることに象徴されるように，中国出版史上，重要な意味をもっている。画面左下に，書画の巻物および掛け軸，筆や硯，算盤，定規といった文房具にまじって，『春秋』，『孟子』，『尚書』，『千字文』，『礼記』，『論語』，『毛詩』，『資治通鑑』の冊子本が見えるからである［口絵2］。こうした光景は，いつ頃から見られるようになったのだろうか。

この絵の作者は，大元ウルス[1]朝廷のお抱え画家として有名な王振鵬（字（あざな）は朋梅）だと言い伝えられている。王振鵬の伝については，虞集の撰になる「王知州墓誌銘」が詳しい[2]。それによれば，仁宗アユルバルワダは無類の絵画好きで，皇太弟時代，すなわち至大年間（1308-1311），すでに温州永嘉出身の王振鵬を招聘していた[3]。皇慶元年（1312）に王振鵬が献上した「大明宮図」は世の絶讃を浴びた。アユルバルワダのサロンには，趙孟頫や元明善といった多芸多才の錚々たる文人たちも集っていた。延祐元年（1314）三月には秘書監の典簿（従七品）に昇進[4]，宮廷所蔵の古代の名画を自由に閲覧，さらに研鑽を積めるようにとりはからわれた。孤雲処士の号もアユルバルワダ自らが賜った。それほど寵愛された画家であった。至治二年（1322）正月の時点で稟給令[5]，そのごも順調にキャリアをかさね，ついには金符を帯びることを許され，千戸長（五品）として江陰常熟の間の海運を総べるようになる。また，アユルバルワダだけでなく，母の皇太后ダギや，姉の魯国大長公主サンガラギも王振鵬の絵をこよなく愛し，幾度となく己の欲する絵を描かせた[6]。甥でサンガラギの娘婿でもある文宗トク・テムルも彼に“御前高士”の号を賜わったという。現存の作品と併せて考えるならば，至大・皇慶・延祐・至治年間（1308-1323）が王振鵬の全盛期である[7]。

なお，この「貨郎図」とまったく同じ構図だが，横長で縦幅が寸詰りの感がある王振鵬「乾坤一担図」[8]には，至大三年秋八月の落款があり，これを信じるならば，ちょうど皇太弟アユルバルワダに招聘されたころの作品ということになる。

ただ，「貨郎図」の構図そのものは，南宋の蘇漢臣の「貨郎図」にもとづくという[9]。とすると，貨郎による書籍の販売は宋代に溯る可能性もある。現存の「貨郎図」で，もっとも古いものは，アメリカのフリーア・ギャラリーが所有する，北宋の李公麟（字は伯時。1049-1106）が描いたと伝えられる「売貨郎図」である。そこに描かれる親子は，季節が夏ということもあるのだろうが，かなり簡素な身なりである。売られている品目は，王振鵬のそれとさほどかわらないが，値のはりそうな細工ではない。書籍も見えない。同じ北宋の張択端の「売貨郎図」（東京国立博物館蔵）でも書籍は，ない。李嵩（1166-1243）は，庶民を相手にした「貨郎」のありさまを何幅もえがいたが，そのひとつ「市担嬰戯」（台湾故宮博物院蔵）を見れば，実用品ばかりである［口絵 3］。そして，王振鵬が直接もとづいたという蘇漢臣の「貨郎図」だが，管見の限り，三点が台湾故宮博物院に伝来する［口絵 4〜6］。いずれも，蒔絵細工の，宝石を塡め込んだ華美な荷車を引き，所狭しと積み込まれた品々も，螺鈿の小箱や真珠の首飾りをはじめ贅をこらした細工であることがうかがえる。戯れる子供達の身なりも，まさに“良家のお坊ちゃん”である。屋敷の庭を舞台とすることからすれば，特別に仕立てられた「貨郎」かもしれない。王振鵬は，たしかに，設定そのものは蘇漢臣を下敷きにしたのだろう。しかし，蘇漢臣はどの作品においても書籍を商品として描かなかった。とすれば，やはり王振鵬の時代に至ってはじめてこうした状況が貴族，富裕な文人階級に普通のこととなり，あえて書き加えられたということになるだろう[10]。

年代を探るためのもうひとつの手掛かりは，ここに見える書籍の顔触れである。じつは，出版文化が栄えたとしてじゅうらい喧伝されてきた南宋時代において，『史記』にはじまる歴代の正史や『資治通鑑』を個人で入手，購入することはひじょうに困難であった。基本中の基本ともいうべき十三経ですら，政府は，石経から拓本を取るよう推奨していたのである。南宋末期の文人自体が，『通鑑節要』や『宋史全文続資治通鑑』といったダイジェスト本を集めるのに相当苦労した，と伝える。華北においても，金末の戦乱で多くの貴重な書籍が失われ，『六経』の版本も入手が困難となり，みな筆写して学んでいた。そうした状況に対処するために，南宋を接収した大元ウルスが官費で『資治通鑑』，歴代正史を再び刊刻したのが，それぞれ至元二七年（1290），大徳十年（1306）頃。その間の元貞元年（1295）頃には，江南行台の管轄下の福建や建康（のちの集慶，今の南京）で，少なくとも各学校に四書九経，『通鑑』を各一部購入してきちんと装丁し，学生の閲覧に供することが可能となりつつあり，また最低限のこととして推奨されるようになった[11]。孟子の故郷，山東は鄒県の中庸精舎でも，延祐元年（1313）には，この地の出身で尚書省の照磨の姜元なる人物が，貧しき学問の徒のために，中統鈔数千緡をはたいて大字本の『九経正義』，『通鑑』全巻を購入，寄付できる状況になっていた[12]。

そして，翌延祐二年の科挙再開によって，官民共同の出版活動に火がつき，爆発的な展開を見せる。モンゴル時代のある文書によれば，まさにこの延祐年間に紙の生産量が飛躍的に増えるのである[13]。

ひるがえって，王振鵬には，最近紹介されたように，真贋は定かでないが，大元ウルス治下で刊行された口語体の物語，『大唐三蔵取経詩話』，『西遊記平話』と呼応する『唐僧取経図冊』がある[14]。

さらに，サンガラギやダギに命ぜられて描いた儒教色の強い『女孝経図』[15]や『聖母賢妃図』のほか，孔子の一生を描いた『聖蹟図』十帖[16] もある［口絵7]。この『聖蹟図』自体は，同時期に翰林院の学士であった袁桷が購入しているが，それとは別に，サンガラギの依頼で描いたものもあった可能性は否定できない。孔子廟の総本山曲阜は，サンガラギがカアンから与えられた分封地（化粧料として与えられた領土）だったからである。こんにち曲阜の碑に刻される『聖蹟図』は，この王振鵬の構図をもとにする。また，碑刻だけでなく，絵巻や冊子本のかたちで，明清時代はもとより李氏朝鮮，日本にも伝来し，刊行されつづけた。まさに，ヴィジュアルな形でうかがえる「国と時代を越えた儒教文化の享有」の一例といえる。

ならば，王振鵬の生きたこのモンゴル時代がいかなる時代だったか，朝廷の文化を中心に探ってみようではないか。「貨郎図」になぜ書籍が書き込まれたか，その背景を考えてみようではないか。王振鵬の絵を通じてほのかに見える儒教と平話すなわち口語の語彙を以て書かれた物語，このいっけん雅俗相反するかに見える両者の接点をもう少し突き詰めてみようではないか。

元刊本の過小評価

こんにちまで，モンゴル＝破壊者としてのイメージからだろうか，あるいは『元史』の編纂時に「芸文志」が作られなかったせいだろうか，大元時代の出版業は，質量ともに貧困なものとして過小評価されてきた。宋刊本よりも元刊本のほうが多く現存しているにもかかわらず，大元時代に出版業が衰退し明の嘉靖年間まで宋代の隆盛は取り戻せない，というストーリーがもっともらしく語られる。だが，じゅうらい宋刊本と看做されていたテキスト自体，実見してみると元刊本だったということも少なくない（出版年，出版者を示す刊記，牌記がついていないテキストは，版式，字体などにかかわらず，とにかく南宋本と鑑定されがちであった）。国内外の主だった所蔵機関が次々に公刊している目録から抽出される元刊本の数だけでも，通説がいかに根拠のないものかわかるが，日本各地の寺社や私人の所蔵に係る元刊本は，まだごく一部しか把握されていないのである。中東や欧米まで考えると全体量の見つもりさえついていない。しかも，元刊本を忠実に覆刻，重刊した五山版（および古活字版，和刻本），高麗・朝鮮版，明清時代の刊本，鈔本は，まったく計算に入れられてこなかった

(清代に『元史芸文志』の編纂を試みた学者たちは，五山版，朝鮮版を見るすべをもたなかった。ところが，この五山版，朝鮮版でのこる書物にかぎって，本家本元の中国では，度重なる戦乱や価値観の変化の中で滅びてしまっていることが多い)[17]。それらのテキストに附された序跋が，それ以前に刊行された複数のモンゴル初期，大元時代のテキストを紹介していることもある。また，現存していなくても，文集，筆記に収録される序跋や，廟学，書院の記，墓誌銘，神道碑等の中で語られる出版物，書籍刊行の記述が大いに参考になる。さらに，明清時代から民国初期にいたるまでの学者，蔵書家たちが遺した書籍目録と題跋集，かれらが校勘作業に用いた幾種類ものテキストの紹介，『永楽大典』や地方志にのこる書名，序文・跋文などから知られる出版物を併せていくと，膨大な量にのぼる。

印刷の技術面においても，宋刊本は文句なしに美しいとされるが，元刊本は，大量にのこっている建安，廬陵等の巾箱本，小字本が俗字，略字を多用しているせいか，雑劇三十種のテキストがあまりにも有名なせいか，“低俗”だの“劣悪”だのといわれ，一部の書誌学者にしか正当に評価されてこなかった。じっさいには，宋刊本を誉めそやしながら，明刊本や五山版との見分けすらできない研究者もいて，権威，通説に盲従してきたとしか思えないのだが。官刻本は官刻本と，寺観の刻本は寺観の刻本と，建安刊本は建安刊本と，宋，大元時代の彫刻技術を冷静，公平に引き比べてみれば，元刊本が全く見劣りしないことが実感されるだろう。大元時代の官刻本『四書集義精要』(台湾故宮博物院蔵）や『農桑輯要』(上海図書館蔵)，精緻な挿絵のほどこされた建安虞氏の全相平話（国立公文書館蔵)，『長春大宗師玄風慶会図説文』(天理大学附属図書館蔵）等の線の鋭さ，躍動感は，否定しようがない（大字本，小字本，巾箱本，袖珍本については第II部第8章で解説するが，じっさいの大きさ，版式，字形等は，――多少時代鑑定に誤りが見られるものの――線装本の『嘉業堂善本書影』が，今のところもっとも優れた見本帳である)。套色印刷（多色刷り）や王禎の画期的な活字排印[18] がはじまったのもこの時代である。それに引き換え，明の刊本では，坊刻本はいうまでもなく官刻本の中にも相当悲惨なものが多い。技術面はもとよりテキストクリティックにおいてもそうである。永楽刻本は，明代の出版物全体の中では高い水準にあり，永楽四年（1406）の『度人経』（台湾国家図書館蔵）をはじめ，挿絵も微細なところまで描いているが，モンゴル時代の模倣に過ぎないせいか，どこか勢いに欠け，生命力が感じられない。

モンゴルの文化政策

近年，文化の破壊者としてのモンゴル帝国像は，本田實信，杉山正明の一連の著作に代表されるように，モンゴル自らが語ったペルシア語資料の積極的な利用によって[19]，そしてなによりも各国でつぎつぎに発見，公開されている出土文物，美術品，文献——多言語の典籍，石刻，原文書というモノそのものによって，大きな修正をうながされている。じゅうらい使用されてきた資料についても，偏見なく読み直せば，まったく逆の文脈で捉えねばならないことが，多々ある。

漢文化についても同様で，モンゴルは決して破壊などしなかった。第二代皇帝（カアン）の太宗オゴデイのころから，孔子，孟子をはじめとする聖賢の子孫を優遇し，儒教保護，学問の興隆に異様に熱心であった。燕京（いまの北京）には編修所，山西の平陽には経籍所が設立され，経史の編集，刊行が始まった。また燕京には，1233年，オゴデイの命令のもとに国子学も建てられ，ビチクチ（書記）の養成から始められた。まず，モンゴル貴族の子弟十八人が漢字，漢語のほか“匠氏の芸事，及び薬材の用いる所，彩色の出づる所，地・州・郡の紀す所，下は酒醴，麴糵，水銀の造，食飲烹飪の制に至る”まで学び，漢族の子弟二十二人が，モンゴル語，弓矢を習ったのである[20]。

世祖クビライは，はやくは四川，雲南攻略のころから前代の書籍の収集に熱心であり，南宋接収のさいには，諸郡が所蔵していた版木や杭州の皇室図書館の書画典籍をまるごと大都に運んだ。中統二年（1261）には，すでに国家による編纂事業が始まっており，『金史』の編纂——それも編集，書写のみに銀二千定（銀一定は五十両だから十万両，一定は約2100gだから4t余りの重さの銀である）[21]，儒者への俸給，飲食，紙箚の費用に追加で千五百定（七万五千両）が，ポンと下賜されている[22]。この『金史』は刊行されなかったので，版木作成の費用は一切はいっていない。とうじ祠廟，寺観に重修や改築のために支給された金額と比べても，のちの明朝廷が『元史』の編纂にさいして編纂者たちに支払った金額（十六名×銀三十二両＝五一二両）と比べても，文字通り桁違いである[23]。

クビライは南北混一以後，内に冑監，外に提挙官を設け，郡県の学校の事を領せしめた。その結果，儒教はモンゴル本土にまで広まり，何処にも学校が見られるようになったのである[24]。さらに至元八年（1271）の国学の設立，蒙古字学の設立によって，ますます儒学が重視されるようになり，のちに出版機関の下請けとして機能することになる書院，精舎は，“月益歳増”した[25]。御史台，大司農司が管轄する一郷一社の制度，社学も整えられはじめた[26]。政府の出版のシステムが整備されたのは，成宗テムルの大徳年間（1297-1307），それが軌道に乗って行くのが武宗カイシャンから英宗シディバラの時期（1307-1323）である。つまり，ちょうど王振鵬の活躍時期にあたる。

なお，儒教保護，学問の興隆への熱意は，諸王以下においてもみられた。曲阜は，チンギス・カン家以来，最大の姻族となったコンギラト家の分封地であったが，歴代当主は孔子廟の改修，補修工事に何度も気前よく資金を提供した。西安碑林（当時は孔子廟）にしても，安西王家が，荒廃していた廟を一新，開成石経や唐の玄宗の御筆「孝経」碑の保護のために，わざわざ碑亭を建てたこと，ちゃんと記録がある。また，モンゴルの歴代カアンの命令のもとに，各地で廟学，書院のみならず，祠廟，寺観の補修，増築，創建が大々的に行われた。各行政単位の長官たち——モンゴル貴族やウイグル，ムスリム等の非漢民族の官僚も熱心に文化事業に参画し，学校教育への援助，出版の斡旋，資金調達や書籍の購入と収集，記念碑の樹立等につとめた。

モンゴル時代に栄えた道教教団，全真教の祖庭，大純陽万寿宮（山西省永済県永楽鎮にあったことから永楽宮と呼ばれる。1959年に芮城に移築）の純陽殿の壁画は，大元時代の絵画の傑作のひとつとして知られている。その壁面の東，北，西三面を飾る連環画「純陽帝君神游顕化図」［口絵8］を，暗がりの中，目を凝らしてみていくと，西の壁に，二階建ての立派な屋敷の一階で子供たちが書き物机の前に鎮座し，胡蝶装もしくは線装の書物を読んでいるのにきづく［口絵9］。机には，習字用，筆写用，あるいは答案用紙だろうか，巻物も置かれている。子供のひとりは，答案をチェックされているのだろうか，先生の前で直立して“お言葉”を待っている。その後ろには，大元時代の類書（一種の百科事典）『事林広記』の「幼学類」に見える【習叉手図】【習祗揖図】と同じポーズをとる子供もいる。先生のよこには「宣聖之□」（宣聖は孔子の美号）という位牌が見えるから，まちがいなく儒教の学校である。この場面は，官を辞して陝西に隠遁していた趙相公を呂道賓が度化する有様を描くから，趙相公の邸宅で開かれている家塾ということになろうか。純陽殿の壁画が描かれたのは，至正十八年（1358），とうじの学校の状況が反映されていることは疑いない[27]。東の壁画の一場面「神化金陵鶴会」の榜題には，“大徳辛丑（五年/1301）四月十四日鶴会”の字も見え，この一連の壁画にもとづく原画があったとしても，1301年を遡ることは有り得ない[28]。学校教育，書物の普及をうらづける貴重な画像資料である。

古典学の再生

ところで，じゅうらい全く意識されていないが，唐の太宗の言行を記し，帝王学の書として名高い『貞観政要』十巻，『帝範』（『唐太宗遺範』）四巻も，こんにち我々が読んでいるのは，大元ウルス治下の学者戈直，翰林国史院の検閲官（正八品）や湖広儒学提挙（正五品）を歴任した李𣫢[29]がそれぞれ新たに整理，校訂し，註釈を施したテキストなのである。とくに『帝範』は，五代の騒乱を経ていったん完本が存在しなくなっていたというから，その価値，意義たるや測りしれなかった[30]。『貞観政要集論』は，江南行台の官庁が置かれた集慶路（いまの南京）の[31]，『太宗帝範附音註解』は，おそらく最初は湖広武昌路の，そして江西臨江路の官学から，相当の公費をつぎ込んで大型の美本に仕立てられて刊行，各地のしかるべき機関に頒布された。そこからまたさまざまな刊本，抄本が産み出されていった。『帝範』の註釈は，『永楽大典』が李𣫢の名に言及しなかったがために，ながらく唐人のものと看做されさえしてきた。しかし，元刊本の子孫の一人――成簣堂文庫が所蔵する朝鮮銅活字版[32]と『楚州金石録』に収録される大徳七年（1303）の石刻「孔廟経籍祭器記」の杭州から購入した書籍のリストによって，真相が判明するのである。

『貞観政要』，『帝範』は，モンゴルの歴代カアンの経筵講義のテキストとして用いられた。クビライの子裕宗チンキムが用いた漢文テキストのほか，はやくは安蔵によるモンゴル語の抄訳，アユルバルワダがウイグル官僚のアリン・テムル，クトルグトルミシュ，そしてチャガンに命じてウイグル文字モンゴル語で翻訳させたテキスト，文宗トク・テムルが奎章閣に命じて刊行させたパクパ字モンゴル語訳があった。泰定帝イスン・テムルの経筵の任を担ったひとり呉澄も，モンゴル語を口語漢語の語彙で直訳した文体――いわゆる直訳体によって，『帝範』および『通鑑』の講義の一部を書き遺している。

この二書のみならず，歴代のモンゴル朝廷は，“合に看るべき「前代の帝王が天下を治める」文書”の収集，翻訳事業にきわめて熱心であった[33]。クビライは，“尭，舜，孔子以下の経史に記載される嘉言，善政”の記録――『尚書』，『五経要語』等をモンゴル語で抄訳，上奏させ，「魏徴の般(よう)な人を尋(もと)め者(よ)。如(も)し魏徴の般(よう)な人が無かったら，只だ魏学士（魏初）に似た般(よう)な人を尋(もと)め者(よ)」という聖旨(ジャルリク)さえ出した[34]。至正元年（1341），順帝トゴン・テムルがウイグル文字モンゴル語に訳させた『君臣政要』三巻，開国の功臣ジャライル国王ムカリの七世孫ドルジバルがトゴン・テムルに献上した『治原通訓』四巻などもあった[35]。ただ，残念なことに，これらモンゴル語のテキストは，こんにちいずれも見ることができない。将来，モンゴル諸王，貴族の墓や各地の遺蹟の発掘がすすめば，あるいは韓国やイラン，トルコなど，モンゴル朝廷と極めて縁の深かった地域の各団体，個人の未整理の蔵書が公開されていけば，見つかる可能性もわずかながら，のこっている。

なお，クビライもその名を知っていた唐太宗の忠臣魏徴については，元統年間（1333–1334）に，常州路（今の江蘇省常州市）の知事であった翟思忠が，その事蹟を録した唐の王方慶『魏鄭公諫録』五巻および自らが編纂した『続録』二巻をやはり公費で刊行している。序文を書いたのは，常州路総官兼管内勧農事のイッズッディーンである。

『貞観政要』は，最近日本語訳が出たイブン・アッティクタカーの『アルファフリー』（*‘al-fakhrī fī’ as-sulṭānīya wa ‘ad-duwal’ al-’islāmīya*）と，東西の君主の鑑論として比較研究する必要があるといわれている[36]。『アルファフリー』

は，1302年，フレグ・ウルスのガザン・カンの治世において編まれた。内容の比較もさることながら，モンゴル時代という東西を超えたこの時代独特の雰囲気についても考えてみるべきではないか。

なお，大元ウルスのカアン自体は，フレグ・ウルスのカンと同様，白黒二色の版本よりも，大型のバグダード紙数十枚に，ペン書き，華美な装飾，カラフルな挿絵（ミニアチュール）をほどこした特別仕様の写本を好んだようである。それらは，綴じずに金箔細工を施した革のファイルケースに入れられ保管された[37]。カアンは，自身に献上された，あるいは宮廷図書館所蔵のオリジナルの美本から，一律に同じテキストを遍く諸王，百官に頒行するために，当代きっての名筆家，画家に版下をつくらせ，印刷させたのである。カアンの命令で作成された『農桑輯要』の大字本に用いられた紙は，約55.2cm×39cm（板框42.4cm×25cm）であり，バグダード紙の寸法に近い[38]。むしろ，バグダード紙から大字本のサイズが定められた可能性もある。

『貞観政要』，『帝範』と同じ唐代の文学についても，『集千家註分類杜工部詩』，『分類補註李白詩』，『朱文公校昌黎先生文集』，『増広註釈音弁唐柳先生集』などの詩文集，大元時代の唐詩研究の成果である『唐才子伝』，『瀛奎律髄』，『三体詩』，『註唐詩鼓吹』，『唐音』といったように，重要なテキストの多くを，大元時代の刊本に負っている。これらの書物がなければ，少なくとも明清時代から現在に至るまでの唐代文学の記述は違ったものになっていただろう。

じつは，こんにちの中国古典学は，哲学・歴史・文学を問わず，そのかなりの部分が大元時代の刊本を通じて研究されているのである。その事実は，やはりきちんと認識しておくべきだろう。モンゴル時代は，古典学の再生の時代でもあった。

文学と歴史の間

これまで，大元時代の文学の研究は，主に元曲（散曲，雑劇）や平話を中心になされてきた。それらは，いずれも白話（＝口語）を用い，さらに平話のテキストには挿絵がついているため，“庶民文学”，“民間文学”だとひとくちにいわれがちであった。さらに民間文学勃興の主因は，明末清初の学者銭謙益の説を踏襲してか，「モンゴルの文化に対する無理解→文人の冷遇→鬱屈した文人のエネルギー発散の場としての民間文学への参与→白話文学の隆盛」という図式を以て説明するのが常であった[39]。

しかし，この図式が元曲にあてはまらず，金末の朝廷，軍閥下の文人サロンに，元曲を生み出す雰囲気が漲っていたことは，すでに高橋文治に指摘がある[40]。

そもそも，大元時代の文学を表わしてきた標語“民間”ということばが一体どの階層を指すのか自体，ひじょうに曖昧である。書物を享受できた階層，識字率等についての具体的な検討もなされていない以上，このことばの濫用は，虚構の世界を展開するだけである。口語の使用状況や音韻学についても，理論が先行し，あまりにも史実が無視されすぎている[41]。

思い込みと事実の無視がこの時代の文学観に与えた影響として，一例を挙げるならば，『帝範』の註釈者李彜も任じられた儒学提挙という官職は，隠退に等しいと看做され[42]，その誤解にもとづいて趙孟頫，楊維楨といったモンゴル時代を代表する文人の人生，作品が解釈，また踏襲されてきたのである。

雑劇，平話以外の大元時代の文学で，最近注目されているのは，唐の司空図『二十四詩品』の真偽の問題に端を発した詩格，詩法の研究だろう。朝鮮版，和刻本が活用されはじめている分野である。ことに，中国では滅びてしまっていた『詩法源流』なる書物が，大阪の杏雨書屋に，延文四年（1359）の春屋妙葩の刊記がある五山版としてのこっていたことから，じゅうらいの偽書説の根拠が崩れたのは記憶に新しい[43]。至治二年（1322）の楊載の序，武夷山人杜本の跋ももとの元刊本のままに刻されていた。ただ，『危太樸文続集』巻二「元故徴君杜公伯原父墓碑」や『道園類稿』巻二八「思学斎記」，『蒲室集』巻末に附された虞集の「笑隠大訢行道記」，『国朝文類』巻三一杜本「懐友軒記」といった資料を見れば，やがては“隠遁生活”を棄て翰林待制兼国史院編修官となった杜本の経歴，民族を超えた政府高官たちとの華麗なる交友関係，ウイグル文字，パクパ字，アラビア文字等を収録する『華夏同音』の著者すなわち言語学者としての一面等が明らかとなり，跋文を記した時期を相当に絞り込むことができる。当時の文壇における詩論の流行の理由の一端も見えてくる。そして諸々の詩格，詩論の体系も整理され得るのだが，現時点では，そうした方向には進んでいないようである。

文学研究にあっては，作者の経歴や作品の歴史的背景の詳細な考証は，ときに悪徳のように看做される。だが，基本的な同時代文献にひととおり目をとおしてさえいれば防げた誤り，一切無用になる推論，記述がまま見られるのも事実である。むろん一つの文集を深く読み込むことは大切だが，視野が狭いと別の資料によってあえなく論証が破綻してしまう。感性のみにたよっていると，よほど文筆の才能がありその評論自体が“文学作品”として認められでもしない限りは，“読書感想文”に終わってしまうことにもなりかねない。自分がどう読むかということは，とうじの時代状況，雰囲気を精確に把握し，作者が何を伝えたかったのか，読み手がどう解釈してきたのかをふまえた上で，はじめて主張すべきものだろう。横にも縦にも，全ての関連資料に目をくばろうとする姿勢，努力を続けることは，ほんとうは，あたりまえのことではないか。また，歴史を研究するにしても，文学を研究するにしても，所詮は書かれたテキストがあってのことで，書誌学，石刻学の最低限の素養は必要だろう。書物の形態への留意は，とうじの受容と伝播を考えるうえでも役に立つ。

本来不可分であるはずの歴史，文学，語学，宗教，美術の間に築かれた意識の垣根は，ものごとをありのままに見るためには，とりはらわれねばならない。少なくとも大元ウルス治下の文人にあっては，これらの全ての分野に通じていることは最低限の教養であった。水利や天文，算術などの理系分野，音楽等に造形の深い万能の人も複数いた。古典学の復興のみならず，イスラームの知識，文化が流入，融合した結果，さまざまな分野で革新的な進歩が見られ，頂点を極めたのである。

当時のままの姿を残す元刊本を，もしくはそれを忠実に写した明刊本，朝鮮版，五山版，鈔本を，可能な限り収集し，あらゆる分野の同時代資料と照らし合わせながら，ひとつひとつ多角的に分析する基礎作業が必要である。その資料がいかなる背景，枠組みのもとに，いかなる団体，個人によっていつどこで編纂，刊行されたか，という根本的な考察も不可欠である。資料にはそれぞれ癖，思惑があり，必ずしも全て真実が述べられているわけではない。さまざまな立場から書かれた資料のつきあわせの中から，実情を探っていくしかないのである。宋以前は，複数の資料が一つの件に言及すること自体，幸運とせざるをえない資料状況であり，ぎゃくに明代以降は『実録』の存在はもとより，膨大な档案が出現し，文集も前代とは比べ物にならない残存量で，底を打つ，ということは到底ありえない。大元時代の研究の面白さは，適度な資料の量，広く深く読む中での新発見に求められる。

なお，上述のような研究の試みの一端は，よりはやく清朝乾嘉時代の最も優れた考証学者で，『元史』の研究，再編纂に情熱を燃やした銭大昕が示していた。かれは歴史，文学，音韻学など多方面におけるエキスパートであり，典籍，拓本はいうまでもなく，ありとあらゆる資料を収集，分析し，研究の成果を跋文や箚記という形で要点のみ簡潔に書きとめていった[44]。かれの未完の大作『元史稿』は，こんにち行方が知れないけれども，一生の『元史』研究の精髄が詰め込まれ，要を得た叙述が展開されていたことだろう[45]。

ところが，中国，日本を問わず，そのごの大元時代の研究では，第二次世界大戦直後の前田直典を除いて，漢文資料の開拓に目を向けられることはほとんどなかった[46]。研究者自体の数も少なかったが，「この時代の資料は少ない」という先入観のためか，ずっと使用可能であったにもかかわらず，その重要性に気づかれず放置されてきた資料は数多い。大元時代の資料を相当量そのまま引用する『永楽大典』ですら，ほとんど使用されてこなかったのである。書誌学方面の研究成果が利用されることも皆無に近かった。

現在は，銭大昕が見ることができて我々が見ることのできない打ち壊された碑石，遺蹟，流転や戦乱災害を経て散逸した典籍があるいっぽうで，ペルシア語をはじめとする西方のさまざまな資料が紹介，翻訳されている。世界各国に散在する文献，出土資料へのアクセス，現地調査も格段に容易になっている。現物に直接触れられなくても，ここ十年ほどのうちに，『北京図書館古籍珍本叢刊』，『四庫全書存目叢書』，『続修四庫全書』などの影印本が出版された。そして現物の雰囲気を伝える複製『中華再造善本』シリーズも陸続として刊行されつつある。石刻拓本の写真や録文も（さいきん出土したものも含めて）次々と公刊されている。さまざまな欠点，問題はあるものの，とりあえず『全元文』も編纂刊行された。状況はきわめて恵まれている。

筆者の研究の最終的な目的は，モンゴル時代の文化政策と出版活動を見渡し，その全貌をあきらかにすること，そして同時代の文学の分析に歪みのない視座を提供し，じゅうらいの文学観を正すこと，モンゴルによって生み出された文化がいかにして同時代の高麗，日本はもとより，のちの明，清，朝鮮，日本に伝播し，影響を与えていったかを明らかにすること，溯ってモンゴル時代の目線から同時代資料が少ない遼，金，宋の社会文化の一端を明らかにし且つ明への連続性，変化をも眺めることにある。

本書では，作業の手初め，研究の起点として，対象をとくに口語漢語の語彙を用いて書かれた出版物，挿絵入りの出版物，儒教関連（とくに朱子学）の出版物，そしてとうじの世界観が現れる地図と地誌にしぼり，そこから切り込み検討する。したがって，従来の「出版史」のような編年，分野別の概説書の形はとらない。ひとつひとつの書物の編纂，刊行の経緯をたどることによって，モンゴル朝廷の文化政策と各機関のシステム，科挙制度，文人の動向など基本的な——しかし未解明のことがらの検証につとめ，モンゴル時代の雰囲気を紹介する。

遼金宋からの連続性，継承性の検討もむろん必要だが，それら各時代の出版物も，やはり大元時代と同様に自らの目で確かめ，分析，統合作業を進める必要がある。しかし，資料が大元時代に比して格段に少ないため，時にその研究，考証は，点と点を大胆に結び，数少ない事象を，整合性を求めてすりあわせることに終始するかに見える。そうした危うさがある以上，現段階では，安直に先行する論著，借り物の知識を繋ぎあわせて不確かな通史を描くより，まず，モンゴル時代について，現存の資料からは少なくともこれだけは言える，ここまでは言えるという知見を提出するほうが有益だろう。

なお，いちいち論文に仕立てるほどのこともないが，紹介しておくことも無駄ではないであろうささやかな発見，新出資料の類いは，銭大昕の顰に倣い，短い箚記（メモ）となし，註に載せた。必要以上に細かく，ただいたずらに資料，先行研究等を羅列する註は，衒学の誹りを免れず忌むべきものであるが，箚記を載せる場として割り切った。あらかじめお断りしておきたい。

また，仏教，道教をはじめ，薬学，医学，数学などその他の分野の出版については，同様に相当量の資料がのこっていることもあり，本書では多少の言及にとどめ，水利，救荒事業などとともに別の機会にそれぞれ詳細に論じることとする[47]。

本書は，「出版文化」を表題に掲げるが，所詮は木版印刷の話であり，同一の版木から刷ることのできる枚数は限られている。管見の限り，一度に最大で三千部しか刊行できなかった。『農桑輯要』は，各行政単位の官庁に遍く配布され，おそらく大元ウルス治下もっとも多く印刷された書物のひとつだが，それでも政府による数度の頒行の合計は二万冊に届かなかった。大量印刷は，西洋の印刷術が流入する19世紀の終わりまで不可能である。大元時代の識字率はかなり良かったが，それでも，以下の章を追っていけば明らかとなるように，出版物の享受者は限られていた。こんにちの日本のイメージで考えてはならない。

また，念のためにいえば，13・14世紀，イスラーム，ヨーロッパでは，まだ写本の時代である。本書が扱う地域，資料の範囲はおのずから限られる。そのうち西夏語，ウイグル語，ティベット語の刊本（活字本も含め）は，筆者がこれらの言語を能くしないこともあるが，現時点で知られているものは，漢語文献に比べると微々たる量にすぎず，また少なくとも現存のテキストに限っていえば仏典が圧倒的割合を占めているため，ここではとりあげない。

註

1）本書では，“元代”，“元朝”という呼称は避ける。世祖クビライの「建国号詔」に言明され，陶宗儀『南村輟耕録』巻五「碑志書法」にも“我朝大元二字在詔旨，不可単用”というように，この時代の国号は，あくまで『周易』の“大哉乾元”にもとづく“大元”である（前田尊経閣が所蔵する元刊本『新刊増修類編書林広記』前集巻之一「朝制門・人君類」に，“大元至元〇大哉乾元，至哉坤元　易”とあるように，年号の“至元”も『周易』の“至哉坤元”にもとづき，大都の十一の城門，五十の坊名も『周易』による。はじめから全てセットでプランニングされた建国事業といえる）。とうじの日本の五山関係の資料や『拾芥抄』などでも，大元国，大元蒙古と呼ばれている。したがって，杉山正明が一連の著作において提唱したように，大元大蒙古国（Dai-Ön Yeke

Mongγol Ulus）——略して“大元国”のモンゴル語原文にあたる“Dai-Ön Ulus”すなわち“大元ウルス”を採用する。ウルスの概念については杉山正明『世界の歴史⑨大モンゴルの時代』（中央公論社　1997年　74–75頁）参照。なお，さいきん舩田善之は，「書評：杉山正明著『モンゴル帝国と大元ウルス』」（『史学雑誌』113–11　2004年11月　106–108頁）において，モンゴル語話者の間では，チンギス・カン以来“大モンゴル・ウルス”の呼称が用いられつづけ，“大元 Dai-Ön”の音写は，モンゴル語の読み手には通じなかったとして，“大元ウルス”の呼称を用いることに疑義を呈した。しかし，舩田が自説の根拠としてあげる漢蒙合璧碑三件において，「元」，「皇元」を Yeke Mongγol Ulus と訳す例が見られるのは，漢語原文の省略形に忠実に，すなわち「大元」＝Dai-Ön Yeke Mongγol Ulus の省略形を用いただけのことにすぎず，そこで展開されている議論は成立しえない。『華夷訳語』（甲種本）に収録される朱元璋の詔勅のモンゴル語翻訳（旧モンゴル政府のモンゴル人官僚が翻訳を担当）において，“元君”をあえて“大元 Dai-Ön Mongγol qa'an”と訳すように，とうじ“大元 Dai-Ön”の国号がモンゴルに浸透していた呼称であったことはまちがいない。そうでなければ，明代以後もモンゴルの統治者がダヤン・カアン（大元皇帝）を名乗りつづけるはずもない。時代はくだるが，1938年から39年にデンマークのカーレ・グレンベクが内蒙古で購入，コペンハーゲン王立図書館に収められたモンゴル語写本 Ms. Mong. 140 にも“*Dai yuwan ulus-un taizu, činggis qaγan-u čidaγ, subud erike kemegde ǰu šastar orusiba*”の表題が冠せられている。

2) 『道園学古録』巻一九，『道園類稿』巻四六，『国朝文類』巻五四

3) 「龍池競渡図巻」（台湾故宮博物院蔵），「龍船奪標図巻」（The Detroit Institute of Arts 蔵），「金明池奪標図巻」（The Metropolitan Museum of Art 蔵）

4) 『秘書監志』巻九

5) 『元王孤雲女孝経図巻』（元　王振鵬絵並書　上海世界社　1909年），前掲「金明池奪標図巻」。『元典章』巻七「吏部一・官制」《職品》【拾存備照品官雑職】によれば，稟給令は正八品だが，これは大徳九年以前のデータであり，延祐年間には七品以上にあがっている可能性もある。

6) 前掲『元王孤雲女孝経図巻』参照。巻頭に明初の翰林学士承旨宋濂の跋があり，ほぼ真蹟と考えられる。『女孝経図』は，南宋の馬和之の作品が台湾故宮博物院にあるが，比較すると，まったく構図，構成を踏襲していないことがわかる。『居易録』巻二八「十賢后妃図」によれば，至大三年武宗カイシャンが母のダギに尊号を奉ったさい，ダギは，アシャ・ブカ，タシュ・ブカ，トクト，李邦寧，サンバオヌといったカイシャンの腹心，アユルバルワダの家臣李孟等に，王振鵬の描いた『聖母賢妃図』十冊を見せたという。『故宮書画図録（十七）』（台湾故宮博物院　1998年　227–232頁）「元王振鵬画手巻」がまさにそれであろう。

7) 「西園雅集図冊」（The William Hayes fogg Art Museum 蔵）にもとづけば，至正九年（1349）五月まで生存が確認できるが，ここでは保留とする。同じ画題の「故事人物図巻」（The British Museum 蔵）は，元貞二年付けで“孤雲処士”の号を以て署名しており，明らかに贋作である。

8)『中国歴代画目大典　遼至元代巻』(江蘇教育出版社　2002年　296頁)
9)『芸苑掇英』第61期（上海人民美術出版社　1998年）
10)『故宮書画図録（三）』(台湾故宮博物院　1989年　177頁）所載の「宋人貨郎図」には，巻子本，帙入りの巾箱本サイズの書冊が数点見えるが，画風，子供の服装等からすれば，明らかに大元時代のものである。当該図は，乾隆帝の御覧の印が押してあるだけで，“宋人”とする根拠はない。ほかに「売各色鮮明絨線」,「官経饋食葡萄□菓」等の宣伝文句の吹流し，黒砂糖や香茶，琵琶，馬の頭を象った人形，琵琶，琴等の楽器も見える。この図は王振鵬のそれと並んできわめて重要な画像資料となる。
11)『廟学典礼』巻五「行台坐下憲司講究学校便宜」
12)『闕里誌』(台湾国家図書館蔵明正徳元年本）巻一〇「子思中庸精舎書籍之記」。『孟誌』(京都大学文学部蔵明万暦三九年刊本）巻四「子思書院附」によれば，碑陰には，姜元および邑令の劉遵理，郷士大夫の孟祇祖，邑士の郭演等が協力して購入した書籍のリストが刻まれている。四書五経（注疏本と朱子の註釈の両種),『資治通鑑』のほか,『金氏尚書表註』,『鄭氏論語意原』,『程氏易原』，朱子の『小学句解』や『朱子性理大成集』,『近思録』,『少微通鑑』,『通祀輯略』,『孔子家語』,『昌黎文集』,『荘子註』,『荀子句解』,『楊子註』,『文中子註』,『玉篇』など，大元ウルス治下の学校で必読書とされた書物（本書第II部第8章参照）が並ぶ。
13) 詳細は，別の機会に述べる。
14) 磯辺彰・板倉聖哲『唐僧取経図冊　附別冊解題』(東アジア善本叢刊第一冊　二玄社　2001年）
15)『元王孤雲女孝経図巻』
16)『神州国光集増刊之二　聖蹟図』(上海神州国光社　1908年）
17) 一例をあげれば，至正五年に，亜中大夫知松江府事兼勧農事知渠堰事の王至和が編纂した啓蒙書『正俗編』は，和刻本と朝鮮版でしか残っていない。なお，朝鮮ではハングルの諺解本に仕立てられている。
18)『農書』(国立公文書館蔵嘉靖九年刊本）農器図譜集之二十雑録「造活字印書法」
19) 本田實信『ビジュアル版世界の歴史⑥　イスラム世界の発展』(講談社　1985年)，同『モンゴル時代史研究』(東京大学出版会　1991年)，杉山正明『大モンゴルの世界——陸と海の巨大帝国』(角川書店　1992年)，同『クビライの挑戦——モンゴル海上帝国への道』(朝日新聞社　1995年)，同『モンゴル帝国の興亡』(講談社　1996年)，同『耶律楚材とその時代』(白帝社　1996年)，同『世界の歴史⑨　大モンゴルの時代』(中央公論社　1997年)，同『遊牧民から見た世界史——民族も国境もこえて』(日本経済新聞社　1997年)，同『世界史を変貌させたモンゴル——時代史のデッサン』(角川書店　2000年)，同『逆説のユーラシア史——モンゴルからのまなざし』(日本経済新聞社　2002年)，同『モンゴル帝国と大元ウルス』(京都大学学術出版会　2004年）
20)『析津志輯佚』「学校」(北京古籍出版社　1983年　197-201頁),『新増格古要論』巻一〇宋濂「元太宗皇帝御製宣諭後題」
21)『遼西夏金元四朝貨幣図録精選』(遠方出版社　2003年　304-307，346頁），袁開顕『銀錠考』(金楓実業有限公司　2004年　74-84頁)，袁開顕『銀笏　銀錠　銀幣』(金楓

実業有限公司　2002 年　36-43 頁）

22）『秋澗先生大全文集』巻一〇〇「玉堂嘉話八」

23）汪克寛『経礼補逸』（台湾国家図書館蔵明弘治間祁門汪氏原刊本）附録「修史還郷関文」。なお，参考までにいえば，至正年間のはじめに『宋史』の「高宗本紀」と「選挙志」の編纂を担当した国子司業の宋褧は，翰林直学士を超拝したうえ，銀五十両，金糸で文様を織りこんだナシジを四反，拝領している（『滋渓文稿』巻一三「元故翰林直学士国子祭酒范陽郡侯謚文清宋公墓誌銘」）。

24）『乾隆汾州府志』巻二九佮思賢「修廟学記」“大元勃興，文武並用，詔諸路郡県官吏，春秋釈奠先聖先師，以時修其廟宇，士能通一経者，復其身，其有才異等，則歳貢而超擢之。由是天下学校，始復立焉”。

25）『僑呉集』巻九「穎昌書院記」“国家右文崇儒，路府州県莫不有学，猶以為未也，故所在有書院，即其地之賢者而祀之。江南帰職方，書院之建幾十倍於昔”，『存復斎文集』巻五「送鄭学可山長序」“沿至国朝，凡郡県有先儒遺跡所在，皆得請立書院，且設山長一員，掌教養事”。

26）『民国斉河県志』巻三二張起巌「倫鎮廟学記」に，至正五年における状況をまとめて“起巌仰惟聖朝内有国監，路府州県皆設教官，民五十家立為一社，毎社設立学校一所，択通暁経書者為学師”という。

27）『中国殿堂壁画全集 3　元代道観』（山西人民出版社　1997 年　158-159，161-162 頁，図版説明 60 頁），朱希元・梁超・劉炳森・葉喆民「永楽宮壁画題記録文」（『文物』1963-8）

28）『中国殿堂壁画全集 3　元代道観』139 頁，図版説明 50 頁。ちなみに，この榜題には口語が使用されている。華北の口語については本書第 I 部第 4 章でとりあげるため，参考としてここに全文紹介しておく。“金陵南関大清庵，大徳辛丑四月十四日鶴会。有一道人将一小童後来，大叫求斎。道衆坐満。曰「交我両口哪裏坐？」知堂譚志忠戯云「你両口莫是呂祖師？」指庵前一破石臼。「上雨湿，我両口怎坐？」知堂笑於柏樹上折柏葉，「石上坐，我取斎来」。送至，道人已去。臼上柏葉已透入臼。知堂云「我分明省得祖師作戯弄」。焚香謝罪，移石殿前，柏迹愈現”。

29）李鼐（あざなは元鎮）は河北の覇州文安県の出身で，許有壬とは三十年の長きにわたって交際を続けた。そのほか，大徳八年頃，編集補註を施した『顔子』七巻附録一巻を刊行し，『大学衍義』の校正も委託されている。『至正集』巻七〇「覇州創建老泉書院疏」，巻七一「題李元鎮尭山樵唱集」，『五十万巻楼蔵書目録初編』巻九「顔子七巻附録一巻元刊本」

30）『淵穎呉先生文集』巻一〇「読唐太宗帝範」

31）『臨川呉文正公集』巻一二「貞観政要集論序」，『至正金陵新志』巻九「学校・路学」“貞観政要書[板計紙]二百[張]”，『お茶の水図書館蔵新修成簣堂文庫善本書目』（石川文化事業財団　お茶の水図書館　1992 年　977 頁）

32）『お茶の水図書館蔵新修成簣堂文庫善本書目』1192 頁に書影が載る。なお，『四庫全書総目提要』は，さすがに註に宋の呂祖謙，楊万里の説を引くことから，大元時代の人の手が入っている点には気づいていた。

33) 『程雪楼文集』巻九「秦国文靖公神道碑」,『秘書監志』巻五「秘書庫」,『元史』巻二四「仁宗本紀一」[至大四年六月己巳],『元史』巻三六「文宗本紀五」[至順三年夏四月戊午],『元史』巻一一五「裕宗伝」,『元史』巻一三七「察罕伝」
34) 『青崖集』巻四「奏議」"至元五年十月六日欽奉聖旨：令自尭、舜、孔子以下経史所載嘉言、善政,明白直言,奏得来者","六年正月六日,臣初等面奉聖旨；魏徴般人尋者。如魏徴般人無,只似魏学士般人尋者",『国朝文類』巻六五元明善「集賢直学士文君神道碑」,『清河集』巻六「参政商文定公墓碑」
35) 『危太樸文集』巻七「君臣政要序」"至正元年九月,皇帝御東宣文閣,出君臣政要三巻,召翰林学士承旨臣巎巎、学士臣朶爾直班、(崇文少監老老)、伝勅翰林侍読学士臣鎖南、直学士臣抜実、崇文太監臣別里不花、少監臣老老、宣文閣鑑書画博士臣王沂、授経郎臣不達実理、臣周伯琦等訳而成書。又勅宣徽供其稟,稍越三月,書成。又勅留守司都事臣宝哥以突厥字書之",『元史』巻一三九「朶爾直班伝」
36) 『アルファフリー1　イスラームの君主論と諸王朝史』(池田修・岡本久美子訳　平凡社　2004年)
37) 『道園学古録』巻一一「書趙学士経筵奏義後」"又欲方冊便観覧,命西域工人,搗楮為帙,刻皮鏤金以護之,凡二十枚,専属燕赤繕録前後所進書。以此観之,簡在上心明矣"。
38) 岩武昭男「ラシードゥッディーンの著作活動に関する近年の研究動向」(『西南アジア研究』40　1994年3月　64,69頁),近藤真美「紙商人心得——マムルーク朝期のエジプトの場合」(『Mare Nostrum』研究報告 XI　1998年)
39) 『牧斎初学集』巻八五「題徐陽初小令」"昔人言「関漢卿雑劇,可継離騒」。漢卿仕元,為太医院尹,一散吏耳。馬致遠為江浙行省属。張小山以路吏転首領官。鄭徳輝杭州小吏。宮大用釣台山長。元時中外雄要之職,皆其国人為之。中州人毎毎沈抑簿書,老於布素窮困,不得志,其詞曲独絶於後世"。
40) 高橋文治「金末の士風と元曲」(『中国文学報』34　1982年10月)
41) 近刊の平田昌司「胡藍党案,靖難之変与《洪武正韻》」(『南大語言学』2005-2)は,宋,金,大元,明までのさまざまな韻書の歴史を,国内外での綿密な版本調査を踏まえ,政治史の中で検証,整理しなおす画期的な研究である。
42) 吉川幸次郎『元明詩概説』(中国詩人選集二集2　岩波書店　1963年　96,111頁)
43) 大山潔「『詩法源流』偽書説新考——五山版『詩法源流』と朝鮮本『木天禁語』に基づく考察」(『日本中国学会報』51　1999年10月　107-123頁),張健『元代詩法校考』(北京大学出版社　2001年)
44) 銭大昕のモンゴル時代史の研究が極めて高度な優れたものであったことは,高橋文治「書評：森田憲司著『元代知識人と地域社会』」(『東洋史研究』63-4　2005年3月　138-147頁)においても紹介されている。
45) 顧吉辰「《嘉定銭氏潜研堂全書》(光緒重刊本)失収著述考」(『歴史文献研究』北京新6輯　1995年)によると,銭大昕の『読元史日抄』が上海図書館特蔵部に収蔵されており,マイクロフィルム化されているとのことである。早期の公刊がのぞまれる。
46) 前田直典『元朝史の研究』(東京大学出版会　1973年)

47）既に発表したものとしては，『学びの世界——中国文化と日本』（京都大学附属図書館・総合博物館・文学研究科　2002 年　3–4，13–16，23–42 頁），「『龍虎山志』からみたモンゴル命令文の世界——正一教教団研究序説」（『東洋史研究』63–2　2004 年 9 月　94–128 頁），「徽州文書新探——『新安忠烈廟神紀実』より」（『東方学報（京都）』77　2005 年 3 月　222–160 頁），「徽州文書にのこる衍聖公の命令書」（『史林』88–6　2005 年 11 月）がある。

第Ⅰ部

モンゴル時代の「漢語」資料と絵本の登場

第1章 『孝経直解』の出版とその時代

1 はじめに

ウイグル人，貫雲石（小雲石海涯セヴィンチュ・カヤ）の名は，大元ウルス時代の代表的な散曲作家のひとりとして，知られている。貫雲石が親しく交わった楊朝英の編集になる『楽府新編陽春白雪』，『朝野新声太平楽府』（いずれも元刊本が現存する）には，かれの作品が少なからず収められているし，とくに，前者の『陽春白雪』には，序文を寄せてすらいる。南曲海塩腔の創始者ともいわれ，大元末期の孔克斉『至正直記』巻一「酸斎楽府」には，かれの“七歩の才”を伝えるエピソードが記されているほか，いかにもきままな散曲作家らしく見える，奇矯なふるまいの逸話にこと欠かない。

だが，かれが名門のウイグル貴族の出身で，モンゴル政府においてかなり高い官職にあり，また，儒学を中心とする文化事業に密接にかかわったことについては，意外に注意されていない。

もっとも，かれのそうした別の一面をしめす著作のひとつ，『孝経直解』なる註釈書があったことは，つとに知られていた。欧陽玄『圭斎文集』巻九「元故翰林学士中奉大夫知制誥同修国史貫公神道碑」に，仁宗アユルバルワダに『孝経直解』を進めた経緯が記されており，神道碑にもとづく『元史』巻一四三の伝にも，この書が挙げられているからである。だが，すでに明朝廷の蔵書目録である『文淵閣書目』巻三に“成斎孝経説 一部一冊闕”，“貫酸斎孝経直解 一部一冊闕”とあるように，明清の間に行方がわからなくなってしまっていた。

ところが，昭和八年（1933），林秀一によって，名古屋の一書肆で，当時の姿をほぼそのままに伝える元刊本が発見された。室町期の朱筆による句点，返り点，送仮名が書き込まれており，古く日本に伝来していたものと考えられる。しかも，この『孝経直解』は，上の三分の一が絵，下の三分の二が経文とその訳註という形式をもつ，全頁に挿絵のある絵本（全相本）であった［図1-1］。全相本である以上，本来は，胡蝶装であったはずである。もし包背装，線装であったならば，一葉にまたがる挿絵が，半分に分断されてしまい，下の文に対応した絵入り本の価値がなくなってしまうからである[1)]。

冒頭には，至大改元孟春既望（1308年1月16日）付けの貫雲石自身の序がある。序の末尾には，かれが用いた“四友堂”，“成斎”，“疎懶埜人”の印章が刻される。なお，序文には，ところどころ破損があり，ことによると，序の前に別の人物の序，各章の目録，牌記等がついていた可能性もある。

本文巻首では「新刊全相成斎孝経直解」と題するが（書名のまえにわざわざ“新刊”と付けるからには，われわれが目にしているものは，初版本ではないだろう），巻末では「北庭成斎直説孝経終」とする。ここから，『文淵閣書目』，『千頃堂書目』，『補遼金元芸文志』などが“成斎孝経説”，“貫酸斎孝経直解”と，貫雲石の『孝経』に関する著作が二種類あるように記すのは，あやまりであることが明らかになった。同時に“直解”と“直説”が同義に用いられることもわかる。

さて，この書が，がぜん注目をあびるにいたった理由としては，なによりも，そこに使用されている特異な言葉が挙げられよう。貫雲石は，序において，許衡の『直説大学要略』[2)] に倣って，世俗の言葉を用いて『孝経』の言葉を平易に解説したという。そして，「身分の卑しい者達でも皆通暁し，“孝”，“悌”たる道に明らかになれるようにした。ひとびとが僅かなりとも，ものごとの道理を理解し，不孝の罪に陥らないようになればと願ってのことで，もともと学生のために用意したものではなかった」ともいう[3)]。

だが，序文とは裏腹に，じっさいには『孝経直解』は，庶民ではなく，廟学の教員，学生，官僚，文人の子弟たちの使用に供されたのだった。たとえば，山東の益都路密州のダルガ(チ)であるハサン，判官の李タシュ・テムル等の協力により廟学に収集された「所購密州士大夫書籍一百十部総一千五十三冊計五千二百三十三巻」を記録する至正十年（1350）「密州重修廟学碑」の碑陰（『乾

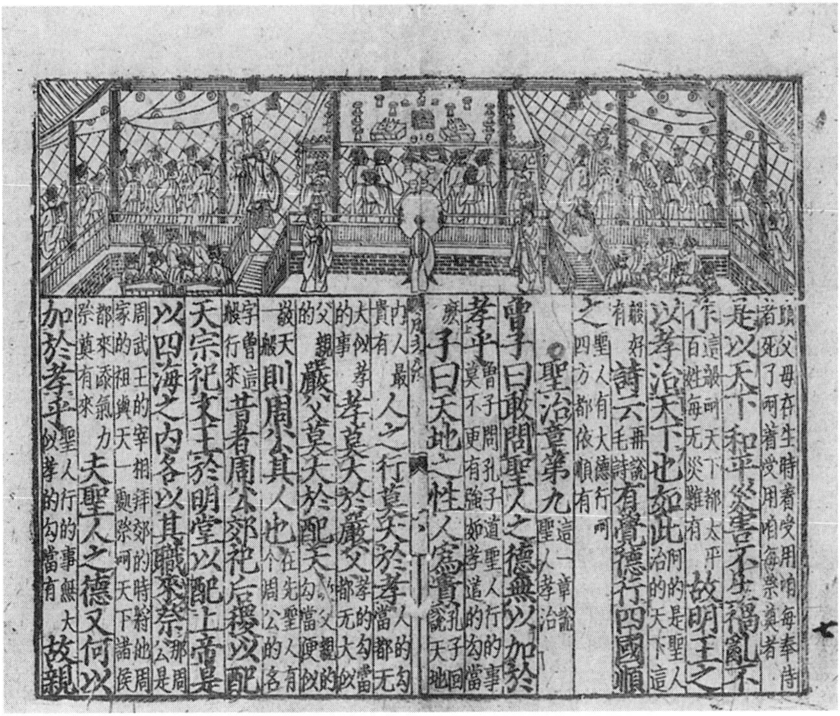

図1-1 名古屋の一書肆で発見された全相本『孝経直解』

隆諸城県志』巻一五）には，朱子学中心の経史子集の典籍にまじって『孝経酸斎解』すなわち『孝経直解』もあげられている。

そこで使用されている漢語は，その語彙の多くが確かに当時の口語であるとはいえ，許衡が用いたそれとは，ずいぶんちがう。いかに奇妙な漢語であるか，明崇禎年間（1628-1644）に刊行された『孝経大全』に収録される無名氏の『今文孝経直解』[4] と比べてみよう。

無名氏	貫雲石
這章説天子行的孝道。	這一章説官裏合行的勾当。
この章は天子が行う孝道を説く	這の一章は官裏（みかど）の合（まさ）に行うべき的勾（のこ）当（とい）を説う

夫子説道；	孔子説；
孔子がいうには	孔子が説うには
天子愛自家的父母，	存着自家愛父母的心呵，
天子が自分の父母を愛しており	自家が父母を愛する的心を存し着いた呵
見別箇愛父母的人，	
ほかの父母を愛している人を見たら	
也不敢嫌悪他。	也不肯将別人来小看有。
やはりその人を厭いはしないだろう	也別人を将て来て小看ることを肯んじないので有る
天子敬自家的父母，	存着自家敬父母的心呵，
天子が自分の父母を敬っており	自家が父母を敬う的心を存し着いた呵
見別箇敬父母的人，	
ほかの父母を敬っている人を見たら	
也不敢軽慢他。	也不肯将別人来欺負有[5)]。
やはりその人を軽んじはしないだろう	也別人を将て来て欺負ることを肯んじないので有る

（天子章第二）

貫雲石の『孝経直解』の言語は，平話や，雑劇に用いられた白話（＝口語）より，むしろ，『元朝秘史』の総訳，『大元聖政国朝典章』（以下『元典章』と略す）や『大元通制』「条格」（以下『通制条格』と略す）等の政書，蔡美彪『元代白話碑集録』（科学出版社　1955 年），陳垣『道家金石略』（文物出版社　1988 年），王宗昱『金元全真教石刻新編』（北京大学出版社　2005 年）が蒐集した“元代白話碑”に使用されている，いわゆるモンゴル語直訳体白話風漢文（モンゴル語の文法に即し漢語口語の語彙を以て直訳していく文体）に，非常に似通っている。本書は，亦隣真が列挙する直訳体（＝硬訳体）の特徴を，語彙レベルでも，文法・文章構造レベルでも備えている。①“～毎”，“添気力”，“体例”といった単語，“休～者”，“不～那甚麼”といった語法を用いる。②モンゴル語の複数介詞，格介詞，形動詞と動詞の語尾を，機械的に翻訳して，モンゴル語の文法規則に従って語尾につけ，中国語の規則には従わない（“把你”を“你根底”とするなど）。③モンゴル語の結構を残し，目的語が述語の前にあること。④長い連体修飾語，助動詞“麼道”の前の長い文など（漢文の文言や白話の文章構造には見られない）が，それである[6]。

なかでも『孝経直解』の，七十近い句末の“有”の用例は，モンゴル語の動詞の時制の終止形，形動詞語尾，あるいは助動詞の働きを兼ね備える動詞のa-，bü-を漢語に置き換えたものであって，直訳体の大きな特徴である。これを無視することはできない。イリンチンがひきあいに出す洪武帝の雅文漢文の詔とモンゴル語訳，のちの四夷館の傍訳の対比は，『孝経直解』が『孝経』のモンゴル語訳から再び漢語に訳しなおされた可能性すらあることを示唆している。また，吉川幸次郎は，この書を朝廷での経筵講義の観点から考証し，句末の“有”はモンゴル文にうつすときの便利のためではないかと，つまり蒙文翻訳の底本である可能性をいう[7]。

貫雲石の『孝経直解』と，同時代の資料である『事林広記』（国立公文書館蔵至順年間椿荘書院本）後集巻九「幼学類」の《説書之法》は，次のように言う。

> 小児には止（た）だ説く可し。句語の義理は，又，須らく分明に直説すべく，言語を多くす可からず。如（も）し「仲尼居」を説けば，則ち言えらく「仲尼なる者は，孔子の字（あざな）也。字は，是れ表徳也。居は，坐する也」と。「曾子侍」なる者は，「曾子は，是れ孔子の弟子也。侍は，侍奉するを謂う也。叉手して其の側に於いて立つ也」と。「子曰」なる者は「子は，是れ孔子，乃ち弟子の師を称して子と曰う也。曰は，説（と）く也」と。「此れ，孔子が坐し，曾子が侍奉し，而して孔子の説くを言う也」と。此（かく）の如くすれば則ち分明たりて，而して稚子（おさなご）も暁（さと）る也。

一語，一語，簡単なことばに置き換えて説明し，最後に句全体の意味を解説する。実際に，教鞭をとる際には，口語で行われただろうが，これが，従来からの伝統的な“直説”，“直解”のやり方であった。ところが，貫雲石の場合，冒頭の“仲尼居”以外は，経文一句ごとに，その句全体の意味を，ただひたすら饒舌にわかりやすく訳していく。“直説”された部分をつなげて，だれかに声を出して読んでもらえば，『孝経』の内容は，最初から最後まで逐一理解できるようになっている。この字はこういう意味だ，などという説明は，いっさいない。まるで教える相手が，経文の字を読めないことを想定しているかのように。直訳体で書かれた“直説”の部分が，本来はモンゴル語だったという可能性は，じゅうぶんにありえるだろう。『今文孝経直解』は，貫雲石の『孝経直解』などが確立した新たな“直説”スタイルに影響を受け，さらに漢人むけに応用改良されたものなのかもしれない。

いっぽう，太田辰夫の説を承けて[8)]，竹越孝は，“『孝経直解』が漢語の文言を漢語の口語で解釈したものである以上，蒙古人が蒙古語を漢語に翻訳するために用いた特殊文体という「蒙文直訳体」の概念は適用し得ず，これが『元典章』や「白話碑」と同じ特徴をもっていることは，それらを含む資料全体がまぎれもなく実際に話された口語であることを意味する”として，書面上の“蒙古語直訳体”とは別に，実際に華北で喋られた“漢児言語”なる概念を想定した[9)]。また，太田は，句末の“有”，“呵”を，ほとんど語気をもたないゼロ助詞とし，“有”がモンゴル語の現在時のテンスを写したものという説を，『孝経直解』のほぼ全巻が現在時で述べられることになって文脈に合致しないとして，否定する。佐藤晴彦も，“有”の来源がモンゴル語にあることを認めつつも，①許衡『大学要略』『大学直解』『中庸直解』では，“有”は使われていない。②「元代白話碑」『元朝秘史』（の総訳）ではそれほど多くない。③『孝経直解』では大量に使われている，という現象の説明を，あくまで“漢児言語”でもって解決しようとする。そして，『孝経直解』を，中国語の原文から直接口頭語に訳したものと考え，貫雲石がモンゴル語訳から重訳した可能性については懐疑的である[10)]。

だが，「元代白話碑」に“有”がそれほど多くないのは，この文書形式が，クビライ以後ある確固とした定式をもち，聖旨という性質上，命令形が多く，またそれほど長い文章でもないので，終結形の現れるべき場所がないためである。いっぽう，『孝経直解』は註釈書であり，現在時制の終結形が多いという，資料の内容の差異を念頭においておかねばならない。比較するならば，『元典章』や『廟学典礼』など一連の書の，ある案件の経緯を直訳体で各部署や皇帝に詳細に報告している箇所を見るべきである。また『元朝秘史』の総訳は，傍訳というものがある以上，同じスタンスではなく，中国語として違和感のない訳にしようとしていることを考慮する必要があろう[11]。

許衡の書と『孝経直解』の差異については，これらの書が，どういう経緯で，何のために，誰に対してなされ，出版されたものかということが，大きく影響しているように思う。そもそも，当時一般に使用されていた白話を見事に使いこなした散曲作家の貫雲石が，許衡の書を承けたといいつつ，なぜあえてこのような文体で書いたのかを考えねばならない。

また『孝経直解』に使用されていることばを，当時の華北の人が普通に使っていた口語“漢児言語”だと主張するならば，なぜ同じ北方の元曲にそれが――一部影響を受けた用例はあるにせよ[12]――使用されていないのかを説明する必要があろう。

ようするに，資料そのものに架せられた枠組み，つまりいかなる状況，スタンスで，いかなる団体，個人によって出版されたのかという根源の問題を解決しないかぎり，そこで使用されている言語について，あれこれ議論したところで，しょせんは空論にすぎない。そうした，出版の経緯についての検討は，これまでまったくといっていいほどなされていない。前掲の吉川論文にしても，撰述の動機は，英宗シディバラの経筵講義に求めるが[13]，出版については，“書物が出現してしまえば，蒙古人ばかりではなく，教育すべき幼童をもつ漢人の市民も，これを便利とし，その需要をもみたしたであろう”といい，“漢人めあての書賈営利の覆刻”と推定する。朝廷での進講のテキストが，なぜ，どのようにして，民間の書肆に流出し，出版されたのかについては触れられていない。

本章では，上に述べたような問題意識をもって，『孝経直解』の出版経緯を考察するが，最終的な目的は，大元ウルス治下の文化政策（とくに儒学とのかかわりを中心に）と出版物について概観するところにある。本章は，その導入部である。

2　大元ウルスの一大記念文化事業――激動の大徳十一年

貫雲石の自叙が至大元年（1308）の正月十六日付けになっているからには，その出版準備の大半は前年，つまり大徳十一年（1307）になされたと考えるのが妥当であろう。そしてこの大徳十一年という年は，結論から先に言えば，モンゴル帝国の歴史においても，そして，じつは，中国の出版史上においても特筆されるべき重要な一年であった。

正月八日，祖父クビライの後を継いで，元貞，大徳の十三年間，大元ウルスのカアンの座にあった成宗テムルが，他界した。もっとも，テムルは病気がちであったために，その治世の後半は，筆頭皇后バヤウト氏ブルガン・カトンが，実権を掌握していた。テムル自身の嫡出の子で，大徳九年六月に皇太子にたてられていたティシュは，同年十二月に夭折していた。テムルには，ティシュ以外の嫡子はいなかった。したがって，後継者問題が持ち上がるのは，当然のことであった。

まず，ブルガン皇后が行動を起こした。血統から言えば，テムルの兄ダルマバラと姻族コンギラト氏ダギの子，カイシャンとアユルバルワダ兄弟の二人が，一番カアンの座に近かった。だが，いったん権力を掌握し味をしめたブルガンは，複雑な個人的感情もあって，かれら兄弟にそれを譲る気には，どうしてもなれなかった。そこで，テムルの従兄弟で，傍流に過ぎない安西王アーナンダを，カアンとして迎え入れるかわりに，自分を皇太后として認めさせることで，その地位を守ろうとした。すでに，テムル在位中より，こうした事態を見越してか，カイシャンをモンゴリア戦線の最前線に，アユルバルワダとその母ダギを，河南にとばして，大都から遠ざけてあった。だが，テムルの死後，急速に進められたブルガンの策動に，中央政府のハルガスンを中心とする群臣は，反発した。そこで，李孟を仲介として，ダギ，アユルバルワダ親子に，連絡をとった（ハルガスン等にしてみれば，迎え入れるカアンは，カイシャンでもよかったのだが，ただ，切迫する事態のなか，連絡をとるには，かれはあまりに遠方であった）。そして，二月，クーデタによって，いったんアユルバルワダ新政権が樹立された。

いっぽう，テムルの死とアーナンダの即位を，三月，遥かアルタイ地方西麓で知ったカイシャンは，即座に東進した。まずチンギス・カンの御陵下カラコルムで，“諸王，勲戚畢く会す”状態で，帝位奪取を諮り，大軍団を率い，大都にむけて進撃を開始した。

となると，困惑したのは，新政権樹立に浮かれ騒いでいたアユルバルワダ派である。いったん掌握した政権をみすみす手放すのは，君臣ともども，心残りであったが，カイシャンに対抗できる軍事力があるはずもなかった。やむをえず五月，大都の要人達は，上都へ北上，カイシャン軍団を歓迎した。クリルタイが開催され，カイシャンの即位，ブルガン皇后，アーナンダ等の死罪が，決定された。アユルバルワダ擁立を図った要人達は，その罪を咎められることもなく，そのままカイシャン政権に抱え込まれることとなった。

次男のアユルバルワダを偏愛したダギは，これより先，あきらめきれずに，カイシャンに，カアンの位を弟に譲るよう要求したが，拒絶されていた。もっとも，そうした母を納得させるために，六月，カイシャンは自身の嫡子コシラではなく，弟のアユルバルワダを皇太子に立てざるをえなかった（アユルバルワダがカアンになった暁には，息子のコシラを皇太子に立てるという約束付きで)。また，その母自身のためには，即位当日に，皇太后の尊号をあたえたうえ，翌年の至大元年三月には，興聖宮を建設するなどの，気の遣いようであった。そして，ここに“三宮協和”というと聞こえはいいが，複雑な構造をもった政治が始まったのであった[14)]。

以上が大徳十一年の政権交替劇のあらましである。次に，このような政情を念頭に置きつつ，それと『孝経』出版がどうからんでくるのかを検討していこう。

『元史』巻二二「武宗本紀一」

[大徳十一年八月]辛亥，**中書(右)[左]丞孛羅鉄木児以国字訳孝経進**，詔曰：「此乃孔子之微言，自王公達於庶民，皆当由是而行。**其命中書省刻板模印，諸王而下皆賜之**」。

中書左丞ボロト・テムルが，パクパ字を用いて『孝経』をモンゴル語に翻訳したものを，武宗カイシャンに進呈したところ，「これは，孔子の深遠なおことばであって，王公から庶民にいたるまで皆，この教えにもとづいて行動するべきである。中書省に命じて版木を彫って印刷させ，諸王以下皆のものに下賜せよ」との詔が下されたという。

カアンの命によって中書省の管轄で出版されたからには，モンゴル語訳『孝経』は国家刊行物である。“諸王”が，大元ウルス内の各小ウルスの王族を指すのか，あるいは，西方の三大ウルス――フレグ・ウルス，チャガタイ・ウルス，ジョチ・ウルスの王を指すのか，さだかでないが，モンゴル語の出版物である以上，必ずしも中華レヴェルのこととして考えなくともよさそうである。もし後者であるならば，モンゴル語訳『孝経』は，遠くイスラーム世界まで伝わったことになろう。

モンゴル語訳『孝経』の出版にたずさわったカイシャン政権下の中書省の重要メンバーについては，かつて神田喜一郎が紹介した宮内庁所蔵の『臨川呉文正公草廬先生文集』（明永楽四年刊本）一百巻の付録，「大元累授臨川郡呉文正公宣勅」の至大元年の勅牒（漢字とその音訳のパクパ字の合璧）をみればよい。ボロト・テムルをはじめとして，ウバイドゥッラー，ボロト・ダシ，郝天挺など，ずらりとその名が並んでいる[15]。“国字”を用いて『孝経』をモンゴル語訳した，というからには，この刊本はパクパ字で書かれていたとみるのが普通だろう。天理大学附属天理図書館では，パクパ字モンゴル語と漢語の対訳からなる刊本の断片が見つかっており［口絵 10］[16]，モンゴル語訳『孝経』もこうした形態をとっていた可能性がある。

ただし，ウイグル文字モンゴル語訳『孝経』も北京の故宮博物院図書館に現存する。道布（ドボ）が整理，転写，註釈を施した『回鶻式蒙古文文献匯編』（民族出版社　1983年　78-157頁）に，その写真，翻刻が掲載されている［図 1-2］。はやくはフックス，モスタールトによって紹介され，そのごラケヴィルツ，クリーブス，栗林均等が研究をすすめてきた[17]。「開宗明義章第一」の始めの部分が欠落しているが，おそらく，本文は全部で三十八葉。あるいは，本来は，巻頭に出版にあたっての序文があり，大元ウルス治下の出版物の多くがそうであるように，カアンの聖旨が掲げられていたのかもしれない。框郭，版心は，

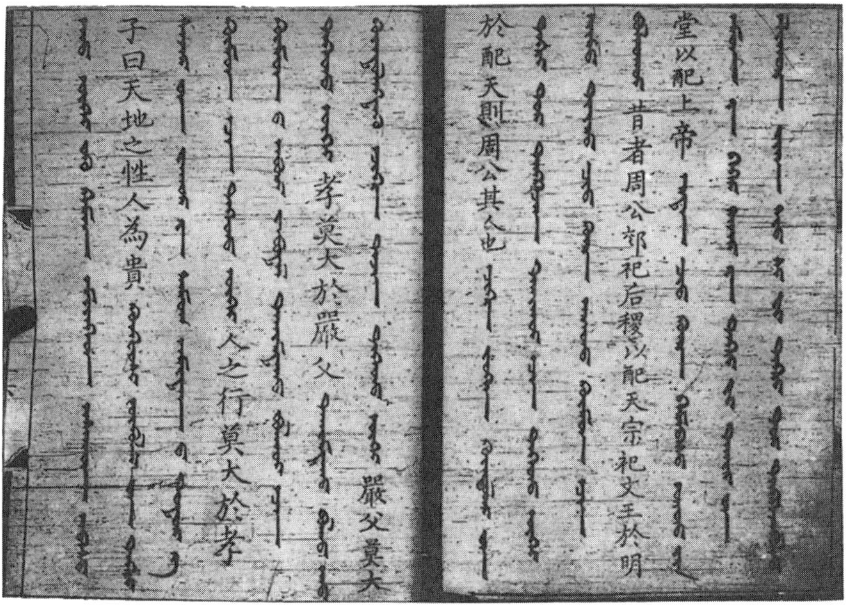

図 1-2 ウイグル文字モンゴル語訳『孝経』(道布『回鶻式蒙古文文献匯編』)

ふつうの漢籍のそれにならうが，左から右へ縦書き，罫線はない。まず漢字で『孝経』の本文の一句が掲げられ，そのあとに，ウイグル文字の訳文が添えられる。これの繰り返しである。字体，正書法，文法，語法，語彙のいずれをとっても，大元ウルス時代のモンゴル語の特徴をもつとされる。たとえば，「天子章第二」の冒頭は，『華夷訳語』，『元朝秘史』の傍訳を参考に直訳してみると，

Kungwusi ügüler-ün
孔夫子 説
孔子が 言うには

Öber-ün ečige eke-yügen taγalabasu busu kümün-i siγu-ud quiban emigegdeküi,
自家 的 父 母 行 愛 呵 別 人 行 嫌的 自的行 惶懼 的
自分 の 父 母 を 愛すれば，ほかの人 を 嫌うのを(自分の)恐れる もの。

Öber-ün ečige eke-yügen kündülebesü busu kümün-i könggeleküiben emigegdeküi,
自家 的 父 母 行 重 呵 別 人 行 軽的 自的行 惶懼 的
自分 の 父 母 を 重んずれば，ほかの人 を 軽んずるのを(自分の)恐れる もの。

となる。貫雲石の『孝経直解』の訳とは少しことなるが，まず1307年に訳され，そののちのいつかにこのヴァージョンがつくられたと考えられる。すぐ後の延祐年間（1314-1320）に銭天祐がシディバラに献上した『孝経直解』もウイグル文字モンゴル語訳が作成されているので，あるいは，それかもしれない[18]。なお，『文淵閣書目』巻一八には“達達字孝経一冊”とあり，清の趙宗建『旧山楼書目』「光緒廿六年十月中補録」には，“元刊孝経　一本”，“元刊蒙古文孝経　一本”と記されるが，はたしてこれらが大徳十一年のものかどうか，確認するすべはない。

さて，このモンゴル語訳孝経出版の詔に先立つこと一カ月，大徳十一年七月，それもカイシャンの誕生日である十九日という，特別の日をあえて選んで，大元ウルスによる儒教保護政策の一大記念式典が行われていた。儒教は，前代，女真族の金朝によって，手厚い保護を受けていたが，その版図，人材をそっくり引き継いだ大元ウルスにおいても，その姿勢は変わることがなかった。

『元史』巻二二「武宗本紀一」

[大徳十一年秋七月]辛巳，加封至聖文宣王為大成至聖文宣王。

孔子の封号に“大成”の二字を加えて大成至聖文宣王とする旨の「加封孔子制誥」（閻復撰）が発令され，のち，中国全土の路，府，州，県の孔子廟に，それを一斉に建碑させたのである。その全文は，『国朝文類』巻一一，『天下同文集』巻一などに掲載されている。また，過去の各地方志，石刻碑目にも録されるほか，現在も中国の各地に碑石自体が残っている。

カイシャンの誕生日七月十九日に，この詔が発令されたということは，この「加封孔子制誥」に，大きな意味があった，あるいは持たせたかったことを示している。これより前の成宗テムルも，至元三一年四月の即位後まもなく，七月に「勉励学校詔」[19] を発令，廟学の保護，人材の育成を謳った。だが，かれの誕生日は九月である。

この詔の発令が，いかに重要な意味をもっていたかは，後の皇慶・延祐年間(1312–1320) になっても，儒教保護を確認するかのように，何度か立石されていることからも，明らかであろう。なお，大元ウルスの儒教政策において，大きな節目となった，この大徳十一年「加封孔子制誥」については，それ自体が多くの問題をふくむので，別に論じることにしたい（本書第II部第5章)。

さて，最後に時期は前後するが，大徳十一年における大元ウルスの『孝経』出版への関わりを示すもう一つの記事を掲げよう。ふしぎなことに，『孝経直解』出版にもっとも密接かつ重要な関係があるはずのこの記事は，今まで看過されてきた。おそらく，大徳十一年以降の三宮鼎立状態の政局が，考慮されなかったためであろう。

『元史』巻二四「仁宗本紀一」

[大徳十一年]五月乙丑，帝与太后会武宗於上都。甲申，武宗即位。六月癸巳[朔]，詔立帝為皇太子，受金宝。遣使四方，旁求経籍，識以玉刻印章，命近侍掌之。**時有進大学衍義者，命詹事王約等節而訳之，帝曰：「治天下，此一書足矣」。因命与図象孝経、列女伝並刊行，賜臣下。**

ここでいう“帝”は，もちろん仁宗アユルバルワダを指す。五月の武宗カイシャンの即位，六月の立皇太子の式典をうけて，アユルバルワダは各地の経籍を収集した。さらに『大学衍義』を，太子詹事の王約らに適宜節略，モンゴル語に翻訳させた。そして別に献上されていた，図像の『孝経』，『列女伝』と一緒に刊行させ臣下に賜ったのである。

なお，中華書局の標点本では，『図象孝経』と『列女伝』と解されている。だが，これは，銭大昕がその著『元史芸文志』の「孝経類」に『図象孝経』を，「伝記類」に『列女伝図像』を配したように，“図象”は『孝経』，『列女伝』の両者にかかると考えねばならない。また，裏を返せば，あえて銭大昕が『列女伝図像』として掲載した理由の一つとして，銭大昕の念頭に，今日我々も目にすることができる，例の建安余氏の全相本『列女伝』が浮かんだ可能性がある（清末の耿文光『万巻精華楼蔵書記』巻三七にも，“列女伝図有大徳十一年刊行本”とある。銭大昕が『元史』の記事だけでなく，実物そのものをみている可能性もむろん捨てきれない)。この『列女伝』については，第5節にて述べる。

ひるがえって，もう一度ことがらを整理するならば，

五月二一日：武宗即位。

六月　一日：立皇太子→モンゴル語簡訳『大学衍義』，『図象孝経』，『列女伝図像』の刊行命令。

七月　十九日：武宗聖寿節。「加封孔子制誥」の発令。

八月　：モンゴル語訳『孝経』刊行命令。

となる。

また，あえて付け加えるならば，五月のカイシャンの即位と同時に発令された「尊皇太后詔」[20] の冒頭に，“蓋聞；孝治天下者，王政所先”と，『孝経』の「孝治章」の句が，典故として用いられているのも，あるいは，このの ちの一連の事業を意識してのことかもしれない[21]。「尊皇太后詔」は，実際には皇帝の位に登ることのなかった父ダルマバラを追尊し，順宗という諡を贈り，その妻である母ダギを皇太后とする目的をもって，発令された。父ダルマバラを正統な皇帝の血脈に連なるものとして，皇帝の諡を贈り，さらにそれを承けて，宗廟にチンギス・カンを中央に，西第一室からトルイ，クビライ，チンキム，左第一室からダルマバラ，テムルの順（モンゴルでは右が尊ばれる）にあえて祭ったことは，カイシャンにとってもアユルバルワダにとっても，自身の正統性を主張するうえで，ともに利害が一致する。ダギにとっても，それは，すなわち，自身の皇太后としての地位を保証するものであるから，都合がよい。そうした意味で，『孝経』に関わる一連の事業は，三者が協力しうる唯一の企画なのであった[22]。

じっさいの『図象孝経』，『列女伝図像』，モンゴル語訳『孝経』の刊行が何時に成ったかはわからない（そもそも，王約らのモンゴル語簡訳『大学衍義』，『図象孝経』，『列女伝図像』のアユルバルワダへの献上自体，文脈からすると，六月よりかなりくだる可能性がある。ただ参考としてひとつ例を挙げれば，時代は少しくだるが，延祐年間のクトルグトルミシュ等による『大学衍義』の翻訳・出版の場合，刊行までに一年五カ月を要している[23]）。だが，とにかく，これらの事柄はすべて連動しており，大徳十一年から至大元年にかけて，武宗カイシャンの即位，仁宗アユルバルワダの即皇太子位を記念して，一連の文化事業が行われた

事実は，もはや動かしがたい。

貫雲石の『孝経直解』出版も，この記念事業の枠組み内にある可能性は，否定できないだろう。『孝経直解』の直訳体は，モンゴル語訳『孝経』との関連を示唆するものである。国家の記念出版物という枠組みがあったからこそ，同時代の元曲や平話に使用される普通の白話ではない直訳体が，あえて用いられたのである。

何よりも，『孝経直解』は『図象孝経』と同じ共通項を持つ。すなわち絵解き本という点である。むろん，この『図象孝経』が，『孝経直解』と同じく，上図下文形式を持つものかどうか，完全に証明することは難しい。というのは，碑文では系図と画像，例えば孔子の肖像画が付されているだけで“図象”ということがある。そのうえ，大元時代の絵解き本には連相本（絵巻物に似て，文字のみの半葉，あるいは一葉と，絵のみの半葉，一葉が交互に綴じ込まれた形式を持つ）前図後文式という形式のものがあるからである。ただ，“図象”という言葉は，のちの明代の絵入り本にも，ときおり冠されるが，それで見るかぎり，連相本ではなく上図下文形式のものに使用されているようである。一例を挙げれば，元刻本の覆刻である五山版『分類合璧図像句解君臣故事』は，上図下文の全相本である［口絵16］。

いずれにせよ，史書に絵解き本の出版のことが記されるのは，この大徳十一年の記事が初めてである。『宋史』の「芸文志」にも，また清人の手になるものではあるけれども，遼，金の「芸文志」にも，絵解き本は見えない。むろん，『孝経直解』のように，正式な書名は『新刊全相成斎孝経直解』であるのに，『元史』に記される際には『孝経直解』，或いは『直解孝経』のように約めた呼称が用いられ，一見絵解き本と分からない場合があることも否定できない。だが，『元史』があえて“図象”と特記したこと自体，国家刊行物で絵解き本が出現したのが，いかに未曽有のことであったかを示しているように思われる。

3 『孝経』の伝播――カラ・ホト文書から

内蒙古自治区黒城，すなわちカラ・ホトは，ふるくは，漢代の居延，西夏の黒水城，モンゴル時代の甘粛等処行中書省下，亦集乃（エチナ）路の遺跡にあたる。現在でこそ，年間雨量15mmにも満たぬ不毛の砂漠だが，14世紀初頭には，城の東北に大きな沢のあるオアシス地帯であった。至元二三年（1286），総管府が立てられたのちは，運河も引かれ，灌漑，屯田も行われた。イスラーム商人の重要な通商路でもあったかの地は，地方の都市として栄えた[24)]。

1909年，ロシアのコズロフの探検隊が廃墟となっていたカラ・ホトの塔の中から，いにしえの繁栄を偲ばせる大量の文献――西夏語，漢語，ウイグル文字モンゴル語，パクパ字モンゴル語，ティベット語，ペルシア語，アラビア語などの諸言語の刊本，抄本を発見した。内容は，公文書，私文書，仏典，印刷物など多岐にわたっていた。漢語資料については，『黒城出土漢文遺書叙録　柯茲洛夫蔵巻』（[俄]孟列夫著・王克孝訳　寧夏人民出版社　1994年）によって概況を知ることができる。有名な金・モンゴル時代の白話文学のテキスト『劉知遠諸宮調』もこの時，発見されたものである。1997年以降，上海古籍出版社から『俄蔵黒水城文献』の「漢文部分」,「西夏部分」が陸続と影印出版されつつあり，近い将来その全貌が明らかになるだろう。

さらに1983年から84年にかけて中国によって行われた発掘調査の結果，その多くが断片ではあるものの，相当量の文書，典籍などの重要な資料が出土した。それらのうち漢文文書，文献七百六十余件については，李逸友『黒城出土文書（漢文文書巻）』（科学出版社　1991年）が整理，考証を行っている。発見された漢文文書のなかには，『元史』に，国家刊行物であることが明記されている『大元通制』や『至正条格』などの断片や，次節で問題にする挿絵入りの仏典，上図下文形式ではなかったかと思われる話本『薛仁貴征遼事跡』の残頁，元曲の抄本などもあった。また，カラ・ホト城下に駐屯ないし通過したモンゴル諸王，王子，あるいは城下の役人の子供，儒学生が用いたと思われる元刻本の教科書の残頁も出土している。『孟子』，『大学』，『論語』，『尚書』など，

図1-3 カラ・ホト出土の『孝経』(李逸友『黒城出土文書』)

四書五経のほか，『通鑑節要』や『千家詩』などがあり，大元ウルス治下の教育の一端をみせてくれる。刊本だけでなく『孝経』や『千字文』の手習い草紙も複数ある。

だが，李逸友が指摘するように，なかでも重要なのは，F43：W2の整理番号が付される元刻本『孝経』「聖治章第九」の残頁である［図1-3］。これは，直訳体によって，経文に註釈が施されている[25)]。氏は，註釈者は，はじめモンゴル語で註釈したのだが，漢文の典籍であるため，そのままモンゴル語で書くわけにもいかず，直訳体を用いたのだと考えている。

問題の残頁は，経文“天地之制人為貴”に対して，“孔子回説天地内人最貴有”，“人之行莫於孝”に対して，“人的勾当都無大似孝的事”，“孝莫大於厳父”に対して，“孝的勾当都無大似父親的”，“厳父莫大於配天”に対して，“敬父親的勾当便似敬天一般”，“則周公其人也”に対して，“在先聖人有箇周公□□字曽□□□□”と註釈する。これを，貫雲石の『孝経直解』の該当箇所と比べてみると，なんと一字一句一致する［前掲図1-1］［図1-3］。カラ・ホト出土の元刻本『孝経』も，貫雲石の『孝経直解』なのである。ただし，こちらは，上部に挿絵がないヴァージョンである（李逸友が，両者の一致に気づかなかったのは，ただ全相本の『孝経直解』が，大陸では，全く入手，目睹しえない状況であったためにすぎない。にもかかわらず，その重要性にきづき，写真も掲載された点を，あえて銘記しておきたい）。

ここから，推測できるストーリーとして，例えば，『図象孝経』と全相本

『孝経直解』が同一の書であると仮定した場合，①貫雲石が，アユルバルワダに進呈した『孝経直解』は，モンゴル語で書かれていた。挿絵をつけて版刻する際に，直訳体になおされた。いっぽう，カイシャンは，モンゴル語のままの『孝経直解』を刊行させた。同時に，同じスタイルで，直訳体の『孝経直解』も刊行させた。②アユルバルワダの命によって出版された『孝経直解』と同時に，挿絵のないヴァージョンも出版された。などが即座に思いつかれる。またほかにもいろいろ考えられよう。

ただ，いずれにしても，貫雲石の『孝経直解』が，大都からはるか遠く，カラ・ホトの地まで伝わったことは，ひとつの事実であり，「武宗本紀」の“諸王而下皆賜之”という記事の裏付けともなる（じっさい，この東西の世界がひとつになったモンゴル時代の文化の交流は，トプカプ・サライにのこる元刻本「二十四孝図」[26]や，青海の循化県街子清真寺，北京牛街清真寺，北京東四清真寺，新疆維吾自治区博物館などが蔵する大元時代のクルアーンの抄本[27]など，モノが示している）。

また，『孝経直解』が，挿絵の有無で少なくとも二つのヴァージョン，ことによっては，モンゴル語版もふくめて三つ以上のヴァージョンがあるくらい，この時代，権威があり，流通した註釈書であることも，確かであろう。

4 『孝経直解』の挿絵をめぐって

1）『孝経直解』の挿絵

ところで，『孝経直解』は，大元時代のそのままの状態で見ることのできる，それ自体がひとつの資料でありながら，言語の特徴にばかり目が向けられてきた。この書が絵本であるということ，しかも同時代の建安虞氏の全相平話五種や，余氏の『列女伝』と同じ上図下文形式をもつということなどの意味はなおざりにされていた。とにかく，まず“モノ”として見る姿勢に欠けていたきらいがある。

本節では，とくにこの『孝経直解』の“絵”から，大元時代の全相本出版の一側面を考察してみよう。

1956年，台湾国立中央図書館（現台湾国家図書館）から一幅の絵巻が影印，冊子本の形で出版された。その絵巻の名を『趙孟頫孝経図巻』という。『孝経直解』と同時代の，それも大元時代きっての文人書画家とされる趙孟頫の，さらに故宮に蔵される最高級品“孝経絵詞”なのである。

まず，この絵巻の体裁について述べておかねばならない。『孝経図巻』は，縦25.5cm，横884.2cm，絹地に『孝経』全十八章を墨書し，各章ごとに一図をなす。すべて白描画である。末幅に“呉興趙孟頫”の落款，“趙氏子昻”，“松雪斎図書”（子昻は字，松雪斎は号）の印が捺される[28)]。

さて，この『孝経図巻』（以下『図巻』と略す）の十八枚の絵と『孝経直解』（以下『直解』と略す）の十五葉の挿絵を対照させてみると，おどろくべきことが判明する。『直解』の版画の図案は，孔子が壇上に座って弟子に教えを説く「開宗明義章第一」から，亡くなった親の墓がある山の風景を描く「喪親章第十八」まで，なんと趙孟頫の挿絵の構図とほぼ逐一対応するのである。無論，こまかい点で差異はある。詳細にみていくと，以下のタイプに分類される。

A）構図が基本的に一致するもの（十二例）

「開宗明義章第一」，「諸侯章第三」，「卿大夫章第四」，「三才章第七」，「孝治章第八」，「聖治章第九」，「五刑章第十一」，「広要道章第十二」，「広至徳章第十三」，「諌諍章第十五」，「事君章第十七」，「喪親章第十八」

たとえば「聖治章第九」の絵をみてみよう［図1-4］。上が趙孟頫の『図巻』，下が『直解』の挿絵である。全体の構図は，見てのとおり，おそろしいほど酷似する。また，祭壇に祭られた，羊もしくは牛の首と思われる生け贄，高坏の配置など細かいところも，じつによく一致する（こうした例は，ほかに「五刑章第十一」の門に閂をかける男の着物のはしょりかた，「広要道章第十二」の左端の男がもつ杖のまがりぐあい，「広至徳章第十三」の衝立の模様などにもうかがえる）。

むろん，いっぽうで，微妙にことなる箇所もある。たとえば，『直解』のほうの宗廟には，上方に垂れ幕がかかっている。柱の数，色がちがう。祭祀につどったひとびとの配置が，ところどころことなる。

また，ほかの大部分の章に共通していえることだが，とくに草木，太湖石などについては，『図巻』と『直解』の間に異同がかなりある。そのくせ，木の種類，木の生え方の角度まで同じ箇所もある。こうした差異の原因としては，おもに二つのことが考えられる。

現在我々が見ている『直解』が初版本でなく，後刻本もしくは覆刻本であるために（もっとも松雪体の字，挿絵ともにかなり精密な彫りであるので，後刻であるにしても，さほど回数をかさねたものではないだろう），生じている可能性がひとつ。そうした例は，至治年間（1321-1323）の『三国志平話』とその後刻本である『三分事略』の挿絵，『事林広記』の複数の版本間の挿絵の差異などにうかがえる。

また，挿絵の縦と横の比率が，縦を1とした場合，趙孟頫の『図巻』は，各章によって多少のゆれはあるものの，約1：1.12でほぼ正方形に近く，『直解』の方は，約1：3.65でかなり横長である。そのため『図巻』では上部や下部に配されていた人物や動物が，『直解』だと別の位置に移し替えられたり，省略されたりすることが当然ある。図1-4でいえば，『図巻』の下部に配される，鐘の演奏者，参列者が多数，殿上に移されている。

より格好の例として「三才章第七」の絵も挙げておこう［図1-5］。『図巻』の右上で円座して宴会をたのしむ集団。笛を吹く男，片手を振りかざし，足を踏み鳴らし舞踊る男，太鼓を打つ横向きの男，椀（おそらく酒であろう）を手にもち，しみじみ味わい語り合う男たち。かれらの真ん中に据えられた団子の皿。『直解』と人物や小道具の細部までもほとんどみごとに一致している。

その下方に目を移してみれば，杖にすがる老人にあいさつする童子。さらにその右側の，両手を前で組み合わせ話をしながら歩いている二人の男と一人の女。『直解』では，これらの人物像が切り取られて，前者の老人と童子は画面中央部に，後者のほうは女が省略されて，画面左端に移動，貼りつけられている。

いっぽうで，『図巻』の左側半分の，昼寝をする男，あいさつをかわす二人の男，馬をひく男などはすべて省略されている。

図1-4 聖治章第九

B) 構図の一部をクローズアップしたもの（一例）

「応感章第十六」

一見，まったくちがう構図にみえるが，実はそうではない。実は『図巻』の絵は，さきに例としてあげた「聖治章第九」の絵と，まったく同じなのである。意地の悪い観方をすれば，『直解』は，二度も細かい人物群を刻む手間を避けたと考えられる。好意的に見れば，これは「聖治章」との類似を嫌い，祭祀で重要な役割をはたす楽器の演奏者，祝詞を唱える人など数人をピックアップして，おおきく描いたものとも考えられる。その意味ではAのタイプにいれてもよいかもしれない。

C）構図はほぼ一致するが，『図巻』にない新しい要素が加わっているもの（一例）

「紀孝行章第十」［図1-6］

年老いた父母の耳目を楽しませるために，太鼓をたたく女，そのかたわらの子供。かれらの首のかたむけぐあい，服装。音楽にあわせて花を生ける男（あるいはたんなる生け花ではなく，水芸，奇術のたぐいなのであろうか）。片手に花，片手に刷毛，そのかれの手の角度，座り方。そして老夫婦の後ろの衝立に描かれた絵まで，逐一対応する。

ところが，『直解』の絵の右端で踊っている人物に注目していただきたい。『図巻』のどこをさがしてもこれに対応する人物はいない。『図巻』にいた人物が『直解』で省略されることは既にみてきたが，逆の例は，気づくかぎりこの箇所だけである。むろん，太鼓を打つ女に対応させて，その音にあわせて舞う男を，『直解』が書きくわえたとも考えられる。

だが，この踊る男は，おそらく「二十四孝図」の“老萊子”の変形だと思われる。“老萊子”とは，五色の衣をまとい，嬰児のまねをして戯舞し，年老いた父母を喜ばせたという人物である。もしそうであれば，今後『孝経図』の中の人物と「二十四孝図」の相互関係にも目をむけねばならないであろう[29)]。

D）半葉に縮小，省略され，前後の章と合成されているもの（二例）

「士章第五」，「庶人章第六」

『直解』ではこの二章の絵は，半葉ずつに収められる［図1-7］。だが，それには理由がある。つまり，趙孟頫の図巻は絵巻物という形式上，絵と詞を交互につなぎ合わせていくので，各章に対応して挿絵を付すことが可能である。さらに必要とあれば，絵の横のサイズは変えることもできる。いっぽう『直解』

図1-5　三才章第七

は，一葉単位で上図，下文の形式をとるために，絵のサイズは最初から厳然として決まっている。しかも，上図と下文の内容が対応していないといけない(もっとも「聖治章第九」は，あまりに経文が長すぎて二葉にまたがるため，この原則は破綻をきたし，その後数葉は，厳密には上図と下文が対応していない)。したがって，本文が短くて，一葉に二章収まってしまう場合，どちらかの章の挿絵

図 1-6　紀孝行章第十

を省略，或いは合体・合成しなければならなくなるわけである。

ここの場合には，いっぽうは，“士”の階級の親子，いっぽうは庶民の親子

図 1-7 庶人章第六（左）と士章第五（右）

を描き，似たような図柄である。だが，半葉ずつに収めて並べることによって，一葉全体で眺めれば，それはそれで生活の対比という面白みがでる。なお，『図巻』の二組の夫婦は，いずれも二本の交差する木の下にいる。『直解』は，この木を中心に据えることによって，二枚の絵を合体させた。『直解』の半葉，半葉が，それぞれ『図巻』と左右逆になっているのは，『図巻』のように，“士”の夫婦が木の左側，“庶人”の夫婦が木の右側だと，『直解』の章の順が逆になってしまうからである。

E）対応する絵がないもの（二例）

「天子章第二」「広揚名章第十四」

『直解』は，上図下文形式をとるため，本文が短くて，一葉に二章収まってしまう場合には，どちらかの章の挿絵を省略，もしくは二章の絵を合体させねばならないことはすでに述べた。「天子章」の場合には，前後の章と絵柄がまるきり異なり，合成のしようがない。そこでやむをえず省略されたのである。

「広揚名章第十四」の場合は，前の「広至徳章第十三」とも，後の「諫諍章第十五」とも，構図はよく似ている。しかし，Dで取り上げた例のようには，合体させても対照的な面白さはない。それゆえ，省略されたのであろう。

さて，以上五つのタイプをみてきたが，B・C・Dも基本的にはA型の変形であり，Eにもそうあらざるをえない理由があった。ようするに『孝経図巻』と『孝経直解』の挿絵には，密接な関係が存在したのである。とすると，『図巻』の作者とされている趙孟頫と『直解』の関係についても考えねばならないだろう。

2）趙孟頫と『孝経図』

『直解』の挿絵と『図巻』の絵がほぼ一致する，これは否定のできない事実であり，偶然では決してありえない。しかし，手続き上，故宮所蔵本とはいえ，この資料『図巻』の真贋について，検討しておかねばならない。

趙孟頫の書体は大きく三期に分かたれるとされるが，この『孝経図巻』の細楷書で書かれた字体は，大徳年間のそれに酷似し，少なくとも晩期のものではない。また，“於”，“天”，“民”，“以”などの字にあらわれるいくつかの特徴は，趙孟頫の生涯を通じてかわらなかった書き癖である。また，『図巻』が紙本ではなく，絹地に書かれているということも，考慮にいれねばならないだろう。跋文を除く本体の部分が，趙孟頫の筆であることを否定できる材料は，ない。

恐らく問題になるとすれば，拖尾に付された呉全節の跋文であろう。それによれば，『図巻』を入手したのは，玉山草堂の主人，つまり顧徳輝（1310-1369）で，趙孟頫と親交のあった正一教の大立者呉全節（1269-1346）に，鑑定の意味も兼ねて跋文を書いてもらったことになる。趙孟頫は至治二年（1322）に亡くなっており，趙孟頫が顧徳輝と直接に知り合いだった可能性はないので，ありえない話ではない。

跋文の前半では，宋の太祖から始まる趙孟頫の系譜，および略伝を述べる。次に，趙孟頫が郷里の鷗波亭で北宋の李公麟（字は伯時。龍眠居士と号した）の

『人物孝経』一巻を複数臨写したこと，当時その作品はなかなか入手できず，非常な高額で販売されたこと，その中でもこの『図巻』は逸品であることをいう[30]。

だが趙孟頫が亡くなってさほど時を経ないのに，のちのちのためとはいえ，あえて有名な趙孟頫の一生を略説する必要があったのかどうか。それも楊載の趙孟頫についての「行状」(『四部叢刊』本『松雪斎集』附録)，『図絵宝鑑』巻五に見える文句とほぼ同じというのも気になる。呉全節の跋に疑問があるのはたしかだろう。ただし偽物といいきれるほどでもない。それに，これが肝心なことだが，たとえ跋文が偽作であっても，本体までも偽物であるとはいえない。また，かりに百歩譲って本体も偽作だったとしても，跋に述べられる状況は，真実を伝えるものであったろう。ちなみに，美術史の鈴木敬も，

> 趙子昂の正筆ではないにしても，李龍眠を先唱とする北宋末南宋初の白描画を趙子昂が模写した証拠にはなるであろう。

といっている[31]。

ひるがえって，趙孟頫の字体よりすれば，この作品は大徳年間のものと思われるが，趙孟頫自身は，私的な臨写というこの『図巻』の性質上，最後に“呉興趙孟頫書”と記すだけで，当時の肩書等は付さない。そのため何時の作か確定しがたい。だが呉全節の跋が“其在鷗波亭，嘗臨李伯時人物孝経一巻”といっていることを信じるならば，字体と経歴の間には，矛盾をきたさない。というのは，『元史』の趙孟頫の列伝がほぼもとづくところの『圭斎文集』巻九「神道碑」や，楊載の「行状」によれば，あくまでおもてむきではあるが，元貞元年（1295）から至大三年（1310）十月頃まで，その大半を江浙等処儒学提挙として，趙孟頫は杭州，呉興近辺にいたことになっているからである。

もちろん，『図巻』と『直解』の挿絵が一致するからといって，ただちに趙孟頫が『直解』の挿絵に関与しているとはいいきれない。そもそも李公麟の「人物孝経図」自体が複数あったし[32]，またそれを模した宋人の作品も複数存在した。『直解』が直接そうした原本，摸本から構図を得たという可能性も否定できないためである。

李公麟の『孝経図』は，たとえていえばゴッホの「ひまわり」や「収穫」み

たいなもので，非常に有名な作品で，いくつものヴァージョンがあった。例えば宋の鄧椿が著した『画継』の巻三「軒冕才賢」では筆頭の蘇東坡に続けて李公麟の名を挙げ，“孝経図有り”といっている。

また，元人の文集に目を向ければ，胡祇遹『紫山大全集』巻一四「跋李伯時孝経図」，張伯淳『養蒙文集』巻五「題孝経首章図」，呉海『聞過斎集』巻七「孝経図跋」などに，李公麟の「孝経図」，あるいはその模写についての跋文がみえる。

宋末元初の文人周密の『雲烟過眼録』（十万巻楼本）は，当時の書画蒐集家として有名であった知人が所蔵する作品のうち，かれが経眼したぶんについての目録である。その巻上「王子慶芝，号は井西の所蔵」には“李伯時孝経図并書”という記事が見える。同書の巻下には「趙子昂孟頫，乙未に燕自(よ)り回(かえ)りて所収の書画，古物を出す」という項目があるが，そこには，李公麟の『孝経図』は見えない。元貞元年の時点では，王芝の所蔵であったと思われる[33)]。王芝と趙孟頫は，大徳二年（1298）二月には，周密や張伯淳，鄧文原等とともに，鮮于枢の霜鶴堂で，郭天錫が持参した王羲之の「思想帖」を鑑賞したりしているから[34)]，かれより貸与された，或いは入手した可能性は，じゅうぶんにある。

また，趙孟頫は，自他ともに認める李公麟の白描画の後継者であり，実際，李公麟の作品を多数蒐集したうえ，模写も大量にのこしている。

なお，台湾故宮博物院に「宋李公麟画孝経図巻」[35)]が蔵されるほか，現在アメリカのプリンストン在住の方聞夫妻も，伝李公麟の『孝経図巻』を所蔵している。このふたつはまったく同じ構図で描かれている。真贋はともかくとして，それらを見る限り，『直解』と趙孟頫の『図巻』にはない構図があり，また「応感章第十六」の儀式の場面でも『直解』，趙孟頫の『図巻』に見えない位牌が並べられ，逆に牛か羊の頭とおぼしき生け贄は描かれていない。「事君章第十七」では，四阿屋で面会の順番を待つ客人の構図が両者と異なるし，最後の「喪親章第十八」には，『直解』と趙孟頫には描かれない小船が書き込まれている[36)]。明らかに，『孝経直解』が拠ったものではない。

むろん，李公麟は複数の『孝経図』を描いており，全ての『孝経図』が同じ構図だったとは限らない（そもそも現在に伝わるふたつの李公麟図が，共通の原画にもとづいた明代あたりの複製品である可能性もある。『格古要論』（台湾国家図書館蔵明活字本）巻上「李伯時画」によれば，澄心堂紙でなく絹地に描かれたものは，模写である。くわえて，方聞夫妻所蔵の李公麟の『孝経図』に附せられた跋文の最も古いものは，明の董其昌の手になり，『孝経直解』よりあとの偽作の可能性すら否定はできない。また，現在上海博物館の所蔵に係り，両図と同じ構図をもつ無款の『孝経図』も，製作年は大元時代に批定されているが，隆慶年間の識語しか附されていない）。くわえて，後世の模写もその色々なヴァージョンの『孝経図』による以上，構図は多様で，しかも臨写の過程で原画を忠実に模写しているとも限らない。だが，少なくとも趙孟頫が何枚李公麟の『孝経図』を臨写しようと，それはおそらくただ一幅の『孝経図』にもとづくので，細部に違いはあったにせよ，同じ構図を有したはずである[37]。

現在故宮博物院に蔵される伝高宗筆，馬和之画の『孝経』は，趙孟頫の『図巻』とよく似た構図をもっている（細部は，『直解』とことなる所が多い）。呉全節の跋を信じるに足らずとするならば，趙孟頫が模写したのは李公麟のものではなく，直接には，馬和之のものかもしれない。趙孟頫が高宗の末裔であることを考えれば，それもじゅうぶんにありうることである。

じつは，趙孟頫と『孝経』は縁が深い。例えば，大徳三年には，宋の高宗が書し，馬和之が挿絵をつけた『孝経図』合冊に題し[38]，至大二年の正月には，友人に泥金を用い楷書で書いた『孝経』を贈り[39]，そこで孝経に対する自身の考えを披瀝している。死の直前には，即位改元したばかりの英宗シディバラが，絵巻であったかどうかわからないが，やはり『孝経』を書かせている[40]。

いずれにしても『直解』の挿絵の原画は，現在故宮が蔵する趙孟頫の『孝経図』本人ではないにしても，その同腹の兄弟か，父親か，二親等内の関係で，最低でも異母兄弟の関係にあることは，ほぼまちがいないだろう。

あえて『孝経図』の源流をめぐってさらに溯るならば，晋の画家で『歴代名画記』に“上品上”と評される顧愷之にも，『孝経図』があったらしい。先述したように趙孟頫は李公麟の作品を多数模写したほか，顧愷之の作品もこよなく愛し，かれら二人の古人を画の師として仰いだ。顧愷之→李公麟→趙孟頫という白描画の流派ラインが存在したのである[41]。

もっとも，晋代の時点で，趙孟頫の『図巻』に見られるような構図を有したかどうか，定かではない。遼寧省博物館には，唐の閻立本の作と伝えられる『孝経図』があり，『図巻』と似ている箇所もそれなりにある。しかし，大元時代のひとびとの認識からすれば，張伯淳が“『孝経図』は龍眠居士より始まる”というように，李公麟がその祖なのであった。

仮に，もっと溯って一つ一つの構図の起源を探ろうとすると，もはや，敦煌を介在とする仏教の影響や，その他の絵画との相互関係を無視することは出来なくなってくる。『孝経』という，ストーリー性に欠ける書を絵で表現しようとする以上，なにかほかの構図から借用しているのは当然のことだからである。

また，『図巻』の絵は，むしろ『直解』の挿絵，もしくは『直解』に先行する民間の『孝経』の絵に山水画の技法をとりこんで描かれたものだとか，あるいは，『直解』の挿絵も文人画とは関係なく直接民間の『孝経図』にもとづいたものだ，と考えるむきもあるだろう。しかし，そうした民間の，十八章すべてそろった，構図も同じ大元以前の『孝経図』は，いままでのところ発見されていない。とにかく大事なのは，同じ大元ウルス治下の『趙孟頫孝経図巻』と『孝経直解』の構図が一致し，こんにち，それが現存しているという事実なのである。

3）全相本『孝経直解』の後継

『孝経直解』の後にも，大元ウルス下において何度か絵入りの『孝経』は刊行されたようである。

例えば，陳第『世善堂蔵書目録』巻上には，“画孝経図一巻　李孝光”，“孝経図解一巻　林起宗”とあり，銭大昕『元史芸文志』巻一「孝経類」にも“李孝光孝経図説一巻”，“林起宗孝経図解一巻”とある。

銭大昕が基づいた記事は，それぞれ，

『元史』巻一九〇「儒学・李孝光伝」

至正七年，詔もて隠士を徴し，秘書監著作郎を以て召さるに，完者図（オルジェイトゥ），

> 執礼哈琅（ジルガラン），董立と，同（とも）に詔に応じて京師に赴き，宣文閣に帝に見（まみ）え，『孝経図説』を進むれば，帝大いに悦び，上尊を賜う。

および，

> 『滋渓文稿』巻一四「内丘林先生墓碣銘」
>
> 中庸，大学，論語，孟子諸図，孝経図解……を作す。

である。特に李孝光の『孝経図説』については，『元史』の編纂官として有名な宋濂の『宋学士文集』（『四部叢刊』）巻三七「題李伯時画孝経図後」に，

> 右，李公麟の画する所の『孝経図』一巻，至正中，著作郎永嘉の李孝光，秘府に進入す。順帝　翰林学士臨川の危素に詔し，章を逐って経文を補書せしむ。[以下略]

とあることからすると，李孝光の『孝経図説』の挿絵も，李公麟の『孝経図』と密接な関係にあった可能性が高い。このことは，先に挙げた元人の文集の例も含めて，李公麟の『孝経図』を原画として用いるような絵本の出版には，いわゆる文人，さらにいえばモンゴル政府の官僚が関与している可能性を示唆しているように思われる。

また，長沢規矩也によれば，那波利貞がやはり元刊本の『全相大字孝経』を所蔵していたらしい[42]。これは，全部で九葉のみ，しかも白話文ではなく平易な漢文で書かれ，『出相大字千文』[43] とセットになっていたとのことである。残念ながら戦時中に焼失して，挿絵が何に基づいていたのかわからない。

『孝経直解』の挿絵と伝統的な『孝経図巻』の構図の一致は，やはり同時代の『列女伝』，郭居敬「二十四孝図」等の全相本の挿絵の原画についても，ひとつの可能性を提示するだろう。

たとえば，現在顧愷之の筆として伝わる『列女図』の衛霊公と霊公夫人の絵は，建安余氏の『列女伝』の該当箇所の挿絵と同じ構図をもつ。してみると『列女伝』の巻頭に“晋大司馬参軍顧凱之図画”と仰々しく書いてあるのも，出鱈目の話だともあながち言えなくなってくる。

台湾故宮博物院には，天暦三年/至順元年（1330）の李居敬の序文のある『四孝図』（「武妻股傷」「陸績懐橘」「王祥氷魚」「曹娥投江」）が蔵される。序によれば，燕山の陳国端が古の「孝子図」を入手し，絵の巧みな者に大舜以下二十

四人を描かせ，各図の左側に本伝を記し，珍重したという[44)]。『孝行録』「二十四孝図」は，高麗末期の権臣，権準や李斉賢などの手によって作成された[45)]。かれらは，大元ウルスの朱子学をはじめとする新しい文化の導入と普及につとめた。特に李斉賢は，大元ウルスに滞在中，姚燧，趙孟頫など当時一流の文人と交際があり，自身も書画をよくした。そもそも趙孟頫の従兄弟の趙孟堅（字は子固）には「趙子固二十四孝書画合璧」（北平古物陳列所　1933年刊）という作品があったらしい[46)]。「二十四孝図」も文人画と密接な関係があり，しかもその作成，刊行に時の政権がからんでいたことは，注意されてよいだろう[47)]。

5　大元ウルスと全相本

1）上図下文形式

上図下文形式の絵解き本の登場は，その起源を仏典関係に求めれば，かなり古くまでさかのぼることができる。

『絵因果経』は，釈迦の生涯を描く絵巻物で，日本各地に零本が伝来する。ふつうの絵巻物とことなり，画面を上下に二分し，下半分に一行八字詰めで経文を書き，それに対応する説話場面を上半分に展開する。製作年代は，奈良時代から平安初期に比定されている。この形式は，日本独自のものではなく，中国から，さらにいえば，敦煌を介在としてインドから伝わったものと考えられるが，完全な形での先例は，現在のところ発見されていない[48)]。

版画では，敦煌から出土し，現在パリ国立図書館が所蔵するいくつかの仏像図が，上図下文の形式をもつ。「文殊菩薩騎獅像」，「如来形坐像印仏」，「地蔵菩薩像」などがそれである。五代のものと考えられている。ただし，これらは，いわば，“一枚のおふだ”のようなもので，絵解きとはいえない。

連続した絵解きの版本としては，いちおう南宋本とされる『仏国禅師文殊指南図讃』（臨安府衆安橋南街東開経書舗賈官人宅印造），浙東道慶元路鄞県の程季六なる人物が大徳八年（1304）に広州で購入，重刊した『仏説目連救母経』（のち日本に伝わり1346年に重刊された）などがあげられる。また，モンゴル時代に刻されたウイグル語の『スダーナ本生話』も上図下文式をとっている[49]。

しかしながら，仏教に関係のない完全な上図下文の絵解き本で，なおかつ刊本として現存するものでは，『孝経直解』が最古のものである。

むろん，『孝経』を儒学の聖典とみなし，仏教の上図下文形式の挿絵本を応用したものだと考えられなくもない。同時出版の『列女伝』にしても，褒姒や妲己の話などを含む点で，『孝経』よりストーリー性は，はるかに強いものの，明の李夢陽『白鹿洞書院新志』巻八「書籍志十三」の子部に，『列女伝』が挙げられていることからも推測されるように，儒学の聖典としての性格をもつことは，いなめない（大元ウルス治下の書院は，廟学，孔子廟とセットになっている。白鹿洞書院は，同時代において，もっとも著名な書院のひとつであった）。だとしても，もっぱら仏教版画に用いられていた福建の版刻技術を，儒学に応用し，のちの全相本隆盛の緒を開いた功績は，モンゴル王朝に帰せられるべきものであろう。その意味で，至元十三年（1276）のクビライの江南接収は，版画史においてもひとつの転機となった。

ひるがえって，よく知られている国立公文書館所蔵の建安虞氏の『新刊全相三国志平話』は，至治年間のものであるし，同じく建安虞氏のその他の全相平話もほぼ同時期のものと思われる。

いっぽう，天理図書館所蔵の『至元新刊全相三分事略』は，甲午新刊と刻されている。至元年間の甲午といえば，クビライの至元三一年がそれにあたり，一見『孝経直解』に先んじるように見える。しかし，これは入矢義高が既に考証するように，至治年間の建安虞氏の『新刊全相三国志平話』の後刻本である。後刻本と判断する理由の一つとして，入矢は，元明二代の通俗書では後印のものほど本文も挿絵も粗雑になるのが通例で，公文書館本の方が絵図・本文とも緻密で，天理本には誤字が相当数あることを挙げ，後至元年間（1335-1340）には甲午の年はないことから，至正十四年（1354）とする[50]。そもそも甲午新刊と記す表紙の題名自体，建安書堂『新全相三国志故事』とあって，一葉目の『至元新刊全相三分事略』とことなる。その一葉目の“至元”も，巻中，巻下では“照元”となっている。版刻の技術からしても，明の覆刻本である可能性が高い。

2）『列女伝』の出自

ひるがえって，現存する上図下文形式の絵解き本は，『孝経直解』が最古であると，あえて言ったのには理由がある。建安余氏の全相本『列女伝』のほうが宋に溯るものだからより古いとみるむきも，あるかもしれない。しかし，『列女伝』が宋本であるという説には，じつは何の根拠もない。

現在我々が目睹しうる『列女伝』は，文選楼叢書に収められた清朝道光五年(1825) の阮福の覆刻本である。その前に，原本を入手した顧抱仲の従兄弟顧千里によって，嘉慶二五年（1820）に一度覆刻されたが，その時には，上の図を刻さずに下の文だけを覆刻した。阮福によれば，顧抱仲が入手する以前は，銭曽の家に蔵されていたといい，さらにもとを辿れば，明の内府蔵本であったらしい。全相平話と明の内府本雑劇との間に密接な関係があることは，既に小松謙によって指摘されており[51]，『列女伝』が内府に蔵されていたということもありえない話ではない。もしそうであるならば，低級な書として見られがちな全相本が，何故明の内府に蔵されていたかという疑問は，『列女伝』，『孝経直解』を大元ウルスの記念出版物とする仮説と併せて考えれば，あるひとつの解答を提示するだろう。

さて，『列女伝』が宋版であるとされる理由のひとつは，嘉慶二五年江潘の序跋が，

> 『列女伝』八巻は宋の建安余氏の刻する所。余氏，名は仁仲，曽て注疏を刊す。何義門学士の所謂万巻堂本也。巻末に「余靖庵摸刊」の款有り。靖庵，豈に仁仲の号ならん歟。

ということに拠っている。これは既に長沢規矩也が考証するように，明らかに誤りである。『列女伝』巻中の刊記を見て行くと，巻一第3葉末　静庵余氏摸刻，巻二末　靖庵余氏摸刻，巻三第1葉末　建安余氏摸刻，巻三末　静庵余氏摸刻，巻五末　余氏勤有堂刊，巻八末　建安余氏摸刊とある。葉徳輝『書林清話』巻二が，

> 吾，因りて余氏の刻書の堂名に各 分別有るを悟る。万巻堂の如きは則ち余仁仲の刊書の記為り，勤有堂は則ち余志安の刊書の記為り。其れ，列女伝を刻すの靖庵は亦た勤有堂と題すれば則ち或いは志安の別号為るか。

と，考証するのが正しく，余志安の刻になるもので，宋代のものはない。明証あるものとしては大徳八年（1304）から至正十一年（1351）の約五十年が該当するらしい[52]。したがって『列女伝』の藍本は，元刊本ということになる。江潘は，挿絵が宋画に見えると言っているが，これは，あくまで気持ちだけのことである。長沢が考証する大徳八年から至正十一年というこの期間は，ちょうど大元ウルスの図像『孝経』，『列女伝』の刊行時期にもあてはまる。そして，あとでも少し触れるが，勤有堂は，元統三年（1335）に蘇天爵『国朝名臣事略』を刊行するなど，国家の出版を請け負う業者のひとつであった。

くわえて，『列女伝』の藍本が元刊本であることを，ほとんど決定づける証拠がある。それは，目録の「第一巻」の上に冠されている装飾である。これは，大元ウルス治下の出版物のひとつの特徴であって，『元典章』や『事林広記』，『新編連相捜神広記』などにも見える。調べた限りでは，宋刊本にこうした装飾はない。

『孝経直解』に，この装飾がないのは，目録が欠けているためであろう。もともと目録がなかったにしても，我々が見ている『孝経直解』は，初版のものとは限らず，民間の書肆が再版する際にとってしまった可能性もある。とにかく『列女伝』の藍本が元刊本であることは間違いない。

もうひとつ，宋の嘉定間刊本とされる『天竺霊籤』が上図下文形式を持つが，これも宋本とされる根拠は，じつは，ない。ただ鄭振鐸が，明の洪武本よりいきいきとして版画の技術も上であるからには，元刊本ではなく，宋刊本のはずだと決めつけたからにすぎない[53]。だが，この書に見られる装飾も大元ウルスの出版物の特徴を示している。大元ウルスもしくは，それを覆刻した明代のものだろう。

モンゴル帝国時代は，文化的に低迷した時代だという，先入観念によって，何の根拠もなく宋刊本だとされることは，よくあることで，それを安直に踏襲しないことが，肝要である。

大元時代の版画が高度な技術を有したことは，至元十一年（1274）の刊本を大徳九年に重刊した『長春大宗師玄風慶会図説文』や，至治二年（1322）の『磧砂蔵』の扉絵の精緻をきわめた彫りをみれば，一目瞭然であろう。そして，その精緻な彫刻の技術は，必ずしも旧南宋領の遺産というわけではなく，むしろ華北の平陽で印刷された一枚版画「四美図」や「義勇武安王位」（カラ・ホト出土），『元貞新刊論語纂図』（名古屋市蓬左文庫蔵元貞二年平水梁宅刊）の挿図，西夏語の『金光経』をはじめとする仏典の扉絵，挿絵に近いことを，ここでは特筆しておく[54]。

3）『図象孝経』と『列女伝図像』

さて，貫雲石の『孝経直解』の各章の挿絵が，趙孟頫『孝経図巻』の構図とほぼ一致することはすでに述べたが，建安余氏の『列女伝』の挿絵にも趙孟頫がかかわっていた可能性がある。皮肉なことに，その根拠は『列女伝』が宋版であること，その挿絵が遠く顧愷之にさかのぼることを言おうとした江潘の序に求められる。

> 後（のち），宋丈芝山の処に於いて，趙文敏の「臨顧愷之列女伝仁智図」を見る。蘇子容の言の如く，各像の側に頌を題し，其の画像の佩服は刻本と一一吻合す。始めて此の図は乃ち顧愷之の縮本なるを悟る。

顧愷之の『列女伝仁智図』を模写した趙孟頫の絵と全相本『列女伝』の「仁智伝」が，絵の側に頌を付す点，構図，人物の衣装までことごとく一致したというのである。

なお，蘇子容の言葉云々とは，全相本『列女伝』の巻頭に，テキストの由緒正しさを強調するために付された，北宋嘉祐八年（1063）刊本（全相本ではない）の王回の序の一文，

> 今，直秘閣の呂縉叔，集賢校理の蘇子容，象山令の林次中，各（おのおの）言う，嘗て母儀，賢明四巻を江南の人家に於いて見る。其の画，古（いにしえ）の佩服を為し，而して各其の像の側に頌を題す。然るに崇文及び三君，諸（これら）の蔵書家を北遊するに，皆此の本無し。知らず其の伝，果して[劉]向の頌図なる歟（か），抑（そもそ）も，後の好事なる者，其の頌に拠り古の佩服を取り而して図せる歟（か）。得る莫（な）く而して考已む。

を指す。

さらに，道光五年（1825）の阮福の序跋では，阮福の父が内府所蔵の書画を

整理した際に見た，唐宋人の臨写した顧愷之『列女伝図長巻』の中の人物図と，全相本が類似すると言ったこと，米芾の『画史』に，

今，士人の家，唐の顧筆『列女図』を模するを収得し，板を刻して扇と作すに至る。皆是三寸余り，人物は劉氏の『女史箴』と一同なり。

とあることなどを挙げ，建安余氏『列女伝』の挿絵が伝統的な構図を用いていることを強調する。

だが，伝統的な構図であるとはいっても，趙孟頫のほかに，同時代の人で，李公麟の『孝経図』，顧愷之の『列女伝仁智図』を，ふたつとも臨写できた人がいただろうか。いずれも最高級のものであり，それらを目睹しえる人となれば限られてくる。しかも，顧愷之，李公麟ともに，趙孟頫が自身の絵の師として最も尊敬した古人である。じっさい趙孟頫は，かれらの作品とされるものを，ほかに幾幅も所蔵，臨写しているのである。

『孝経直解』と『列女伝』の挿絵の原図提供は趙孟頫によって為されたものだったということは，おおいにありうることである。この二書が趙孟頫によって結びつくならば，同じ大徳十一年（1307）に出版されている『図象孝経』，『列女伝図像』は，現在我々が見ている建安本の『孝経直解』と『列女伝』に限りなく近いものであったに違いない[55]。一方が直訳体，もう一方はふつうの漢文という文体のちがいが，それらを結びつけることを妨げているが，それらが共存しうることは，『元典章』が既に示している。また，モンゴル語版，漢文版の『図象孝経』，モンゴル語版，直訳体版の『列女伝図像』など，複数のヴァージョンが当時あって，現在我々が見ているのは，その一つのヴァージョンだという可能性もある。じっさい，『文淵閣書目』巻六に“古列女伝直説一部一冊闕”とあり，『孝経直解』との関連をにおわせる。

また，一方は上図と下文の大きさの比率が1：2，一方は1：1であるという点に関して，元明期の全相本の歴史において，上の絵が次第に下の文に淘汰されていくという傾向をもって，『列女伝』のほうを『孝経』よりも古いとし，同じ大徳十一年に同一組織をもって出版されたとは考えられないとする反論もあるだろう。だが，注目したいのは，その計算された美しい比率である。明の坊刻の，あの何も考えていないようなまちまちの図版の比率とは，わけが違う

のである。

そして，一番重要なことは，趙孟頫の関与の可能性によって，『孝経』，『列女伝』の出版の背後にやはり大元ウルスがちらついてくる点である。

6 『孝経直解』をめぐる人々

1）趙孟頫と貫雲石

趙孟頫の根本的な伝記史料としては，『松雪斎集』の巻末に付せられた至治二年（1322）八月某日付けの楊載の行状があげられる。趙孟頫が亡くなったのは，至治二年六月であるから，死の直後に書かれたものということになる。そのご，至正五年（1345）三月に，順帝トゴン・テムルの勅命によって，欧陽玄が，行状を参考に神道碑をものした（なお，この神道碑の書丹は蘇天爵，篆額は張起巌である）。その文は，『圭斎文集』巻九に収められる。『元史』巻一七二の「趙孟頫伝」の記事は，基本的にこれらを抄録，編集したものであるが，二者で述べられないことをあえて記す箇所もあり，いずれも参照すべきである。

趙孟頫は，宋の太祖趙匡胤の十一代目の子孫にあたる。南宋ではれっきとした皇族であった。至元二三年（1286），程鉅夫によって，世祖クビライに推薦されて大元ウルス朝廷に出仕し，順調な官界生活のスタートをきり，クビライ，テムル，カイシャン，アユルバルワダ，シディバラの五代の治世を生きた。なかでも，アユルバルワダ時代には，大元朝廷最高の御用達書画家として[56]，アユルバルワダ，ダギの寵愛を受けた。楊載の「行状」によれば，“仁宗の聖眷が甚だ隆（さか）んであり，名前ではなく字（あざな）で呼んだ”というほどの信任ぶりで，延祐三年（1316）には文官としては最高位にあたる従一品翰林学士承旨，栄禄大夫にまでのぼりつめた。

ところが，肝心の大徳十一年前後に，かれが何をしていたかというと，はっきりしない。行状，神道碑，『元史』の伝すべて，大徳三年（1299）八月，集賢直学士，行江浙等処儒学提挙に改められたこと，任期満了にともない，至大二年（1309）七月，中順大夫，揚州路泰州尹に昇格したが，赴任しなかったこと，アユルバルワダが皇太子位にあったとき，文武の士をひろく集めていたが，もとより趙孟頫の名声は耳にするところであったこと，至大三年十月，翰林侍読学士知制誥同修国史に拝せられたことをいう。だが，大徳三年から至大二年の間のことについては，まったく触れない[57]。クビライ時代，およびのちのアユルバルワダ時代にずいぶんと筆をさくのにくらべて，これは異常であるといってよい。ほんとうに，何もない平穏な日々を杭州で送っていたのか，それともよほど触れたくないことがあったのか，のちの政権との絡みで避けてとおったのか。これらの史料が口を閉ざしている以上，この間の趙孟頫の動向を知るには，碑刻，その他の資料を利用するよりほかない。だが，櫻井智美の調査によれば，儒学提挙であった大徳年間から至大三年の間に，趙孟頫が碑文の撰写を行った例は，二十件に満たない。立碑場所は江南にかたよる[58]。そのほか，任道斌『趙孟頫系年』（河南人民出版社　1984年）の年譜，陳高華『元代画家史料彙編』（杭州出版社　2004年　48-177頁），鄧牧『洞霄図志』（台湾国家図書館蔵影元鈔本），元明善『龍虎山志』（台湾故宮博物院蔵明覆刻増補本）などに録される碑記資料によって，江南の一大道教集団である正一教のひとびとや江南文人との交流の一端をうかがうことはできるが，趙孟頫と中央政権のかかわりは見えてこない。もっとも，かれがこの時期何をしていたかを考えるうえで，『元史』巻九一「百官志」にみえる以下の記事は見逃せない。

> 儒学提挙司，秩従五品。各処行省所署之地，皆置一司，統諸路、府、州、県学校祭祀教養銭糧之事，及考校呈進著述文字。

儒学提挙司の重要な仕事に，書物の出版があった。前掲『長春大宗師玄風慶会図説文』の大徳九年の重刊にあたって，趙孟頫が序を寄せているのも，ひとつにはこの職務のゆえであろう。国家出版に関与する以上，たとえ浙江に出向していようと，中央との連絡は絶えずあったであろう。してみると，『孝経直解』出版に関与している可能性は，挿絵だけでなく，職務のうえからも，じゅうぶんにありうるわけである。じっさい，天暦二年（1329）建安余氏勤有書堂刻本の胡炳文『四書通』（中国国家図書館蔵）に付せられた張存中の跋文には，

> 泰定三年冬，存中奉江浙儒学提挙志行楊先生命，以胡先生四書通能刪纂疏集成之所未是，能発纂疏集成之所未発，大有功於朱子，深有益於後学，委

命賚付建寧路建陽県書坊刊印，以広其伝。為此来茲書府，承志安余君命工繡梓，度越三稔始克就……

とあり，江浙儒学提挙であった楊志行の命令を受けた張存中が建寧路建陽県の書坊余志安勤有書堂に赴き，『四書通』の刊行を委託し，三年の歳月をかけて上梓のはこびとなったことを伝える。この事情は，同じ建安余氏の『列女伝』の出版と趙孟頫にもスライドできる。

ひるがえって，行状をはじめとする史料では，仁宗アユルバルワダが趙孟頫を召し出したのが，正確にはいつの時期なのかも，あいまいである。アユルバルワダが皇太子であったのは，大徳十一年六月から至大四年三月（三年の十一月末，すくなくとも四年正月までに，カイシャンは暗殺されていた）の間。ただ，ひとつのヒントになるのは，『元史』巻二四「仁宗本紀」に記された以下の記事であろう。

[至大三年][59] 九月，河間等路の嘉禾を献ずるに，異畝同穎及び一茎数穂なる者有れば，集賢学士趙孟頫に命じて図を絵がかしめ，諸(これ)を秘書に蔵す。

行状などでは，おもてむき至大三年十月に至って大都に召されたようにみえるが，前月の九月の時点には，少なくとも大都のアユルバルワダのもとにいたと考えられる。もしも，杭州にいたのであれば，『元史』は使者を派遣して「嘉禾図」を描かせたと記したはずだからである。また，それより以前からアユルバルワダと接触があったこともうかがわせる。ところが，行状では至大三年に大都に召し出したのは，アユルバルワダだとするが，『元史』の伝では，カイシャンだと読める。しかも同年十一月二三日に行われた南郊での祭祀の祝文の撰定にあたって，翰林侍読学士であった趙孟頫が，殿名を擬進したが，ほかの翰林のメンバーと意見があわず辞去したというエピソードをしるす。そしてじっさいにアユルバルワダの知遇をえたのは，かれの即位後のことのように書かれる。同じ『元史』の記事でもくいちがいがみられる。このあたり，微妙な問題が横たわっていたにちがいない。

郭畀の『郭天錫手書日記』（上海図書館所蔵手稿本）によれば，至大元年九月下旬趙孟頫が杭州にいたのは，ほぼまちがいない。だが，いっぽうで趙孟頫が勅を奉じて撰した「臨済正宗之碑」は，至大二年すでに翰林に在ったことを示している。『盛京故宮書画録』巻三「元趙孟頫渓山姿秀図巻」の款題の“至大二年秋七月望前三日，子昻為善之写意，図此於大都官舎”はそれを補強する。「行状」が常に正確，正直に語るとは限らないのである。

また，『山左金石志』巻二二に記録される大徳十一年正月立石「棣州三学資福寺蔵経碑」は，趙孟頫の書丹であるが，碑文の末尾にしるされるかれの職名は，集賢直学士，朝列大夫，前行江浙等処儒学提挙となっている（『両浙金石志』巻一四 大[徳]□□年七月「嘉興路重修廟学記」も同じ)。とすると，編者も疑問を呈するように，大徳十一年の時点で儒学提挙の任を終えていたことになる。大徳十一年の前後，趙孟頫自身も大都と杭州を頻繁に往来した可能性は，ある。

さて，貫雲石（小雲石海涯セヴィンチュ・カヤ）の伝記としては，『圭斎文集』巻九におさめられた「神道碑」が根本史料となる[60]。貫雲石の死後二十五年たった至正九年頃，息子の阿思蘭海涯（アルスラン・カヤ)[61] が，父の友人であった欧陽玄に依頼して書かれたものである。

かれの父方の祖父は，世祖クビライの江南接収の際に，大きな武功をたて，光禄大夫湖広等処行中書省左丞相にまでのぼりつめた阿里海涯（エリク・カヤ)。母方の祖父は，平章政事廉希閔。やはりウイグル人にしてクビライの生え抜きの部下で，エリク・カヤと同じく蘇天爵『国朝名臣事略』にとりあげられた廉希憲の兄にあたる。貫雲石は，ウイグル貴族のなかでも，名門の御曹司であった。そうした出自のおかげで，かれの官界でのスタートは，めぐまれたものであった。はじめ，父の貫只哥の爵位を世襲して両淮万戸府達魯花赤の軍職についた（貫只哥は大徳十年から湖広行省平章政事）――この赴任先ですでに趙孟頫と知りあっている可能性はじゅうぶんにある――。しかし，思うところあって弟に官職をゆずり，大都に帰って，当時翰林学士承旨であった姚燧のもとに出入りし，散曲の製作などを楽しんだ。そうした話が皇太子であったアユルバルワダの耳にもとどき，また姚燧のたびたびの推薦などもあって，『直解孝経』をアユルバルワダに進呈するはこびとなった。これがアユルバルワダの旨にかない，英宗シディバラの説書秀才に任ぜられ，そして，至大四年アユルバルワダがカアンの座につくや，翰林学士中奉大夫知制誥同修国史に拝せられたという[62]。

大都に帰ったのが，いつのことか正確にはわからないが，『孝経直解』の自序において，至大元年の正月の時点で，まだ宣武将軍両淮万戸府達魯花赤と称していることからすれば，『孝経直解』の進呈は，至大元年の初版刊行のあとということになる。だが，弟に官職をゆずったあと，じっさいに無位無官だったかというと疑問がある。貫雲石は，たとえていえば，大名の若様なのである。たとえ弟が家を継いでおり，本人は吉原あたりで遊興にふけっていようと，そとからみれば，やはり貫家の平章政事の息子なのである。公的な場では，便宜上以前の官名である宣武将軍両淮万戸府達魯花赤を名乗ることはじゅうぶんにありうる[63]。また，貫雲石を推薦した姚燧は『元史』巻一七四の伝ではなく，劉致『牧庵集』附録年譜に従えば，大徳十一年，すでに皇太子アユルバルワダの賓客であった。その場合，大徳十一年に『孝経直解』をアユルバルワダに進呈し，国家出版に至ったとするストーリーに矛盾はきたさない。

ところで，武官の家に生まれたかれが，アユルバルワダのもとで文官として昇進していったかげには，むろん姚燧との関係が第一にあげられるが（姚燧は貫雲石の父方の祖父のエリク・カヤの神道碑を撰している），おそらく，母方の廉氏の影響もあるだろう。そして，廉氏のサロンには，程鉅夫，趙孟頫，袁桷等がつどっていた。姚燧にしても，趙孟頫にしても，散曲の作品を複数残しており，かれらの交際がこうしたところにあったことが想像される。貫雲石が，個人的に趙孟頫に『孝経直解』の挿絵依頼をした可能性は，じゅうぶんにある[64]。また，楽府散曲は，宮中で演奏される雅楽ともかかわり，翰林のメンバーは，その製作に与かることもおおかった。そしてアユルバルワダは，楽府散曲を好んだという[65]。

いっぽう，公的にも，趙孟頫が挿絵を書くいわれは，じゅうぶんにあった。大徳十一年の時点で，貫雲石は，宣武将軍（資品　従四品）両淮万戸府達魯花赤（外任　軍職　正三品），いっぽうの趙孟頫は，朝列大夫（資品　従四品）集賢直学士（内任　従四品）儒学提挙（外任　従五品）。二十一歳の貫雲石に比し，趙孟頫は五十四歳，いっけん趙孟頫のほうがえらくみえるが，じつは官位は，すこしばかり貫雲石のほうが上であった。

では，どのような形で，挿絵入りの『孝経直解』がアユルバルワダに進呈されたのか。参考になるのが，時代は少しくだるが，『松雪斎集外集』におさめられた，奉勅による「農桑図叙」に記される次第である。

> 延祐五年四月廿七日，上の嘉禧殿に御したまうに，集賢大学士の臣[李]邦寧，大司徒の臣[羅]源，『農桑図』を進呈す。上，披覧すること再三にして問う：「詩を作す者は何人ぞ？」対えて曰く：「翰林承旨の臣趙孟頫」と。「図を作す者は何人ぞ？」対えて曰く：「諸色人匠提挙の臣楊叔謙」。上嘉して賞すること之を久しくし，人もて文綺一段，絹一段を賜う。又，臣孟頫に命じて其の端に叙せしむ……此の図は実は臣源の建意にして，臣叔謙を令て大都の風俗に因り，十有二月に随い，農・桑を分けて廿有四の図と為さしめ，其の図像に因りて廿有四の詩を作すは，正に「豳風」の“時に因り事を紀す”の義なり。又，翰林承旨の臣阿憐怗木児を俾て畏吾児文字を用い，左方於訳せしめ，以て御覧に便ず。

これから想像すれば，趙孟頫の絵と本文，貫雲石のウイグル文字モンゴル語による註釈，これらがセットになった巻物が，御覧に呈されたものとおもわれる。

かたやウイグル貴族の御曹司，かたや南宋の皇族，ふたりがたずさわった『孝経直解』は，いろいろな意味で，じつに象徴的な出版物であった。そして，アユルバルワダは，当代のぞみうる限り最高の書画家の挿絵入りの『孝経直解』を手にする喜びを，そうして優れた臣下をもつ喜びを頒行という形で，臣下にも分かち与えたのである。

また，あえてつけくわえるならば，この仁宗アユルバルワダに寵愛され，かれの即位と同時に急速な昇進をとげたふたりは，のちに，やはりともに科挙再開において重要な役割をはたすことになる[66]。

2）なぜ『孝経』なのか

『孝経』の訳が国家刊行物として出版されたのは，大元ウルスがはじめてではない。金朝では，大定二三年（1183）に，世宗の命によって，女直語訳『孝経』千部が護衛の親軍に下賜されたほか，ほぼ同時期に『易』，『尚書』，『論語』，『孟子』，『老子』などの女直語訳も頒行された[67]。

また，西田龍雄によれば，西夏王朝は儒学に傾倒し，“1101年には，三百人を入れる国学を建て，儒学を以って国士を養い，1146年には孔子を尊めて文宣帝と称し，1148年には再び国学を建てて著名な儒者をその教授に招いた”し，『孝経』や『論語』の西夏語翻訳は，教科書として用いられ，また国中に行われた[68]。これらは，大元ウルスの儒学政策と重なりあう（とはいえ，モンゴルの一連の事業は，遼，金の伝統を受け継ぎつつも，規模としては，前代をうわまわり，かつ後代に絶えてない希有なものであった[69]）。

さらにさかのぼれば，『隋書経籍志』巻一「経　孝経」に，“北魏が洛陽に遷都した際，かれらはまだ中国語に習熟していなかったので，孝文帝が侯伏侯可悉陵に命じ，『孝経』の趣旨を自分の国の言葉に翻訳させて国民に教えたとのことだが，それは『国語孝経』といわれる”とある[70]。

いわゆる非漢族王朝において，かならずといってよいほど，『孝経』が皇帝の命のもとに訳される現象は，見逃せない。むろん，その理由のひとつとして，為政者にとって，『孝経』の説く理念“夫孝始于事親，中于事君，終于立身”が，好都合なものであるということもあろう。しかし，なによりも『孝経』は，初学の書なのである。

たとえば，至元二四年（1287）に立てられた国子学では，だいたい朱子の読書法に従って，まず『孝経』，『小学』，『論語』，『孟子』，『大学』，『中庸』を読むことからはじめられた[71]。

カアン，皇太子とても，中国の学問を学ぶならば，例外ではない。世祖クビライは，王鶚から『孝経』，『書』，『易』の進講を受け，姚枢，竇黙，王鶚，楊果が編纂したモンゴル語の『五経要語』を読み[72]，その子裕宗チンキムは，姚枢，竇黙より『孝経』の授業を受けた[73]。のち，裕宗が若いころ読んだ書物は，秘書庫に保管されたが，その中には，『孝経』の冊子本三冊，巻子本一巻もあった[74]。アユルバルワダの息子，英宗シディバラは，その裕宗が用いた書を，アユルバルワダの命によってクトルグトルミシュが訳した『大学衍義』，唐太宗の『帝範』とあわせて，座右に置いた。また，シディバラの説書秀才であった銭天祐が著わした『孝経経伝直解』のために，程鉅夫に序文を，趙孟頫に版木の文字を書かせ，国家出版させた[75]。さらに，即位すると勅使を派遣して，趙孟頫に『孝経』を書かせてもいる[76]。

また，朱子学だけでなく，この時代の道教，とくに全真教が『孝経』を重視したことは，すでに高橋文治が指摘しているとおりである。全真教の五祖七真のひとり，王重陽は，道士の必読書として，『道徳経』のほかに『孝経』と『般若心経』を薦めた[77]。『甘水仙源録』巻六「佐玄寂照大師馮公道行碑」には“先に是れ詔を承けて冑子十有八人を教授するに，公は乃ち名家の子弟の中に於いて，性の温恭なる者を其の数の如く選び，伴読と為し，『孝経』，『[論]語』，『孟[子]』，『中庸』，『大学』等の書を読ましめ”たとあり，『元史』巻八一「選挙志」には太宗の六年癸巳，馮志(常)[亨]を以て国子学の総教と為し，侍臣の子弟十八人に命じて入学せしむ”ということから，太宗オゴデイ期の貴族の子弟の教育に，全真教の馮志亨があたったこと，教材にやはり『孝経』を用いたことがわかる[78]。さらに，『甘水仙源録』巻三「玄門掌教大宗師真常真人道行碑銘」によれば，オゴデイ元年（1229）の秋，乾楼輦にて太子に『易』，『詩』，『書』の三経，『老子』，『孝経』などの進講にあたったのも全真教の李志常であった。そもそも，全真教の教理自体が，老子と孔子の教えを合体したようなものであって，儒学を排斥するようなことは，決してなかった。ふるくは元好問，楊奐，散曲作家として有名な杜仁傑をはじめとして，王鶚，王惲らクビライの幕僚，そして姚燧といった華北出身の文人が，全真教と深い関係にあったことは，『甘水仙源録』などの諸資料をみれば，あきらかである。

江南の正一教についても同じことがいえる。たとえば，鄧文原『巴西集』巻一に収録される「清寧報本道院記」では，「二十四孝」のひとり，老莱子の故事を引き，“夫道莫先於孝，非孝則道無所本”云々といい，正一教の理念として孝道の大切さを説く。正一教の代表者である張留孫・呉全節たちと，趙孟頫・張伯淳・元明善・鄧文原ら江南知識人の密接な交流の一端は，前掲の『龍虎山志』，『洞霄図志』，『道家金石略』などに収められる碑記，およびそれぞれの文集によって知られる。ちなみに『道蔵』には趙孟頫撰『玄元十子図』一巻なる書がおさめられており，第三十八代天師張与材が序を書いている。また，張留孫は，至大年間に，皇太子であったアユルバルワダに『老子』を講じてもいる[79]。呉全節にしても，虞集『道園学古録』巻二五「河図仙壇之碑」に，儒学の造詣が深かったこと，仁宗のおぼえめでたかったこと，南北の儒臣の錚々たるメンバーとの交流が記されている。そこに列挙されるひとびとのなかには，趙孟頫，姚燧，勅命によって『大学衍義』をモンゴル語に簡訳した王約，「加封孔子制誥」を起草した閻復など，大徳十一年（1307）の一連の事業にかかわったメンバー，およびのちに科挙再開に大きく与かった李孟，程鉅夫などの名もみえる[80]。

正一教と全真教にもつながりがあった。じっさい，儒学提挙の趙孟頫，全真教，正一教の代表者たちが，一丸となって出版した絵本が存在する。前掲大徳九年重刊『長春大宗師玄風慶会図説文』がそれである。全真教教祖丘処機の伝であるにもかかわらず，正一教のひとびとも出版に協力しているのである。それればかりか，呉全節は，成宗テムルにこの書の解説をもした[81]。

趙孟頫，貫雲石，張留孫，呉全節，王約，李孟すべてが仁宗アユルバルワダを中心とする文化・政治サークルに帰結される。そして，『孝経』出版をはじめとする儒教文化事業は，いずれの立場からも歓迎される，少なくとも，反対はされない企画であった。

むろん，この一連の事業は，長年戦いにあけくれ，アルタイからもどってきたばかりのカイシャン自身の発意によるものでは，ない。それを望む群臣達の提出した企画にのっただけのことである。一連の儒教文化事業の計画，方針は，カイシャンの即位時にすでに定まっていたし，じっさい動き始めていた。というより，カイシャン即位前，成宗テムル時代から，下準備は整えられつつあった。そうした動き，気運を敏感に察知する面で，母ダギとともにずっと中国本土にいて，またテムルの死後，いちはやく大都に入城したアユルバルワダは，カイシャンより有利であった。また，自身のやがてきたるべきカアンの位を確固たるものにするために，意図して，儒学保護のポーズをとり，文人の機嫌をとりもした[82]。

ただ，カイシャンも，その企画のもつ意味，重要性については，じゅうぶんに理解していたであろう。だからこそ，孔子に加封するという一大イベントを，あえて自分の誕生日に行ったし，『孝経』のモンゴル語訳出版も命じたのである。たとえ，それがアユルバルワダをいただくグループから発案されたものでも，一向にかまわない。とくに，『孝経』出版については，第2節で述べたように，父ダルマバラを追悼する意味もこめられていたので，文句のあろうはずはなかった。文人達にしても，カイシャンの名のもとになされようが，アユルバルワダの名のもとになされようが，儒学復興への段階がひとつひとつ達せられていけばそれでよい。『孝経』出版は，出発点の象徴だったのである。クビライ，テムル時代から幾度か議題にのぼった科挙の再開にしても，カイシャンが，ダギ・アユルバルワダ派に暗殺されなければ，おそらくかれのもとで，実施されていただろう（至大元年に『蒙古字韻』の校訂がおこなわれたことが，それを端的に示している）。

7 おわりに

明代福建で隆盛を極めた上図下文形式の絵解き本の原型は，大元時代にあった。しかも，これまで民間の書肆による少し低級な出版物と考えられていたこの全相本が，国家が先導して刊行していた，若しくは少なくとも，出版援助していたということ，さらに大元ウルスが即位や立皇太子等の際に，記念刊行物を出したということは，ひとつの事実である。今後そうした観点から，他の大元時代の出版物にも目を向けていくことは，必要であろう[83]。

また，大元ウルスが出版した全相本は子女の初学の書であり，啓蒙の書である『孝経』と『列女伝』である以上，低級なものとはいえない。しかも，挿絵には，当時のぞめる最高級の画家，趙孟頫の原画が用いられていた。他の全相平話にしても，はたして低級なしろものなのかどうか，内容，挿絵を含めて，またその出版の経緯についても検討しなおす必要があろう[84]。モンゴル時代は文化に無理解の暗黒時代などということは，根拠のない説であって，むしろ逆である。大元ウルスの高官達は，子女の教育に熱心であった。そして，その教育も，従来になくシステマティックに行い，優れた人材の育成をはかろうとしたふしがある。その手始めが，大徳十一年（1307）の一連の事業であった。そして，大元ウルスには，それを実行するだけの，資金と度量があった。大元ウルス治下のこうした状況は，同時代のほかの文学活動を考えるうえでも，留意しておいてよいことだろう。

またこの時代が，歴代の中華王朝とちがって，華夏サイズではなく，モンゴル帝国という東西に広がった世界レヴェルで考えねばならない時代であるからには，上図下文形式の絵解き本ひとつをとっても，後代に与えた影響だけでなく，当然イスラームのミニアチュール，ヨーロッパ世界の印刷史，朝鮮，日本の印刷史との相互影響についても考えていかねばならないだろう[85]。

註

1) 元刊本の多くは，現在でこそ線装本に改められているが，本来は胡蝶装であった。『大元聖政国朝典章』の挿図，表なども胡蝶装を前提に考えないと，じゅうぶんに活用できない。

2) 『内閣蔵書目録』巻五「魯斎大学要略一冊全」“元許衡著。雑引事文付会大学，蓋講筵之書也”，「許魯斎大学要略遺書」“元許衡易経講義，附以奏議”。『魯斎遺書』は，蘇天爵の『滋渓文稿』によれば，全六巻。現行のテキストでもっとも早い七巻本（台湾国家図書館蔵正徳十三年刊本）では，巻四に『直説大学要略』を収める。十四巻本（明万暦二四年怡愉江学詩刻本　『北京図書館古籍珍本叢刊』所収）には，巻三に『大学要略』を，巻四に新たに『大学直解』を収める。『大学直解』は，そこで使用されている語法から見ても，明人の手が入っている可能性が高い。銭大昕『元史芸文志』も，「礼類」にあえて『直説大学要略』しか掲載しなかった。なお，『丹墀独対策科大成』（国立公文書館蔵江戸抄本）巻一「経筵」に“許魯斎嘗進孝経、四書直解於世祖。呉草廬嘗講酒誥於泰定”，『文淵閣書目』巻三に“許魯斎孝経直説 一部一冊闕”，『南廱志経籍考』下に“孝経魯斎直解一巻　存者一百四十面，脱者六十余面　魯斎許衡撰”とあるが，貫雲石はこの先行する『孝経直解』について言及していない。

3) 太田辰夫・佐藤晴彦『元版　孝経直解』（汲古書院　1996年），佐藤晴彦「『孝経直解』校訂と試訳」（『神戸外大論叢』46-6　1995年11月），同「『孝経直解』校訂」（太田辰夫・佐藤晴彦『元版　孝経直解』所収），宋紹年校録『孝経直解』（劉堅・蔣紹愚主編『近代漢語語法資料彙編　元代明代巻』所収　商務印書館　1995年）参照。

4) 『孝経大全』は漢から明代にかけての『孝経』関係の註釈書や論を集めた書である。ここに掲載される『今文孝経直解』は，金舜臣が明の正徳九年（1514）に重刊したものだが，その藍本は何時の成立か明らかにされず，直解した者は不詳とする。目次では，今文ということで，漢代に配され，「古今羽翼孝経姓氏」では，宋代に配されるという不透明さである。同じ大元時代の李起宗『孝経図解』にいたっては，後魏にほうりこまれる始末である。そもそも，この『孝経大全』は目録を見ればわかるように，大元時代の註釈書は，呉澄のものだけ，「古今羽翼孝経姓氏」には他に李孝光しか載せず，他の時代に比べて圧倒的に掲載数が少ない。じっさいには，銭大昕の目録等をみれば，大元ウルスにおいて孝経の研究が非常に盛んだったことは，一目瞭然である。明の編纂官は大元ウルスが『孝経』を重んじ，儒教保護政策をとったことをいいたくなかったのである。この『今文孝経直解』も，ことによると，許衡の『孝経直説』，銭天祐の『孝経経伝直解』，許衡の弟子張𨇚の『孝経口義』，胡恕之の『孝経直解』の何れかかもしれない。

5) この部分の貫雲石の解釈は，同時代の朱申『晦庵先生所定古文孝経句解』と同じである。

6) 亦隣真「元代硬訳公牘文体」(『元史論叢』第1輯 中華書局 1982年1月)

7) 吉川幸次郎「貫酸斎『孝経直解』の前後——金元明の口語の経解について」(『石田幹之助博士頌寿記念東洋史論集』1965年 のち『吉川幸次郎全集』15 1969年収録)

8) 太田辰夫「漢児言語について——白話発達史に関する試論」(『神戸外大論叢』5-3 1954年 のち『中国語史通考』収録 白帝社 1988年)，同「孝経直解釈詞」(『中国語研究』37 1995年10月 のち『元版 孝経直解』収録 2頁)

9) 竹越孝「呉澄『経筵講義』考」(『人文学報(東京都立大学)』273 1996年3月 59-60頁)，同「許衡の経書口語解資料について」(東洋文庫和文紀要『東洋学報』78-3 1996年12月 1-2頁)

10) 前掲『元版 孝経直解』67頁

11) 山川英彦「元代に見られる動詞“有”の特殊な用法」(『神戸外大論叢』46-6 1995年11月 37頁)

12) 金文京「漢字文化圏の訓読現象」(和漢比較文学叢書8『和漢比較文学研究の諸問題』所収 汲古書院 1988年 188-189頁)

13) 張帆「元代経筵述論」(『元史論叢』第5輯 中華書局 1993年) が指摘するように，『圭斎文集』巻九の「神道碑」の原文によれば，英宗シディバラではなく，仁宗アユルバルワダに進呈されたものである。

14) 杉山正明「大元ウルスの三大王国——カイシャンの奪権とその前後(上)」(『京都大学文学部研究紀要』34 1995年3月)，同『モンゴル帝国の興亡(下)』(講談社 1996年 170-177頁) 参照。

15) 神田喜一郎「八思巴文字の新資料」(『神田喜一郎全集第3巻 東洋学文献叢説』所収 同朋舎 1984年 82-119頁)

16) 田中謙二「『元典章』における蒙文直訳体の文章」(『東方学報(京都)』 24 1964年 190頁)

17) ウイグル文字モンゴル語訳『孝経』については，以下の研究がある。W. Fuchs, A. Mostaert, Ein Ming-Druck einer chinesisch-mongolischen Ausgabe des Hsiao-ching: *Monumenta Serica* IV, 1939-1940, p. 326; W. Fuchs, Analecta zur mongolischen Goersetzungs literatur: *Monumenta Serica* XI, 1946, pp. 33-64; Louis Ligeti, *Monuments Préclassiques I*, Budapest, 1972, pp. 76-104; Igor De Rachewilz, The Precrassical Mongolian Version of the Hsiao-Ching: *Zentralasiatische Studien* 16, 1982, pp. 7-109;

Igor De Rachewilz, More about the Precrassical Mongolian Version of the Hsiao-Ching : *Zentralasiatische Studien* 19, 1986, pp. 27-37；栗林均「モンゴル語古訳本『孝経』における正書法上の一特徴」(『論文与紀念文集』内蒙古大学出版社　1997年)，同「『孝経』のモンゴル文語における曲用語尾の特徴」：*ALTAI HAKPO*, the Altaic Society of Korea, 1999, pp. 125-134. なお，Francis Woodman Cleaves は，18章の訳註を以下に分載した。第1章：*Acta Orientalia Acaddemiae Scientiarum Hungarica*, vol. 36, 1982, pp. 69-88. 第2章："*Documenta Barbarorum*" (the Heissig Festschrift, Societas Uralo-Altaica, vol. 18), 1983, pp. 39-46. 第3章：*Mongolian Studies*, vol. 14, 1991, pp. 117-143. 第4章：*Mongolian Studies*, vol. 15, 1992, pp. 137-150. 第5章：*Mongolian Studies*, vol. 16, 1993, pp. 19-40. 第6章：*Mongolian Studies*, vol. 17, 1994, pp. 1-20. 第7-17章：*An Early Mongolian Version of the Hsiao ching : Chapters Seven, Eight and Nine Transcription, translation, commentary/Chapters Ten through Seventeen Transcription, Translation*, The Mongolia Society, Inc., Indiana University, 2001, pp. 1-131. 第18章：*Harvard Journal of Asiatic Studies*, Vol. 45. No. 1, 1985, pp. 225-254.

18)『永楽大典』巻一〇八八八「叙古頌表」"乃於延祐元年，作大学経伝直解，進献皇太子。明年復作孝経経伝直解進献。承令，命翰林官以畏吾児字語訳訖。奏上皇帝陛下、皇太后殿下，已徹聖覧。欽奉聖旨，将臣所献孝経，命翰林官書写，鏤版印行……臣所解孝経，皆俗言浅語，無所発明。欽蒙陛下不責鄙陋，命賜板行，臣之栄幸，已感罔極"，「中書省進叙古頌状」"乃於延祐元年，作大学直解，進献皇太子。次年復作孝経直解進献。敬奉令旨，命翰林官以畏吾児字語訳訖。奏上皇帝、皇太后，已徹聖覧。延祐三年三月二十三日，欽奉聖旨，命天祐充皇太子位下備員説書，給賜糧食。仍将献孝経，命趙子昂書写，鏤版印行"。

19) 全文は，『元典章』巻三一「礼部四」《儒学》【崇奉儒教事理】，『廟学典礼』巻四「崇奉孔祀教養儒生」，『通制条格』巻五「学令」《廟学》，『至順鎮江志』巻一一学校「儒学」などに見える。便宜上，『至順鎮江志』に"徳音亭，在学門之左。元貞元年，教授徐碩創。亭中碑二，一刻《勉励学校詔》，一刻《加封孔子詔》"というのに従う。

20)『元典章』巻一「聖政」。起草者はわからないが，「加封孔子制誥」と同じく，閻復の可能性が高い。

21) じじつ，『元史』巻二〇四「李邦寧伝」には，"[至大二年正月]乙未，[武宗]恭謝太廟。太廟旧嘗遣官行事，至是復欲如之，李邦寧諫曰：「先朝非不欲親致餐祀，誠以疾廃礼耳。今陛下継承之初，正宜開彰孝道以率先天下，躬祀太室以成一代之典……」"とあるように，"孝道"がキャッチフレーズであった。

22) 金文京によれば，『孝経』はアユルバルワダを，『列女伝』はダギを象徴する書として選択されたのではないかという。とくに，アユルバルワダにしてみれば，カイシャンに対する"悌"のアピールでもあったろう。『元史』巻一七五「李孟伝」参照。

23)『元史』巻二六「仁宗本紀」"[延祐四年夏四月乙丑]翰林学士承旨忽都魯都児迷失、劉賡等訳大学衍義以進，帝覧之，謂群臣曰：「大学衍義議論甚嘉，其令翰林学士阿憐鉄木児訳以国語」"，"[延祐五年九月]己卯，以江浙省所印大学衍義五十部賜朝臣"。

24)『元史』巻六〇「地理志三」"亦集乃路，下。在甘州北一千五百里，城東北有大沢，西北倶接沙磧，乃漢之西海郡居延故城，夏国嘗立威福軍。元太祖二十一年内附。至元二十三年，立総管府。二十三年，亦集乃総管忽都魯言：「所部有田可以耕作，乞以新軍二百人鑿合即渠於亦集乃地，并以傍近民西僧余戸助其力」。從之。計屯田九十余頃”。

25)『黒城出土文書（漢文文書巻）』57，201頁，図版肆捌。

26) 杉山正明『世界の歴史⑨　大モンゴルの時代』（中央公論社　1997年　285頁）

27) 青海省文物処・青海省考古研究所『青海文物』（文物出版社　1994年），金宜久「《古蘭経》在中国」（《文史知識》編輯部『中国伊斯蘭文化』　中華書局　1996年）

28) 国立故宮中央博物院聯合管理処編輯『故宮書画録』巻四（中華叢書委員会　1956年　111頁）。なお，『故宮書画図録（十七）』（台湾故宮博物院　1998年　145-152頁）にもこの図の全部の写真が「元趙孟頫書画孝経巻」として掲載されている。

29) 金文京，高橋文治両氏の指摘による。

30) 趙魏公宋芸祖子徳芳之後，五世祖秀安僖王子偁。実生孝宗。始賜第居湖州，故為湖州人。至元間，治書侍御史程鉅夫奉詔訪江南遺逸，得二十余人。独公入見，世祖称為神仙中人。仁宗眷重，字而不名。累官翰林学士承旨、光禄大夫，贈江浙行省平章政事，封魏国公。謚文敏。栄際五朝，名満天下。書法二王，画師晋唐，倶入神品。其在鷗波亭，嘗臨李伯時人物孝経一巻。当時之人，求之得罕，得之者如獲至宝，人以重価購之。此巻其尤妙者也。其入於伯時閫奥不遠矣。今幸獲見之於玉山草堂，主人求題，因書公出処大略於後。君其宝蔵之。看雲道人呉全節書。

31) 鈴木敬『中国絵画史　中之二（元）』（吉川弘文館　1988年　243頁）。ちなみに，内藤湖南は，1912年に奉天の翔鳳閣の古書画数十点を見たさい，“それから趙子昂の「孝経の図」というのがあった，これも誠に見事なもので，従来私が見た子昂のものでこのくらい立派なものを見たことがない”と述べている。内藤湖南「奉天訪書談」（礪波護責任編集『内藤湖南　東洋文化史』中央公論社　2004年　357頁）

32) 鈴木敬『中国絵画史　上　図版　註・参考文献・年表索引』（吉川弘文館　1981年　註300　80頁）

33) 明の汪砢玉『珊瑚網』巻二六によれば，紙本であり，元豊八年六月に作成されたもので，一時は南宋御府の所蔵であったという。

34)『清河書画舫』丑集補遺参照。

35)『故宮書画図録（十五）』（台湾故宮博物院　1995年　315-321頁）

36) R. M. Barnhart, *Li Kung-lin's Classic of Filial Piety,* The Metropolitan Museum of Art, 1993.

37) たとえば，張渥の「九歌図」は，李公麟のそれを臨写した至正六年十月（吉林省博物館蔵　洪武五年の倪瓚の識語を附す）の絵と，至正六年九月（上海博物館蔵），至正二一年（クリーブランド博物館蔵）などが知られている。至正六年の二種は細部に多少の違いはあるものの構図はほとんど同じである。至正二一年の図も李公麟にもとづくが，「大司命」，「山鬼」などに独自性がうかがえる。延祐六年に描かれた趙孟頫の「九歌図」（台湾故宮博物院蔵　バヤン・ブカ，柯九思の収蔵印）も「大司命」，「東君」などに大きな違いが見られるが，おおむね至正六年の張渥図に一致するので，李公麟図が下敷きにされていることはまちがいない。ただ，遼寧省博物館の李公麟「九歌図」は，それらとまったく構図を異にする。黒龍江省博物館の所蔵に係り，王沂，周伯琦等モンゴル朝廷の文人官僚の詩題が附される無款の元人「九歌図」も，類似点はみとめられるが，別の系統の絵図である。『中国絵画全集8　元2』（文物出版社・浙江人民美術出版社　1999年　75-91頁），『海外珍蔵中国名画3』（天津人民美術出版社　1998年　49-52頁），『故宮書画図録（十七）』（台湾故宮博物院　1998年　177-180頁），『中国古代書画図目（十五）』（文物出版社　1997年　25-27頁），『中国絵画全集9　元3』（文物出版社・浙江人民美術出版社　1999年　98-103頁）

38）『石渠宝笈』巻四一「宋高宗書孝経，馬和之絵図一冊」

39）『石渠宝笈』巻一一「元趙孟頫書孝経一冊」参照。また前掲『故宮書画録』巻八「簡目」3頁に“元趙孟頫泥金書孝経　調一八五20”とある。

40）『元史』巻一七二「趙孟頫伝」“至治元年，英宗遣使其家，俾書孝経”。

41）明の何良俊の『四友斎叢説』巻二八「画一」は“古人之画，如顧愷之作『孝経図』、『列女図』……”といい，同書巻二九では“夫画家各有伝派，不知混淆。如人物，其白描有二種。趙松雪出於李龍眠，李龍眠出於顧愷之，此所謂鉄線描。馬和之、馬遠則出於呉道子，此所謂蘭葉描也。其法固自不同”という。

42）長沢規矩也「元刊本成斎孝経直解に関して」（『書誌学』1-5　1933年　のち『長沢規矩也著作集第3巻　宋元版の研究』収録　汲古書院　1983年）

43）円爾弁円が大陸から東福寺に将来したという書籍の目録『普門院経論章疏語録儒書等目録』に『連相注千字文』が見える。ただし，これを作成したのは，円爾本人ではなく大道一以（1291-1370）であり，のちの舶来本が混入している可能性がある。

44）『群芳譜　女性的形象与才芸』（国立故宮博物院　2003年　106-107頁），『故宮書画図録（十八）』（国立故宮博物院　1999年　47-50頁）

45）『陽村先生文集』巻二〇「孝行録後序」

46）高橋文治「金元墓の孝子図と元曲」（『未名』8　1989年12月　33-34頁），金文京「『孝行録』と「二十四孝」再論」（『芸文研究』65　1994年3月　271-274頁），黒田彰・梁音「二十四孝原編，趙子固二十四孝書画合璧について」（『説林』48　2000年3月）

47）じゅうらい，指摘されていないが，洪武年間，江南において刊行された沈易の『幼学日誦五倫詩集』（南京図書館蔵）巻一「父子類」に，銭惟善，范毅の「二十四孝詩」の題跋が収録されている。詩の内容からやはり『孝行録』系の「二十四孝」であることがわかる。沈易は，松江の出身であるが，かつて河南の王ココ・テムルの幕僚となっていたことがある。銭惟善は，銭塘の人で，江浙儒学副提挙を務めたこともあり，江浙行省下で刊行された政府の出版物や様々な名画に序跋を相当にのこしている。なお，台湾国家図書館所蔵の『五倫詩集』の紙背には，洪武十二年の公牘がいくつも見え，このテキストが決して“民間”の俗本でなかったことを示す。

48）平田昌司より指摘を受けた。

49）『書と表現の跡』（『仏の来た道』2003：大谷探検隊100周年・西域文化研究会50周年シルクロード文物展　龍谷大学学術情報センター　2003年　66頁）。また，ベルリンのブランデンブルグ・アカデミーに，トルファン出土で，やはりウイグル文字で書かれた上図下文の *Visvantara-Jstaka* の刊本の断片が蔵される。彫りは極めて鋭く挿絵も優れている。Peater Zieme, Religions of the Turks in the Pre-Isramic Period, *Turks : A Journey of a Thousand Years, 600–1600*, Royal Academy of Art, 2005, p. 37.

50) 入矢義高「解題　至元新刊全相三分事略」(天理図書館善本叢書『三分事略』八木書店　1980年　解題1–9頁)

51) 小松謙「『瞞蒯通』雑劇の構造について」(『中国文学報』34　1982年10月)

52) 長沢規矩也「絵入りの宋刊本について」(『書誌学』1-1　1933年　のち『長沢規矩也著作集第3巻　宋元版の研究』収録　汲古書院　1983年　2–5頁)

53) 鄭振鐸『中国古代版画叢刊』(上海古籍出版社　1988年)

54) 『中国古代版画展』(中国版画2000年展第三部　町田市立国際版画美術館　1988年), 周蕪『中国版画史図録（上冊)』(中国美術史図録叢書　上海人民美術出版社　1983年),『中国明清の絵本』(大阪市立美術館　1987年　91頁)

55) 葉徳輝『観古堂蔵書目』巻三「子部儒家類」によれば,“列女伝七巻続一巻　漢劉向撰一. 元大徳十一年精刻絵図本　一. 嘉慶丙辰顧之逵小読書堆刻本　一. 道光五年阮元選楼叢書彷宋刻絵図本”とあり，葉徳輝がじっさいに大徳十一年刊行の図像の『列女伝』を所蔵していたらしい。かれが『書林清話』巻七「元刻書之勝於宋本」において語るところでは，この大徳本は阮氏文選楼が復刻した建安余氏勤有堂本より，はるかに精緻であるらしい。しかも同書巻七「元刻書多用趙松雪体字」には,“吾蔵元張伯顔刻文選、大徳本絵図列女伝。字体流動，而沈厚之気溢於行間。列女伝絵図尤精，碻為松雪家法，字含鍾繇筆意，当是五十以後所書”とあることからすれば,『孝経直解』と同じく，刊行に趙孟頫がたずさわったことの強力な証拠となる。ただし，この大徳本は，現在行方が知れない。

56) 『秘書監志』巻五，六「秘書庫」など参照。

57) ○楊載「行状」“成宗皇帝以修世祖皇帝実録，召至京師。未幾帰里。大徳丁酉，除太原路汾州知州兼管本州諸軍奥魯勧農事。未上。召金書蔵経，許挙能書者自随。書卒，所挙廿余人，皆受賜得官。執政将留公入翰苑，公力請帰。己亥，八月，改集賢直学士，行江浙等処儒学提挙。秩満，至大己酉，七月，昇中順大夫揚州路泰州尹兼勧農事。未上。仁宗皇帝在東宮，収用文、武才士，素知公賢，遣使者召。庚戌，十月，拝翰林侍読学士知制誥同修国史。及即位，辛亥，五月，昇集賢侍講学士中奉大夫”。

○欧陽玄「神道碑」“……以集賢直学士行江浙等処儒学提挙，除揚州路泰州尹，進階中順大夫，需次于家。仁廟在東宮，聞公名，召入拝翰林侍読学士知制誥同修国史，改集賢侍講学士中奉大夫”。

○『元史』巻一七二「趙孟頫伝」“……除集賢直学士江浙等処儒学提挙，遷路泰州尹，未上。至大三年召至京師，以翰林侍読学士，与他学士撰定祀南郊祝文，及擬進殿名，議不合，謁告去。仁宗在東宮，素知其名，及即位，召除集賢侍講学士中奉大夫”。

58) 櫻井智美「趙孟頫の活動とその背景」(『東洋史研究』56–4　1998年3月)。

59) 本紀では至大二年か三年かあいまいであるが，この記事の直後に四年の出来事が記されること，および『元史』巻五〇「五行志」に“至大三年九月，河間路献嘉禾，有異畝同穎及一茎数穂者，勅絵為図”とあることからすると，至大三年の可能性が高い。

60) 楊鐮『貫雲石評伝』(新疆人民出版社　1983年）が詳しい。

61）呉瑞の『家伝日用本草』（龍谷大学附属図書館蔵明刊本）に，至正三年，序文を寄せるなど父と同様，詩文にも堪能であった。かれの略歴については，『環谷集』巻四「送権茶提挙貫公子素詩巻序」参照。

62）『圭斎文集』巻九「元故翰林学士中奉大夫知制誥同修国史貫公神道碑」“初襲父爵為両淮万戸府達魯花赤，鎮永州。在軍，気候分明，賞罰必信。初忠恵公寛仁，麾下翫之。公至，厳令行伍，粛然軍務整。暇雅歌投壺，意欲自適，不為形勢禁格然。其超擢塵外之志，夙定于斯時。一日，呼弟忽都海涯語曰：「吾生宦情素薄。然祖父之爵不敢不襲。今已数年，法当譲汝」。即日以書告于忠恵公，署公牘移有司，解所綰黄金虎符，欣然授之。退与文士徜徉佳山水処唱和，終日浩然忘帰。北従承旨姚文公学。公見其古文峭厲有法，及歌行古楽府慷慨激烈，大奇其才。仁宗皇帝在春坊，聞其以爵位譲弟，謂宮臣曰：「将相家子弟有如是賢者，誠不易得」。姚公入侍，又数薦之，未幾進直解孝経，称旨，進為英宗潜邸説書秀才，宿衛御位下。仁宗正位宸極，特旨拝翰林学士中奉大夫知制誥同修国史”。

63）役職名だけで，じっさいには現地に赴任していない場合がある。『道家金石略』889 頁「佑聖観重建玄武殿碑」には，“中順大夫揚州路泰州尹兼勧農事趙孟頫書篆額”とあるが，趙孟頫が実際に泰州に赴任したことはない。

64）至大三年以降の例だが趙孟頫の「双駿図」に貫雲石が詩を書き“蘆花道人”のサインと“酸斎”の印を捺している。『故宮書画図録（十七）』（台湾故宮博物院　1998 年　173-176 頁）

65）『中原音韻』虞集序“毎朝会大合楽，楽署必以其譜来翰苑請楽章，唯呉興趙公承旨時，以属官所撰不協，自撰以進，并言其故，為延祐天子嘉賞焉”，『太和正音譜』「雑劇十二科」“子昂趙先生曰：良家子弟所扮雑劇謂之“行家生活”，娼優所扮謂之“戻家把戯”，良人貴其恥，故扮者寡，今少矣。反以娼優扮者謂之行家，失之遠也。或問其何故也。則応之曰：「雑劇出于鴻儒、碩士、騒人、墨客所作，皆良人也。若非我輩所作，娼優豈能扮？推其本而明其理，故以為戻家也。故関漢卿曰：『非是他当行本事，我家生活，他不過為奴隷之役，供笑献勤，以奉我輩耳。子弟所扮，是我家一家風月』。雖是戯言，蓋合于理」”などは，その好資料である。ちなみに前者とほぼ全く同一の記事がやはり虞集の『道園類稿』巻一九「葉宋英自度曲譜序」にもある。『道園類稿』は，至正元年に福建閩海道粛政廉訪司によって出版された『道園学古録』が小字本で遺逸も多かったことから，至正五年に再度，江西湖東道粛政廉訪司が編纂，撫州路から刊行した政府出版物である。『学古録』の「葉宋英自度曲譜序」は『類稿』と全く別文である（題を同じくして二回異なる文を書く例はめずらしくない。張養浩の元刊本『張文忠公文集』と『四庫全書』本の『帰田類稿』にも認められる）。元刻本を覆刻したはずの『中原音韵』虞集序は，「延祐天子」で一字空格も改行抬頭もしておらず，かぎりなく偽作の可能性が高い。欧陽玄の序もじゅうらいから偽作の疑いがもたれており，『中原音韻』の正統性がゆらぐ。少なくとも『中原音韻』が世に知られた韵書であれば，『学古録』，『類稿』の編纂のさいに収録されたはずである。葉宋英の『曲譜』が優先されることもなかっただろう。いっぽう，貫雲石は，一種の世捨て人的な散曲作家として知られるが，じっさいには，アユルバルワダ時代，宮廷の文化サロンの中枢にあった。そうしたかれの一面をあらわすのが【双調】新水令《皇都元日》という作品である（“大元至大古今無”の一句からすれば，カイシャンの至大元年～三年に作成された可能性がある。同様の作品に呉弘道の【越調】闘鵪鶉，馬致遠【中呂】粉蝶児の套数があり，それぞれクビライ，シディバラに捧げられたものとみられる）。

66) ○欧陽玄『圭斎文集』巻九「元故翰林学士中奉大夫知制誥同修国史貫公神道碑」“会国家議行科挙，姚公已去国，与承旨程文憲公，侍講元文敏公数人定条格，賛助居多”。
○『元史』巻八一「選挙志」“仁宗延祐二年秋八月，増置生員百人，陪堂生二十人，用集賢学士趙孟頫、礼部尚書元明善等所議国子学貢試之法更定之”。
○銭大昕『元進士考』「延祐二年乙卯科進士五十六人」“知貢挙礼部侍郎張養浩、考試官翰林侍講学士元明善、廷試読巻官元明善、趙孟頫”。

67) 『金史』巻八「世宗本紀下」“[大定二三年]八月乙未，観稼于東郊。以女直字孝経千部付点検司分賜護衛親軍”，“[九月]訳経所進所訳易、書、論語、孟子、老子、揚子、文中子、劉子及新唐書。上謂宰臣曰：「朕所以訳五経者，正欲女直人知仁義道徳所在耳」。命頒行之”。

68) 西田龍雄「西夏語訳『論語』について」（『吉川博士退休記念中国文学論集』筑摩書房 1968 年）。『宋史』巻四八五「外国伝・夏国上」“元昊自制蕃書，命野利仁栄演繹之，成十二巻。字形体方，整類八分，而書頗重複，教国人紀事，用蕃書，而訳孝経、爾雅、四言雑字為蕃語”。

69) たとえば清朝の『御批続資治通鑑』巻二四の広義にいう。“嗚呼。歴代加吾夫子之尊号者，至元武宗可謂至矣尽矣。不可以有加矣。後有欲尊吾夫子者，殆恐不及元人。此挙之為当也”，“賜諸王孝経者，歴代未嘗見諸史冊也。元人此旨深得天下孝治之旨。特書於冊美可知矣”。

70) 興膳宏より指摘を受けた。訳は興膳宏・川合康三『隋書経籍志詳攷』（汲古書院 1995 年）に拠った。

71) 『元史』巻八一「選挙志一」《学校》“凡読書必先孝経、小学、論語、孟子、大学、中庸、次及詩、書、礼記、周礼、春秋、易”。

72) 『元史』巻一六〇「王鶚伝」“甲辰冬，世祖在藩邸，訪求遺逸之士，遣使聘鶚，及至，使者数輩迎労，召対。進講孝経、書、易，及斉家治国之道，古今事物之変，毎夜分，乃罷”，『清河集』巻六「参政商文定公墓碑」“至元元年入中書，上欲知経学，公与姚左丞枢、竇学士黙、王承旨鶚、楊参政果纂五経要語，凡二十八類以進”。

73) 『元史』巻一一五「裕宗伝」“少従姚枢、竇黙受孝経，及終巻，世祖大悦，設食饗枢等”。

74) 『秘書監志』巻五

75) 『程雪楼文集』巻九「孝経直解序　奉教撰」，『東里文集続編』（国立公文書館蔵明刊本）巻一六「孝経経伝直解」，本章註 18 参照。

76) 『元史』巻一七二「趙孟頫伝」“至治元年，英宗遣使其家，俾書孝経”。

77) 『甘水仙源録』巻一「終南山神仙重陽真人全真教祖碑」，「終南山重陽祖師仙跡記」には，それぞれ，“真人勧人誦『般若心経』、『道徳清静経』及『孝経』，云可以修証”，“今観終南山重陽祖師，始於業儒。其卒成道，凡接人初機，必先使読『孝経』、『道徳経』，又教

之以孝謹純一。及其立説，多六経為証拠”という記事が見える。

78) 前掲高橋文治「金元墓の孝子図と元曲」39-40頁，同「太宗オゴデイ癸巳年皇帝聖旨訳註」(『追手門学院大学文学部紀要』25　1991年12月)

79) 趙孟頫「大元勅旨開府儀同三司上卿玄教大宗師張公碑」(『道家金石略』910頁，『北京図書館蔵中国歴代石刻拓本匯編』第49冊（元二）122頁)，虞集『道園学古録』巻五〇「張宗師墓誌銘」，袁桷『清容居士集』巻三四「有元開府儀同三司上卿輔成賛化保運玄教大宗師張公家伝」参照。ただ，『元史』巻二〇二「釈老伝」は，アユルバルワダではなく，カイシャンとする。

80) 大元時代の道教，とくに正一教の研究については，孫克寛『元代道教之発展』（東海大学研究叢書　私立東海大学出版　1968年）が詳しい。

81) 虞集『道園学古録』巻二五「河図仙壇之碑」“全真之教叙其祖伝，有所謂玄風慶会録者。大徳中，嘗使人訳之而莫達其意，有旨命公論定。公曰：「丘真人之所以告太祖皇帝者，其大概不過以取天下之要在乎不殺，治天下之要在乎清心寡欲，煉神致虚則与天地為長久矣」。訳者如其言奏之，上大感悦”。

82) 一例を挙げれば，『元史』巻二二「武宗本紀」に“[至大元年五月]丁卯，御史台臣言：「成宗朝建国子監学，迄今未成，皇太子請畢其功」。制可”とある。

83) すでに，杉山正明『モンゴル帝国の興亡（下）』（講談社　1996年）が，“大元ウルスの国家全般に関わる漢文の一大政書『経世大典』が即位記念物として編纂された”ことを指摘している。

84) たとえば，『新刊全相三国志平話』（国立公文書館蔵元刊本）巻中の「三顧孔明」は，宋の李迪が描いた「三顧図」と構図，人物の細部まで極めてよく似ている。この絵には「天暦之宝」の印が押してあり，一時期モンゴル朝廷の所蔵であったこと，少なくとも文宗トク・テムルの御覧に付されたことはまちがいない。『故宮書画図録（二）』（国立故宮博物院　1989年　59-60頁）

85) 先行研究として，Joseph Needham, *Science and Civilisation in China, Volume 5 : Chemistry and Chemical Technology, Part I : Paper and Printing*, Cambridge University Press, 1985がある。

第2章　鄭鎮孫と『直説通略』

1　はじめに

元刊本の全相平話は，全ての頁に挿絵がついていること，文語と白話の混交文で書かれていること，建安の一書肆，虞氏の手によって出版されていることなどから，通俗書とみなされてきた。じゅうらい，大元ウルス治下の文化が“庶民文化の勃興”としてかたられるのは，元曲の隆盛とこの全相平話の存在ゆえである。だが，すくなくとも挿絵の存在，建安書坊の印刷については，貫雲石『孝経直解』をてがかりに，民間のモノとする根拠にはならないこと，前章においてのべた。

平話のテキストが民間の出版と考えられて来たもうひとつの大きな原因は，宋の孟元老『東京夢華録』をはじめとする筆記がえがく，“説三分”，“五代史”といった小説，講史の語り物文学とむすびつけられるからである。

現在のこる元刊全相平話のテキストは，『武王伐紂書』，『楽毅図斉七国春秋後集』，『秦併六国』，『前漢書続集』，『三国志』の五種であるが，最低でもほかに『楽毅図斉七国春秋前集』，『前漢書正集』があったことは，疑いない。そこでは，孫子と龐涓，項羽と劉邦の話などが繰りひろげられたであろう。日本の毛利家には『呉越春秋連像評話』が伝来したともいわれる。また，大元ウルス治下の“平話”の出版物ということで，『薛仁貴征遼事跡』，『五代史平話』，『宣和遺事』まで考慮にいれるならば[1]，じつに，盤古から金朝まで通しで，白話によって中国の歴史をなぞることができたのである。

ところが，全相平話の出版とほぼ同時期の至治元年（1321），現職の官僚の手になるもうひとつの“白話”の通史が，出版された。著者の名は，鄭鎮孫，その書の名を『直説通略』という。

この書についての言及は，もっともはやくは，『文淵閣書目』巻六に見え，“直説通略 一部十二冊闕，直説通略 一部八冊闕，直説通略 一部三冊闕”とある。また，『秘閣書目』，『晁氏宝文堂書目』上，『菉竹堂蔵書目』巻二，『澹生堂蔵書目』巻四などにも書名が記録されている。

『古今書刻』の上篇は，明の各直省において刊行された書籍の目録であるが，それによれば，内府，遼府，陝西西安府，四川蜀府において，内府所蔵の元刊本をもとに『直説通略』を重刻出版した。明は大元ウルスの版図を襲うと同時に，各路，府，州，県の役所に保存されていた国家刊行物の版木も手にした。『元史』等によって，国家刊行物であったことが明白な苗好謙『栽桑図』，魯明善『農桑撮要』，程端礼『程氏家塾読書分年日程』などが，つぎつぎに再出版された。ぎゃくにいえば，この書目に記載される大元時代の書は，国家刊行物であった可能性が高い。ちなみに，許衡『孝経直説』[2)]，同『直説大学要略』，貫雲石『孝経直解』，『列女伝』，『宣和遺事』なども，版木の保管者であった建寧府の書坊に委託して重刊された。いずれにせよ，明廷があえて重刊したということは，これらの書物の価値，意義を認めていたからにほかならない。『直説通略』も，たんなる通俗書ではなかった，ということである。

ところが，清代以降の蔵書家は希覯本としては珍重したが，顧炎武の影響であろうか，白話で書かれた低俗な書物と蔑視し，内容そのものにはまったく価値を見いださなかった[3)]。『千頃堂書目』は，鄭鎮孫の名を同時代の儒学者である鄭滁孫に誤り，銭大昕も『元史芸文志』を著わすさいに，それを引き継いでしまった。おそらくこの頃には，重刊本の『直説通略』すら，直接目にすることが困難になっていたのであろう。

その結果，こんにちわずかに，台湾国家図書館，中央研究院歴史語言研究所傅斯年図書館，中国国家図書館，北京大学図書館の四カ所に伝わるのみである。

中国国家図書館本全四冊は，孫星衍，袁芳瑛，張元済らの手を流転したもので，十一巻から十三巻を欠く。北京大学図書館の十三巻本は，とうじ張元済が所蔵していたテキスト（すなわち現在の中国国家図書館本）を借りて一部鈔補したもので，二函十四冊に仕立て直されている［図2-1］。いずれも明唐藩の所

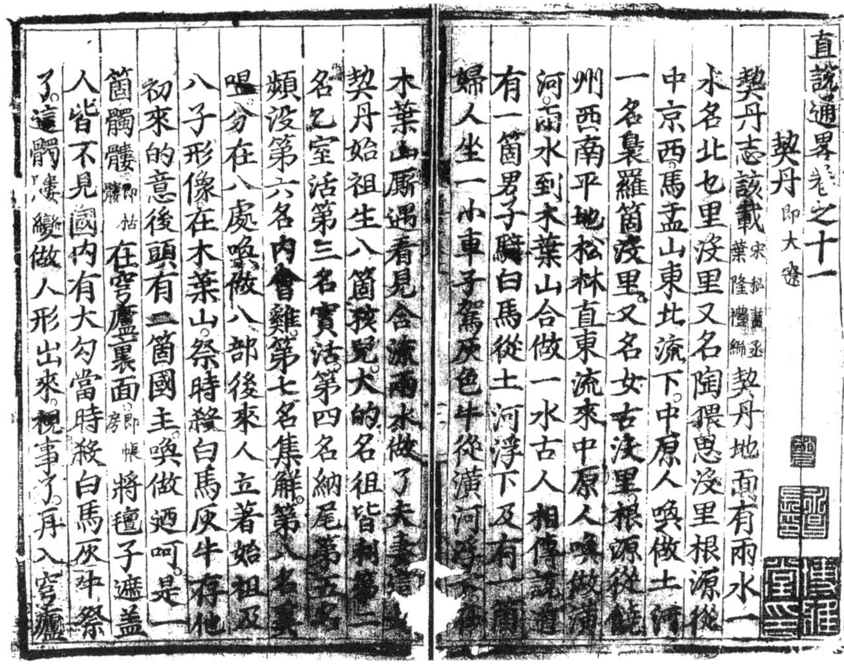
直說通畧卷之十一
契丹 即大遼
契丹志該載 宋秘書丞葉隆禮編 契丹地面有兩水一
水名北乜里沒里又名陶猥思沒里根源從
中京西馬盂山東北流下中原人喚做土河
一名梟羅箇沒里又名女古沒里根源從饒
州西南平地松林直東流來中原人喚做潢
河兩水到木葉山合做一水古人相傳說道
有一箇男子騎白馬從土河浮下又有一箇
婦人坐一小車子駕灰色牛從潢河浮下[illegible]
木葉山廝遇着見合流兩水做了夫妻[illegible]
契丹始祖生八箇孩兒大的名祖皆利第二
名乙室活第三名實活第四名納尾第五名
頻沒第六名內會雞第七名集解第八名奚
嗢分在八處喚做八部後來人立著始祖及
八子形像在木葉山祭時殺白馬灰牛存他
初來的意後頭有一箇國主喚做廼呵是
箇髑髏 髑髏即枯骨 在穹廬裏面 穹廬即帳 將氊子遮蓋
人皆不見國內有大勾當時殺白馬灰牛祭
了這髑髏變做人形出來視事了再入穹廬

図2-1　明成化十六年唐藩刻本『直説通略』（北京大学図書館蔵）

刊，毎半葉10行×18字，黒口四周双辺，巻頭に成化十六年（1480）六月一日付けの希古[4]の「重刊直説通略序」を載せる。また希古の名のしたに，「梅雪軒」，「唐国図書」の二つの方印がきざまれる[5]。本文は，切りまちがいが多いが句読点が付せられた状態で刷られている。なお，書中，大元ウルスを“元朝”と称しているが，これは鄭鎮孫ならば“天朝”もしくは“大朝”，“国朝”としるしたはずで，重刊のさいにあらためられたものと思われる。北京大学には，さらに明重刻本八巻八冊が残存する。「重刊直説通略序」の最後の“成化歳庚子夏六月朔日□□□迎薫楼　希古”の一文および方印を載せるはずの半葉が欠落しているが，十三巻本および中国国家図書館本の序文の欠字はこのテキストをもって全て補うことができる。いっぽう，台湾国家図書館本は，巻末に「内官監太監揚叢/大明成化庚子（1480）重刊」と題する鈔本で，やはり半葉

10行×18字。だが，「重刊直説通略序」は無く，至治元年十月十五日付けの鄭鎮孫の自序を巻頭に載せる。また，序のあとにいずれのテキストも，「歴代帝王伝統之図」，「春秋戦国帰併之図」，「東晋十六国帰併図」を載せるが，さいごの「歴代郡国地理之図」は北京大学八巻本と台湾国家図書館の鈔本にしかのこっていない。鈔本のほうがより古い原型をとどめているといってよい。もっとも，この鈔本はあきらかな誤字，衍字，脱字も多く，両者を綿密に対照，校勘する必要がある（傅斯年図書館本は未見[6]）。

なお，清朝，民国の書目題跋よりのちに，この書について言及したものは，管見のかぎりでは，『国家図書館善本書志初稿　史部（二）』「史鈔類」（国家図書館編印　1997年　1頁），『国立中央図書館善本序跋集録　史部（三）』（国立中央図書館編印　1993年　1頁）のほか，楊鐮・石暁奇・欒睿『元曲家薛昂夫』（新疆人民出版社　1992年　38，204-208頁）がある。楊鐮らは，中国国家図書館本を閲覧，調査したと述べ，著者の鄭鎮孫について，大陸で入手できるかぎりの資料をもとに，詳細に攷証しているが，『直説通略』の内容にまでは立ち入っていない。先行論文もないようである。そのため，本章では，書の内容，特徴，著者の経歴などの紹介，および出版の背景，資料としての価値がどういったところにあるかなど，全体的な鳥瞰図を描くことに重点をおく。本章において指摘するひとつひとつの問題の細かな考証は，別の機会にあつかうことにしたい。

2　『直説通略』の文体

鄭鎮孫は序において，次のように出版の動機をのべる。

「心の衝動が声になったものが“言”，その想いを飾るのが“文”，“言”でなければ，あいてのこころの琴線に触れえず，“文”でなければ，言いたいことを述べつくせない，“言”は“文”でないわけにはいかない」とひさしくいわれてきたものだ。だが，ざっくばらんな会話，普段つかうことばにいたっては，かりに心情を披瀝し耳をかたむけるに足りうるならば，

“文”でなくとも，またどうしてその“言”たることを傷つけようか。許魯斎先生は『朱文公大学直説』，『唐太宗貞観政要直説』をものしたが，いずれもいまの口語を用いていにしえの文章を解釈し，ひとに閲読しやすくさせた。わたくしは以前，『大学』という書物は，本末始終，脩斉治平（脩身，斉家，治国，平天下）のことをときあかすもので，紫陽先生（朱子）の集註が至れり尽くせりだと考えていたものだった。もとより俚俗のことばを用いて聖賢の蘊奥を言い尽くしうるものを書くのは容易なことではない。“史学”は，うえは『三墳』にさかのぼり，下は五代までたどる。司馬遷，班固いらい，書籍，典籍は，汗牛充棟，しかも，わずかな光陰のうちに，万代について一覧のもとに通暁することは，容易なはずがない。もし世代の盛衰，往事の沿革を説くのに，思うままにあっさりと語れば，ちまたの“小説”よりややましという程度でしかない。しかしながら，やはり太宗以前，太宗以後のことについても，そうした言説がみえないというのは，残念なことだ。両浙運使の世傑公が，わたくしに本書を編輯させることとなり，そこで『資治通鑑』の文をえらびとって，さらに劉恕の『外紀』など諸々の書をもちいて上古のことを推論，演繹し，まえに加えたうえ，宋朝，および遼，金の記録をうしろに付したが，いずれもみな節略したものなので，『直説通略』と名付け，十三巻に分けた。

また，

(『論語』「雍也」に)“質　文ニ勝レバ則チ野，文　質ニ勝レバ則チ史”といい，史は文雅をもって主とするものである。以上編集して“直説”と名付けた。質朴は質朴だが，どうして野卑に陥ってよいだろう。“文質彬彬(文と質の均整がとれている)”かどうかは，読者の皆様がご判断あれ。

ともいう。

許衡の著作，とくに『大学直説』に啓発を受けたとする点，『孝経直解』の貫雲石と同じである（ちなみに，文中に現れる許衡の二著作のうち，『貞観政要直説』は，『魯斎遺書』には収録されておらず，また明人の書目題跋でも言及されたことがない。これまでまったくその存在を知られていなかった。おそらく，オゴデイ時代以来，モンゴルの子弟たちが漢語を勉強していた国子学でテキストとして用いられたものだろう。序章で述べたように，ここにもモンゴル朝廷の人々の『貞観政要』への嗜好をうかがうことができる。なお直訳体ではないが平易な漢文で書かれた『新刊点校諸儒論唐三宗史編句解』（中国国家図書館蔵元刊本）もあり，唐の太宗，玄宗，憲宗時代の歴史を略説する[7)]。そして，やはり同じく許衡のもちいた白話と『直説通略』のことばは，すこしくことなる。『直説通略』とほぼ同時期の，泰定元年（1324）に出版された盧以緯『助語辞』の中で，例として引かれている俗語ともあきらかにちがう。「重刊直説通略序」の筆者は，

> 蓋適当胡元享俗之陋，而処中華文明之域，気習為之不同，語言為之不通。向非因諸旧史易以方言，則天下貿貿焉，莫知所考。然是書其有補于当時，有伝于後世也。

すなわち，当時胡元つまり夷狄であるモンゴルが，中華文明の地を支配していたことによって，気風，習慣が異なり，言語も通じないという状況であったので，中国の歴史を“方言”によって翻訳しなければ，天下のことがはっきり見えず，理解するすべがなかったのだろう，と推測し，であればこそ，この書が当時有用であり，後世にものこりえたのだとする。ここにいう“方言”をそのままモンゴル語ととるか，いわゆる直訳体風の白話ととるか，定義自体むずかしいが，いずれにしても『直説通略』のことばがモンゴルの漢地支配の中で生じたものであることを認めている。ちなみに，張元済は『直説通略』を“是れ誠に近日白話文の先導也”といい，張元済のところで『西儒耳目資』（明末にイエズス会士ニコラ・トリゴーが著わした中国語学のテキスト）と併せてこの書を閲覧した“文学革命”の旗手胡適は，“中有很好的白話，很容易懂得，全不像元朝上諭那様難読（この書では非常によい白話が使用されており，簡単に理解できて，元朝の皇帝の勅諭みたいに読みにくいようなことはちっともない）”と褒めちぎり，上述の「重刊直説通略序」の一文をとりあげ，“此語大可注意，可以想見元代白話文学所以発達之故也（このことばは大いに注目すべきで，これぞ元代の白話文学が発達した理由だと知りうるのだ）”といった。「文学改良芻議」が『新青年』に掲載された四年後，1921年のことである[8)]。

とにかく，『直説通略』の文体をじっさいにみてみよう。まずは，巻二の元雑劇にも仕立てられた“豫譲呑炭”の一節から。

讓又漆了身体，做癩子，呑着炭，做啞子，在市上乞化。他的妻認不得，朋友毎認得，対他説道：「把恁這般才能，臣事趙孟，必得近愛，却随着恁意中所愛的做呵，不容易那甚麼？索甚這般生受？」讓道：「不可。既将身服事他，做他臣子，却又殺他，便是両箇心有。我的所為最難。我所以似這般呵，教天下後世做人臣懐着二心，教他知道羞慚也者」。

もうひとつ，巻三の天下統一直後の漢高祖と臣僚の会話。

帝在洛陽南宮，会百官筵席，対衆説：「蕭何，張子房，韓信三人皆是豪傑，我皆不如他，為我能任用他的上頭，所以得了天下。項羽有一箇范増，不能用他，所以被我拿了」……衆功臣皆説：「我毎披着衣甲，拿着器械，多的百余戦，少的数十合。蕭何不曽有汗馬之労，只将些文墨議論，為甚麼在俺衆人上面？」帝道：「恁衆人不理会得囲猟那甚麼？『趕逐走獣的是狗子有。発縦指視的是人』麼道。恁衆人的功労狗子一般。至如蕭何纔是功臣」。

胡適の言に反して，『元典章』や元代白話碑ほど厳密な直訳体ではないが田中謙二やイリンチンが直訳体の特徴として挙げた“不～那什麼”，“為～的上頭”，“麼道”，語気助詞の“也者”などがみえるのにきづくだろう[9]。ほかにも，“休～者”，“不揀甚麼勾当”，“不宜的一般”といった，直訳体のきまった言い回しが散見される。“休為我一箇人不才的上頭，教百姓毎生受（わたくしひとりの不才のために人民たちをくるしめないでください）”，“不揀甚麼勾当只随着妲己言語行事（いかなることであっても，ただ妲己のことばにしたがってことをおこなった）”，“死了用謚呵，便是子説着父親的好歹，臣説君主的好歹，不宜的一般（死んで謚を用いると，子供が父親の善し悪しをいい，臣下が君主の善し悪しをいうことになって，よろしくないようだ）”といったように。また，“本是宦官曹騰乞養子，不知他当元的根脚（もとは宦官の曹騰が養子をもらったので，かれのもともとの出自はわからない）”の“根脚”のようにモンゴル語からきた語彙も見える。“与我将的言語先帝根前説去（わらわのために，もっていくことばを先帝の御前にいいにいけ）”のようにつかわれる“根前”も，モンゴル語の格助詞を，そのまま直訳したものである。

なお，直訳体に特徴的な，助動詞をかねる動詞 a-，bü-，モンゴル語の動詞の時制の終止形，形動詞語尾の訳である句末の“有”は，『孝経直解』ほど頻繁にではないが，“湯的仁徳，禽獣根底也到有（湯王の仁徳は禽獣にまでもおよんだのである）”，“法不行呵，因上頭的人先犯了有（法が行われないとしたら，トップのひとが先頭きって犯したからである）”，“他不用仁義，只用詐力的上頭，是這般有（かれは仁義を用いず，ただ偽りと暴力を用いたので，こんなふうなのである）”といったようにところどころに使用されている。もとの漢文資料と比較してみると，本書で句末に“有”を使っているのは，“〜である”と，とくに断定の意，語気を強調するときで，雅文漢文の“也”に相当していることがおおい。

以上のような特徴は，貫雲石の『孝経直解』，呉澄『臨川呉文正公集』巻四四「経筵講義」《帝範君徳》，《通鑑》の文体とだいたい同じであるといってよい。また，この書は，モンゴル時代の経筵のテキストがおしなべてそうであるように，漢字の字義の訓解はなされていない。付される註にしても，昔の地名が今のどこの路，府に相当するか，各登場人物のエピソードなどである。それらも本文と同じ文体をもって説明される。文盲であっても，人に読んでもらえばよい。語りものを聴くのと同じである。もともとモンゴル語を使用する非漢民族のために作成された可能性がたかい。それは，のちの明朝廷で用いられた経筵のテキスト，張居正『通鑑直解』，高拱『日進直講』[10] と比較してみるとはっきりする。張居正は，まず『通鑑』を雅文漢文で節略し，そのあと難語を平易に順々に口語で解説，全体の意味をとく。高拱にしてもほとんどおなじである。

そもそも『直説通略』は，両浙運使の世傑の依頼によるものだった。世傑は，その名からすればあきらかに非漢民族である。直訳体風の白話の使用もひとつにはここに起因する[11]。

ところで，注意しなければならない点がひとつある。じつは，『直説通略』では，直訳体風の白話文が使用されるいっぽうで，各皇帝の名，即位時の年齢などを紹介する部分，鄭鎮孫自身の各巻における編集基準の言明などにおいては，平易な漢文が使用されているのである。

たとえば，巻四後漢の霊帝の条の冒頭の部分。

　帝名宏。章帝玄孫。即位時年十二。竇太后臨朝。竇武為大将軍。再用前大尉陳蕃為太傅。蕃，武二人，同心尽力，補佐朝廷，召用天下名賢。李膺，杜密等，共参政事，天下想望太平。

ほぼ四字句，六字句で形成されている。これは，いったいどういうわけか。考えられる可能性はふたつ。①世傑に提出した原稿はすべて平易な漢文で書かれていた。モンゴル語に訳されたのち，さらに直訳体のヴァージョンも作成されたが，あえて一部分，四六文体をのこした。序文は，その直訳体ヴァージョン出版にあたって付されたもの。②原稿はもともとこの形で提出された。四六漢文の部分は，翻訳官でも理解できる漢文だと考えた。中心となる部分は，モンゴル語翻訳の底本を意識して，翻訳しやすいように直訳体のきまりにそって書いた。

これは，ほかの“直解”のテキストの成立においても，共通して問題となる。

張養浩の『経筵余旨』[12]，鄭涛『経筵録』は，漢文で書かれていた。また，この時代，非常に平易な，かざらない漢文が流行し，いっぱんに寺子屋の教科書とみなされているような書物が大量に出版されていることを考えると，①の可能性は，捨てきれない。

いっぽう，貫雲石の場合は，その出自からいって，自由にモンゴル語をあやつることができただろう。まず始めにモンゴル語訳『孝経』を書き，のち直訳体ヴァージョンを作成した可能性がある。李巌夫『経筵講稿』も，『臨川呉文正公集』巻十六によれば，著者はモンゴル語に巧みで四川行省の訳史をつとめたこともあり，雅文漢文，モンゴル語，直訳体いずれのヴァージョンも可能であった。文天祥の息子文陞と元明善等が，皇慶二年（1313），アユルバルワダの命によってモンゴル語に訳した『尚書』においても，同様のことがいえる[13]。

銭天祐の『大学経伝直解』，『孝経経伝直解』は，現物はすでに散逸しているが，出版過程をたどることができる。この二書は，それぞれ延祐元年，二年（1314，1315）に皇太子シディバラに献上され，翰林官によってウイグル文字モンゴル語に翻訳された。のち仁宗アユルバルワダ，ダギの命によって『孝経』は国家出版され，銭天祐はシディバラの説書秀才となった[14]。なお，国家出版されるさいには，アユルバルワダの命で翰林の大御所程鉅夫が序文を付し，本文は趙孟頫が全文書写したものを版木にうつしたのであった。銭天祐自身が“臣の解する所の孝経は，皆俗言浅語”といっていることからすると，はじめの原稿から“白話”であった可能性がたかい。

もしも，②だとすると，かれらは，直訳体を通じてモンゴル語の構造をも，あるていど知っていたことになる。高橋文治によれば，各地に発令される命令文が文書としての機能をはたせるように，クビライ時代，朝廷の権威を背景に，全国規模で識字層に対して直訳体の語順の非漢語化と文体の定型化が図られた[15]。むろんモンゴル語そのものを習ったものもいた。たとえば，趙璧はクビライの命でモンゴル語を習得，『四書』，『大学衍義』を翻訳して，馬上のクビライに語り聞かせたという[16]。

さらに，いわゆる南人であろうと，モンゴル語のできるものはいた。その好例となるのが杭州のひと，南北人の間で蒙古学において右に出るものなしといわれた鮑完沢（オルジェイ）信卿である。おりしも大元ウルスの元貞年間（1295–1296）におけるモンゴル語教育の再普及政策（各州郡の貴族の子弟，民間の俊秀がその対象となった）の恩恵をうけたかれは，史伝中の故事，当世の大事の綱領二百五十余条を捜集して訳し，書名を『朶目』（モンゴル語の domuγ の音写。“物語”の意）とした[17]。

これからすれば，鄭鎮孫らにモンゴル語の知識がなかった，とはいえない。趙孟頫によれば，南人の王伯達による『皇朝字語観瀾綱目』というパクパ字モンゴル語・漢語辞典とでもいうべき解説書も出版されていた。

3　監察御史鄭鎮孫とその周辺

1）鄭鎮孫と交友関係

さて，『直説通略』という書物が，どういう性格の本であるかをさぐるためには，とうぜん著者の鄭鎮孫について考証しておく必要がある。ところが，かれの名は，『元史』の伝はもとより，王徳毅『元人伝記資料索引』（中華書局

1987年)，Igor de Rachewiltz等編『元朝人名録』(南天書局　1988年)，同『補編』(南天書局　1996年) にもみえない。だからといって，ほんとうに無名の人物か。前述の銭天祐にしても，皇太子の説書担当であったにもかかわらず，伝はまったくのこっていないのである。

さいわい，鄭鎮孫については，すでに楊鎌らの要をえた考証がある。かれらの成果をくみとりつつ，かれらがさまざまな事情でみることができなかった資料からえられる知見を，以下述べることとする。

元	延祐 泰定		至順			至元
			劉基 見伝	葉峴 見伝	徐祖徳 中書省官局	
郷挙	蒋震孫 甲寅科 葉現	劉基 徐相徳 丁卯科				盧国賓 乙亥科
儒士	劉徳巌 浙江参政 林賛 礼部郎中	鄭鎮孫 監察御史 林諌 見伝	季謙 恩州学正 葉敦 教授	蒋珪 和寧教授 蒋琰 太平学正	蒋中宗 石門山長 鄭州 知事	呉昌朝 処州教授 洪俊 見伝
辟挙	王徳甫 化州教授 趙孟至 江浙提挙	周有庸 国子監丞 余希声 処州教授	劉当時 龍游教諭 蒋子沢 見伝	梅景熙 麗水教諭 楊和 見伝	劉鋭 平陽学正 劉世昂 戸部侍郎	呉昌国 訓学 董端 処州教授

図2-2　『栝蒼彙紀』巻六16葉「選挙表」処州府青田県

まず，『直説通略』の自序の末尾に「至治改元龍集辛酉良月望日栝蒼後学鄭鎮孫序」とあることから，至治元年のころ活躍したこと，栝蒼の出身であることが，すくなくとも確認できる。郭忠修・劉宣纂『成化処州府志』(国会図書館蔵明成化二二年刻本) 巻五「青田県」《仕宦》は，“鄭鎮孫，字安国。任監察御史兼修国史翰林編修”という。また，熊子臣修・何鏜纂『栝蒼彙紀』(南京図書館蔵明万暦七年刻本) 巻六「選挙表」によれば [図2-2]，かれの名は延祐・泰定年間 (1314–1328) よりあと，至順年間 (1330–1332) のまえ，郷挙，儒士，辟挙のうちの儒士として配列される (『成化処州府志』の前後に配列される人物から推測したものだろう)。名のあとにちいさく“監察御

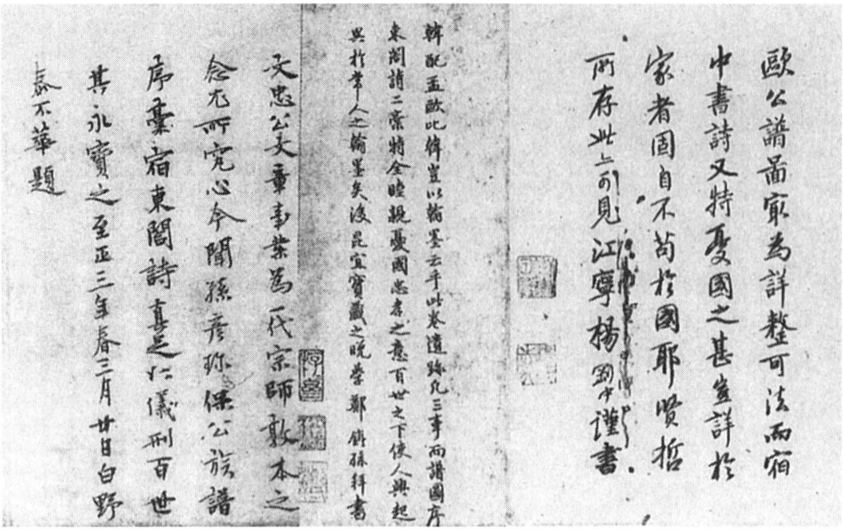

図 2-3　欧陽修「行書詩文稿巻」（遼寧省博物館蔵）に附された鄭鎮孫自筆の跋文（『中国古代書画図目』所収）

史”との註がつく。同時期の郷挙には，明初に活躍した劉基の名も見える。科挙によって官位についたものは，何年度の合格者か，註に付される。とすれば，鄭鎮孫の場合は，名門の生まれか，その学識の深さによって，取り立てられたことが推測される。なお，康熙二五年の『青田県志』巻九「選挙志」も，明経として，“鄭鎮孫監察御史”と記すのみである。

ただ，『元史』巻一九〇「儒学」によれば，やはり同じ処州出身の著名な儒学者，鄭滁孫，陶孫兄弟は，南宋の遺臣であったが，のち世祖クビライにつかえ，それぞれ集賢院学士，翰林国史文字学士になった。『青田県志』巻十「理学」の「鄭汝諧」の伝によれば，かれの曽孫の世代は，申孫，滁孫，陶孫，通孫と，いずれも“孫”の字を名前にもつ。『成化処州府志』巻三「麗水県」《仕宦》の項には，至元年間（1335-1340）の明経として，嘉興路儒学教授の鄭清孫の名がある。『栝蒼金石志』巻十「麗水県学教官題名碑」には，学賓の鄭沢孫，教諭の鄭源孫なる人物の名がみえる。以上のことからすると，あるいは処州の儒学者を輩出する名門鄭氏一族のひとりであったのかもしれない。

さらに，鄭鎮孫は，少なくとも至順年間から元統二年（1334）以前，杭州にいた可能性が高い。至順年間，江淮財賦都総管の魏誼が，舅である劉敏中の遺稿を編集するさい，“属吏の文有る者”を選び協力させたが，その部下というのが，劉灝と鄭鎮孫だったからである。『中庵先生劉文簡公文集』は，葉森の校正を経て，江浙儒学提挙司の指揮により，儒学の銭糧から出版された。また，同じころ鄭鎮孫は楊剛中や泰不華等とともに，欧陽修の「行書詩文稿巻」に跋文を寄せており，その筆跡も当時のままにのこっている［図2-3］［図2-4］[18]。

図2-4　図2-3の部分。鄭鎮孫のサインと「存存斎」，「鎮孫」，「鄭氏安国」の印（『清宮散佚国宝特集』所収）

ところで，鄭鎮孫の著作は『直説通略』だけではない。明清の書目をみれば，『歴代蒙求纂註』，『歴代史譜』（これらの書物そのものについては，第4節において詳述する）の二書があることがわかる。現在伝わるテキストは，いずれも初版本ではないが，鄭鎮孫について知るためには，これらの書に附せられた，鄭鎮孫およびかれと同時代のひとびとの序文が重要な資料となる。

『歴代蒙求纂註』の巻頭には，鄭鎮孫の原序のほか，至順元年（1330）の重刊にさいして付せられた通議大夫徽州路総管兼管内勧農事馬速［忽］（マスウード）の序，至順四年再度の重刊のさいの通議大夫衢州路総管府達魯花赤兼管内勧農事河内薛超吾（セチウル）の序，巻末に徽州路儒学教授王萱の跋がある。まず，鄭鎮孫自身の序からかれの字が安国であることがたしかめられる。

いっぽう『歴代史譜』には，至正五年（1345）の初版のさいの，奉訓大夫江南諸道行御史台監察御史河南楊恩，正議大夫秘書卿薛起吾，そしてやはり鄭鎮孫の序がある[19)]。ここからすくなくとも，鄭鎮孫が『直説通略』の出版から二十五年後の至正五年，まだ存命であったこと確実である。

鄭鎮孫は，この序文において「むかし，杭州にいたころ，いまの江浙行省左丞（正二品）李嘉訥の依頼で，『歴代史譜』のもととなった，“史図手軸一巻”を作成した」という。李嘉訥は，李家奴，字は徳元と同一人物であり（『蒙古字韻』では，家，嘉の発音はまったくおなじ。奴，訥は平声，入声のちがいがあるがパクパ字の表記は同じ。『金史』附録の至正五年の公文には，“資善大夫江浙等処行中書省左丞臣李家奴”とある。また，朱徳潤『存復斎文集』巻一は，“李加訥左丞”と表記する），延祐五年（1318）十一月，皇太子位についたシディバラに，クトルグトルミシュが訳した『大学衍義』，『帝範』などを学ばせるように進言した李家奴中議大夫（正四品）にほかならない[20)]。また，泰定帝イスン・テムルのとき，経筵講義を担当したひとりでもある[21)]。泰定元年（1324），礼部尚書（内任　正三品），致和元年（1328）には戸部尚書の任にあった。

ひるがえって，『直説通略』を編纂させたのは，両浙運使の世傑であった。両浙都転運塩使司（正三品）の役所は杭州におかれる。鄭鎮孫は，すくなくとも『直説通略』の執筆を開始した時点では杭州におり，至正五年よりかなりまえに杭州からはなれている。また，『歴代蒙求纂註』も至順元年の時点ですでに重刊されていることからすると，初版の年は至順元年よりかなりさかのぼるだろう。あとでも述べるが，『直説通略』，『歴代蒙求纂註』，史図手軸一巻が，ほぼ同じ時期に作成されている可能性がある，ということに注意を喚起しておく。

ではつぎに，これらの著作の刊行後の鄭鎮孫についてみてみよう。かれは『歴代史譜』の序文において，至正五年四月，金陵に旅行し，江南諸道行御史台（以下，江南行台と略す）を訪れたという。このとき，中丞燕山魯公，侍御中山王公，治書北庭廉公のもとめに応じて，旧稿の『歴代史譜』を増訂し，出版した。この江南行台のメンバーは，楊恩の序によって，それぞれ中執法高昌図魯（トゥクルク）明卿，侍御史中山王紳敬伯，治書侍御史北庭廉恵山凱邪公亮だとわかる。

江南行台についての資料としては，『南台備要』と『至正金陵新志』がある。後者は，江南行台の命をうけて，集慶路総管府が，前奉元路学古書院の山長張鉉に編纂を委託したもので，至正四年に刊行された。架閣庫に保管されている文書，書籍のほか，劉大彬『茅山志』や蘇天爵『国朝名臣事略』などの最新書も使用されている。まさに，リアルタイムの官撰の地方志である。巻六には江南行台の歴代の役人の名前のリストが役職別に記載される（ただし，ここに記されるデータは，至正三年以前のもの）。侍御史のひとつ下の「治書侍御史」の職に“禿魯中奉。至元二年上”とあるのが，あるいは図魯（トゥクルク）をさすのかもしれない[22]。また，治書侍御史のひとつ下の「経歴」の職に，“廉恵山凱雅北庭人。中議。至元三年上。”とある。楊恩，王紳の名はないが，王紳は，『至正金陵新志』の序文に侍御史として名をつらねているから，まさしくこの書の成立した至正四年に赴任してきたことになる。また，かれは『元史』によれば，アユルバルワダの寵愛をうけた王結の従弟でもある。楊恩も至正四年よりのちに，そとから赴任してきたものと思われる。いずれにしても，御史中丞（正二品），侍御史（従二品），治書侍御史（正三品）は，江南行台のなかで，うえからそれぞれ二，三，四番目のたかいポストであった。なお，江南行台の御史中丞に任ぜられた歴代の人物には，焦友直をはじめ趙世延，趙簡，馬祖常，張起巌など，カアンや皇太子の経筵講義を担当した文人の名がみえる。「侍御史」には，程鉅夫の名もみえる。江南行台のポストは，まさに，文人にとって出世コースの代名詞であった。

なお，廉恵山凱雅は，クビライ時代，“廉孟子”とよばれた文学サロンの中心人物，廉希憲のおいであった。貫雲石とは，きわめて近い親戚である。ウイグルの名門の出ではあったが，あえて志願して国学で研鑽を積み，『直説通略』の出版された至治元年に，進士の第にのぼった。そのご順調に官位をすすめ，翰林学士承旨にまでのぼりつめる。至正四年には，遼，金，宋三史の編纂にもあずかっている。

さいごに，『歴代史譜』と『歴代蒙求纂註』のいずれにも序をかいたセチウル（薛超吾，薛起吾とも同一人物を示す）についてふれておく。鄭鎮孫の三つの著作のうち二つにまで序文を寄せたことからすれば，かれらの関係は，きわめて密接なものであったと推測されるからである。セチウルは，やはりウイグルの名門貴族の子弟であり，漢名を馬昂夫という。号は九皐。が，いっぱんには散曲作家，薛昂夫としての名のほうが知られている。若くより，南宋の遺臣劉辰翁のもとで学び，大徳年間（1297-1307）には趙孟頫や，劉辰翁の息子劉将孫と交流を深めた。詩集を出版したさいには，かれらが序文をよせている。そのご，趙孟頫とおなじように，アユルバルワダの寵をうけ，手ずから『大学衍義』を下賜されるほどであった。なお，セチウルについての同時代資料として，いちばんくわしいのは，虞集『道園類稿』巻二五に収録される「馬清献公墓亭記」であるが，それによれば，アユルバルワダは，孝子であるセチウルをよみし，かれの父に“清献”の名をあたえ覃国公に封じた。その神道碑は，元明善撰，趙孟頫書，郭貫篆額というこれ以上はのぞめない豪華さであった。至治元年以降は，太平路，池州路，衢州路，建徳路のダルガ(チ)を歴任する（衢州は，“南の孔家”の所在地でもあった）。そのあいだも，虞集，楊載，薩都拉（シャドラー），李孝光などと詩の応酬をたのしんでいた。そして，『歴代史譜』によれば，至正五年の時点では，正議大夫秘書卿（正三品）にまでのぼっている。

直接的であれ，間接的であれ，こうしたモンゴル朝廷の高級官僚，文人との交流からすれば，鄭鎮孫もかなりの人物であったにちがいない。また，世傑，李嘉訥のほか，トゥクルク，セチウル，廉恵山海涯といったウイグル人との接触は，かれが多言語世界に身をおいていたことを示す。

そして，ふりかえってみれば，『孝経直解』のセヴィンチュ・カヤ，『大学衍義』，『貞観政要』，『資治通鑑』などを，カアンの命によって，つぎつぎとモンゴル語に訳したクトルグトルミシュとアリン・テムル。ウイグルの大活躍であった。この意味は大きい。

2）大元ウルス治下の監察御史

鄭鎮孫の官職をしるす同時代資料は，ない。鄭鎮孫は，三つの著作の序のなかでつつしみぶかく“栝蒼後学”としか名乗らず，肩書をしるさない。ほかの序文の筆者たちも触れない。いちばんはやい記録は，北京大学図書館本，中国国家図書館本の成化十六年（1480）の「重刊直説通略序」にみえ，“降及有元時，則有監察御史鄭鎮孫……”という。また，この書の発見の経緯を，「いつも経筵講義がおひらきになると，史学関係の書に熱中したが，たまたまこの書を閲覧した」と説明する。もとの元刊本には，鄭鎮孫が監察御史であるということに触れる序跋がついていたのだろう。むろん，その元刊本が初版でなかったばあいには，監察御史の官位にあったのは，至治元年（1321）ではなく，重刊の時点のことかもしれない。ことによっては鄭鎮孫の最終の官位をしめすもの，という可能性もとうぜん否定はしきれない（ただし，『栝蒼彙紀』は，延祐・泰定年間と至順の間に鄭鎮孫を配列している）。また，執筆中は布衣，この書の献呈によって監察御史となった可能性もある[23]。

しかしいずれにしても，ここで監察御史の職務について検討することによって，ぎゃくに鄭鎮孫その人を考えてみるのも，むだではないだろう。

監察御史は正七品。官位自体は，たかくない。御史台の察院に所属し，“耳目の奇を司り，刺挙の事を任う”。御史台は，中央の御史台と，江南行台（官庁は集慶路，いまの南京），陝西行台（官庁は奉元路，いまの西安にあった）のふたつの行台が，分担して漢地全体の“百官の善悪，政治の得失を糾察するを掌る”。

鄭鎮孫は，かつて杭州に居住していたことからすれば，いっけん江南行台所属の監察御史にみえる。江南行台は江浙，江西，湖広の三行省を監察するからである。だが，『至正金陵新志』に鄭鎮孫の名前がみえないこと，『歴代史譜』の自序のくちぶりからすると，そうではない。可能性があるのは，内台か，陝西行台。内台では，至元二二年（1285）より，南儒を二名参用したから，それにあたろうか。修国史，翰林編修を兼任したことからすれば，内台にまずまちがいあるまい。

王惲『烏台筆補』や『憲台通紀』，『元典章』によれば，監察御史の体察すべきことは，じつに多方面にわたる。おまけに百官の弾劾だけではない。前朝の諫官の責務も負う[24]。優れた人材を推挙するのも仕事のひとつである。たとえば，姚燧は，内台で監察御史をつとめていたころ，一年あまりの間に百余人を推薦したという[25]。

大元ウルス治下における監察御史は，“清廉”であることはもとより，実力のある文人が選ばれるのがつねであった。クビライの至元五年，はじめて内台監察御史の任にあたったのが，『秋澗先生大全文集』の王惲であることじたい，それを象徴する（かれはのち裕宗チンキムに『承華事略』を，成宗テムルに『守成事鑑』を献呈している）。さらに，至元二四年，クビライの命をうけ程鉅夫が江南に賢人を求めたさい，趙孟頫をはじめとする二十数名のひとびとは，まず台憲および文学の職に抜擢されたのであった。

監察御史が，延祐年間（1314-1319）の科挙再開にあたって，試験官をつとめたのも，その学識を見込まれてのことであろう。また，すでに周継中が指摘しているが，科挙再開後，御史台は進士出身のものを監察御史に多用した。張起巌，許有壬，廉恵山海牙，李好文，余闕など，みな監察御史に拝されている[26]。

なお，魏初『青崖集』や顔胤祖『陋巷志』によれば，この時代，曲阜の顔廟や孟廟の修葺，加封，立碑の要請は，すべて監察御史によって上疏された。御史台そのものが“勉励校官”，“興学宣化”の責務を負うことと関係するのだろうが[27]，かれらの儒学との密接なかかわりは，念頭においておくべきであろう。

さらに，『風憲宏綱』，『十七史纂古今通要』といった書物に序文をよせた馬祖常，汪良臣らは，いずれもみな監察御史であった。また，江南行台の監察御史，撒的迷失（サルドミシュ）が張致遠『紹運詳節』一巻を程鉅夫に見せ，序文を依頼した逸話，王惲『秋澗先生大全文集』の巻末に付された出版にさいしての御史台の牒文，『説学斎稿』巻十に見える楊三傑『明倫伝』の国家出版に至るまでの経緯などからすれば，出版に値する良書を中央に仲介することもその責務であった。監察御史，あるいはほとんど職務を同じくする粛政廉訪司が，出版にタッチすることは，意外に注意されていない。至元二三年，『農桑輯要』を改訂，刊行した暢師文は，当時監察御史であった。のち，遼，金，宋の三史を編纂したさいにも，纂修官，史官のリストに，翰林や集賢院の高官にまじって監察御史の名がみえる。

ひるがえって，内台の監察御史であるならば，官位とはうらはらに上司である御史大夫の牽制をとびこえて，カアンと密接な関係をむすぶことも可能である。だてに“天子の耳目の官”とよばれるわけではない[28]。ましてや“失意のうちに民間文学にはけ口をもとめる文人”などではとてもない。政局の中枢にいるのである。とくにアユルバルワダ時代の監察御史のやくわりには，特筆すべきものがある。延祐四年，六年と，内外の監察御史四十人余りが，ときの権臣テムデルの弾劾を敢行したさい，かれらの背後にはアユルバルワダがいたこともおもいあわされる[29]。

なお，『宋史』巻一六二「職官志」は，“台諫兼侍講”というが，大元ウルスにおいても監察御史が説書を担当することは，あったようである。かなり時代はくだるが，『安雅堂集』巻四「経筵唱和詩序」には，“今監察御史鎮陽蘇君伯修時為授経郎兼経筵訳文官，論定其説，使訳者得以国言悉其指”と，『国朝文類』や『国朝名臣事略』の編者として有名な蘇天爵が経筵の訳文官もつとめたことがみえている。また，張起巌，許有壬，李好文らも監察御史をつとめたあと，みなカアン，皇太子の経筵講義を担当したのであった。

さらに，やはりアユルバルワダ時代，皇太子シディバラの教育について，御史中丞の趙簡や，監察御史の段輔，孛朮魯翀らがたびたび進言をおこなっている。たとえば，『元史』巻二七「英宗本紀」には，

> 延祐三年十二月丁亥，立てて皇太子と為し，金宝を授け，府を開き官属を置く。監察御史の段輔，太子詹事の郭貫等，首ず賢人を近づけ，師傅を択ぶを請い，帝は嘉して之を納れる。

とある。また『元史』巻二六「仁宗本紀」に，

> [延祐五年秋七月]壬申，御史中丞の趙簡言えらく，「皇太子は春秋鼎盛なれば，宜しく耆儒を選び道義を敷陳すべし。今，李銓の東宮に侍し書を説くも，未だ経史を諳んぜず，請うらくは別に碩学を求め，分進講読すれば，実に宗社無疆之福たり」。制に曰く「可」と。

とあるほか，『元史』巻一八三「孛朮魯翀伝」にも，

> [延祐]五年，監察御史を拝す。時に英皇未だ出閤せざるに，翀言えらく，「宜しく正人を択びて以って輔導すべし」。帝嘉して之を納れる。

とみえる。

鄭鎮孫が登場した前後の監察御史は，まさにこうした状態であった。

3）『直説通略』の出版経緯

さて，鄭鎮孫の交友関係，職務がおぼろげながらうかんできたところで，もういちど『直説通略』の出版についてみなおしてみよう。

大元ウルス治下のおおまかな出版システムについては，大量の元刊本を閲覧した銭大昕の『元史芸文志』が，

> 諸路の儒生の著述は，輒ち本路の官の呈進に由り，翰林に下して看詳す。伝う可き者は各行省に命じ，所在の儒学及び書院に檄して，以て官銭に係りて刊行す。

と，ずばりと言い尽くしている。

『歴代史譜』のセチウルの序によれば，『直説通略』は，姑孰（江浙等処行中書省太平路），澧（湖広等処行中書省澧州路），荆（河南江北等処行中書省江陵路）の三郡において刊行された。ことは，すでに江浙行省だけのはなしではなくなっている。さらにおおきな行政単位で考えても，江南行台と中央の御史台にまたがる。たとえ世傑が言い出したことであったにしても，世傑一個人のためにつくられたとは考えられない。中央に献呈されたとみてよかろうし，はじめからそれが目的であろう。蒙古国子学のためか，経筵のためか。経筵のテキストとして編纂されたならば，アユルバルワダか，シディバラのためにちがいない（ただしアユルバルワダは，延祐元年にクトルグトルミシュに『通鑑』の節要をいちど訳させている）。シディバラだとすれば，前掲の『元史』延祐三年（1316）と延祐五年の皇太子教育の進言が，あるいは鄭鎮孫の『直説通略』編纂のきっかけとなったのかもしれない。

至治元年（1321）十月の序文があるということは，編纂はそれ以前におこなわれたはずである。前年の延祐七年正月二一日，アユルバルワダが三十六歳の生涯を閉じ，三月十一日，その子シディバラがカアンの座につく。ただし，シディバラみずからが即位の詔の中で語ったように，この時点では，じっさいの政権はアユルバルワダ時代とおなじく，祖母のダギとその寵臣テムデルの手に

握られていた。とはいえ，伯父の武宗カイシャンいらいほとんど習慣化していた，即位時の記念事業は行わねばならない。

政権交代のさいの混乱がいちおうの落ち着きをみせた十一月，まず孔子廟にならって，各郡に帝師パクパの殿を建立する詔が発せられる。翌十二月一日至治改元の詔を発令したのち，十一日にはダギの尊号の儀式（即位の同日に尊号をたてまつってあった）が執りおこなわれた。この日，翰林学士承旨のクトルグトルミシュが，『大学衍義』のモンゴル語訳を進呈，二三日にはその『大学衍義』の印本を群臣に下賜している[30]。この『大学衍義』のモンゴル語訳のテキストは，延祐六年正月の時点でテムデル（皇太子時代のシディバラの家庭教師役でもあった），李家奴らの進言でシディバラの座右の書として供されることがきまっていたから，完全なパフォーマンスであった。そもそも，この『大学衍義』は，延祐四年四月，江浙行省を仲介として，真徳秀の故郷に西山書院を建設したさいの記念刊行物であった。おまけに，武宗カイシャンの子コシラを追い落として，シディバラを皇太子位につけた直後のことでもあったから，二重の意味での記念である[31]。アユルバルワダは，寵愛する臣下五十人にそれを下賜したが，シディバラもそれを踏襲したわけである。あらためて刷り直したのではなく，在庫本にすぎないが。そのご，シディバラは，アユルバルワダ時代の編纂事業を引きつぎ，『文献通考』，『大元通制』や『元典章』など，つぎつぎに大型の記念出版物を刊行させることになる。

鄭鎮孫の『直説通略』も即位記念として，国家出版されたのであれば，その経緯は，延祐四年の『大学衍義』の出版と同様であったろう。劉賡とクトルグトルミシュの関係は，そのまま鄭鎮孫と世傑にあてはまる。まず，経筵に供する目的で，世傑が鄭鎮孫に三皇から宋，金代までの歴史をコンパクトにまとめた書籍の編纂を依頼する。ウイグル文字モンゴル語訳が献呈される（そのさい，李家奴の依頼で作成された史図手軸一巻も，『直説通略』とセットのかたちで呈されたのかもしれない）。シディバラの命によって刊行が決定され，各行省が分担して版木を作成する。少なくともパクパ字のヴァージョン，直訳体のヴァージョンが頒行される。

こうした経緯を考えないかぎり，鄭鎮孫の名のもとに，あえて直訳体風の白話をもちいた書が出版される理由がみつからない。かれの出自を考えれば口語で書くにしても，ふつうならば『朱子語類』に用いられているようなことばをもちいたはずである。だれのために，いかなる目的をもって書かれたのか。

『孝経直解』が至大元年（1308），『直説通略』が至治元年，いずれも新カアンの即位，改元直後の序文をもつことは，けっして偶然ではない。

4　『歴代史譜』と『歴代蒙求纂註』

1）『歴代史譜』と鄭鎮孫の中国史観

鄭鎮孫のべつの著作『歴代史譜』についても，『文淵閣書目』巻五が“歴代史譜 一部一冊闕”と記すのをはじめ，明清の書目にその名がみえる。『澹生堂蔵書目』巻四，『徐氏家蔵書目』巻二によれば，全二巻という。『歴代史譜』は，こんにち北京大学図書館，台湾国家図書館にそれぞれ収蔵されている。いずれも，明成化十一年（1475）の刊本である。ただ，前者は，残巻であり，前半部分を完全に欠き，第75葉の「唐譜」よりはじまる。また巻末の「歴代史譜後序」の最後の半葉を欠くうえ，広西按察司僉事羅明の「書歴代史譜後」は，ところどころ破損しており，よみとれない字がかなりある。そこで国家図書館の『歴代史譜』不分巻全四冊をもとに議論をすすめることとする。

もっとも，この『歴代史譜』は，元刊本そのままの姿をとどめているわけではない。まず，宣徳元年（1426）に匡我生の訂補を経る。匡我生の後序によれば，元来ひとつであった「歴代総図」を二図にわけて巻頭に置き，歴代の帝王を，状子（訴訟用紙）に書き込んで横むきにながめる形式であったのを，世系によって縦に見る形式にかえた。また，金，宋まででおわっていた系譜に，鄭鎮孫の体例にのっとって「元世譜」，「元末僭叛寇盗」，「元末紅巾叛乱諸寇」の図を書き加えた。さらに成化年間の改訂のさいには，史書を参照して間違いであると考えられた箇所が，羅明らによって書き換えられてしまった。南宋の滅亡を至元十七年までずらすあたり，明人の感傷がまぎれこんでいるのだろう（『直説通略』，『歴代蒙求纂註』と帝王の統治年数などの数値がところどころ食い違うのは，ひとつにはこれが原因である)。

『歴代史譜』の原型は，先述したように『直説通略』の著述とそうかわらない時期に，皇太子シディバラの側近，李嘉訥が作成させた史図手軸一巻である。それを二十数年経た至正五年（1345)，江南行台を訪れたさいに，トゥクルク，王紳，廉恵山凱雅らの求めに応じて，改訂，校勘した。もともとの史図手軸一巻は，大部の著作であったので，長きに過ぎる解説は削除したという。

序を寄せた江南行台監察御史の楊恩のことばを借りれば，伏羲，神農から金，宋まで，四千年余りの間の“国統離合”，“世代変更”を一望のもとにみわたせる書，歴代の史書に記される皇帝，王覇の世系をとりあげ，その要点をまとめて譜面化し，歴史書を読む際の綱領としたもの，それが『歴代史譜』であった。

歴代の帝王の統治年数，事績等を整理した同時代の書としては，胡一桂『歴代編年』，察罕（チャガン）『歴代帝王紀年纂要』，戚崇僧『歴代指掌図』，姚燧『国統離合表』，范霦『歴代編年図』，倪士毅『歴代帝王伝授図説』，陳剛『歴代帝王正閏図説』などがあった。そのうち，察罕『歴代帝王紀年纂要』だけが，明の黄諫による重訂本で見ることができるが，非常に簡単なもので，しかも図譜ではない（序文は，『程雪楼文集』巻一五に掲載される)。黄諫の改悪を考慮にいれても，出来栄えは『歴代史譜』にとおく及ばない。

では，この『歴代史譜』はいかなる基準のもとに編纂されているのか。鄭鎮孫はいう。

> 伏羲，神農以下，秦，漢，晋，隋，唐，宋にいたるまでいずれも皆，海内を統一したが，三国，南北朝，五代，遼，金，南宋は，政体，権勢が分裂しており，前者と尊卑の区別があってしかるべきだが，いずれも億兆の民に君臨したので，すべて帝王の例にしたがって図表化した。周末の東遷，諸侯のことについては，考えるべくもないが，春秋の強国十二箇国に，呉，越を附し，滕，杞のような弱小の国は，わずかに梗概をのこすにとどめた。六国が滅んで秦の始皇帝が立つ，七国が復活して秦が滅ぶ，前漢の王莽，後漢の曹操が火徳の国統を実質上転覆する，晋は南に魏は北に中華をひき裂く，地方の長官が内乱を興し，江都御幸の煬帝が帰らぬ人とな

る，天宝年間，諸藩鎮が礼に背いて叛乱をおこす，郭氏の周にいたるまで，いったん世が乱れるとつねに，鼠や犬のようなこそ泥どもが，ハリネズミの毛のようにわんさか集まり，蜂が群がりとぶようにたちあがる。おしなべてこれらはみな統一王朝のあとに附し，それぞれその体例にしたがって図表化したが，それは，正統な王朝をあがめて尊重すべきを示し，割拠する僭主を貶めて排斥すべきを示すだけのことで，君臣の区別，国家の高卑は越えることができないのである。

このことばのとおり，鄭鎮孫は『歴代史譜』を，大きく三皇世譜，五帝世譜，夏世譜，商世譜，周世譜図，春秋諸侯譜，諸小国（有爵姓国三十四，有姓無爵国十七，有爵無姓国十七，無爵姓国三十三，附庸国九），戦国諸侯王譜，春秋後亡之国七，新国，秦世譜，秦末復立七国，新立十国，前漢世譜，漢初分封功臣諸国，両漢之間僭竊郡国，後漢世譜，漢末専拠郡国，漢末叛乱諸寇，三国世譜，西晋世譜，東晋世譜，南朝世譜，北朝世譜，晋魏間雲擾諸国，晋魏間逆臣寇盗，隋世譜，隋末唐初僭竊寇盗譜，唐譜，唐悖乱藩鎮，唐僭逆寇盗，唐叛乱寇盗，五代世譜，五代偏方割拠諸国譜，前宋世譜，南宋世譜，宋割拠国，宋家僭乱諸寇，遼世譜，金世譜にわかつ。

世譜においては，各皇帝の名前，出自，事績，在位年数，改元について簡潔にのべ，最後に王朝全体の統治者数と統治年数をしるす。世譜以外の図では，それぞれの国ごとに，興亡の概要と統治者数と統治年数をしるす。そしてその記述には，平易な漢文が用いられ，文体こそ異なるが『直説通略』の内容と重なるところが多い（『直説通略』の最初の原稿が，平易な漢文であった可能性は，ここから生じる。むろんその出版経緯を考えれば，ウイグル文字モンゴル語のヴァージョンの存在も，考慮せねばならないだろう）。『直説通略』においてくりひろげられた歴史の叙述が，ヴィジュアルなかたちに図表化されているのである。

ただし，『直説通略』とことなる点もある。たとえば，三国時代について，『直説通略』では司馬光の『通鑑』どおりに魏，蜀，呉の順に記述するが，『歴代史譜』では，朱子の『通鑑綱目』の春秋筆削の法，史観にもとづいて蜀，魏，呉になおされている。これが，明の重刊のさいの改定でないことは，セチウルの序文に“其義例則本於朱氏”とあることからあきらかである。『直説通略』の自序では“たとえば，魏，蜀，呉の三国のように鼎立するものは，国の大小，尊卑によって論じることはせず，その国の正朔，事績は，それぞれ独自に編集して，さらに互いの年歳を参照する。たとえば，魏の黄初三年は，蜀の章武二年，呉の黄武元年といったように。”，“その紹運正統，褒貶是非については，前賢の礼にかなったおことばがあるのに，なんでわたくしのような若輩，後学が嘴をはさむようなことをしようか”と述べていたから，ずいぶん態度がかわったものである[32]。

また，先述したように各王朝の統治者数，統治年数が，『直説通略』とかなりことなる。『歴代史譜』の鄭鎮孫の自序からすれば，宋の邵康節『皇極経世書』(『道蔵』収録）の影響が強い。チャガンの『歴代帝王紀年纂要』もこの書に基づいて紀年する（モンゴル時代に著わされた歴史書，史図の紀年は，いくつかの系統に分類される)。

こうした差異は，そのまま鄭鎮孫の，あるいは大元ウルス治下の学術界の，二十数年間における史観の変化のあらわれでもあった。

2)『歴代蒙求纂註』と歴代歌

さて，鄭鎮孫のもうひとつの著作である『歴代蒙求纂註』は，元抄本が『宛委別蔵』に収録されているので，容易に閲覧することができる。この書は，汝南の王芮の『歴代蒙求』に，さまざまな経史書を参考にしながら註釈を施したものである。書名に“蒙求”の二字があることからもわかるように，本文は，子供が暗誦しやすいように，四字一句の韻文からなり，天地開闢から大元までの歴史を扱う。千字に満たないが，従来の蒙求書にくらべて，人物の生死，世運の転変，君主の賢愚，王朝の統治年数の長短，統一と分裂が，はるかに順序だてて，簡明に述べられている。鄭鎮孫は幼少のころから王芮『歴代蒙求』を暗誦し，幼児の学習に効果があることを実感していたという。幼学が本文を暗誦，纂註を参照して，そこから経，史書へと進めるように作られている。

『歴代蒙求』の最後は“大元太祖，開基応天，世祖皇帝，一統八埏，乾清坤夷，列聖相伝，天子聖寿，億万斯年”の八句でしめくくられる。それに対して鄭鎮孫は，“欽惟；太祖法天啓運聖武皇帝，誕膺天命，肇基朔方，世祖聖徳神功文武皇帝，克成厥勲，一統万国，天之所覆，地之所載，日月所照，霜露所墜，罔不臣属，四海乂安，黎民仁寿，列聖相伝，今上皇帝，文明仁聖，垂拱仰成，実億万年，無疆之運。『記』曰：「大徳必得其位，必得其禄，必得其名，必得其寿」。信哉。”と註釈をほどこす。この書の成立年代を推測するさい，鄭鎮孫のいう今上皇帝が誰かということになる。『礼記』「中庸」の引用からすれば，いっけん「大徳」の年号を使用した成宗テムルに見える。だが，チンギス・カンを太祖法天啓運聖武皇帝と呼ぶのは，カイシャンが諡をおくった至大二年（1309）十二月よりあとのことでしかありえない。

この書は，そのご徽州路総管兼管内勧農事の馬速［忽］（マスウード）（至順四年には治書侍御史）が新安に着任したおり目にとめ，幼学のためだけでなく，人民の教化にも役立つ書だとして，徽州路儒学教授の王萱に命じて出版された。それが至順元年（1330）七月。だが，発行部数が少なかったのか，ひろく伝播はしなかった。そこで，さらに至順四年，衢州路のダルガ(チ)であったセチウルによって，重刊された。もともとの鄭鎮孫の原稿は，至大三年から至順元年の間に作成されたのはまちがいない。

ところで，鄭鎮孫もいうように，大元ウルス治下における通史の“蒙求”書は，少なくない。金末の混乱期に，元好問が，知り合いの呉庭秀の『十七史蒙求』を，わざわざ捜し求めて刊行，序文を寄せたこと，通行する宋の王逢原『十七史蒙求』に対する不満をのべていること[33]，元好問自身，やはり一句四字の韻文で上下数千載のことを記す『帝王鏡略』を著わしていることからすると[34]，『蒙求』の流行，幼学教育の重要性の認識は，南宋併合いぜんに，金朝によって下地ができていたのかもしれない。というのも，太宗オゴデイから世祖クビライの前期にかけて，儒学教育の基盤を築いた許衡に『編年歌括』，『稽古千文』の作品が見られるからである[35]。『編年歌括』は，総数，唐虞，夏，商……大遼，前宋，大金と，各王朝の統治年数と歴史の概要を，五言，六言，七言で暗誦しやすい歌詞にしたものである。モンゴル貴族の子弟に算術を学ばせるために，唐尭から至元九年（1272）まで約3605年間の世代暦年を一書に編集して，暗誦させ，足し算引き算を練習させた，というはなしもあり，あるいはそのテキストであったかもしれない。『稽古千文』は，やはり一句四言で，天地混沌の時代から大元ウルスまでの歴史をうたうものである。

同様の作品が，カアンや皇太子に捧げられることもあった。銭天祐の『叙古頌』は，そのひとつである。『大学経伝直解』，『孝経経伝直解』の献呈によって，シディバラの説書秀才となったかれは，やはり唐虞から宋までの歴史を韻文でもって，一章二十四字，総数八十六章でつらね，吟誦できるようにしたという[36]。また，鄭鎮孫と同じように，各章のあとに経史書から引いた事実をしるして註とした。さらに礼部が手配したらしいが，同じく説書秀才の范可仁[37]が増義を，蕭貞が音釈をくわえた。

ところで，“蒙求”というと，すぐ寺子屋の教科書扱いで軽蔑されがちであるが，大元ウルスにおいては，小学はまっとうな学問であった。国家ぐるみで，朱子学の理念にもとづく徹底した教育体制がしかれつつあったからである。しかも，科挙再開にあたっては，国家指定の受験教育マニュアルが作成されるほどであった。八歳未満の幼児は，入学前に程若庸『性理字訓講義』や『蒙求』，『千字文』を暗誦して，基本知識を身につけておくのがのぞましいとされた（朱子自身も『童蒙須知』なるテキストを編んでいる）。しかも入学してはじめて習字を練習するさいには，趙孟頫の『千字文』の大字本がお手本として使われたというから，まことに完璧を追求した教育法であった。そうした時代の要求があったからこそ，胡炳文『純正蒙求』三巻，呉化龍『左氏蒙求』，虞韶『小学日記切要故事』十巻[38]，李啓『蒙求図注』一巻などの小学書がつぎつぎとあらわれたのである。かりに著者が在野のものであろうと，自費出版する必要はない。申請して価値あるものと認められれば，国家が出版援助してくれるのである。この時代一流の文人たちが，小学書に関心をもったことは，元人の文集をながめれば，一目瞭然である。大徳四年（1300），慶元路総判の翁元臣は『通鑑』をもとに，五言絶句二千余篇からなる『翁三山史詠』を著わした。趙孟頫も王元鼎『古今歴代啓蒙』のために序文を寄せた。ちなみにこの書もまた，三皇五帝以来の事績を四言の韻文によってならべるものであった。

ひるがえって，もう一点留意すべきは，『直説通略』と同時代の陳櫟『歴代通略』には，末尾に『歴代通略蒙求』が，曽先之『十八史略』の巻頭には，七言の「歴代国号歌」,「歴代世年歌」が載せられることである。しかも『十八史略』には，図譜ではないが「歴代甲子紀年」も付される。さらに『纂図音訓明本古今通略』にも「歴代伝授宝暦歌」,「歴代啓運年譜之図」が付される。陳桱の『通鑑続編』には，四言の「歴代紀統」が付されていたという[39]。また，かくじつに大元ウルス治下で編集しなおされた『事林広記』後集（椿荘書院本，西園精舎本）に，続けて収められる「帝系類」の〔歴代統系〕〔歴代歌〕〔歴代帝王伝授正統之図〕〔歴代源流〕,「紀年類」の〔歴代紀年〕。鄭鎮孫の『直説通略』,『歴代史譜』,『歴代蒙求纂註』とみごとに対応する。略説された通史，紀年図譜，歴代歌――手段こそ違え，いずれも中国の歴史を一望のもとにみわたそうとするものである。大元ウルス治下の史書に共通してみられるこの通史，紀年図譜，歴代歌の三点セット，三位一体の現象は，けっして偶然ではありえない。鄭鎮孫は意図して三作品を著述したのである。

こうした視点をもってながめれば，平話の前にかならず付される例の“三皇五帝夏商周，秦漢三分呉魏劉，晋宋斉梁南北史，隋唐五代宋金収”といった七言詩や，前置きとしてのべられる簡単な歴史のおさらい，さらにいえば胡曾の詠史詩の引用も，またちがった様相をおびてくる。

5　モンゴル時代の通史

『直説通略』の文体は，モンゴル語による中国通史を自然連想させる。また，許衡の『直説大学要略』や貫雲石の『孝経直解』，銭天祐の『大学経伝直解』,『孝経経伝直解』の出版のいきさつを考えれば，カアン，皇太子，もしくは諸王，貴族の子弟の教育とのかかわりの可能性も無視できない。じじつ，歴代カアンが中国史をまなぶさい，『直説通略』ももとづいた『資治通鑑』は，まさにバイブルであった。『元史』の記事をたどるだけでも，クビライをはじめとして，チンキム，アユルバルワダからトゴン・テムルにいたるまで，経筵講義において『通鑑』を学んだことが確認できる[40]。ときには，経筵の内容を，あらためてウイグル文字モンゴル語簡訳本の体裁にととのえて提出，刊行させることもあった[41]。また，京師の蒙古国子学，各路の蒙古字学においても，『通鑑節要』をモンゴル語に訳したテキストが使用された。このテキストは，翰林院において作成され，各路の国子学の教授に配られた[42]。モンゴル時代の重要な通商路であったカラ・ホト遺跡からも，『通鑑節要』の残頁が出土している[43]。

ここで注意すべきは，カアンやモンゴル子弟が学んだ『通鑑』は，司馬光の『資治通鑑』を簡潔に要約したものだったという点である。そもそも『通鑑』は全二九四巻。最初から最後まで目をとおすには，そうとう根性がいる。しかも，それでいて扱われる時代は，周の威烈王から五代まで。三皇五帝から宋，遼，金のことまで知ろうとすれば，別の編年のテキストをさらに読まねばならない。

『通鑑』の内容をてっとりばやくみわたそうとする風潮は，すでに宋代からあった。『宋史』の「芸文志」によれば，司馬光自身にも『通鑑節要』六十巻があったし，『稽古録』も『通鑑』の節略本といってよい。朱子は独自の王朝正統観に基づき『資治通鑑綱目』を編んだ。江贄にも『通鑑外紀節要』，『通鑑節要』の二著がある。呂祖謙『呂成公点校集註司馬温公資治通鑑詳節』，同『十七史詳節』，陸唐老『増修陸状元集百家註資治通鑑詳節』なども現れた。だが，とくに意義深い出版となったのは，弋唐佐撰『集諸家通鑑節要』一二〇巻であった。元好問によれば，この書は，金末元初に出版業で有名な平陽の張存恵の家において，貧乏な科挙受験生でも閲覧できるようにと刊行された。諸家の『通鑑』を集めて一書となし，呂祖謙の『通鑑節要』を基準に年代を区切ったが，画期的だったのは，『外紀』，甲子譜年，暦年，いにしえの輿地図，帝王の世系などを加えたことであった[44]。

金，宋の版図を掌中におさめた大元ウルスにおいても，これらの書は，なんども重刊，復刻された。そのさい，弋唐佐のとった方法は，歴史を通覧するに便利であったためしばしば模倣され，本来のテキストの巻頭にさまざまな付録，図表が増入されることとなった。また，『成化処州府志』によれば，陳康（字は景邵）にも『通鑑節要』の著があり，郡庠において刊行されたという。“坊賈託名射利の書”とされる李燾『増修附注資治通鑑節要』十巻もすくなく

モンゴル時代の通史

（統治者数/統治年数）

	集史	釈氏資鑑	釈氏稽古略	仏祖歴代通載	歴代世年歌	十八史略	直説通略	歴代蒙求纂註	歴代史譜	事林広記	帝王紀年纂要	古今通略	歴代互紀	古今通要	編年歌括	敏求機要	帝王韻紀
盤古	10/18000			/18000													/18000
天皇氏				13/18000	12/18000	12/18000				12/18000				12/			12/18000
地皇氏				11/18000	11/18000	12/18000				11/18000				11/			11/18000
人皇氏				65/45600	150/45600	150/45600				9/45600				9/			150/45600
伏羲	16/17787	1/110	15/17787	15/17787	15/	15/	16/61640	16/61640	16/61640	16/61640	1/110		1/110	13/			16/1260
神農	8/500	1/140	8/520	8/540	8/520	8/520	8/520	8/520	8/520	8/520	1/140		8/520	8/530			8/426
黄帝	18/1520	1/110		18/1520			1/124	1/124	1/100	1/100	1/110		1/100	1/100			1/100
小昊金天氏	10/490	1/84		10/490			1/84	1/84	1/84	1/80	1/84		1/84				1/84
顓頊高陽氏	10/520	1/78		8/520			1/78	1/78	1/78	1/78	1/78		1/78	1/78			1/78
帝嚳高辛氏	9/350	1/75		9/350			1/75	1/75	1/75	1/70	1/75		1/17				1/7?
帝尭陶唐氏	1/98	1/70	1/98	1/98			1/98	1/98	1/100	1/70	1/100	1/98	1/124		1/100	1/72	1/100
帝舜有虞氏	1/50	1/50	1/50	1/50			1/50	1/50	1/50	1/50	1/50	1/50	1/50		1/50	1/61	1/50
夏禹王	17/432	17/430	17/432	17/432	17/432	17/432	17/432	17/432	17/458	17/431	17/441	17/433	17/432	17/458	17/432	17/458	17/432
商湯王	30/329	30/627	30/628	30/629	30/645	31/629	31/628	30/628	30/644	30/629	/644	33/630	30/629	28/644	30/629	28/644	30/629
周武王	37/867	37/867	36/867	37/867	37/867	37/867	37/867	37/867	37/873	37/867	37/867	37/867	36/867	35/867	37/867	35/867	37/867
呉太伯			20/650	25/655			24/		24/629				20/650				
斉太公望			31/744	30/747			30/		30/747				34/744	31/744			
曹叔振鐸			25/636	23/653			26/		26/646				25/636	25/636			
杞東楼公				26/645													
蔡叔度			25/676	27/527			25/		25/650				25/676	23/432			
魯周公旦			34/873	34/915			34/		34/873				24/873	34/827			
燕召公			/896	37/894			43/		43/900				44/901	44/931			
宋微子啓			32/839	33/830			30/		32/837				32/831	21/831			
晋叔虞			38/746	36/749			38/		38/746				38/741	38/741			
衛康叔			41/906	43/900			43/		43/912				41/908	41/908			
楚熊繹			/894	25/789			44/		41/899				41/894	20/650			
韓武子			11/174	12/196			11/		11/174				11/174	11/174			
魏武子			8/179	9/100			9/		9/179				8/179	8/179			
趙武子			11/182	11/187			10/		11/174				10/182	11/182			
陳胡公			24/645	23/653									24/645	24/645			
越王句践														20/			
斉田和			/182										7/166	7/166			
秦始皇	3/41	6/49	6/50	3/41		3/41	3/14	2/14	3/40	3/15	2/15	3/	3/40	2/15	3/40	3/49(2/15)	6/49
覇王	1/5			1/5													
漢高祖	13/214	12/210	14/214	14/214	(24/426)	(24/426)	13/214	12/214	13/225	12/211	12/230	12/214	14/214	12/214	12/214	12/211	14/214
王莽	1/15	1/18	1/14	1/15	1/15	1/15	1/15		1/14	1/15			1/15	1/14	1/14	1/18	1/15
更始淮陽	2/3		1/2	2/3		1/2	1/2		1/2	/3			1/3	1/2	1/2	1/2	
後漢光武帝	14/196	12/196	13/195	12/195	(24/426)	(24/426)	12/195	12/195	12/195	12/195	12/195	11/195	14/195	12/196	12/196	12/195	13/196
魏		5/45	5/45	5/48	5/46	5/46	5/45	5/45	5/45	5/46	5/45	5/46	5/45	5/45	5/45	5/46	5/46

蜀		2/43	2/42	2/43	2/43	2/43	2/44	2/44	2/44	2/43	2/43	2/43	2/43	2/43	2/43	2/43	2/42
呉太伯		4/59	4/59	4/60	4/52	4/52	4/59	4/59	4/59	4/59	4/59	4/59	4/60	4/60	4/59	4/59	4/59
晋武帝	4/52	4/53	4/52	4/52	/52	4/52	4/52	4/52	4/52	4/54	4/52	4/53	4/52	4/52	4/52	4/52	4/53
前趙(漢)		4/26	/26	4/26			5/24			4/26			3/26	3/26			3/25
後趙		6/33	6/33	6/32			7/36		7/34	6/31			6/33	4/22			4/44
成(後蜀)		4/44		6/46			6/47			6/46				6/45			4/44
前燕		2/9	4/68	2/22			3/43		3/34	4/85			4/68	3/35			3/34
前秦		6/44	/45	5/44			7/		7/45	6/44			7/45	5/43			5/44
後燕		5/26	/24	4/42			4/24		6/25	4/25			5/26	4/24			4/25
前涼		7/62	/74	9/67			10/87		10/87	9/76			5/45				8/76
南燕		2/13	/13	2/11			2/11		2/13	2/11				2/11			2/12
後秦		3/33	3/34	3/32			/34		3/34	3/34			3/34	3/34			3/52
西燕							7/11		7/10								
西秦			4/45	4/28			4/48		4/47	4/46			4/47	4/47			4/47
南涼		3/18	3/18	3/19			3/12		3/18	3/18			3/18				3/18
後涼		4/16	3/17	4/13			4/18			4/18			3/18	3/18			3/15
北涼			3/43	2/39			3/43		3/43	2/39			3/13	2/39			3/39
西涼		3/22	/22	2/24			3/22		3/23	3/25			3/22	3/22			3/24
大夏			/24	2/25			3/25		3/25	3/22			/30	3/25			3/25
北燕		2/28	/28	2/28			2/29		2/3	2/28			2/28	2/28			2/28
晋元帝	11/102	11/133	11/103	11/104	/105	11/105	11/103	11/103	11/104	11/104	11/103	11/103	11/103	11/104	11/	11/104	11/102
宋高祖	8/59	8/60	8/59	8/60	8/60	8/60	8/60	8/60	8/60	8/60	8/59	8/60	8/58	8/59	8/59	7/60	8/60
斉太祖	7/24	7/24	7/23	7/24	7/24	7/24	7/24	7/24	7/23	5/24	7/23	7/24	7/23	7/23	7/27	7/24	7/24
梁高祖	4/55	4/56	4/55	4/57	4/57	4/57	4/55	4/55	4/57	4/56	4/55	4/56	4/55	4/55	4/55	4/56	4/55
後梁宣帝	6/33	3/38	3/33	3/34		/33	3/33	3/33	3/23		3/33		3/23	/33			3/33
陳武帝高祖	5/32	5/33	5/33	5/33	5/33	5/33	5/33	5/33	5/32	5/33	5/33	5/33	5/33	5/32	5/32	5/33	5/32
魏道武帝	16/167		12/149	12/149	/149	/149	/171	16/171	13/149	12/119	13/149	12/	14/149	12/89	11/149	12/149	12/152
西魏		3/32		/25	/26	4/26				3/23		3/23	3/22	4/24		3/	3/22
孝静帝	2/17			2/16	/17	/17	1/26	1/16		1/16	1/16			1/16	1/17	1/17	
北周孝閔帝	5/26	5/25	5/25	5/25	5/25	5/25	5/24	5/24	5/26	5/26	5/24	5/25	5/24	5/25	5/25	5/25	5/25
文宣帝	5/29	5/28	5/28	5/28	4/28	5/30	6/28	6/28	5/27	5/28	6/28		6/28	6/28	5/28	6/28	5/28
隋高祖文帝	6/38	3/37	3/37	3/38	3/28	3/37	3/37	3/37	3/38	3/28	3/37	3/39	4/38	3/38	3/37	3/38	3/38
唐高祖	22/261	21/291	21/288	19/290	/290	20/290	21/289	21/289	21/289	21/302	21/289	21/290	22/289	20/290	21/289	21/290	21/289
梁太祖	6/17	2/17	2/16	2/17	/16	2/17	2/16	2/16	2/17	2/17	2/16	2/17	3/17	2/17	3/16	2/17	3/17
唐荘宗	4/30	4/14	4/14	4/15	4/14	4/14	4/14	4/14	4/14	4/13	4/13	4/15	4/13	4/12	4/13	4/14	4/14
晋高祖	2/11	2/11	2/11	2/11	2/12	2/11	2/11	2/11	2/11	2/11	2/11	2/12	2/11	2/11	2/11	2/11	2/12
耶律徳光	1/1			1/1	1/												
漢高祖	2/3	2/4	2/4	2/4		2/4	2/4	2/4	2/4	2/4	2/4	2/4	2/4	2/4	2/4	2/4	2/4
周太祖	3/10	3/10	3/9	3/11	3/10	3/10	3/9	3/9	3/10	3/10	3/9	3/9	3/9	3/9	3/9	3/9	2/9
趙太宗	9/166	(16/317)	(16/317)	(16/317)	(16/317)	/167	9/166	9/166	9/167	16/317	9/167	(16/318)	(16/317)		9/169	(16/317)	9/167
宋高宗	7/151					/153	7/150	7/150	9/155		7/150	8/150					7/153
金太祖	9/109		9/117	9/123	9/117	9/117	9/	9/117	9/119		9/120	9/117	9/118		9/119		9/118

とも元刊本としてあった[45]。

もちろん,『資治通鑑』そのものも国家によって何度も出版される。とくに,至元二七年（1290）には,学校の荒廃,人材不足を憂えて,大都に興文署を設立,良工を招集し経,史,子書の版木を彫らせ,天下に頒行することが決定された。各地の郡学,県学の環境を整えることによって,才能ある学生を埋もれさせないためである。その第一の刊行物が『資治通鑑』であった[46]。じじつ,大元時代の地方志に記録される学校の書籍一覧には,かならずといってよいほど,四書五経,『資治通鑑』,『通鑑綱目』などの書名がみえる[47]。『通鑑綱目』については,何中の測海（大徳十年）,王幼学の集覧（泰定元年）,劉友益の書法（天暦二年）,汪克寛の攷異（至正三年）,徐昭文の考証（至正十九年）など,『通鑑』については,趙完璧『通鑑源委』八十巻,呉澄『通鑑紀年本末』十巻,胡三省の音註と,"通鑑学"も盛んな時代であった。

こうした資料閲覧状況の好転と連動するのだろうが,そのご呉亮『歴代帝王世系』（至元三〇年以降）,夏希賢『全史提要編』（元貞元年）,曽先之『十八史略』（大徳元年）,胡一桂『十七史纂古今通要』十七巻（大徳六年）および董鼎『十七史纂古今通要後集』三巻[48],陳興道『鶴亭先生類編経史互紀』十二巻「附諸国事略」一巻（大徳九年）,陳櫟『歴代通略』四巻（至大三年）と,万古,三皇五帝の時代から宋,金までを,さらにコンパクトにみわたす書物が陸続として出版される。また,韓性の『五雲漫藁』によると,『直説通略』と同じ至治元年頃には,紹興路にある浙東海右道粛政廉訪司の分司の長官何約（字は仲博）が,郡の博士劉某に『十七史帝王世系』を編纂,刊行させている。『纂図音訓明本古今通略句解』五巻,張致遠『紹運詳節』一巻上下,何岳『古今通紀』,陳景徳『甲子年表』[49]なども現れる。

なお,大徳九年（1305）から十一年にかけて,江浙等処行中書省下において,『史記』,『前漢書』,『後漢書』,『三国志』,『晋書』,『隋書』,『南史』,『北史』,『新唐書』,『五代史記』の十史が,いっせいに刊行された。太平路の学官の要請を受けた江東建康道粛政廉訪司（江南行台に所属する）の指示によって,饒州,太平,寧国,池州,広徳,信州,建康の各路の儒学,書院が作業を分担した。行格をきちんと半葉10行×22字に統一して[50]。これもみかたをかえれば，“通史”の出版であった（このとき，『宋書』，『南斉書』，『梁書』，『陳書』，『魏書』，『北斉書』，『周書』の七種が刊行されなかったのは，それなりの理由があったのである。そして，これは朱子の考え方を受け継ぐものでもあった）。ちなみに，のち至正五年（1345）から六年にかけて，『遼史』，『金史』，『宋史』の三史も，やはり江浙等処行中書省下で，半葉10行×22字の行格をもって，刊行されることになる。あきらかに，大徳九路本正史の“続編”の意志がはたらいていた。

いっぽう，ちょうど同じころ1300年から1311年，イスラームのフレグ・ウルスでは，宰相ラシードゥッディーンを中心に，ペルシア語の一大歴史書が編纂されているまっ最中であった。有名な『集史（*Jāmiʻal-Tawārīkh*）』である。本田實信の紹介によれば，第七代君主ガザンの命によって編纂が開始されたこの書は，おおきくわけて二つの部分からなる。第一部がモンゴル史，第二部が世界諸民族史。第二部には，フランク史，インド史，イスラーム・アラブ史，そして「ヒタイの帝王たちの歴史」という名の中国史などが，すべて通史として記述される。この中国史は盤古から宋・金までをあつかう。王朝名，成立年代，皇帝の数，滅亡の年，各皇帝の名，在位年数などが克明にしるされるほか，王朝ごと，皇帝ごとにコメントが付せられている。『集史』がもとづいた原典資料は，現在にいたるまでわかっていないが，三人の仏僧の手になり，ラシードの序文によれば「帝王たちの名が詳細に記され，それに依拠して物語が述べられている一歴史書が存在する。現在この歴史書はヒタイ人の間でよく知られており，正確で信憑性があり，学者や賢者も信用を置いている」とのことである。また，杉山正明によれば，『集史』と密接な関係をもつ，やはりペルシア語の資料『五族譜（*Suʻab-i Panjgāna*）』は，ユダヤ史，イスラーム史，モンゴル史，フランク史，中国史に分け，それぞれ歴代の統治者の系譜をヴィジュアルに図化して示す[51]。『集史』と『五族譜』，『直説通略』と『歴代史譜』――しかも『直説通略』の冒頭には，「歴代帝王伝統之図」として三皇から南宋の皇帝までの系図も付されていた――。そして，元刊本の通史，史書にかならずといってよいほど付せられる巻頭の世系図（たとえば，上海図書館所蔵の呂祖謙『十七史詳節』，陸唐老『増修陸状元百家註資治通鑑詳節』，南京図書館所蔵の胡一桂『十七史纂古今通要』など）。これら東西の暗合をいったいどう考えればよいのだろう。

さらに宗教界に目を転じれば，1363年になったティベット年代記『紅史』[52]にも，簡単ではあるが周から大元までの歴史が述べられる。

ひるがえって，漢地では，まず釈覚岸『稽古手鑑』が大徳九年ごろ，いちど出版される。三皇から大元の南北統一まで（巻頭の歴朝図では，『仏祖宗派総図』「三教出興仏祖遷化年代」（東福寺蔵宋刊本）の伝統をうけ，混沌盤古王よりはじまる）の歴史の叙述に沿って，仏教にかかわる事件，関連文献があげられていく。さらに至正十四年，覚岸自身の改訂増修によって，『釈氏稽古略』[53]として再度出版される。釈念常『仏祖歴代通載』も二十余年の歳月を経て至正元年にいちおうの完成をみ，至正七年に出版される。盤古から泰定帝イスン・テムルまでをあつかう（ちなみに南宋の本覚『歴代編年釈氏通鑑』は仏生の年，周の昭王からはじめる）。テキストによっては，『釈氏稽古略』には至正十年の念常の序が，『仏祖歴代通載』には至正四年の覚岸の序が付されている。前掲本田論文が，ラシードの『中国史』の原拠資料に係わる重要記事として指摘した，釈迦牟尼，老子，孔子の誕生の叙述もある。そのほか後至元二年（1336）完成の釈煕仲『歴朝釈氏資鑑』なる書もある。『仏祖歴代通載』の数値は『集史』にちかい。念常が使用した仏典資料のひとつに，ラシードのもとづいた『中国史』がふくまれていた可能性はある。

道教関係では，趙道一『歴世真仙体道通鑑』，『続篇』，『後集』が出版される。劉恕『通鑑外紀』，邵雍『皇極経世書』および道家の経書に記載される「歴代帝王享国年譜」，謝観復『混元実録』を参考に編纂，至元三一年頃，成宗テムルに捧げられた。やはり，盤古から宋，金まで時代順に，仙人，道士を紹介する書であった。また，『番易仲公李先生文集』巻二四「秋碧先生孫公墓碑」には，“惟日稽経史歴代帝王紀年，為纂要数十巻”とある。龍虎山の道士も通史，史譜を編んだのである（そもそも，『全史提要編』の夏希賢は，玄教第三代宗師夏文泳の父であった）。

いずれにせよ，「歴史を総述しようとするこころ」[54]は，1300年前後から，世界規模で急速にたかまる。『直説通略』もそのながれのなかにあった。

6 『直説通略』の資料ソースと編纂態度

1）全体の構成

さて，前節までは，『直説通略』が，どのような時代背景のもとに，いかなる目的，立場で編纂されたのかという，作品の性質を規制するいわば外枠をなすことがらについて考えてきた。ここからは，内容そのものについて，紹介する。

『直説通略』の全体の構成は，巻一：上古・三皇五帝・夏・殷・周，巻二：成周列国諸位［呉・越・魯・衛・宋・陳・蔡・曹・鄭・斉・晋・趙・魏・韓・楚・燕・秦］，巻三：秦・西漢，巻四：東漢・魏・蜀漢・呉，巻五：晋・東晋，巻六：南朝［宋・斉・梁・陳・後梁］，巻七：十六国［漢・後趙・成・前燕・前涼・前秦・後燕・西燕・後秦・西秦・後涼・南涼・南燕・西涼・北涼・夏］，巻八：北朝［北魏・西魏・周・東魏・北斉］，巻九：隋・唐，巻十：五代［後梁・後唐・後晋・漢・後周］，巻一一：契丹・金，巻一二：宋，巻十三：南宋，となっている。

南北朝に三巻を割いていること，契丹，金が独立させられていることがまず目につく。また，各王朝の歴史は，一代の帝王ごとに，叙述される。帝王，皇帝の名前を一字抬頭で掲げ，行を改めて割り註で統治年数と，治世中の改元を並べる。ときにはそれが同時代の他国の年号の何年にあたるかについてもしるす（王朝ごとに区切るのは，断代史の体裁であるが，その欠点をカバーするためにこうした処理がほどこされているわけである）。さらに改行して，帝王の事跡を述べる。一つの王朝の終わりには，王朝全体の統治者数と統治年間が記される。もっとも春秋列国については，帝王ごとに叙述を区切ることはせず，ただ国の歴史を概説する。が，やはり最後には統治者数と統治年間が記される。こうした編集について，鄭鎮孫は次のように説明する。

> 春秋の諸侯の，すえは戦国十二カ国から七カ国となるまでの間について，周の後にそれぞれその国の世代の事実を付したのは，諸国はみな周の臣下だとはいっても，その当時，政事も習俗もことにし，天子の命を奉じずに

独断で勝手きままに号令し，そのことがらは（周と）同じでないと考えたからである。西晋の末もまた春秋戦国の例にしたがって叙述したが，それは，諸国はいずれもみな晋の臣下ではなく，入れかわり立ちかわり興廃を繰り返し，それぞれ帝王の号を僭称し，社稷を立てた，そのことがらもやはり（晋と）同じではないと考えたためである。唐の藩鎮，五代の僭竊がこの例に倣わないのは，地盤はあるといってもみな叛逆割拠したもので，十二国，十六国に比すべくもないからである。また，魏，蜀，呉の三国，晋魏以降の南北朝，南宋北金の国々のように，三つに鼎立したり，二つに分かれたものは，大小尊卑をもって論じずに，その世代，正朔，事跡をそれぞれ独自に編集し，さらに相互の年歳を参考にした。たとえば，魏の黄初三年は蜀の章武二年，呉の黄武元年といったように。いじょう，みな前代の君臣の賢愚，政事の得失とその盛衰治乱の原因，歴代統治の長短をおおまかに知り，或いは世俗の伝説のでたらめな誤りを判断できるように，初学が史書を読むための門を開くにすぎない。

では，各皇帝，帝王の事跡は，どのような基準で述べられているのか。鄭鎮孫は『直説通略』の編纂にさいして，“『資治通鑑』の文をえらびとって，さらに劉恕の『外紀』など諸々の書をもちいて上古のことを推論，演繹し，まえに加え，宋朝，および遼，金の記録をうしろに付した”といっている。『直説通略』がいかなる資料状況の中で，いかなる方針のもとに編纂されているか，じっさいに，『外紀』，『資治通鑑』それぞれがカヴァーする時代，および宋，遼，金にわけて，原拠資料について簡単に検討してみる。なお春秋戦国時代については，『外紀』，『資治通鑑』の二書にまたがるが，便宜上『外紀』のところで論じる。

2）『外紀』との比較

天地がまだ開闢していないころ，様子はちょうど鶏の卵のようであった。「混沌」と呼んだり「太極」ともいう。太極がわかれてしまうと，両儀が生じた。つまりは天地である。陽の気の軽く澄んでいて上に浮かんだものが天，陰の気の重く濁って下に降りてきたものが地である。

『直説通略』の冒頭である。太極とは,「象数がまだ形をとらないうちにすでにこの道理があることの名」だと,鄭鎮孫は朱子の説をひく。『外紀』は包犠(伏羲)からはなしをはじめ,この天地開闢については,いくつかの説を註釈において紹介するのみである。したがって,このはじめかたは,鄭鎮孫自身の朱子学者としての立場をあらわすものといえる(同時代の通史は,『外紀』とおなじく伏羲からはじめるものがほとんどである)。

天地開闢,盤古の時代からの通史を書こうとするのは,銭大昕『十駕斎養新録』巻一三によれば,宋の胡宏『皇王大紀』にはじまる[55]。金履祥『通鑑前編』を補うかたちで出版された陳桱『通鑑続編』は,これを踏襲する(もっとも,陳桱自身,『通鑑前編』とおなじ範囲をあつかう『歴代筆記』を著することによって通史を書いた勘定になる)。四明楊氏惟善書堂の元刊本を覆刻した南北朝期の五山版『分類合璧図像句解君臣故事』「君道門・古初類」〔盤古立極〕[口絵 16]は,出典をいまは失われた『通鑑要略』にもとめる[56]。ここにおいて語られる盤古誕生までの混沌の記述は,『直説通略』とほぼ同じである。さらにさかのぼれば,大元ウルス治下において出版されたいわゆる類書のおおくは,徐整『三五歴紀』を盤古の典拠とする。『集史』の中国史も盤古からはじまるが,ラシードは中国方面の情報の提供者のひとりとしてモンゴル人プラド・アカ(孛羅丞相(プラドチンサン))の名を挙げている。そして,李好文『名臣経世輯要』(南京図書館旧丁丙蔵書清抄本)巻下「文天祥」の一段には,ボロト丞相が通事を介して,捕虜となった頑固一徹の文天祥のあげあしとりをしてからかう場面があり,“博羅曰「你道有興有廃,且道盤古王到今日是幾帝幾王,我不理会得,為我逐一説来」”という。同一人物かどうかはともかくとして(『名臣経世輯要』のボロトは,『元史』「宰相年表」には記載されないが,クビライ至元十二年にはすでに大臣であった。『南村輟耕録』巻一七「旃檀仏」参照),1283 年の時点で,モンゴルの宰相は,盤古からはじまる中国史にかなり理解があったことを示す記事である。なお,会話の部分に直訳体ではない白話が用いられていることにも注意したい。

いっぽう,三皇五帝についても,鄭鎮孫は『外紀』の記述にしたがわない。『歴代蒙求纂註』によれば,伏羲,神農の説明は『易』の「繋辞」に,黄帝については『史記』の記述をもとにしているらしい。そもそも三皇五帝の概念からして諸説紛々とし，統治年数も資料によって一致しない。『太平御覧』などをみても鄭鎮孫が直接原拠資料としたものはなさそうである。鄭鎮孫が“帝嚳以前のことは経書ではほとんど説かれず，『史記』，『尚書』，『外紀』などの記載も大同小異で，考究するのはむずかしい。諸々の説を斟酌して記述した”というのは，嘘ではなかろう。

夏と殷の記事については，だいたい『外紀』にもとづく。ただし，大禹の項で，治水のために八年外で苦労し，その間三度実家のまえを通ったが門をくぐらなかったとする点は，『史記』も『外紀』も八年ではなく十三年とする。大元ウルス治下で編纂された胡一桂の『十七史纂古今通要』および『纂図音訓明本古今通略句解』が，『直説通略』と同じ八年とするからには，やはり『外紀』以外に基づく資料があるのだろう。

周の記事は，后稷から文王までを『史記』に，武王からあとはだいたい『史記』と『外紀』にもとづく。ここで注意すべきは，二書が記載しない文王と武王の太子時代の親孝行をしめす逸話を載せる点である。

> いわく――文王は一日三度，父の王季の部屋の外まででかけ，近侍に父親の健康状態をたずねる。父が病気になると，ご飯が食べられるまで回復したと聞くまで，心配で足取りもおぼつかない。ご飯をさしあげるときには，体が冷えないように暖かい時間をみはからい，ご飯が下げられてくると，どれだけ食したかをたずね，お膳掛にあまったご飯をまたもっていかないように注意する。文王はこんなふうに孝順であった，と。武王もおなじように文王に仕えた。あるとき文王が病気になると，朝から晩まで，冠もはずさず着物の帯も解かずに看病する。父が一日一食しか喉にとおらないときには，武王も一食。二食になると，武王も二食。十二日たって病が癒えた文王は，夢で上帝にむかって，自分の寿命百歳のうち三年を，寿命九十年の武王にやるように頼んだ，云々。

大徳十一年（1307）の『孝経』出版以来，大元ウルスの朝廷は“孝道”を説く書をさかんに出版，あるいは奨励した。アユルバルワダもシディバラも。さらにはアユルバルワダの姉で曲阜を分封地として所有するサンガラギも[57]。こうしたエピソードの挿入は，朝廷のサロンの雰囲気を反映するものであろう。

なお，平王四九年すなわち魯隠公元年を『春秋』の記事の開始として特記し，霊王の二一年には孔子の誕生を，敬王の三九年に獲麟の記事を，四一年に孔子の死を載せる。

春秋戦国については，いっけん『史記』の世家を骨格としつつ，『左伝』，『戦国策』，『外紀』，『資治通鑑』によって細部を補うかたちとなっている。朱子学の立場から書いた通史という性格はここでもあらわれ，「魯」の項は，ほとんど孔子についての記事で占められている。さらに註において詳細な孔子，孟子の伝，および「孟母三遷の教え」の逸話が紹介される（上古から『通鑑』のカヴァーする時代までにとりあげられる故事のなかには，『二十四孝』や『列女伝』と重なるものが少なからずある）。「衛」の項では孔子の弟子のひとり子路のエピソードが紹介される。また，註において，孫子や韓非子など諸子百家について，五月五日の端午の節句など中国の風俗の紹介もなされている。

3）『資治通鑑』との比較

『直説通略』は，真面目一辺倒で書かれた司馬光の『通鑑』に較べ，はるかに精彩に富み，ひとを飽きさせない。くわえて爽やかな読後感がある。『通鑑』にもとづくというにもかかわらず。直訳体風の白話で書かれていることもおおきな原因であろうが，この面白さ，迫力は，どこからくるのだろうか。

逐一両者を対照させてみると，全体としては，たしかに『通鑑』の抜粋，あるいは節略を逐語訳した箇所がおおい。しかし，いっぽうで『通鑑』にない話が採られているのも事実である（この原拠資料については，第5節でのべる）。また，『通鑑』にくらべて，よほど時代の節目となる重大なできごとでないかぎり，年月をしるすことはない。大事なのは，事件そのものであり，ひとりの皇帝の治世の間に起こった数件のできごとを，事件勃発の原因から説き起こし，経過，結末まで詳しく述べることに，鄭鎮孫の主眼はある。そのさいには，眉唾とされそうなことがらも，たとえていえば『世説新語』に収録されるような，その人物の人となりを象徴するようなものであれば，堂々と述べられる（『通鑑』に載っていない記事もほとんどがこの特徴をもち，『通鑑』を補うかたちになっている)。隋の煬帝であれば，父親の暗殺の顚末，大運河の建設，豪奢な生活によっていかに人民を苦しめたかが微にいり細にいり描写される。ぎゃくに唐の太宗ならば，賢明な君主であったことを示すエピソードが，『通鑑』の記述をほとんどまったく省略することなく訳して紹介される。出生譚，出世前の若い頃の話も好んでとりあげられている。たんに一代の歴史をひらたく見るのではなく，各皇帝とその周辺のひとびとの逸話集といった感がつよい。

また，各時代の最後にかならず“おさらい”，“まとめ”として，盛衰の原因，各皇帝への評価をくだす司馬光の評語が付される。しかも，『通鑑』になければ，『稽古録』から抜き出してくる念入りさである（ほとんど『稽古録』によるが，散逸した司馬光『通鑑節要』にもとづいた可能性もある)。これは，何のためか。誰にむけた教訓なのか。

五代後周の太祖は，“一時英雄的人”として，好意的に描かれる帝王である。そのいくつかのエピソードの中に，曲阜の孔子の墳廟に参拝し，“孔子は百世の帝王の師だ。どうして敬しないわけにいくものか”と言った話をわざわざ載せる。むろん『通鑑』に載る記事ではあるが，ほかに載せてもよさそうな記事がたくさんあるのに，あえて採り上げる。後趙の九品選法，前燕の慕容皝が“文学を好み，親ら学校に臨んで，講授考校した”こと，北魏太祖の国をあげての書籍収集もとりあげられている。また，唐の高祖の項でも州，県，郷に学校を置き，高祖みずからが国子学に詣でて，先聖先師に釈奠の礼をおこなったことをいう。唐太宗の宮廷における文学活動も非常に念入りに紹介される。

そこには，儒教を中心とする文化事業を進めてほしい集団のメッセージが感じられる。鄭鎮孫は，それらのひとびとの気持ちを代弁しているのである。

また，鄭鎮孫は，北周の武帝が三教のうち儒教を第一とみとめ，僧侶，道士を還俗させ，ならびに淫祀を禁じたことをいい，梁の高祖の欠点として，“仏法を僻好”したことをあげ，“天子の体面を失った”と批判する。唐憲宗の項においては，韓愈の「論仏骨表」の要約をあえて載せ，英敏と賛美する武宗の項で，仏寺の取りこわし，僧尼の取り締まりについて触れる。これらは，あるいはティベット仏教に惑溺した，シディバラの祖母ダギとその周辺を暗に批判するものなのかもしれない。

鄭鎮孫の『通鑑』の記事の取り上げ方のもうひとつの特徴は，各時代における遊牧民族と中国の交渉を，つねに意識し，それに関する記事をていねいにひろい，たりない場合はさらに註釈を施す点である。かれらが何系の民族か，どこまでその源を溯ることができるのか，かれらが歴史に対して，どんな大きな役割を果たしたか。各王朝の興亡においてつねに鍵となってきたかれらを描かずしてどうする，という主張が見えかくれする。

『通鑑』が隋の文帝開皇九年を陳の後主禎明二年に繫げるのにたいし，『直説通略』は，南朝のあとに，昭明太子の直系でありながら西魏，周，隋の正朔を奉じた後梁を置く。そして，後梁をかけはしとして十六国，北朝につづける。北朝をあとに置くのには，理由があった。さかのぼれば，代国にはじまる北魏から，西魏，東魏，北斉，北周，隋，唐へと鮮卑拓跋系の政権を連続して叙述することができるからである。その意図は，「北魏」の冒頭に三葉にわたって，“黄帝の後代，鮮卑索頭拓抜氏を号する”魏の歴代における中国との交渉史，西晋懐帝のときに大単于代公となってからは，代国としての前史が述べられ，「太祖」の項において，まず「はじめ代王となり，のちにあらためて魏王と号す」ということからうかがえる。これは，“中華王朝史観から脱却”した画期的な方法であった[58)]。鄭鎮孫には夷狄蔑視の姿勢はまったくみられない。『資治通鑑』と逐一対照して，ところどころに挿入された鄭鎮孫独自のコメントを抜き出してみると，むしろ非漢民族寄り，ですらある。たとえば，宋の太祖を「武事に疎いくせにおのれの力量もかえりみず，河南の地をとりかえそうとした」と非難し，斉の世祖の項では「このころは，魏との往来がよく結ばれたので」，永明年間ひとびとは豊かに満ち足りた安楽なくらしをおくることができたのだという。南朝の平和は北魏との関係いかんに左右された実態を明言する。また，斉の高宗について，ひととなりは「忍酷」とあえて強調する。それにひきかえ，北魏の孝文帝は器量の大きい英雄肌の人物として対照的に描かれる。孝文帝は，『周礼』にもとづいて礼制をさだめ，朝廷内で北俗の言葉を用いることを禁じ，洛陽に国子，大学，四門小学を立て，天下に広く佚書を捜し求めた。そもそも北魏は，漢土における，いわゆる非漢民族の最初の長命政権であり，いろんな意味で大元ウルスの先輩であった。鄭鎮孫が，とりわけ注意深く北魏の儒教文化政策を『通鑑』からひろうのも，もっともなことであった[59)]。

『通鑑』の節要であっても，記事の選択によって書物の性格はかわる。鄭鎮孫自身の考えなのか，それとも書かせた側の意志なのか。いずれにしても，遊牧民族の王朝である大元ウルス治下であればこそ，の記述であろう。

4）『直説通略』と遼，金，宋史

では，『通鑑』の記事がとどかなくなる960年以降のことは，何にもとづいて述べるのか。至治元年の時点では，とうぜんのことながら正史の『遼史』，『金史』，『宋史』も編纂されておらず，陳桱の『通鑑続編』も出版されていない。おそらく鄭鎮孫の一族であろう鄭陶孫は，クビライ時代に翰林国史院編修官に任じられ，国史を纂修するにあたって，宋の徳祐末年のことを記すに忍びない，といったとある。また，三史の編纂にたずさわったメンバーの中には，セチウルを通じて，接触の可能性があった李好文や廉恵山海涯などがいる。鄭鎮孫がその著において遼，金，宋を独立させたのは，三史の編纂の姿勢と共通している。『直説通略』の当該部分にもとづくところがあったのかどうか，正史の編纂に影響をあたえたのか否か。

巻一一は，契丹すなわち大遼の歴史からはじまる。鄭鎮孫は，冒頭に“契丹志該載”を掲げる。この“契丹志”は，宋の秘書丞葉隆礼が編纂したもので，じっさいにこんにち元刊本でこの『契丹国志』を見ることができる。鄭鎮孫が引用する部分は，契丹の始祖伝説である。

> いわく――契丹の地には，北乜里没里，裊羅箇没里という二つの河があり，木葉山で合流する。いにしえ，白馬にのったひとりの男が北乜里没里を下り，灰色の牛がひく小さな車にのったひとりの女が裊羅箇没里を下ってきた。二人は，木葉山で鉢合わせ，河が合流するのをみて夫婦になって八人の子供を生んだ。のち，かれらは八カ所に別れて住まった。いわゆる“八部”である。のち，三人の国主が現れた。ひとりは，廼呵という名の一個のしゃりこうべで，ふだんはパオの中で敷物を被って姿を隠している。国に大事件がおこると，白馬，灰色の牛を生け贄にささげれば人の形

をとって現れ，用がすむとパオに戻る。あるとき人に盗み見されてから姿をみせなくなった，云々。

英雄耶律阿保機が八部を統一するまでの伝説は，ちょうど青き狼と惨(なま)白き鹿のめぐりあいからはじまる『元朝秘史』の冒頭のように，非常に荒唐無稽なものである。この部分は，元刊本『契丹国志』の「契丹国初興本末」のほぼ逐語訳であるが，“該載”というとおり全訳ではなく，葉隆礼の所感を述べた部分は，すべて省略されている。鄭鎮孫自身“已上通鑑不載，今録于此”といい，あえてこの荒唐無稽な始祖伝説を二葉にまたがって載せたところに，やはりかれの意志，編集方針の一端がうかがえる。また，太祖の項の冒頭において，史書にもとづいて，東胡鮮卑を祖とし，秦漢の時代には匈奴を，元魏に至って契丹を号したこと，唐とのたびたびの交渉をしるすのも，おなじ気分である。

太祖耶律阿保機から穆宗までは，逐一較べてみると，『契丹国志』にない文もわずかではあるが見え（そもそも『契丹国志』自体，『通鑑』を抜粋した部分が多い），依然『通鑑』，もしくはその節要が参照されていることがわかる。ただし，太祖の伝の後半部分は，すべて『契丹国志』からとられている。太祖が黄龍を射た話などは，やはり『契丹国志』の中でも説話要素のつよいエピソードである。

なお，『通鑑』の記事がとどかなくなる景宗以降も，『契丹国志』のみを参照しているわけではない。可能性としては，李燾『続資治通鑑長編』などが考えられるが，決め手にかけ，特定はむずかしい。ただ天祚皇帝の項で，蕭幹が大奚国をたて，“天嗣”と改元したというが，『契丹国志』は“天興”につくり，『三朝北盟会篇』はやはり“天嗣”とする。こうしたことが手掛かりになるかもしれない。

ところで，『契丹国志』は，蘇天爵によって“伝聞が多い，人名，年号などが杜撰で絶対信用してはいけない”[60]と一刀両断に貶された歴史書である。しかも『宋史』「芸文志」，袁桷の「修遼金宋史捜訪遺書条列事状」に書名が見えないことから，大元時代のひとの偽作ではないかという説もある。だがいっぽうで，『遼史』が『契丹国志』を参照していることもまた事実である。かりに『契丹国志』が偽作であったとしても，『直説通略』の原拠資料とされているからには，至治元年（1321）の時点で，すでにある程度認可された書物であったことだけは，たしかである。なお，元刊本『契丹国志』の巻頭には，やはり「契丹国九主年譜」,「契丹世系之図」が付されていることを，あえてつけくわえておく。

では，金朝の部分はどうか。契丹の部分からすれば，『契丹国志』と並び称される宇文懋昭『大金国志』が頭に浮かぶ（『大金国志』もやはり巻頭に「金国初興本末」,「金国世系之図」,「金国九主年譜」を付す。成立に至るまでの事情があいまいで，偽作の疑いの濃い点も『契丹国志』に似る）[61]。じっさい，『大金国志』と重なる部分もおおいが，『大金国志』にみえない記事も掲載されるほか，こまかな事実に食い違いがみられる（粘罕が憤りのあまり，食事が喉をとおらなくなり酒の飲み過ぎで死んだこと，哀帝の最期を『直説通略』では焚死としるすのに対し，『大金国志』では縊死とするなど)。別の資料が参照されていることは確実である。鄭鎮孫自身，まったくこの『大金国志』に言及せず『契丹国志』とことなる扱いをするのは，この二つの資料に対する彼なりの見識を示したつもりなのかもしれない。なお，遼の叙述ほど思い入れがないのか，始祖伝説はしるされず，ただ，長白山のふもとの鴨緑水の粛慎の後代，渤海の別族とする説と，辰韓の後代とする説を簡単に紹介するのみである。

史料として興味深いのは，熙宗の項に，岳飛を殺して宋，金の和議が成った記事の直後に，“このとき，金国内では叛乱が多発し，宗親大臣が次々誅殺され，北方では，大蒙国が連年侵入を繰り返していたので，南宋侵略どころではなかった”とある点である。とすると，チンギス・カン登場以前の1135年から1141年の間にモンゴルが強大化しはじめたことになる（巻十三「南宋」の高宗の項でも1135年にモンゴルが金朝に背いたことをいう)。また，チンギス・カンについては，『直説通略』では“世宗のとき（1161-1189）すでに北方で国家の礎を築き，強大になっていた”とされる。

宋についても，鄭鎮孫は原拠資料をのべないが，『資治通鑑』以降の編年書として，李燾『続資治通鑑長編』五二〇巻，陳均『九朝編年備要』三十巻，李時挙『続宋編年資治通鑑』十五巻，『宋季三朝政要』五巻などがある。『直説通略』では，太祖から幼主まで（じっさいには理宗の項で，至元十七年までのべる）

叙述する。『通鑑』の二倍ちかい量の『続資治通鑑長編』五二〇巻をじっさいに参照したのかどうかはかなりあやしい。しかもこの書は，欽宗の靖康元年までしかのべない。撮要本を種本にした可能性も大きい。撮要本としては，『続資治通鑑長編撮要』，『宋史全文続資治通鑑』三六巻附『宋季朝事実』二巻などがあり，こんにち建安で印刷された元刊本で見ることができる。なお，ここでも二程にはじまる道学派の詳しい紹介，朱子の出仕の顚末などにかなり頁をさいている。

5）『直説通略』と『十八史略』

『直説通略』における三皇五帝から宋までの歴代王朝の伝授，治乱興廃，帝王，将相，賢哲たちの故事。“前代の君臣の賢愚，政事の得失とその盛衰治乱の原因，歴代統治の長短をおおまかに知る”ためという，その目的，内容は，時代はくだるが次の記事とかさなりあう。

> 好文，又歴代帝王の故事を集むるに，総じて百有六篇：一に曰く「聖慧」，漢の孝昭，後漢の明帝の如き幼敏の類；二に曰く「孝友」，舜，文王及び唐の玄宗の如き友愛の類；三に曰く「恭倹」，漢の文帝の千里の馬を却け，露台を罷むるが如きの類；四に曰く「聖学」，殷宗の緝学，及び陳，隋の諸君の学を善くせざるが如きの類。以って太子の問安余暇の助と為す。又古史を取り，三皇自(よ)り金、宋迄，歴代の授受，国祚久速，治乱興廃を書と為し，『大宝録』と曰う。又前代帝王の是非，善悪の当に法るべく当に戒むべきの所の者を取りて書と為し，名づけて『大宝亀鑑』と曰う。皆録して以って進む焉。　（『元史』巻一八三「李好文伝」）

皇太子の経筵のテキストとしてつくられた李好文の『歴代帝王故事』，『大宝録』，『大宝亀鑑』。中国史の教科書であるとともに，帝王学の教科書でもある。内容からしても，『直説通略』が経筵のための書である可能性は非常に高いわけである。

さて，この『直説通略』の編纂方針，特徴に注目するとき，やはり同時代の類似の書を思い浮かべずにはいられない。すなわち，『十八史略』である。日本でも，足利学校に大元末期から明初にかけての刊本が伝来することからもわかるように，はやくから中国史をまなぶための必読書として使用されてきた。ただ，こんにちまで，『四庫全書総目提要』が“おおかた地方の家塾のテキストで，同時代の胡一桂『十七史纂古今通要』にまったくおよばない”と貶したのをはじめ，どちらかというと“俗書”扱いされて，あまり研究の対象とはされてこなかった書物である。ところが，おどろくべきことに『直説通略』巻一二～一三の「宋」の部分に採られているエピソードで，『十八史略』にないものは，ほとんどない。そのエピソードもほぼ同じ順番で語られる。いちぶ省略，編集のしなおしはみられるが，『十八史略』の逐語訳といってよい。しかも注意してみると，宋だけではなく，全巻とおして『十八史略』の影響は歴然としている。『通鑑』になく，『直説通略』にとられているエピソードは，じつはほとんど『十八史略』に載っているのである。たとえ『通鑑』系統の史書からおもしろいエピソードだけ抜き出すという編集方針が同じだったにしても，ここまでの類似はありえない。『通鑑』の記事の省略の仕方，ことばの選び方までおなじなのである。おまけに，『通鑑』と人名などがことなる場合，調べてみると『十八史略』の誤りをそのまま襲っていることがおおい。『通鑑』にない描写，ことばも『十八史略』にはある。春秋戦国の処理の仕方にしても，『十八史略』にならったものである。その成立年代からすれば，『直説通略』は，あきらかに『十八史略』を下敷き，たたき台にしている。『直説通略』の文体がいちぶ直訳体ではなく，平易な漢文であるのは，じつはこれが原因のひとつなのであった。

『十八史略』とくらべて，『直説通略』独自の特徴といえるのは，ところどころに付される註のほか，天地開闢から威烈王二二年までの記事，司馬光の意見を各巻で紹介すること，『十八史略』では南史に付するかたちで平行して述べられる北朝の歴史を，巻を分け（とくに北魏について）念入りに述べること，安禄山の乱の顚末を詳細に述べること，五代の攻防を契丹との関係をからめながら詳しく叙述すること，遼，金の歴史を五代，宋と別にして述べ（金の叙述は，やはり『十八史略』の宋の部分からの抜粋がおおい），遼の記述を『契丹国志』をもちいることによって大幅に加えた点――これはのちの三史の編纂への先鞭となる――などである。ようするに遊牧民族に関する記述の量が，圧倒的に『十八史略』にまさる。また，隋の煬帝の父殺し，唐の太宗李世民の玄武門の変，許延，張巡が籠城のさいに兵糧が尽き，奴婢，婦女，男子の老弱な者を順に食べたはなし，後梁太祖と媳婦の乱倫およびその最期などの叙述は，『十八史略』のように敢えて筆を控えることはせず，『通鑑』からほぼ全文を抜粋し，より精彩に富んだものとなっている。北魏の太祖が息子紹の不良ぶりに怒り，井戸にさかさまに吊り下げて罰したこと，北斉の後主が斛律孝卿のすすめにしたがって，泣きまね，繰り言で士卒の同情を買おうとしたが，台詞を忘れた話など，ちょっとしたエピソードが直訳体風の文体とあいまって，独特のおかしさを醸し出す。鄭鎮孫の歴史叙述に忌避の姿勢はみられず，従来の伝統的な史観にさほど束縛されることもない。鄭鎮孫は『十八史略』を基礎としつつ，いっぽうで不満な箇所を，もとの資料の『通鑑』にたちかえってどんどん書き加えていった。

これまで，文体，著者とその周辺，時代背景，内容などのさまざまな側面から，『直説通略』が，シディバラのカアン即位を記念した国家出版物である可能性が高いことを論じてきた。『直説通略』は，改訂版『十八史略』の直訳体風の白話による訳本であった。とすると，とうぜんモンゴル語訳『直説通略』(『十八史略』）があった可能性が出てくる。では，そのもとになっている『十八史略』という書物は何なのか。従来いわれているように，ほんとうに“寺子屋の教科書”にすぎないのか。

現存する元刊本としては，小字本，大字本の二系統がある。まず，大徳元年以前に，盧陵（吉州路に属する）の曽先之によって『古今歴代十八史略』二巻綱目一巻（小字本）が編纂された。曽先之は，『四庫全書総目提要』によれば，字を従野という。いっぽう，余之禎等纂修『吉安府志』（国立公文書館蔵明万暦十三年刻本）巻五「選挙表」によれば，籍貫は吉水県，咸淳元年に進士に及第したということだけわかる。時代はくだって，清朝の『吉安府志』には，原拠資料が何なのか不明だが，くわしい伝が書きくわえられている。それによれば，字を孟参といい，号を立斎という。王介に師事し，科挙に合格したのちは醴陵の県尉，湖南の提刑官などを歴任していたが，宋の滅亡後は隠遁生活にはいり，九十二歳で世をさった。死後，郷賢として祀られたという。文天祥とも交流があったらしい。なお，布衣の人だから朝廷の出版物には関与しないというのは，すくなくとも大元ウルス時代にはあてはまらない。じっさいに一介の布衣の士がカアンにたてまつった書物も存在し，国家出版にいたるまでの経過を克明にしるす政府の文書ものこっている（本書第II部第7章）。

出版に際しては，やはり宋の遺臣にして，大元ウルス治下においても吉州路の総管（正三品）をつとめた周天驥が序文をよせている（これだけでもただの俗書ではない）。読むスピードの速い者なら，二，三日もたたないうちに数千年の本末のだいたいが胸中におさめられる，初学の教育に便利であると推奨される。

なお，初版がどこで印刷されたのかは，わからない。小字本系統に属する中国国家図書館本は，少なくとも至順二年（1331）以降の重版増訂本と考えられるが，周天驥の序は“好事者，於是刻梓以伝，所以恵後学広矣”とのみいう。ところが，明の『校正新刊標題釈文十八史略』，『立斎先生標題解註音釈十八史略』は，やはりみな周天驥の序文をのせるが，その中で述べられる出版者は，“好事者”ではなく，“京兆劉氏”，“書林葉氏”と，それぞれにことなるからである。再版のさいに書肆が序文の一部を書き換えた可能性がたかい。もちろん初版においても，全国規模でいっせいに出版された可能性はある。また，江西行省から書肆に委託された可能性もおおいにある。カアン，皇太子の命によって，福建が版刻地として指定されることも，あったのである[62]。官民共同出版として，一例をあげるならば，大徳七年（1303）江西福建道奉使宣撫のムバーラク，陳英の呈を拠け，中書省によって編纂されたことがあきらかな『元典章』は，建安の陳氏余慶堂によって出版された[63]。昌平坂学問所に伝来した元槧本『増修宋季古今通要十八史略綱目』（東京大学南葵文庫蔵）には“勤徳書堂刊”とある[64]。余氏勤徳書堂は，『皇元風雅』，それに『新刊類編歴挙三場文選』（全相平話五種を出版した建安虞氏が中心となって出版。のち，銭大昕『元進士考』の基礎資料となった書物である），『増修互注礼部韵略』などおもに科挙に関連する出版物を多く刊行した。もっとも，この余氏勤徳書堂は古杭，建安と二店あるらしく，『新刊類編歴挙三場文選』の刊記では，「庚集」に“至正辛巳（1341）夏六　建安余氏勤徳堂謹題”，「壬集」に“至正元年中秋日古杭余氏勤徳堂謹題”とある[65]。ことによると，本店，支店の関係にあったのかもしれない。至正二二年に武林すなわち杭州の沈氏尚徳堂の刊行した『四書集註』（山東省博物館蔵）も，いわゆる建安の小字本の様式をもつ。杭州と建安で同一書が刷られる例はほかにもあり，『国朝文類』の建安翠巌精舎小字本と杭州西湖書院大字本，官本と重刊，新版本の問題などとあわせて今後考えるべき問題であろう。なお，ほかの現存する『十八史略』二巻本の元刊本は，版式，字体などから判断するかぎり，建安で作成されたものが多い。

大元ウルス治下において，官民共同のかたちで出版がなされたことについては，同時代のラシードゥッディーンの証言がある。「版木は，造幣所の貨幣の場合と同じように，袋に納れられ，監督官による封印をなし，所管の役人に引き渡され，そして指定の店舗 dukkān に保管される。業務のために使用料 tamghā が定められる。その複製本を希望する人はこの業務に従事している人々のもとに赴き，財務省所定の料金 ḥuqūq と手数料 maunāt を払い込む」云々と[66]。

いずれにせよ，この『十八史略』の有用性は，そのまま出版の度数，出版地の広範さにあらわれている。『宋元本行格表』や明清の書目題跋によれば，大元ウルス治下で出版された『十八史略』には，毎半葉 13 行×26 字，14 行×26 字，15 行×26 字，18 行×33〜35 字，10 行×18 字，8 行×17 字と，さまざまな書式のテキストがあった。『新増校正十八史略』やら，『増修宋季古今通要十八史略』，『新増音義釈文古今歴代十八史略』と名前をかえて。そして，至正二年には，浙東粛政司憲使（正三品）の張士弘の命によって，四明の郡学において，校勘重訂のうえ，十巻本として再出版された。しかも高齢者のために従来のテキストの弊をあらため，大字，楷書で彫るという念入りさであった。初学のためだけではない，文人の簡便な歴史事典，備忘録としても使われたのである。

また，孔克斉『至正直記』巻一の「国朝文典」は，将来の史館の用に立ち欠くべからざる書物として，大元ウルス治下の編纂物を列挙する。その中にこの『十八史略』もある。つまり，宋，金およびモンゴルの台頭を描く部分が研究に役立つというのだろう。しかも，文集はともかくとして，そこに挙げられた書籍のほとんどが国家出版物であることを確認できる。

『和林志』，『至元新格』，『国朝典章』，『大元通制』，『至正条格』，『皇朝経世大典』，『大一統志』，『平宋録』，『大元一統紀略』，『元真使交録』，『国朝文類』，『皇元風雅』，『国朝国信使交通書』，『后妃名臣録』，『名臣事略』，『銭唐遺事』，『十八史略』，『後至元事』，『風憲宏綱』，『成憲綱要』……。

大元ウルスの朝廷に，『十八史略』がおさめられていたことは，明の『文淵閣書目』巻五に書名が載ることなどからも推測されるが，『古今書刻』上編によれば，明代になっても，朝廷が建寧府の書坊に委託して出版している。また，梅鷟『南廱志経籍考』に掲載される書板は，官刻の宋元版を補修したものが大部分をしめ，すでに銭大昕も言及するように，『至正金陵新志』に記録される版木と対応する。その版木の中に大字本『十八史略』もあった。『元史節要』を著わした明の翰林院編修張九韶も，その序文において，『十八史略』の理念，体例を受け継いだことを，堂々と述べている[67]。この明初期の朝廷の『十八史略』への思い入れ，鄭重な扱いは，いったいどこからくるというのか。また，朝鮮においても，永楽元年（1403）に，『大学衍義』や『山堂考索』，『元史』といった書物とともに，明朝廷から下賜され経筵講義の教材として使用されただけでなく[68]，勅命によって大元ウルスの大字十巻本，小字二巻本をもとに，永楽二〇年（1422），宣徳九年（1434），景泰二年（1451），万暦十年（1582）と何度も版行されたのであった[69]。ちなみに，朝鮮王朝の世宗二年/正統元年（1436）には，世宗が，国内の学者の史籍に昧いことを憂い，『資治通鑑訓義』を編修させたほか，初学のために，曽先之の「歴代世年歌」を表章し，尹淮に註釈を施させ，大元の部分を張九韶の詩で補った。さらに東国の年代歌も権蹈に作成させ，註解を加えて，開闢以来の歴史の大略を一目瞭然にした。そして，それを活字印刷して臣下に頒布したのである[70]。

成宗テムルの大徳元年という，やはり時代の節目に出版されていることが，かりに偶然だったとしても，『十八史略』が国家公認の歴史書であり，援助をうけた出版物である可能性は，否定できない。くわえて延祐・至治年間（1314-1323）に『十八史略』がふたたび出版されているのは，暗示的である[71]。なお，『十八史略』が真実，国家出版物であった場合，書中において言及されるモンゴルの歴史は，モンゴル朝廷公認の記述ということになる。

また，あえてつけくわえておくが，こんにち日本において一般に利用されている『十八史略』七巻本は，明朝の頭のかたい朱子学者による正統論と夷狄敵視による改悪増訂版であり，曽先之自身が執筆した二巻本とかなり内容をことにする（とくに南宋の部分）。故意に一字変えることなど，ざらである。使用のさいには注意が必要であろう。

ところで，鄭鎮孫がなぜ序の中で『十八史略』を参考資料としてあげないのかは，わからない。同時代の『十八史略』の版本の多さからすれば，『直説通略』を見て『十八史略』を下敷きにしていることに気づくひとはいたであろう。本人としては，盗作のつもりはなく，社会的にもそれは認められていたとしか考えられない。鄭鎮孫自身すぐれた歴史感覚の持ち主であり，伝統的な学識ももちあわせていた。それは，『歴代史譜』や『直説通略』の註，改訂部分に披瀝されている。二十五年のひらきはあるが，曽先之も合意のもとの改訂，翻訳だったのかもしれない。あるいは，『農桑輯要』のように，カアンの代替わりごとに，修訂を加えあらためて出版されたものか。『農桑輯要』は，その数度にわたる出版経緯から，『元史』だけをみると，いっけん孟祺，暢師文，苗好謙と三人がそれぞれ同名異書を著わしたように錯覚される。曽先之と鄭鎮孫の関係も似たようなものなのかもしれない。

いずれにしても，『十八史略』，『直説通略』は，時代が生み，時代が広めた書物とだけはいえる。孔子の加封や，科挙再開のようなハード面だけでなく，出版業を先導し，教育システムをととのえ，ソフトウェアの開発にあたったのも，じつは大元ウルスの朝廷なのであった。時代の流行もつねに，朝廷が発信地であった。よくいわれる元刊本の趙孟頫体の流行にしてもそうである[72)]。

7　『直説通略』と平話

『直説通略』（『十八史略』）にみえるさまざまなエピソードのなかには，同時代の平話，元曲と密接な関係をもつものがある。たとえば，元雑劇の『周公摂政』，『豫讓呑炭』，『趙氏孤児』，『東窓事犯』といった歴史ものがあつかう題材は，ほとんどすべてこの『直説通略』の中で紹介されている。元雑劇の題材が，『蒙求』，『列女伝』，『二十四孝』からおおく採られていることとあわせて考えるべき問題であろう[73]。

また，平話の中でもとくに『五代史平話』，『宣和遺事』，『秦併六国平話』の順に，『通鑑』系統の史書に基づく部分が多いことは周知の事実である。近年この方面については，そうとう詳しく研究がなされてもいる[74]。

『五代史平話』の四分の三は，『通鑑綱目』にもとづくといい，『通鑑』と『十八史略』にもとづく『直説通略』との共通点は，かなりおおい。すでに氏岡真士に指摘があるが，『五代史平話』は後唐明宗，後周太祖の行政面での施策に紙面をさく[75]。たとえば，『周史平話』には，広順二年（952）六月に“周太祖親幸曲阜，謁孔子祠，拈香下拝。左右止之曰：「孔夫子乃陪臣，怎可受天子之拝？」周太祖曰：「您説甚話？孔子百世帝王之師，有国家者敢不敬乎？」遂拝。又幸孔子墓設拝。仍下勅禁百姓毋得入孔林樵採。使従臣訪求孔子，顔淵的二家子孫，置曲阜県令及主簿”といい，広順三年六月には，“初唐明宗之世，令国子監校注九経，刻板印売；至今年六月，板方成，献之周太祖，令本監印造，頒賜諸路州県学”とある。これは，『通鑑綱目』にも載る史実であったが，大元ウルスの儒教文化政策とみごとにかさなりあってもいる。しかも広順三年の記事の“頒賜諸路州県学”は，『五代史平話』が書き換えたもので，『綱目』にはない。平話の著者に，当時の文教政策が作用したのか，あるいは意図するところがあってこのように述べたのか。

儒教色のつよさは，『楽毅七国春秋後集』においても“孟子至斉”の段が設けられ，『続前漢書平話』の冒頭では，項羽を滅ぼした漢王が，服従しない魯の国を征伐にいくところからはじまるように，虚構性が強いといわれている作品においてもあらわれている。“漢王葬項王於穀城”の段の挿絵には，魯王と劉邦がならんで魯の国の谷城に，項羽を葬り魯国公として追封している場面が描かれている。ちなみに，劉邦にくらべ魯王の顔は穏やかに，ゆったりとした物腰が感じ取られる。挿絵にもじゅうぶん気がくばられている。

また『直説通略』の特徴である遊牧民族への肩入れは，平話にも共通している。『五代史』そのものが，ほとんどテュルク系の沙陀族とモンゴル系のキタイの歴史であるが，『唐史平話』の冒頭には，「論沙陀本末」がおかれる（そのあとの後晋も後漢も沙陀族である）。ちょうど『直説通略』「北魏」の冒頭において，いごはじまる鮮卑拓跋系の国家の出自が，「契丹」冒頭において，キタイの始祖伝説からはじまる出自が，かたられるように。しかも，平話にはのこっていないが，元雑劇や諸宮調では，劉知遠や李存孝がじっさい以上に英雄化されて人気を博した。『五代史平話』だけではない。『三国志平話』の最後でなぜ匈奴の貴種，劉淵が西晋を滅ぼして団円をむかえねばならなかったのか。冒頭の因縁譚からすれば，司馬炎の帝位簒奪でおわるべきにもかかわらず。

『宣和遺事』は，はなしのまくらとして，尭，舜，湯王の聖政から説き起こす。つづいて夏傑王と妺喜，殷紂王と妲己，周幽王と褒姒，楚霊王と嬪嬙，陳後主と張麗華，孔貴嬪，隋煬帝と蕭妃，唐玄宗と楊貴妃，と歴代の帝王の荒淫による失政を列挙することからはじめる。煬帝と実の妹の近親相姦のはなしは，『直説通略』には載らないが，父を暗殺した日に継母を犯したはなしならば，載っている（『梁史平話』も父の妾とする）。安禄山と楊貴妃の密通は，元雑劇の『梧桐雨』，王伯成『天宝遺事諸宮調』にも採りあげられたエピソードであり，これも『直説通略』にちゃんと言及がある。また，『宣和遺事』と『直説通略』の宋の部分を比べてみると，ことばの使い方，省略の仕方などはことなるが，遼，金，宋の攻防はもちろん，「康節天津橋聞杜鵑声」，「石匠安民不肯鐫名於碑」などの挿話の採りあげかたにおいてふしぎと一致するものがおおい。『宣和遺事』の著者にしても，曽先之や鄭鎮孫と同じような階層の知識人である可能性は，ある。

いっぽう『直説通略』，『十八史略』には見え，『宣和遺事』にはない虚構性のつよいエピソードもある。真宗は来和天尊の生まれかわり，仁宗は赤脚大仙のうまれかわりとする説である。宋が趙氏の上祖を九天司命天尊とし，天慶観（成宗テムルのときに玄妙観と改称）を建設したことからもわかるように，宋の皇帝と道教信仰はふかいかかわりがあった。この伝承は，宋の文人の随筆だけでなく『続資治通鑑長編』，『湖海新聞夷堅続志』（中国国家図書館蔵元刊本）にもみえ，元雑劇においても採りあげられている。そもそも『直説通略』は朱子学者の鄭鎮孫の著作であるとはいっても，陳摶（仙人希夷の子）の宋の滅亡の予言が的中したということを述べて全巻をしめくくる道教色のただよう著作であった（この時代，朱子学と道教は矛盾しない）。そして道教の出版物には，とかく荒唐無稽な話をおさめるものがおおい。しかし荒唐無稽だといっても，当時の文人たちは翰林学士，集賢院学士を筆頭に，それを卑しむこともなく，こころよく序文を寄せるのが常であった。そもそも宮廷の文化サロンのひとつを形成していた集賢院の職務は“儒，道の二教を掌る”[76] ことなのであった。

そして虚構性のつよいといわれる元刊全相平話を見直してみれば，『七国春秋平話後集』では，鬼谷子と黄伯楊が大活躍。姜太公と諸葛亮はいわずもがな，『武王伐紂書平話』の許文素，雲中子，雷震子，『三国志平話』の華山雲台観仙長婁伯と，道士がときおりさりげなく登場する。

くりかえしにはなるが，荒唐無稽なはなし，史書にみえないはなしが，すべて民間の産物，所有物かというと，そうではない。すでに金文京に指摘があるが，『通鑑』にはない“秉燭達旦”の故事が，やはり元の潘栄『資治通鑑総要通論』（南京図書館蔵明嘉靖二六年趙瀛刻本）に見える。関羽が劉備の二人の夫人をつれて曹操のもとに身をよせたさい，曹操がわざと三人を相部屋に泊まらせる。ところが，関羽は軒先で一晩中燭台をもって番をし，君臣の礼を乱さなかった，という故事である[77]。ちなみにこの書は，のち清朝雍正五年（1727）にいたって，阿什壇によって翻訳され，満漢合璧本にしたてられた。

大元ウルス治下の通鑑節略本に，『通鑑』に見えない伝承が取り上げられるのは，なぜなのか。趙孟頫や，王惲といった朝廷の一流の文人も，『通鑑』に出ていない伝承を，このんで画題，詩題にとりあげた。その伝承のモティーフは，元雑劇や平話と合致する。この現象は，何を意味するのか。

大元ウルス治下の白話文学と通鑑節略本の関係は深い。そして当時もっとも広く流通し，こんにちにいたるまでそのままのすがたをとどめる『十八史略』。こんご，同時代の文学におよぼしたこの書の影響を念頭に置いておくことは，むだではないだろう[78]。

8　おわりに

“白話”の通史が，現職の役人，それもモンゴル朝廷のサロンのメンバーとふかいかかわりのある文人によって記述され，さらにその内容には，説話的要素も含まれている。とすると，平話のテキストの成立についても再検討の余地があろう。そもそも平話が依拠した史書を，比較的容易に閲覧することができたのは，いかなる階層のひとびとであったか。

やはり朝廷への献上を目的に書かれた『鶴程先生類編経史互紀』の著者，将仕左郎（従八品），武岡路武岡県主簿の陳興道は証言する。

> 興道は少(わか)くして進士に挙げられ，教官を歴し，恩を蒙り授を換え，又儒学を両調す。故に官書を借り□善を集め而して此の編を為すを得。

と。これまでになく出版のさかんになった大元ウルス治下においても，まとまった蔵書のある名門の生まれか，官庁，官学につとめていない限り，執筆に要する資料の閲覧は，まだなかなかに大変なことだったのである。しかも，鄭鎮孫とおなじく“南人”であるはずの陳興道は，その著において南宋の歴史はわずか二葉あまりに記すにとどめ，遼，金，西夏のほうをはるかに詳しく述べたのであった。

なお，くりかえしにはなるが，この『直説通略』は，『資治通鑑』，『稽古録』，『十八史略』，『契丹国志』等の漢文資料の対訳といってよい。つまり，そのまま大元ウルス治下で使用された白話語彙の辞書となりうる。しかも，従来知られていた『孝経直解』や呉澄の経筵講義の草稿よりも，十三巻と桁違いに量がおおい。これまで用例を明にまでしかさかのぼれなかったもの，あいまいにしか解釈されていなかったことばの意味をかなり絞り込めるもの，近代漢語のあらたな資料となるだろう。

蛇足ながら，巻二「魯国」の条には“斉有司請奏宮中楽，優倡做雑劇的楽人，侏儒戯耍進前”とあり，巻一〇「後唐」の荘宗光聖神閔孝皇帝の条では“又自幼年以来好生理会得音律楽工的事。以此伶人 即楽人 多得寵愛，（嘗）[常]在左右。帝有時自将粉墨塗画，与楽人一同做雑劇，取劉夫人喜歓。優名 即要的名児李天下”という。後に引いた一節は，『通鑑』巻二七二に対応するが，そこでは“帝幼善音律，故伶人多有寵，常侍左右；帝或時自傅粉墨，与優人共戯於庭，以悦劉夫人，優名謂之李天下”とある。優人は，楽人であり，雜劇とは，教坊の楽人がおこなうもの——元人のいう“雜劇”である（ちなみにこの箇所，『五代史平話』は，“或時自傅粉墨，与伶人共舞於庭，以娯悦劉太后。唐主優名為李天下”と『通鑑』をほぼそのままひきうつし，『直説通略』のほうが，はるかに口語的なのも皮肉な話ではある）。

なお，『直説通略』や『孝経直解』に使用された文体が，いごの白話文学の形成にいかなる影響をあたえたのか，さらには現代中国語への過程として，語学の方面からの研究も必要であろう。

いずれにしても，『直説通略』は，文学，言語，歴史各方面において，貴重な資料となることはまちがいない。『歴代史譜』もふくめて，所蔵機関における影印出版がのぞまれる。

註

1）全相本のテキストがあった可能性も否定はできない。カラ・ホトで発掘された整理番号F209：W2-4の『薛仁貴征遼事跡』は，それを示唆する。李逸友『黒城出土文書（漢文文書巻）』（科学出版社　1991年　58-59，202頁，図版肆三，肆肆）参照。この残頁は，『永楽大典』本『薛仁貴征遼事略』（趙万里編註　古典文学出版社　1957年　59-61頁）と完全に一致する。

2）明の梅鷟『南廱志経籍考』下によれば，“孝経魯斎直解一巻　存者一百四十面，脱六十余面”とあり，これからすると貫雲石の『孝経直解』にくらべてかなり詳しい訳註であったらしい。

3）『天一閣進呈書目校録』「史部・史評類」（駱兆平編著『新編天一閣書目』中華書局　1996年　219頁），『存寸堂書目』（中国国家図書館蔵清嘉慶二十年黄氏士礼居抄本）「十七史評史抄」“元鄭鎮孫『直説通略』十三巻五冊”，『伝是楼書目』史部「編年記録」“鄭鎮孫『直説通略』十三巻五本”，『平津館鑒蔵書籍記補遺』九葉「直説通略十巻」，『涵芬楼燼余録』史部五七葉「直説通略十巻　明成化刊本四冊　孫淵如袁漱六旧蔵」，『蔵園訂補邵亭知見伝本書目』巻五「史部八・史鈔類」（莫友芝撰　傅増湘訂補　傅熹年整理　中華書局　1993年　70頁）参照。

4）孫星衍は，希古を荘王芝址の字ではないかと推測する。『平津館鑒蔵書籍記補遺』参照。しかし，台湾国家図書館所蔵の明成化二三年刊の『文選』（大元時代の張伯顔の池州路刻本の重刻）の序にも，“成化丁未嘉平吉旦希古”とあり，「唐国図書」の方印が刻まれている。荘王芝址は，『明史』巻一一八「諸王伝」を信じるならば，成化二一年に薨じているので，この推測は成立せず，その子の成王弥錦の可能性が高くなる。もっとも，『弇山堂別集』巻三二は，成化二三年に薨じたとするので，こちらが正しければ，芝址でよいことになる。

5) お茶の水図書館成簣堂文庫に所蔵される明成化十一年刊の『伊川撃壌集』にも，“成化乙未花朝日希古書”とあり，おなじ「梅雪軒」の方印が刻まれている。

6) 現在インターネット上で公開されている傅斯年図書館善本の書録より知り得る書誌条項は以下のとおり。“『直説通略』十三巻。元鄭鎮孫。明成化庚子年（1480）重刊。十四冊。三二公分。十行十八字。元至治元年（1321）鄭氏自序。明善堂覧書画印記，安楽堂蔵書記諸印記。排架号1-4-5。史部－史鈔類。明刊本”。台湾国家図書館本がもとづいたテキストであろう。

7) 本書序章「古典学の再生」参照。

8) 『涵芬楼燼余録』史部五七葉「直説通略十巻　明成化刊本四冊　孫淵如袁漱六旧蔵」，『胡適的日記』「民国十年（1921）八月十五日」（中国社会科学院近代史研究所中華民国史研究室編　中華書局　1985年　187-188頁）。なおこの胡適の日記については，平田昌司より教示を受けた。中国の文学革命については，平田昌司「目の文学革命・耳の文学革命――一九二〇年代中国における聴覚メディアと『国語』の実験」（『中国文学報』58　1999年4月　75-114頁）が詳しい。

9) 田中謙二「蒙文直訳体における白話について――元典章おぼえがき一」（『東洋史研究』19-4　1961年3月　51-69頁），同「元典章における蒙文直訳体の文章」（『東方学報（京都）』32　1962年　187-224頁　のち校定本『元典章刑部』第一冊附録収録　京都大学人文科学研究所　1964年　47-161頁），亦隣真「元代硬訳公牘文体」（『元史論叢』第1輯　中華書局　1982年1月　164-178頁）

10) 『張居正講評資治通鑑皇家読本』（上海古籍出版社　1998年），『高拱論著四種』（中華書局　1993年）

11) 直訳体をじっさいに華北全土で話された共通の口語，“漢児言語”だと考えるむきも存在する。むろん程祥徽「青海口語語法散論」（『中国語文』1980-2　142-149頁）が報告するように，ティベット，モンゴル，イスラーム，漢民族が雑居する一部の地域において，諸言語の文法が漢語に影響を与えている例はある（この資料については，平田昌司の示教を得た）。だが，『元典章』や大元時代の碑刻によれば，大元ウルスのひとびとは，こうした文体を“蒙古字訳該”として，あきらかに普通の白話と区別していた。

12) 『張文忠公文集』（静嘉堂文庫蔵元刊明印本）巻二八に収録。

13) 『国朝文類』巻六五元明善「集賢直学士文君神道碑」“詔若曰：尚書，帝者宝範，臣軌粲然。訳為国語，朕便於観覧，兼使国人習読。今以命汝集賢学士某，次明善及君。是年集賢院臣奏；建京師孔子廟碑，増国子員，免天下儒士徭役，君実賛之”。

14) 『永楽大典』巻一〇八八八「叙古頌」“乃於延祐元年，作大学直解，進献皇太子。次年復作孝経直解進献。敬奉令旨，命翰林官以畏吾児字語訳訖。奏上皇帝皇太后，已徹聖覧。延祐三年三月二十三日，欽奉聖旨，命天祐充皇太子位下備員説書，給賜糧食。仍将献孝経，命趙子昂書写，鏤版印行”。

15) 高橋文治「太宗オゴデイ癸巳年皇帝聖旨訳注」（『追手門学院大学文学部紀要』25　1991

年12月　419-421頁）

16）『元史』巻一五九「趙璧伝」，『道園類稿』巻一四「中書平章政事趙璧謚議」

17）『王忠文公集』巻一七「鮑信卿伝」

18）『中庵先生劉文簡公文集』（台湾国家図書館蔵元刊本）「江浙儒学提挙司呉善序」，『清宮散佚国宝特集　書法巻』（中華書局　2004年10月　99-110頁），『中国古代書画図目（十五）』「遼寧省博物館1-019」（文物出版社　1997年　23-24頁）

19）明の王道明の『笠沢堂書目』「編年」に“歴代史譜一冊　鄭鎮孫。元至元間人”とある。この至元は，後至元だろう。

20）『秘書監志』巻五「秘書庫」。なお『元典章』巻五七 刑部一九」《禁聚衆》【禁聚衆賽社集場】にも，延祐六年五月の時点で江浙行省の都事（正七品）の李家奴なる人物がみえるが，別人である。

21）『国朝文類』巻三九虞集「書経筵奏議稿後」

22）『嘉業堂蔵書志補』「沈先生春秋比事二十巻」（繆荃孫・呉昌綬・董康撰　呉格整理校点『嘉業堂蔵書志』所収　復旦大学出版社　1997年）によれば，トゥクルクは，その後，至元四年十一月の時点で，中奉大夫山南江北道粛政廉訪使として内台に所属している。

23）『国朝文類』巻四一「進書」“工執芸事，各進其技，因以得官者，蓋有之矣。能文之士，以其所作来献，朝廷許之”。

24）『滋渓文稿』陳旅「跋松庁章疏」“前代有諫官，有察官，其任皆重也。我朝唯設監察御史，而諫官之責寓焉，則御史実有両重任也”。

25）『南村輟耕録』巻二「御史挙薦」

26）周継中「論元代監察制度的特点」（『中国人民大学学報』1987年3月　101-112頁），郝時遠「元代監察制度概述」（『元史論叢』第3輯　中華書局　1986年1月　82-104頁）

27）『北京図書館蔵歴代石刻拓本匯編』第49冊（元二）「大元勅修曲阜宣聖廟碑」，「大元勅賜曲阜孔廟田宅之記」（中州古籍出版社　1990年　197，159頁）

28）『南村輟耕録』巻二「内御史署銜」“内監察御史署銜無御史台三字。以為天子耳目之官。非御史大夫所可制也。行台則不然”。

29）杉山正明「大元ウルスの三大王国——カイシャンの奪権とその前後（上）」（『京都大学文学部研究紀要』34　1995年3月　133-135頁）

30）『元史』巻二七「英宗本紀」“[乙卯]翰林学士忽都魯都児[迷失]訳進宋儒真徳秀大学衍義，帝曰：「脩身治国，無踰此書」。賜鈔五万貫。[丁卯]以大学衍義印本頒賜群臣”。

31）『国朝文類』巻三〇虞集「西山書院記」の“是年天子命大司農晏、翰林学士承旨某，訳公所著大学衍義，用国字書之”，『元史』巻二六「仁宗本紀」の“[延祐四年四月乙丑]翰林学士承旨忽都魯都児迷失、劉賡等訳大学衍義以進，帝覧之，謂群臣曰「大学衍義議論甚嘉，其令翰林学士承旨阿憐鉄木児訳以国語」”というふたつの記事をつきあわせれば，自明である。この前後に漢文版の大字本『大学衍義』も江浙行省から出版されている。郭畀等能書家が選ばれ，楷書で版木に字を書いたという。『青玉荷盤詩』巻三「郭天錫文集序」（『元代書法』上海科学技術出版社　商務印書館　2001年　173頁）参照。なお，あえてつけくわえておくが，大徳十一年，アユルバルワダ自身が，皇太子の位についたさい，王約らに命じて簡訳，刊行させた『大学衍義』とは，別物である

32) もっとも，もうひとつの著作『歴代蒙求纂註』では，魏，呉，蜀の順に註釈を付す。あるいは，三著においてそれぞれちがう順番にならべることで，鄭鎮孫自身は公平な立場をとったつもりなのかもしれない。
33)『元遺山集』巻三六
34)『秋澗先生大全文集』巻四一
35)『魯斎遺書』巻一〇（『北京図書館古籍珍本叢刊』91 収録　書目文献出版社）
36) 前掲『永楽大典』巻一〇八八八に，延祐五年三月の銭天祐の「叙古頌表」，中書省，礼部経由の上奏文，および『叙古頌』の全文が范可仁の増義，蕭貞の音釈も含めて掲載されている。“臣今采摭経史，效荀成相之体，叶為声韻之辞，著為一編。首載帝王之道，守成之説……［中略］……継以世次相承之統，撮取前代治乱興衰之跡，起自唐虞訖於亡宋。総八十六章，章二十四字，仍随文引事実于其下，目曰叙古頌。既可以謳吟歌詠，又掇前史於片紙之間”。また，“今特臣所撰叙古頌，謹繕写裝成二本，随表詣中書省投進以聞，如蒙采択，乞将一本頒下詹事院，精選老成謹厚明達儒臣持入，以備皇太子経筵参講。仍乞将臣所献大学、孝経，降賜紙墨，広加印布，令近侍之臣，誦而習之。雖皇太子殿下生知之資，超然抜萃，而左右近習薫陶漸染，不為無助”とあるのは，モンゴル時代の経筵講義の好資料となる。
37)『内閣蔵書目録』によれば范可仁は，宣慰使（従二品）にも任ぜられ，『釈奠通載』，『孔廟釈奠礼制通祀纂要』，『歴代礼器図譜儀註』などの著がある。
38) 別名『聖賢言行故事』。『水東日記』巻十二「日記故事」に楊文公，朱晦庵の意志をついだものとして記載されている。なお，現存の版本は上図下文式の朝鮮版である。
39)『始豊稿』巻四「正統問」
40)『元史』巻一六〇「王思廉伝」“［至元］十四年，改翰林待制，嘗進読通鑑，至唐太宗有殺魏徴後，及長孫皇后進諫事，帝命内官引至皇后閣，講衍其説，后曰：「是誠有益於宸衷。爾宜択善言進講，慎勿以瀆辞煩上聴也」。毎侍講，帝命御史大夫玉速帖木児、太師月赤察児、御史中丞撒里蛮、翰林学士承旨掇立察等，咸聴受焉”，巻一五三「賈居貞伝」“従［世祖］帝北征，毎陳説資治通鑑，雖在軍中，未嘗廃書”，『程雪楼文集』巻九「秦国文靖公（安蔵）神道碑」“奉詔訳尚書、資治通鑑、難経、本草”，『元史』巻一一五「裕宗伝」“毎与諸王近臣習射之暇，輒講論経典，若資治通鑑、貞観政要，王恂、許衡所述遼、金帝王行事要略，下至武経等書”，巻一二八「相威伝」“二十年，以疾請入覲，進訳語資治通鑑，帝即以賜東宮経筵講読。拝江淮行省左丞相”，巻一一五「顕宗伝」“撫循部曲之暇，則命也滅堅以国語講通鑑”，巻一六四「焦養直伝」“大徳元年，成宗幸柳林，命養直進講資治通鑑，因陳規諫之言，詔賜酒及鈔万七千五百貫”，巻二九「泰定帝本紀」“［泰定元年春正月］甲戌，江浙行省左丞趙簡，請上経筵及択師傅，令太子及諸王大臣子孫受学，遂命平章政事張珪、翰林学士承旨忽都魯都児迷失、学士呉澄、集賢直学士鄧文原，以帝範、資治通鑑、大学衍義、貞観政要等書進講，復勅右丞相也先鉄木児領之”，巻一四三「巙巙伝」“一日進読司馬光資治通鑑，因言国家当及斯時修遼、金、宋三史，歳久恐致闕逸。後置局纂修，実由巙巙発其端”。
41)『元史』巻一二「世祖本紀」“［至元十九年夏四月］己酉，刊行蒙古畏吾児字所書通鑑”，巻二五「仁宗本紀」“［延祐元年夏四月己酉］，帝以資治通鑑載前代興亡治乱，命集賢学士忽都魯都児迷失及李孟択其切要者訳写以進”，巻三〇「泰定帝本紀」“[泰定四年]六月辛未，翰林侍講学士阿魯威、直学士燕赤等進講，仍命訳資治通鑑以進”。

42)『元史』巻八一「選挙志」《学校》“至元六年秋七月，置諸路蒙古字学。十二月，中書省定学制頒行之，命諸路府官子弟入学，上路二人，下路二人，府一人，州一人。余民間子弟，上路三十人，下路二十五人。願充生徒者，与一身雑役。以訳写通鑑節要頒行各路，俾肄習之”，巻八一「選挙志」《学校》“世祖至元八年春正月，始下詔立京師蒙古国子学，教習諸生，於随朝蒙古，漢人百官及怯薛歹官員，選子弟俊優者入学，然未有員数。以通鑑節要用蒙古語言訳写教之，俟生員習学成效，出題試問，観其所対精通者，量授官職”，『元典章』巻三一「礼部四」《学校一》【蒙古学校】至元八年正月　日“一．通鑑節要事，就翰林院。見設諸官并訳史，訳作蒙古言語，用蒙古写録，逐旋頒降与国子学諸路教授”，『滋渓文稿』巻十五「元故奉議大夫国子司業贈翰林直学士追封范陽郡侯衛吾公神道碑銘」“諱野先，少敏悟，世其父[文書奴]業。年二十，擢為国子教授。……嘗考古者聖賢行事及歴代君臣善悪成敗可監戒者。訳以国言，伝諸学徒”。

43) 李逸友『黒城出土文書（漢文文書巻）』F6：W36（科学出版社　1991年　58，202頁，図版肆陸）

44)『元遺山集』巻三六「集諸家通鑑節要」参照。なお，張存恵は呂祖謙『増節標目音註精議資治通鑑』も憲宗モンケの三年から五年に刊行している。また，モンケ五年にやはり『陸氏通鑑詳節』も同じような造作を加えられて出版されている。なお，金朝における世系譜・世系図の嗜好を示す好例としては，明昌二年（1191）に立てられた「唐朝列聖碑」があげられる。碑陽には十一段に区切った「李氏世系譜」，碑陰には「唐宣賜薛王荘記」と「唐李氏薛王房世系図」が刻まれる。甘粛省合水県にあったが，現在は慶陽地区の博物館に移された。『中国西北文献叢書 188　西北石刻集録』（蘭州古籍出版社　1990年　864-901頁）参照。

45) 莫友芝撰　傅増湘訂補　傅熹年整理『蔵園訂補郘亭知見伝本書目』巻四「史部二・編年類」（中華書局　1993年　62頁）

46) 王磐「興文署新刊『資治通鑑』序」

47) また，『廟学典礼』巻五「行台坐下憲司講究学校便宜」に“一．各処学校見有書板，命教官検校，全者，整頓成帙，置庫封鎖，析類架閣，毋致失散，仍仰各印一部。及売買四書、九経、『通鑑』各一部，装背完整，以備検閲，不許借借出学。如有書板但有欠闕，教官随即点勘無差，於本学銭糧内刊補成集”とみえる。

48) 書中に陳桱『増広通略』（『歴代通略』と同一書）をたびたび引用するので，その成立は至大三年以降であろう。

49)『弘治撫州府志』巻一五「文教四・典籍」“甲子年表，楽安陳景徳撰，起上古終元大徳”。

50) 神田喜一郎「元大徳九路本十七史考」（『神田喜一郎全集第三巻　東洋学文献叢説』所収　同朋舎　1984年　180-197頁），尾崎康『正史宋元版の研究』（汲古書院　1989年）参照。

51) 本田實信「ラシード・アッディーンの『中国史』について」（『東方学』76　1988年7月　1-17頁　のち『モンゴル時代史研究』収録　東京大学出版会　1991年　387-404

頁），杉山正明「西暦1314年前後大元ウルス西境をめぐる小札記」（『西南アジア史研究』27　1987年　29頁　のち『モンゴル帝国と大元ウルス』収録　京都大学学術出版会　2004年　363-364頁），同『世界の歴史⑨　大モンゴルの時代』（中央公論社　1997年　49-63頁）参照。ラシードの序文引用の訳は，本田論文による。

52) 蔡巴・貢噶多吉，東嘎・洛桑赤列校註，陳慶英，周潤年訳『紅史』（西蔵人民出版社　1988年）

53) この書は，仏教のみならず，全真教，正一教といった道教宗派の起源，儒教の重要記事も記録する。また，割拠する国々の記事を同時進行であらわす叙述法も（たとえば宋，大遼，西夏といったように），陳桱『通鑑続編』に先んずる。

54) 前掲杉山正明『大モンゴルの時代』61頁

55) 島田翰『古文旧書攷』によれば，宋の王曽臣『歴代統紀』二十巻も磐古氏より唐末をあつかう。

56) 川瀬一馬『五山版の研究（下）』（The Antiquarian Booksellers Association of Japan　1970年　185，186頁），川瀬一馬・岡崎久司『大英図書館所蔵和漢書総目録』（講談社　1996年　370頁）。『徐氏家蔵書目』巻二に“通鑑要略十二巻　秦継宗”とあるのが，あるいはそれか。

57) 本書第II部第5章。『元王孤雲女孝経図巻』（元　王振鵬絵並書　上海世界社　1909年）“至治二年春正月，奉大朝公主教作成孝経図，並書経文。竟於九月上浣恭進。邇因臣力減昔，深懼不足呈献。稟給令王振鵬百拝敬画謹書”，『南廱志経籍考』下「女教四巻」“脱者七面，存者九十二面。相台許熙載著。蒐獵経史伝，才庶其嘉言善行，凡六篇。内訓、昏礼、婦道、母儀、孝行、貞節，靡不畢具，刊於皇慶間”。

58) 杉山正明『遊牧民からみた世界史』（日本経済新聞社　1997年　200-209頁）参照。

59) 鄭鎮孫が周の顕王の項で黼黻についてくわしい註を付したのも，その理由をモンゴル朝廷のジスン服にむすびつけて考えることもできそうである。

60) 『滋渓文稿』巻二五「三史質疑」“葉隆礼，宇文懋昭為遼、金国志，皆不及国史，其説多得于伝聞。蓋遼末金初，稗官小説中間，失実甚多，至如建元、改号、伝次、征伐及将相名字往往杜撰，絶不可信”。

61) 『南遷録』（山東省博物館蔵清鈔本）に附された浦元玠の後跋によれば，少なくとも大徳十年以前に『大金国志』が刊行されていたことは，まちがいない。

62) 劉壎『隠居通議』巻三一「夾漈通志」“近大徳歳間，東宮有令下福州，刊『通志』”。

63) 故宮所蔵元刊本『元典章』の巻頭の牌記の唐草文様の図案が，『重刊孫真人備急千金要方』目録末，『新編事文類聚翰墨全書』甲集巻八，および『分門纂類唐宋時賢千家詩選』後集目録に付された牌記の模様とほぼ一致すること，『元典章至治条例綱目』と『草書礼部韻宝』（台湾国家図書館蔵至元二五年刊本）の牌記の模様が相似することからすると，江浙行省を通じて建安の書肆に委託された可能性がたかい（『静嘉堂文庫宋元版図録　図版篇』398頁，『慶応義塾大学附属研究所斯道文庫　貴重書蒐選』汲古書院　1997年　185頁，『お茶の水図書館成簣堂文庫善本書目』1992年　999頁参照）。しかも，その建安の書肆は，『盋山書影』に載る『続宋中興編年資治通鑑』の目録の牌記の図案から，ほぼ陳氏余慶堂に特定できる。なお，『元史』巻二一「成宗本紀」によれば，奉使宣撫は同年三月二日に設立されたばかりであり，『元典章』の出版は，その記念の意味も濃厚にもつだろう。

64) 森立之『経籍訪古志』巻三

65)『静嘉堂文庫宋元版図録　解題篇』「元版　集部」（汲古書院　1992年　131頁）

66) 前掲本田實信「ラシード・アッディーンの『中国史』について」10頁。なお，元延祐五年温州路学稽古閣刊本の朱熹『四書集註』（台湾国家図書館蔵）に付せられた元人趙鳳儀の序にも，“乃俾学録周習甫詳加校正，大字繕写，聚工鋟梓，通三百五十余板，庋列于閣，願摸者聴焉”とあり，ラシードの記述の正確さを裏付ける。

67)『明太祖実録』巻一三一［洪武十三年四月戊子］も参照。

68)『太宗恭定大王実録』巻五［三年癸未］二月庚午，九月乙酉，巻六［三年癸未十月辛未］

69) 長沢規矩也編『足利学校善本図録』（汲古書院　1974年　61-68頁）。実録によれば，文宗，端宗はそれぞれ即位元年に『十八史略』を活字印刷，頒行した。

70)『世宗荘憲大王実録』巻七二［丙辰十八年四月庚子］

71) 市川任三『十八史略』解説「五．十八史略のテクスト」（明徳印刷社　1968年　32-60頁）

72)『廟学典礼』巻五「行台坐下憲司講究学校便宜」によれば，元貞元年の段階で，“諸生の習う所の字は，合に唐の顔尚書の字様を用い，大小両様を写くべし”というように，顔真卿の字体が規範とされていた。ところが，延祐二年の『程氏家塾読書分年日程』では習字のテキストとして，智永と趙孟頫の『千字文』が推奨されている（『至正直記』巻三「恕可蘭亭」によると，程端礼は智永の『千文真字』本を版木に刻して朱墨で印刷し学生の習字に供したというから，趙孟頫についても同様のテキストが作製された可能性は高い）。虞集も『国朝文類』巻三九「題呉傅朋書及李唐山水」において，“至元初，士大夫多学顔書，雖刻鵠不成，尚可類鶩。而宋末知張之謬者，乃多尚歐率更書，纖弱僅如編葦，亦気運使然耶？自呉興趙公子昂出，学書者始知以晋名書”という。刊本の世界においても至元・元貞・大徳年間のテキストは顔真卿の書体のものが多い。ところが，延祐四年，元永貞が編纂した『東平王世家』を国家出版させるさい，仁宗アユルバルワダが「趙子昂に写かせて刊行せ者」と聖旨を下したように（『十駕斎養新録』巻一三「東平王世家」），至大・延祐年間以降，国家出版物の版下は趙孟頫自身および趙孟頫体を得意とする当代の名筆家によって書かれるようになり，巷間においてもこの書体が席巻する。

73) 田中謙二「元雑劇の題材」（『東方学報（京都）』13-4　1943年9月　128-158頁）

74) 上田望「講史小説と歴史書(1)――『三国演義』，『隋唐五代史』を中心に」（『東洋文化研究所紀要』130　1996年　97-120頁），氏岡真士「平話の基づいた史書――平話の作り手についての試論」（『日本中国学会報』49　1997年10月　119-133頁）

75) 氏岡真士「『五代史平話』のゆくえ――講史の運命」（『中国文学報』56　1998年4月　59-60頁）

76)『事林広記』別集参照。なお，『元典章』巻三一「礼部四」《学校・儒学》【整治学校】および『元史』巻八七「百官志」によれば，“内外の学校を提調する”ことも任務に含まれていた。じじつ，翰林院からの分立まもない至元二四年に，程鉅夫を中心とする集賢院内の南北の儒臣および衆官が，クビライの許可をえて，学校のことを講究，会議をひらき，国学のシステム，各地に学校を建築さらに文廟を付設すること，儒学提挙司の設立，人材の登用，儒戸の免差など，いごの大元ウルスの教育方面における基本的なことがらをさだめたのであった（以上，『廟学典礼』巻二「左丞葉李奏立太学設提挙司及路教遷転格例儒戸免差」参照）。大徳十一年からいっきにさかんになる文化政策の背景には，程鉅夫，趙孟頫，張留孫らの地道な下準備があったのである。

77) 金文京「従“秉燭達旦”談到《三国志演義》和《通鑑綱目》的関係」（周兆新主編『三国演義叢考』北京大学出版社　1995年　272頁）

78)『十八史略』の重要性は，すでに前掲杉山正明『大モンゴルの時代』60頁に言及されている。

第3章　モンゴル朝廷と『三国志』

1　はじめに

1998年初頭，韓国慶尚北道で『老乞大』の最古の刊本が発見された。おそらく高麗の通文館司訳院において，大元ウルスの翻訳システムそのままに，モンゴル語のテキストを中国語の白話語彙によって直訳したもので，言語資料としてだけでなく，社会資料としても重要である。その『老乞大』に，遼陽の漢人が大都にて，高麗の王京に帰る王朝公認の商人に，売れ筋の商品を代わりに選んでやる次のようなくだりがある。

> それから書籍も何冊か買いましょう。『四書』を一セット，みんな朱晦庵の集註で。ほかに『毛詩』，『尚書』，『周易』，『礼記』，『五子書』，『韓文』，『柳文』，『東坡詩』，『淵源詩学押韻』*，『君臣故事』，『資治通鑑』，『翰(院)[苑]新書』，『標題小学』，『貞観政要』，『三国志評話』も買いましょう。
>
> ＊厳毅撰『新編詩学集成押韻淵海』二十巻（北京大学図書館蔵後至元六年蔡氏梅軒刻本）を指すものか。前田尊経閣には朝鮮版が蔵される。

朱子の『四書集註』が，大元ウルス朝廷によって指定された科挙のテキストであるのはもちろん，ここに述べられる書物は，現在においても，少なくとも建安で出版された元刊本として，もしくはそれを覆刻した明版，朝鮮版，五山版によってすべて見ることができる。しかも『毛詩』，『尚書』，『周易』，『礼記』，『五子書』には，いずれも巻頭に挿図をまとめて載せるいわゆる纂図互註本があり，何士信編纂の『諸儒標題註疏小学集成』（前田尊経閣蔵元刊本）にも，図一巻が付されている。『分類合璧図像句解君臣故事』（前田尊経閣蔵五山版）［口絵16］は，上図下文の絵本である。

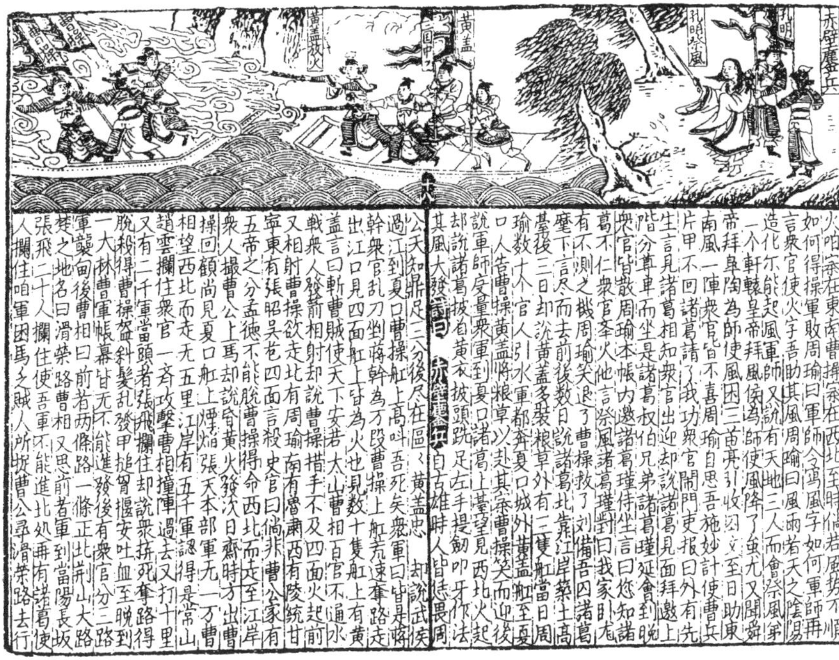

図 3-1　『至治新刊全相平話三国志』（国立公文書館蔵）

こうした書物とならんで『三国志評話』［図 3-1］が挙げられている（『朴通事諺解』でも，大都の四書六経を読むべき階層の者が，つれづれに『趙太祖飛龍記』や『唐三蔵西遊記』といった平話を愛読したことを伝える）。朝鮮では，1551 年に書肆の設置が認可されるまで，書籍収集および出版は，確実に政府主導のもとになされていた。高麗王朝の後を襲った李氏朝鮮初期の司訳院で『老乞大』，『朴通事』等とともに漢語の教科書として用いられた『前後漢』が，『前漢書平話』，『後漢書平話』だった，という説さえ最近では出てきている。さらに，成宗四年（1473），司訳院の官であった李辺は，こうした教科書が実用にそぐわないとして，勧戒となすべき中国の歴代の故事六十五カ条をあつめて白話をもって訳したが，それに『訓世評話』（名古屋市蓬左文庫蔵）と名付けたのであった。かたや，明においても，太祖が楽人の張良才に平話を語らせたのをはじめ，万暦年間（1573–1615）には，播州宣慰使の楊応龍の乱を平定した郭子章が，そのさいの“一，二の武弁を聞きて平話を造作”したという[1]。すくなくとも当時の文人たちは，評話を今ほど低い目線では見ていなかった。そもそも，『永楽大典』に収録された大量の評話のテキストの出処は，いったい，どこにあったのだろう。

『三国志平話』をはじめとする全相平話は，じゅうらい言われているように，ほんとうに“民間”（そもそも民間とはいかなる階層を指すのか）の読本あるいは講釈師の種本として考えてよいのか。すくなくとも大元ウルス治下の出版物において，建安刊本であること，挿絵があること，白話で書かれていることは，即“民間”の出版物であるという根拠にはなりえない。こうした書物の刊行にカアンや高級官僚が関与している例はいくらでもある。ましてや，そこで使用されている言語は文言に近く，胡曽の詠史詩がやたらに引用される。テキストに誤字，略字が多いといっても，たとえば張飛の字を“益徳”ではなく“翼徳”に作るたぐいは，雑劇，平話のみならず，相当な文人の撰した碑文の中でもしばしば見られる[2]。裏返せば，それだけ正史より平話がよく読まれたということでもある。また，『三国志平話』を出版した建安の虞氏務本堂は，『新刊類編歴挙三場文選』，『周易程朱伝義音訓』，『新編四書待問』といった科挙の参考書をはじめ，『増刊校正王状元集百家註分類東坡先生詩』，『趙子昂詩集』なども出版した。この書肆の読者対象がどのあたりに据えられていたかを雄弁にものがたっている。そこで，本章では，あえてカアンや朝廷内外の文人の視角から，これまであまり利用されていない『三国志』関連の資料を選んで紹介し，全相平話を生んだモンゴル時代の文化，歴史背景について検討してみたい。

2　祀廟の建設と加封

歴代カアンやモンゴル貴族の子弟が『通鑑』の節要をモンゴル語によって読んでいたことは，すでに前章において述べた。また，すくなくとも世祖クビライ以降，歴代カアンは即位すると，必ず古跡，名勝の保護を謳う聖旨の条画を発令した。そして五岳四瀆，名山大川，歴代の聖帝明王，忠臣烈士の祀典に載る者については，所在の官司に委ねて毎年定例の祭りを致し，廟宇に損壊が有れば，官が修理を為すこと，と定めた[3)]。それをうけ，土地の耆宿，儒者，中国史の知識を有するダルガ(チ)等が協力して，荒廃，老朽化していた全国各地の廟宇がつぎつぎに再建，重修されていった。あらたに創建された祀廟も多い。祭祀における供物や儀式の費用も官費でまかなわれた。モンゴルは，通念とはことなり，伝統文化の保護に異様に熱心であった。

大元ウルス治下の国子学，書院では，朱子学が正統な学問として選ばれた。仁宗アユルバルワダの科挙再開は，それをより促進浸透させたのだが，その結果，戴表元が述べたように，『資治通鑑綱目』によって“乃ち今に至るや，承学の士は，皆能く魏を黜け呉を遠ざけ，蜀を尊びて之を進め”たのであった。かれの友人王希聖が著わした『続漢春秋』もその成果のひとつである[4)]。蜀びいきが高じて山南江北道の粛政廉訪司にいたっては，夷陵の視察のさい，曹操の廟をうちこわす挙にさえ出た。発案者は，江南行台の御史申屠致遠の息子駉，読書好きの進士の第にものぼった男で，それを記し快哉を叫ぶのは，なんと国子司業，経筵官などを務めた鉅儒呉澄である[5)]。

こうした風潮の中，まず英宗シディバラが至治二年（1322）閏五月に諸葛亮を「威烈忠武顕霊仁済王」に封じた[6)]。もっとも，すでに成宗テムルの大徳二年（1298），南陽臥龍崗に監郡のムハンマドが，総判のフサイン等同僚と相談して武侯祠を建設し，四年には解梁の太虚観の全真教道士，張志和に住持させていた。つづく武宗カイシャンの至大年間には，河南行省の何瑋の発案で武侯祠の後ろに孔子廟およびそれに付設する廟学書院が建てられた。これは皇慶年間（1312-1313）に完成し，集賢院大学士の陳顥[7)] の上奏によって，アユルバルワダの勅命を受けた翰林院の学士たちが各建築物の名を選定し，勅建碑も建てられていたのであった[8)]。さらに，“天下の兵甲機密の務を掌る”枢密院の公堂西側に建てられた武成廟（太公望を祭る）では，諸葛亮が従祀されていた[9)]。シディバラとしてはそれらを受けたに過ぎない。

つづいて，天暦元年（1328）九月十三日，すなわち関羽神が降臨するとされる日に即位した文宗トク・テムルは，同月二一日に，関羽の封号である義勇武安英済王に「顕霊」の二字を加封し，使者を派遣しその廟を祠った。天暦の内乱の際，トク・テムルの腹心イスン・テムルが関羽の加護を高らかに謳い，ダウラト・シャーを迎撃，平らげたからである[10]。翌天暦二年の正月には，晋寧路解州のダルガ衆家奴が僚属，道人，耆老を率いて廟に参詣し加封の祭典を執り行った記録も残っている[11]。

ただ，ここで気になるのは，『常山貞石志』巻二〇に移録される河北は正定の隆興寺にある至順二年（1331）の石刻，および『山右石刻叢編』巻三八に移録される至正十三年（1353）山西郷寧県の「関廟詔」に，“大元勅封”あるいは“上天の眷命せる皇帝聖旨の裏（うち）に勅封す”として“斉天護国大将軍検較尚書守管淮南節度使兼山東河北四門関鎮守招討使兼提調遍天下諸宮神煞無地分巡案官中書門下平章政事開府儀同三司金紫光禄大夫駕前都統軍無佞侯壮穆義勇武安英済王崇寧護国真君”というとんでもなく長い肩書がくだされていること，またその中に却って「顕霊」の二字が見えない点である。しかもこの勅封は『元史』には記されない。

北京西城区西四北大街の「義勇武安王廟碑」は泰定元年（1324）五月の立石であるが，その冒頭にもこの大元贈勅封の「斉天護国……崇寧真君」の肩書が掲げられている[12]。管見の限りでは，これがもっとも早い記録である。とすると，天暦の加封より前，泰定帝イスン・テムルによる勅封である可能性がある。しかも，やはり北京西城区西四の双関帝廟にある泰定三年四月二〇日付けの「義勇武安王祠記」によれば[13]，泰定元年十月に宣政院の臣の上奏によって，カアンであるイスン・テムルより一万貫，皇后より五千貫の内帑金が下され，荒廃していた大都城の西の関羽廟を建て直しているうえ，翰林侍読学士の阿魯威にその事績をモンゴル語で記させているからである。

いっぽんに，イスン・テムルの時代は，アユルバルワダ，シディバラ時代から一転してモンゴル色に包まれたかのようにいわれるが，じっさいには経筵講義も熱心に行われ，文化政策もむしろ加速度を増した。その治世の短さのわりに，地方神への賜額，加封が盛んに許可され，刊行された出版物も多い[14]。

とはいえ，現在の資料状況では，イスン・テムルより前のカアンによって勅封された可能性も否定できない[15]。トク・テムルが不都合だと考える政権の勅封とも考え得る（のちトゴン・テムルの代に「崇寧護国真君」の旧号が再び用いられたのも，おそらくは，かれの父明宗コシラが叔父トク・テムルに毒酒を以て暗殺された怨恨による）[16]。

なお，肩書の中に“山東河北の四門関の鎮守”とあるのは，留意しておいてよいだろう。関羽廟はモンゴル時代になって天下に遍く建てられるのだが，こんにち残る碑文および同時代の文集，地方志による限り，泰定以後のもの，しかも山東，河北，山西のものが多い。さらに，第5節でも少し触れるが，関羽に水神としての役割が期待されている。たとえば，呂梁洪は“徐州の水は呂梁洪に於いて合して淮にいり，近世は乃ち河の下流を兼ね”，“凡そ東南の貢賦の輸は，皆道を引きて此に至る。故に舟の至ること益多く，日に千百万艘”という水運の要所で，江南から大都にむかうさいにはここを通過する。同時に幾重にも山がつづき流れの変化のはげしい難所でもあった。その治水のために，駅官によってここに建てられた廟の祀神が関羽と唐の尉遲敬徳公であった[17]。また河南の懐慶路済源は，場外の乾地を北関という，居住民の多い土地で，沁水と黄河にはさまれていた。渡し場として名高く南宋との襄陽戦でも重要な役割を果たした孟津にもほどちかい，やはり水運の要地であった。至正元年，旱魃によって，関羽に雨乞いがなされたのだが，二年後，その見返りとして関羽廟が重修された。建てられた碑文の題額は，「重修護国崇寧真君廟記」，立石者のトップの三人は知河防事の職務も帯びていたのであった[18]。

さて，のこる蜀の臣張飛には，トゴン・テムルが後至元六年（1340）九月三日に，「武義忠顕英烈霊恵助順王」と加封する。諸葛亮，関羽より二字多い破格の十字の王号である[19]。これは，平話および雑劇における張飛の人気ぶりと連動する。三者への加封は，いずれも至治年間の全相平話の登場以降の出来事であった。なお，かれらの主人である劉備には，加封こそされなかったが，劉備の故郷涿郡の廟に，遼陽行省平章政事のカラ・テムルが私銭を投じて必要な器物などを整えたほか，のち中政院使に転じたかれ自身の上奏によって，元統元年（1333），トゴン・テムルより香幣がくだされ，翌年には，奎章閣の学士掲傒斯に勅建碑の撰文を命じている[20]。

また，やはり同じトゴン・テムルの至正年間には，金華学派の在野の士，張枢（遼，金，宋三史，『后妃功臣伝』の編纂に招致されるほどの学識を有した）が著わした『刊定三国志』六十五巻，ならびに漢の本紀，列伝に魏，呉の載記を付す形式の『続後漢書』七十三巻が，経筵官の危素によって講義資料として朝廷に推薦され，宣文閣に置かれたのであった[21]。

3 『続後漢書』の出版

著者の郝経はクビライの信任あつい漢人ブレインの一人であったが，自身波乱にみちた生涯をおくった。中統元年（1260），国信使として南宋臨安に派遣される途中，南宋の宰相賈似道に国境付近の真州に抑留され，そのご十六年の長きに亙って幽閉の生活が続いたのである。賈似道が宰相にとりたてられることとなった鄂州の役での勝利がじつは虚偽で，暫時の停戦条約による敵軍の撤退にすぎないという真相を朝廷に知られるのをおそれたためであった。その間，郝経は徒然にまかせて，父の遺命でもあり若年よりの念願であった正史『三国志』の書き直しにとりかかる。朱子の『通鑑綱目』の蜀を正統とする筆法に賛意しつつも，それに基づいた正史の完全な書き直しは，まだ何人によってもなされていなかったからである[22]（楊奐や劉徳淵といったやはり金朝末期からモンゴル初期にかけての著名な文人官僚たちも，『通鑑』の魏を正統とする叙述に不満をいだき，あらたな著述を為したのだが，南宋進攻の副産物として『通鑑綱目』が北伝し，いずれも出版を断念した[23]）。至元八年（1271）五月には，両淮制使の印応雷より，『漢書』，『後漢書』，『三国志』，『晋書』を借り，裴松之の註の異同，『通鑑』の記事の去取，『通鑑綱目』の義例を参照しながら校定を加え，翌年冬十月に完成をみる。さらに門下生の苟宗道に本文の下に註釈を施させ[24]，年表一巻，帝紀二巻，列伝七十九巻，録八巻，合計九十巻とした。周密『癸辛雑識』後集「正閏」は，『通鑑綱目』以後に書かれた南宋の改正版三国志として，蕭常『後漢書』，鄭雄飛『続後漢書』，翁再『蜀漢書』を挙げる。だが，郝経はこれらの存在をまったく知らず，脱稿した際の宴会で苟宗道らに“それがし苦節すること十余年，したがどこぞの高頭巾を被った輩がとっくに倣(な)しておらぬとも限るまいて”と嘆息したという。しかし周囲の人も南宋側をふくめて，そうした書物の存在をまったく聞いたことがなかったのである[25)]。大元ウルスの混一以前は，書籍はそう流通していなかった。のちに霍肅が江南行台の治書侍御史として江西に赴いたさいに，蕭常の『続漢書』全冊を購入できたが，郝経がこの書を目睹できなかったことをしきりに残念がった。とはいうものの，南宋接収により抑留を解かれ，忠臣として名声を博した郝経自身の著作も，なかなか日の目をみることはなかった。

『郝文忠公陵川文集』（『北京図書館古籍珍本叢刊』91所収明正徳二年刻本）の巻頭には，モンゴル政府の発した出版命令文書が二通掲載されるが，そのひとつに次のようにある。

> 延祐五年五月初九日に奉じたる江西等処行中書省の箚付に「准けたる中書省の咨に『集賢院の呈に［延祐四年十二月初五日，也可怯薛の第二日，嘉禧殿の内に有る時分に，速古児赤（天蓋持ち）の明里董瓦，学士の喜春等が有っ来のに対して，本院の官の陳[顥]大学士が奏して【郝伯常学士が国信使と做って宋に入って講和に去った時，真州に於いて拘留されて，十六年の間に做した一部の『続後漢書』，并びに他が平日作った文章『陵川文集』，這の両部の書は，中書省が江西行省に有る管下の学校に銭糧の内より開板しに去かせまし了也】と奏した呵，奉じたる聖旨に【您が省家(中書省）に文書を与えて疾忙了者】麼道聖旨が了也。此レヲ欽シメ。具呈シタレバ照詳セラレンコトヲ。此レヲ得ラレヨ］。咨シテ請ウ，欽シミ依リテ施行セラレンコトヲ。此レヲ准ケラレヨ』。省府は仰ぎ依りて已に行し開刊施行す。此レヲ奉ゼヨ」。

ここにいう『続後漢書』は，二通目の「中書省移江西行省咨文」では『三国志』と呼ばれる。同文書および延祐四年（1317）四月付けの国子祭酒李之紹の序文によれば，この二書の国家出版は，もとは郝経の門下生であった集賢大学士礼部尚書郭貫の発案による。『陵川文集』，『春秋外伝』，『三国志』をはじめとする郝経の著作，遺稿は，いずれも世の学者たちが閲覧を鶴首して待つところであったが，出版されておらず，また郝経の子で，山南江北道粛政廉訪使を務めたこともある郝文徴が不幸にして早世していたため，これらの著作が散逸してしまうことをおそれたのである。郭貫は，アユルバルワダの注意を引いて国家出版にもっていくために，蘇武の伝説を踏まえ，『南村輟耕録』巻二〇に引用される有名な中統十五年（1274）九月一日付けの郝経自筆の「雁書」をでっちあげさえした[26)]。

なお，郭貫が，『続後漢書』の推薦理由として挙げた次の一文は，この時代の翰林院や集賢院の学士たちの「三国志」観を象徴しているだろう。

> 三国志（続後漢書）の如きは，曹魏を黜け，而して劉蜀を主とし，正統をして帰有らしめ，朱文公の通鑑綱目の筆法に吻合し，前書の謬誤を一洗す。是れ誠に世教に補い有り。

郭貫の上申の結果，河南の懐孟路（アユルバルワダと皇太后ダギの投下領）にある郝経の実家より『陵川文集』十八冊，『三国志』三十冊がとりよせられ，礼部，中書省を経由して翰林国史院において出版に値するかどうかの審査を受けたのち，中書省から江西行省下の学校，書坊に出版が委託された（龍興路にも裕宗チンキム以来の投下領を有す）。この出版と連動して，李之紹の序文執筆と同じ延祐四年四月には，郝経の加贈，追封も行われている。一通目の文書は，二通目の文書によって既に胡元昌等儒者に綿密に字句の校正をさせ，版木作成にとりかかっていた担当者の江西儒学提挙馮良佐[27)]に向け，確認の意味もこめてあらためて下されたものである。出版準備がはじまって八カ月ほど経た十二月に，集賢院の陳顥大学士がそれまでの経過をアユルバルワダに報告したところ，「出版をいそがせよ」との直接のおことばを得たことを伝える。そして延祐五年七月に刷りあがった書籍は，装丁して各二十部ずつ中書省に送られた。カアンであるアユルバルワダの手元にも届けられただろう（もっともこのころには，アユルバルワダは廃人同然であったが）。延祐五年といえば，全相平話が登場する至治年間の直前でもある。この時代のきわめて整備された出版システムについては，本書第II部第7章において述べるので詳しくは触れないが，江西行省に委託された出版物には，唐の陸淳の『春秋纂例』，『弁疑』，『微旨』の三書[28)]のほか，『脈経』，『故唐律疏義』などがある。なお，後の二書については建安刊本も現存することをあえて指摘しておく。

4 『蜀漢本末』の出版

こんにち，巻末に“建安詹璟刊”と小さく刻まれる至正十一年（1351）建寧路建安書院刻本三巻が，中国国家図書館に伝わる。半葉10行×19字，黒口左右双辺。『四庫全書総目提要』著録の天一閣の蔵本，静嘉堂文庫蔵本もこのテキストの系統の抄本であるが，巻頭に撰者不明の序文が載せられている[29]。なお巻頭に「漢帝世次」,「漢帝世系之図」を付し，ヴィジュアルに蜀の正統性を図示してみせるのは，この時代の出版物の特徴である。

著者の趙居信（字は季明）は，至元二九年（1292），御史大夫のウルルク・ノヤン（ウズ・テムル）がクビライに胡祇遹，姚燧，王惲，雷膺，陳天祥，楊恭懿，高凝，程鉅夫，陳儼等と併せて翰林院に推薦したのを皮切りに[30]，歴代のカアンに集賢院，翰林院の学士として重用された。至大四年（1311）正月のカイシャン暗殺およびその配下の尚書省の臣僚の処刑など一連の陰惨なクーデタの直後には，アユルバルワダが，儒臣むけのめくらましとして新政に漢族士大夫をブレインとして用いることを発表したが，その中にも挙げられている[31]。次のシディバラの時には，文臣としては最高位の翰林学士承旨にまでのぼり，梁国公に封じられた[32]。

その趙居信自身の後序によれば，至元二五年の秋，友人の嵩東の何従政が見せてくれた『資治通鑑綱目』の筆法に感銘をうけ，欽賛の意をこめて「蜀漢本末論」をしたためた（この時点では『通鑑綱目』は，華北の文人にとって，まだなかなか容易に見られる書物ではなかった）。二八年には，栢林書院において諸儒の精義を集めて，末尾に自身の論を綴ろうとしたが，旧稿が紛失しており，そのままになってしまった。それから二十数年を経た延祐元年（1314），郷里の丈人竹軒先生曹彦謙の子琛が，家から彦謙手写の「蜀漢本末論」の抄本を捜し出してきたので，再び編輯してなったのが，この『蜀漢本末』だという。

脱稿後，ただちに刊行されたかどうかは，現存の資料からはわからない。しかし当時のかれの身分からすれば，官費によって出版することは，じゅうぶん可能であった。現行のテキストは，至正九年，趙居信の息子が建寧路に総管として赴任したさいに父の『蜀漢本末』を学生に示したところ，建安書院の山長であった黄君復がその意を汲んで，刊行にふみきったものである。郝経の『続後漢書』と同様，後学に正統の所在を知らしめ，世道に補うところがある，とされる。

本書の構成は，昭烈皇帝劉備の紹介にはじまり，漢霊帝熹平四年（175）より建安二四年（219）三月までを上巻に，中巻には建安二四年七月より献帝の廃位以降は，劉備の章武元年（221）に繋げて建興十二年（234）諸葛亮の死まで，下巻は泰始七年（271）後主劉禅の死までをおさめる。趙居信は，まず，上欄外に干支を，上欄に年号を記して，簡要な見出し記事を掲げる。それから一段下げ註を付して記事を詳説し，さらに二段下げで胡寅『読史管見』，尹起莘『綱目発明』，蕭常『続後漢書』，張栻『諸葛武侯伝』のほか，真徳秀，習鑿歯，程子，朱子，虞喜といった諸子の論を抜粋引用する。趙居信自身の論は，巻末の「総論」のみにすぎない。そのため，のちの四庫官は，『蜀漢本末』が採るところの議論は，胡寅，尹起莘等数人の説を出ず，取り上げる事績も『三国志』の記事の五割にも満たない，『通鑑綱目』から断片的に記事をひろって纏め字句を少し点竄しただけで，著作というのは烏滸がましいと酷評した。しかし，このさまざまな著述の中から取り出した諸子の論の取捨選択こそ，趙居信の思考を代弁するものであった。非常にコンパクトな形の『三国志』の登場，という点に意味がある。また，郝経の執筆時に比べて資料の閲覧状況が好転しているのも，みのがせない事実である。

南宋接収のさい，クビライの聖旨によって，江南諸郡の四庫官版は，船で大都に運ばれ，興文署に付された。趙居信が頻繁に引用する胡寅の『致堂読史管見』宣郡刊本の版木もそのひとつであった。それ以後しばらく学生がこの書を読むことは途絶えたが，大徳六年（1302）に旌徳の呂氏家塾本および直筆原稿の一部分を入手した姚燧が，劉安に徽州本と建安本の二種の『通鑑』を用いて校勘させ，官費で重刻したという[33]。『読史管見』は，『秦併六国平話』にも引用されている。

ちなみにこの『蜀漢本末』は，のち洪武年間に蜀献王が閲覧して気に入り，一七三枚の版木に重刻，方孝孺に序文を書かせて再出版した[34]。

5 『関王事蹟』の出版

大元ウルス治下の雑劇，平話の中で，関羽は張飛と並ぶスターであったが，じつは同時代の文人が編纂した関羽の資料集が存在する。胡琦の『関王事蹟』五巻がそれである。元刊本は伝わらないが，原著にもっとも近いのは，中国国家図書館および北京大学に蔵されるテキストで，明の成化七年（1471），関羽の故郷とされる解州の長官張寧（字は永安）が，郡内で求め得た胡琦の『玉泉遺稿』に，自ら讐校を加えて重刊したものである[35]。“遺稿”というとおり，もとづいた原本にはところどころ欠落，破損があったが（後述），そのまま大元ウルス時代の「聖なる語」で改行，抬頭する箇所もあり，明版に見られがちな“大元”を“胡元”にするなどの文字の改竄もされていない。現在，この書は閲覧が容易でないが，『北京図書館古籍珍本叢刊』14に，明の顧問が編輯した『義勇武安王集』八巻（明嘉靖四三年刻本），清の銭謙益が詳細な考証を加えた稿本『重編義勇武安王集』八巻が収録されている。明代の書物が往々にしてそうであるように，これらは『関王事蹟』の記事と挿図をそっくり頂戴したうえに大元末期から明代のデータを付け加えたしろものなので，代用として参照されたい。

さて，著者の胡琦（字は光瑋，巴郡の人）の序，および宋の進士の肩書をもつ雲巌の李鑑の序によれば，胡琦は関羽の没地とされる荊州は当陽章郷のすぐそばの漳浜でひっそりと学究生活をおくっていたが，つねづね正史に記載がなく数多の文献に散在して検索に不便な関羽の事蹟本末をまとめ，世俗の伝承のでたらめ，鄙俚怪誕を正したいと考えていた。たまたま，大徳十年の春に，旧令尹の孫吉甫が来訪することがあって，三国のことについてあれこれ質問を受けたのを機に，この書の執筆にとりかかった。それを当陽県の尹であった李夢卿が気に入り，玉泉寺に命じて刊行させたという。もっとも，『義勇武安王集』巻六が，明嘉靖四年（1525）までに，この書が解州の知事によって二，三度増刻され，版木がぼろぼろになったと伝えることからしても，『関王事蹟』の流通は，玉泉寺の属した荊湖北道宣慰司，山南江北道廉訪司の管轄内に限らなかったことがうかがえる。また，詳しくは別稿にゆずり結論のみ述べておくならば，こうした寺観祀廟の歴史を創建から現在まで通史的に述べ，絵地図や関連の碑文，歴代の制命，廟神の霊異，縁起などを一冊の書に纏めることは，将来，モンゴル政府に対して「加封」や租税の免除を申請する機会に備えた行動でもあった。文書に添えて寺廟内の碑文の拓本や廟志を参考資料として提出するのである（そのため増訂本を出す必要もでてくる）。本書も玉泉寺側の内々の依頼があった可能性が高い。

現行のテキストの構成は，胡琦が序において述べるとおり，巻一「実録上」，巻二「実録下・論説」，巻三「神像図・世系図・年譜図・司馬印図・亭侯印図・大王塚図・顕霊廟図・追封爵号図」，巻四「霊異・制命」，巻五「碑記・題詠」となっている。胡琦，李鑑の序文ともに至大元年（1308）付けであり，「大王冢図」に“今大徳十年”とあるので，最初の執筆はこの年に係ると見てよいだろう。ただし，原本は，巻四の「梁瓊感夢破賊」に“延祐三年春”とあり，また巻三「追封爵号図」が“大元宋を平らげて已後，未だ朝廷の封贈を蒙らず”ということから，延祐三年（1316）より後，天暦元年（1328）より前に加筆されたテキストだとわかる。もっとも，これは胡琦自身が“夫れ厥の誤を重刊し，其の遺を続補するが若きは，後の君子を俟つを以てす”と予め断っていたことでもあった。

しかし，いっぽうで，巻四「制命」にいう“今，至元以来の詔条を類し，集めて之を編し，以て古の「制命篇」と為す”に対応するはずの至元十二年（1275）以降に発令されたモンゴル政府の詔書条画が完全に欠落している。別に末尾に付したという『玉泉志』三巻も，ない（莫伯驥『五十万巻楼蔵書目録』巻六に録される旧刊本は行方が知れない）。こんにち見ることのできる『玉泉志』は，康熙十年（1671）編纂のテキストを光緒十一年（1885）に重刻したもので，兵乱によって灰燼に帰していた胡琦のテキストは，参照されていない。

玉泉景徳禅寺は，隋の智者大師の創建にかかる天台宗の名刹で，関王道場として歴代の皇帝，皇后から手厚い保護をうけ，広大な荘園を有してきた。関羽を祭る顕烈廟は，寺の西北の隅にあり，面して東には，関平を祭る昭貺廟――俗称三郎廟が設けられていた。胡琦が巻四「施山造寺」に引く『智者大師実録』によれば，智者大師は，入山当夜，関父子二神を月明に見，その帰依を受けたという。その伝承の変遷，詳細は巻五の「碑記」に収録されるいくつかの唐宋碑によって確認できるが，『花関索伝』のもとになる“少年にして俊偉”の関三郎の名が見えていることは非常に興味深い。巻三「世系図」では，関羽には平，興の二子しかいないことが明記されているにもかかわらず，関平を三郎と呼んでいるからである。しかも，この関羽父子が陰兵を率いて現れる開基説話は，宋の張商英にさえも受け入れられ[36]，かれの文集を通して，金朝治下の山西平遙にまで広まった[37]。また河南許州の至正十二年（1352）五月立石の「関王廟碑」は，『関王事蹟』巻三「顕烈廟図」の記述と一致しており，当時汴梁路にもこのテキストが流通していた可能性がある。ちなみに呉式芬『攈古録』巻二〇は同碑を「関王事蹟碑」と呼ぶ[38]。

さて，時はくだって至元十四年（1277），蔵山禅師慧珍は，クビライが江南に発令した古跡祀廟の保護をうたう聖旨の条画を承け[39]，戦乱で荒廃した顕烈廟，昭貺廟を重修，玉陽郷にある関羽の塚も整備した。その結果，クビライより神応慈雲大師の号を賜わった。慧珍の跡を継いだ霞壁禅師瑄も，至大年間にカイシャンより紫衣と広智静慧大師の号を賜わった[40]。ところが，皇慶元年（1312）正月，鍾山禅師広鋳は，大都の宣政院に詣でて，院官に寺の鎮宝（漢代の佩章，宋の紹興年間に漁師が洞庭湖で見つけた漢寿亭侯の印，やはり宋の明粛皇后が鎮山のために下賜された龍眉龍角）および玉泉景徳禅寺の図の献上を願い出た。そして会福院使大尉安普（アンプ）国公（タングト出身。ティベット仏教僧楊璉真珈の息子）とともに，アユルバルワダの御前に参内したところ，カアン直々にいくつかご下問があり，非常に喜ばれて金盃，甘露，馬乳を下賜されたうえ，鍾山禅師を寺の住持として仏光慧日普照永福大師に宣する御宝の聖旨も与えられた。帰国後，荊門の太守，州判や李鑑とともに祝賀会を開いてよろこびあい，当陽のダルガであったノガイのすすめによって，その一部始終を碑に刻んだという[41]。

モンゴル時代，護持聖旨はカアンが変わるごとに無効になり，新たに認可を得なければならなかった。霞壁禅師の住持は，わずか二，三年，さきの蔵山禅師に比べてあまりにも短かった。新たな武安廟建設を企画するなど[42]やり手で派手好きの鍾山禅師がカイシャン暗殺に乗じて，名刹の住持のっとりを企んだ可能性がひじょうに高い[43)]。その道具として関羽の印章が使われた。カイシャン政権の倍の八字の号が住持に与えられていることから見ても，アユルバルワダもよほど嬉しかったのだろう。すこしあとの延祐四年には，三茅山の掌教真人が，行方の分からなくなっていた宋の徽宗下賜の玉印，代々の宗師が伝度法籙に用いる玉靶の法剣が白兎の導きによってみつかったとして，いったんアユルバルワダに献上している[44)]。郝経の「雁書」といい，この政権の体質がしのばれる。

なお，ティベット僧のアンブが鍾山禅師に同行したのは，ティベット仏教が全ての仏教を統括したからにほかならない。それでなくとも，ティベット仏教と関羽は縁が深かった。至元七年，クビライは帝師パクパの言にしたがって，毎年二月十五日に白傘蓋の仏事をおこない，儀仗社直に傘蓋を迎引させ，皇城の内外を周遊して，衆生のために不祥をお祓いし，福を招くことを定めた。その準備のさい，宣政院は中書省を介して枢密院に，八衛撥傘の鼓手百二十人，殿後の軍甲馬五百人，監壇の漢関羽神の轎を抬舁する軍および雑用五百人を要求している。ティベット密教の大法会に，軍神関羽が加えられ，監壇の役目を担っているのである。大都の南北二城において，関羽をまつる武安王廟は，じつに二十余カ所にものぼり，なかでも南城彰義門内黒楼子街にあったそれは，クビライの聖旨によって毎月飼い葉料を支給され，至正年間まで，ケシク（宿衛）[45)] の寵敬を集めていたという[46)]。また，至正十一年十一月十九日，分枢密院知院総兵官イスン・テムルは衛王コンチェク等とともに河南の妖寇の征伐のため進軍中であったが，許昌南安営まできたさい，配下のホシャンに命じて，先に紹介した河南許州武安王廟において祈禱をさせ，廟宇の増修費用を寄付した。関羽は文字どおりモンゴルの軍神となっていた[47)]。

ひるがえって，ケシクの関羽信仰は，チンギス・カンの代からすでにあった。『関王事蹟』巻四「梁瓊感夢破賊」は，胡琦自身が，梁瓊の嫡孫で延祐三年の春に当陽県へ赴任してきた梁梳（字は仲禄）から直接聞いたとして，次のような話を伝える。

　太原平遙の人，梁瓊は若年よりチンギス・カンの腹心太師国王ムカリの質子（トゥルカク）としてケシクにあった。壬午の歳（1222），武(先)[仙]が真定を拠点に叛乱をおこし，山東が皆それに饗応すると，チンギス・カンは，ムカリに都行省の長官として諸軍を率いて討伐させた。梁瓊は武勇を見込まれ，太原府平安州征行元帥左監軍使に充てられ，所部を率い，先鋒都元帥の笑乃歹に従って，山東，真定，河間，大名，済南，東平等の路を征伐し悉く平らげた。ただのこる益都に籠城する武仙の支党は招諭を聴かず，攻めあぐねること五年にいたった。丙戌の歳（1226）の三月のある日，梁瓊は桑林に鞍を枕としてまどろんでいるうちに，鎧兜に身をかため刀を携え，世に描かれる所の関王の絵姿にそっくりの髭の将軍が現れ，「梁元帥よ。おどろくなかれ。我なんじを護助するのみ」と告げ馬に乗って去るのを夢見た。目覚めた瓊は不思議なことに思い，部下にあちこち探させたところ，文書一巻を見つけた。開いてみれば，なんと関王の画像。瓊は陣幕の内にこれを敬虔に祀ったところ連戦連勝，神の御加護があるかのようであった。この機に乗じて，諸将と兵をあわせて益都の城を打ち破ることができた。瓊はその軍功を認められ，安遠大将軍を加贈され，太原路征行元帥となり，金符を帯びることを許され，ここに桑林の夢が霊験あらたかであったことがしめされたのであった。丁亥の歳，瓊は故郷に凱旋し，関王廟を建て，いご毎年祭祀をおこなうようになった，云々。

金の軍閥のひとつで，いったん大元ウルスに降伏していた恒山公武仙の再反乱については，『金史』巻一一八「武仙伝」のほか，史天沢の行状[48]などに詳しい。いっぽんに，この反乱は壬午の歳から四年後，乙酉（正大二年/1225）の史天倪の殺害をもってはじまったようにいわれている。もっとも，ジャライル国王家のムカリは，壬午の翌年，すなわち癸未の歳になくなり，子のボゴルが後を継いだので，ムカリの名を出したい梁楧の作為がはたらいている可能性も捨てきれない。なお，魏初『青崖集』巻五「故征行都元帥五路万戸梁公神道碑銘」に見える梁瑛は梁秉鈞の第三子で，第六子の梁瓊の兄にあたり，全真教の道士たちとも関係が深かった人物である。梁瓊が大遜郡王に従って山東を征伐し，益都路等数十余りの城を落としたことは，碑文からも知れるが，その役職等の詳細は，この資料によってはじめて明らかになった[49]。益都陥落については，ほかに『元史』巻一一九「孛魯伝」および，やはり代々がケシクのバウルチ（御膳係）をつとめた梁氏一族の「梁君祖考墓碣銘」等が言及しており[50]，この逸話の設定そのものはきわめて信憑性がたかい。また，隴右鞏昌府の関侯廟は，金朝大定年間（1161-1189）の戦火の中，関羽神自らが出馬して外敵を駆逐したとの伝承があり，のち名族汪氏世顕の子，汪徳臣忠烈公もこの廟神の加護によって勝利を得たのだという[51]。軍神関羽の信仰は，旧金朝下の山西軍閥の武人の子弟たちがケシクに加入し，モンゴルの一員として認められていく過程で，モンゴル貴族にも広まっていったのである。金泰和年間（1201-1208）の初めには，将軍完顔師古が汲県の武安王祠を重修したことが『秋澗先生大全文集』巻三九「義勇武安王祠記」に見えるほか，平遥の慈相寺は大定十三年に関帝廟を改修している。関羽の生地とされる解州の東二十里ほどの場所には，大定十七年に里人の王興なる人物によって「漢関大王祖宅塔記」が建てられている。郡邑，郷井は関羽を絵に描き，塑像に作り，僧侶も道士もみな香火を絶やさぬ信仰ぶりであった[52]。2001年には，洪洞県辛北村の玉皇廟から，関羽の故事を描いた色彩鮮やかな大元時代の壁画も「発見」されている[53]。じじつ逸話の中で触れられる関羽の画像にしても，コズロフがカラ・ホトで発見した一枚版画「義勇武安王位」は，金朝治下の平陽で印刷されたものであった。『関王事蹟』巻三の解説によれば，“世本の伝ずる所の写影には，座像有り，立像有り，騎馬捉刀像有り”というが，本巻では，座像がおさめられている。その顔はどことなく山西永楽宮の壁画のそれに似ている。なお，『新編連相捜神広記』は，延祐三年七月以降天暦元年九月以前の十年ほどの間に建安で刊行されたと見られるが，そこでは関羽と従者二名（周倉と関平か）の立像が描かれている。

平話，元曲との関連でいえば，『関王事蹟』巻四「解池斬妖」が“古記に云えらく”として次のような話を伝える。北宋大中祥符七年（1014）に解州の塩池の水が干上がり塩の生産が減少したため，朝廷は呂夷簡に解池で祭祀をとりおこなわせたところ，軒轅祠を建てたことに腹をたてた蚩尤神の祟りであることが判明した。そこで信州龍虎山の張天師を招き相談したところ，張天師は玉泉寺の関羽神を呼び出し，五岳四瀆の陰兵を率いて蚩尤神を敗らせた。また同巻「崇寧平祟」は，『広見録』を引き，崇寧年間（1102–1106）に第三十代天師張継先が解池の祟りを調伏し，虚(静)[靖]真人に封じられたことを伝える。

この二つのプロットを組み合わせたものが，前掲『新編連相捜神広記』後集に見えるほか，『宣和遺事』前集「解州塩池蛟祟」や「関雲長大破蚩尤」雑劇（『脈望館鈔校本古今雑劇』所収　万暦四三年清常道人校内府本）に用いられている。雑劇のほうは，三十二代張天師とし，しかも名を乾曜，号を澄素と二十五代の天師に作るが（三十二代は張守真），やはり正一教の龍虎山張天師，玉泉寺の長老を介して，関羽の生地解州と没地荊州が結びついている。また，この雑劇は玉泉寺の住持長老とよもやま話を楽しむ関羽の口を借りて，廟に祭られる愚濁下民の手になる塑像が酷いしろものだとか，一年に三度（四月八日，五月十三日，九月十三日）も祭祀がおこなわれること，なかでも五月十三日は早朝から一千人余りの俗衆が押し寄せ，玉泉山の廟門から神輿に担いで練り歩かされ大変な苦しみだと愚痴っているが，逆に言えばそれだけ当時の玉泉寺顕烈廟の祭祀の規模が大きかったということでもある。また第四折結尾において，解州に関羽廟が建てられ，関羽自身には崇寧真君の封号が与えられている（『捜神広記』では玉泉山祠の改修と賜額，加封が行われる）。これらは，雑劇の演じられた場や観客層を示唆してくれる。解州塩池は，モンゴル政府の財政において，莫大な収益を期待された重要な塩の産地であり，塩池神廟内には，盛大な国家祭祀を偲ばせる碑文が今もいくつか残っている[54]。いっぽうの龍虎山の張天師率いる正一教は，モンゴル時代にもっとも隆盛をきわめ，歴代カアンの承認のもとに江南の道教を統括し，張留孫，呉全節といった道士は集賢院に身を置いて，当時の文化政策の一端を担ったのであった。正一教の根本資料で延祐年間にアユルバルワダにささげられた元明善編『龍虎山志』（台湾故宮博物院蔵明覆刻増補本）の巻上「人物上・天師」にも，崇寧四年，三十代天師張継先を招いて解州塩池の怪事を調伏させたことが記載されている。ちなみに，至大元年カイシャンは，この張継先に「虚靖玄通弘悟真君」と追封しているのであった。いっぽう，モンゴル時代解州故城の西にあった武安王廟の起源は，宋元祐七年（1092）に溯るといい，金泰和四年の重修を経て，クビライの旨を奉じて靖応真人姜善信が改修した。そして，やはりカアンの聖旨によって，しばしば使者が派遣され，祭祀典礼が執り行われた。大徳七年（1303），山西一帯を襲った大地震で倒壊したのち，崇寧宮（武安廟の左に建てられた道院）の提点張志安が皇慶元年にアユルバルワダの聖旨によって，晋寧路のダルガ，総管とも協力して至治二年（1322）までかかって再建した[55]。姜善信[56]，張志安ともに，第2節で紹介した武侯廟の張志和と同じ全真教の道士であった。

また，『三国志平話』の荒唐無稽な話として，しばしば例に出される「張飛拒水断橋」（長坂の戦いで張飛が一声さけぶと橋が落ち，曹操軍を退却させる。元刊「関大王単刀会」雑劇【正宮衮秀求】にも“叫一声混天塵土粉粉的橋先断，喝一声拍岸驚涛厭厭的水逆流”とある）が，『関王事蹟』巻二「論説」にも見えることを指摘しておきたい。胡琦は，編纂にあたって『蜀漢本末』と同じく胡寅『読史管見』を用いたほか，『資治通鑑』，『南史』，『北史』，『荊門志』，『智者大師実録』および各時代の伝記，小説（たとえば『湖海紀聞』）を資料とし，できるだけ鄙俚怪誕の伝承は排除しようと努めたが，それでも『荊門続志』を引用して次のように紹介する。

> 長坂は当陽に在り，歴年深久，故に以て其の地を究するを得ず。今，当陽の西北三十里に反流橋有り。当に張飛の拠水断橋の時，其の水逆流す。今，水の逆流すること故の如し。耆宿相伝うるに，昔自り此を指して長坂の地と為す。

ひるがえって，関羽の伝承についてつけくわえておくならば，元統二年（1334）の挙人で，『春秋按断』，『中庸解』などを著わした魯貞は，余闕（タングト出身で『青陽集』がある）によって推挙されたこともあるそれなりの儒者であったが，「武安王廟記」の迎神詞で“赤兎に乗り兮，周倉を従える”と詠っている（『東山老農集』巻一）。のち，四庫官が指摘したように，周倉は虚構の人物で（元刊「関大王単刀会」雑劇に見える），関羽と赤兎馬のとりあわせも史書には見えず，元曲でしばしば用いられるモティーフであった（たとえば馬致遠【般渉調耍孩児】「借馬」“似雲長赤兎，如(翊)[益]徳烏騅”）。じつは，さかのぼれば，本章でとりあげた郝経もすでに関羽の姿を“長刀赤驥”と描写していた[57]。また，『安陽県金石録』巻一〇に収録される彰徳の観音堂に立つ元統二年の「創建武安王廟記」は，監察御史韓遷善の撰になるにもかかわらず，編者の武億によれば，“文は太だ近俚にして「曹公袍を贈り，馬上より挑撃す」の諸語を称す”という。これは，いうまでもなく『三国志平話』の「曹公贈袍」の影響である。こうしたことは，諸葛亮の場合にも見られ，たとえば南陽の儒学教授であった王謙は，孔明の姿を“綸巾羽扇，其の容粛然たり”[58]といい，シャドラー（薩都剌）は元統二年“天を仰ぎて一たび出す摧奸の鋒，綸巾羽扇清風を生ず”と詠ったばかりか，つづけて“赤壁の楼船江夏に満ち，剣に仗りて壇に登り唯だ叱咤す，赤心耿耿たれば天必ずや従い，烈火回風　山も亦た赭（あか）し”と火攻めのために東南の風を祈禱する道士孔明の姿を描いてみせた[59]。文人たちがイメージする『三国志』の人物像は，廟内に飾られた塑像のそれであり，また『三国志平話』の挿絵でもあったのである。

6　おわりに

郝経の『続後漢書』，趙居信の『蜀漢本末』，胡琦の『関王事蹟』は，いずれもアユルバルワダと深いかかわりをもちつつ，延祐年間（1314–1319）に立て続けに出版された。しかも皇慶元年（1312）から延祐初めにかけて，クビライ以来モンゴルの守り神とされ，アユルバルワダと同じ三月三日を生誕日とする真武神（玄武神）の奇蹟をまとめた張洞囦『新刊武当足本類編全相啓聖実録』前，後，続，別集（別名『玄武嘉慶図』）なる上図下文のテキスト[60]も集賢院の主導のもとに出版されていたのであった。『全相三国志平話』の登場前夜は，このような状況にあった。

さいごに，端役にすぎないが，モンゴル時代の『三国志』を考えるうえでヒントになる“二喬”の伝承をとりあげておきたい。正史『三国志』では，巻五四「周瑜伝」が，孫策，周瑜が皖を攻めたさい，国色をもって聞こえた橋公の二人の娘のうち，孫策が大橋を，周瑜が小橋を娶ったことを簡単に述べる。また裴松之の註が『江表伝』を引いて，孫策が私的な場で戯れに周瑜にむかって「橋公の二人の娘は，故郷を離れてさすらう身の上であったけれど，我々二人を婿にできたのだから喜んでよいのではないかな」と言ったことを伝えるのみである。だが，この美人姉妹は，杜牧の七言絶句「赤壁」に“東風　周郎が与(ため)に便ぜずんば，銅雀　春深うして二喬を鎖さん”と詠われたことによって，一躍有名になった（漢魏六朝時代の現存する詩には二喬は全く現れない）。「関大王単刀会」【仙呂天下楽】において関羽が唱うのも，この杜牧の詩を本歌取りしたものである。『三国志平話』でも，この発想を借りて，曹操が呉に進軍した動機は，二喬を得て銅雀台に侍らせるためであったとし，さらに孔明が故意にこの話をして，戦意のない周瑜を激して決戦に踏み切らせることになっている。

詩詞の世界では，杜牧，および蘇軾の【念奴嬌】「赤壁懐古」以来，赤壁の戦い，銅雀台と結び付けて，あるいは“英雄と美女の佳配”をテーマに，あるいは美女や花の代名詞として，詠われた。南宋の頃には二喬の絵姿まで描かれるようになる。大元ウルス治下では，とくに人気が出たと見え，趙孟頫，姚文奐，張天英，ヤークート，陸文圭，宋旡，張憲，潘純，唐粛らが「二喬」，「二喬図」を詩題にとりあげているほか，散曲では，江浙行省平章政事にまでのぼったモンゴル貴族のトントンが【双調新水令】「念遠」において，若くして寡婦となった小喬の哀しみをうたっている。雑劇では，施恵「周小郎月夜戯小喬」，石君宝「東呉小喬哭周瑜」があったことがわかっている。当時，建安で出版された『歴代諸史君臣事実箋解』（前田尊経閣蔵元刊本）は，それ自体が雑劇，平話の本事および成立を考えるうえで注目すべき資料だが，前集巻五の呉国の歴代君主のエピソードとして挙げられる五つの項目に「大橋小橋」が含まれている（ただし現行のテキストは初版本ではなく，また本文の該当箇所を含む一葉分の版木が欠落している）。

だが，より注目すべきは，おもに詞の世界で発展をとげてきた二喬像が，大元時代にあらたな形象——二喬姉妹が兵書を読む——を獲得した点である。

「周公瑾得志娶小喬」（脈望館抄本古今雑劇）なる慶祝雑劇の第一折冒頭において，冲末の孫権は“聞き知るに喬公の所生の二女，乃ち是れ大喬，小喬。此の二女子は皆国色有り，善く兵書戦策を暁り，文理に通達し美貌は人に過ぐ。某(それがし)，財を下し礼して大喬を娶りて夫人と做す……”といい，つづいて登場する喬公，大喬も二喬が“文墨に深く通じ，頗る詩書を看て，聡明智慧”であることを繰り返しのべる（当該劇本は元刊本でないが，高文秀「周瑜謁魯粛」雑劇も「孫権娶大喬」を副題とし，『三国志平話』も大喬の夫を孫権に誤るからには，これらは密接な関係にあったといわざるを得ない）。

そしてこのあらたなモティーフは雑劇の中だけでなく，図画の世界においても，散曲，詩においても一律にあらわれてきたのであった。王挙之「二喬観書図」（『楽府群珠』巻三【双調折桂令】），王惲「二喬観史図」（『秋澗先生大全文集』巻三四），楊維楨「題二喬観書図」，「題二喬読書図」（『鉄崖先生詩集』丙集，壬集）などがそれである。王惲は，翰林修撰，監察御史にはじまり，翰林院と御史台系統の役職を次々とつとめあげ，翰林学士（正三品）をもって官歴を終えた。ちなみに王惲は前述の「東呉小喬哭周瑜」雑劇を書いた石君宝（女真人）のために墓碣銘も書いている。いっぽうの楊維楨にしても，じゅうらい「南方市民文学の指導者」として評価されているようだが，じっさいには泰定四年（1327）の進士で，至正年間には江南文人の保挙と書籍出版にたずさわる江西等処儒学提挙（従五品）に任じられさえした，バリバリのモンゴル朝廷の官僚なのであった。

モンゴル政府の官僚と元曲，平話は，非常に近しい関係にあったのである。そして，それは王沂の「虎牢関」と題する二つの詩が，それぞれ“君見ずや**三分書**の裏(うち)に虎牢を説くを，曽て戦骨を使て山の如く高からしむ”（『伊浜集』巻五），“**三分書**の裏(うち)の事に首を回らせば，区区として縛らるる虎は劉郎を笑う”（『伊浜集』巻七）と詠ったことにもっとも集約されている。

呂布と曹操，袁紹をはじめとする十八路諸侯軍の虎牢関での戦い，劉備，関羽，張飛三義兄弟の活躍は，『三国志平話』（『三分事略』）においても，『三国演義』においても，前半の重要なヤマ場となっている。また，同時代，武漢臣，鄭光祖のそれぞれに「虎牢関三戦呂布」雑劇があったことが『録鬼簿』によって知られており，後者の作は『脈望館抄本古今雑劇』のなかに収められている。だが，この故事は正史『三国志』には見えない。

王沂は，延祐二年の進士で，翰林編修，国子博士，翰林待制を歴任し，至正初めには礼部尚書（正三品）にいたる。こうした文官として中央政府で順調にキャリアを積んだ人物ですら，「説三分」の書を読み，それを恥じることなく堂々と詩に詠んだのであった。

註

1) 『客座贅語』巻六「平話」,『四庫全書総目提要』巻五四「史部・雑史類存目三」《平播始末二巻》
2) たとえば『北京図書館蔵歴代石刻拓本匯編』(以下『北拓』と略す) 第50冊 (元三)「顕霊王廟碑」(中州古籍出版社　1990年　84頁)
3) 『元典章』巻三「聖政」《崇祭祀》
4) 『剡源戴先生文集』巻一九「題王希聖続漢春秋後」
5) 『臨川呉文正公集』巻一二「毀曹操廟詩序」。呉澄は草廬先生と呼ばれたが,その由来は仕官する前,郷里で教鞭を執っていたころ,家の玄関に「抱膝梁父吟,浩歌出師表」の額を掲げていたからである。いうまでもなく諸葛亮のファンだったのである。
6) 『元史』巻二八「英宗本紀」
7) 陳顥はとうじの文人官僚の常として儒・道・仏の三教に兼通していたが,「大元贈大司空開府儀同三司追封晋国公開山光宗正法大禅師裕公之碑」碑陰(京都大学人文科学研究所蔵歴代金石拓本II　No. 040B)の嗣法門人に“集賢院大学士栄禄大夫廓然居士陳顥”として挙げられるように,とりわけ少林寺,霊巌寺に深い縁があった。
8) 沈津輯『忠武録』(中国国家図書館蔵嘉靖十九年唐藩刻本)巻四王謙「漢丞相諸葛忠武侯廟碑」,程鉅夫「勅賜南陽諸葛書院記」
9) 『元史』巻七六「百官志」《武成廟》
10) 『元史』巻三二「文宗本紀」,『成化河南総志』巻一五李警「義勇武安王廟記」“洪惟皇元戊辰之秋八月既望,当聖主龍飛江陵之日,上行幸河南。駐蹕之時,有能化之士,無貳心之臣,保佑全都。九月十三日,即皇帝位,改元天暦,之乃大両利之,岳鎮海瀆,遣使致祭,名山大川,聖帝明王,忠臣烈士,載在祀典者,奉長官無日修祀。欽崇聖主登極之日,吻合神霊陟降之辰……欽惟聖天子洪禧,咸陰兵密助天兵誅夷賊,無旋踵而天下大定矣。特賜顕霊義勇武安英済王,誕告万方,歳時享祀”,『益都県図志』巻二八「重修武安王廟碑並碑陰」“国朝天暦倒剌叛。王使也先帖木児率衆撃之。宣言関王附身及平。故我朝亦有顕霊英済之贈,載於史冊”。
11) 『義勇武安王集』巻七「祭文」
12) 『北拓』第49冊(元二)101頁
13) 『北拓』第49冊(元二)114頁
14) 拙稿「徽州文書新探――『新安忠烈廟神紀実』より」(『東方学報(京都)』77　2005年3月)参照。
15) 明の弘治十六年(1503)という,かなり時代の降る記録で事実認識に誤りもあると思われるが,『呉都文粋続集』巻一四陸伸「太倉関王廟記」には“公在漢末封為漢寿亭侯,至宋祥符以来,始有義勇武安王之号,迄於元之延祐,則併諸号為一,多至八十余字而濫極矣”とある。
16) 『東文選』巻一二七「海平君謚忠簡尹公墓誌銘并序」,『牧隠文藁』巻一七

17)『漕河図志』巻六皇慶二年十月趙孟頫「呂梁神廟記」碑
18)『道家金石略』（文物出版社　1988 年　1205 頁）
19)『元史』巻四〇「順帝本紀」
20)『掲文安公全集』巻一二「勅賜漢昭烈帝廟碑」
21)『金華黄先生文集』巻三〇「張子長墓表」
22) 荀宗道「故翰林侍読学士国信使郝公行状」，『国朝文類』巻三三郝経「続後漢書序」，『滋渓文稿』巻二九「題孫季昭上周益公請改修三国志書稿」
23)『南村輟耕録』巻二四「漢魏正閏」
24)『続後漢書』（『四庫全書』本）新註序
25)『南村輟耕録』巻二四「漢魏正閏」
26)『宋文憲公全集』（『四部備要』）巻八，『宋学士文集』（『四部叢刊』）巻一二「題郝伯常帛書後」
27)『続後漢書』後序
28)『元史』巻二六「仁宗本紀」延祐五年十一月丙子
29)『皕宋楼蔵書志』巻二二，『抱経楼蔵書志』巻一七「紀事本末類」，『蔵園訂補郘亭知見伝本書目』巻四「別史類」
30)『元史』巻一七「世祖本紀」［至元二九年三月］壬寅
31)『滋渓文稿』巻八「元故集賢学士国子祭酒太子右諭徳蕭貞敏公墓誌銘」
32)『元史』巻二八「英宗本紀」［至治三年春正月壬寅］
33)『牧庵集』巻三「読史管見序」，「国統離合表序」
34)『南廱志経籍考』下，『遜志斎集』巻一二「蜀漢本末序」
35) 張寧自身の牌記および閻禹錫「重刊関王事蹟序」，何譲「書刊関王事蹟後」
36)『関王事蹟』巻五「宋碑」《元豊四年重建関将軍記》
37)『山右石刻叢編』巻二一「慈相寺関帝廟記」
38) 管見の限りでは『乾隆許州志』をはじめ，全文の移録がないため，銭大昕『潜研堂金石文跋尾』巻二〇「関王廟碑」によった。ただ，銭大昕は『元史芸文志』に端本と思われる胡琦『関王事蹟』一巻を録しているにもかかわらず，両者の一致に言及しないのが気になる。
39)『元典章』巻三「聖政」《崇祭祀》
40)『玉泉志』巻一「事紀志」
41)『関王事蹟』巻三「帝侯印図」，『湖北金石志』巻一三「名公題品碑」，『玉泉志』巻三「鍾山長老献関鎮物記」
42)『関王事蹟』巻三「顕烈廟図」，巻五竹林散人毛徳元撰「延祐元年新建武安殿記」
43)『道園学古録』巻四九「広鋳禅師塔銘」，『蒲室集』巻一一「荊門州玉泉山景徳禅寺碑銘有序」は，それぞれ“有瑄者，弗克嗣其業，日加廃敗，寺衆迎師帰継珍席”，“珍卒。師瑄継之，既而以老告。至大二年宣政院奏旨，以今長老広鋳住持”といい，至大二年にカイシャンに謁見を許され璽書を得たのは，霞璧禅師ではなく鍾山禅師とする。また，八字の号は泰定四年に与えられたものとするが，いずれも『湖北金石志』巻一三「玉泉寺鐘」，「名公題名碑」の記述と矛盾する。「玉泉寺鐘」は至大元年の霞璧禅師のものと延祐七年鍾山禅師のものと二つあり，銘文を比較すれば，後者の作為が容易に読み取れる。なお，広鋳は，延祐四年に吉安路福州の大明蘭若が『人天眼目』を重刊したさい，撫州路の天峰比丘致祐禅師とともに協力したらしく，朝鮮太祖四年（1395）の刊本に，“荆岑玉泉住鍾山苾蒭　広鋳百拝”とみえる。『韓国七〇〇〇年美術大系　国宝　巻12 書芸・典籍』「人天眼目」（竹書房　1985年　153頁）

44）『茅山志』（中国国家図書館蔵明刻本）巻一五「雑著」

45）ケシク制度については，杉山正明『大モンゴルの世界』（角川書店　1992年　79-83頁）を参照。

46）『元史』巻七七「祭祀志」《国俗旧礼》，『析津志輯佚』「祠廟」《武安王廟》

47）銭大昕『潜研堂金石文跋尾』巻二〇「関王廟碑」

48）孟繁峰「談新発現的史氏残譜及史氏元代墓群（続）」（『文物春秋』1999-4　総第47期）

49）『山右石刻叢編』巻二四「太平崇聖宮宣諭」，「標事梁公之碑」，巻三一「梁瑛碑」，「平遙梁氏世表」

50）『山右石刻叢編』巻二九

51）『榘菴集』巻三「関侯廟記」

52）『榘菴集』巻三「関侯廟記」

53）http://www.ccrnews.com.cn 中国文物信息網 2001.11.20。なお，同じ洪洞県広勝寺の水神廟明応殿には元雑劇を描いた有名な壁画がある。

54）杉山正明「元朝治下のムスリム」（『中近東文化センター研究会報告 No. 10　シンポジウム「イスラームとモンゴル」』1989年　245-258頁），古松崇志「元代河東塩池神廟碑研究序説」（『東方学報』72　2000年3月）

55）『成化山西通志』巻一四王緯「重修武安王廟碑」，『義勇武安王集』巻四「元晋王泰定元年刑部尚書馬思忽重修廟記」

56）『成化山西通志』巻一五李槃「靖応真人道行碑」

57）『郝文忠公陵川文集』巻三三「漢義勇武安王廟」

58）『忠武録』巻四「漢丞相諸葛忠武侯廟碑」

59）『雁門集』巻七「回風坡弔孔明先生」。ちなみに，シャドラーは，至正十四年，隋の董展の「三顧草廬図」に識語をよせている。『故宮書画図録㈠』（台湾故宮博物院　1989年　3-4頁）参照。また，明の洪武二年（1369）頃，『貫斗忠孝五雷武侯秘法』という書物が現れる。葆陽真士呉昇の序文によれば，至元年間，荆門の貢士張暉斎が巷間にて不思議な光を発する円石を買い，割ってみたところ，黙々たる煙が垂れ込め，羽篭綸巾姿の通天煞伐烈雷大神，すなわち諸葛孔明が現れ，印を結んで神兵（主法：九天玄女。主将：都統兵大将軍諸葛孔明。副将：前将軍関羽，右将軍張飛，左将軍黄忠，征西将軍馬超，虎威将軍趙雲。将班：天蓬三十六雷大将，七十二陰雷大将，六丁甲元帥，十七神王五虎猛将，九宮八門八陣雷兵，五方遁甲鉄甲鉄印官将，五方生炁旺炁煞炁死炁金木水火土五雷帥将，年龍月将神君，七十二侯二十四炁神君，直年直月直日直時除邪輔正合司将吏，八方霹靂忠孝雷兵）を招き，魑魅魍魎，邪精を消滅させる秘法を授けてくれた。張暉斎は，武当山にてその法を修行して福国康民に功績があり，大徳年間に朝廷より隠真玄陽真人に封じられた。そのご，全陽趙真人，谷陽黄真人が秘法を受け継ぎ，後者は法を究めて天暦年間に山陽の尹をもつとめたが，至正十一年紅巾の乱によって南昌西山に隠遁した。そこで，少年時代より黄真人の弟子であった呉昇が世に伝えるべく秘法を書き記したのだ，という。とうじの蜀の英雄たちの人気ぶり，かれらのスーパーパワーをモンゴル時代の道士たちが利用していた様子がよく窺える。

60)『汲古閣珍蔵秘本書目』に“元板武当全相啓聖実録一本　一両二銭”と記録される。現存のテキストはお茶の水図書館成簣堂文庫蔵明永楽十年重刻本のほか，北京大学図書館，中国国家図書館蔵明宣徳七年重刻本があり，いずれも巻頭に永楽十年勅命によって編纂された増訂版を付す（北京大学本は「続集」のみの端本）。版式は，成化本説唱詞話の『新編全相説唱足本花関索伝』に似る。『道蔵』「洞神部・記伝類」《玄天上帝啓聖録》がこれにあたり，本文のみを載せ，《玄天上帝啓聖霊異録》には序文が収録される。増訂部分は，《大明玄天上帝瑞応図録》として『道蔵』に収められるほか，『道蔵別輯』に中国国家図書館本が影印されている。

附　モンゴル時代の説唱詞話

——花関索と楊文広——

1960年代，上海郊外の嘉定県にある明代の文官宣昶一族の墳墓から，成化年間に北京で刊行された説唱詞話のテキスト十三種と伝奇一種が発見された[1]。『元典章』や『通制条格』の記事によって，大元ウルスの至元十一年（1274）の段階で華北にて詞話が行われさらに傀戯として演じられていたことは知られていたが[2]，当時の詞話それ自体の具体的な姿は明らかではなかったため，研究者に大きな興奮をもたらした。七言の韻文，十言の「攢十字」を連ねる「唱」，散文の「説」（「白」）をもって，歴史上のさまざまな時代から舞台，登場人物を借りてきた波乱万丈，虚実綯い交ぜの実に愉快な物語が展開される。なかでも，『新編全相説唱足本花関索伝』前・後・続・別集は，ほかの説唱詞話が前図後文の形式をとるのと異なって，至治年間（1321-1323）に福建は建安の書肆虞氏務本堂が出版した有名な全相平話五種（国立公文書館蔵元刊本）と同様，上図下文の形式をとり，挿絵も極めて似ていること，前集末葉の刊記に「成化戊戌（1478）仲春永順書堂重刊」とあることから，元刊本を覆刻，重刊したものと考えてほぼ間違いないとされた。また，明の万暦年間に建安の数軒の書肆が出した『三国志伝』にのみ垣間見えていた虚構の人物——関羽の息子花関索を主人公とする，荒唐無稽なもうひとつの三国志の存在が実証されたのである。

そのご，井上泰山・大木康・金文京・氷上正・古屋昭弘による『花関索伝の研究』（汲古書院　1989年）が，それまでの研究を踏まえて，解説，校註，花関索にかかわる文献資料を一括して提示した。さらに附論において，この書の音韻的特徴は，蘇州を中心とする呉語に拠り，ほんらいは南方の成立である，とした。しかし，同書の解説篇では，『花関索伝』を大元時代の成立とする具体的な根拠は示されなかった。おそらく，はやくは1127年以前の開封府，さらに南宋治下の臨安（杭州）に至るまで，四股名に「関索」の二字をもつ関取がしばしば現れ[3]，『三国志平話』に一カ所，「関索」の名が見えることから，宋，大元時代に「関索」の伝承がそれなりに知られ出版されていた，と推測したに過ぎなかった[4]。資料篇においても，大元時代における『花関索伝』そのものの存在――大元以前の文献において，「関索」ではなく「花関索」の用例はなかった――，いつ，いかなる場所で，いかなるひとびとによって演じ，聴かれていたのかを示す資料は，挙げられていない。そこで，附篇として，最近見ることが可能になった，この問題の直接の手がかりとなる資料を紹介したい。

劉夏（字は廸簡，号は商卿，延祐元年～洪武三年/1314-1370）は，歴代科挙及第者を輩出した江西は安成（安福州）の名族の出である。従兄弟の劉聞（字は文廷，号は容窓）は，至順元年（1330）の進士で，国子助教，太常博士，江西儒学提挙等を歴任した[5]。劉夏自身も幼少より科挙の学をたたき込まれ，経書の研究に余念がなかったが，及第には至らなかった。そのうち紅巾の乱によって龍興路へ客寓せざるを得ず，さらに至正十八年（1358）の春には陳友諒が龍興路を占拠したため，瑞州路の総管馬文質のもとに身を寄せ幕僚となった。引きがあって，至正二三年に袁州路の宜春に赴き欧普祥の知遇を得，そのごまもなく朱元璋に帰順した。劉夏の墓誌銘を撰した楊胤によれば，宜春がほぼ無血開城したのは，かれの力によるところが大きく，朱元璋は大喜びしたという。至正二五年に推挙を受けて四月，尚賓館副使に任じられ，至正二七年（呉の元年/1367）に時務五十条を献策した。さらに，翌洪武元年に自身が撰した『皇王大学旨要』を献上，二年七月には勅命により沢州の儒士崔九成とともに河南，陝西へ派遣される。『元史』の編纂準備のため，順帝トゴン・テムルの事跡の収集にあたったのである。その成果は『庚申帝大事紀』として献上された[6]。そして，三年四月，交趾へ外交使節として派遣され，帰途，病に罹り南寧府に客死した[7]。

南京図書館所蔵の天下の孤本『劉尚賓文続集』（『続修四庫全書』所収　成化刊本）巻四には，至正二七年の献策の全文が「陳言時事五十条」と題して列挙されている。全国各地の図書を南京に集める，『百川学海』と張養浩の『牧民忠告』の要点を纏めなおして官僚に熟読実践させるべく頒行する，入仕したての官員に律令だけでなく『論語』の白文を暗誦させる，モンゴル人に華夷の区別を徐々に認識させる，江南の風俗で一番問題となっている虚偽の申し立てをやめさせねばならない，といった条項が見えるが，その第四十九条に次のようにある。

一．民間の淫詞，艶曲，又，**楊文広，花関索**の如き中に姦雄の事を言うは，一に宜しく禁絶すべし。

中国における“民間”の語は，こんにち我々が用いる“庶民”の謂いとは必ずしも一致しない。じっさい，劉夏自身こうした芸能を見聞し，内容もよく知っていたのである。『元典章新集至治条例』「礼部・儒教」《学校》【釈奠大成楽】によれば，儒学の釈奠のために官庁が俳優を派遣して演奏させた音楽ですら，正統的な由緒正しい古楽ではないから“俗楽”，歌詞もメロディも“淫曲”だと監察御史に糾弾された。劉夏の献策よりすぐ後の洪武四年（1371），明の太祖朱元璋も，吏部尚書の詹同，礼部尚書の陶凱に命じて朝廷の宴会の礼楽を製作させたおり，“前代の楽章は率ね謏詞を用い以て容悦を為し，甚しき者は鄙陋にして称わず……元の時，古楽倶に廃れ，惟だ淫詞，艶曲のみ，更も唱い迭に和す”とのたもうた[8)]。“淫詞，艶曲”といっても，せいぜい男女の事を歌った，あるいはペルシアやモンゴル等の異国調のメロディをもつ詞，散曲，戯文に過ぎなかったにちがいない[9)]。この地に流行していたことからすれば，ちょくせつには弋陽腔を指す可能性もある[10)]。もっとも，ここでいう「花関索」は，“民間の淫詞，艶曲”の範疇には属さない別のジャンルの作品と解釈せざるを得ず，まず間違いなく説唱詞話と考えられる。

大元時代のおそくとも至正年間には，北東の鄱陽湖をめざして流れる河水のほとり，劉夏が遍歴した江西行省北部一帯において，たしかに『花関索伝』は存在していた。こんにち江西省万載県潭埠村（大元時代の瑞州路と袁州路の境界に位置する）にて演じられている儺戯のひとつに「花関索と鮑三娘」の演目があり[11)]，武寧県（龍興路に属する）の小児儺の演目にも「花関索と鮑三娘」のあることが報告されているが[12)]，その起源はまさに大元時代にまで遡ることになる。また，安徽省池州貴池県（大元時代の江浙行省池州路）に伝わる儺戯の抄本のテキスト群は成化本説唱詞話と酷似しており[13)]，池州は鄱陽湖から揚子江に出てしばらく下ったところにある。関索戯は，洪武年間の貴州，雲南遠征，安徽，江西からの屯田兵の入植を経て[14]，貴州省安順や雲南省澄江県[15]にも伝来しており，明永楽年間までになされたという弋陽腔の伝播と同じルートを辿ったものと考えられる。

ひるがえって，この劉夏の建言した一条によって，『花関索伝』のみならず，『楊文広伝』の説唱詞話が流行していたことも，はじめて明らかになったのであった。かれが一時身を寄せた瑞州路の総管馬文質が，いわゆる「楊家将」のものがたりをいたく愛好し，有能な部下を「我が楊郎」と呼び，陳友諒との戦いのあと，部下とともに祭祀を執り行ったこと[16]，欧普祥が我が子に文広という名をつけていたことも，その傍証となろう。

大元ウルス治下，江西で編纂された書物の小字本の出版は，吉安路の盧陵もしくは福建の建安にて為されることが多く，『花関索伝』の原本もいずれかにおいて刊行された可能性が高い。上図下文の『楊文広伝』も刊行されていたのだろう。明の文人官僚で蔵書家として知られる葉盛（1420-1474）が，その著『水東日記』の巻二一において，

> 最近書肆では，次から次へと金儲けをたくらむ輩が小説，雑書をでっちあげている。江南の人は**漢小王光武（＝劉秀），蔡伯喈邕，楊六使文広**のような話を好み，華北の人は「継母大賢」等の話を好む。農，工，商売人までも挿絵を写し取って家でだいじにとってある。おつむの弱い女どもがとりわけ夢中になるものだから，好事家が『女通鑑』としゃれのめす始末。ひどいのになると，宋の呂文穆，王亀齢といった名賢にまで，あることないこと粉飾を加え，芝居にしたてて酒の肴にしてしまう。役所は禁令を発して封じ込むことをせず，士大夫は悪いこととは思っていない。世間の教化のためになると考えて容認し助長，応援する者もいる。思えば軽薄な輩が一時の流行からものした『西廂記』，『碧雲騢』のように，流伝の久しきを経て，しまいには氾濫して収拾がつかなくなるのだろうよ。

と憤慨してみせたのは，まさにこうしたテキストの覆刻，重刊，少し手を加え新刊と標榜したものに対してだったに相違ない。葉盛のいう小説，雑書には，平話はもとより詞話も含まれる[17]。のち嘉靖年間（1522-1566）に王世貞が「虚妄が多い」と評した市井の俚歌『楊文広征南』[18]もおそらくこの「楊六使

文広」で，ともに大元時代の説唱詞話『楊文広伝』の延長にある。

楊文広は，契丹との戦いに功績のあった太原の楊業の孫，楊六郎主使延昭の子で，狄青に従い広西の儂智高の征伐に赴いた。じっさいの事跡は『宋史』巻二七二「楊業伝」に見える。花関索と同様，元雑劇の中には現れず，万暦三四年（1606）の秦淮墨客こと紀振倫の序[19]をもつ『新編全像楊家府世代忠勇演義志伝』（『楊家府演義』）巻七，八がおもな手がかりとされてきた（万暦二一年刊行の『北宋志伝』には「楊文広征南」の話がない）。『演義』の設定では，かれは楊延昭の子楊宗保と山賊の女頭領穆桂英の間にできた子で，仁宗の駙馬に擬されており，狄青は敵役の奸臣として描かれる。ところが肝心の儂智高の叛乱では，先鋒をつとめたものの，擎天聖母娘娘から兵書を授かった父宗保と姉宣娘の活躍がめだつ。ほんらいの「楊文広征南」の伝承は相当に改編されていると考えざるを得ない。文広がいちおうの主人公となるのは，叛乱平定後，勅命を受け焦山の女盜賊杜月英に奪われた宝物を取り返し東岳廟に奉納する任を帯びてからのことである。楊文広はその美少年ぶりが災いして（？），武芸でならした竇錦姑，杜月英，鮑飛雲に次々と捕虜にされ，迫られて結婚を繰り返していく。元刊本の詞話『楊文広伝』の姿をより濃く残しているのは，『演義』よりむしろ，清朝昇平署の説唱鼓詞『絵図楊文広征南』（『故宮珍本叢刊』所収抄本）ではないか。鼓詞は詞話と同様の形式をもつ。楊文広・金花兄妹への狄青の復讐心を軸として，南唐（の後裔）鶴王とかれを操る烏亀の精周霊子の征伐がうたわれる。やはりここでも文広は呉金定，劉春香という敵方の二人の女将軍に見初められ，実力行使で夫にされる。おかげで，かのじょたちの一族郎党は，みな文広に帰順し大きな戦力となる。のちには，呉金定の義姉妹で，九祥道姑に武芸，法術をしこまれた竇錦姑の助けも得て，周霊子を殺しいったんは勝利を収め，狄青の内通も発覚する。だが，周霊子の復讐に立ち上がった同門の黄霊子，紅霊子の敷いた悪陣に北宋の全軍が閉じ込められて，物語は終わる。『花関索伝』に負けず劣らず荒唐無稽な粗筋である。美少年と武芸達者な美少女の取り合わせは，楊宗保と穆桂英のみならず，花関索と鮑三娘，王桃，王悦の関係にも認められ，詞話において特に好まれたモティーフだったと考えられる。昇平署の鼓詞のテキストには，ほかに『繡像天門陣』，『絵図十二寡婦征西』等もある。貴州安順の地戯譜には，楊家将説唱全集として，『八虎闖幽州』，『三下河東』等が伝わり，『演義』にない特異な話が認められるという[20]。『楊家府演義』は，『楊文広伝』をはじめ，大元時代に遡るいくつかの詞話をもとに編集された。おなじ万暦年間，『三国志伝』に『花関索伝』の詞話の一部が挿入されるのも，おそらく偶然ではあるまい。

ところで，既述の『元典章』や『通制条格』によれば，公認された楽人以外の農民，市戸，良家の子弟が本業に務めず散楽を真似したり詞話を唄い演じることは禁じられ，その監督は地域の互助会ともいえる郷社の長に委ねられていた。その状況は至正年間にいたっても変わらない。河南濮陽の崇義書院の建立をはじめ儒学教育の振興に尽力したタングト族の百夫長楊忠顕，崇喜父子は，雨乞いに霊験あらたかな龍王祠を崇奉する郷社を結成したが，その社約の一条において“牌場を接散し，詞話・傀儡・雑技等の戯を搬唱して，彝倫を傷敗し，農業を妨誤し，銭物を斉斂し，社内を煩擾するを得ず。違う者鈔十両を罰す”と定めている[21]。劉夏とほぼ同時代を生きた楊崇喜は，国子学に学んだのちモンゴル侍衛となり，礼部尚書の潘迪等との交流も確認される。翰林待制のバヤンとは姻戚関係にあった。同時期の江南でも，たとえば有名な金華の義門の鄭氏は，『旌義編』巻二に見えるように，一族に対し家に俳優をひきいれたり俗楽の演奏をしたりすることを禁じ，詞話や戯文の本は双六や将棋，ペットと同様，惑溺，堕落の胚種として廃棄させた。さらに，時代はくだるが明の正徳十六年（1521），欽差提督学校広東等処提刑按察司副使の魏校は，社学を興して民俗の教化に力をいれ，“淫曲を造唱し，歴代の帝王を搬演し，古今を訕謗する”ことをかたく禁じた[22]。また，万暦二四年以降，馮従吾が現職の地方官僚，儒学の教官とともに，陝西西安の宝慶寺や関中書院において月三回開催した朱子学の討論・研究会でも――農工商の学問を志す者にも聴講は許されたが――『水滸伝』や戯文，無益の書を読む，詞曲，雑劇，歌謡，対聯を撰造する，詞を唄い芝居を演じる，等の行為は戒められていた[23]。

うらがえせば，現実にはこうした書院や寺観，廟祠の社学の会講に参加し，かつ刊本を購入，あるいはその抄本を作り得る環境のひとびとが戯文や平話，詞話等のテキストの読者，享受者であり，そしてまたそれらの作者でもあったのである[24)]。じゅうらい，詞話は県，村，鎮の迎神賽社で語り物，儺戯として演じられた低俗な芸能で，平話や雑劇，南戯は都会の洗練された芸能として対極的に捉えがちだが，少なくとも出版からみた場合，互いに影響を及ぼしあい，対象とする読者にも差はなかった。『永楽大典』に収録された平話のひとつ『薛仁貴征遼事略』は，カラ・ホトで元刊本の残葉も発見されているが，内容，挿絵ともに成化本説唱詞話『新刊全相唐薛仁貴跨海征遼故事』に酷似する。ちょうど現在の中国の大学教授，院生等が金庸の武俠小説を愛読し，それに基づくテレビドラマに見入るように，いわゆる士大夫たちは，四書五経を読む傍らで，息抜きと称して精緻な挿絵の入った平話や詞話の破天荒な世界に心躍らせていた。そうした状況が，すでに大元ウルス治下においてできあがっていたのである。葉盛のぼやきも，成化本の説唱詞話が恵州府，西安府等の同知を歴任した宣昶，瀋王府の紀善，魯王府の典膳をつとめた宣廷政，宣廷教一族の墓から発見されたことも，楊慎が『歴代史略十段錦詞話』をものしたのも至極当然のことなのであった。

大元ウルスが，正式の楽人以外による詞話の上演を嫌ったのは，農業がお留守になりかねないこともあったが，夜通し無知で信じやすい群衆を集めて妄説乱言して大事件，叛乱を引き起こす可能性があるからであった[25)]。至大三年(1310) にはムスリムの荘農ムバーラクの事件もおきた。かれは幼少のころに聞いた詞話をもとに，村の漢人達が謀反を企んでいるという話をでっち上げ朝廷に訴え出た[26)]。この事件はすぐに事実が判明し事なきを得たが，のちに朝廷の懸念は的中する。至正八年，江西万載県の白蓮教の彭国玉は，「豆を撒けば兵と成り茅を飛ばせば剣と成る」と花関索や楊文広の詞話の世界そのままに英雄気取りで大衆を惑わし，やがては劉夏を流浪の憂き目にあわせた紅巾の乱に与することになるのである[27)]。

註

1) 『明成化説唱詞話叢刊』(上海博物館蔵　文物出版社　1973 年)
2) 『元典章』巻五七「刑部一九」《雑禁》【禁学散楽詞伝】,『通制条格』巻二七「雑令」《搬詞》
3) 『三朝北盟会編』巻七七「靖康二年正月二十二日」,『夢粱録』巻二〇「角觝」,『新刊宣和遺事』前集「宋江得天書三十六将名」,『癸辛雜識』続集巻上「宋江三十六賛」等参照。

4) 『北詞広正譜』に採録される康進之「梁山泊黒旋風負荆」雑劇第三折【高平随調煞】には,"蜻蜓児怎敢把泰山揺,不恁如何然爪。見景生情,近火先焦。暢道天数難逃,則是黒旋風無福粧関索。怎生得遇文王施礼楽,逢桀紂逞麄豪……"とある。

5) 『圭斎文集』巻一〇「元贈応奉翰林文字従仕郎安成劉聘君墓碑銘」

6) 『劉尚賓文集』巻四「元庚申帝大事記序」,巻五「王紹汶墓誌銘」。なお,権衡『庚申外史』の劉廸簡の序は後人によって付されたもので,当該書の利用には注意が必要である。

7) 『劉尚賓文集』周孟簡序,楊胤序,附録「尚賓館副使劉公墓誌銘」

8) 『礼部志稿』巻六〇「定宴享九奏楽章」

9) 『淵穎呉先生文集』巻八「張氏大楽玄機賦論後題」

10) 『南詞引正』"一.腔有数様,紛紜不類,各方風気所限,有崑山、海塩、余姚、杭州、弋陽。自徽州、江西、福建俱作弋陽腔,永楽間,雲、貴二省皆作之,会唱者頗入耳。惟崑山為正声,乃唐玄宗時黄旛綽所伝。元朝有顧堅者,雖離崑山三十里,居千墩,精于南辞,善作古賦。拡廓帖木児聞其善歌,屢招不屈。与楊鉄笛、顧阿瑛、倪元鎮為友,自号風月散人。其著有陶真野集十巻、風月散人楽府八巻,行于世,善発南曲之奥,故国初有崑山腔之称"。

11) 田仲一成『中国巫系演劇研究』第一編第二章「江西省万載県潭埠村の郷儺」(東京大学出版会　1993年　246-253頁),毛礼鎂『江西省万載県潭阜郷池渓村漢族丁姓的「跳魈」』(民俗曲芸叢書　施合鄭民俗文化基金会　1993年　91-96頁)

12) 『中国戯曲志・江西巻』(中国ISBN中心　1998年　132頁)

13) 王兆乾輯校『安徽貴池儺戯劇本選』(民俗曲芸叢書　1995年　337-382頁)

14) 前掲田仲一成『中国巫系演劇研究』第二編第一章「貴州省安順府詹家屯の地戯」371-474頁,王秋桂・沈福馨『貴州安順地戯調査報告集』(民俗曲芸叢書　1993年)

15) 玉渓地区行署文化局・澄江県文化局『関索戯志』(文化芸術出版社　1992年),上田望「雲南関索戯とその周辺」(『金沢大学中国語学中国文学教室紀要』6　2003年)

16) 『劉尚賓文続集』巻三「馬侯本部士衆祭楊郎文」

17) 明の韓邦奇の『苑洛集』巻一二「踏莎行　于少保・石将軍」に"乗勝驕兵,憑凌中夏。高才謀国于司馬,将軍一砲定江山,至今閭巷伝詞話"とあり,"小説家編成石家詞話,優人唱説"なる註が施されている。土木の変,奪門の変をめぐる于謙と石亨の詞話である。また,銭希言の『獪園』(中国国家図書館蔵清抄本)巻一二「淫祀・花関索」に,"伝奇小説中,常有花関索。不知何人。東瀛耿駕部橘,少時常聴市上弾唱詞話者両句有云:棗核様小花関索,車輪般大九条筋"という。

18) 『弇州四部稿』巻一六一「宛委余編六」"市巷人俚歌称;楊業之子曰楊六郎延昭,延昭之子宗保,宗保子文広征南,陷南中。其事多誣罔"。

19) 紀振倫は『新刊分類出像陶真選粋楽府紅珊』(万暦三〇年)の選輯者でもある。詞話と同じ形式をもつとされる陶真を標榜するが,明伝奇の散齣集である。

20) 上田望「清代英雄伝奇小説成立の背景——貴州安順地戯よりの展望」(『日本中国学会

報』46　1994年10月　151-153頁），帥学剣『安順地戯劇本選』（民俗曲芸叢書　2004年）

21）『述善集』巻一「善俗・龍祠郷社義約」

22）『荘渠遺書』巻九「公移・敦朴倹以保家業」

23）『少墟集』巻六「士戒」，『関中書院志』巻三「会約」

24）たとえば，周密は戯文をものしたし，楊維楨は“元人弾詞の祖”とされる。『癸辛雑識』別集上「祖傑」，『明文海』巻二二二臧懋循「俠遊録小引」参照。

25）『元典章』巻五七「刑部十九」《禁聚衆》，『新集至治条例』「刑部・刑禁」《禁聚衆》【禁納集場祈賽等衆】

26）『元典章』巻四一「刑部三」《謀反》【乱言平民作歹】

27）『正徳瑞州府志』巻一一「遺事志」

第4章　モンゴルが遺した「翻訳」言語

――旧本『老乞大』の発見によせて――

1　はじめに――直訳体と漢児言語の研究史

明，清時代の地方志，金石志に移録され，今もなおそのいくつかは中国各地に立っているいわゆる“元代白話碑”は，それ以前，それ以後の漢語の常識では解読できない，特異な文体で書かれている。当時華北で話されていた白話（＝口語）語彙を採用するものの，直接モンゴル語の原文から機械的に翻訳するため，漢語固有の文法規則と用語法を無視し，モンゴル語の語法，構文に則るのである。“白話”碑の中には，原文のモンゴル語との対訳の形で刻されているいわゆる蒙漢合璧碑もあり，当時の翻訳法を知る手がかりを与えてくれる。

たとえば，“聖旨俺的（聖旨←われらの ǰarliγ manu）”，“這的毎宮観裏房舎裏他毎的（これらの宮観に，坊舎に←かれらの eden-ü gün-gông-dür geyid-dür anu[1]）”，“不揀甚麼物件他毎的（いかなる物件であっても←かれらの ya'ud kedi anu[2]）”のように属格が後ろからかかる。名詞，代名詞の後に“毎”を付け複数を表わす，与格の“-a, -e, -da, -de（～に）”を“根底”で表わす，“-yin, -u, -ü, -un, -ün/tula（～の/ため）”を“～的上頭”とする，動詞の現在終止形“-mu, -yu, -u,”は“～有”，接続形“-ǰu, -ǰü, -ču, -čü”は“～着”で表わす，など複数語尾，格語尾，形動詞語尾，動詞語尾を機械的に翻訳し語末に付ける。助動詞を兼ねる動詞 a-, bü-を訳出し，句末に“有（～である）”，“有来（～であった）”が付く。引用やある種の内容叙述の後に助動詞の ke' en（日本語の格助詞“「～」という”の“と”に相当）の訳出である“麼道”なる語を置く，等である。

この文体を用いた文書は，『元典章』，『通制条格』，『秘書監志』，『水利集』，および『永楽大典』に収録されたことで今日その一部分を知り得る『憲台通紀』,『南台備要』,『廟学典礼』,『成憲綱要』,『六条政類』などの政書にまとまって載る。そのほか,『元史』,『高麗史』,王惲,魏初等の文集,地方志,『道蔵』,『磧砂蔵』,および『勅修百丈清規』,『廬山復教集』,『龍虎山志』といった国家出版物にも散見される。それらは,いずれもカアンやモンゴル王族の命令文,モンゴル政府発給の文書であった(帝師の法旨はティベット語からの訳がほとんど)。ここ数年モンゴル時代の資料状況は,さまざまな事情の好転によって,出土文物,文書,碑刻,典籍ともに,爆発的な展開をみせている。しかし,そのいずれにあっても,この文体がやはりカアンの聖旨,后妃,諸王らの懿旨,令旨,ティベット僧の法旨など一連の命令文,もしくはモンゴル政府の文書(カアンへの上奏と聖旨を記す,本来モンゴル語で語られた部分)においてのみ,使用されていることにかわりはない。

大元ウルス朝廷の翰林学士であった潘昂霄が云う"直言直語"——翰林院の潤飾を得ていないモンゴル語からの翻訳文体を[3],田中謙二は,仮に"蒙文直訳体"と呼び[4],内蒙古のイリンチンは,"硬訳公牘文体(硬訳体)"と名付けた。イリンチンは,この資料群を"白話"と呼ぶことの不適切さ,元曲や『水滸伝』に見える口語とは全く異なること,口語として読むならば句読の誤り,文意の曲解を免れないことを明確に述べた。また,この文体が,『元朝秘史』の傍訳のような逐語訳ではなく,モンゴル語の文法構造に固執することもあれば,ある部分を省略する,漢文の吏牘体(官庁,裁判所の文書,供述書等に使われる特殊な文体)の文章を混入させるなど,担当の訳者に左右されるところが大きく,それが時に読解を困難にさせることも指摘した。そして,この種の文体の最も適切な読解方法は,"蒙句蒙読,漢句漢読"であり,モンゴル語の硬訳部分はモンゴル語の文法規則に従って点を打ち,原意に即して理解すべきであること,モンゴル語文法の範疇がこの硬訳体の中にかなり反映されていることをはっきり認識することが,この特殊な文体を読みこなすに際して必須の条件であることを説いた[5]。

じじつ,書式がほぼ定まっている合璧碑でも,発令者,訳者,時期によって,微妙に翻訳に差が見られる。上にあげた"eden-ü gün-gông-dür geyid-dür anu”の一句を例にとれば，“這的毎宮観裏房舎裏他毎的”，“這的宮裏房子他的”[6]という機械的な逐語訳から，“這的毎宮観裏，房舎裏”，“這的毎宮観[庵廟]，他的房舎裏”，“這的毎宮観裏，他毎的房舎裏”[7]，“這的毎宮観殿宇裏，他毎房舎裏”[8]，“這先生毎的宮観・房子裏是他毎的”[9]，“這的毎宮観・房舎裏”[10]，といったように，“anu”の訳を漢語の語順に置きなおしたり，省略したり，ときには意訳してしまうことさえある。また，“寺裏房子裏”のように“裏”をくりかえすことをきらって，“這的毎的寺裏房子内”，“這的毎寺院裏房子内”とするものもある[11]。

さらに，何段階かの文書操作——諸機関の文書のやりとりにおいて，さまざまな先例の文書，聖旨を節略して引用，添付する——を経るうちに，直訳体＝硬訳体が合璧碑のそれに比べ，やや吏牘体化したり，文意の誤解を避けるために，一部漢語の語順に直されたりすることがある。また既に翻訳されている文書ファイルを検索する以外に，もとのモンゴル文書を検索して，各機関の書類の作成者や訳史がそのつど翻訳することも当然あり，同じ原文から，時期，訳者の違いによって，さまざまなヴァージョンの翻訳版ができてしまうこともある[12]。そのうえ『元典章』をはじめとする編纂された文書集成においては，収録の段階での誤字脱文，衍字衍文のほか，版木のスペース，時の政権の思惑なども反映して，適宜省略がなされている。その結果，同じ直訳体でも複数層に分けられることになる。

しかし，部分的に漢文，吏牘が混入しようとも，理解しにくい語順の訂正などがあろうとも，全体としてはあくまでモンゴル語原文からの翻訳であることにかわりはない。『元典章』等には，蒙漢合璧碑と同一書式の命令文も相当量収録されているが，中書省や御史台が“欽奉せる聖旨の節該に”として引用する場合はもとより，聖旨そのものを直接載せる場合でも，冒頭の定型句“長生天気力裏，大福廕護助裏”[13]，末尾の定型句“聖旨俺的，□児（十二支）年□年□日，□□（地名）有時分写来”の“俺的”，“□□（地名）有時分写来”を省略してしまうことが多い。

そもそも，この蒙漢合璧碑に典型的な書式の命令文がいかにして発令されるか，といえば，少なくとも世祖クビライ以降は，まず中書省や御史台，枢密院など諸機関の代表者が，それぞれの機関で問題になったこと，討議したこと，行省や行台，宣慰司といった出先機関の代表者の口頭報告もしくは文書で問い合わせてきた事柄をまとめて，ケシクを侍らせたカアンに奏上し，判断を仰いだり承認を得る。このときのやりとりをビチクチがウイグル文字モンゴル語で筆記する[14]。冒頭にはかならず，

> 至元二十九年正月初七日，忽都答児怯薛（クトゥダルケシク）の第二日，紫檀殿裏有る時分に火児赤（コルチ）の禿忽魯（トグルク），速古児赤（シュクルチ）の伯顔（バヤン）参政，察罕不花（チャガンブカ），必闍赤（ビチクチ）の明里帖木児（メンリクテムル），兀賽，昔宝赤（シバウチ）の木八剌沙（ムバーラクシャー），折吉児（ツァンギル），月児干（ウルケン），舎児伯赤（シャルバチ）の帖哥（テゲ）等，這れらの的毎（ものたち）に対し，完沢（オルジェイ）丞相，不忽木平章（ブクム），咱喜魯丁（ザヒールッディーン）平章，暗都剌（アブドゥッラー）参議，狗児（コウル）参議等が奏過せる事の内の一件に……
> （『站赤』八）

あるいは，

> 至正三年三月十四日，篤憐帖木児（トゥレルテムル）怯薛の第三日，咸寧殿裏有る時分に速古児赤の汪家奴（ユルドゥチ），云都赤（マンジ）の蛮子，殿中の俺都剌哈蛮（アブドゥルラフマン），給事中の孛羅帖木児（ボロテムル）等が有っ来。脱脱（トクト）右丞相，也先帖木児（イスンテムル）平章，鉄睦爾達世（テムルタシュ）平章，太平（タイピン）右丞，長仙参議，孛里不花（ボロブカ）郎中，老老員外郎，孛里不花（ボロブカ）都事等が奏するには……
> （『遼史』修三史詔）

といったように，年月日，どのケシクの当番の何日目であるか，カアンもしくは王族の居場所，御傍に侍っていたコルチ，シュクルチ，ビチクチ，ケレメチ，ユルドゥチ，シバグチなどのケシクのメンバーの名前，奏上した大臣たちの名を記録し[15]，それから奏上の内容とカアン，王族の口頭の仰せを逐一記録，箇条書きにしていく（このビチクチの記録はすべて各官庁にて保管される）[16]。承認，判断を得られた案件のうち必要なものについては，"長生天気力裏，大福廕護助裏，皇帝聖旨裏……聖旨俺的，□児年（十二支）□年□日。□□（地名）有時分写来"を基本書式とするパクパ字モンゴル語命令文が作成され，御宝を捺印のうえ（必要な場合には翻訳も添える），該当機関，各団体，個人に送付される。ときには，もとのビチクチの記録そのもの，あるいはその訳文（これらもカアンや諸王から「そのようにせよ」とのおおせをいただいている限り，命令文としての効力をもつ）の写しが送付される場合もあり，じっさい当地で碑石に刻されているものもある[17]。これらの書きものはすべて副本が作成さ

れファイルに整理されている。のちに類似の案件があった場合には，先例の聖旨，令旨，当時のビチクチの記録等を添付し，全文あるいは要点のみ節略した形で引用しながらよみあげてカアン等の参考に供し，あらためて判断を仰ぐ。これのくりかえしである。したがって“某年某月某日某怯薛第何日，某処裏有時分”で始まる形式の書き物の漢語訳もそこで引用される以前の“長生天気力裏，大福廕護助裏”式の聖旨の漢語訳も，翻訳法はほぼ同質と考えるべきである。『元典章』等も各官庁で編類されてきたこれらいくつかのパターンの命令文，文書のファイルをもととする。『元典章』等の直訳体が蒙漢合璧碑の直訳体と異質であるかのような言説（上述の部分的な吏牘体化と語順の訂正を指すものではない）もみられるが，それはこうしたモンゴルの翻訳システムを理解していないからだろう。

直訳体の研究において最も根本的な資料となる蒙漢合璧碑については，近年，杉山正明，中村淳，松川節らが言語，歴史の面から緻密な考証，分析を加えた[18]。高橋文治は，モンゴル初期のビチクチ（令史）の漢語教育および直訳体の成立に大きな役割を果たしたとみられる全真教教団の文書の研究を進めている[19]。これらの研究では，「漢語の意味と語順を度外視した，モンゴル語原文の構造がうかがえる翻訳文体」に対して“直訳体白話風漢文”あるいは“直訳体風白話文”といった呼称を採用するが，これは純直訳の文体のみならず，部分的な漢文，吏牘の語法・語彙の混入がみられるさまざまな水準の直訳が存在するところから，幅をもたせていおうとしたものだろう。イリンチンが既に田中謙二によって示されていた“直訳体”の呼称を採らず，あえて“硬訳体”なる呼称を提示したのも同じ理由だと考えられる。以上のことからすれば，“硬訳体”と呼ぶのがもっとも適切である。とはいえ，最近出たイリンチン論文の日本語訳も“硬訳体”ではなく“直訳体”とし[20]，中国でも“直訳体”の呼称が定着しつつあり，混乱を避けるため，本書でも“直訳体”を採用することにする。

いっぽう，この特殊な文体で書かれた資料群をあくまで漢語としてみる立場がある。日本では，太田辰夫がつとに“漢児言語”――すなわち六朝期からのアルタイ語系民族との接触によって発達してきた漢語の存在を仮設し，直訳体もその流れの中に位置づけた。直訳体において使用されている口語の語彙は，モンゴル時代からの用例ではなく，中国固有のものであり，かかる文体の言語がじっさいに非漢民族の王朝が統治する華北において，漢族と非漢民族共通の口語として話されていたというのである[21]。近年では佐藤晴彦，竹越孝，中村雅之といった中国語学の研究者がこの見解をとっている。“漢児言語”論者の根拠は，朝鮮の司訳院において中国語の教科書として使用された『老乞大』，『朴通事』，および元曲作家として有名な貫雲石（小雲石海涯セヴィンチュ・カヤ）が著わした『孝経直解』にある。

そもそも漢児言語という呼称は，『老乞大』の“あなたは高麗人なのに，なぜ漢児言語をしゃべるのが上手なんですか？”，“わたしは漢人のところに書物を学びに行ったので，ちょっと漢児言語がわかるんです”，“今，朝廷が天下を統一し，世間で用いているのは，漢児言語です。わたしたちのこの高麗言語は，ただ高麗の地にてのみ通じるもの，義州を過ぎて漢児の土地にくると皆，漢児言語であります”という冒頭の会話から取られた。したがって，漢児言語とは，『老乞大』の言語そのものを指すことになる。会話の教科書である『老乞大』に“你的師傅是甚麼人？（あなたの先生はどんな人ですか)”，“是漢児人有（漢人であります)”，『朴通事』に“西遊記熱鬧，悶時節好看有（『西遊記』は賑やかで，退屈なときに楽しく読めるのであります)”と，『元典章』等と同じく句末に“有”が使われている例が二カ所残っているのだから，こうした特異な文体がじっさいに口語として用いられていたことは疑いない，というわけである。

『孝経直解』に頻繁に見える句末の“有”についても，太田は，モンゴル語の現在時制を表わす訳語ではありえないとし，崔世珍の『老朴集覧』が解釈するように，ほとんど語気をもたないゼロ助詞，すなわち句点の働きをする口癖のように用いるものとした[22]。佐藤も，『孝経直解』を『元典章』，「元代白話碑」，『元朝秘史』などと同様，漢児言語の代表的資料と言明した。そしてその言語の難解さの原因は，「漢児言語といういわば言語系統が異なる二種の言語の融合体であると同時に，普段の生活で使い慣れているはずの口語でありながら，それを文字で表現しようとする際に思いのほか苦労している表現の結果」

だといい，「舌足らずだが懸命になって自分のいわんとするところを表現しようとする学生の作文」に譬える[23]。また，句末の“有”の用法については，その来源がモンゴル語にあることをみとめつつも，許衡（1209–1281）が活躍した時期には影響力をじゅうぶんにもたなかったが，「元代白話碑」からは，それがモンゴル語の翻訳であることが影響して徐々に見られるようになり，セヴィンチュ・カヤ（1285–1324）の時代には，モンゴル語の用法から離れ，中国語として文がそこで終わることを示す新しい機能をもち，口頭で使用され「ナウイ言葉」になり，ピークをむかえ，『元朝秘史』の総訳がなされた1383年頃には，衰退していた，という。また，『孝経直解』はモンゴル語からの重訳の可能性は低く，中国語の原文から直接口頭語に訳したもの，とする[24]。竹越は，“『孝経直解』が漢語の文言を漢語の口語で解釈している以上，「蒙文直訳体」の概念は適用し得ず，これが『元典章』などの資料と同じ特徴をもっていることは，それを含む資料全体がまぎれもなく当時一般に話されていた口語をそのまま記述したものであることを意味する”と説いた[25]。また，中村は12世紀後半に金国に使者として赴いた南宋の洪邁の『夷堅志』の，「契丹の子がはじめ漢文の本を習うとき，まず俗語でその文句をひっくりかえして読み，漢字の一字が俗語では二字三字にもなる……たとえば賈島の『鳥宿池中宿，僧敲月下門』を『月明裏和尚門子打，水底裏樹上老鴉坐』という具合である」というただこの一条の記録と最近の契丹小字の研究から遼代の漢字音が元代とほぼ変わらないだろうという推測によって，金朝治下の契丹人が漢児言語を話していた証左とする。そして『元典章』や『孝経直解』の言語の特徴の多くは遼金代の漢語から受け継がれたものであって，これをモンゴル人支配のもとに突然変異的に現れたものと解釈すべきでないとする[26]。

しかし，佐藤は，「元代白話碑」をモンゴル語からの翻訳とも漢児言語ともいい定見をもたず，しかも，「元代白話碑」が，許衡の著作より早いチンギス・カン時代にはじまり，1367年までは少なくとも存在することも認識していない。太田の漢児言語論を前提にするにもかかわらず，「元代白話碑」の影響をうけ，1308年ころに句末の“有”の使用のピークがきたとしている。これは直訳体から漢児言語が生じたと捉えていることになり，太田のいう南北朝期からの諸民族の共通の口語としての漢児言語という定義からは外れる。また，竹越の論にしたがえば，カアンとモンゴル官僚の会話も王族の命令も漢児言語によってなされていたことになってしまう。中村にしても金朝治下の口語資料，南宋の外交資料はそれなりに残っているにもかかわらず，相互比較を行っていない。

これらの研究では，直訳体が現れた時代背景，状況，直訳体で書かれた資料自体の性格，編纂の経緯を知るために最低限必要なモンゴル時代から明初にかけての典籍や碑刻，高麗，朝鮮の一次資料へのアプローチを欠いており，それまでの蒙漢合璧碑，直訳体研究の成果も無視されていた。議論のみ先行して進められたため，自身の論の中ですら相当矛盾を抱えている。にもかかわらず，これらの見解は，モンゴル時代の文献をある程度見ているはずの文学，史学関係者の一部にさえ，何の疑問もなく受け入れられつつあるかにみえる。たとえば，「直訳体と漢児言語はそれぞれ，モンゴル語が先にあるものと漢語が先にあるもの，または書面語と口頭語となるが，直訳体は当時の華北の口頭語に近い形で為され，基本的には漢語として理解され流通した」，といった舩田善之のような理解も生まれ，『元典章』を読む上での最低限の知識として広められつつある[27)]。

中国の語学研究者にも，北方のアルタイ語との頻繁な接触によって発達してきた漢語を想定し，『孝経直解』や『老乞大』のことばがじっさいに話されていたとする者は多い。ただし，余志鴻をはじめ，北方の口語漢語に大きな変化が現れるのはモンゴル時代になってからであるという認識をもつ点は，太田，竹越等とことなるだろう[28)]。また，歴史研究者の陳高華は，直訳体は，本来は政府の文書，皇帝の詔令に限って多く使用されていた文体であったが，その影響が次第に拡大，ほかの書面の文体にも影響を与え，一般の平民群衆にも理解できる世俗の言となり，次第にこの文体で文章を書いて伝播の手段とするようになったのだ，という。かれの考えでは『孝経直解』をはじめ経筵講義のテキストは，モンゴル語からの翻訳ではなく，その世俗の言語を用いて経典を訳したもので，いずれも漢文に精通したひとびとの手になるため漢語の特徴に即すことに意を用いており，純粋な直訳体とは差がみとめられるとする[29)]。『孝経直解』等の文体がそうであるかどうかは別として，モンゴル語原文のない直訳体に似せた文体が仮に存在するならば，それは以後“擬直訳体”と呼ぶことにしよう。

しかしながら，『孝経直解』はウイグル貴族の子弟セヴィンチュ・カヤが仁宗アユルバルワダに捧げたモンゴル語『孝経』の翻訳であり，モンゴル政府が記念出版物として刊行したものであった[30]。「“匹夫匹婦”にもわかるように，愚民の教化のためにつくった」という自序は，頒行にあたって多分に建前を述べたもので，じっさいの読者は，官僚，文人およびその子弟たちであり，庶民ではなかった[31]。現職の官僚はもちろん，官僚をめざす階層のひとびとも，日ごろから時務を知るためのテキストとして『大元通制』や『成憲綱要』といったモンゴル政府刊行の政書を熟読せねばならず，直訳体を読むことには慣れていた[32]。その他の鄭鎮孫『直説通略』や許衡，呉澄等の経筵講義，蒙古字学のテキスト，札記についても，その編纂背景をたどればモンゴル語版の作成がまず編纂の根底にあった[33]。また，『老乞大』は，“乞大”がモンゴル語の“Khitai (Qitai)”あるいは“Khitad (Qitad)”の音写であることから，このテキストが本来はモンゴル語で書かれたもので，のちに漢語に翻訳された，とする見解が古くからある[34]。『朴通事』にしても，田村祐之が，その内容に登場人物をモンゴル官僚と考えないと不自然な部分が多々あり，朝鮮人が漢語学習のために編纂したという解釈だけでは説明できないこと，この書の成立にモンゴル人が関わっている可能性を指摘している[35]。

これら漢児言語の資料とされているものすべてにモンゴル語原文がある可能性があるという事実をどう説明するのか，漢児言語なるものが，いつから，華北のいかなる地域，範囲で，いかなるひとびとによって，いかなる状況でしゃべられていたのか，ほかの口語資料との差異をどう説明するのか，「漢児言語が明初に消滅して，官話がとって代わった」[36] 原因は何か，といった根本的な点について，モンゴル語原文の存在を否定もしくは極小視しあくまで漢語を中心に捉える上述の立場のひとびとからは，今日にいたるまで何ら具体的な考証，統一的な見解は提出されてない。直訳体と漢児言語の相互関係についても，上に見てきたように論者によってばらつき，揺れがあった（その状況は現時点においてもかわらない）。

そうした中で，1998年初頭，旧本『老乞大』が韓国慶尚北道の大邱で発見された。ここに記された言語は，語彙，語法ともに，今まで知られていた数種の『老乞大』のテキスト（崔世珍のいういわゆる“今本”，“新本”の系統で，明清時代の漢語を反映する改訂版。以下，便宜上“新本”と呼ぶ）と甚だことなり，大元ウルス治下の一連の直訳体資料と相似する。新本では殆ど削除されてしまった句末の“有”が大量にみえているほか，命令形の“～者（新本では“～着”）や，推量の“～也者（新本では“～了”，“～也”），理由を表わす“～的上頭（新本では“因此上”）”等も散見される。大元ウルス治下でしかありえない固有名詞，制度上の用語も認められる。

最初にこの資料を紹介した鄭光，梁伍鎮は，旧本『老乞大』の言語は，元代の北京語であるとするいっぽうで，句末の“有（a-, bü- ～である）”，指示代名詞“兀的（ede これらの）”，“兀那（ene この）”がモンゴル語の借用であること，モンゴル語の語順にのっとった修飾語，目的語の倒置から，モンゴル語『老乞大』から直訳された可能性についても示唆した[37]。いっぽう，江藍生，李泰洙は，“漢児言語”論の実証としての語法分析を進めている[38]。

日本では，金文京・玄幸子・佐藤晴彦が，ごく最近，この旧本『老乞大』の日本語訳を公刊し，末尾の解説の中で，あらためて漢児言語と直訳体の関係を次のように整理しなおした[39]。

> すなわち，漢児言語とは，漢民族および中国化した契丹人，女真人，さらには高麗人までをも含む北中国の住民全体における民族融合の状況において用いられた一種の共通語でブロークンな中国語であった。モンゴル時代にはいると，モンゴルの王族や貴族は一般に「漢語」を解さなかったので，命令文など重要な事項はモンゴル語を翻訳して記録する必要が生じた。そのさい，もともとブロークンな中国語であった漢児言語を用いるのが最も簡便かつ正確な方法であった。それを読むのは大部分が契丹人，女真人など漢児言語を使用していた「漢人」であった。かくして，漢児言語は口語から文章語になった。その文章語がいわゆる直訳体の漢文である。漢児言語と直訳体は，口語と文章語という相違はあっても本来表裏一体の

ものて，残された資料のみをみると，直訳体はモンゴル時代になって突如現れたような印象を受けるが，その背後には口語としての漢児言語の長い歴史が横たわっている。旧本『老乞大』は，元来モンゴル語を直訳体と同じ方式によって漢児言語に訳したものであるとの見方もあるが[40]，『老乞大』の主人公が接触するのは，道連れとなる遼陽の王客をはじめ，宿の主人，村長，大都の商人，仲介人の馬二などすべて漢人であって，彼らがモンゴル語で会話する必要はまったくなかった。旧本のもとがモンゴル語であったとは到底思えない。

竹越孝はこのみかたをうけ，

近年，旧本の語彙の中にモンゴル語と似た要素があり，“S OV”の語順をもつものが見えることから，『老乞大』がもとはモンゴル語で書かれていて，旧本の漢語がすべてモンゴル文を機械的に翻訳した直訳体で現実の口語を反映していないと主張する学者も若干いるが，『老乞大』の用途から見た場合，現実に存在しない書面語に修訂，注音，翻訳を加え，漢語の会話のテキストとして代々継承されることはありえない。旧本の言語は基本的に当時の北方方言を反映しており，そのうちのいくらかは漢語とそのたモンゴル語，朝鮮語などの言語との接触によって生じたものである。

と述べる[41]。

中国大陸現存の蒙漢合璧碑を集大成，整理，分析をすすめている祖生利も，元代白話碑，『元典章』をはじめとするいわゆる直訳体の言語は，「現実の口語から乖離した型どおりの融通のきかない書面語では決してなく，ピジン・チャイニーズ，モンゴル式漢語とでもいうべきじっさいに話されていた口語」で，「基本の語彙と語法は当時の北方地区の現実の口語だが，同時に大量の中世モンゴル語の成分を含む」との認識を示し，大都等の地でモンゴル語の影響を頗る深くうけた漢児言語を反映するのが旧本『老乞大』だと考える。『元典章』等に記録される文体が北方中国で実際に話されていたブロークンな口語の漢語——漢児言語であると考える点では金文京等と一致している。ただし，祖生利および李崇興は，このピジン語は，余志鴻と同様，元代にモンゴル語が大都を中心とする北方漢語と接触してはじめて形成されたと考え，それ以前から存在したものとは考えていない。この点は太田，佐藤，竹越，金等の漢児言語の定義と決定的にことなる[42]。

なお，句末の“有”に関しては，最近，竹越が「“有”をめぐる様々な議論をいま一度正しい出発点に戻す」ためとして，先行研究を列挙，整理し，「直訳体と漢児言語の資料群において“有”が担う機能を推定することは別個の問題」とことわりながら，蒙漢対訳文献のうち，すでに翻字，訳註がなされているものについて，“有”の対応モンゴル語の統計をとった。その結果，①動詞a-，bü-，bol-，②動詞終止形・形動詞語尾，③実詞接辞-tu/-tü，-tai/-tei，-tan，-tenの三類に分類，帰結した。ただし，そこであげられる先行研究の多くは，各自が扱う直訳体資料において，とくに顕著な①②を重点的に論じただけのことで，また「イリンチンが①のみしかあげていない」などの誤読，誤解もみられ，こうした批判，まとめが果たしていかほどの意味をもつのか疑念をいだかざるをえない[43]。祖生利も「以前の研究はその来源と語法の意義について理解が正確とするにはたりない」として論考を発表したが，こちらは，旧本『老乞大』，経筵資料も含めて，この時代の文献中の句末の“有”の用例は，①②と対応しており，モンゴル語の原文の直接的な影響を受けていることを明らかにしている[44]。

本章では，非漢民族（女真，モンゴル，高麗等）と漢族の間で交わされた口語の漢語資料をいくつか紹介し，大元ウルス治下でじっさいに話されていた共通語としての口語はいかなるものであったか，モンゴル時代の直訳体が太田，金等のいう漢児言語の長い歴史の中からでてきた口語などではなく，モンゴルが意識的に作り出した書面上の，人工の文体であること，したがって『元典章』などに見える直訳体が当時の口語をそのまま写したものでは絶対にありえないことをまず示す。次に，モンゴルの直訳のシステムが高麗につたわった状況，のちの明代，李氏朝鮮の翻訳機関とその言語に与えた影響について考察する。これらの作業を通じて，“漢児言語”論の問題点，旧本『老乞大』の由来，性質を明らかにし，内容自体についても検討しながら，『老乞大』の言語がやはりモンゴル語からの「翻訳」言語であること，の実証を試みたい。

2　金から大元ウルスにかけての口語漢語

1）南宋からみた華北の口語漢語

『三朝北盟会編』に引かれる趙良嗣『燕雲奉使録』[45] をはじめ，遼，金朝治下のキタイ，女真など非漢民族および燕人の言語は，口語の語彙を用いて表わされる傾向がある。

開禧二年（1206），はるかモンゴルはオノン河の上流で，チンギス・カン即位のクリルタイが開催されたその歳，南宋の襄陽は，完顔匡率いる金軍に攻め込まれ，必死の防戦にあたっていた。もとはといえば，南宋側が曽ての和平の誓約を反故にして北伐に乗り出したのだが，三路に分かれた金軍に迎撃どころか逆に淮水（国境線）以南まで押し返されたのである[46]。その襄陽を守る鄂州都統兼京西北路招撫使趙淳の配下，趙万年なる人物の目を通して描かれた戦記が今に伝わる。『襄陽守城録』（天津図書館蔵清鈔本）と題するこの書は，当時の，そして数十年後の対モンゴル戦での襄陽の防御法の参考資料として貴重であることはもちろん，完顔匡と趙淳のやりとりが口語で写され，なかなか迫力のある読み物となっている。その一部分をみてみよう。

> ……虜言「我已屠棗陽，下光化，席巻神馬坡。又発人馬去取随信，徳安。招撫可聞。早拝降」。公答云「自古用兵，有勝有負。你有軍馬，所在為備，你何曽取了我州府。這般言語，只是恐嚇得百姓荘農，我本朝軍馬已於下江，清河口等処，殺北軍甚多，焼了船千百隻。想你不知」。虜又言「你出師無名」。公答云「両国和好多年。我本朝亦要寧息。因南北権貨相通，商旅因売買或生釁隙，至相残害。我朝廷曽降黄榜，約束辺民，如有輒過北境者，依軍法処斬。縁小人喜乱，南北之人，互相抄掠牛馬，因而引惹生事，遂至今日」。虜又言「都是皇甫斌」。公答云「正縁是它。容蔽此事。朝廷已将他遠竄海外。」虜言「好好。招撫説話分暁」。又言「我得皇帝聖旨，不殺南辺百姓」。……

北虜（ここでは女真を指す）がいうには，「われらはすでに棗陽を攻め滅ぼし，光化を降伏させ，神馬坡を席巻した。また人馬を発して随信，徳安を取りにいかせておる。招撫どのも聞いておられよう。早く投降されよ」。公が答えていうことには，「古より戦は，勝ちあり負けあり，じゃ。おまえらに軍馬があろうとも，処々備えはしておる。おまえが我が州府を奪取したことが嘗てあったか。このようなことばでは，庶民，農民どもしか脅かせぬわ。我が本朝の軍馬はすでに下江，清河口等において，北軍を大量に屠り，船も千百隻を焼き払ったのを，お前は知らぬのだな」。北虜がまた言うには，「お前の出軍には名分がないぞ」。公が答えていうには「両国の間は長年平和じゃった。我が本朝もまたなごやかにあれかし，と願ってまいったのじゃ。南北政府の専売物資が流通しておるゆえ，行商が売買のさいに怨恨が生じ，傷害事件に至ったりもする。我が朝廷はお触れ書きを下して境界のものどもを取り締まっておった。『もしみだりに北境を越える者があれば軍法に依って処罰する』とな。小人どもは争いを好むゆえ，南北の者が互いに牛馬を略奪し，勝手に揉め事を引き起こしおって，そのあげくに今日のざまに至ったのじゃ」。北虜も言うには「みな，皇甫斌のせいじゃ」。公が答えていうには「まさにかれゆえよ，このことを覆い隠しおって。朝廷は已にかれを遠流の刑に処しておる」。北虜が申すには「よしよし。招撫どのの話はわかった」。さらに言うには「俺は皇帝の聖旨を得ておる。南のひとびとを殺さぬようにとな」……

趙淳もいうように，金と南宋は国境線を隔てて完全に遮断されていたわけではなく，人も物資も，そして言語も自由に行き交いしているのが実情であった。

少しくだって1221年には，南宋使節団の趙珙が，燕京にジャライル太師国王ムカリを訪れ，その見聞を『蒙韃備録』に書き残した。「燕聚舞楽」の項目には，“今日打毬，如何不来（今日のポロの試合にどうして来ない）”，“你来我国中，便是一家人。凡有宴聚打毬，或打囲出猟，便来同戯。如何又要人来請喚（そなた，我が国に参ったからには，身内も同然じゃ。宴会やポロの試合，巻き狩りがあれば，すぐ参って一緒に遊ぶがよい。なんでまた人を遣って招く必要があろうか）”，“凡好城子多住幾日。有好酒与喫，好茶飯与喫，好笛児皷児吹着打着（よき町では，何日か泊まっていけ。よき酒があれば飲ませ，よき料理があれば食べさせ，よき笛，太鼓があれば吹き打ち鳴らせ)”と，ムカリの宴会中のことばと餞別のことばの一部をしるす。通訳にあたったのは，おそらく同書の「任相」の項にいう，ムカリ直下の左右司の二人の郎中，金朝時代には太守であった女真人である（延祐四年に国家出版された元永貞『東平王世家』によれば，ムカリは己卯の歳すなわち1219年に，蕭神特末児を左司郎中に，狼川の張瑜を右司郎中に任じている)。趙珙自身が“説う所の「好城子」は乃ち好き州県也”とわざわざ解説を加えることからすれば，通訳のことばをそのまま記したとみてよいだろう。また，『蒙韃備録』によると“(見)[現]に内翰と為りて文書を掌”り，すこし後の彭大雅の撰，徐霆の疏証からなる『黒韃事略』（台湾国家図書館蔵明錫山姚咨手鈔本）でも，太宗オゴデイ時代，漢人，キタイ，女真に漢字で文書を発給する漢土担当のビチクチであったキタイ人移剌楚才（耶律楚材[47]）は，南宋の使節に“你們只恃着大江，我朝馬蹄所至，天上天上去，海裏海裏去（おまえらは，長江をあてにするばかりだが，我が朝の軍馬は，天なら天へ駆け登り，海なら海へと馳せ行くのだぞ)”と脅しをかけた。徐霆によれば，燕京の学校ではウイグル文字モンゴル語の翻訳教育が行われており，そこからモンゴル人に随行する通訳が誕生していった。チンカイ（鎮海）をはじめ，当時のウイグル人は，数カ国語を話すのがあたりまえだったらしく，徐霆をして“真是了得（まことにすばらしい)”と唸らせている。かれらの漢語が奇妙な特徴をもっていたとは一言も書いていない。さらに時代はくだるが，文天祥の『新刊指南録』（静嘉堂文庫蔵）に録されるバヤン（伯顔）やアジュ（阿朮）らの通訳のことばも，口語語彙をもって記されるが，直訳体ではない。

もっとも，これらの資料はいずれも，所詮はいわば外から見た漢語の記録にすぎず，自身の用いる口語にひきつけて書き留めた可能性は，否めない。ならば，“内”にあたる金朝から南宋接収以前のモンゴル治下華北の資料もみてみよう。

2）華北から見た口語漢語

移剌楚才が参禅の師と仰ぎ，自身の『湛然居士文集』の序文執筆をも依頼した万松野老釈行秀は，華北の名刹の住持を歴任し，キタイ，女真を問わず，帰依した者も多く，一種の文化サロンの中心人物となっていた。金の章宗自身，釈行秀が住持していた山西の玄中寺を訪れ，詩の応酬を為したこともあれば[48]，内裏に招いて説法を聞いたこともあった[49]。オゴデイ時代は，勅命によって万寿寺の住持をつとめ，乙未（1235）の歳には，朝廷より儒，仏，道三教の選試の計画をもちかけられ，討議に係わった長老のひとりでもあった[50]。生粋の華北知識人，といってよい。

その万松のことばが『万松老人評唱天童覚和尚頌古従容菴録』，『万松老人評唱天童覚和尚拈古請益録』の二書に書き留められている。“評唱”とは，北宋初期の雪竇が古の禅僧の問答，言行を選び出して纏めた『拈古集』，『頌古集』を命題としてとりあげ，それをさらに詳しく講釈するもので，この部分が万松老人の言ということになる。同様の書物では，北宋の圜悟が評唱を加えた『碧巌録』が名高い。金末の僧侶の説法がいかなることばで記録されていたか，少し『請益録』をのぞいてみよう。

今日有全真道士，懇求教言道：「弟子三十余年打畳妄心不下」。万松道：「我有四問，挙似全真輩。一問妄心有来多少時也。二問元来有妄心不。三問妄心作麼生断。四問妄心断即是，不断即是」。其人拝謝去不再来。

今日，全真教の道士がまいって，教導のことばを切に求めて申すには，「わたくしめは三十余年，頑張ってきましたのに煩悩がおさえきれませぬ」。万松が「拙者，四つの問いを全真教の其方に申したい。ひとつ，煩悩が芽生えてどれくらいか。ふたつ，もともと煩悩があったかどうか。みっつ，煩悩はいかにして断つのか。よっつ，煩悩は断つのが是か，断たぬのが是か」と申すと，その人は拝謝して去り，二度と来なかった。

ちなみに，ジャウクト侍読学士からオゴデイの僧道の選試開催命令を告げられたとき，華北では「沙門は久しく廃れ，講席漢読殊に少なし」という状態であったため，不合格者の続出を憂慮した万松は禅宗の諸老と海雲太師（劉秉忠の師）のもとにこの事態への対応，取り纏めの依頼に赴いた。海雲自身はこの選試によって「戒律を護ること少なく，学びて礼を尽くさず，身は道に於いて遠き」当時の僧侶たちを叱咤激励し経典を学ばせるによいきっかけであり，それをモンゴル朝廷の深意だと積極的に捉えた。とはいうものの，不合格者が出

ないようにイェケノヤン・クトゥクの部下，厦里丞相と交渉した。その交渉の記録も『仏祖歴代通載』巻二一に残っているが，

> 厦里丞相以忽都護大官人言問師曰：「今奉聖旨：差官試経，識字者為僧，不識字者悉令帰俗」。師曰：「山僧不曽看経，一字也不識」。丞相曰：「既不識字，如何做長老」。師曰：「方今大官人還識字也無」。于時外鎮諸侯皆在，聞師之言，皆大驚異。
>
> アリー丞相がクトゥクイェケノヤンの言葉（ウゲ）をもって海雲禅師を質して言った：「今聖旨を奉じたるに：官を遣わし筆記試験を行い，字が読める者は僧侶となし，字の読めぬものはすべて還俗させよ」。海雲が言った：「拙僧はお経を読んだことがござりませぬ。一字もわかりませぬ」。丞相が言った：「字がわからなくてどうして長老がつとまるのだ」。海雲が答えた：「いまのイェケノヤン殿は，では字がよめますのか」。その時，外鎮の諸侯は皆在席していたが，海雲のことばをきいてみな仰天した。

というように，ふつうの口語で書きとめられていた。

いっぽう，万松に半ばコケにされていた全真教はといえば，全真七子のひとり，馬丹陽のことばを霊隠子こと王頤中が記録している。『丹陽真人語録』がそれである。全真教団は，チンギス・カン時代に直訳体の創製に係わったとされ，次のオゴデイ時代に本格的に開始されたモンゴル子弟の漢語教育にも携わった[51]。しかし，語録中に記録される漢語は，“飢則喫飯去，飯罷則打睡去(おなかが空けばご飯を食べ，ご飯を食べ終わったら寝てしまえ)”，“道人只要豁暢，不可存体面，庵不是廨宇，你又不是官長，若却講俗礼則交接去処（道士たるもの，闊達でありさえすればよい，体面など気にしてはならぬ。庵は官庁ではないし，お前も官長ではない，それなのにもし世俗の礼儀をいうなら，交替しろ)”，“你毎初入関時，乞得一頓飯，便喫一頓。今則你毎功行少，也揀好処住，揀好食喫。将来成道則休，不了却索還債去（お前達が初めて弟子入りした時には，ご飯を物乞いして，得たら得た分だけ食べたものだった。今ではお前達ときたら，修行はわずかのくせに，住む場所をより好みし，食べ物をより好みしおる。将来，全真教の皆伝を得られたらまあよいが，だめならぎゃくにツケを返しにいかねばなるまい)”といったようなものであった。丘処機の師弟である馬丹陽は，まさに

「新栞関目馬丹陽三度任風子」雑劇の白（台詞）の部分と同じようにしゃべっていたのであり，弟子の王頤中も直訳体をもって記録しようとはしなかったのである。乙巳年（1245），孟州王屋県霊都観に発給された文書中に見える丘処機およびその門人たちの口語も，同様である[52]。

金から大元ウルスにかけての口語漢語の典型は，元刊雑劇三十種のうち，確実に華北で編纂された関漢卿「新刊関目閨怨佳人拝月亭」，「新刊関目詐妮子調風月」のような作品の台詞に求められるべきなのである。前者は，モンゴルの侵攻によって陥落寸前の中都を舞台に，金国の兵部尚書の娘（女真族）と秀才の恋愛を描き，後者は，金朝治下洛陽の貴族の侍女と千戸長の若様の恋愛劇である。当時の非漢民族と漢族が話していた漢語をそのまま写したとはいいきれないが，少なくとも関漢卿が慣れ親しんでいた口語漢語であることは，間違いない。元雑劇では，方齢貴が紹介するように“兀的”，“兀那”をはじめ，単語レベルでのモンゴル語の借用は珍しくない[53]。にもかかわらず，直訳体の特徴で旧本『老乞大』にも頻繁に見える句末の“有”，“有来”などがまったくあらわれないことを，いったい，どう説明するのか。

もちろん，上に紹介した口語資料は，実際にはすべて書記言語でしかなく，当時の音声言語を検討することは不可能である[54]。しかし，同じ書記言語であっても，モンゴル初期の直訳体文書の成立に深くかかわった全真教団や移剌楚才の口語の筆録は，かれら自身が記し，また日ごろ接していた文書の直訳体とは，文法上，明らかに一線を画している。そしてこの華北の口語のながれは，金から明までずっと連続している。

3　直訳体の登場

『大金徳運図説』は，金朝治下宣宗の勅命によって，金の徳運は五行のいずれがふさわしいか会議を開いたさいの記録であり，尚書省の文書および議論に与かった官僚の意見書を纏めたものである。その尚書省の文書に，章宗および宣宗の仰せがいくつか引用されている。

○承安五年（1200）二月二十日章宗皇帝再有勅旨：「商量徳運事属頭段，莫不索選本朝漢児進士，知典故官員集議後得長処（徳運についての討論は，大事に属することだが，本朝の漢人の進士，有職故実に詳しい官員を遍く求めて集団討議をすれば，優れた意見を得られよう）」

○泰和二年（1202）奉章宗勅旨：「継唐底事必定難行。継宋底事莫不行底麼？呂貞幹所言継遼底事雖未尽理亦可折正。不然只従李愈所論。本朝得天下，太祖以国号為金。只為金徳復如何？（唐朝を継承する場合はきっと実行が難しいだろう。北宋を継承する場合は，大丈夫だというのか。呂貞幹が言う遼朝を継承する場合には，道理は尽くしきれていないけれども糾正できる。そうでなければ李愈の論ずるところに従うよりほかない。本朝が天下を得ると，太祖は国号を金としたが，ただ金徳とするのも，またどうだろうか）」

○貞祐二年（1214）正月二十二日丞相面奉聖旨：「本朝徳運公事，教商量呈検（本朝の徳運の公事は，討議して，調査報告を提出させよ）」

本来の発言は，女真語もしくはキタイ語でなされた可能性もあるが，金朝の尚書省による漢語への翻訳であってさえ，句末の“有”をはじめ，直訳体の特徴は見えない。モンゴルは，その行政システム，文書，雅文聖旨の書式の体例などの多くを金朝から受け継いだ。しかし，直訳体は，すくなくとも典籍，石刻を通じて知り得る金朝治下の文書には，まったく現れない。金朝からモンゴルに投じた移剌楚才，粘合重山の文書にも現れない。1231年に楚才や女真人重山の領する中書省が発給した文書では，吏牘体が用いられている[55)]。

こんにち知られている限りでは，モンゴルが発した直訳体の文書の歴史は，癸未の年（1223）の全真教の丘処機に宛てたチンギス・カンの聖旨にはじまる。チンギス・カンが口頭でのべたおおせを通事の阿里鮮（おそらくタングト）が漢語に訳した。その文体は，ふつうの口語に近かった[56)]。

皇帝聖旨：道与諸処官員毎：丘神仙応有底修行底院舎等，係逐日念誦経文告天底人毎，与皇帝祝寿万万歳者。所拠大小差発税賦，都教休着者。拠丘神仙底応係出家門人等，随処院舎，都教免了差発税賦者。其外詐推出家，影占差発底人毎，告到官司，治罪断按主者。

皇帝の聖旨：諸処の官員毎（たち）に道（い）い与える；丘神仙の応有（あらゆる）底修行底（の）院舎等に

> て，逐日経文を念誦し天を告するに係る底人毎は，皇帝の与に万万歳を祝寿者。大小の差発税賦に拠く所は，都着けるを休めさ教者。丘神仙底応に出家せる門人等，随処の院舎に係るに拠いては，都差発，税賦を免じさ教て了者。其の外の出家を詐推し，差発を影占する底人毎は，官司に告到し，主者を治罪断按せよ。

全真教以外に宛てた文書でも同じである。郎中の張瑜宅に滞在していた海雲太師のために，ムカリ国王に宛てたチンギス・カンの聖旨（太速不花と麻頼によって伝えられた）は，

> 道与摩花理国王：你使人来説底老長老，小長老，実是告天的人，好与衣糧養活者。教做頭児，多収拾那般人，在意告天，不揀阿誰休欺者。交達里罕行者。
> （『仏祖歴代通載』巻二一）
>
> 摩花理国王に道い与える；你が人をして来させ説わしめ底老長老，小長老は，実是天を告す的人なれば，好く衣粮を与えて養活者。頭児と做さ教め，多那般な人を収拾，在意天を告し，不揀阿誰，休欺者。達里罕を交て行わせ者。

と訳されている。

現存する資料において，直訳体に特徴的な“～根底”，“～的上頭”，“不～那甚麼”，句末の“有”などの語彙，いいまわしがみられはじめるのは，オゴデイ時代に入ってからのことである。そしてこのオゴデイの癸巳の年（1233）にモンゴルのビチクチの子弟に“漢児毎言語文書（漢人たちのことばと書き物）”を，漢人官僚の子弟にモンゴル語を教える命令文が出され，本格的に翻訳官の養成が始まったのである[57]。したがって翻訳のマニュアルは，この直前までに準備，定められたものと見るべきだろう。

ただし，すでに高橋文治，杉山正明が指摘したように，チンギス・カン，そしてオゴデイから憲宗モンケ時代までの「前期直訳体」とでもいうべきモンゴル初期の翻訳文には，全体的には中国語の構造を尊重しようとする傾向があった。それに対し，クビライ以降のモンゴル語命令文では文体・用語・内容ともに著しい定型化が見られ，その直訳も，モンゴル語原文の語順，語法をできる限り優先させる，より生硬な文体に改められる[58]。たとえば，“道与～～宣諭

文字（誰それにいい与える聖旨）”が，“～～根底，～～根底，宣諭的聖旨（誰それに，誰それに宣諭する聖旨）”へ，“与～～告天念経祈福祝寿万安者（誰それのために天を告し，お経をとなえて福を祈り，長命を祝せ）”が“与告天～～根底祝延聖寿者”とあえてモンゴル語の助詞の訳語としての“根底”を用いる，といったふうに。

「前期直訳体」の蒙漢合璧碑は，現在のところ，少林寺の1253年のモンケの聖旨しか知られていない[59]。いっぽう，モンケ時代の直訳体のみの聖旨，令旨，懿旨碑は，数件残っており，また『大元至元弁偽録』にもモンケの聖旨が一件，クビライの令旨が二件収録される[60]。ここでは，『元典章』に載るモンケの聖旨を紹介しておこう。

蒙哥皇帝宣諭的聖旨：這丁巳年為頭，按月初一日，初八日，十五日，二十三日，這四个日頭，不揀是誰，但是有性命的背地裏偸殺的人毎，不断按答奚那甚麼。聖旨俺的，蛇児年七月十一日典只児田地裏写来

（『元典章』巻五七「刑部・諸禁」《禁刑》【禁宰猟刑罰日】）

蒙哥(モンケ)皇帝が宣諭的(した)聖旨に：這(こ)の丁巳の年（1257）を頭と為し，按ずるに月の初一日，初八日，十五日，二十三日，這の四个の日頭は，不揀是誰(だれであっても)，但是(およそ)性命の有る的(もの)を背地裏(ひそかに)偸殺的(した)人毎(たち)は，按答奚(アルタンギ)に断じなければ那甚麼(そりゃなんだ)。聖旨←俺的(われらの)。蛇児の年七月十一日に典只児の田地裏(に)写(か)い来(た)。

「モンケ・カアンが宣諭したジャルリクに」といういいかたからすれば，クビライ時代にあらためて翻訳された可能性も否定できないが，末尾の“～田地裏”は定型化ののちには“～有時分”と訳されるので，かりにそうであったにしても，ごく初期のことだろう。『大元至元弁偽録』や『元典章』といった典籍収録の命令文においても，碑文に刻まれた命令文の直訳体の変化と対応していることは，当然のことながら，両者の直訳体が異質でないことを示している。

また，『大元至元弁偽録』には，カラコルム万安閣において，モンケおよび丞相のボラカイ，親王，貴戚の面前で，少林寺長老の福裕と全真教の李志常が論争した有様が記録されている（通訳はハルガスンと安蔵）。李志常のことばは“乞児不会而巳（やつがれが出来ないだけです）”，“此是下面歹人做来，弟子実不

知也（これは下っ端の悪いやつがしたことで，私はほんとうに知りませぬ)”といった按配で，福裕のことばも“汝既不知何以掌教（わからないならどうして代表をつとめておるのか)”，“道士欺謾朝廷遼遠，依著銭財壮盛，広買臣下，取媚人情，恃力凶愎，占奪仏寺，損毀仏像，打砕石塔，玉泉山白玉石観音像，先生打了，随処石幢，先生推倒，占植寺家，園果，梨栗，水土，田地，大略言之，知其名者，可有五百余処（道士は朝廷がはるか遠くなのをいいことに欺き偽り，かねにたよって盛大な力をもち，あまねく臣下を買収し，ひとさまに媚びへつらい，力を恃んで横暴狼藉，仏寺を占拠し，仏像を壊し，石塔を粉々にし，玉泉山の白い玉石観音像を，道士どもが打ち壊してしまい，随処の石幢も道士どもが引き倒し，お寺も果樹園の果物も梨も栗も，水田も畑も分捕って，大体のところをもうせば名前のわかっているものだけで，五百カ所余りになるでしょう)”，“此化胡図本是偽造，若不焼板，難塞邪源（この『化胡図』はもともと偽造したものですから，もし版木を焼かなければ，邪悪の根源をふさぐことはむずかしいでしょう)”といったふうである。モンケのことばも“我為皇帝，未登位時，旧来有底，依古行之，我登位後，先来無底，不宜添出。既是説謊，道人新集不可行之（私はカアンとして，まだ即位していない時に古くから有った物は昔どおりに行うが，即位後に，以前無かったものは，付け加えるのは宜しくない。うそであるからには道士たちは新たに編集して広めてはならない)”と記されることからすると，筆者である大都路の僧侶祥邁が自身の話す華北の漢語にひきつけてすべての会話を書き直した可能性が高いが，通訳の安蔵，ハルガスン，福裕，李志常がじっさいにこうした漢語を話していたのかもしれない。しかし，いずれにしても，同じ書物の中でもモンケの聖旨とクビライの令旨は直訳体に書き分けられているのだから，じっさいに話される口語とモンゴル語聖旨の直訳体は，まったくちがっていたのである。直訳体がじっさいの口語をそのままに写しているのであれば，祥邁は，李志常やモンケたちの会話もこの文体で書けばよかった。

さて，直訳体を変えたといわれるクビライの命令文でもっとも早いものは，1244年に河北易州興国禅寺に発令された「天的気力裏，大福廕護助，護必烈大王令旨」[61]で，次に1252年汲県太一広福万寿宮に発令された「長生天底気力裏，蒙哥皇帝福廕裏，忽必烈大王令旨」，ほかに『析津志輯佚』学校に収録される1254年の二通[62]，『大元至元弁偽録』の1258年の二通等があげられる。

次に示す令旨は，現存する資料において，クビライが大王として発令した最後のもの，すなわち1259年閏十一月，全真教の道士姜善信に宛てて出された発令文である。この歳の八月，南宋遠征のため，四川に入っていたモンケが，釣魚山の軍営において急死，クビライは，その報に接しながらも，九月末にはあえて長江を渡り，南宋に侵攻する。いわゆる鄂州の役である。十一月に妻のチャブイからアリク・ブケ等北方情勢の緊迫化を伝える密使が到着すると，鄂州の後事はバアトルに任せ，閏十一月二日に北還，二〇日に燕京に至る。その強行軍のさなかに出されたのである。じつは，この年の夏のはじめ，モンケに南伐を命じられ曹濮の間に駐屯していたとき，すでにクビライはジャムチで姜善信をオルドに召しだし軍旅の事について諮問していた。かれを気にいり一緒に南伐につれていこうとしたが，辞退されていた。そのご中統元年の即位と同時に，再度招聘した。じゅうらい，このように説明されていた[63]。しかし，この令旨によれば，三月のクリルタイより前に姜善信に祈禱をさせるべく，開平府に到着する以前の行軍中に手配がなされていたのである。次代カアンの座を見据えての特別な令旨だった，といってよい。令旨中にみえる江南の茶，サムガ（贈り物）とは，まさしく長江以南，鄂州一帯で得た品なのであった。ちなみに，クビライとこの姜善信の結びつきは，いご山西，陝西一帯の道観，祠廟の建設ラッシュを生み出すことにもなる，全真教にとっても特別な令旨であった（詳しくは別稿にて述べる）。

忽必烈大王令旨示姜先生：你前者来時，我欲将你軍裏去呵，你不肯有来，却□許去開平府。我如今廻来。専別撒里，楊顕卿鋪馬裏取你去也。候来春二月天気暖和時分，開平府来者。却不是応了你前日底言語那甚麼。江南別無異物，茶撒花你取来者。外拠祈禱□□□合用的一切物件，都尽将来者。想宜知悉。己未年閏十一月十三日衛州北行[64]。

忽必烈大王の令旨に姜先生に示す：你が前者来た時，我が你を将て軍裏去こうと欲した呵，你は肯んじなかったので有っ来が，却って開平府に去くを□許した。我は如今廻って来た。専ら別撒里，楊顕卿を差して鋪馬裏て你を取りに去かせた也。来春二月の天気が暖和になる時分を候って，開平府に来者。却って你の前日底言語に応えなかったら那甚麼。江南は別に異物は無かったが，茶，撒花は你が取りに来者。外の祈禱□□□合に用いるべき的一切の物件に拠いては，都尽く将って来者。想うに宜しく知悉すべし。己未年閏十一月十三日，衛州の北にて行す

定型化の後であれば，たとえば“你已前来的時分，俺要你根底軍裏将去呵，你不肯有来……”とでも訳すところだろう。“想宜知悉”はふつう雅文漢文の詔の末尾に使う[65]。“己未”も“羊児”と，“衛州北行”も“衛州北有時分写来”あるいは，のちの泰定帝イスン・テムルの即位の詔[66]のごとく“衛州北裏令旨行有”と訳すのがふつうだろう。この時点でもまだ「前期直訳体」であった。それが，少林寺の 1261 年 6 月の「長生天的気力裏，皇帝聖旨」頃からいわゆる蒙漢合璧碑や『元典章』にみられるモンゴル語を機械的に翻訳した一般的な直訳体へと移行しはじめる。

この文体の転換は，おそらく，至元三年（1266）十月に勅牒の旧式を改めたこと[67]，五年の中書省，御史台など各役所間の文書書式の定型化[68]，六年二月のパクパ字の頒行，七年正月の「省，院，台の文移の体式」の制定[69]，八年の蒙古学校の設立とも連動し，意図して進められたことであった[70]。この直訳体の定型化によって，モンゴル語文書は，いかなる訳史の手にかかろうと，漢字圏において，原文の雰囲気そのままにほぼ一律の翻訳がなされることを保証されたのである。至元二九年正月の時点でも，華北，江南を問わず詔勅はモンゴル語で頒布されている。二九年いご，福建行省には漢語版が頒布されるようになったが，河南行省にはあいかわらずモンゴル語の文書が送られた[71]。これは，おそらく中原はタマ軍が，江南は漢軍が鎮した，混一以来のモンゴルの軍制と密接にかかわるだろう[72]。ただし，一般の案牘に関しては，江西行省においても，モンゴル語が用いられるのが普通であった[73]。なお，中書省，御史台，枢密院ではモンゴル子弟にビチクチを統括させたが，路の訳史の人員は，モンゴル人，漢人よりも，ムスリム，ウイグル人が多くを占めていた[74]。

1983–84 年，カラ・ホト（モンゴル時代の甘粛行省下エチナ路に属する）の発掘調査において，さまざまな言語で書かれたモンゴル時代の文書，典籍の断片

が大量に出土した。そのうちの漢文文書，典籍の断片を整理した李逸友は，そこに現れる文体をイリンチンのいう硬訳体（＝直訳体）および口語体，書面体の三つに分類した。直訳体は，おもに甘粛行省がエチナ路に発給した劄付の，カアンの聖旨やモンゴル諸王の令旨を引用する部分に見える。諸王やその后妃が駐屯，通過地のエチナ路の総管府に宛てた文書は，本来ウイグル文字モンゴル語で書かれていた。それをさらに総管府の訳史が原文に照らして翻訳し副本を作成，原文の後に貼り合わせる。副本のみの文書断片もあるが，サンガシリ大王の羊，酒の分例（駐屯地の官府から月ごとに供応される），ブルガン妃，ナクトゥン妃の米，小麦粉の分例命令では，ウイグル文字モンゴル語の原文に副本を添えたそのままの形で現物がのこっている[75]。訳史の署名もあり，也火□，エセン・ブカといった非漢民族が，翻訳を担当したことがわかる[76]。また，劄付文書において，これらの諸王，妃とのやりとりが引用される場合には，“畏吾児文字訳該”とことわりがついている場合が多い[77]。口語体は，民間の書信にもちいられているほか，吏牘文にも供述書として引用されている[78]。そして，この口語こそが，大元ウルス治下の華北で用いられた漢語にほかならず，前節で列挙した語録や雑劇中の口語と同類である。このエチナ路の文書の言語の使い分けの原則は，『元典章』，『通制条格』などにおさめられるすべての文書にあてはまる。

『元典章』の刑部，戸部の吏牘に見える華北のひとびとの口語の例については，すでに吉川幸次郎がおおむね拾い集めて紹介している。したがって，ここではとりあげないが，東平路であれ，済南路であれ，南京路であれ，河間路であれ，真定路であれ，句末に“有”をつける口語は，いっさい話されていない[79]。“蒙古文字訳該”とある公牘はすべて直訳体であって，普通の口語のものはない。庶民の言葉が直訳体で語られている場合，注意してみれば，それらのやりとりがすべて中書省や御史台の役人によって，カアンあるいは皇太子，皇太后，モンゴル諸王の御前で代言されたことばであることに気づく。

いいかえれば，『元典章』，『通制条格』などの政書にみえる直訳体は，本来その部分がモンゴル語でなされた会話であることを示し[80]，同じ漢字で表記しながら，中国語とモンゴル語の発言を区別するために作り出された最低限の約束なのであった。直訳体で書かれた案件は，カアンのお耳に達し，少なくとも「そのようにせよ」という直接のおことばをいただいたのである。モンゴル政権は，あらゆるものごとが，自分たちのことばによって決定，保証されることを，つねに示しておく必要があった。翻訳のさいになめらかな口語や，雅文漢文の文体が選ばれず，モンゴル語の構造をもつ直訳体があえて選ばれたのは，まさにこのためであった（じっさいに，杉山正明は，成宗テムル時代の直訳体の文面から，もとのモンゴル語へのひきもどしが可能なことを実証してみせた[81]）。当時のユーラシア世界では，ペルシア語も公用語であったが，王族の話すモンゴル語がすべての言語の上に立った。さいきん杉山によって簡潔に紹介されたように，モンゴル時代の「直訳体」現象は中国文化圏に限らない。直訳体ペルシア語，直訳体テュルク語，直訳体ティベット語，直訳体アラビア語の各公文書も存在する[82]。たとえば，現存するイランにおけるモンゴル語・ペルシア語の合璧文書――アブー・サーイード時代（1325年），シャイフ・ウワイス時代（1358年）のアルダビール文書においては，モンゴル語命令文の裏に書かれたペルシア語文は極めて簡潔でモンゴル語命令文の直訳に近い文体であり，フレグ・ウルス末期からジャライル朝においてもモンゴル語からのペルシア語訳文書が発行されつづけていたことを示しているという[83]。Rasûlid Hexaglot[84] や『事林広記』に収められる「至元訳語」をはじめ，東西でさまざまな対訳辞書が，政府の主導のもと，盛んに編纂されたのも，当然の成り行きであった。モンゴル時代の言語を，漢語中心に捉えようとすること自体，無理な話なのである。

ウイグル貴族のセチウル（薛超吾），セヴィンチュ・カヤ（貫雲石）をはじめ，ダルガ(チ)であったムスリムのマスウード（馬速忽），ビラ（必剌）などは，さまざまな書籍の出版に際し，雅文漢文によって，しかも見事な筆跡で序文をよせることができた。セチウル，セヴィンチュ・カヤは散曲作家としても名声をはせ，おなじウイグル貴族の魯鉄柱（字は明善。父は，漢語，サンスクリット，ティベット，モンゴルなどの諸言語の翻訳で名高いカルナダス）は『新刊農桑撮要』（台湾国家図書館蔵影元鈔本）を著わした[85]。この書は，官撰の『農桑輯要』の内容を簡潔にまとめ，平易な口語に近い通俗的なことばで，書きあらためたもので，集慶路において出版された。かれらは，いずれも流暢な漢語を操って本を書き，読み唄うことができた。ぎゃくにいわゆる漢人，南人にしても，モンゴル語を話せる者は，カアン直属，諸王位下のケシク，集賢院や翰林院の学士，各路に設けられた蒙古学の学生はもとより，いくらでもいた。女真の完顔氏を母にもつ馬充実は，幼少の頃，養父の李侯が万夫長でクビライにつきしたがって六盤山に駐屯していた間にウイグル語をマスターし，また許衡の推薦によってクビライに見えたさい，応答はすべてモンゴル語でおこなったという。周貞は大都に数カ月いただけでモンゴル語を完璧にマスターし，翰林院の訳掾を足がかりに以後ものすごい勢いで出世していった[86]。

そもそも，大元ウルス治下では，いかなる人種であろうとも，官職に就くならば，何語がしゃべれるか，ウイグル文字，パクパ字，漢字がよめるかどうか，がチェックされた。解由状の記載条項には，根脚（出身，履歴），前職任官時の業績などとならんで，何語に通暁しているか，書かねばならなかった。『翰墨全書』は，大徳十一年（1307）頃に劉応李が編輯した当時の文書の規範や体例，関連の聖旨，条画などを載せた貴重なマニュアル本だが，甲集巻五「諸式門・公牘諸式」《求仕解由体式》に，その旨しっかり載っている（『元典章』巻十一「吏部五・職制」《給由》【解由体式】もほぼ同じ）。

直訳体をモンゴル語ではなく，漢語として読むならば，モンゴル時代の文書の語ること，それらを収める資料そのものの性格も，ほんとうの意味で理解したことにはならない。

4　高麗における直訳体の受容

高麗とモンゴルの接触は，1218年，すなわち太祖チンギス・カンの十三年にはじまる。十一年に，黒契丹（カラ・キタイ[87]）の金山元帥六哥が率いる九万の軍勢がマンチュリア方面から高麗へ侵略を開始したのに対し，チンギス・カンはカチン，ジャラクに命じて援軍を差し向けた。モンゴル，東真軍は高麗側から派遣された趙冲，金就礪とともにキタイ軍を破り，ジャラクと趙冲は義兄弟のちぎりを結ぶ。このときはモンゴル側から趙仲祥と高麗徳州の進士任慶和の二人が通事として選ばれている。そのご，チンギス・カンの末弟で，マンチュリア方面を任され，またチンギス・カンの西征中，監国をつとめたテムゲ・オッチギン，カチウン（チンギス・カンの三弟）家の当主アルチダイ[88]大王等は矢継ぎ早に高麗に使者を派遣，入貢を求めるようになる[89]。

『東国李相国全集』巻二八の「蒙古国使賫廻上皇帝表」は，まさにそのおり，高麗からチンギス・カン宛てに返書として奉られたものである。そこには，“恭しんで惟うに皇帝陛下は，上聖の資を挺し，昊天の命を受け（其の詔に云う，）枢を握り極に臨む。万乗の独尊に居し（其の詔に云う「天下独尊」と），武を耀らし威を揚げ，一邦として服さざる微し。誕に明詔を頒し，布くこと偏方に及ぶ。文字の各々殊なるを以て，訳解に憑り而して乃ち識る”とある。つまり，チンギス・カンからはじまるモンゴル語聖旨は，『蒙韃備録』「官制」に金牌，銀牌，詔勅等の書に「天賜成吉思皇帝聖旨」と記したとあるがごとく，この時点ですでに例の“mongke tengri-yin kücün-dür, qan ǰarliγ manu（とこしえの天の力のもとに，カンの聖旨←われらの）”に類する冒頭句を有していた。高麗にもこのウイグル文字モンゴル語文面のまま，送られたものと考えられる。これがあくまで正本であった。ここで“憑った”という“訳解”が，通事の口頭による高麗語訳であったのか，直訳体の副本が添えられていたのか，はっきりとはわからない。ただ，ほぼ同時期のテムゲ・オッチギンへの返書では，“但だ来教するに小国の曽て女孩児及び漢児の文字言語を会する人を発遣せず亦た諸般の要底物を進奉せざる等の事を以てし，督責せらること甚だ厳にして，令を聞きて惶悸し，図る所を知らず”と，じゅうらいの国書の体を破って，わざわざ口語の語彙を以て答えており，それがオッチギンの「鈞旨」の引用とみえること，高麗から東夏国に転送された文書に“成吉思皇帝聖旨，道与東夏国王；准備親見来者……”云々とあることからすると，後者の可能性のほうが高い[90]。

両国の国交は，チンギス・カンの十九年の末にテムゲ・オッチギンが派遣したモンゴルの使者ジェグユク（著古与）が高麗への道中で殺されるという事件ののち，いったん途絶える。そのご，太宗オゴデイが即位すると，ジェグユク暗殺の一件をむしかえしその非を咎め，またカラ・キタイ征伐時の約束の履行を求めて，サルタク・コルチ率いる軍勢が，高麗進攻を開始した。

『高麗史』には，すでによく知られているように，オゴデイ三年（1231）十二月一日，二三日到着の直訳体の聖旨が収録されている。この直訳体は，『析津志輯佚』「学校」収載のオゴデイ五年の聖旨，『元代白話碑集録』巻頭拓本のオゴデイ十年「鳳翔長春観公拠碑」中に引用される聖旨等と同じように，いわゆる「前期直訳体」の特徴を呈する（このことからも，漢訳はモンゴル政府によって行われたと考えられる）。

チンギス時代と同様，オゴデイ期に高麗に宛てられた文書の多くも，おそらくモンゴル語原文とその直訳の二通からなっていた。高麗自体は，返書を書くにあたって全体の地の文は雅文漢文を使用し，引用のみ直訳体とした。これらは，辛卯（1231），壬辰（1232）の歳のモンゴルへの返書，すなわち『東国李相国全集』巻二八に収められた「蒙古行李齎去上皇帝表」,「送蒙古国元帥書」,「送撒里打官人書」,「答蒙古官人書」等に，“其著古与殺了底事”，“其再来人使着箭事”，“又可不愛人戸於我国城子裏入居事”，“你等此去，須於春三月時，発遣人使会得我国坐住処”，“又閲淮安公所蒙手簡称；你国選揀人戸赴開州館及宣城山脚底住坐種田”，“前次所諭進皇帝物件内，水獺皮一千領好底与来事”，“又称；国王、諸王、公主、郡主、大官人，童男五百箇，童女五百箇，須管送来事，“其所称你者巧言語説得我出去後，却行返変了入海裏住去，不中的人宋立章，許公才那両箇来的説謊走得来，你毎信那人言語呵，返了也事”，“又称；達魯火赤交死則死留下来，如今你毎拿縛者”，“又称：你本心投拝出来迎我者。本心不投拝軍馬出来与我廝殺者”といった口語語彙を用いた引用句が混じること，『東文選』巻六一金敞「与中山・称海両官人書」，巻六二朴暄「答唐古官人書」が冒頭に“長生天気力，蒙古大朝国(四海)皇帝福蔭裏”の句を置き，後者の註に“来書云；福蔭裏，統領蒙古紇漢大軍征討高麗唐古抜都魯言語；道与高麗王云々”とあることから推測される。

『皇元聖武親征録』に“是年秋八月二十四日至西京，執事之人各執名位，兀相撒罕（＝移剌楚才）中書令，(帖)[粘](重合)[合重]山右丞相，鎮海左丞相。自此(使遣)[遣使](撤)[撒]哈塔火児赤征収高麗，克四十余城還”[91]とあるのは，まさにこの頃のことである。『東国李相国全集』巻二八には，中書令移剌楚才宛ての戊戌（1238），己亥（1239）の歳の二通の書状も「送晋卿丞相序」と題して，収録されている。だが，こちらは徹頭徹尾，雅文漢文でしたためられ，直訳体の引用を挟まない。高麗に“丞相閣下以磊落奇偉命世之才”，“通詩書，閲礼楽文墨，位宰相”と盛んにもちあげられている移剌楚才が，高麗に文書を出したとすれば，やはり華北におけると同様，雅文漢文，もしくは吏牘体で書いたに相違ない。したがって，オゴデイの名のもとに出された高麗宛てのモンゴル語文書は，移剌楚才ではなく総責任者のチンカイ自身がしたためた，と見られる。

さらに，モンゴル語文書に添えられた「前期直訳体」の訳文が金朝治下の華北の口語，文書言語と一線を画していたこと，高麗自体が口語で文書を記すさいに「前期直訳体」を用いて文書を書くことができなかったことも，やはり同じ『東国李相国全集』巻二八「密告女真漢児文」からうかがえる。当該文書は，亡命してきた女真，漢児（契丹も含む）から聞いた状況をもとに，女真，漢児等の旧官僚に，高麗での優遇を約束して，一族郎党率いての亡命を勧誘する文書である。

> 比来你毎及回回阿万等諸国人獣，随蒙占投来我国者，衮衮不絶。其人等皆来伝你毎所言云：「阿毎久為蒙古駆逼，不堪其苦……是故頃者羊波奴甚憤之，方蒙古之伐東真也，率其属征其本屯尽殺了留在男女，遂入石城自保，蒙古於癸巳甲午年間，攻其城殺了底，自是後常疑吾属者久矣……」。毎来人所伝如是，其言不可不信，何者且我国与你毎国通好僅百年而略無嫌隙……
>
> このごろ汝らおよび回回阿万等の諸国の人，家畜で，占領されるに従って我が国に亡命してくる者が，滾々として絶えない。その人等は皆お前達が申していることを伝えてくる。「わたくしたちは，久しくモンゴルのために駆逐されその苦しみに堪えませぬ……この故に，さきごろ羊波奴が甚だ憤りまして，ちょうどモンゴルが東真を征伐にいっているすきに，部下を率いてモンゴルの本拠地を討ち居残っていた男女を皆殺しにし，石城に逃げ込み籠城しました。モンゴルは癸巳甲午年間（1233-1234）に，その城を攻撃し滅ぼしました。これよりのちいつも我が部族を疑うようになっ

て，久しくなります……」毎度，来る者が伝える所はこのようであるので，其の言を信じないわけにはいかない。何となれば我が国とお前達の国は好みを通じて百年たつだけでなく怨恨もほとんどない。

女真，漢児，高麗共通の口語漢語，もしくは書面の口語漢語があったにしても，直訳体では決してなかったのである。それに，李相国すなわち李奎報は，口語の漢語がどのようなものか，ちゃんと知っていた[92]。

高麗王室は，中統元年（1260），四十数年の長きにわたる抗戦から，クビライ新政権への参加へと路線を転換する。翌年六月，高麗国王は，アリク・ブケとのカアン争いに勝利したクビライに対し，祝賀と以後の忠誠の証しを兼ねて，世子をクビライのもとへ入朝させる。その時開催された宴会の様子を，掌記として実際に参加した王惲は次のように伝える。

[中統二年夏六月十日]是日高麗世子(植)[禃]来朝，詔館於都東郊官舎，従行者一十八人，選必闍赤太原張大本 字仲端，美豊儀辨而有文采，為館伴焉。継命翰林承旨王鶚，郎中焦飛卿犒慰。有詔，「翼日都省官与高麗使人毎就省中戯劇者」。十一日辛丑，都堂置酒宴，世子(植)[禃]等於西序，其押燕者，右丞相史公，左丞相忽魯不花，王平章，張右丞，張左丞，楊参政，姚宣撫，賈郎中，高聖挙，従西榻南頭至東北作曲肘座，掌記王惲，通訳事李顕祖，皆地座西嚮。其高麗世子与参政李蔵用 字顕甫，尚書李翰林直学士，南榻座亦西嚮。又有龍舒院書状等官凡六人，尚書已下三人，皆襪而登席，相次地座。酒数行，語既不通，其問答各以書相示。丞相史公首問曰；「汝国海中所臣者，凡幾処，軍旅有無，見征戍者，掌兵者何人，官号何名」。参政李蔵用対曰：「掌兵者金氏」……

（『秋澗先生大全文集』巻八二「中堂事記下」）

中書省の漢人官僚を中心に（もっともかれらの多くはモンゴル語も話せた），高麗の使節の相手をつとめ，ビチクチ，通訳事も同席した。通訳事の李顕祖は，中統元年七月十三日，燕京に行中書省を設立した時点では，宣使であって，通訳使は，阿里和之（西域人），道奴大哥，王合剌の三人，および王炳（字は煥卿，太原人）であった[93]。阿里和之等が選ばれていないことからすれば，想定された共通語はおそらく漢語であった。にもかかわらず，結局互いの言葉は通じず，筆談に頼ったという。史天沢等の筆談は文語で示され，「(翼)[翌]日，都省の官は高麗の使人毎与省中に就きて戯劇者」とのクビライの聖旨は直訳体に書き分けられている。

クビライ以降，高麗王の世子は，官人子弟を率いて，質子（トゥルカク）として大元ウルスのケシクに入参することが不文律となった。とくに忠烈王がカアンの公主を娶る駙馬（グレゲン）となった至元十一年（1274）以降，急速に高麗王室はモンゴル化する。歴代の高麗王自身に，モンゴルの血が色濃く流れるようになったこと，公主降嫁に伴う人・モノの流入，モンゴル貴族文化の伝播はもとより，行政システム上も，完全にモンゴルに組み込まれた。最近の森平雅彦の研究で明らかにされつつあるように，王室は最大の姻族コンギラト駙馬家，オングト駙馬家等と同等の処遇を得，高麗の地は，大元ウルスを構成する行政単位の行省の一，征東行省として機能すると同時にモンゴルから駙馬に与えられた投下領でもあった[94]。モンゴル語の重視は当然のことであった。モンゴル語の巧みな者が，出身を問わず取り立てられ，元宗，忠烈王等の寵愛をうけた。康俊才，康允紹・鄭子璵，柳清臣（かれらが“嬖幸”,“姦臣”とされるのは,『高麗史』を編纂した李朝の見解に過ぎない)，鄭仁卿，朴全之，権廉，崔文度等，皆そうである。クビライに目をかけられナリン・カラと呼ばれた元卿のような人もいる。崔安道にいたっては，三カ国語――モンゴル語，漢語，そしておそらくはペルシア語をマスターした[95]。また，趙仁規は，高麗王家にその聡明をみこまれ，とくに選ばれて若年よりモンゴル語を学んだ人物であった。忠烈王が大元ウルス朝廷にトゥルカクとしてクビライのケシクにあった時にも付き従った。クビライをしてそのモンゴル語の能力に感心せしめただけでなく，漢語にもあかるく，朝廷の詔勅の翻訳にさいしては，まったく間違いを犯したことがなかった。趙仁規登場以前は，高麗ではモンゴル語を学んでも会話に巧みな者が現れず，大都，上都に使者を派遣するさいには，大寧府の総管の康守衡が通訳を命じられていたという[96]。

モンゴルには，モンゴル語で話せばよかったのであり，ブロークンな漢語を話す必要は，なかった。そもそもモンゴルも，カチンの高麗入境当初から，義州の配下の者に高麗のことばを学ばせる姿勢をとり[97]，ことさら間に漢語の通訳者を立てようとはしなかった。この状況は，明初にいたっても変わらなかった。朱元璋自体が，高麗のスパイが，達達（タタール＝モンゴル）にあえば達達話を，漢児にあえば漢児話をと，自由自在に使い分けていることを聖旨の中で証言している[98]。ただ，高麗は，このとき自国の言語の表記方法としては漢字しかもっていない。まだ表音文字のハングルは存在しない（モンゴル語やペルシア語，漢字の音を表記することのできるパクパ字で朝鮮語を表わす発想や試みがあった可能性はじゅうぶんにあるが，現在のところ，そうした現物は見つかっていない)。文字を媒体とする際には，漢語を用いざるを得なかった。こんにち，我々日本人が，『元典章』の直訳体や，『元朝秘史』の傍訳を，語順を動かすことなくそのまま日本語に置き換えて読むことが可能であるように，同じアルタイ語系に属する高麗においても直訳体が有効であった。

『高麗史』には，クビライ以降の直訳体聖旨も転載されている。以下に，そのうちのいくつかを紹介する。

○巻二七「元宗世家三」十三年二月己亥

都省奏奉聖旨；教世子親自去者。教尚書省馬郎中做伴当去者。

都省が奏して奉じたる聖旨に；世子を教（し）て親自（みずから）去者（いかしめよ）。尚書省の馬郎中を教（し）て伴当（ノコル）と做（な）し去者（いかしめよ）。

○巻二八「忠烈王世家一」三年二月丁卯

枢密院奏奉聖旨；令茶丘前去高麗，与忻都一同勾当者。征日本還家三千軍也教去者。

枢密院が奏して奉じたる聖旨に：茶丘（チャク）を令（し）て高麗に前去（いかしめ），忻都（ヒンドゥ）と一同（いっしょ）に勾当者（しごとせよ）。日本に征して還家（ききょう）せる三千の軍也（も）教去者（いかせしめよ）。

○巻三一「忠烈王世家四」二六年十一月

於大徳四年七月初八日都省就喚当職元引官員省会奏過事内一件；「奴婢的勾当依本国体例行者」聖旨了也。欽此。續准都省咨文該；「王与濶里吉思那的毎言語不皈一各別的一般，除是別定奪，怎生呵是」奏呵，奉聖旨；「冬間王差将人来者。你也好生商量，怎生。定体的那其間了也者。除這的外，王教奏的言語依着他的言語者」。欽此。

大徳四年七月初八日に都省が当職，元引の官員を就喚し省会して奏過せる事の内の一件に「奴婢的勾当は本国の体例に依って行者」と聖旨が了也。此レヲ欽シメ。続きて准けたる都省の咨文の該に「王と濶里吉思那的毎の言語は一に帰さず各々別的一般。是別の定奪は除するも，怎生いたした呵是でしょうか」と奏した呵，聖旨を奉じたるに「冬の間に王は人を差し将て来さ者。你也好生商量したら怎生。定体的那其間了也者。這の的を除するの外は，王が奏教しめ的言語は他的言語に依着せ者」。此レヲ欽シメ。

○巻三七「忠穆王世家」四年二月乙未

元中書省移咨云：至正七年九月十四日，咬咬怯薛第三日，明仁殿内有時分，速古赤仏家奴，云都赤撒廸米失，殿中監給事燕古児赤等有来。帖木児答失左丞相特奉聖旨；「在前高麗百姓未曽帰附的時分，他毎倚本俗行来也者。托頼上天属了咱毎的時分，咋前知道不答失里将那百姓好生残害的上(明)[頭]，『知道一介人害高麗百姓』麼道，将不答失里罰去池南地面，為他依勢力不依法度行来的勾当，已嘗命諳知彼中事体，王脱懽，金那海教正理去来。時下促急，便怎生正理的有。如今交八麻朶児赤和王脱懽等与勾当的好人一同，不揀是誰，依勢力欺圧百姓的并民間不事理，好生正理，奏将来者」。

元の中書省が咨を移して云えらく：至正七年九月十四日，咬咬怯薛の第三日，明仁殿の内に有る時分に速古赤（天蓋持ち）の仏家奴，云都赤（刀剣持ち）撒廸米失，殿中監給事の燕古児赤等が有来。帖木児答失左丞相が特奉せる聖旨に「在前，高麗の百姓が未だ曽て帰附せざる的時分は，他毎は本俗に倚して行って来た也者。上天に托頼して咱毎に属了的時分に，咋前不答失里が那の百姓を将て好生残害したのを知道的上頭，『一介人が高麗の百姓を害したのを知道』麼道，不答失里を将て罰し池南の地面に去かしめ，他が勢力に依り法度に依らず行って来た的の為に已に嘗て彼中の事体を諳知するを命じ，王脱懽，金那海を正理教しめに去かせ来。時下促急なれば，便ちに怎生正理した的有る。如今八麻朶児赤（忠穆王）和王脱懽等を交て勾当的好人と一同に，不揀是誰，勢力に依りて百姓を欺圧する的并びに民間の事理ならざるは，好生に正理し，奏じて将て来者」。

これらは，何段階かの編纂過程を経て収録されているため，字句の乱れ，脱落が想定される部分もある。至元十年（1273）に齎された文書が，六年に制定されたばかりのパクパ字で書かれていたため，高麗側は誰も読めず，使者がその大意を伝えた[99]こと，至元十八年二月に，高麗のビチクチが文書の行移のノウハウに諳練していなかったため，大元ウルスの吏員の派遣を請うたことからすると[100]，至元以降は，モンゴル原文書のみが送付され，高麗王府内で直訳が為された可能性も否定はできない。ただし，漢語の通訳の教育は，モンゴル語より遅れ，忠烈王二年（1276）になってはじめて，通文館において開始される。翻訳を掌る司訳院の設置はさらに後のことである[101]。『朝鮮実録』では，高麗における漢語専修の機関は，漢語都監と司訳尚書房と呼ばれたといい[102]，前者が通事，後者が訳史の養成を担当したと見られる。こんにち『永楽大典』の残巻から鈔出された高麗関係の案牘，記事は，主として『経世大典』「征伐類・高麗」によっている。モンゴル政府は，高麗に宣諭した訓言，文書，高麗が奏上した表文等はチンギス・カン以来すべて保管していた。それらを資料として使用した『経世大典』はモンゴル語原文，吏牘体，直訳体をすべて雅文漢文に書き改めたため，『高麗史』収載の直訳体と直接の比較はできない。しかし，この時代の文書の様式に習熟していれば，これらの漢文からもとの直訳体，さらにモンゴル語原文のあらましを想定することは，二重の手間を必要とするが，可能である。

いずれにしても，『高麗史』において，直訳体が現れるのは，やはりすべてカアンの勅諭，聖旨，もしくはモンゴル諸王の言語（ことば）（ウゲ），モンゴル官僚の上奏の引用に限られている。しかも華北での聖旨の文体の変化と完全に軌を一にする。

5　大明時代の翻訳システム――モンゴルの遺産I

1）明初期の国書

『高麗史』に収載される明太祖の初期の詔が，モンゴル時代と同じ直訳体で記録されていることは，じゅうらいから知られていたが[103]，最近，寺村政男，黄時鑑が大元末期から明初にかけての口語漢語の資料として取り上げた。もっとも，寺村はこれが明太祖の生の言語なのか，高麗側の通事の翻訳言語であるのか，最終的な判断は保留している[104]。黄時鑑は，“直訳体は大元時代の口語に対し重大にして深遠な影響を及ぼし，さらには朱元璋が皇帝に即位したのちでさえ，かれの口諭は相変わらずこの文体を以て説かれた”という[105]。すなわち，この言語が直訳体から生み出された実用の口語であり，朱元璋もじっさいにこの言語を喋っていたと解釈するのである。また，舩田善之は，佐藤晴彦・竹越孝等の「漢児言語」論を踏まえ，これを直訳体が当時の華北の口頭語に近い形でなされた証左とした[106]。しかし，実は，この資料こそ直訳体がじっさいに話される口語ではなかったことを示す証拠にほかならない。

明太祖の詔が直訳体をもって書かれた例は，『高麗史』に限らない。たとえば，明朝廷から高麗，李氏朝鮮に宛てた文書を集めた『吏文』巻二にも“欽みて検し到るに，洪武五年七月二十五日の早朝，奉天門に，陪臣張子温の欽奉せる宣諭聖旨の節該に；我聴き得たるに；女直毎は恁の地面の東北に在り，他毎は古自り豪傑にして，不是守分的人で有る。恁は去って国王根底説っ着用心し隄防者。此レヲ欽シメ”とある[107]。だが，これらが太祖の生のことばであったはずがない。『高麗史』，『吏文』の大部分は，普通の口語，もしくは吏牘体で書かれており，また，なによりも明の王世貞撰『弇山堂別集』巻八六「詔令雑考二」に収録される呉王の令旨，皇帝の聖旨――すなわち最初期の朱元璋の命令文にはじまり，『皇明詔令』，『国朝典章』（中国国家図書館蔵明鈔本），『誠意伯文集』巻一「誠意伯次子閤門使劉仲璟遇恩録」などに収録される国内，いわゆる中華向けの大明皇帝の白話聖旨は，いずれもふつうの口語で書かれているからである。明朝廷は，大元ウルスの聖旨が口語の語彙を以て直訳されるのを真似して，朱元璋のじっさいの発言そのままに口語で表わした。漢語を母語とするひとびとに発令するのに，わざわざ直訳体を用いる必要は，ない。

たとえば，おなじ山東曲阜孔子廟に宛てて出された大元ウルスの大徳四年（1300）発給の文書の一部と洪武元年（1368）の文書を比べてみよう。なお，ここにとりあげる二通の文書はいずれも現地に碑文の形でのこっており，後者については，『水東日記』巻一九にも多少異同はあるものの移録がある。

①『孔顔孟三氏志』巻二 41b「成宗大徳四年孔廟石刻」

照得；近准蒙古文字訳該；中書省官人毎根底，阿魯渾撒里，孛蘭奚言語；「『在先孔子的後嗣，襲封衍聖公名字与了有来。如今這孔子的五十三代根脚他的孔治在前密州做官，孔夫子的廟祭祀管着有来』麼道，翰林院裏学士『他根底，在前襲封衍聖公体例裏，做襲封呵，怎生？』説有」麼道，奏呵，「那般者」聖旨了也。欽此。

照らし得たるに，近ごろ准けたる蒙古文字の訳の該に〔中書省の官人毎根底，阿魯渾撒里，孛蘭奚の言語に「『在先，孔子的後嗣は，襲封衍聖公の名字を与え了ので有来。如今這の孔子的五十三代の根脚←他的　の孔治は，在前，密州に官を做し，孔夫子的廟の祭祀を管し着いたので有来』麼道，翰林院の裏の学士が『他根底，在前の襲封衍聖公の体例の裏に，襲封を做した呵，怎　生？』説　有」麼道，奏した呵，「那般者」と聖旨が了　也〕此レヲ欽シメ。

②『孔顔孟三氏志』巻二 45a

洪武元年十一月十四日臣孔克堅謹身殿内，上対百官[面]奉聖旨；「老秀才，近前来，你多少年(幾)[紀]也？」。対曰；「五十三歳」。上曰；「我看你是有福快活的人，不委付你勾当，你常常写書与你的孩児。我看資質也温厚，是成家的人。你祖宗留下三綱五常垂憲万世的好法度。你家裏不読書是不守你祖宗法度，如何中？你老也常写書教訓着。休怠惰了。於我朝代裏，你家裏再出一箇好人呵不好？」。二十日於謹身殿西頭廊房下奏上位；「曲阜進表的廻去。臣将主上十四日戒諭的聖旨，備細写将去了」。上喜曰；「道与他少喫酒，多読書[者]」。欽此。

洪武元年十一月十四日，臣孔克堅は謹身殿の内にて，上様が百官に対している中で，「老秀才，近うまいれ。そちは何歳じゃ」との聖旨をじきじきに承った。「五十三歳でございます」と申し上げると，上様は「見たところ，そなたは福のある，しあわせな者じゃの。そちには公務を申し付けぬゆえ，つねに書き物をして，そちの子供に与えてやれ。見たところ，資質も温厚で，一家を興す者。そちの祖先が遺した三綱五常は，万世に手本を垂れるよき法度じゃ。そちの家で読書をせぬは，そちの祖先の法度を守らぬこと，どうしてよかろうか。そちは年老いていてもつねに書籍を書き写して，教え導け。怠るでないぞ。我が大明王朝の代にそちの家から再び優れた人を出したら，よきことではないか」とおっしゃった。二〇日，謹身殿の西の廊房にて，上様に上奏して「曲阜の表を進呈した者（孔克堅）が帰りまする。臣は上様が十四日に訓戒教諭された聖旨をつぶさに書き写してもっていきました」と申し上げると，上様は喜ばれて「かれに酒は少なく，読書は多くせよ，と申してやれ」とおっしゃられた。此レヲ欽シメ。

前者は，パクパ字モンゴル語（中書平章アルグンサリ，ブラルキと成宗テムルの会話）の案件を中書省礼部が翻訳，引用したものであることが，前後の文脈からわかっている。儒教の総本山，曲阜に宛てた文書に，雅文でもなく，ふつうの口語でもなく，敢えて直訳体を用いる。後者は，後至元六年（1340）に五十五代衍聖公を襲封した孔克堅自身に与えられた記録ということになっている。孔克堅は，人生の大半を，モンゴル政府の太常礼儀院，御史台，粛政廉訪司，集賢院など文化機関における高級官僚として過ごし，平章タシュ・テムルの知遇も受けていた[108]。孔克堅こそ生粋の華北漢語の話し手であったはずであるが，朱元璋との問答に直訳体の特徴は現れていない。

また，洪武二年に発令され，大都，河北などに碑文として残る朱元璋の聖旨を記した「国子監学制」についても同じことがいえる[109]。旧本『老乞大』の言語が，じっさいに義州から大都，直沽（現在の天津），山東にかけての一帯で話された「漢児言語」であるならば，なぜ洪武帝は，山東や大都（北平）にも，高麗宛てと同様の文体の詔勅を送らなかったのか。周知のとおり，『老乞大』は，大都，山東へ馬を売りにいく高麗王朝公認の商人一行と遼陽の漢人商人の道中記という設定になっている。商人，旅籠などのレヴェルにまで浸透していた口語であれば，モンゴルが北上してからも用いられたはずである。にもかかわらず，洪武年間の初めから急速にこの言語は文献資料から姿を消していく。それは，いったいなぜなのか。旧本『老乞大』をはじめ，直訳体があくまで目で読むモンゴル語からの「翻訳」言語であり，もともと実用の口語でなかったからではないのか。

『直説通略』,『水利集』(『浙西水利議答録』)[110] といった大元時代の編纂物の明刊本，明抄本,『永楽大典』所収の一連の政書に付された句読点の夥しい切り間違いは，成化年間（1465-1487）以降の文人がモンゴル語の直訳体をちっとも読めなかったことを露骨に示している。金末からモンゴル初期の山東，山西で急速に勢力を広げた全真教の道士馬丹陽のことば，雑劇のせりふの部分から，既述の「誠意伯次子閤門使劉仲璟遇恩録」や曲阜の碑文等に見える朱元璋の口語への移行に断絶はない。直訳体のみが異質な存在なのである。

「漢児言語を話すひとびとが皆モンゴルとともに華北から逃げていなくなった」などの，言語事象に無理やり虚構の歴史を添わせるたぐいの説明は，もとより論外である。モンゴル朝廷と命運をともにしたのであれば,「漢児言語」を話したのは，モンゴル朝廷内のひとびとのみということになる。実際には，華北にそのまま留まったモンゴル貴族，非漢民族も多かった。明初の朝廷自体，その実録中において告白するように，モンゴルの旧スタッフとノウハウなしには，やっていけなかった[111]。それに,「漢児言語が非漢民族と漢族の共通の言語である」と定義するならば，果たしてその言語の範囲を華北に限ることができるのか[112]。混一以後，呉語等を話す江南のひとびとと非漢民族は何語で話したというのか。『元典章』や『通制条格』に収録される福建や江西の案件の直訳体と華北の案件の直訳体がまったく同じなのは，どう説明するのか。

ひるがえって，同じ洪武期，高麗宛ての聖旨と同様の文体で書かれた書簡といえば，宋濂がものした一文「渤泥国入貢記」(台湾国家図書館蔵明錫山姚咨手鈔本）の末尾に附された洪武四年五月のブルネイの国王ムハンマド・シャーの表の訳文がまずあげられるだろう。

> 渤泥国王臣馬合謨沙為這幾年天下不寧静的上頭，俺在番邦裡住地呵，没主的一般。今有皇帝，今有使臣来開読了皇帝的詔書，知道皇帝登了宝位，与天下做主，俺心裡好生歓喜。本国地面是闍婆管下的小去処……
>
> 渤泥(ブルネイ)の国王，臣馬合謨沙(ムハンマド・シャー)は，這の幾年天下が寧静でなかっ的上頭(たため)，俺(われら)は番邦の裡(うち)に在って住地(すんで)いた呵(ところ)，主没(な)き的一般(のようでした)。今皇帝有り，今使臣の来たる有りて，皇帝的(の)詔書を開読し了(て)，皇帝が宝位に登っ了(て)，天下の与(ため)に主

と做(な)るを知道(しり)，俺(われら)は心の裡(うち)に好生(ひじょうに)歓喜しています。本国の地面是(は)闍婆(ジャワ)の管下的(の)小さな去処です……

“～的上頭”，“～的一般”等はもとより，あとの箇所に“託着皇帝詔書来的福蔭”とあるのも，あきらかにモンゴル時代の言いまわしである[113]。宋濂によれば，この表および皇太子の牋文を献じるために，ブルネイから明へ使者として派遣されたのは，ムスリムのイスマーイール以下四名で，泉州から上陸，八月十五日に南京に入り，翌日会同館で接待を受けている。“其の表は金刻の番書を用い，彷彿たること回鶻(ウイグル)書の如く，其の文は鄙陋にして観るに足らず。皇太子の牋は銀を用い，牋文は表と相類す”という。ウイグル文字に似ていること，ムスリムの交易圏内であることなどからすれば，表および牋の原文は，アラビア文字で書かれたペルシア語の可能性がたかい（ただし，そのペルシア語が本来のペルシア語文法に即していたかどうかはわからない。モンゴル語直訳体ペルシア文であった可能性もある。後述）。翻訳は，チャンパの朝貢の例等からしても[114]，明朝廷でなされたものと考えるのが無難だろう。ただ“其の文は鄙陋にして観るに足らず”とあり，すでにイスマーイール等ブルネイ側によって翻訳，副本として添えられていた可能性もじゅうぶんにある。とすれば，モンゴル時代，ブルネイ朝廷にも直訳のマニュアルが行き渡っていたことになる。そもそも，“東は日本・高麗，南は交址・占城・闍婆，西は吐蕃，北は蒙古諸部落の使者が道に踵を接す”と豪語する明朝廷の外交範囲は，じっさいには，大元ウルス時代の交易地の一部分から一歩も出ていなかった[115]。また，逆にそれだからこそ，明朝廷は，実態はともかく大元ウルスを越える象徴として，おもてむき“歴代未だ嘗て朝貢せず，故に史籍に載らざる”ブルネイや琉球からものものしい“朝貢”の形式を取らせることにやっきとなったのであった。

同様に，直訳体の特徴をもつ資料としてよく知られているものに，『御製文集』巻一（台湾国家図書館蔵明初内府刊本），『賜諸蕃詔勅』（旧北平図書館蔵米国国会図書館マイクロフィルム明初内府刻本）に収められる洪武十年六月二四日発令の「諭西番，罕東，畢里等詔」がある。

奉天承運的皇帝，教説与西番地面裏応有的土官毎。知道者。俺将一切強歹的人都拏了。俺大位子裏坐地有。為這般上頭，諸処裏人，都来我行拝見了。俺与了賞賜名分，教他依旧本地面裏，快活去了。似這般呵，已自十年了也。止有西番，罕東，畢里，巴一撒，他毎這火人，為甚麼不将差発来。又不与俺馬匹牛羊……

天を奉じ運を承る的皇帝が，西番の地面の裏の応有的土官毎に説い与え教める。知道者。俺は一切の強歹的人を将て都拏了。俺が大位子の裏に坐地いるので有る。為這般上頭，諸処の裏の人が都来て我の行に拝見し了。俺は賞賜，名分を与え了，他を教て旧本の地面裏依って，快く活しに去かせ了。似這般なった呵，已自十年が了也。止だ西番，罕東，畢里，巴一撒が有り，他毎這の火人は，為甚麼差発を将って来ない。又，俺に馬匹，牛，羊を与えない……

“～有”，“為這般上頭”などはもとより，“私のところに”の意を表わす“我行（háng）”なども見える。詔の後半部には，次のような一節もある。

俺聴得説，「你毎釈迦仏根前，和尚毎根前，好生多与布施」麼道。那的是充分好勾当，你毎做了者。那的便是修那再生底福有……

俺は説うのを聴き得ている「你毎は釈迦仏根前，和尚毎根前，好生多く布施を与えている」麼道。那的は充分に好い勾当で，你毎は做して了者。那的は便ち那の再生を修める底福で有る……

ここにも，“根前”，“麼道”，“～有”など直訳体の特徴が現れている。西番，罕東，畢里，巴一撒は，チンギス・カンの第二子チャガタイ系の「チュベイ・ウルス」がおさえていた地方である[116]。したがって，じっさいにはモンゴル語で書かれた文書が正文であり，その翻訳である漢語のほうはあくまで附録として送られた，とみるのが普通だろう。『御製文集』，『明実録』等に収載される諸外国，いわゆる非漢民族への詔がいずれも雅文漢文で書かれているのに[117]，「西番，罕東，畢里等を諭す詔」のみが直訳体なのは，この詔については，雅文漢文のそれがもともと作成されなかったか，もしくは文集に収録するさいに雅文版が紛失していたためだろう。おそらく口頭の聖旨から直接モンゴル語に訳され（ふつうは，この段階で翰林院に委託して雅文聖旨も作成される），文書庫にモンゴル語版とその傍文直訳の控えが残っていたのではないか[118]。

『賜諸蕃詔勅』，『御製文集』巻六所収の「諭元丞相驢児勅」には，一部口語がのこっており，収録にあたって平易な雅文漢文の体裁にととのえた可能性さえある。

なお，洪武八年正月に，烏斯蔵のカルマパに宛てた御宝聖旨にも，

> 皇帝聖旨；中書省官我根前題奏；西安行都衛文書裏呈来説；烏斯蔵哈尓麻剌麻卒尓普寺在那里住坐修行。我想修行是好的勾当，教他穏便在那里住坐。諸色人等休教搔擾。説与那地面裏官人毎。知道者[119]。
>
> 皇帝の聖旨に；中書省の官が我の根前に題奏するに；西安行都衛の文書の裏に呈して来たりて説うに；烏斯蔵の哈尓麻剌麻は卒尓普寺の那里に在りて住坐し修行す。我の想うに修行は是れ好き的勾当にて，他を教て穏便に那里に在りて住坐せしめよ。諸色の人等は搔擾教しめるな。那の地面の裏の官人毎に説い与える。知道者。

とある。

少なくとも，明初期，中華向けの詔はふつうの口語，高麗・ティベット・河西のモンゴル諸王家・ブルネイ等との外交文書は直訳体と明確に使い分けられていることは否定できない事実である。この理由を，いったいどう説明するのか。

『故宮書画録』に紹介される「明太祖御筆」上下二冊（架蔵番号：原九二）は，国内外に宛てた七十六篇の詔，勅諭の控え（御筆とするのは正確ではない）を万暦年間に閣臣の申時行が故牘から探し出して表装したもので，明初の軍事，外交資料としてきわめて重要だが，同時にまさにこの言語の使い分けの事実を具現する資料ともいえるだろう[120]。すなわち，諸藩に分封した自身の王子達や漢族の部下に宛てたものは，普通の口語もしくは吏牘体，雅文漢文で書かれている。いっぽう，もと大元ウルスの平章政事で明朝廷に雲南建昌衛の指揮使に任じられたオルグ・テムル，チュベイ系に属する沙州衛のモンゴル王アルカシリ（もしくはエルケシリ）等に宛てたものには，“根前”，命令形の“～著”，推量形の“～也者”，句末の“有”，“麼道”等が見られ，あきらかに上述の国書と同じ特徴をもつ[121]。下冊 No. 5 のモンゴルのネケレイ等に宛てた諭旨には，次のようにある。

大明皇帝諭丞相揑怯来。洪武二十一年十一月(原欠数字)日。知院火児灰，尚書某人到京，将到丞相文書裏面意思，口説的縁故，都知道了。説「丞相要口温地面住座。這是丞相与多官人，衆百姓每心愛処，便是好有。心裏喜住処不座地呵，多人不喜歓」麼道。揀長便処，安多人心呵好。且如今遍丞相与多人来的縁故，我知道了。「也速迭児這人祖宗以来，宗族裏面目使的人」麼道，今遍与馬剌哈咱，咬住，衆人「廃了你的可干」麼道。若是丞相随著也速迭児行呵，不是丞相同廃君呵，也是也者。今丞相不為臣下之臣，逕来我行来呵，「一是知天命，二是要与你的可干報讐」麼道。揀麼那箇尋思的意思，都不如丞相最高。這箇好名而遠伝将去，万古有名有(里)[理]。如今口温立口温衛，丞相做指揮使，多人名分，丞相写将来。我定奪，行同印信一同去。我的意思這般定奪。未知丞相与多人心裏如何。若不合意呵，再説将来。故勅。

大明皇帝が丞相揑怯来に諭す。洪武二十一年十一月（原 数字を欠く）日，知院の火児灰，尚書の某人京に到り，将て到る丞相の文書の裏面の意思を，口で説い的縁故，都知道了。説うには「丞相は口温の地面に住座するを要めている。這是は丞相与多くの官人，衆くの百姓毎の心に愛する処にて，便是好いので有る。心の裏に喜ぶ住処に座地しなかった呵，多くの人は喜歓しないだろう」麼道。長便の処を揀び，多くの人の心を安んじた呵好い。且つ今遍丞相与多くの人が来的縁故の如きを，我は知道了。「也速迭児這の人は祖宗以来，宗族の裏に面目を使う的人」麼道，今遍馬剌哈咱，咬住，衆人与「你的可干を廃し了」麼道。若是丞相が也速迭児に随っ著行った呵，丞相が同に君を廃したのでなく呵，也是也者。如今丞相は臣下の臣と為らず，逕ちに来りて我の行に来た呵，「一是天命を知り，二是你的可干の与に報讐を要める」麼道。那箇尋思し的意思を揀んだのであって麼，都丞相の最も高きに如かず。這箇好き名は而して遠きに伝わり将て去き，万古に名有り理有り。如今口温に口温衛を立て，丞相は指揮使を做し，多くの人の名分は，丞相が写きて将て来い。我が定奪し，行するに印信と一同に去かしむ。我的意思では這般に定奪す。未だ知らず，丞相与多くの人の心の裏は如何。若し意に合わなかった呵，再び説い将て来い。故に勅す。

ときを遡ること半年前，大元ウルス皇帝トグス・テムルは藍玉率いる大明軍の急襲に遭い，ブユルノールからカラコルム目指して逃走中，トーラ河付近でイェスデルとオイラト部の軍によって殺害された。イェスデルは，嘗てクビライとカアンの座を争ったアリク・ブケの後裔である。トグス・テムルに付き従っていたネケレイ等は，命からがら脱出，やむをえず明朝廷への投降を決断，コルクイ，イラカ等を派遣，書簡と馬を献上したのである[122)]。この朱元璋の勅諭は，ネケレイ等からもたらされた文書に答えたものにほかならない(ネケレイは，じっさいには知院であり，丞相はシレムン，コルクイは右丞であった。抄写の段階での脱落，誤解，あるいは，のちのシレムンの反抗が影響している可能性もある)。この諭旨をうけて，さらに大元国公老撒が翌年の正月に入朝し，ネケレイ等の返事を伝えた[123)]。

そしていわゆる甲種本『華夷訳語』には，その洪武二一年冬にネケレイから送られたモンゴル語の書簡と対訳が収録されている[124)]。であれば，ネケレイに宛てた勅諭も同じモンゴル語で書かれたと見てまちがいない。じじつ，そのご口温，全寧，応昌一帯に所領を認められたネケレイに対して下された文書もモンゴル語で書かれており，同じ『華夷訳語』に「勅礼部行移応昌衛」として収録されている。『皇明開国功臣録』(台湾国家図書館蔵正徳刊本）巻三二「汪五十八」には，モンゴルの有力王族ナガチュとともに明朝に投降したアス族のタビンナイマンに，洪武帝が雅文漢文の制誥とともに“其の国書に訳して之を賜わった”という記事も見られる。

同様に，『御製文集』，『賜諸蕃詔勅』，『明実録』等にみえるアジャシリやナガチュ等モンゴル諸王，貴族，ティベット仏教僧リンチェンツァンポ等に宛てた詔が，建前として雅文漢文のそれも送付されはするが，じっさいにはモンゴル語で発令されたことも，この『華夷訳語』に収められている「詔阿札失里」，「勅僧亦鄰真臧卜」，「勅礼部行移安答納哈出」などによってあきらかとなる。

外交言語に「漢児言語」が用いられたなど，幻想にすぎない。じじつ朱元璋みずからも，「ティベットは漢人言語がわからぬから，ティベットの官人を派遣する」と述べている[125)] モンゴル諸王はもとより，大元ウルスの駙馬国であった高麗，歴代カアンが精神のよりどころとして深く帰依したティベット仏教のティベット，この両国首脳部には，公用語としてのモンゴル語の使用はごく当たり前のことであった。上にあげてきた高麗，ティベット，モンゴル宛ての詔，勅諭，ブルネイの表文は，本来モンゴル語あるいはペルシア語で書かれていた。我々がこんにち見ているものはその訳文である。だからこそ，これら外国向けのもののみ，ふつうの口語とことなる直訳体なのであった。朱元璋がじっさいにこの言語を喋っていたわけでは決してない。

では，明朝の外交文書の翻訳は，なぜこの前代に由来する文体を敢えて採用したのか。

2）四夷館の翻訳

洪武十五年（1382）春正月六日，朱元璋は，モンゴルの遺臣でいまはそれぞれ，翰林院侍講，編修の任にある火原潔，マシャイフ等に，モンゴル語の翻訳法のテキストとして，『華夷訳語』の編纂を命じる。火原潔は中華育ち，少なくともモンゴル語，漢語のバイリンガルで，四書五経にも通じていたという。天文，地理，人事，物類，服食，器用などあらゆる方面の単語を収載し，例文として，じっさいにモンゴル語で発令した詔勅，あるいはモンゴル語で受け取った表文を付した。それらのモンゴル語は，ウイグル文字でもパクパ字でもなく，漢字による発音表記（やはりモンゴル時代のノウハウに従ったもの[126]）により，例文には，逐語直訳の傍訳と句ごとの総訳が施された。ただし総訳については，きわめて平易な雅文漢文→文白混交文（「勅礼部行移応昌衛」に一部，雅文漢文に直し忘れた箇所が見られる）→傍訳があるのでふつうの口語に近づけた直訳体（「勅礼部行移安答納哈出」）と，例文を読み進めるにつれ変化していき，「撒蛮答失里等書」以降には付せられていない。学習者自身に翻訳文作成の練習をさせるためだろう[127]。

「勅礼部行移安答納哈出」の総訳のうち，前節にて紹介したネケレイ等への論旨と密接に関わる部分を参考までにあげておく（ちなみに，この文面は，洪武二二年十一月のチュベイ家のクナシリを招諭したそれとほぼ同じ内容である[128]）。

「自脱歓帖木児皇帝，他做皇帝時，於多百姓上好生不愛恤」麼道。因此上天下人乱了，積漸整治不得，豪傑毎多，無那一定的時節，我毎在閑中坐地，見多百姓毎不能勾寧息，因此上郷中親戚并隣里衆伴当毎商議(者)[着]，収拾了些人馬，将乱雄毎四五年間都平定了。達達軍馬毎帰附的帰附了。草地裏去了的多。洪武二十年，二十一年，両次遣兵，直到達達田地裏，将有的達達毎帯回来撫綏了。那做皇帝的脱忽思帖木児，領着万已上人，走往也速迭児那裏去了，被也速迭児連他孩児都擒住。使臣来説呵，「都廃了」麼道。其余人馬，第四知院捏怯来，国公老撒，丞相失列門，尽数領来帰附我毎，安札屯種順水草牧放頭口。

ちなみに，『華夷訳語』に収められる詔，来文が編纂開始より七年も経過した洪武二二年のものまで含み，同年十月十五日付けの劉三吾の序が附されるのは，いうまでもなくトグス・テムルとその後嗣の死によってクビライの聖なる血脈が途絶えたこと，モンゴルの中でも大勢力であるナガチュ，トグス・テムル傘下のネケレイ等の投降を示す，明朝廷にとって記念すべき文書を収録したかったからである。ここにいたって，モンゴルの脅威に対して明朝廷は一息つくことができたのである[129]。これらの文書を，翻訳官養成の場で，モンゴルをはじめとするいわゆる非漢民族と漢族を問わず繰り返し学ばせていくことは，すなわち，大元ウルスの正統な後継者としての大明朝廷，その偉大さをアピール，刷り込むことを意味した。明朝廷は，あきらかにイェスデル，オイラト部のモンゴルを意識していた。語学書として注目されるためか，じゅうらい指摘されていないが，『華夷訳語』の編纂はきわめて政治的な所産でもあった。

『華夷訳語』の例文以外に，大都に蔵されていたウイグル文字モンゴル語による黄金の氏族チンギス・カン家の秘密の史冊――いわゆる『元朝秘史』も同様の細工を施され，長編の読本教材として，学生に供された[130]。

周憲王朱有燉の戯曲「美姻縁風月桃源景」(『奢摩他室曲叢』第二集所収) は，途中モンゴル人が酒を飲み，モンゴル語で話し，モンゴルの歌をうたう場面が挿入されることで有名だが，

[孤云]這達子，你説番語，我不省得。你学漢児説与我聴。[浄云]官人馬不見有，下着大雪，那裏去尋那馬有。

という。孤（官僚役：御史台の役人）に「このモンゴル人め，お前が野蛮人の言語（モンゴル語）をしゃべっても，わしにはわからぬわ。お前，漢人の真似をしてしゃべって聞かせて見ろ」といわれて，浄（三枚目：モンゴル人）が“～有”を連発するのは，この芝居をつくった周憲王はもとより，観客として想定されている宮廷内の皇帝，官僚たちに，『華夷訳語』，『元朝秘史』をはじめとするこのモンゴル語の直訳体がよく知られていたからである（朱有燉と同じく雑劇作家としても名をのこした寧献王朱権が『元朝秘史』を読んでいたことは，たとえばかれの著『天運紹統』，『通鑑博論』によって証明できる）。浄が文書翻訳の文体を当意即妙に口語として使ってみせたところに，この場面のオチがある。これが，かりに明太祖も話した共通語の「漢児言語」であるならば，笑いはとれなかっただろう。なお，この例は，もとにモンゴル語原文があるわけではないので，擬直訳体といえる。

洪武二三年の九月には，大寧等の衛に儒学を置いて武官の子弟を教育するいっぽうで，モンゴルの文字が読める者を送り込み，モンゴル語の文書を学習させ，翻訳，通事官の育成にもつとめた[131]。こうした場でも，さっそく『華夷訳語』，『元朝秘史』が教材として使われた可能性がある。

また，『華夷訳語』の編纂と同じ洪武十五年秋九月，朱元璋は，司天監の海達児（ハイダル），阿答兀丁（アッター・アッディーン），回回大師のマシャイフ・ムハンマド等モンゴルの旧臣たち[132]に，やはり大元ウルス朝廷の書籍の中から，イスラームの天文書を翻訳させ，翌十六年に刊行した。こんにち『明訳天文書』とよばれている書物である[133]。おなじマシャイフが翻訳にからんでいるにもかかわらず，直訳ではない。それは，巻頭の序文で呉伯宗がのべるように，原文がモンゴル語ではなくペルシア語であったこと，語学教材ではなく，イスラーム暦を実用に供するため，朱元璋の指示で，マシャイフ・ムハンマドが口頭で中国語に翻訳するのを，片端から翰林の李翀，呉伯宗等に平易簡明な漢文で纏めなおさせたからである。やはり同時期の『回回薬方』（中国国家図書館蔵明抄本[134]）が直訳体でなく，『三国志平話』をはじめとする大元時代に刊行された一連の平話の文体に近い文白混交文であるのも，同じ理由による。

火原潔やマシャイフ以外にも，たとえば，コニチが洪武九年三月に翰林院の蒙古編修を授けられ[135]，洪武二一年に帰順したモンゴル人クトゥダイが，大元ウルスの翰林侍読学士であったように[136]，明朝は熱心にモンゴルの旧臣を取り込んだ。モンゴル人の丑驢（漢名は李賢）は，大元ウルス朝廷では工部尚書であったが，洪武二一年以後は，燕王（のちの永楽帝）のもとで活躍し，“凡そ塞外の表奏，及び朝廷の降す所の詔勅は，みな彼をして訳せしめた”という[137]。丑驢の仲介で太祖に推薦されたモンゴル人の七十（ダラン）も，大元ウルスの故臣であることから，抜擢され翻訳に従事した[138]。翻訳のノウハウは，これらのひとびとによって明朝廷に伝えられたのである。

そして明朝の外交言語も，大元ウルス時代と同様，あいかわらずモンゴル語とペルシア語であった。その象徴として，永楽五年（1407）五月十一日，ミール・ハーッジー（米里哈只）に，揚州でのイスラームの布教を認めた勅諭があげられるだろう。この勅諭は，現在，民族文化宮に保管されているが，右に雅文漢文，中央にペルシア語，左にモンゴル語の合璧文書である[139]。

この永楽五年には，洪武期の翻訳事業をさらに発展させた形で，翰林院に四夷館が正式に付設され，韃靼，女真，西番，西天，回回，百夷，高昌，緬甸の八館に分かたれた。さらに同年，ティベット仏教僧カルマパすなわちテシンシェクパが永楽帝の招請をうけて二月五日から三月十八日まで南京の霊谷寺で明太祖朱元璋と皇后を追善供養する大法会を開催したが，その有様を描いた彩色絵巻『如来大宝法王建普度大斎長巻画』（ツルプ寺旧蔵）の詞書は，漢語，ペルシア語，百夷語，ティベット語，モンゴル語が対訳の形で書かれている[口絵 11][140]。

モンゴル人のダランタブン（七十五，のち徐晟）やムスリムのハーディ（哈的）は，永楽の初めに，この“外夷文字”の翻訳のために召し出され，いご“凡そ西北二虜及び南夷の事，悉く与り之を聞す”るようになり[141]，最初の学生であるウイグル人の昌英は，しばしばカラコルムやハミのモンゴル諸王のもとへ使者にたち，正統年間には通事および四夷館の教師に任じられている[142]。僧録司左覚義としてティベット方面のさまざまな権益を握った西寧衛出身の張ダルマも，最初はティベット仏教僧の朝貢のさいの翻訳，通訳官として永楽帝に見出され，出世の足がかりを得た[143]。

ティベットでは，大元ウルス以来の聖旨，詔勅，懿旨，令旨，ティベット語の国師の法旨などの現物が，こんにちまで多数保存されている[144]。大元時代のカアンの聖旨，皇后，諸王の懿旨，令旨等はパクパ字モンゴル語で書かれていた。それが，四夷館設立以降の明朝廷の詔勅は，現在知られている限りでは，絹地に右から雅文漢文，左からティベット語を合璧で記したものがほとんどで，モンゴル語を付さなくなる。

とはいえ，八館のなかでも依然モンゴル語の教育がとくに奨励されていた。景泰三年（1453）の時点で，明朝が西方宛ての外交文書をまだ常にモンゴル語で書いていたことは，トプカプ・サライ博物館に現存する，景帝がラーリスターン地方の都，ラールの頭目ヤンリルジに宛てた漢語とモンゴル語合璧の勅諭によって証明される。そのモンゴル語は，漢文の固くて簡潔な用語法を自分のことばで容易（たやす）く自然に表現できる人物によって原文の意味に忠実に翻訳され，なおかつ擬古的な雰囲気の漂う荘重なことばで書かれていた[145]。また，東方では，女真館をわざわざ開いたにもかかわらず，とうの女真人が女真文字に堪能ではなく，じっさいには，大明，朝鮮，女真の間ではモンゴル語の文書のやりとりが一般であり[146]，この状況は，満文の創製までつづく[147]。

西域の玄関口，要害の地を統べたハミ王家は，『華夷訳語』の「納門駙馬書」にも記されるごとく，チャガタイ家チュベイの末裔である[148]。洪武末期からのティムール朝との緊迫した折衝の場においての中継はもとより，永楽帝が自身のケシクで養ったトクトを当主として送り込んで以降，諸番の明朝廷への入貢，夷使が齎す特産物は，全ていったんこのハミ王家を介して，上奏文が翻訳，添付されるようになったという[149]。チャガタイ家およびそのスタッフであれば，モンゴル語はもとより，ウイグル語，ペルシア語，テュルク語，ティベット語，西夏語等自在に扱えただろう[150]。してみると，四夷館では上奏文の翻訳よりも，皇帝の聖旨，勅諭を諸外国語に直す任務に，より重点が置かれていたのかもしれない。

なお，先述のティベット方面の必里の千戸阿卜束に与えられた封誥にも，

『俺漢人地面西辺手裏，草地裏，西番各簇頭目与俺毎好生近』麼道，自我

太祖皇帝得了西辺時，爾必里阿卜束，便来入貢……

『俺漢人の地面の西辺の手の裏の草地の裏の西番の各簇の頭目は俺毎と好生に近い』麼道，我が太祖皇帝が西辺を得了時自り，爾，必里の阿卜束は便ち来りて入貢し……

とあり，同様に直訳体の特徴がみとめられる[151]。

洪武・永楽期をくだってのちのオイラトのエセンと通事の楊銘（哈銘）の交渉を記した『正統臨戎録』や弘治年間（1488–1505）のチャガタイ・ウルスのアフマドとハミ王家の争いを記録した『平番始末』のモンゴル諸王の会話，文書の訳にも，句末の“有”をはじめとする直訳体の特徴が出現する。これもやはりモンゴル語を伝統的な翻訳法に従って漢字で表わしただけのことなのであった。とくに後者は，漢族同志の会話は文言，モンゴル語は直訳体と，明確に使い分ける。モンゴル諸王がじっさいに直訳体の漢語で話していたわけでは，けっしてない。『姚文敏公遺稿』（中国国家図書館蔵弘治刊本）の“番文”から訳出されたハミの上奏文，『晋溪本兵敷奏』のトルファン方面からの文書の訳の引用にもこの文体が使用されている。張居正も，自身に届けられた烏斯蔵の僧人鎖南堅錯賢吉祥の番書一紙の訳を引用しているが[152]，そこには，

知道你的名顕如日月，天下皆知有。你身体甚好，我保佑皇上，昼夜念経有。甘州二堂地方上，我到城中，為地方事。先与朝廷進本，馬匹物件到了。我和闡化王，執事賞賜。乞照以前好例与我。我与皇上和大臣，昼夜念経，祝讃天下太平，是我的好心。圧書礼物，四臂観世音一尊，氆氌二段，金剛結子一方有。閣下分付順義王，早早回家，我就分付他回去。虎年十二月初頭写。

知道いる，你的名が顕らかなること日月の如く，天下の皆が知っているので有ることを。你の身体が甚だ好く，我が皇上を保佑できるよう，昼夜経を念じているので有る。甘州二堂の地方の上に，我は城中に到り，地方の事を為す。先に朝廷の与に本を進め，馬匹の物件を到し了。我和闡化王は，賞賜を執事した。乞うらくは以前の好例に照らして我に与えんことを。我が皇上和大臣の与に，昼夜経を念じ，天下の太平を祝讃するは，是れ我的好き心。圧書の礼物は，四臂の観世音一尊，氆氌二段，金剛の結子

一方で有る。閣下が順義王に分付けて，早早に家に回らしむれば，我は就ちに他に分付けて回り去かしめん。虎の年十二月の初頭に写いた。

とある。おなじ張居正の口語で書かれた経筵講義のテキストと比較すれば，これが「翻訳」言語であること，明らかである。万暦年間（1573–1619）にいたっても，この翻訳法がゆるやかに変化しつつも伝わっていたのである。

ひるがえって，『華夷訳語』には，上にとりあげた火原潔等の『華夷訳語』（甲種）のほかに，大きくわけて三種のテキストがあることが知られている[153]。ひとつは，永楽五年の四夷館の開設にともなって編纂，増改訂されつづけたもので，漢語と当該外国語の対訳による単語帳「雑字」，および諸外国からの表，明皇帝の勅諭等の例文集ともいうべき「来文」からなる。甲種本とことなり，「来文」の外国語は，漢字による発音表記ではなく，当該外国語の文字表記によって書かれている（乙種）。もうひとつは，明の会同館が編纂したテキストで，「雑字」のみ，甲種本と同様，もとの外国語では表記されず，単語の発音は漢字によって示されている。抄本のみが伝わる（丙種）。最後のひとつは，乾隆十三年（1748）会同四訳館の設立以降に編纂されたもので，やはり「雑字」のみから成る（丁種）。

ところが，乙種『華夷訳語』における各国の「来文」の漢語は，甲種『華夷訳語』の傍訳のそれとは異なり，なめらかな漢語で書かれている。ぎゃくに，諸外国の言語のほうに問題がある。たとえば，乙種『韃靼館訳語』収録の毛憐衛や建州衛，哈密衛，朶顔衛等からの来文は，山崎忠が指摘したように，「漢文は文体をなしているが，蒙古語は，ただ単に語詞を機械的に，漢文の語序に従って，ならべたものに過ぎない。従って，蒙古語とは名ばかりで，文章としては全然成り立たない」[154]。また，『回回館訳語』のペルシア語の来文は，本田實信によれば，「漢文の文字どおりの逐語直訳であって，ペルシア語としての体を成していない」。「ペルシア文の来文がハミ，トルファン，サマルカンドなどからの表文の原文であったとは到底考えられず，『来文』の作成には『雑字』が参考にされたのであろう」という[155]。『高昌館訳語』の「来文」においても，まったく同じ現象が見られる。胡振華・黃潤華は，「漢語が先にあって，それをウイグル語で逐字直訳しているため，当時のウイグル口語の状況を反映しておらず，とりわけ，そこに当時のウイグル語の語法の特徴を見いだすことは至難である」といい[156]，さらに劉迎勝は「表文の多数は偽造されたものだろう」とまでいう[157]。『西番館訳語』の「来文」では，「西番語の形態素連続は，多くの場合，単に漢文をそのまま置き換えた連続であり，もはやティベット語として十分に理解できない程度にゆがめられた形をとっている」[158]。『女真館訳語』の永楽十二年から嘉靖五年（1526）の112年間に亙る36件の「来文」についても，漢語の語順に転換されている[159]。

漢語の語順に沿って，あらゆる国の言語を直訳するというこの発想は，大元ウルス時代のモンゴル語直訳法に由来する。全くの失敗に終わったが，明朝廷は，世界の共通言語をモンゴル語から漢語に移行させるという意図を，おそらく乙種本『華夷訳語』の編纂時期のある段階では，もっていた。漢語を中心に据え，そのシステムを四夷館において教育しようとした（華夷思想の建前上，そうしたポーズをとっただけかもしれないが）。これらの「来文」がじゅうらい通りモンゴル語の語法にしたがって直訳されていたならば，ウイグル語，女真語の語順が意味をなさないほど乱れたはずはない。また，逆にいえば，「来文」の漢語直訳体モンゴル文，ウイグル文，ペルシア文，ティベット文等が口語でありえなかったのと同様，モンゴル時代の直訳体漢文も，じっさいの口語ではなかったのである。

6　李朝の語学教育——モンゴルの遺産II

1）高昌偰氏と司訳院

高麗の後を受けた朝鮮においても，翻訳システムの整備は，太祖李成桂の即位早々に始められた。二年（1393）九月には司訳院が設置され，漢語を学ばせることになった[160]。当初は，至正末期に戦乱を逃れてやってきた，いわゆる漢人，南人の韓昉，李原弼[161]，龐和，荊華，洪楫，唐城，曹正[162]および高昌ウイグルの名門貴族の末裔偰長寿等が指導にあたった。

翌三年には，司訳院提調であった偰長寿は，同僚とともに李成桂に次のような上奏をしている。

我国家世事中国，言語文字，不可不習。是以殿下肇国之初，特設本院，置禄官及教官，教授生徒，俾習中国言語音訓文字体式，上以尽事大之誠，下以期易俗之効。臣等今以将擬議到習業考試等項，合行事務，開写于後；

一．額設教授三員内，漢文二員，蒙古一員，優給禄俸……

一．習業生徒，鮮有自願来者，令在京五部及各道界首府州，択良家子弟十五歳以下天資明敏者，歳貢一人。

一．毎三年一次考試，勿論是無本院生徒七品以下人，但能通暁四書，小学，吏文，漢蒙語者，倶得赴試。習漢語者，以四書，小学，吏文，漢語皆通者為第一科……習蒙語者，能訳文字，能写字様，兼写偉兀字為第一科；只能書写偉兀文字并通蒙古語者為第二科……

（『太祖康献大王実録』巻六［三年甲戌十一月乙卯］）

中国との外交にあたって，漢語の教育が急務としてとりあげられるいっぽうで，ひきつづきパクパ字，ウイグル文字モンゴル語に通じる者も必要とされたのである。良家の十五歳以下の子弟を選んだのだから，とおい将来をも睨んだ外交策とみてよい。モンゴル語の指導も，偰長寿が当たった。

偰長寿の伝およびその世系については，すでにさまざまな論考があることでもあり[163]，詳しくは述べないが，祖父のセチェクトゥ（偰哲篤）は，大元ウルス治下において，兄弟五人で同時に進士の第に登ったことで知られ[164]，吏部尚書，江西行省の右丞をもつとめた。父の偰百遼遜（セヴィルスン？　後考を俟つ）は至正五年（1345）の進士で，応奉翰林文字，宣政院断事官等を歴任，端本堂で皇太子の経筵講義にもあずかったが，至正十九年，戦乱を避けて，端本堂で付き合いのあった恭愍王を頼って，高麗に移った。このとき長寿は十九歳，眉寿は十七歳。大元ウルスの朝廷文化を担った名門貴族の子弟であり，翻訳，出版のノウハウは知り尽くしていた，といってよい。しかも，高昌ウイグルは，数カ国語を話すポリグロットであることが当然であった。長寿，眉寿ともに帰化してのち，朝鮮語をもあらかたものにしたという。だからこそ，偰長寿は辛禑十四年（1388）の政変に大きな役割を果たし得たのであり，高麗，朝鮮の代表として明朝廷へ八度も派遣されたのである。ぎゃくに明朝廷から高麗に派遣されたのも，偰百遼遜の弟，セルギス（偰斯）であった。また，世宗のもと，パクパ字からハングルを作り出した[165]メンバーのひとりは，偰慶寿の子，つまりは偰長寿の甥，偰循である。偰循は，『三綱行実図』の編纂や『孝行録』の改撰にも携わった。まさにモンゴル朝廷の図像の『孝経』，『列女伝』の出版事業の踏襲であった[166]。

なお，偰氏以外にも，朝鮮初期の外交官として活躍した趙胖などは，大元ウルス治下，大都で漢語を学び，モンゴルの書語に通じ，ときの丞相トクトの目にとまり，中書省で訳史に任じられた履歴をもっていた[167]。

朝鮮初期の漢語のテキストとしては，『老乞大』，『朴通事』，『前後漢』等の書が用いられた。しかし，その内容が，“俚近俗語”であって学ぶ者が嫌がったので，偰長寿が漢語で小学を解釈した『直解小学』をものした。中国の儒学者に見せても恥ずかしくない出来映えだったと言われ，ながく使用された[168]。『直解小学』は，こんにち現物が伝わらず，ふつうの口語だったのか，セヴィンチュ・カヤの『孝経直解』のような直訳体であったのか，たしかめる術がない。わかっていることは，のち成宗十四年（1483）に，葛貴が『直解小学』を見て，“(反)[翻]訳は甚だ良けれども，間に古語有りて，時用に合わず。且つ是れ官話ならず，人の聴きて認むる無し”[169]といい，明の副使の許可のもとに燕京で改訂したいと願い出ていること，李辺の『訓世評話』（名古屋市蓬左文庫蔵）の末尾に付せられた表文に，“直解小学は，節を逐って解説し，常用の漢語に非ざる也”とあること，『伍倫全備諺解』の序文に“本業三書，初め老・朴及び直解小学を用い，中古，小学の漢語に非ざるを以て，此の書に易（か）う”とあることのみである。

『太祖康献大王実録』中に見える偰長寿自身の漢語は，いずれも元刊本の雑劇の台詞に類似しこそすれ，直訳体ではない。漢人，南人の韓昉，李原弼等も同僚であったのに，なぜかれらはわざわざ旧本『老乞大』，『朴通事』を漢語の教科書として採用したのか（いわゆる南人の言語体系は，こんにち多く元刊本，五山版で当時そのままの状態で残る禅僧の語録に見ることができる。中峰明本，笑隠大訢といった著名な僧侶は，カアン，諸王，モンゴル貴族の庇護を受けていた）。

旧本『老乞大』，『朴通事』は，朝鮮王朝建国以降ずっと版木が作成されず，伝写によって学ばれていた。世宗の五年すなわち永楽二一年（1423）になってはじめて，司訳院は，これらの書を鋳字所で刊行されるように請うたのであった[170]。三年後には，“訳学の任は言語を大と為す”との認識にもとづき，正月・四月・七月・十月の一日の試験は『老乞大』，『朴通事』，『小学』，『孝経』，『前後漢』，『魯斎大学』の暗誦，『四書』，『詩』，『書』，『古今通略』については臨文講試のみ（じゅうらいは全教材の臨文講試，暗誦が課せられた）と定められた[171]。さらに十六年（1434）には，漢学の奨励案として，経書，『通鑑』は，じゅうらいのように書物の内容，毀誉褒貶，微言大義の思索を重視するのではなく，音訓の正誤と，大意要約のみが試験されるようになった。漢語の翻訳は，『直解小学』は正月・四月・七月・十月の一日に，『老乞大』は春，秋二回，『朴通事』については，秋冬二回暗誦の試験が課された。『経国大典』巻三「礼典」も述べるように，この三書がとくに重視され，『魯斎大学』（許衡『直説大学要略』），『成斎孝経』（セヴィンチュ・カヤ『孝経直解』），『前後漢』等の“不緊の書”については，試験科目とはならなかったのである[172]。そして，この決定にあわせて，鋳字所が印刷した『老乞大』，『朴通事』がおそらく旧本のままで承文院，司訳院に頒行された。“此の二書は，中国語に訳すの書なり”と，『実録』はいう[173]。

ところが，このおなじ世宗十六年の二月には，承文院事の李辺，金何が遼東へ『直解小学』の疑問箇所について質しに派遣され，その調査結果にもとづいて，三日ごとに世宗への『直解小学』の進講がはじまった[174]（七年後に，『直解小学』が二百部印刷，頒行されているが，遼東での調査が反映されたテキストかどうかは不明である[175]）。李辺の言によれば“『老乞大』，『朴通事』は多く蒙古の言を帯び，純たる漢語に非ず，また商賈庸談有り，学ぶ者これを病む”という（ただし，商賈庸談を卑しむのは建前にすぎない。じっさいには，司訳院の判官，注簿たちは，一千匹にものぼる馬を連れ，遼東で売買，貿易を行っていた[176]）。そして，李辺自身が著わした漢語の教科書『訓世評話』には，句末の“有”はみえない。李辺は，漢語ができる人がいると聞けば必ず訪問して指導を仰いでいたといい，じっさいの漢語と『老乞大』，『朴通事』の言語の乖離は認識されていた。両書が“皆元朝の言語”であるため，わからない部分を中国に入朝した時に聞き合わせてきた『質問』も編まれていたのである[177]。にもかかわらず，そのごも旧本『老乞大』，『朴通事』が刊行，使用されつづけた[178]。しかも，申叔舟（『海東諸国紀』の編者として名高い），李辺等によって新たに編纂された『直解童子習』，『訓世評話』は，承文院で店晒しになっていた[179]。成宗十一年，すなわち成宗の命令を受けた李昌臣が頭目の戴敬のところへ『老乞大』，『朴通事』の漢語の質問に行き，“此れ乃ち元朝の時の語也。今の華語と頗る異なり，多く未だ解せざる処有れば，即ち時語を以て数節を改めれば皆解読す可し。請うらくは，漢語を能くする者をして尽く之を改めせしめんことを。嚢者，領中枢の李辺は高霊府院訓の申叔舟と華語を以て作りて一書を為す。名づけて訓世評話という。其の元本は承務院に在り”といわれてはじめて，『訓世評話』の刊行，『老乞大』，『朴通事』の刪改が命ぜられるのである[180]。それは，なぜなのか。

また，改訂の気運が高まって三年後，成宗の命令により，迎接都監郎庁の房貴和が大明の使節団に随行してきていた頭目の葛貴に傅いて『老乞大』，『朴通事』の改訂，校正にあたり，さらに『直解小学』についても指導を仰いだが，葛貴はこのように断った。

> 頭目の金広は我を妬む。副使の讒を聴くを疑う。故に我，先に還らんことを欲す。恐らくは讎校すること難し。若し人を使て朴通事，老乞大を改正するの意を謝し，以て副使の心を回せしめれば，則ち我も亦，保全たり[181]。

そこで，成宗自らが宴席を設け，大明からの使節の副使金興（正使の鄭同は病気のため欠席）に外交のために正確な語音を学ばせたいこと，“真是好秀才”の葛貴が来朝したこの機会を利用して字韻の質問を行いたいので，葛貴が協力してくれるように副使の口ぞえをお願いしたいと，諒解を求めなければならなかった。すでに内密にすすめていた『朴通事』，『老乞大』の改訂については，言及しなかった。上記の要求について，副使はいちおう了承したが，“我言わずと雖も，彼は必ず心を尽さむ”と，自分に無断でことを進めていた朝鮮と葛貴に対して皮肉をいっている。そうした副使に対して葛貴は“俺は南方人にして，字韻正しからず，恐らく差誤有り”と気の進まぬふりをしてみせている。

なぜ，葛貴はこのように明の使者を気にしなければならなかったのか。また，なぜ明の使者は，漢語に巧みな葛貴が『朴通事』，『老乞大』を改訂することを嫌がったのか。けっきょく，このとき『直解小学』は，先述したように金興に一部贈呈され，葛貴が燕京で改訂することになったが[182]，六年後に成宗は権五福を明朝の旧文官で遼東に引退していた邵奎のところに派遣，そこから諺解本『直解小学』を編纂しているので，葛貴からは音沙汰なしだったか，送られてきたにしても，きわめて不十分なものであったと見られる[183]。

なお，「漢児言語」論者によれば，旧本『老乞大』の漢語をじっさいに話していたはずの，朝廷の使臣が頻繁に往復する国境の義州においても，1428年12月の時点で既に，“訳語を訓導する法無く，訳語に通じる者，甚だ少な”きが故に，平壌府の例に倣って訳学訓導を置き，義州近隣の官僚に漢文，漢語を教えることが決定されている[184]。義州には，モンゴル，女真，契丹，朝鮮，さまざまなひとびとのコロニーが混在したが，かれらの共通語は漢語ではなかった。それに司訳院のひとびとがしばしば漢語学習のために赴いた遼東の漢語にしても所詮は方言であり，北京のことばと比べると“音正しからず”であった。それが現実であった。

2）大明国と朝鮮の冷たい外交――モノと言語の断絶

洪武二九年（1396）春二月，朝鮮は，正月の賀に贈った表箋の文辞が“軽薄戯侮”であるとの咎めをうけ，その撰文者を南京に護送させられ，使者団も拘束されるはめになる。朝鮮側は礼部に対し“小邦は海外に僻居し，声音言語は，中華に類せず，必ず通訳に憑る。僅かに文意を習い，学ぶ所は粗浅，措辞は鄙陋にして，且つ表箋の体制を尽悉すること能わず，以て言詞の軽薄を致す”と弁解する[185]。その返事として，洪武帝の聖旨を伝えた礼部の咨には，“前者(さきごろ)進むる正朝の表箋の内に，不停当的(の)字様多く有り”とある[186]。

洪武三〇年三月の朝鮮宛ての宣諭聖旨には“你(なんじ)の那里(そちら)の使臣が再び来る時は，漢児(キタイ)の話の省(わか)る的(もの)が他(かれ)に着(つ)いて来い。一発省らない(ちっともわか)的(もの)は不要来(くるな)。我(わたし)の這裏(こちら)の孫児(こども)が朝鮮国王の孫児(こども)と做親(けっこん)するを肯んずる的時節(のとき)は，他(かれ)に漢児の話の省(わか)り得る宰相を著(つ)けて来い”という。この聖旨と同時に権近がもちかえった明朝礼部の咨文の一つにも“奉聖旨；今後差使臣来時，要通漢人言語的来。不通漢人言語的，不許来”[187] とある。とすると，それ以前は，漢語のできない使節団が派遣されていたことになる。高麗時代と同じくモンゴル語が公用語として用いられていたか，漢文による筆談のみですませたか[188]，明朝廷の朝鮮語を解する者が通訳にあたっていたかの，いずれかしかありえない。この時期，朝鮮への使者として，宋ボロト，楊テムルといった，モンゴル名をもつ者が派遣されている場合が多い事実からすれば[189]，ひとつめの可能性が高いだろう――そもそも李成桂の父祖自体，皆モンゴル名をもち，大元ウルスによって職を保証された家柄である[190]。明朝廷は，しばしば，朝鮮の使者に漢語の使用を押し付け，また送られてくる漢文に難癖をつけたのだが，それにもかかわらず，留学生の受け入れには全く乗り気でなかった。貿易の厳禁も，通事等からじゅうらいの役得（王朝公認で私的に売買を行い，多大な利益を得ることができたので，一年に二度派遣されても嫌がらなかったという）を奪い，司訳院の学生のやる気を削いだ。なお，同じ朱元璋のことばであるにもかかわらず，宣諭聖旨と咨文で言い方がことなるのは，前者の聖旨はモンゴル語で，後者は礼部が皇帝の発言をそのまま記録，送付しているからだろう。その証拠に永楽三年（1415）の九月に朝鮮に下された長文の宣諭聖旨は，朝鮮領内の豆万江に拠点をもつ女真衛の童モンケ・テムルの参内を促す内容だが，いずれも，句末の“～有”，“～的上頭”など，直訳体の特徴があらわれている。この二通は，万戸の童モンケ・テムル，千戸の王ジャファーディに見せることを前提として書かれているので，とうぜん原文はモンゴル語であった[191]。むしろ使用されている文体から，その文書が何語で発令されたか判断する指標となりうる。『実録』の編者が文体を統一しないのも，意図してのことだろう。

さて，永楽十四年（1416），朝鮮政府は，医，楽，訳の三学について，京師に留学生を送り込む議案を太宗に奏上したが，許可されなかった。その理由がふるっている。“今の（永楽）帝は疑慮多し。本朝の人至れば，必ず内竪を令て暗察せしむ。元朝の混一の時と比す可からず”と[192]。また，宣徳八年（1433）には，世宗が子弟を北京の国子監もしくは遼東の郷学に入学させることを請うたが，明皇帝は，「はるか遠く気候も異なる異郷の地での長期滞在は体力的に無理があり，ホームシックにも罹るから，本国で勉強したほうがよい」と断り，かわりに『五経大全』，『四書大全』，『性理大全』を各一セット，『通鑑綱目』を二セット与えた[193]。しかし，明朝廷で刊行された口語の教科書となりうる書は与えていない。明太祖の勅命によって熊鼎，朱夢炎等儒者が俗語で編纂した『公子書』，『務農技芸商賈書』，『永鑑録』，『歴代駙馬録』[194]，『国朝忠伝』[195] など，口語で書かれた書物もそれなりにあったにもかかわらず。さらに下って天順四年（世祖大王六年/1460）にも，しばしば咎めを受けている文書の応対における過誤を避けるため，また韓昉，李原弼，洪楫，偰長寿といった開国期に訳学生を指導したひとびとが全て鬼籍に入ったことを理由に，漢，唐代から宋，大元時代に至るまで，新羅，高麗いずれも子弟を派遣して吏文，漢文を学ばせた旧例に従い，留学生の派遣を求めたが，退けられている。その言い訳というのが，“我が朝は祖宗以来，此の制度を行わず。矧(いわ)んや今の王国の詩書，礼義の教えは，伝習に素有り，表箋，章奏と夫の行移の吏文は悉く礼式を遵ぶ。未だ尽く漢音に通ずること能わずと雖も，而るに通事の伝訳は未だ嘗て諭ならざることなし。又何の必ず子弟の学びに来たりて，然る後誤り無きを為さん哉！”なのだから，自己矛盾も甚だしい[196]。その直後の「ならば，『洪武正韻』を下賜されますように」との要求にも，“査し得たるに；印版は原(もと)は南京の国子監に在りて収貯するも，即今曽て印しないので有る。見在は給与に従る無し”と断っている[197]。ようするに，朝鮮からの留学生は受け入れたくなかったし，漢土の正音を広めるつもりもさらさらなかった。朝鮮側もそれを察しており，『洪武正韻』もじつは遅くとも世宗の時点で内々に入手，ハングルの解説書まで作製していたのだが，半分は外交の体面として，半分は嫌がらせとして，何度も留学生の受け入れを申請したのだった[198]。

明朝廷はとにかく間諜の出入，モンゴルと朝鮮が結び付くことを異様に恐れ神経を尖らせた政権であった。朝鮮が女真とともに五百数名で鴨緑江を渡ったといっては，大騒ぎし，李朝の使臣に対して，書籍の売買も禁じた。大元ウルスと高麗の結び付きの記憶は，まだなまなましかった。明の太祖も，大元ウルスに倣い朝鮮を駙馬国として取り込む目論みはもっていたのだが，朝鮮にその気が全くなかったのだった[199]。『明実録』が朝鮮の拒絶に遭ったことを秘して語らないのは，よほどの恥辱と考えられたからであろう。いっぽうの朝鮮も，中国の使臣に自国の編纂物や“東人”が序跋をつけた古典籍は閲覧させないように，という命令を王が直々に下していた[200]。朝鮮のじっさいの国内外に関する地理知識，政治認識が如何に詳細なものであるか，裏ルートによる中国書籍，物品，情報の入手が如何に頻繁になされているか，明朝廷に悟られまいとしたのである[201]。

もっとも明朝廷の懸念は，根拠のないことではなく，土木の変の直前の正統七年（1442），オイラトのエセンは，モンゴルのカアンであるトクト・ブカの勅書（トクト・ブカ即位の十年二月五日付け。パクパ字モンゴル語，黄色の薄紙に，方周尺五寸ばかり——約15cm四方の印を捺してあったという）を朝鮮に遣わし，クビライと高麗王以来の結び付きを訴え，“人力を用い城を築きて即位したる大明皇帝”をとるか，“天が王印を賜わりし蒙古皇帝”をとるか迫っている。モンゴルは，大元ウルス時代のままに，朝鮮を高麗と呼び，北京を大都と呼んでいた[202]。朝鮮は明，モンゴルの情勢（のちには女真も含む）をつねに客観的に観察し，さまざまなルートによる報告にもとづいて外交を進めた。

明と朝鮮の交流は，通念とはことなって，決して良好なものではなかった。

この状況は，そのごも変わらなかった。たとえば，朝鮮の成宗八年，すなわち成化十三年（1477）には，右議政の尹子雲が自身の撰した『蒙漢韻要』一巻を進呈，頒行を請うたさいにも，“此の書は，蒙古，漢語を具載し，而して訳するに諺文を以てす。若し中国の之を見れば，我を以て野人と交わり通ずと為す。義州に於いて頒すること宜しからず”と進言しておくことも忘れなかった[203]。さらに中宗の十年（1515）に，柳洵はおおよそ次のように述べている。

> 明への奏請通咨には，つねに吏文を用いるが，明朝廷から使者が来て，文官とのやりとりの間に文書をもちだす必要があった場合，その文字の音韻に通暁していなければ，応答するすべがなく，呆然と目を見開いて，使者にあざ笑われてしまうことが多い。子弟を入学させて吏文，漢語を習わせて，代々伝授していけば，漢音，吏文に通じる者も絶対に増えるだろう。

このお上のお考えはまことに至当なのだが，子弟の入学は，前朝よりのち，行われていない。世宗の時にも，申請したが，明朝廷は結局許可しなかった。おそらく外国のものが長く京師に留まって，中国の事をスパイするのを喜ばないためだろう。ましてや現在，中原では大事件が多発，朝政も次第に乱れ，国子監の教育もおろそかになって，昔のようなわけにはいかないに違いないのだから，外国人に現状を知られたくはないだろう。結局，許可されることは難しいし，だめなことがわかっている以上，申請を試みても，ただ揉め事を増やすだけのことだ。しかし，現在，文臣の中で吏文，漢音に通暁している者はといえば，承文院の崔世珍だけで，かれがいなければ，明朝廷への奏咨文書の作成，やりとりはお手上げである。この点は，はなはだ憂慮すべきことで，一刻もはやく若手の文官に少数精鋭教育を施すべきだ[204]。

しかし，そうして漢語教育を受け，習熟しているといわれる文官でも，実際に外交使節団に随行し，実地訓練とばかりに中国で漢人と会話をしてみると，通じない。何回も京師に赴いて専心修行してこそ，通用するようになるのだが，何度も同じ文官を派遣すると，礼部に疑惑をもたれてしまう。結果，1536年の段階でも，御前の通事としての任に堪える者は絶無，であった[205]。

ひるがえって，『世宗荘憲大王実録』巻四七［十二年庚戌（1430）三月戊午］，『経国大典』（1469–1484年成立）巻三「礼典・奨勧」にあげられる吏文を扱う承文院の官員が毎旬，講読に用いたテキストは，『朴通事』，『老乞大』のほか，『魯斎大学』，『成斎孝経』，『前後漢』，『小微通鑑』，『吏学指南』，『大元通制』，『至正条格』，『直解小学』，『童子習』，『忠義直言』，『御製大誥』である。『成斎孝経』，『小微通鑑』，『大元通制』，『至正条格』は，カラ・ホトでもまとまって発見されている。大元ウルス朝廷より，エチナ路に駐屯，ないしエチナ路を通過するモンゴル諸王に下賜されたと考えられる。国家出版物は，モンゴル諸王，臣下に贈与されるほか，その書を必要とする各路，府，州の各官庁（多いときには三千カ所に及ぶ）にも配られ保管されるのが通例であったので，これらの書は，李氏朝鮮が集めたものではなく，モンゴルの駙馬国であった高麗王家に贈与されていたものをそのまま入手した，と見るのがいちばん自然だろう[206]。李成桂をはじめ朝鮮王朝初期の有力スタッフは高麗恭譲王の経筵を担当していたのである。ただし，これらの書は当時いずれも建安の小字本で購入できた[207]。いずれにしても明代に編纂された書物はほとんど使用されてない。『朝鮮実録』および『攷事撮要』は，しばしば明朝より書物を下賜されたことを伝えるが，いずれも古典，雅文漢文でかかれたものばかりであった。朝鮮もあいかわらず大元時代編纂の書籍を漢語のテキストとして使用することを選び，古典およびその註釈書についても，明朝廷にはあえて大元時代の版木から印刷した刊本を要求した。朝鮮治下の各地の官庁で作成された版木の多くも，元刊本にもとづいていた。明朝廷の編纂物が如何に使用に堪えないお粗末なものであったかをものがたる。じっさい，明弘治元年（1488）杭州刊本『古史通略』（台湾国家図書館蔵）などは，元刊本の『纂図音訓明本古今通略句解』（台湾国家図書館蔵）の完全な剽窃であった。

そして，なによりも注目すべきことは，1478年にいたってもなお，朝鮮では『大元通制』，『至正条格』が吏文のテキストとして用いられ，しかも印刷されていた事実である[208]。いずれも，大元ウルス朝廷によって出版された政書であり，直訳体の聖旨，公牘が多く含まれている。

以上みてきたように，政治情勢からも，所蔵の書籍の制約からも，司訳院のメンバーが旧本『老乞大』の言語がじっさいの口語でないことを知っていようが知るまいが，公式な漢語のテキストとしては，これを使わざるを得ない状況にあったのである[209]。

3）モンゴル語教材について

さいごに，『世宗荘憲大王実録』巻四七［十二年庚戌三月戊午］，『経国大典』巻三に掲載される司訳院のモンゴル語のテキストについても検討しておきたい。なお，書名のあとに，モンゴル語を漢字表記したと考えられるものについては，『経国大典』より少し前の世宗三〇年（1448）に刊行された申叔舟，成三問等の『東国正韻』による朝鮮漢字音を付し，（　）内には『経国大典註解』後集下巻「礼典」（明宗九年/1554年安瑋序刊本）の記述を記す。司訳院のモンゴル語教科書の内容推定，モンゴル語原題の復元のさい，じゅうらいほとんど参照されず，考証もじゅうぶんとは言いがたいので，あえて煩を承知で紹介しておく[210]。

○『章記』chiang kih（集元皇帝聖旨）

モンゴル語で，“集成”をあらわすǰanggiの音訳だろう。『元朝秘史』では“掌吉”と書かれるが，“聖旨の集成”の意訳も兼ねて“章記”の字を特に選んだと考えられる。『元史』巻二九「泰定帝本紀」に，“［元年春正月］甲辰，勅訳列聖制詔及大元通制，刊本賜百官”とある。また，文宗トク・テムルの開いた奎章閣においてモンゴル語書籍の印刷を担当した広成局が『皇朝祖宗聖訓』と翻訳版『大元通制』を刊行している。『章記』がこの『皇朝祖宗聖訓』を指す可能性はもちろん，『皇朝祖宗聖訓』は『列聖制詔』の復刻，重刊本なのかもしれない[211]。

○『帖月真』t’ əp uərh chin，『孔夫子』（皆翻訳小児論）

I『帖月真』

『世宗荘憲大王実録』巻一九［五年癸卯二月乙卯］に“礼曹啓；蒙古字学有二様，一曰偉兀真，二曰帖児月真。在前詔書及印書，用帖児月真。常行文字，用偉兀真，不可偏廃。今生徒皆習偉兀真，習帖児月真者少。自今四孟朔，蒙学取才，並試帖児月真，通不通分数，依偉兀真例。従之”という。偉兀真はウイグル文字（Uighurǰin），帖児月真はパクパ字＝方形字（dörbelǰin）を指す（『華夷訳語』は“朶児邊勒真”，『山居新話』は“朶児別真”と表わす）。この記事は，1423年の段階でも，パクパ字モンゴル語を用いた外交文書がやりとりされていたことを示す。“帖月真”が“帖児月真”と同じであれば，パクパ字の書き方の書物であって，『事林広記』中の「百家姓」のようなものが想定される。『註解』にいうように“『小児論』を翻訳したもの”であるならば，漢文本文をそのままパクパ字で音訳したものということになろうか。『文淵閣書目』巻一八には，『蒙古字訓』，『達達字母』，達達字の『孝経』，『忠経』，『仏経』，『達達字書』が記録されている。ただ，この達達字がパクパ字なのかウイグル文字なのかは，わからない。

II『孔夫子』

『新刊項橐小児論』（明刊本）のほか，『歴朝故事統宗』（明万暦刻本）巻九や嘉靖万暦年間の類書の中に収録される「小児論」，李卓吾の編集した『増補素翁指掌雑著全集』（康熙八年刊本）に『百家姓』などとともに附録として収められる『小児論』などからすれば，弟子と出遊中の孔子が，目から鼻へぬけるような機知に富んだ幼い童と問答し，孔子がぐうの音もでないほどやっつけられる笑い話である。この説話の原型は，はやくはトルファンのアスターナの古墓から出土した唐代写本にも見られる[212]。『文淵閣書目』巻一八によれば，女真字の典籍にも，『孔夫子書』，『孔夫子遊国章』，『家語』，『家語賢能言語伝』，『百家姓』，『女直字書』などがあったという。ちなみに朝鮮で使用された満洲語の教科書にも『小児論』がある。

○『何赤厚羅』ha chiək how ra（何赤，華言恩也。厚羅，華言報也。善悪報応之言）

『世宗荘憲大王実録』では，『賀赤厚羅』と記される。甲種本『華夷訳語』「人事門」に“報恩：哈赤中合舌里温（haci qari' un＞haci qari' ul)”とある。ことによると，『成宗康靖大王実録』巻九八［九年戊戌十一月丙寅］に“伝于礼曹曰：童清礼家蔵蒙古世祖皇帝冊□一，知風雨冊一，善悪報応冊一，南無報大冊一，陰陽占卜冊一，福徳知慧冊一，飲食燕享冊一，日月光明冊，陰陽択日冊二，開天分冊一，真言冊二，仏経冊七，礼度冊一，勧学冊一等，其付司訳院伝習”とあるうちの“善悪報応”一冊ではないか。ちなみに，“福徳知慧”は，十一世紀，ウイグル語で書かれた文学作品，ユースフ・ハージブの“福楽智慧（クタドゥク・ビリク Qutadγu bilig)”の可能性がある。現在ウイグル文，アラビア文の抄本がのこっており，モンゴル語に訳されていた可能性もじゅうぶんにある。“蒙古世祖皇帝”は，おそらく泰定三年七月に経筵講義のために，翰林侍講学士の阿魯威，直学士の燕赤が訳した『世祖聖訓』だろう[213]。あるいは，『十善福白史冊』かもしれない[214]。いずれにしても司訳院に附与し習わせたというのだから，童清礼の蔵書は，すべてモンゴル語のテキストであったのではないか。

○『貞観政要』，『待漏院記』，『守成事鑑』，『御史箴』，『皇都大訓』（元翰林学士阿隣帖木児及忽都魯都児迷実等三人翻訳）

Ｉ『貞観政要』

仁宗アユルバルワダがアリン・テムル，チャガン等に命じて，モンゴル語に翻訳，刊行させたものと，文宗トク・テムルが奎章閣に命じて翻訳，刊行させたものと二種知られている。いずれも，モンゴル以下の非漢民族の教科書として使用されたという[215]。

II『待漏院記』

宋の王禹偁（字は元之）の「待漏院記」のモンゴル語訳を指すだろう。樓昉編『迂斎先生標註崇古文訣』（台湾国家図書館蔵元刊巾箱本）巻一六「宋朝文・王黄章」に収められるほか，『古文真宝』後集，『附音傍訓古文句解』（前田尊経閣蔵元刊本）乙集巻五にも見える名文である。大元ウルス時代では，趙孟頫筆「待漏院記」の存在が知られ，朝鮮でも屛風に仕立てたものが王宮に飾られ愛玩された。この書がアリン・テムルやクトルグトルミシュによってモンゴル語に訳されていたことは，じゅうらい，『元史』をはじめとする中国資料では知り得なかった。

III『守成事鑑』

『元史』巻一六七「王惲伝」に，“成宗即位，献守成事鑑一十五篇，所論悉本諸経旨。元貞元年，加通議大夫知制誥同脩国史，奉旨纂修世祖実録，因集聖訓六巻上之”といい，『秋澗先生大全文集』巻七九「元貞守成事鑑」に漢文原文が収録される。王惲の別の著作で，チンキムに献呈された『承華事略』も絵入りのモンゴル語訳本として，パクパの『彰所知論』とともに[216]，代々の皇太子，モンゴル諸王の教育に用いられ[217]，その伝統は清朝にまで受け継がれる[218]。

IV『御史箴』

至大年間（1308-1311），監察御史であった張養浩が，『風憲忠告』と併せてものした著作である。『風憲忠告』は，『牧民忠告』，『廟堂忠告』とともに，『三事忠告』（『為政忠告』）として知られているが，『御史箴』については，張起巌による「文忠張公神道碑銘」，『元史』の伝ともに言及していない[219]。こんにち見ることができるテキストは，『憲綱事類』の付録（旧北平図書館蔵弘治四年刊本，名古屋市蓬左文庫蔵嘉靖三一年刊本）としてで，宣徳四年（1429）に監察御史薛瑄が註解を施したものである[220]。この『御史箴』のモンゴル語版が，『大元通制』，『皇朝祖宗聖訓』と同様，文宗トク・テムルのとき広成局で出版されていたことは，『山居新話』によって知られる[221)]。

V『皇(都)[図]大(川)[訓]』

もともとは経筵講義のために，紐沢，許師敬（許衡の息子）が編纂した『帝訓』という書物で，皇太子アリギバの教育のために，アリン・テムル，クトルグトルミシュ，馬祖常，許師敬等によってモンゴル語訳され，書名も『皇図大訓』と改められる[222)]。アリン・テムルとクトルグトルミシュはウイグル貴族で，ともにアユルバルワダ時代から，数々の翻訳に携わった。『経世大典』の編纂にも与った[223)]。

○『吐高安』t'o kow han（蒙古人名。戒其五子之言）

『世宗荘憲大王実録』は『土高安』と表記。五子を戒めるモンゴルの話としては，ふつう即座にトプチヤンすなわち『元朝秘史』のアランゴア Alan-qo'a を脳裏に浮かべるだろう。高安はたしかにゴア qo'a すなわち“～姫”と読めるが，現段階では“吐”の音の説明がつかない。音価のみならば，甲種本『華夷訳語』「器用門」“鍋：脱豁安”toqo'an が近いか。

○『巨里羅』kə ri ra（狐名也。設為狐与獅牛問答之語，元学士者古斗訳）

“巨里羅”のモンゴル語への復元は後考を俟つ。gerel（甲種本『華夷訳語』「声色門」では“光：格舌連勒），あるいは kerel（『元朝秘史』巻七 27a4 では“闘：客舌列勒）などの可能性がある。gerel だとすれば，前述の童清礼の蔵書“日月光明”だろうか。訳者の“者古斗”chia ko tuw は，ジャウクト Jagut あるいは，ヤークート Yākūt だろう。雅古（字は正卿）は，『秘書監志』によれば，也里可温人（エルケウン），すなわちネストリウス派キリスト教徒であった。泰定元年（1324）より承事郎（正七品）をもって秘書監著作佐郎をつとめた。その後，すでに文官として経歴を積んでいたにもかかわらず，天暦の第に登せられ，至順元年（1330）の進士となる。文宗トク・テムルの意に従い，名の表記を雅琥に改め，奎章閣の参書として仕えるが[224)]，翌至順二年三月には御史台の弾劾によって罷免され，以後は広西清江路の同知，福建塩運司同知などを務めている[225)]。“学士”であったことを直接記す文献は，管見の限りではのこっていないが，『事林広記』（鄭氏積誠堂刻本）戊集巻上「官制門」《皇元朝儀之図》の解説に，"応奉翰林承務郎同知制誥兼国史院編修官雅古"とある。翰林応奉は，従七品であるから，泰定元年十一月二六日に秘書監著作佐郎となる前の職と考えられる。とすると，英宗シディバラか，泰定帝イスン・テムルの即位後に献呈された書ということになる。もっとも奎章閣学士院参書時代にトク・テムルに献呈された可能性も否定はできない。いずれにしても，その経歴からすれば，このヤークートが本書の著者であることは，ほぼまちがいない。

○『伯顔波豆』pa iən pa tuw（将帥名。以其言故仍為書名。他倣此）

バヤン・バアトル Bayan ba'atur，すなわち南宋を平定し，成宗テムルの即位をバックアップしたバアリン部のバヤンの事蹟を著わしたものだろう。バヤンに付き従った暢師文が至元十三年（1276）に『平宋事蹟』を編纂して，『平金録』，『諸国臣服伝記』等とともにクビライに献上しているので[226]，モンゴル語版が作成されたことは，たしかである。これらの書の内容は，のち『経世大典』政典「征伐」に取り入れられたと考えられる。

○『速八実』sok parh sirh（人名）

サキャ・バクシ Saskya Baγsi。Baγsi は，博士あるいは師父を指し，"八合識"や"八哈石"と漢字表記されるのが普通である。『仏祖歴代通載』巻二二は"八哈石，北人之称，八哈石猶漢人之称師也"と解説する。パクパ字モンゴル語の槧本『薩迦格言』（『善説宝蔵』）の版心には，「八失」とあり，まさにこの書を指すにちがいない[227]。

○『王可汗』oang k'a γan（元太祖之先，可汗，華言天子之称也）

オン・カ(ア)ン Ong-qaqan＞Ong-qan，つまり『元朝秘史』，『皇元聖武親征録』にいう汪可汗を指す。"太祖之先"という註解は，おそらく適切ではない。

○『高難加屯』kow nan ka d'on（加屯，華言皇后，即元太祖皇后，高難，其名也）

『註解』を信ずるならば，『元朝秘史』巻七に登場する中忽闌中合敦クラン・カトン Qulan qatun のことだろう。n と l の交替はじゅうぶんにありうるからである。たとえば，『註解』と同時期の崔世珍がルビーについて述べた註にも"瓓音作날 nal。旧本作剌。元語作剌児"とある[228]。クラン・カトンは，『集

史』「チンギス・カン紀」にも第二皇后として挙げられる。実録の付録として編纂された『后妃伝』，馬祖常の翻訳した『列后金鑑』の原本，あるいはトプチヤンそのものからの抜粋かもしれない。

以上，簡単に見てきたように，李氏朝鮮において用いられたモンゴル語の教科書も，本来はすべて大元ウルスの朝廷において編纂，高麗王家に伝えられたものであった。これらの書物のほかに，モンゴル語の『老乞大』も教材として挙げられており，出処はおそらく同じだと考えられる。これが旧本『老乞大』の原本にほかならないだろう。なお，こんにち伝わる『蒙語老乞大』は，英祖十四年（1741）に蒙学官の李最大が編み，そのご英祖四二年に李億成が改訂，正祖十四年（1790）に刊行されたもので，『経国大典』所載のテキストとは別物である。

『世宗荘憲大王実録』，『経国大典』によれば，倭学に於いても日本語版の『老乞大』がテキストとして使用されたが，日本語を学ぶテキストの書名にまで，モンゴル語 Khitai を冠するのは，明らかにおかしい。大元ウルスと高麗王家との深い関わりも併せて考えるならば，モンゴル語の『老乞大』がまず編纂され，そこから漢語訳，日本語訳が作成されたと考えるのが自然である。旧本『老乞大』の漢語は，本来はモンゴル語に付された傍訳に過ぎなかった可能性すらある。ちょうど『華夷訳語』，『元朝秘史』のように。じじつ，天理大学附属図書館には，パクパ字モンゴル語に口語の語彙をもって傍訳を付した元刊本の破片が蔵される［口絵 10］[229]。

これまで「漢児言語」の例としてとりあげられてきた資料――『元典章』や『孝経直解』，明太祖の聖旨，勅諭は，じつはすべてモンゴル語の翻訳であった。華北の諸民族共通の口語などではなかった。少なくともモンゴル以前の中国北方にもともとあった共通語「漢児言語」を基礎として直訳体ができたのでは断じてない。モンゴルが人工的に作り出した直訳体があってはじめて，旧本『老乞大』の言語があるのである。

7　旧本『老乞大』——むすびにかえて

さいきん，『元朝秘史』，『華夷訳語』（甲種本）のモンゴル語の全単語および語尾の索引を公刊した栗林均は，これらの精確なデータをもとに，モンゴル語と漢語傍訳の対応関係を見直し，洪武年間（1368-1398）の翻訳のノウハウを明らかにしつつある。そして，『元朝秘史』における第一人称，第二人称代名詞の漢語傍訳の法則が旧本『老乞大』にも概ね当てはまることを指摘した。すなわち，

	単　数	複　数	
		排除式	包括式
第一人称	我	俺	咱，咱毎
第二人称	你	您（『元朝秘史』），恁（『老乞大』）	

という図式である[230)]。また，旧本『老乞大』に多数見える“那般者”が金文京・佐藤晴彦等が訳した“それなら”という意味ではなく[231)]，『元朝秘史』の承諾，許可を表わすǰeときちんと対応していることも，一例として挙げられた[232)]。こうした『元朝秘史』の傍訳との共通点も，旧本『老乞大』がモンゴル語から翻訳されたテキストである可能性を示唆するだろう。

これに対し，佐藤はモンゴル語の傍訳にすぎないデータの集積と分析は漢語の研究には無意味であり，また論証の方法，例の挙げ方が公正でないとして猛然と批判を加えた[233)]。だが，そうした発言は，旧本『老乞大』をあくまで中国固有の言語たる“漢児言語”として捉え，モンゴル語直訳体の可能性を全く認めていないからである。『華夷訳語』，『元朝秘史』のモンゴル語と漢語のバイリンガルの長大な合璧資料の分析は，『元典章』をはじめとする一連の直訳体資料の研究には必須かつ有意義な基礎研究であり，むしろこれまで手がつけられていなかったことのほうが問題とさえいえる。たしかに，旧本『老乞大』のなかには，栗林によって提出された人称代名詞の図式がうまくあてはまらな

い箇所もわずかながら存在するが，たとえば，

主人家迭不得時，咱毎伴当裏教一箇自爨肉（主人，間に合わないなら，連れの一人に肉を炒めさせようか？）[234]

と訳されている部分は，“主人家が迭不得時には，咱毎伴当の裏で一箇を教て自ら肉を爨がせよう”と，主人へ向って発されたことばではなく，仲間内での相談，発言と考えれば，矛盾なく解決するように，いったんこの図式を以て訳しなおしてみることも必要だろう。その作業によって，各場面の情景，展開が，思いもかけない方向からのスポットライトを浴び，生き生きと眼前に浮かび上がってくることも多い。

“『老乞大』，『朴通事』が多く蒙古の言を帯び，純たる漢語に非ざる”ことは，つとに李辺が述べ，じっさい旧本『老乞大』の発見以来，モンゴル語からの音訳，翻訳と考えられる単語について，つぎつぎと報告がなされている[235]。ここでは，一々取り上げないが，たとえば，

這裏到夏店演裏有十里来地，到不得也［13葉裏1行目］。

這裏到那裏演裏有七八里路［17葉表7行目］。

という二つの文の“演裏”という語は，のちに“還”に改められることから，「まだ」「さらに」というニュアンスをもつことが推定される。しかし，管見の限りでは，同時代の漢語資料の中には用例が見当たらない。金・佐藤等もこれがモンゴル語の音写である可能性を認め，「あまる」という動詞から「さらに」の意味をもつ ileu を候補にあげている[236]。あるいは，『華夷訳語』「詔阿札失里」5b2，「勅僧亦隣真臧卜」10b2，『元朝秘史』巻八20a5の“額兀舌里 e' uri：久，久遠”なども候補に挙げられるかもしれない。

崔世珍（1467-1542）は，旧本『老乞大』に使用されている句末の“有”について，“元の時の語。必ず言の終わりに於いて「有」の字を用い，語助の如くして，而れども実は語助に非ず。今の俗は用いず”と述べた。しかし，これは，崔世珍が司訳院，承文院で使用されている数多の大元時代の刊行物に記される直訳体の文を読んでそう理解していたということに過ぎない。当たり前のことだが，かれ自身は大元時代に話されていた漢語をじっさいに聞いたことはなかったのである。かれの発言に依拠し，モンゴル時代の言語を考えるのは，

本末転倒というものだろう。崔世珍はすぐれた研究者であったが，『朴通事集覧』上の「南城」の解説に“大元は燕京を以て大都と為す。俗に南城と号す。開平府を以て上都と為す。俗に北城と号す”と書いてしまうように，完璧ではなかった。南城は大都のすぐ南の旧城すなわち金の中都を指し，北城が新都すなわち大都である。

なお，旧本『老乞大』の内容についていえば，高麗王朝公認の商人と高麗の投下領でもある遼陽の漢人商人の大都までの道中記，滞在記といってよい。しかし 30 葉裏 9 行目から 35 葉表 2 行目までの約四葉余りは，良家の子弟に対する一種の処世訓であり，会話体の形式をとらず，前後の話がつながらない。原本『老乞大』にあとから挿入されたものと考えられるが，この部分は，より『元典章』，『孝経直解』等の直訳体資料の言い回しと酷似しており，モンゴル語原文の存在を強烈に感じさせる。

大概人的孩児，従小来好教道的，成人呵，官人前面行也者。他有福分呵，官人也做也者。若教道他不立身成不得人也是他的命也者。咱毎為父母心尽了，不曽落後。你這小孩児，若成人呵，三条道児中間裏行者。別人東西休愛者。別人析針也休拿者。別人是非休説者。若依著這般在意行呵，不揀幾時成得人也者。常言道「老実常在，脱空常敗」。休做賊説謊。休奸滑懶惰。官人毎前面出不得気力行呵，一日也做不得人有。

大概，人的孩児(のこども)は，小さき従来(より)好く道を教えた的(もの)は，成人した呵(ら)，官人(ノヤン)の前面で行う也者(だろう)。他(かれ)に福分が有った呵(ら)，官人(ノヤン)に也做(もな)る也者(だろう)。若し道を教えて他(かれ)が立身せず人に成り得なくて也是(もそれ)は他的(かれの)命也者(だろう)。咱毎(われら)父母為(た)るは心を尽くし了(て)，曽て落後(なおざり)にせず。你這(なんじこ)の小孩児(こわっぱ)よ，若し成人した呵(ら)，三条の道児(みち)の中間の裏(うち)を行(え)者。別人の東西(もの)は休愛者(あいするな)。別人の析れた針也休拿者(もとるな)。別人の是非は休説者(いうな)。若し依著して這般(このよう)に在意して行った呵(ら)，不揀幾時(いつであっても)人と成り得る也者(だろう)。常言(ことわざ)にも道(い)う「老実(まじめ)は常に在り，脱空(ふまじめ)は常に敗す」休做賊説謊(あくじをはたらいたりうそをつくな)。休奸滑懶惰(ずるをしたりなまけるな)。官人毎(ノヤンたち)の前面で気力(ちから)を出し得ず行った呵(ら)，一日也(も)人と做(な)り得ないので有る。

また，本書の漢人商人が涿州に売りにいく商品，高麗商人が購入して帰る商品が，ふつうの品々ではない。馬具，弓矢，刀，漆塗りや磁器の皿，罟罟と呼ばれるモンゴル王族・官僚の貴婦人がかぶる帽子，『四書集註』をはじめとする書籍，正一品・二品といった高官たちが着る純金の模様入りのナシジ，珊瑚や瑪瑙・琥珀などのアクセサリー。高麗王や宰相が庇護者である可能性が極めて高い。また，羊を賭けて弓試合を開いたり，宴会の最後に肉を刀で切ってしめくくるなど，モンゴルとの交流も窺える。

『老乞大』といくつか類似の話を載せる『朴通事』では，モンゴル朝廷，高麗王朝との関わりがさらに濃密に窺える。主人公のひとりは，しばしば詔書の開読に派遣される官僚で，金字のパイザを持っておりジャムチも利用できる。旅行で江南の四明沖の南海普陀落迦山の観音を参拝に出かけたり[237]，高麗の高僧の説法を聞きにも行く。流行の衣服，意匠を凝らした小道具に身を包み，大邸宅も借りている。光禄寺，内府から酒を支給してもらい豪華な宴会を設え，教坊司の楽工に院本や雑技を演じさせることができ，モンゴルの曲を歌い，笛を吹く。カアンの上都，大都両京の移動にも随行する。隆福宮の西にある棕毛殿の側で弓の競射にも参加し，聖節日に大明殿の前で開催されるモンゴル相撲を百官とともに見物したり，宮苑内の聖なる空間として囲まれた湖の周辺の散策も可能な身分である。

田村祐之も一連の訳註，研究で述べるとおり[238]，この書の成立にモンゴル人，もっといえばモンゴル官僚，高麗王をはじめとするケシクの一員が関わっている可能性がきわめて高い。モンゴル朝廷のシステム，宮中の様子，風俗等，自分で見聞し，知っていないと書けない記述が多いからである。

なお，旧本『朴通事』の最終的な完成は，じゅうらい指摘されていないようであるが，至正十二年/高麗恭愍王元年（1352）以降と見られる。それは，『朴通事諺解』に，

> 曹大家裡人情来麼？甚麼人情？却不没老曹来。我不曽知道来，出殯也麼？今早起出殯来。今年纔三十七歳。咳，年紀也小裡。留幾日来？三来。陰陽人是誰？朱先生来。殃榜横貼在門上，你過来時節不曽見？我不曽見。写着甚麼裡？写着：壬辰年二月朔丙午十二月丁卯，丙辰年生人，三十七歳，艮時身故，二十四日丁時殯，出順城門……

という会話があり，この壬辰は，これまで『朴通事』の成立年代の根拠となっ

てきた書中の一記事，すなわち高麗の和尚，法名歩虚が江南の石屋和尚の衣鉢を継いで，カアンのジャルリクのもとに，南城永寧寺で説法を行った至正七年（1347）よりあとのこと，と考えられるからである[239]。つまり，この死者は，延祐三年（1316）生まれ，至正十二年（1352）に数えの三十七歳で逝去したことになる。

いっぽう，旧本『老乞大』の第39葉表10行目には，

你与我看命。你説将年月日生時来。我是属牛児的，今年四十也。

とあり，この運勢を見てもらっている高麗人が皇慶癸丑二年（1313）生まれの四十歳だとすると“今年”はやはり至正十二年，恭愍王即位の年（1352）となる。これは果たして偶然なのだろうか。

そして，恭愍王が前年九月の大元ウルスの詔をうけて即位したこの至正十二年の五月には，『朴通事』のほかならぬ高僧歩虚を招聘するのである[240]。そのごも，恭愍王はもとより，モンゴルからかれのところに降嫁した魯国大長公主ブダシリ等は，歩虚を寵愛，内殿にまでも迎え入れる[241]。はては洪武十一年/辛禑四年（1378）に示寂した歩虚の舎利は，恭愍王の御陵に置かれたのであった[242]。

当たり前のことながらモンゴルの駙馬国として久しい高麗の恭愍王は，モンゴル名をバヤン・テムルといい，自身，純モンゴルにかぎりなく近い血が流れていた。即位前はトゴン・テムルのケシクに入っており，偰百遼遜とは大元ウルス朝廷のアユルシリダラ皇太子の教育所である端本堂以来の知り合いであった。モンゴル語の教科書は，容易に得ることができ，またじっさいにそれらの書物を諸王子，貴族の子弟とともに学びモンゴル語で意見を交わし，様々な競技や観光もともに楽しんでいたのである。ブダシリも，即位する夫とともに，これらの書物や奢侈品を携え，最新のファッションに身をつつみ大勢の官僚，侍女を従えて，高麗にやってきた。いっぽう，トゴン・テムルのカトンで，アユルシリダラの生母のオルジェイ・クトゥクすなわち奇氏は，高麗王室の権臣奇轍の妹なのであった。そして，かのじょもまた，かつてのサンガラギ（武宗カイシャンの妹，仁宗アユルバルワダの姉）のごとく，『女孝経』や史書に載るすぐれた歴代皇后の逸話集を学ぶ姿勢を見せ，文化事業に熱心であった[243]。

恭愍王からすれば，アユルシリダラより自分のほうがよほどモンゴルの貴種であり，のちの大元ウルスからの独立，反抗と見られている行動も，アユルシリダラ母子との権力争いの観点から，あるいはココ・テムル等有力なモンゴル諸王の動きと同じレヴェルで見たほうがよいが，とにかく至正十二年頃は，大元ウルス朝廷と高麗王室の渾然一体化が最高潮に達した時期であった。両国を行き交う空前絶後の人とモノの流れ，その緊密な関係を象徴するかのごとく，言語の習得はもとより，大元ウルス治下の文化，経済などの予備知識の獲得，理解の一助となる『老乞大』と『朴通事』の二書は，おそらく両王室の協力のもとに編纂された。さらに，この壬辰の年こそは，大元ウルスにとって，前年からの紅巾の乱，方国珍・張士誠の叛乱によって，江南からの海運が不通になった大変な年でもあった[244)]。高麗との関係を固めておく必要は以前にも増して強まっていた。とすれば，この二書もまたきわめて政治的な記念刊行物であったことになる。

ところで，モンゴル時代の直訳方法，“～的上頭”に代表される「翻訳」言語は，清朝の時代にもうかがえる。清の皇帝は，モンゴルのカアンとしての顔ももった。

モンゴルの伝統と記憶は，断絶していなかった。「翻訳」言語は，『清文啓蒙』，『清語四十条』，『清語易言』，『清文指要』などおもに満洲語の教科書のところどころに現れた——たとえば，乾隆三一年（1766），鑲黄旗蒙古歩軍統領衙門主事の博赫（Behe）が編輯した『清語易言』では，“eici alaradeo（あるいは告げられたことによるのか）”に“或者告訴的上頭麽”を，“alara jakade（告げることのために）”に“告訴的上頭”の訳を与える——。その対訳，傍訳としての漢語は，もとの満洲語の語順に即したもので，それだけで読めば，おなじ時代の口語の小説に見える漢語と，語順・語法ともに異なる。そうでなければ，“Manju gisun i oyonggo jorin i bithe”『清文指要』（満洲語の会話教科書Tanggu meyen『一百条』を再編集し，満文に漢語傍訳を施したもの）の漢語の部分が，応龍田とトマス・ウエイドによって大幅に改訂される必要もなかっただろう[245)]。

清朝は，さまざまな意味で内にモンゴルを有する国（グルン）であり，皇族，旗下の子弟はモンゴル語が，モンゴル子弟は満洲語が出来てあたりまえ，だった[246]。じじつ，満漢合璧をはじめ，満，蒙，蔵，漢，さまざまなとりあわせの碑文，典籍が膨大に生み出された。ロシアをはじめ，同時代の世界各国でもモンゴル時代の外交文書，命令文のシステムは，いくばくかの変貌を経つつも継承されていた[247]。だが，清朝は，モンゴルのように，システム化された直訳体を文書として普及させようとはしなかった。漢字文化圏についていえば，口語の語彙をもって翻訳しても，満洲語の構造を前面に押し出す徹底さはなかった。それよりも，北京を中心とする北方音による中国語の規範化に向けて力をそそいだのであった。

註

1) 後至元三年三月二一日付け「襄陽路均州武当山大五龍霊応万寿宮碑」（京都大学人文科学研究所蔵内藤氏旧蔵拓本第25函），葉昌熾・柯昌泗『語石　語石異同評』（中華書局　1994年，201-202頁），蔡美彪『元代白話碑集録』（科学出版社　1955年　88頁），『湖北金石志』巻一四参照。この碑文には，パクパ字モンゴル語の原文は刻されていないが，大元ウルスによって仏寺，道観，神廟などに発令された保護免税免役の命令文は，定型の書式があり，重陽万寿宮等の蒙漢合璧碑と比較参照して，対応するモンゴル語原文を推定できる。

2) 『常山貞石志』巻一七「祁林院聖旨碑」。いっけん“いかなる物件であっても，かれらのものは”と訳せるように見えるが，多くの蒙漢合璧碑のモンゴル語原文から，完全に直訳したものであることが証明できる。パクパ字モンゴル語とその直訳が上下截に刻まれる河南省金山嘉祐寺の皇慶元年の聖旨碑にも，“不揀甚麼物件他的”とある。李文仲「金山嘉祐禅寺元代聖旨碑」（『文物天地』1996-3　24-25頁）。

3) 『金石例』巻一〇「史院纂修凡例」

4) 田中謙二「『元典章』における蒙文直訳体の文章」（『東方学報』32　1962年　187-224頁），同「『元典章』文書の研究」（『田中謙二著作集』第二冊　汲古書院　2000年　275-457頁）

5) 亦鄰真「元代硬訳公牘文体」（『元史論叢』1　1982年　164-178頁）

6) 蔡美彪『元代白話碑集録』85頁

7) 蔡美彪「元代道観八思巴字刻石集釈」（『蒙古史研究』5　1997年　60，80，98頁）

8) 蔡美彪『元代白話碑集録』41頁，京都大学人文科学研究所蔵桑原氏旧蔵拓本第8函

9) 蔡美彪『元代白話碑集録』38頁，京都大学人文科学研究所蔵桑原氏旧蔵拓本第8函

10) 蔡美彪「元代道観八思巴字刻石集釈」106頁，杉山正明「元代蒙漢合璧命令文の研究(2)」（『内陸アジア言語の研究』VI　1991年　52頁　のち『モンゴル帝国と大元ウルス』収録　京都大学学術出版会　2004年　420頁）

11) 李文仲「金山嘉祐禅寺元代聖旨碑」，蔡美彪『元代白話碑集録』92 頁
12) 蔡美彪『元代白話碑集録』29，104 頁，高橋文治「至元十七年の放火事件」（『東洋文化学科年報』12　1997 年　65-72 頁），本書第 II 部第 7 章。
13) “大福廕”が具体的に何を指すのか従来明らかでないが，セヴィンチュ・カヤの散曲「皇都元日」に“聖天子有百霊助”という。『太平楽府』巻七【双調新水令】
14) モンゴル語のいくつかの人名，地名等の語頭の漢字音訳の例から，そう推察される。
15) こうした冒頭の年月日，ケシク当番，カアンもしくは王族の居場所，ケシクと奏上した大臣たちの名をもつ文書を典籍，碑刻から（近年明らかになったものも含めて）すべて集め整理しなおすならば，不備の多い『元史』の宰相表や本紀の記事を大幅に補正でき，ケシク制度についても新知見を得られるはずである。このデータは別稿にて公開する予定である。
16) たとえば『秘書監志』には，“某年某月某日某怯薛第何日，某処裏有時分”で始まる形式の文書が多く収録される。
17) 蔡美彪『元代白話碑集録』82，96 頁および王勤金「元《江淮営田提挙司銭糧碑》」（『考古』1987-7　625 頁，図版捌）の碑陰に刻まれる至大四年九月のアユルバルワダの聖旨，ダギの懿旨。これらの碑の詳細については別の機会に論ずる。
18) 杉山正明「元代蒙漢合璧命令文の研究(1)」（『内陸アジア言語の研究』V　1990 年　1-31 頁＋2pls　のち『モンゴル帝国と大元ウルス』第 9 章に「モンゴル命令文研究導論」として収録　372-402 頁），同「元代蒙漢合璧命令文の研究(2)」（『モンゴル帝国と大元ウルス』第 10 章「山東鄒県嶧山仙人宮の聖旨碑」403-424 頁），中村淳・松川節「新発現の蒙漢合璧少林寺聖旨碑」（『内陸アジア言語の研究』VIII　1993 年　1-92 頁＋8pls）
19) 高橋文治「太宗オゴデイ癸巳年皇帝聖旨訳註」（『追手門学院大学文学部紀要』25　1991 年　422-402 頁），同「モンゴル時代全真教文書の研究(1)」（『追手門学院大学文学部紀要』31　1995 年　168-150 頁），同「モンゴル時代全真教文書の研究(2)」（『追手門学院大学文学部紀要』32　1997 年　176-157 頁），同「モンゴル時代全真教文書の研究(3)」（『追手門学院大学文学部紀要』33　1997 年　154-132 頁），同「クビライの令旨二通——もうひとつの道仏論争」（『アジア文化学科年報』2　1999 年　64-76 頁）
20) 亦隣真「元代直訳公文書の文体」（『内陸アジア言語の研究』XVI　2001 年　155-172 頁）
21) 太田辰夫「漢児言語について——白話発達史に関する試論」（『神戸外大論叢』5-3　1954 年　のち『中国語史通考』収録　白帝社　1988 年　253-282 頁）
22) 太田辰夫「孝経直解釈詞」（『元版　孝経直解』汲古書院　1996 年　1-21 頁）
23) 佐藤晴彦「『孝経直解』校訂と試訳」（『神戸外大論叢』46-6　1995 年　1-2 頁）
24) 佐藤晴彦「『孝経直解』解説」（『元版　孝経直解』1996 年　61-74 頁）
25) 竹越孝「呉澄『経筵講義』考」（『人文学報』273　1996 年　59-73 頁），同「許衡の経書口語解資料について」（『東洋学報』78-3　1996 年　1-25 頁）
26) 中村雅之「契丹人の漢語——漢児言語からの視点」（『富山大学人文学部紀要』34　2001 年　109-118 頁）

27）舩田善之「『元典章』読解のために——工具書・研究文献一覧を兼ねて」（『開篇』18　1999年　113-128頁）
28）余志鴻「元代漢語的后置詞系統」（『民族語文』1992-3　1-10頁），呂雅賢「『孝経直解』的語法特点」（『語文研究』48　1993年　1-6，42頁）
29）陳高華・史衛民『中国風俗通史』元代巻（上海文芸出版社　2001年　516-523頁）
30）本書第I部第1章
31）カラ・ホトの出土文献の中にこの『孝経直解』もあり，『乾隆諸城県志』巻一五に録される至正十年の「密州重修廟学碑」碑陰の書籍リストには，山東は密州の官学が購入したテキストのひとつとして『孝経酸斎解』すなわち『孝経直解』があげられている。李逸友『黒城出土文書（漢文文書巻）』（科学出版社　1991年　57，201頁，図版肆捌）参照。
32）本書第II部第8章
33）本書第I部第2章
34）康寔鎮『『老乞大』『朴通事』研究——諸書之著成及書中漢語語音語法之析論』（学生書局　1985年　18-19頁）
35）田村祐之「『朴通事諺解』の試み(3)」（『饕餮』6　1998年　46-47，49-50頁）
36）太田辰夫「漢児言語について——白話発達史に関する試論」277頁
37）鄭光「元代漢語の『旧本老乞大』」（『開篇』19　1999年　1-23頁），同「原刊『老乞大』解題」（鄭光主編『{原刊}《老乞大》研究』外語教学与研究出版社　2000年），梁伍鎮「論元代漢語『老乞大』的語言特点」（『民族語文』2000-6　1-13頁）
38）李泰洙「『老乞大』四種版本从句尾助詞研究」（『中国語文』2000-1　47-56頁），同「古本，諺解本『老乞大』里方位詞的特殊功能」（『語文研究』2000-2　30-38頁），同「古本『老乞大』的語序詞“有”」（『語言教学与研究』2000-3　77-80頁），李泰洙・江藍生「『老乞大』語序研究」（『語言研究』2000-3　71-82頁），李崇興「元代直訳体公文的口語基礎」（『語言研究』2001-2　65-70頁）。最近，これらを纏めなおした李泰洙『《老乞大》四種版本語言研究』（語文出版社　2003年）が出た。
39）金文京・玄幸子・佐藤晴彦・鄭光『老乞大——朝鮮中世の中国語会話読本』（平凡社　2002年　368-375頁）
40）後述の竹越孝「従《老乞大》的修訂来看句尾助詞“了”的形成過程」（『中国語学』249　2002年　42-60頁）と同様，具体的な先行論文が示されていない。本章のもととなった口頭報告及びレジュメ「モンゴルが遺した『翻訳』言語——旧本『老乞大』の発見によせて」（京都語学サークル2月研究会「小特集・翻訳の文化史」2001年2月22日於キャンパスプラザ京都）が——引用される資料の重複，当日の出席者等からすれば——対象ではないかと思われる。それを除けば，管見のかぎり，国内外の既刊の先行論文において「『老乞大』がもとはモンゴル語で書かれていて，旧本の漢語がモンゴル文を機械的に翻訳した直訳体で現実の口語を反映していない」と主張したものは見当たらない。したがって，とりあえずここでは，鄭光「元代漢語の『旧本老乞大』」同「原刊『老乞大』解題」，梁伍鎮「論元代漢語『老乞大』的語言特点」を指したものと解釈しておく。

41) 竹越孝「従《老乞大》的修訂来看句尾助詞“了”的形成過程」
42) 祖生利「元代白話碑文中代詞的特殊用法」(『民族語文』2001-5　48-63頁), 同「元代白話碑文中方位詞的格標記作用」(『語言研究』2001-4　62-75頁), 同「元代白話碑文中詞尾“每”的特殊用法」(『中国語研究』44　2002年　19-31頁), 同「元代白話碑文中助詞的特殊用法」(『中国語文』2002-5　459-472頁), 同「元代文献中“一般”和“也者”的特殊用法」(『民族語文』2003-6　28-34頁), 同「《元典章・刑部》直訳体文字中的特殊語法現象」(『蒙古史研究』7　138-190頁), 同「元代直訳体文献中的原因后置詞“上/上頭”」(『語言研究』24-1　2004年　47-52頁), 同「元代直訳体文献中的“麼道”」(『民族語文』2004-4　51-56頁), 李崇興「元代直訳体公文的口語基礎」
43) 竹越孝「蒙漢対訳文献における“有”の対応蒙古語」(『開篇』20　2000年　66-99頁)
44) 祖生利「元代白話碑文中助詞的特殊用法」
45)『大金弔伐録』巻三によれば, 趙良嗣は“元(もと)は北人に係る”という。
46)『通鑑続編』巻一九(台湾国家図書館蔵元刊本)
47)『湛然居士文集』(『四部叢刊』所収元刊本),『西遊録』,『屏山李先生鳴道集説』(台湾国家図書館蔵鈔本) 序文などにおける楚才自身の表記にしたがう。
48) 宋沙蔭・簡声援『浄土古刹玄中寺』(中国展望出版社　1985年　119-120頁)
49)『湛然居士文集』巻一三「釈氏新聞序」
50)『仏祖歴代通載』(中国国家図書館至正七年刻本) 巻二一「選試経僧道」
51) 高橋文治「太宗オゴデイ癸巳年皇帝聖旨訳註」, 同「モンゴル時代全真教文書の研究(1)」155頁, 同「モンゴル時代全真教文書の研究(3)」147-134頁, 同「クビライの令旨二通――もうひとつの道仏論争」
52) 蔡美彪『元代白話碑集録』11頁, 陳垣・陳智超・曽慶瑛『道家金石略』(文物出版社　1988年　485頁)
53) 方齢貴『元明戯曲中的蒙古語』(漢語大詞典出版社　1991年), 同『古典戯曲外来語考釈詞典』(漢語大詞典出版社・雲南大学出版社　2001年)
54) 亀井孝・大藤時彦・山田俊雄「言語史の資料と性格」(『言語史研究入門』日本語の歴史別巻　平凡社　1966年　49-80頁)
55) 宋沙蔭・簡声援『浄土古刹玄中寺』103頁
56) 高橋文治「モンゴル時代全真教文書の研究(3)」147-142頁
57) 高橋文治「太宗オゴデイ癸巳年皇帝聖旨訳註」参照。なお,『析津志輯佚』「学校」(北京古籍出版社　1983年　197-201頁) に不完全な形で収録されるオゴデイの五年(1233) の聖旨二通を補正する資料が,『新増格古要論』(惜陰軒叢書本) 巻一〇宋濂「元太宗皇帝御製宣諭後題」に載る (台湾国家図書館が蔵する明の活字本『格古要論』上・中・下三巻には収録されていない)。それによると, 燕京に新築された国子学において, モンゴルの子弟十八人に漢語, 漢字の学習のほか,“匠氏の芸事, 薬材の所用, 彩色の所出の地, 州郡の紀す所を兼ね諳んじ, 下は酒醴, 麴糵, 水銀の造, 食飲烹飪の制に至るまで皆周覧旁通する”ことを求めた。また漢人の子弟二十二人にはモンゴル語と弓矢を習わせた。これらの学生の食糧や, 孔子廟の附設の経費は, 燕京, 真定の歴日銀で賄われたという。オグルガイミシュの監国初年 (1248) に, 全真教の道士たちが国子学に建てた碑には，モンゴルビチクチの(礼)[扎]古魯真(ジャグルジン)以下十九人，漢人のビチクチ分宣奴(ヴィシュヌ)以下二十八人が刻まれる。

58) 杉山正明「草堂寺闊端太子令旨碑の訳注」(『史窓』47　1990年　104頁　のち『モンゴル帝国と大元ウルス』収録　425-456頁)，高橋文治「太宗オゴデイ癸巳年皇帝聖旨訳註」421-419頁

59) 中村淳・松川節「新発現の蒙漢合璧少林寺聖旨碑」

60) 中村淳「モンゴル時代の『道仏論争』の実像――クビライの中国支配への道」(『東洋学報』75-3・4　1994年　33-64頁)

61) 北京図書館金石組『北京図書館蔵歴代石刻拓本匯編』第48冊（元一）（中州古籍出版社　1990年　177頁）

62) 高橋文治「クビライの令旨二通――もうひとつの道仏論争」

63) 『成化山西通志』巻一五「靖応真人道行碑」

64) 張江涛『華山碑石』(三秦出版社　1995年　37，262-263頁)

65) 『南村輟耕録』巻二〇「漢児字聖旨」

66) 『元史』巻二九「泰定帝本紀」

67) 『元史』巻六「世祖本紀」

68) 中村淳・松川節「新発現の蒙漢合璧少林寺聖旨碑」17-18頁，本書第II部第7章。『新編事文類聚翰墨全書』(中国国家図書館蔵明初刻本）甲集巻五「諸式門・公牘諸式」《行移往復体例》，『元典章』巻一四「吏部八・公規二」《行移》【品従行移等第】

69) 『元史』巻七「世祖本紀」。おそらく至元五年の再確認だろう。

70) 『太平金鏡策』(台湾故宮博物院元刊本）巻三「飾訳学」“自至元六年命国師創為蒙古字之後，宣勅、制詔並皆用。又内立翰学，外設提挙，随路置教，以宣其風。又於凡百公府，各設訳史，以程其用。仍令天下能本朝字語者，授以官爵，蓋以重北方之言，広本朝之字也”，『道園類稿』巻四三「順徳路総管張公神道碑」“始置国字，合音以成言，累文而成字，以同四海之文，以達四方之情，以成一代之制。言語文史莫不用焉”，『麟原王先生文集』巻五「送湯輔徳広州蒙古字学録序」“昔我世祖皇帝，奄有区夏，以遼金及遐方諸国各有字書而本朝尚闕，故特命国師創製蒙古字，頒之四方，期以順言達事而已”。

71) 『元史』巻一七「世祖本紀」

72) 熊太古『冀越集記』「国朝軍制」(中国国家図書館蔵乾隆四七年鈔本)“国朝混一之初，以漢軍鎮江南，以探馬赤軍鎮中原，以各衛軍鎮朔漠”。

73) 『元典章』巻一四「吏部八・公規」《案牘》【検目訳史繋歴】，【蒙古刑名立漢児文案】

74) 『元典章』巻一二「吏部六・吏制」《訳史通事》【路訳史出身】，巻三一「礼部四・学校」《蒙古学》【蒙古学校】

75) 李逸友『黒城出土文書（漢文文書巻)』128-135頁。F116：W595，W204，W572，W521，F116：W257，W29，W62，W349，W454。

76) 李逸友『黒城出土文書（漢文文書巻)』F116：W595，W357

77) 李逸友『黒城出土文書（漢文文書巻)』F2：W51，F116：W596，W349，W561，W160

78) 李逸友『黒城出土文書（漢文文書巻)』F197：W27，F41：W5，F80：W9，F73：W16

79) 吉川幸次郎「『元典章』に見えた漢文吏牘の文体」(『東方学報』24　1954年　のち『吉

川幸次郎全集』15 収録　筑摩書房　1969 年　333-363 頁）

80)『道園類稿』巻二一「送譚無咎赴吉安蒙古学官序」“集昔以文史末属得奉禁林，見廷中奏対文字言語皆以国語達。若夫徳音之自内出者，皆画以漢書下之，詔誥出於代言者之手又循文而附諸国語，其来尚矣”。なお，『元典章』巻八「吏部二・官制」《承廕》【禁治驟陞品級】，『新集至治条例』「吏部・官制」《総例》【重惜名爵】は，雅文漢文の上奏文が，一字一句モンゴル語に訳されてカアンの耳に届けられ，さらにそれを漢語に直訳して記録としてのこす過程を詳細，克明に示す。

81) 杉山正明「八不沙大王の令旨碑より」（『東洋史研究』52-3　1993 年　115-120 頁　『モンゴル帝国と大元ウルス』200-201 頁）

82) 杉山正明「元代蒙漢合璧命令文の研究(1)」3 頁，同「イリンチン先生を偲ぶ」（『内陸アジア言語の研究』XVI　2001 年　131 頁）

83) 渡部良子「『書記典範』の成立背景——14 世紀におけるペルシア語インシャー手引書とモンゴル文書行政」（『史学雑誌』111-7　2002 年　27（1177）註 27）

84) P. B. Golden, *The King's Dictionary : The Rasûlid Hexaglot : Fourteenth Century Vocabularies in Arabic, Persian, Turkic, Greek, Armenian and Mongol*, Leiden, E. J. Brill, 2000.

85)『道園類稿』巻四三「靖州路達魯花赤魯公神道碑」

86)『道園類稿』巻一四「中書平章政事趙璧謚議」，『清容居士集』巻二七「贈翰林学士嘉議大夫馬公神道碑銘」，『滋渓文稿』巻一七「元故正議大夫僉宣徽院事周候神道碑銘」等。

87) ここでのカラ・キタイは中央アジアのいわゆる西遼ではない。ラシードの『集史』「中国史」の緒言に「ヒタイの北方には，ちょうどイラン国の北方にトルコマン人が住んでいるように，草原生活をしている諸部族がいて，ヒタイではこの部族を契丹と呼んでいる。モンゴル人は彼らをカラヒタイと呼び，われわれイラン人も同様である。その住地はモグーリスターンの草原に接している」とあるように，マンチュリアの契丹も黒契丹と呼んでいた。すでに杉山正明が「カラ・キタイとは，第二次キタイ帝国の西遼だけでなく，キタイ族全般を呼んだ名称。しかも自称である」と指摘している。本田實信「ラシード・アッディーンの『中国史』について」（『東方学』76　のち『モンゴル時代史研究』東京大学出版会　1991 年に「ラシード・ウッディーンの『中国史』」として収録 394 頁），杉山正明『大モンゴルの世界』（角川書店　1992 年　58-59，100 頁），同『遊牧民から見た世界史』（日本経済新聞社　1997 年　280 頁）。

88)『高麗史節要』巻一五は“安只女大王”に作るが，“安只歹”の誤りと思われる。なお『高麗史』巻二二は，アルチダイ大王の名は記さず，モンゴルが使者這可を派遣したとだけ伝える。また，高麗側が這可より前に派遣されたアルチダイ大王の使者を迎接しなかった“非礼”についても触れていない。

89)『高麗史』巻二二，『高麗史節要』巻一五，『国朝文類』巻四一「高麗」，『元高麗紀事』（『永楽大典』巻四四四六），金龍善『改訂版　高麗墓誌銘集成』（翰林大学校　1997 年 335，363 頁）。

90)『東国李相国全集』巻二八「蒙古国使賚廻上皇太弟書」，『東文選』巻六一兪升旦「回東夏国書」

91）南京図書館蔵清抄本を底本として，台湾国家図書館蔵銭大昕旧蔵鈔本，漸西村舎叢刊本によって校勘。なおこの部分は『元朝秘史』にはない。

92）『東国李相国全集』巻三五「曹渓山第二世故断俗寺住持修禅社主贈諡直覚国師碑銘并序奉宣述」“国師頷之，以手中扇授之，師呈偈曰：「昔在師翁手裏，今来弟子掌中，若遇熱忙狂走，不妨打起清風」。国師益器之。又一日，随国師行，国師指一破鞋云：「鞋在遮裏，人在什麼処」。答曰：「何不其時相見」国師大悦……”。

93）『秋潤先生大全文集』巻八〇「中堂事記上」

94）『太祖康献大王実録』巻一“元朝一統，釐降公主，遼瀋地面，以為湯邑，因置分省”。森平雅彦「駙馬高麗国王の成立——元朝における高麗王の地位についての予備的考察」（『東洋学報』79-4　1998年　1-31頁），同「高麗王位下の基礎的考察——大元ウルスの一分権勢力としての高麗王家」（『朝鮮史研究会論文集』36　1998年　55-87頁），同「元朝ケシク制度と高麗王家——高麗・元関係における禿魯花の意義に関連して」（『史学雑誌』110-2　2001年　60-89頁）

95）『高麗史』巻七五「選挙志三」“元宗元年四月下旨散員康俊才以本系微賤限在七品，然能通蒙古語，宜限五品”，『高麗史』巻一二三「嬖幸列伝・康允紹・鄭子璵」“康允紹本新安公之家奴，解蒙古語，以姦黠得幸於元宗。累使于元”，“鄭子璵亦訳者也。本霊光郡押海人。初僧俗補訳語都監録事。因習蒙古語，累入元以労転官至知僉議府事”，『高麗史』巻一二四「嬖幸列伝・元卿」“卿幼習蒙語，屢従王入朝。世祖常呼之曰納麟哈剌，以其応対詳敏，挙止便捷故曰納麟，鬚髯美黒故曰哈剌。嘗受元命為武略将軍征東行中書省都鎮撫，帯金符”，『高麗史』巻一二五「姦臣列伝・柳清臣」“清臣幼開悟，有胆気，習蒙語，屢奉使于元，善応対，由是為忠烈寵任”，そのた「鄭仁卿墓誌銘」，「朴全之墓誌銘」，「崔安道墓誌銘」，「権廉墓誌銘」，「権妻柳氏墓誌銘」，「崔文度墓誌銘」（金龍善『改訂版　高麗墓誌銘集成』423，454，510，513，523，527頁）等参照。

96）『高麗史』巻一〇五「趙仁規伝」

97）『高麗史』巻二二「高宗世家一」六年二月己未“哈真等還，以東真官人及僕従四十一人留義州，曰：「爾等習高麗語，以待吾復来」”。

98）『高麗史』巻四四「恭愍王世家七」

99）『高麗史』巻二七「元宗世家三」十四年正月壬戌“元使来，王迎詔于宣義門。其文用新制蒙古字，人無識者。使者云：因林惟幹所奏，求火熊皮也”。

100）『元高麗紀事』（『永楽大典』巻四四四六）

101）『高麗史』巻七六「百官志一」“通文館，忠烈王二年，始置之，令禁内学官等参外年，未四十者習漢語。時舌人多起微賤，伝語之間，多不以実懐奸済私，参文学事金坵建議置之。後置司訳院以掌訳語”。

102）『世宗荘憲大王実録』巻九三［二十三年辛酉八月乙亥］“高麗設漢語都監及司訳尚書房，専習華語。其時漢人来寓本国者甚多”。

103）『高麗史』巻四三「恭愍王世家六」壬子二十一年五月癸亥，九月壬戌，巻四四「恭愍王世家七」癸丑二十二年秋七月壬子，巻一三五「辛禑伝三」十一年一二月，巻一三六「辛禑伝四」十二年七月，十三年五月等。

104）寺村政男「『高麗史』に記録された明太祖の言語の研究——その1」（『語学教育研究論

叢』15　1998年　211-231頁)

105) 黄時鑑「元高昌偰氏入東遺事」(蕭啓慶主編『蒙元的歴史与文化　蒙元史学術検討会論文集下冊』学生書局　2001年　552頁)

106) 舩田善之『元典章』読解のために――工具書・研究文献一覧を兼ねて」113-128頁。ただし，そのご，かれは2003年10月3日雲南で開催された中国蒙古族歴史与文化国際学術研討会において，一転して，カルピニが描写した第三代モンゴル皇帝グユクのインノケンティウス四世への返書の翻訳方法から，モンゴル朝廷が統治の便宜のために直訳体を創造したことを論じた。舩田善之「蒙元時代公文制度初探――以蒙文直訳体的形成与石刻上的公文為中心」(『蒙古史研究』7　2003年　125-137頁)。しかし，それと同じ主張は，すでに2003年8月7日よりhttp://www.hmn.bun.kyoto-u.ac.jp/asorder/meetings3-01.htmlで公開中の，杉山正明「モンゴル命令文の世界――ヴォルガからの手紙・ローマへの手紙」(2003年3月20日　日中韓版本研究会，2003年6月21日　京都大学文学研究科21世紀COEプログラム「東アジアにおける国際秩序と交流の歴史的研究」第三回研究会）において，口頭報告の要旨ではあるものの，より明快・具体的な形で示されており，また，世界規模で展開・継承されていくモンゴル命令文，各言語の直訳体現象についても概説されている。論文自体の公刊を鶴首して俟ちたい。

107)『吏文』の現存テキストはいずれも巻一を欠く。崔世珍『吏文輯覧』の凡例によれば，“旧抄吏文初巻、宣諭、聖旨，皆漢語，於習吏文無関，故不著輯覧，欲習者，宜考諺解、漢語諸書”とある。首巻に収められた洪武期の宣諭，聖旨には雅文漢文のみならず，直訳体が多く含まれていた可能性もある。

108)『孔顔孟三氏志』巻二20a，巻三94b宋濂「故国子祭酒孔公墓誌銘」，『明太祖実録』巻五〇［洪武三年三月丁巳］

109) 北京図書館金石組『北京図書館蔵歴代石刻拓本匯編』第51冊（明一）(中州古籍出版社　1990年　3，4，11，13，15頁)

110) この書の詳細については，別稿にて述べる。

111)『明太祖実録』巻三八［二年正月己未］，巻四一［四月乙亥］，巻五一［洪武三年四月甲子］

112) 混一以後，江南にも急速に“北音（中原雅音)”が流入する（『南村輟耕録』巻五「鄧中斎」，巻二〇「狷潔」，劉辰翁『須渓集』巻六「北韻序」)。なお中原雅音とは，温州出身で溧陽に居した孔克斉によれば，大元時代の汴，洛，中山等の地域における音韻を指す(『至正直記』巻一「中原雅音」)。

113)『黒韃事略』に“其常談必曰；托着長生天底気力，皇帝底福蔭”とある。

114)『明太祖実録』巻六七［洪武四年七月］

115) 洪武二六年に明朝廷によって刊行された『諸司職掌』(中国国家図書館蔵）の「礼・主客部」《朝貢諸番及四夷土官去処》において，挙げられる「番国」は，高麗，暹羅，琉球，占城，真臘，安南，日本，爪哇，瑣理，西洋瑣里，三仏斉，浡泥，百花，覧邦，彭亨，淡巴，須文達那に過ぎず，「西域」も西天泥八剌，朶甘，沙州，烏斯蔵，撒立畏兀児，撒来，撒馬児罕しか挙げられていない。

116) 杉山正明「豳王チュベイとその系譜――元明史料と『ムイッズル-アンサーブ』の比較

を通じて」(『史林』65-1　1982年　1-40頁)，同「ふたつのチャガタイ家」(小野和子編『明清時代の政治と社会』(京都大学人文科学研究所　1983年　651-700頁)，同『モンゴル帝国と大元ウルス』310，323-328，332-333頁

117) 実録では，すべて雅文漢文に書き改められた。たとえば，『三朝聖諭録』上に"永楽二年，一日，進呈勅辺将藁，上曰；「武臣辺将不諳文理，只用直言俗説使之通暁，庶不誤事。他日編入実録，却用文」"という。

118) たとえば，『大明会典』巻一七四「事例」に"凡内閣所掌制勅、詔旨、誥命、冊表、宝文、玉牒、講章、碑額及題奏、掲帖等項，一応機密文書，各王府勅符、底簿，制勅房書辨。文官誥勅及番訳勅書并四夷来文、掲帖、兵部紀功、勘合底簿等項，誥勅房書辨。各用中書舎人等官，於本院或各該衙門帯俸，遇有陞遷，仍旧供職。其有堪別用者，亦従吏部推挙"とある。

119) 中国蔵学研究中心・中国第一歴史档案館・中国第二歴史档案館・西蔵自治区档案館・四川省档案館『元以来西蔵地方与中央政府関係档案史料匯編』(中国蔵学出版社　1994年　85頁)

120) 国立故宮中央博物院聯合管理処『故宮書画録』(台湾書店　1956年　66-91頁)

121) 上冊 No．32：論建昌衛指揮使(馬)[月]魯帖木児。如今賈哈羅我見了説「老羅剌是(馬)[月]魯帖木児母舅」，這般説的明白。若漢人論，十分骨肉親，為甚麼兩下裏疑？今命舎人某，与同来某，送賈哈剌到建昌知任。知任了，便教去他父老羅剌根前，回朝覲的事有。賈哈剌両個叔叔羅牙、羅剌，就回北興地面，原住処住(原空数字)，太平時年，休記讐。親的毎親厚着過好生好。自家不和，別生出事来。不止不快活，連性命也不得。我的言語説将去。老羅剌好生痛外生著。(馬)[月]魯帖木児好生孝順母舅著。老羅剌看的羅牙、羅剌両兄弟好著。這般呵，地面人情十分好。故茲勅諭。

下冊 No．12：礼部為進貢事。洪武十七年閏十月(原脱二字)日於華蓋殿早朝，本部尚書(原脱二字)奉旨；教将沙州王及抹脱等来進馬的使臣某，早発回去。那里此時多官人毎必是望信。早到那里，衆官人行説的知道。「王与衆官人毎好心，俺這里知了」麼道。「教王与多人到来年草青時節，往南甘粛地面沙州迤南地面里，可屯種処，可養頭疋処，従便快活住著」麼道。若心裏十分喜歓呵，那時重将賞賜与也者。你礼部即行文書去（この文書は，上冊 No．32と異なり，一見皇帝から礼部宛に出されたように見えるが，礼部が沙州王等に間接的に聖旨を伝える外交文書である)。

122)『明太祖実録』巻一九四［洪武二十一年冬十月丙午］

123)『明太祖実録』巻一九五［洪武二十二年正月戊戌］

124) Erich Haenisch, *Sino-Mongolische Dokumente vom Ende Des 14, Jahrhunderts*, Berlin, Akademie-Verlag, 1952, pp. 15-16, 25；Antoine Mostaert & Igor de Rachewiltz, *Le Matẽriel Mongol du Houa I Iu* 華夷訳語 *de Houng-Ou*（*1389*）*I Commetaires*, Bruxelles, Institut Belge des Hautes Étude Chinoises, 1977, pp. 11-12, 28-29，烏・満達夫『華夷訳語』(内蒙古文化出版社　1998年　291-311頁)，栗林均『『華夷訳語』(甲種本) モンゴル語全単語・語尾索引』(東北大学　東北アジア研究センター叢書10　2003年　102-105頁)。

125)『故宮書画録』巻七「明太祖御筆」下冊 No.13：大明皇帝聖旨；教江夏侯・安慶侯，将

茶去西番地面裏買馬。為西番不省得漢人言語，再教両箇西番火者官人去，説与他多西番每知道。各族裏有的馬，売与我每些箇，買馬的茶，差去的人，照那里例児，与肯売馬的族分，陝西都司、布政司辺上官人每，看的好著。不要攪擾。那箇族分不売馬的説将来。別做箇道理待他。

126) 李逸友『黒城出土文書（漢文文書巻）』201頁，図版参壹

127)『明太祖実録』巻一四一［洪武十五年正月］“丙戌，命翰林院侍講火原潔等，編類華夷訳語。上以前元素無文字，発号施令，但借高昌之書，製為蒙古字，以通天下之言。至是乃命火原潔与編修馬沙亦黒等，以華言訳其語。凡天文、地理、人事、物類、服食、器用，靡不具載。復取元秘史参考，紐切其字，以諧其声音。既成，詔刊行之。自是使臣往復朔漠，皆能通達其情”，Erich Haenisch, *Sino-Mongolische Dokumente vom Ende des 14, Jahrhunderts*, Berlin, Akademie-Verlag, 1952, Erich Haenisch, *Sino-Mongolische Glossarie I Das Hua-I ih yü*, Berlin, Akademie-Verlag, 1957, Mostaert & Rachewiltz, *Le Matêriel Mongol du Houa I Iu* 華夷訳語 *de Houng-Ou* (*1389*) *I Commetaires*, Mostaert & Rachewiltz, *Le Matêriel Mongol du Houa I Iu* 華夷訳語 *de Houng-Ou* (*1389*) *II Commetaires*, Bruxelles, Institut Belge des Hautes Étude Chinoises, 1995, 烏・満達夫『華夷訳語』，栗林均『『華夷訳語』（甲種本）モンゴル語全単語・語尾索引』

128)『明太祖実録』巻一九八

129) じっさい，高麗においても，辛禑四年（1378）の時点では，まだいわゆる北元の元号「宣光」を用いるか，もしくは干支を使用する例が多く，ことさらに「洪武」の年号を避けた。高麗のひとびとの眼には，大明国の将来は確かなものとは映っていなかった。洪武の年号が典籍，経文等の跋，文書等に一様に使用されはじめるのは，やはり洪武二〇年前後からのことである。『韓国七〇〇〇年美術大系　国宝　巻12　書芸・典籍』「白紙墨書妙法蓮華経」，「禅林宝訓」（竹書房　1985年　67，143頁）

130)『華夷訳語』，『元朝秘史』両書におけるモンゴル語の漢字音訳方式，その共通点については，栗林均「『元朝秘史』と『華夷訳語』における与位格接尾辞の書き分け規則について」（『言語研究』121　2002年　1-18頁）を参照。

131)『明太祖実録』巻二〇四

132)『明太祖実録』巻三五［洪武元年九月］“甲午，詔徴元太史院使張佑、張沂、司農卿兼太史院使成隷、太史同知郭讓、朱茂、司天少監王可大、石沢、李義、太監趙恂、太史院監侯劉孝忠、霊台郎張容、回回司天太監黒的児、阿都剌、司天監丞迭里月実一十四人至京”，『明太祖実録』巻四一［洪武二年夏四月］“庚午，徴故元回回司天台官鄭阿里等十一人至京師”，『明太祖実録』巻一五三［洪武十六年三月］“己巳，召回回珀珀至京，賜以衣巾靴韈，珀珀明天文之学，寓居寧波府鄞県，有以其名聞者，故召之”。

133)『殿閣詞林記』（京都大学文学部蔵明嘉靖刊本）巻八「修撰荅禄与権」“荅禄与権其先胡人。後居河南永寧，仕元為河南北道僉事，以故官入朝。洪武六年為秦府紀善，改監察御史……［中略］……先是出為広西僉事，未之任，復召回至。八年三月擢修撰，降典籍，転応奉致……［中略］……。又有馬沙亦黒馬哈麻者，亦西域人也。能通華夷訳語，善測天文，上命為編修，特勅労之”，『明太祖御製文集』巻八「翰林編修馬沙亦黒馬哈麻勅文」，『明訳天文書』「呉伯宗序」，『天方至聖実録』馬沙亦黒「回回天文書序」。中国国家

図書館所蔵の洪武十六年内府刻本『回回暦法』も『天文書』の副本として編纂されたものである。

134) 宋峴『回回薬方考釈』(中華書局 2000年)

135)『明太祖実録』巻一〇五［洪武九年三月癸未］

136)『明太祖実録』巻一九四

137)『明史』巻一五六「李賢伝」"李賢，初名丑驢，韃靼人。元工部尚書。洪武二十一年来帰，通訳書。太祖賜姓名，授燕府紀善。侍燕世子最恭謹。靖難師起，有労績，累遷都指揮同知。凡塞外表奏及朝廷所降詔勅，皆命賢訳"。

138)『明仁宗実録』巻九下"擢七十為行在鴻臚寺右寺丞。七十，韃靼人，通蒙古書，都指揮李賢言於太祖皇帝，命教習翻訳。至是吏部尚書蹇義言；七十，元之故臣。遂擢用之"。

139) 呉文良・呉幼雄『泉州宗教石刻（増訂本）』(科学出版社 2005年 27-28頁)，福建省泉州海外交通史博物館『泉州伊斯蘭教石刻』(寧夏人民出版社・福建人民出版社 1984年，7-8頁，図版20)

140)『宝蔵：中国西蔵歴史文物（第三冊）』(朝華出版社 2000年 94-137頁)。なお，百夷語はタイ語系に属する。『秋澗先生大全文集』巻八一「中堂事記中」の段階では，"［夏四月十五日丙午］呼金歯蛮使人，問其来庭之意，及国俗地理等事。言語侏離，重訳而後通。国名百夷，蓋群蛮之総称也。其国在大理西南数千里外，而隷六詔焉"とあったが，『国朝文類』巻四一「招捕」【八百媳婦】には"［延祐元年］九月四日，至渾乞濫砦，渾乞濫手書白夷字奏章，献二象"という。

141)『明仁宗実録』巻三下［永楽二十二年十月癸丑］

142)『明英宗実録』巻二六六［景泰七年五月朔］

143)『明太祖実録』巻二一〇［永楽十七年三月辛酉］

144) 中国蔵学研究中心・中国第一歴史档案館・中国第二歴史档案館・西蔵自治区档案館・四川省档案館『元以来西蔵地方与中央政府関係档案史料匯編』第一冊，西蔵自治区档案館『西蔵歴史档案薈粋』(文物出版社 1995年)，国家档案局・中央档案館『中国档案文献遺産名録』(中国档案出版社 2002年 16-23頁)

145) Francis Woodman Cleaves, The Sino-Mongolian Edict of 1453 in the Topkapi Sarayi Müzesi, *Harvard Journal of Asiatic Studies*, 13, 1950, pp. 431-446＋8pls.

146) 河内良弘「明代女真の外交文書について」(『東方学会創立五十周年記念東方学論集』東方学会 1997年 457-472頁)，同「朝鮮王国の女真通事」(『東方学』99 2000年 1-15頁)

147)『太祖高皇帝聖訓』巻三「興文治 己亥」"漢人読漢文，凡習漢字与未習漢字者皆知之。蒙古人読蒙古文，雖未習蒙古字者皆知之。今我国之語必訳為蒙古語読之，則未習蒙古語不能知也。如何以我国之語製字為難，反以習他国之語為易耶"。

148) 杉山正明「豳王チュベイとその系譜——元明史料と『ムイッズル-アンサーブ』の比較を通じて」，同「ふたつのチャガタイ家」。のち『モンゴル帝国と大元ウルス』242-283，323-328，332-333頁に収録。

149)『哈密事績』(台湾国家図書館，旧李文田蔵本)"文皇即哈密地封元遺孽脱脱為忠順王，賜金印，令為西域襟喉，諸番入貢，夷使方物，悉令此国訳文具開"，『馬端粛公三記』下

「興復哈密国王記」,『西域行程記』「哈密」も参照。

150)『明太祖実録』巻二一六［洪武二十五年二月癸亥］，巻二四九［洪武三十年正月丁丑］。チュベイの後裔で至正十二年頃にその名が確認される邠王嵬釐（豳王嵬力）は，『宋史』巻四八五「外国伝一・夏国上」に“曩霄本名元昊。小字嵬理，国語謂惜為「嵬」，富貴為「理」”とあるように，タングトの名を名乗っており，甘粛方面において西夏語が使用されつづけていた傍証の一つとなる。

151) 青海省文物処・青海省考古研究所編『青海文物』（文物出版社　1994年　206頁）に青海省博物館が蔵するこの封誥の一部分の写真が載る。

152)『張文忠公全集』「奏疏八・番夷求貢疏」

153) 石田幹之助「女真語研究の新資料」(『桑原博士還暦記念東洋史論叢』弘文書房　1931年　1271-1323頁，のち『東亜文化史叢考』収録東洋文庫　1973年　10-13頁)，同「所謂丙種本『華夷訳語』の『韃靼館訳語』」(『北亜細亜学報』2　1944年　35-87頁のち『東亜文化史叢考』収録東洋文庫　1973年　147-150頁)

154) 山崎忠「乙種本華夷訳語韃靼館来文の研究――東洋文庫本」(『日本文化』31　1951年　62-91頁)，同「華夷訳語韃靼館来文の研究　資料編――ベルリン本と東洋文庫本との異同」(ユーラシア学会編『遊牧民族の研究』真陽社　1955年　138頁)

155) 本田實信「『回回館訳語』について」(『北海道大学文学部紀要』11　1963年　のち「回回館訳語」として『モンゴル時代史研究』に収録　東京大学出版会　1991年　532頁)

156) 胡振華・黄潤華『明代文献　高昌訳語』(新疆人民出版社　1981年　8-9頁)

157) 劉迎勝「古代中原与内陸亜州地区的語言交往」(『学術集林』巻7　上海遠東出版社　1996年　193頁)

158) 西田龍雄『西番館訳語の研究』(松香堂　1970年　122頁)

159) Gisaburo Norikura Kiyose, *A Study of the Jurchen Language and Script*, Kyoto, Horitubunka-sha, 1977, pp. 151-155.

160)『太祖康献大王実録』巻一［元年壬申八月辛亥］，巻四［二年癸酉九月］，巻四［二年癸酉十月己亥］。

161)『世宗荘憲大王実録』巻九四［二十三年辛酉十月乙酉］“竊照本国僻在東陲，語音与中国殊異，必資通訳，乃能伝命。在先元朝之季，南人韓昉、李原弼等輩僻地出来，訓誨生徒，謹備事大之任。其後本人相継淪没，無有教訓之者，漢音伝習，漸致差訛。慮恐倘有宣諭聖旨，難以暁解；朝廷使臣到国，応対言語，理会者少，深為未便”。

162)『世宗荘憲大王実録』巻九三［二十三年辛酉八月乙亥］

163)『高麗史』巻一一二「偰遜伝」,『定宗恭靖大王実録』巻二［元年己卯十一月乙卯］,『世宗荘憲大王実録』巻二七［七年乙巳正月丁亥］,『金華黄先生文集』巻二五「合剌普華公神道碑」，賀雲翺・狄富保「元『合剌普華墓誌銘』考釈」(『南方文物』2000-1　92-100頁)，朴現圭「回紇人偰遜的『近思斎逸稿』之発掘分析」(『民族文学研究』1996-2　89-93頁)，黄時鑑「元高昌偰氏入東遺事」等参照。

164)『至正直記』巻三「高昌偰哲」

165) Finch, Roger, Korean Hankul and the hP'ags -pa script, Writing in the Altaic World, *Studia Orientalia*, 87, Helsinki, 1999, pp. 79-100；照那斯図・宣徳五「訓民正音和八思

巴字的関係研究——正音字母来源掲示」(『民族語文』2001-3　9-26頁)。朝鮮王朝が独自に開発した，という主張も見られるが，『慵斎叢話』巻七自体が“世宗設諺文庁。命申高霊、成三問等製諺文。初終声八字，初声八字，中声十二字。其字体依梵字為之。本国及諸国語文字所不能記者，悉通無礙。洪武正韻諸字，亦皆以諺文書之”という。パクパ字は，直接にはティベット文字から作り出されたから，サンスクリットにもきわめて近い。

166)本書第III部第9章

167)『太宗恭定大王実録』巻二［元年辛巳十月壬午］，『慵斎叢話』巻三

168)『世宗荘憲大王実録』巻九三［二十三年辛酉八月乙亥］，『成宗康靖大王実録』巻二〇〇［十八年丁未二月丁丑］

169)『成宗康靖大王実録』巻一五八［十四年癸卯九月己未］

170)『世宗荘憲大王実録』巻二〇［五年癸卯六月壬申］“礼曹據司訳院牒呈，啓；老乞大、朴通事、前後漢、直解孝経等書緑無板本，読者伝写誦習，請令鋳字所印出。從之”。

171)『世宗荘憲大王実録』巻三三［八年丙午八月丁丑］

172)『世宗荘憲大王実録』巻六三［十六年甲寅二月庚午］

173)『世宗荘憲大王実録』巻六四［十六年甲寅六月丙寅］

174)『世宗荘憲大王実録』巻六三［十六年甲寅二月甲寅］，巻六四［四月己酉，五月甲午］

175)『世宗荘憲大王実録』巻九四［二十三年辛酉十月辛巳］

176)『世宗荘憲大王実録』巻二二［五年癸卯十月］等

177)『老朴集覧』凡例

178)『世祖恵荘大王実録』巻一一［四年戊寅正月戊寅］

179)『東文選』巻九四成三問「童子習序」に“我東方在海外，言語与中国異。因訳乃通。自我祖宗事大至誠，置承文院掌吏文，司訳院掌訳語，専其業而久其任。其為慮也，蓋無不周。第以学漢音者，得転伝之余，承授既久，訛繆滋多，縦乱四声之疾舒，衡失七音之清激，又無中原学士従旁正之，故号為宿儒老訳，終身由之而卒於孤陋。我世宗，文宗慨念於此，既作訓民正音，天下之声，始無不可書矣。於是訳洪武正韻，以正華音。又以直解童子習、訳訓評話，乃学華語之門戸，命今右副承旨臣申叔舟、兼承文院校理臣曹変安、行礼曹佐郎臣金曽、行司臣孫寿山，以正音訳漢訓，細書逐字之下，又用方言，以解其義。仍命和義君臣瓔、桂陽君臣璔，監其事，同知中枢院事臣金何、慶昌府尹李辺，証其疑而二書之音義昭晰，若指諸掌，所痛恨者，書僅成編，弓剣継遺，恭惟主上嗣位之初，遹追先志，亟令刊行，又以臣三問，亦嘗参校，命為之序”とある。成三問の没年が1456年であること，『洪武正韻訳訓』の申叔舟の序が1455年に書かれていることから，『童子習』の直解本も1455年成立とみてよいだろう。この書は，1469-85年成立の『経国大典』巻三「奨勧」に見える承文院の教科書のなかにもみえている。もとの『童子習』とは，大元末期から明初にかけて活躍し『牧民心鑑』の著者でもある朱逢吉の作で，少なくとも永楽二年には建安郡守の指示で，建陽で刊行されていたことがわかっている。いっぽうの，『訓世評話』も，『成宗康靖大王実録』巻三一「四年癸巳六月壬申」の記事によって，1473年に成立していたことはまちがいない。

180)『成宗康靖大王実録』巻一二二［十一年庚子十月乙丑］

181)『成宗康靖大王実録』巻一五八［一四年癸卯九月庚戌］
182)『成宗康靖大王実録』巻一五八［十四年癸卯九月己未］
183)『成宗康靖大王実録』巻二三五［二十年己酉十二月己丑］
184)『世宗荘憲大王実録』巻四二［十年戊申十二月甲申］
185)『太祖康献大王実録』巻九［五年丙子二月癸卯］
186)『太祖康献大王実録』巻九［五年四月乙未］
187)『太祖康献大王実録』巻一一［六年丁丑三月辛酉］
188)『太祖康献大王実録』巻一四［七年戊寅六月丁未］“尹須、尹珪、孔俯三人都不通中国語音，雖会写字，又不深知文義”。
189)『太祖康献大王実録』巻九［五年丙子］
190) 太宗元年/建文三年（1401），太上王李成桂は，シュクルチ（天蓋持ち）の尹某に『楞厳経』の刊行の監督をさせており，この段階でも高麗時代と同様，モンゴルのケシク制が踏襲されていたことがわかる。『韓国七〇〇〇年美術大系　国宝　巻12　書芸・典籍』「大仏頂如来密因修証了義諸菩薩万行首楞厳経」154頁
191)『太宗恭定大王実録』巻一〇［五年乙酉九月庚戌］
192)『太宗恭定大王実録』巻二四［十二年壬辰十月戊寅］
193)『世宗荘憲大王実録』巻六一［十五年癸丑九月壬午］，巻六二［十五年癸丑一二月壬戌］
194)『明太祖実録』巻二一［丙午十一月壬辰］，巻二三〇［洪武二十六年十二月］，『四庫全書総目提要』巻一三一子部「雑家類存目八」
195)『永楽大典』巻四八五，四八六
196)『世祖恵荘大王実録』巻二〇［六年庚辰五月丙戌］，巻二一［六年庚辰八月己巳］
197)『世祖恵荘大王実録』巻二五［七年辛巳，八月乙未］
198)『世宗荘憲大王実録』巻一二七［三十二年戊辰閏正月戊申］“命直集賢殿成三問、応教申叔舟、奉礼郎孫寿山，問韻書于使臣。三問等因館伴以見，使臣曰；「是何官也」金何曰；「皆承文院官員，職則副知承文院事也」。指寿山曰；「此通事也」鄭麟趾曰；「小邦遠在海外，欲質正音，無師可学。本国之音，初学於雙冀学士，冀亦福建州人也」。使臣曰；「福建之音，正与此国同，良以此也」。何曰；「此二子欲従大人学正音。願大人教之」。三問，叔舟将洪武韻，講論良久”。
199)『太祖康献大王実録』巻一〇［五年十一月丁丑］，［六年夏四月己亥］
200)『世祖恵荘大王実録』巻三二［十年甲申二月乙巳］
201) 本書第II部第8章，第III部第9章
202)『世宗荘憲大王実録』巻九六［二十四年壬戌五月癸亥］
203)『成宗康靖大王実録』巻八四［八年丁酉九月戊辰］
204)『中宗大王実録』巻一二三［乙亥十年十一月丙申］
205)『中宗大王実録』巻八一［丙申三一年二月庚戌］
206) 高麗辛禑二年（1376）まで存命だった尹侅は，『通制条格』すなわち『大元通制』の「条格」に精通していたという。『東文選』巻一二七「坡平君尹公墓誌銘并序」
207) 本書第II部第8章
208)『世宗荘憲大王実録』巻二二［五年癸卯十月庚戌］，『世宗荘憲大王実録』巻九四［二十

三年辛酉十一月己亥]，『成宗康靖大王実録』巻九八［九年戊戌　九月庚午]。また，崔世珍も『朴通事集覧』巻中において，“金字圓牌”を解説するさいに，『至正条格』を参照している。なお，2003年に，韓国精神文化研究院によって，慶尚北道慶州の孫氏宗家に保存されてきた千件余の遺物の中から，『至正条格』の「断例」と「条格」の一部が発見された。『中央日報』WEB版掲載の書影からすると，原本は，『元典章』と同様，建安の小字本で，それを覆刻したものと思われる。

209) とはいえ，たとえば『世宗荘憲大王実録』巻五八［十四年壬子十二月丙午］に，永楽八年（1410）の宣諭聖旨が直訳体の文体で引用されているが，句読点の切り方にかなり誤りがみられる。成三問や申叔舟等によってこの『実録』が編纂された1454年から刊行年の1472年あたりともなれば，朝鮮でも直訳体をきちんと読める人がいなくなりつつあったのかもしれない。

210) 李基文「蒙学書研究의基本問題」(『震檀学報』31　1967年　104-110頁)，鄭光『司訳院倭学研究』(太学社　1988年　55-58頁)，鄭光・尹世英『司訳院訳学書冊板研究』(高麗大学校出版部　1998年　64-65頁)

211)『山居新話』“広成局，階従七品，置大使一員，副使一員，直長二員，司吏二名，専一印書籍，已上書籍乃皇朝祖宗聖訓、及番訳御史箴、大元通制等書”。

212) 張鴻勲「《孔子項託相問書》故事伝承研究」(『一九八五年全国敦煌吐魯番学術討論会論文専輯』蘭州大学出版社　1986年　194-206頁)

213)『元史』巻三〇「泰定帝本紀」“[泰定三年秋七月]乙卯，詔翰林侍講学士阿魯威、直学士燕赤訳世祖聖訓，以備経筵進講”，『元史』巻三〇「泰定帝本紀」“[泰定四年秋七月]戊戌，遣翰林侍読学士阿魯威還大都，訳世祖聖訓”。

214) 留金鎖『十善福白史冊』(内蒙古人民出版社　1981年)

215)『元史』巻二四「仁宗本紀」“[至大四年六月己巳]帝覧貞観政要，諭翰林侍講阿林鉄木児曰;「此書有益於国家，其訳以国語刊行，俾蒙古，色目人誦習之”，『元史』巻一三七「察罕伝」“嘗訳貞観政要以献。[仁宗]帝大悦，詔繕写徧賜左右。且詔訳帝範。又命訳脱必赤顔名曰聖武開天紀，及紀年纂要、太宗平金始末等書，倶付史館”，胡新立・王正玉「山東嘉祥県元代曹元用墓清理簡報」(『考古』1983-9)《曹元用墓誌銘》“三入翰林，預修仁宗英宗実録，蔵館中，奉旨雑編定国朝勅令，号大元通制，訳呉兢貞観政要，為国言。皆行于時”，『元史』巻三六「文宗本紀」“[至順三年夏四月]戊午，命奎章閣学士院以国字訳貞観政要，鋟板模印，以賜百官”，『道園類稿』巻一七「貞観政要集論序」“天暦天子嘗命訳以国語俾近戚国人皆得学焉。久未成書，又以属集蓋租庸調府兵等法，今人多不尽暁，而李百薬賛道賦等又引用迂晦，遽不可了了。集為口授出処令筆吏検尋，窮日乃得一，賦所引幾成一編，而訳者始克訖事以進，今閣下有刻本也”。

216) Constance Hoog, *Prince Jiṅ-Gim's Textbook of Tibetan Buddism: The Śes-bya rab-gsal (Jñeya-prakāśa) by 'Phags-pa Blo-gros rgyal-mtshan dPal-bza ṅ-po of the Sa-skya-pa*, Leiden, E. J. Brill, 1983.

217)『秋澗先生大全文集』巻七八，七九，附録，『滋渓文稿』巻九「馬文貞公墓誌銘」

218)『欽定元王惲承華事略補図』(光緒二二年武英殿刊本)「表」「提要」

219)『張文忠公文集』(静嘉堂文庫蔵元刊本) 付録

220)『憲綱事類』付『風憲忠告』『御史箴』（旧北平図書館蔵米国国会図書館マイクロフィルム弘治四年刻本）薛瑄「御史箴解序」“御史箴者，張文忠公所作也。公為御史時，嘗著風憲忠告，以明風紀之要，又作是箴，并以致戒焉。大意謂御史之職，関係甚重，任是職者，当思其重，而為所当為，戒所当戒，其言簡，其理備，其詞直，其義切，誠憲臣之薬石也。公既没而其箴盛行於世。今内自台署，外及臬司，以至憲臣之家，靡不列之于屏于几”，周軫「憲綱事類後」“憲綱事類，監察御史太原陳公瑞卿巡按山東所刊行者。公持憲厳甚，入而糾挙，出而巡歴，一遵憲綱成命。以是書頒自朝廷，得之者少，而或罹于咎，非但為風憲者当知也。急急欲刊行之。又以元臣張養浩風憲忠告并御史箴，皆所以羽翼乎憲綱”。

221) 前掲註 211

222)『元史』巻二九「泰定帝本紀」“［泰定二年秋七月甲寅］紐沢，許師敬編類帝訓成，請於経筵進講，仍俾皇太子観覧，有旨訳其書以進”，『元史』巻三〇「泰定帝本紀」“［泰定三年三月］丙寅，翰林承旨阿憐帖木児、許師敬訳帝訓成，更名曰皇図大訓，勅授皇太子”，『滋渓文稿』巻九「元故資徳大夫御史中丞贈攄忠宣憲協正功臣魏郡馬文貞公墓誌銘」“公有文集若干巻，奉詔修英廟実録，訳潤皇図大訓、承華事略、編集列后金鑑、千秋記略共若干巻”，『道園学古録』巻二二「皇図大訓序」“皇図大訓者，前栄禄大夫中書右丞臣許師敬，因其先臣衡以修徳為治之事嘗進説於世祖皇帝者而申衍之。而翰林学士丞旨栄禄大夫知経筵事臣阿璘帖木児、奎章閣大学士光禄大夫知経筵事臣忽都魯都児迷失潤訳以国語者也”。

223)『道園学古録』巻五「経世大典序録」，『元史』巻一二四「哈剌亦哈赤北魯伝」，『道園学古録』巻一一「書趙学士簡経筵奏議後」

224) 南唐の趙幹「江行初雪図」（台湾故宮博物院蔵）には，天暦二年十一月の時点の奎章閣のメンバーのリストが付されており，雅琥は奎章閣学士院参書奉訓大夫として見える。石守謙・葛婉章『大汗的世紀——蒙元時代的多元文化与藝術』（国立故宮博物院　2001年　28-29 頁）。

225)『秘書監志』巻一〇「題名」，銭大昕『元進士考』，『元史』巻三五「文宗本紀」，『馬石田文集』巻九「送雅琥参書之官静江序」，『安雅堂集』巻二「送雅古正卿同知福建転運塩使司事」，『呉正伝先生文集』巻八「送雅琥正卿福建塩運司同知」

226)『元史』巻一七〇「暢師文伝」“［至元］十二年，丞相伯顔攻宋，選為掾属，従定江南，及帰，舟中惟載書籍而已。十三年，編平宋事蹟上之”，『元史』巻九「世祖本紀」“［至元十三年六月］戊寅，詔作平金、平宋録、及諸国臣服伝記，仍命平章軍国重事耶律鋳監修国史”。

227) 照那斯図『八思巴字和蒙古語文献 II 文献匯集』（東京外国語大学アジア・アフリカ言語文化研究所　1991 年　195-211 頁）

228)『朴通事集覧』上「紫鴉忽」

229) 田中謙二「『元典章』における蒙文直訳体の文章」（『東方学報』32　1962 年　190 頁），照那斯図『八思巴字和蒙古語文献 II 文献匯集』212-215 頁

230) 栗林均「『元朝秘史』におけるモンゴル語と漢語の人称代名詞の対応」（『東北アジア研究』7　2003 年　1-32 頁）

231) 金文京・玄幸子・佐藤晴彦・鄭光『老乞大——朝鮮中世の中国語会話読本』
232) 栗林均「『元朝秘史』におけるモンゴル語と漢語の人称代名詞の対応」17-18頁
233) 佐藤晴彦「栗林均氏の批判に答える——氏の「『元朝秘史』におけるモンゴル語と漢語の人称代名詞の対応」をめぐって」(『開篇』22　2003年　137-143頁)。当該論文は，2002年11月5日大谷大学で開催されたシンポジウム「モンゴルの出版文化」で栗林が発表，配布した「プログラム予稿集」に対する反論として，2003年3月の栗林論文公刊をまたず2003年1月の段階で書かれている。なお，佐藤は「おわりに」の部分で，"これ以上不毛な議論を継続したとしても生産的な議論は期待できず，時間，紙の無駄"として，"この問題についてこれ以上コメントするつもりはない"と述べ，こんご予想される論争をシャットアウトしてしまっているが，敢えてとりあげておく。
234) 金文京・玄幸子・佐藤晴彦・鄭光『老乞大——朝鮮中世の中国語会話読本』73頁
235) 鄭光・梁伍鎮・南権熙・鄭丞恵『{原刊}《老乞大》研究』，陳高華「旧本『老乞大』書后」(『中国史研究』2002-1　123-130頁)
236) 金文京・玄幸子・佐藤晴彦・鄭光『老乞大——朝鮮中世の中国語会話読本』382頁
237) 本書第III部第9章
238) 田村祐之「訳注『朴通事諺解』」(『火輪』創刊号　1996年　8-17頁)，同「『朴通事諺解』翻訳の試み」(『饕餮』4　1996年　57-91頁)，同「訳注『朴通事諺解』(2)——女の口説き方」(『火輪』2　1997年　16-26頁)，同「『朴通事諺解』試訳(3)——季節の遊び」(『火輪』3　1997年　2-16頁)，同「『朴通事諺解』翻訳の試み(2)」(『饕餮』5　1997年　60-93頁)，同「『朴通事諺解』試訳(4)——破戒和尚」(『火輪』4　1998年　27-40頁)，同「『朴通事』の職業」(『火輪』5　1998年　9-15頁)，同「『朴通事諺解』翻訳の試み(3)」(『饕餮』6　1998年　46-72頁)，同「『朴通事諺解』翻訳の試み(4)」(『饕餮』7　1999年　28-46頁)，同「『朴通事諺解』翻訳の試み(5)」(『饕餮』8　2000年　8-28頁)，「旧本『老乞大』と『翻訳老乞大』との異同について」(『姫路独協大学外国語学部紀要』14　2001年　248-259頁)，同「『朴通事諺解』翻訳の試み(6)」(『饕餮』9　2001年　8-34頁)，同「『朴通事』と日用類書の関係について」(『姫路独協大学外国語学部紀要』15　2002年　223-241頁)，同「『朴通事諺解』翻訳の試み(7)」(『饕餮』10　2002年　8-25頁)。とくに，「『朴通事諺解』翻訳の試み(4)」42-43頁は，管見の限りでは，銀と中統鈔の交換レートから旧本『朴通事』の成立時期を割り出すことにはじめて着目した研究であり，舩田善之「元代史料としての旧本『老乞大』——鈔と物価の記載を中心として」(『東洋学報』83　2001年　101-130頁)，木津祐子「赤木文庫蔵『官話問答便語』校」(『沖縄文化研究』31　2004年　543-657頁)など，そのごの語学教科書の研究に大きな指針を与えた。氏の『朴通事諺解』の全訳註の一刻もはやい完成を心より待ちのぞむ。
239)『朴通事諺解』に"南城永寧寺聴説仏法去来。一箇見性得道的高麗和尚，法名喚歩虚，到江南地面石屋法名的和尚根底，作与頌字，迴光反照，大発明得悟，拝他為師傅，得伝衣鉢。迴来到這永寧寺裏，皇帝聖旨裏，開場説法裏……"とあり，『朴通事集覧』巻上「歩虚」は，『海東金石苑』巻八収録の李穡「明高麗太古寺円証国師碑」や『高麗史』等の資料をもとに，"俗姓洪氏。高麗洪州人。法名普愚。初名普虚，号太古和尚。有求於天下之志。至正丙戌春入燕都。聞南朝有臨済正脈不断，可往印可，蓋指臨済直下雪嵒嫡孫石屋和尚清珙也。遂往湖州霞霧山天湖庵，謁和尚嗣法伝衣，還大都。時適丁太子，令辰十一月二十四日奉伝聖旨，住持永寧禅寺，開堂演法。戊子東還。掛錫于三角山重興寺，尋往龍門山結小庵，額曰小雪。戊午冬示寂，放舎利玄陵，賜諡円証国師。樹塔于重興寺之東，以蔵舎利玄陵，即恭愍王陵也”と解説する。

240)『高麗史』巻三八「恭愍王世家」

241)『高麗史』巻八九「后妃伝」

242)『朴通事集覧』巻上「歩虚」。前掲註 238 参照。

243)『元史』巻一一四「后妃伝」

244)本書第 III 部第 9 章

245)高田時雄「トマス・ウェイドと北京語の勝利」(狭間直樹編『西洋近代文明と中華世界』京都大学学術出版会　2001 年　138 頁)

246)呉振棫『養吉斎叢録』巻四“我朝家法，皇子皇孫六歳即就外傅読書，寅刻至書房，先習満洲、蒙古文卒，然後習漢書”，『満蒙漢会話書』(京都大学文学部蔵)“旗下蒙古不甚分別，旗下人会説蒙古話，蒙古人会説満洲話，凡事上都有益”。

247)杉山正明「モンゴル命令文の世界――ヴォルガからの手紙・ローマへの手紙」，同『モンゴル帝国と大元ウルス』(京都大学学術出版会　2004 年　22 頁）参照。なお，『龍沙紀略』によれば，ロシアのチャガン・カンから清朝康熙丙申年（1716）に送られてきた来文二函も，一通はかの国の文字であったが，もう一通は，蒙古字であったという。これはいうまでもなく，ジョチ・ウルス以来の伝統である。

第II部

大元ウルスの文化政策と出版活動

第5章　大徳十一年「加封孔子制詔」をめぐって

1　はじめに

大徳十一年（1307）は，モンゴル帝国の歴史において，激動の一年であった。成宗テムルの死後，ブルガン＝アーナンダ派からアユルバルワダ＝ダギ派，カイシャンへと，政権はめまぐるしくうつった[1]。

ところが，この年は，じつは文化史上，とくに出版においても，画期的な一年であった。それを象徴するモニュメントが，儒学の総本山である曲阜の孔子廟十三碑亭内に今ものこる巨大な碑に記された，カイシャンの詔である[図5-1]。即位そうそうに発令されたこの詔は，翰林の古老，閻復の撰になるもので，『国朝文類』巻一一「加封孔子制」，『天下同文集』巻一「大成加封制」などにも収録されている。

01　上天眷命，
02　皇帝聖旨：蓋聞；先孔子而聖者，非孔子無以明，後孔子而聖者，非
03　　孔子無以法。所謂祖述尭舜，憲章文武，儀範百王，師表万世者也。
04　　朕纘承丕緒，敬仰休風，循治古之良規，挙追封之盛典，加号
05　　大成至聖文宣王，遣使闕里，祀以太牢。嗚呼。父子之親，君臣之義，
06　　永惟聖教之尊，天地之大，日月之明，奚罄名言之妙。尚資神化，祚我
07　　皇元。主者施行。
08　　　　　　大徳十一年九月　日

【日本語訳】

上天から目をかけ命をくだされた，カアンのおおせ：聞くところによれ

ば，孔子より前の聖人は，孔子がいなければ明らかにはならなかった，孔子より後の聖人は，孔子がいなければお手本がなかった，いわゆる（「中庸」にいうところの）“遠くは尭，舜の道を奉ずべき規範とし，近くは文王，武王の法を守ることにつとめ”て，歴代の帝王に模範を示し，よろずよに手本を垂れた者だとか。朕は国家の大業を受け継ぎ，めでたきならわしを敬い仰ぐが，（このたび）いにしえの世における有益な規範を踏襲し，追封の盛大な式典を挙行し，大成至聖文宣王の諡を加号して，使者を曲阜の孔子廟に遣わし，牛，羊，豚の牲をそなえて祭祀をとりおこなうことにした。ああ，父と子の間の“親”，君と臣の間の“義”をもってきこえる者は，つねに聖人の教えが尊ぶところを念じ，（その教えの）天地のごとき広大さ，日月のごとき明るさは，どうして描写の精微を尽くすことができようか。ねがわくば，聖なる教化をたすけ，わがおおいなる大元ウルスにさいわいあらんことを。責任者は施行せよ。

上天，皇帝で二文字抬頭するほか，孔子，朕，大成至聖文宣王，皇元が行頭にくるよう，周到に計算された碑刻である。『国朝文類』，『天下同文集』，各地にのこるほかの「加封孔子詔」碑の録文と校勘してみると，曲阜の碑は，“纂”を“纘”に，“於戯”を“嗚呼”と，同音同義の別字に作るなどの違いが見えるが，なによりもこの碑が特異であるのは，モンゴル語に倣い縦書きで左行から右行に，パクパ字で書かれ，それに添える形でやや小さめの字で漢文の原文が刻されていることである。もっともこのパクパ字はモンゴル語を写したものではなく，雅文漢文による詔を一字一字音写したものである。

詔の内容は，要するに孔子の称号にあらたに「大成」の二字を加えることを述べているにすぎない。だが，それだけのことが，当時においては，大変な意味をもっていた。つまりそれは，いご大規模に行われる大元ウルスの儒教文化政策の宣言だったのである。

五岳四瀆の神々，道教，仏教の教祖たちに加号することは，クビライ，テムル政権を通じてずっと行われてきたことである。加号こそされなかったが，儒教保護についても，太宗オゴデイのころから，たえず注意がはらわれていた。だが，少なくとも，カイシャン政権下では，正一教の歴代天師への加号は至大元年（1308）五月，全真教の五祖七真への加号は至大三年二月のことであり，儒教保護がまず第一に取り扱われた。この時点で儒教への保護のトーンが格段にあがるのである。また，この風潮は高麗など近隣諸国にも波及する。

また，アユルバルワダは延祐三年（1316），孟子の父母に，カイシャンの息子トク・テムルは至順二年（1331），孟子，顔子，曽子，子思，および孔子の父母，妻に，孟子の妻に，カイシャンの孫トゴン・テムルは顔子の父母，妻にと，「加封」がカアン即位後の一種のしきたりとなる。儒教保護を続行するアピールとして。「加封孔子詔」は，それらのモデル・ケースとなった。

この「加封孔子詔」の発令と前後して，記念刊行物が出版される。儒教保護を象徴する書として，カイシャンは，ボロト・テムルらが献上したパクパ字訳の『孝経』を，中書省に命じて刊行させた。アユルバルワダも，当代最高の書画家趙孟頫の作成した絵巻をもとに，図像の『孝経』，『列女伝』と，近臣の王約らがモンゴル

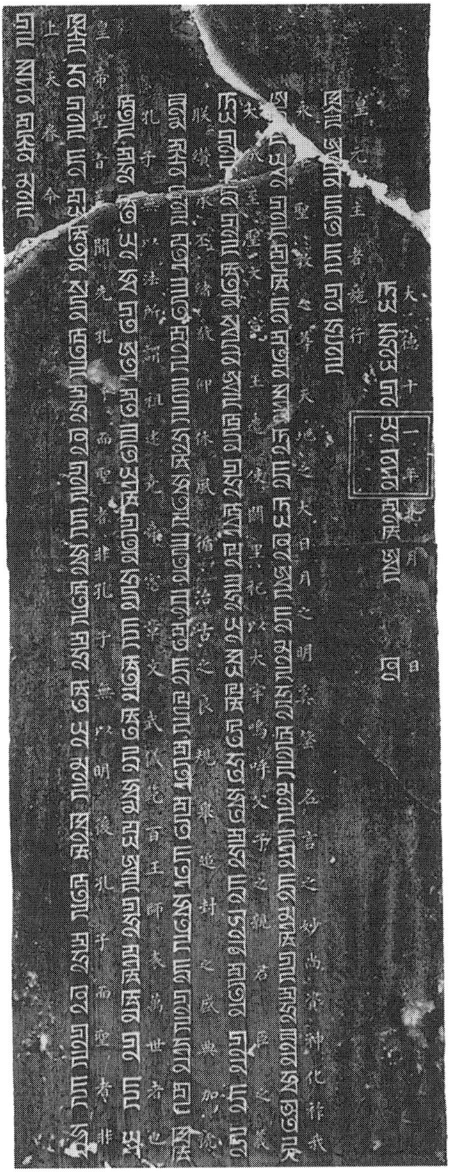

図5-1　曲阜の加封孔子制誥碑（『北京図書館蔵中国歴代石刻拓本匯編』）

語簡訳した『大学衍義』を，民間の書肆を通じて刊行させた[2]。これを契機として，官民一体の出版活動，絵本の出版などが一気に盛んになる。なにか事業，政策を行えば，かならずそれを記念する出版物がセットで出される。立碑と出版が連動して行われるようになるのもこのころからで，いご，それはトゴン・テムルの代まで途絶えることなく続いて行く。

こうしたことを考えれば，ここで大元ウルスの儒教文化政策と出版活動の出発点となった碑そのものについて，いちど見直しておくことも，無駄ではないだろう。そこから浮かび上がってくるさまざまな問題点は，モンゴル時代の儒教文化，それらを仕掛け，処理していく文化機関のシステムを解明するうえで，重要なてがかりとなる。また，この碑は，おそらくモンゴル時代の石刻の中で関連資料をいちばん多くもつ。碑刻を史料として扱ううえでの問題も自然見えてこよう。ただし，本章では，証明に煩瑣な手続きを要する問題点は，指摘するだけにとどめ，詳しくはそれぞれ別の機会に扱うことにしたい。

2　加号の経緯

さて，孔子に加封するというこの儒教保護の一大イベントは，誰によって発案され，準備が整えられたのか。これについては，曲阜孔子廟十三碑亭内に現存する碑が，その経緯をかなり詳細に伝えてくれる。いわゆるモンゴル語の直訳体によるこの碑は，蔡美彪『元代白話碑集録』（科学出版社　1955年　54頁）に「(52) 一三〇八年曲阜加封孔子聖旨致祭碑」として，録文されるほか，巻頭に拓影が掲載されている。また，劉浚『孔顔孟三氏志』（『北京図書館古籍珍本叢刊』14　明成化張泰刻本）巻一 83 葉，および陳鎬『闕里誌』（台湾国家図書館蔵明正徳元年刻本）巻六 10 葉～11 葉「礼楽」《謚号》にも録文がある。なお，拓影を見ると，じっさいには碑の左端に，本文よりひとまわり小さく細い文字で三行にわたる文が刻まれていることに気づく。これは，本文で話題になっている至大元年（1308）七月十一日に，朝廷から派遣されたカアンの代理を迎えて行った祭祀にて捧げられた祭文で，『孔顔孟三氏志』巻三 25 葉，巻五

42葉,『闕里誌』巻八 17葉などに録文がある。紙幅の関係上，ここには掲げない。

01　至大元年七月の内,
02　朝廷が官を差（つか）わし欽しんで賷（もたら）した
03　聖旨（ジャルリク）の加封，祭祀の事。先の大徳十一年五月二十一日に於いて,
04　今上皇帝は宸極に位を正す。当月二十八日，集賢院の官，特進大司徒太子太傅集賢院使の香山（シャンシャン），集賢大学士資徳大夫の趙也先（エセン），栄禄大夫平章政事太子少
05　傅集賢大学士の王顒が
06　奏するには「唐，宋以来，累朝の代は，孔子に封贈する名児（なまえ）を与えて来ました。今日（こんにち），
07　皇帝は初めて宝位に登らるるも，孔夫子的（の）名号を，衆（おお）くの学士を教（し）て商量（そうだん）に与（あずか）らせ着（て）みました呵（ら），宜的一般（よろしいようです）」と。奏じた
08　聖旨（ジャルリク）に「名児（なまえ）を商量（そうだん）し了（て），
09　我の行（ところ）に再び奏せ者（よ）」とあった。此レヲ欽シメ。六月の初めの八日に，香山（シャンシャン）司徒，斡赤（オトチ）大学士，趙大学士，王大学士，安大学士が
10　奏するには「今，衆（おお）くの学士たちが商量（そうだん）して，孔夫子に加封し大成至聖文宣王と作（な）すことを定めました。大都，上都，孔林に人を差わして旧例に依って祭を致し牲（いけにえ）に太牢を加え（牛，羊，豚をお供えする），
11　制詞，香，祝文，酒を賷せて去（い）かせました呵（ら），怎生（いかが）でしょうか？」と。奏じた
12　聖旨（ジャルリク）に「准（ゆる）す」とあった。此レヲ欽シメ。七月十九日に，中書省が
13　奏するには「孔夫子に加封する名号は，翰林，集賢院の官人他毎的（ノヤンかれらの）言語（ウゲ）が是的一般（もっともなようです）。
14　聖旨（ジャルリク）を降し与えて，人を差わして祭祀に去（い）かせました呵（ら），怎生（いかが）でしょうか？」と。奏じた
15　聖旨（ジャルリク）に「准（ゆる）す」とあった。此レヲ欽シメ。至大元年三月二十三日，懐菉の東壁（がわ）にて，集賢院使御史大夫の脱脱（トクト）丞相，集賢学士通議大夫

の師著が

16 奏するには「孔夫子に加封し，詞頭（詔勅の撰文に必要な草稿摘要），

17 宣命を与えまし了。如今，課銀参錠，表裏の段子壹拾参疋，並びに合に用いるべき祭祀の物件を与え，本院の学士を差わし鋪馬（駅伝の馬）に騎坐して前往孔林に祭祀に去かせ，更に大都，上都の合に用いるべき祭りの物を与え交せました呵，怎生でしょうか？」と。奉じた

18 聖旨に「省家（中書省）を教て与らせ者」とあった。此レヲ欽シメ。本院の学士嘉議大夫の王徳淵を差遣し，七月に於いて欽しんで

19 宣詞，祭物を齎して

20 孔林於到ると，十一日丁卯に於いて卜い，守土官奉訓大夫兗州知州の馬禧，孔氏の家長の撫と与に三献の礼を行った。王徳淵が親から祝文を為し，宣賜の銀幣は，廟の庫に珍蔵した。五十二代曹州教授の之明が書し，五十代孫孔氏の家長撫が立石した。

五月二八日，カイシャンの即位の一週間後には，はやくも孔子への加号が進言されている。さらにその十日後には，“大成”の名に議定されている。おどろくべき手回しのよさである。正月からの一連の動乱を考えれば，成宗テムルの時代から，すでにこの計画は進んでいたと見てよいだろう。この進言をおこなった集賢院の職務は，『元史』巻八七「百官志」によれば，“学校を提調し，隠逸を徴求し，賢良を召集するを掌り，凡そ国子監，玄門道教，陰陽祭祀，占卜祭遁の事は，悉く隷す（査閲する）”ことにあった。『事林広記』別集は，さらに簡明に“儒，道の二教を掌る”と述べる。孔子への加封が，この機関から上奏されるのももっともなことであった。ただ，時代は延祐年間（1314–1320）以降になるが，顔胤祚『陋巷志』（万暦二九年清順治増修本）巻七「芸文志下」《奏疏》によれば，顔子廟の修葺，加封，立碑の要請は，多くが南台監察御史によって上疏されている。曲阜のことに，なぜ江南行台が関与しえたか，それ自体も問題ではあるが，あるいは，孔子の加封の場合にも，まず曲阜の孔家か

ら監察御史へ，監察御史から御史台へ上疏があり，集賢院にまわされて，カアンへ上奏という事情だった可能性もある。なお，全真教，正一教の指導者達と朝廷の文人の密接な交流，大徳十一年いご，急速な展開をみせる出版文化へのかれらの参与については，前章までにも触れてきたが，かれらを統制する集賢院は，一種のサロンであった可能性もあり，この時代の文化全体を解明するための重要な鍵だといえる。

ところで，シャンシャンに太子太傅の職名が加えられたのは，至大元年七月壬申の日。つまり，この碑の至大元年七月内というのは，壬申の日よりあとでなければならず，くわえてここで述べられる集賢院のメンバーの役職は，至大元年七月より振り返って述べたもの，ということになる。名前からすれば，アス族出身と思われるシャンシャンは，至大元年四月，カイシャンの腹心サンバオヌが渤国公の称号を戴くのと同時に，賓国公となり，最高の待遇を受けていた。かれは，官職名，および『秘書監志』巻一「兼領」の記事からもわかるように，アユルバルワダの側近であった。シャンシャンと同じく太子少傅の王顒は，クビライ時代から集賢院の職にあり，文官としてはほぼ最高位の栄禄大夫（従一品）に拝せられているが，こんにち伝もつたわらず，作品ものこっていない。ただ，姚燧「李平章画像序」によれば，大徳三年（1299），アユルバルワダの命令によってその家庭教師である李孟の賜号「秋谷」の字を大書したこともあり，アユルバルワダに近しい人物であることはまちがいない。オトチは，太子詹事であり，カイシャンの暗殺後も順調に官位を重ね，翰林学士承旨にまでのぼりつめる，やはり，アユルバルワダの側近である。趙エセン，安学士については，よくわからない。いずれにせよ，『孝経』の出版と同じように，孔子に加号する計画も成宗テムルの遺臣を含むアユルバルワダ周辺からもちあがったのは間違いない。

さて，なぜ“大成”の名に決められたかについては，閻復自身の証言がのこっている。次に示すのは，獲鹿県学の「加号大成詔書碑」碑陰上截に刻された一節である。

> 大徳丁巳（十一年）の秋，近臣の旨を伝え，至聖文宣王に封号を加えんことを議す。臣復，翰林を承乏すれば，其の議に預かるを獲たり。竊かに謂

えらく；古より夫子を称うるは多し。しかれども，孟子に如くは莫し。孟子曰く「生民有るより以来，未だ孔子のごときは有らざるなり」と。又曰く「伯夷は聖の清なる者なり。伊尹は聖の任なる者なり。柳下恵は聖の和なる者なり。孔子は聖の時なる者なり。孔子を集大成と謂うべし。集大成なるは，これを金声して玉振するなり」と。蓋し孔子の三聖の事を集めて一大成の事をなすは，なお楽を作す者の衆音の小成を集めて一大成をなすごときなり。むべなるかな。加号の奏の可とされ，璽書，命を錫うは。臣復，職は草を具すに当たり，既に天下に頒示せり。　（『常山貞石志』巻一九，『北京図書館蔵歴代石刻拓本匯編』第49冊（元二）「滕州儒学碑」17頁）

加号名についての会議には，集賢院の学士たちだけではなく，翰林院のメンバーも参加した。成宗テムル期に数々の詔制を撰し，さらにはカイシャンの即位の詔を草した翰林学士承旨の閻復も，当然ながら加わった。そもそも，袁桷『清容居士集』巻二七の神道碑，それにもとづく『元史』巻一六〇の伝，および『孔顔孟三氏志』巻二 41 葉「成宗大徳四年孔廟石刻」によれば，成宗テムルの時代に，たびたび，曲阜の孔家のために，また儒学再興のために進言したのは，ほかならぬ閻復であったらしい。また，『孟子』巻三「公孫丑章句上」，巻一〇「万章章句下」を典拠として，“大成”の名を挙げたのも，閻復の可能性が高い。なお，「加封孔子詔」の冒頭の一段は，あきらかにこの出典を踏まえている。しかもあえてつけくわえておくならば，閻復が，碑陰記の中で，“蓋し孔子の三聖の事を集めて一大成の事をなすは，なお楽を作す者の衆音の小成を集めて一大成をなすごときなり”というのは，じつは朱子の解釈をそのまま引用したもので，大元ウルス時代を通じて，儒学といえば，朱子の学問が正統であった。

ただし，この“大成”という名は，大元ウルスにおいてはじめて使用されたわけではなかった。『宋史』巻一〇五「礼志八」によれば，“[崇寧の初め]また辟廱に詔して文宣王殿は「大成」を以て名と為す”とあり，孔子廟の正殿を“大成殿”と呼んでいた。また，金末からモンゴル初期の文人楊奐も『還山遺稿』巻上に収録される曲阜旅行記ともいうべき「東遊記」の中で，儀門と正殿をはっきり“大成門”，“大成殿”と呼んでいる。各地の孔子廟は曲阜をモデルにつくられたから，“大成”という名は，大元ウルス治下のひとびとにとって，孔子廟と結び付いたなじみぶかい伝統的な名前だったのである。

さて，六月八日に，翰林，集賢院の学士たちの上奏に対し，とりあえず加号名と，大都，上都，曲阜の孔林に代祀を遣わすことについて，カアンの許可がおりたが，七月十九日まで中書省でふたたび検討がおこなわれている。この間，一カ月あまり，カアンは，六月八日の上奏とまったく同じ内容の上奏を中書省よりうける。それまでのスピード処理がうそのようである。カアンの誕生日の七月十九日まで，あえて待ったとしかいいようがない。聖寿節には，后妃，諸王，駙馬，朝臣が一同に会する。翰林，集賢院作成の表章が進奏されるほか，たくさんの礼物が献上される。各国の使節，僧，道，耆老らも，順番に拝賀する。儀式のあとでは，盛大な宴会が繰り広げられる。外路の役人も部下をひきつれ寺観に参拝し，舞や百戯を奉納，自腹をきって宴会を開き，カアンの誕生日を祝う。一年でも，元旦とならんで，この日はかくべつ重要な祭日であった[3]。そうした特別の日に，孔子に加封する聖旨がくだされるということは，カイシャン政権が，儒学保護に大きな，特別の意味を見いだしていた証しにほかならない（成宗テムルも至元三一年四月の即位後まもなく七月に，「勉励学校詔」[4] を発令し，廟学の保護，人材の養成を謳った。だが，テムルの誕生日は九月五日であった）。もっとも，六月の中書省はおそらく混乱していた。六月一日にアユルバルワダが皇太子の位につき，領中書令となったうえ，七月十四日から十九日直前まで，たてつづけに中書省の人事異動が行われているからである。

以上のようないきさつを経て，閻復撰「加封孔子詔」が全国に発令されたのち，歳を越した至大元年三月二三日，懐莱の東の地において（三月十九日にカイシャンは大都を出発，上都への道中にあった），再び集賢院より，孔林，上都，大都の孔子廟での祭祀が上奏される。このとき上奏にあたったのは，トクトと師著。師著は，『秘書監志』巻九に“大徳八年六月十八日以中順大夫上。大徳十年三月十五日加通議大夫”とあり，やはり成宗テムル時代からの古株であるが，いっぽうのトクトは，カンクリ族で，兄アシャ・ブカとともに，ながくカイシャンとともに戦線にあった生え抜きの部下であった。そのうえ，かれはアユルバルワダ＝ダギ派とのパイプ役でもあった[5)]。政権のようやく落ち着いてきたこの時期，アユルバルワダ派の文臣たちが中心となって進めてきた儒教政策に，カイシャン派もしだいに積極的になる。そして「加封孔子詔」の発令よりほぼ一年後の七月十一日，集賢院学士王徳淵が派遣され，はじめて孔子，顔子，孟子の祭祀をカアンに代わって行い，祝詞とともに一年がかりのイベントの幕をとりあえず閉じたのである。

3　立石の経緯

モンゴル時代の碑刻は，質，量ともにほかの時代を圧倒するが，なかでも「加封孔子詔」碑の数は，石刻書，各地方志の記載において群を抜いて多い。呉式芬が『攈古録』に記したものだけでも，八十件を越える。現在も中国の各地に碑石自体が残っている。同一の詔が，各地に碑として建てられた例は，前掲の「勉励学校詔」，至大三年（1310）二月発令の全真教の五祖七真への加号碑，至順二年九月の「加封顔曽思孟勅旨碑」などがあるが，「加封孔子碑」の数にははるかに及ばない。それはなぜか。

張養浩は，『帰田類稿』巻四「長山県廟学碑陰記」において，“御史言えらく「国朝の斯文を崇秩すること，近古未だ有らず。宜しく列郡の廟学に勒石し，以て休命を永にすべし」と。丞相其の請を允す”と，御史が各地に立碑することを丞相に建言したという。その御史とはだれか。丞相とはだれか。こうした問いにすべて答えてくれる碑が，じつは存在する。はやくは，銭大昕がその存在にきづいていた。『潜研堂金石文題跋尾』巻一九においてとりあげる「徽州路儒学旨揮二道」がそれである。そのひとつ至大三年四月の尚書省の咨に銭大昕は注目する。「加封孔子詔」碑はたくさんあるが，尚書省の咨はこの安徽績渓県の碑にしか見えないという。だが，現在この碑全体の拓影，あるいは録文する石刻書はなく，銭大昕の与えてくれる間接的な情報しか得られない。もっとも，至大三年四月の尚書省の咨を刻する碑は，じつはほかにもあり，“灯台もと暗し”だろうか，そのひとつは銭大昕の故郷である嘉定県の孔子廟に現存する。管見のかぎりでは次の六つの碑が「徽州路儒学旨揮」と同じ内容をもつ。

①北京図書館金石組編『北京図書館蔵歴代石刻拓本編』（以下『北拓』と略す）第49冊（元二）（中州古籍出版社　1990年　9頁）「江浙尚書省札付碑」，『江蘇金石志』巻二〇 2葉「加封孔子制詔碑」在蘇州府学

②『江蘇金石志』巻一九 54葉「加封孔子制詔碑」在嘉定

③『両浙金石志』巻一五 3葉「元成宗加孔子号詔書碑」在紹興府学，『越中金石記』巻八 2葉「孔子加号詔」紹興府会稽

④『越中金石記』巻八 4葉「孔子加号詔」紹興府新昌

⑤『山右石刻叢編』巻三〇「加封孔子勅石碑」在虞郷県

⑥楊世鈺・張樹芳主編『大理叢書・金石篇1』（中国社会科学出版社　1993年　49頁），楊益清「大理発現元初同刻一石的加封孔子聖旨及立碑文告」（『文物』1987-11　96頁）

これらの六つの碑を検討した結果，碑全体の拓本があり，いちばん詳しい内容をもつ①をここでは紹介し，必要な場合ほかの五碑も参照することにしたい。この碑は，現在蘇州の文廟，大成門西壁に塡め込まれている［図5-2］。碑陰があったかどうかは見ることができない。『江蘇金石志』にも碑陰の存在は言及されていない。上截には閻復撰の「加封孔子詔」を，下截には，江浙等処行尚書省の至大三年正月，四月の劄付文を二道，および立碑にあたった関係者の名を刻む。この碑は，格別肌理の細かい碑石に彫り込まれ，しかも上截の「加封孔子詔」は，明らかに趙孟頫の書体を写す（“以”，“明”，“所”，“章”，“於” の字などに特徴があらわれている）。四方を取り巻く龍と雲の文様は，精緻かつ躍動感に溢れ，当時の彫刻の技術の高さをしのばせる。当時いかに力をいれて立石されたかが，うかがえる。なお，同じ平江路下の嘉定州の碑もほぼ同じデザインを有すること，『越中金石記』に収められる紹興路の会稽，新昌県のふたつの「加号孔子詔書碑」が，全く同じ形式をもつこと，平江路，紹興路，徽州路，冀寧路，雲南諸路で，それぞれ碑の下截に刻まれる内容がことなることからすると，府，州，県の碑は，路の統括のもとに刻された可能性がたかい。まず，至大三年正月の劄付文を紹介する。

01 至大三年正月，平江路の達魯花赤総管府の承奉せる

02 江浙等処行尚書省の箚付：〔准けたる

03 尚書省の咨：【御史台の呈：[准けたる江南諸道行御史台の咨：「拠けたる江南浙西道粛政廉訪司の申：

04 『准けたる本道分司僉事呉承直の牒：〈会験せる大徳十一年七月十九日の欽奉せる

05 聖旨に，《孔子，大成至聖文宣王を加号す》。此レヲ欽シメ，と。欽しみて遵うを除するの外，照得したるに，始め魯の哀公聖人を誄せしめて

06 尼父と曰い，漢平帝の元始元年に至りては，褒成聖尼公を追謚し，和帝の永元四年　封じて褒尊侯と為し，

07 北魏文帝の太和十六年に改めて文宣尼父と謚し，周宣帝の大象二年に追封して鄒国公と為す。

08 後に唐太宗の貞観二年に陞せて先聖と為してより，十一年に詔して尊して宣父と為し，高宗の乾封元年に

09 太師と為し，則天天授元年に隆道公に封じ，明皇の開元二十七年に追謚して文宣王と為し，宋

10 真宗の祥符元年に逮びて玄聖文宣王を加謚し，五年に改めて至聖文宣王と謚す。周より

11 聖朝に至る，歴ること千七百余年，追尊封謚は，已に重きを加うると雖も，然るに夫子の道は，大なること天地の如く，夫子の教えは，明らかなること

12 日月の如く，未だ其の形容を尽すこと能わず。今，

13 国家聖道を崇め，徽称を加錫するは，蓋し前代未だ顕らかならざるの令名にして，

14 今日常に非ざるの熾典なり。擬すらくは合に各路の学校をして，欽みて

15 聖旨の全文に依り石に勒し，以って其の事を紀せしめ，特だ一時の褒美の休仰と為すに非らざれば，万世而下，士の学に居游する者をして，

16 咸に尊敬を知らしめ，相与に遵守せしむべし。牒シテ請ウ，江南諸

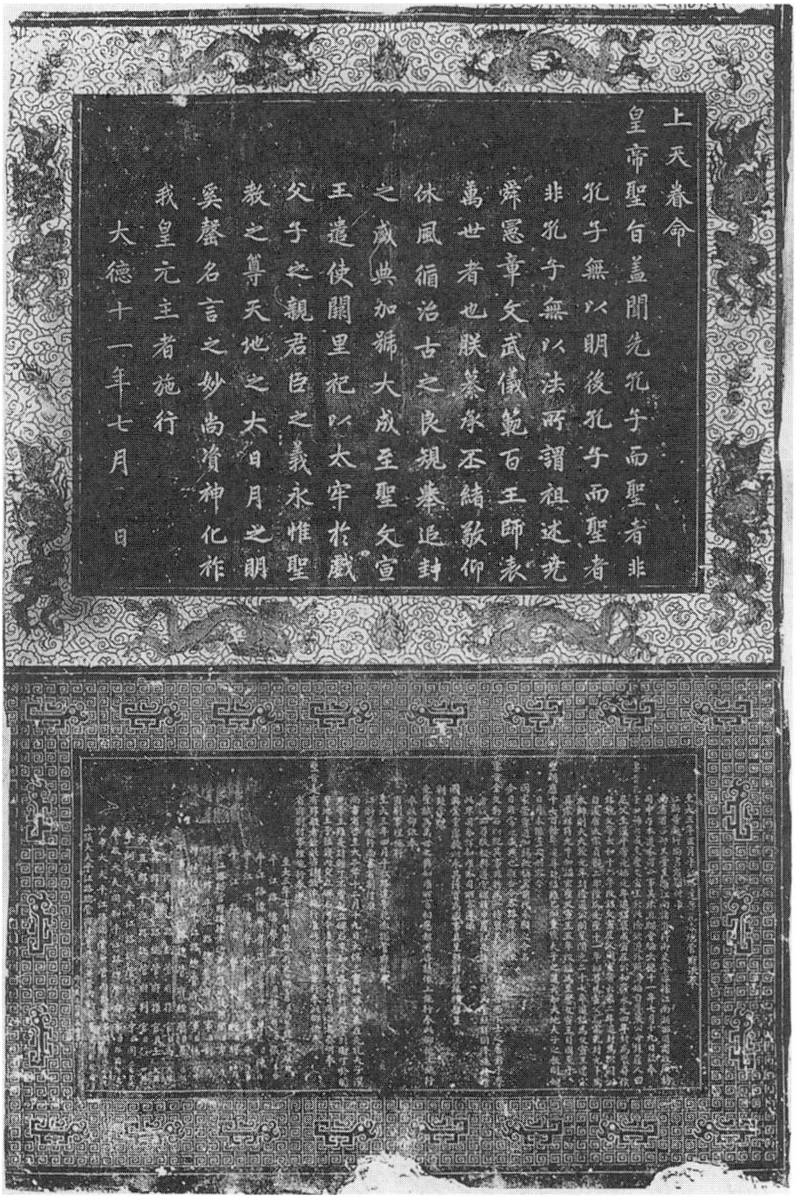
上天眷命
皇帝聖旨蓋聞先孔子而聖者非
孔子無以明後孔子而聖者
非孔子無以法所謂祖述堯
舜憲章文武儀範百王師表
萬世者也朕纂承丕緒敬仰
休風循治古之良規奉追封
之盛典加號大成至聖文宣
王遣使闕里祀以太牢於戲
父子之親君臣之義永惟聖
教之尊天地之大日月之明
奚罄名言之妙尚資神化祚
我皇元主者施行
大德十一年七月　日

図 5-2　蘇州の加封孔子制誥碑（『北京図書館蔵中国歴代石刻拓本匯編』）

道行御史台ニ申覆シ，照詳ノウエ明降シテ施行セラレンコトヲ。此レヲ准ケラレヨ〉。

17　卑司参詳するに，如し分司の言う所を准け，

18　国典に遵依し聖教を崇重し，以て其の伝を永えにすれば，実に盛事たり。具呈シタレバ照詳セラレヨ』」]。送りて拠けたる礼部の呈に：「

19　朝廷の

20　先聖を崇礼するは，誠に万世の典たり，如し言う所を准ければ相応なり」と。都省は咨シテ請ウ，上ニ依リテ施行センコトヲ。

21　此レヲ奉ゼヨ】。仰セテ上ニ依リテ施行センコトヲ。此レヲ奉ゼヨ〕。仰ギテ奉ゼシ

22　省ノ箚セル事理ニ依リテ施行セヨ。

江南浙西道僉粛政廉訪事の呉某→粛政廉訪司→江南諸道行御史台→御史台→尚書省→礼部→尚書省→江浙等処行尚書省→平江路達魯花赤総管府という順で文書処理が行われた。最初の上申者，江南浙西道僉粛政廉訪事の呉某については，さらに詳しい情報が，さきに掲げた『常山貞石志』巻一九閻復撰「加号大成詔書碑陰記」の後半部分によって得られる。

> 邇者，江南浙西道僉粛政廉訪事呉挙の建言するに「先聖を褒封するは，実に当今の盛典なり。若し芳しき琬琰に騰せざれば，曷ぞ以て罔極に昭示せんや」と。是に於いて，省台，諸路に檄を下し，廟学に勒石せしむ。

また，『済寧州金石志』巻三曹元用「大元加封大成至聖文宣王記」にも，

> 曩者，浙西道僉粛政廉訪司事呉挙の建議に「聖上の孔子に加封するは，誠に前代の未だ及ばざる所にして，宜しく諸を珉に勒し，以て悠久に示すべし」と。省台，之を是とし，文を列郡に移し，其の議を行わ俾む

という。

江南浙西道僉粛政廉訪事の呉挙とは，『至正金陵新志』巻六 42 葉《都事》，53 葉《監察御史》にみえる，大徳六年（1302）より承務郎（従六品）南台監察御史の任に就き，至大四年より奉直大夫（従五品）南台都事に昇任した呉挙と同一人物である。至大三年正月の時点では，承直郎（正六品）であったというのも矛盾しない。呉挙，字は彦昇の官歴とその最期については，『正徳松江府

志』巻一三「舎田遷学記」，巻三〇「人物五　節義　夏椿伝」に見える。『山右石刻叢編』が，上申した浙西道廉訪司僉事の名を冀承直とするのは，“冀寧路”に引きずられての誤りであろう。それにしてもやはり，先述の『陋巷志』の例といい，御史台の職務のひとつが学官を勉励することにあるとはいえ[6]，南台監察御史と廟学の関係は注目に値する。

さて，銭大昕が問題にするふたつめの箚付文は，以下のとおりである。モンゴル語の直訳体である。

23　至大三年四月，平江路の達魯花赤総管府の承奉せる
24　江浙等処行尚書省の箚付：〔准けたる
25　尚書省の咨：【至大二年十二月十九日，太保三宝奴（サンバオヌ/サンボドゥ）丞相が奏じて「在前，孔夫子に，漢児の
26　帝王は雖是封贈了，曽て碑石を起立したことはありませんでし来。如今，各処に文字を行し与えて封贈し了のですから，
27　贍学の地土の子粒銭（そのまま学校経営の補助金となる田地の租税収入）の内於り碑石を立て交せました呵，今後，学が本事的人は，肯心を用いるようになるで者」と奏した呵，奉じた
28　聖旨に「是で有る。那般にいた者」とあった。此レヲ欽シメ。咨シテ請ウ。欽シミ依リテ施行センコトヲ。此レヲ准ケヨ】。仰セテ欽シミ依リテ施行セラレヨ。此レヲ奉ゼヨ〕。仰ギテ奉ゼシ
29　省府ノ箚付セル事理ニ依リテ施行セヨ。此レヲ奉ゼヨ。

ひとつめとふたつめの箚付文の関係については，雲南の大理で1983年発見された碑によって，はっきりする[7]。この碑はふたつめの箚付文しか載せないが，“此レヲ欽シメ”のあとに，“照得するに；先に拠けたる御史台の呈も，亦た此の事を為す。已経に遍く行し去き訖んぬ。都省ハ咨シテ請ウ。照験シテ欽シミ依リテ施行セラレヨ。此レヲ准ケヨ。省府ハ合ニ下スベク，仰セテ照験シ欽シミ依リテ施行ス。須ラク議シ箚付スベキ者ナリ”と続ける（銭大昕の録文する徽州路儒学旨揮もほぼ同じ）。つまり，呉挙によって上申された「加封孔子詔」の立碑は，御史台を介して尚書省の認可を受け，至大三年の正月には，各路に通知がなされた。そのいっぽうで，尚書省のサンバオヌは，カアン自身の

許可を求め，四月にあらためて各路に通知を出す。カアンの命令のもとに儒教保護をうたう碑を全国にいっせいに立てさせる，その重要性と効果をサンバオヌらは感じていた。歴代の王朝でも，大元ウルスのクビライもテムルも行い得なかったことをカイシャンがする，それだけの統制力，資力をもつというアピールにもなる，アユルバルワダでなくとも儒学保護はするのだと文人たちにゆさぶりをいれることもできる，しかもカイシャンの功績として，それらの碑は半永久的にのこる。御史台の呈をただ受けたためだけではない，カイシャンの周辺でもこうした考えはもっていたのだと主張するのである。だからこそ，すでに尚書省から立碑の命令を出しているにもかかわらず，あえてカアンの聖旨を奉じて，駄目押しの箚付を行ったのである。孔子に加封することからはじまる一連の事業は，もとはたしかにアユルバルワダ周辺から発案され推し進められたのかもしれないが，ここにきて主導権はカイシャン側に移りはじめていた。

さて，銭大昕にとってはごくあたりまえのことであえて記さなかったのかもしれないが，このふたつめの箚付文には，モンゴル時代の碑刻を考える上で，非常に重要なことが，サンバオヌの言葉の中に含まれているのである。“在先孔夫子漢児帝王雖是封贈了，不曽起立碑石来（以前，孔夫子に，漢地の帝王は封贈はしましたが，碑石を立てたことはございませんでした）”。むろん厳密に言えば，『孔氏祖庭広記』巻一〇「廟中古碑」に記されているように，「大唐贈泰師魯先聖孔宣尼碑」，宋真宗「玄聖文宣王賛并序」碑などが加封のさいに立てられている。曲阜の宣聖廟を補修したり，重建した場合にも，漢，唐，宋，金代と必ず石に勒されてきた[8]。だが，それはあくまで曲阜の孔子廟においてである。つまり，カアンの仰せのもとに，中国全土の路，府，州，県の孔子廟に，碑をいっせいに立てさせたのは，歴代はじまって以来のことだったのである。くわえて，大徳十一年の詔の発令から至大三年四月までの間に立石された「加封孔子詔」碑は，すべて廟学が自分たちの特権のよりどころとして誇示するために，独自の意志で立てたものということになる。また，詔の発令された七月をもって立石の日とする石刻書が多いが，じっさいには，発令より三年目にしてようやく立碑の運びとなった。この点を念頭において，あらためて「加封孔子詔」の碑陰に記された記を見直してみれば，たしかに至大三年四月以降のものが多い。発令日と立碑の年月日に大きな隔たりがある場合があること，なぜその碑を立てるにいたったか，立てねばならないか，「加封孔子詔」の立碑の事情は，膨大な碑刻資料を利用するさいの手続きとして，はじめに考えねばならない根本的な問題を浮かび上がらせる。

ひるがえって，カアンの指示によって詔を記した碑を立てたことが，じゅうらいなかったとすると，「勉励学校詔」碑の立石についても，みなおす必要がでてくる[9]。むろんカアンが内帑金を出して，碑を立てさせることもかなりあった。『元史』にもそうした記事がいくつかのこる。しかし，中国全土の廟学に，同じ碑をいっせいに立てさせたことは，一度もなかった。もし，「勉励学校詔」がカアンの命令によっておおがかりに建碑されていたならば，呉挙にしても，サンバオヌにしても，先例として挙げたに違いない。「勉励学校詔」は，廟学，書院の保護をうたうもので，道観や仏寺に与えられた特許状と内容はほとんどかわらない。いくつかの廟学，書院は，この詔が発令されると，権益誇示のために，自身の意志のもとに碑を立てた。まず，儒学の総本山であり，歴代王朝の手厚い保護を誇示する碑を立てること，それも立派なお金をかけた碑を立てることが，ほとんど習慣化していた曲阜の孔子廟がそのひとつであった。また，『江蘇金石志』巻一九8～10葉に録文が収められる溧水県学の該碑は，元貞元年（1295）九月十五日に立てられた。

だが，いっぽうで『北拓』第48冊（元一）136頁に載る紹興府の碑の拓影にしろ，羅常培・蔡美彪『八思巴字与元代漢語［資料彙編］』（科学出版社1955年）に載る四件の該碑にしろ，詔の発令から遠くない時期に立碑された保証はまったくない。『攈古録』巻一七の該碑のリストによれば，曲陽の碑などは至治三年（1323）十月にいたって立石されている。『江蘇金石志』巻一九6葉「崇奉孔子詔書碑」に録文のある蘇州府学の碑は，下截に列せられた平江路の儒学官の名からすれば，至元三一年（1294）よりそう遠くない時期に立石されたように見える。ただし，末尾に至元甲午仲夏（五月）とあり，これでは，詔の発令より前に立碑されたことになってしまう。むしろ，「加封孔子詔」碑を立石したさいに，その対になるものとして刻された可能性すら，ある[10]。とくに，紹興府の該碑は，至元二五年十一月の「儒学免税役聖旨碑」（『北拓』第48冊（元一）110頁）と雲龍紋のデザインといい，大きさといい，まるで双生児である。大徳十一年の碑を立てるついでに，二碑を立てたということは，大いにありうる。

さらに，曲阜の顔子廟に立つ「兗国公廟中書省禁約碑」（拓影が『北拓』第48冊（元一）193頁に載るほか，『陋巷志』巻五《詔旨榜文》にも録文がある）は，「加封孔子詔」の発令の直後の十月に出された中書省の榜文であるが，この至元三一年の「勉励学校詔」を援用して，顔子廟の権益を保証する。「勉励学校詔」は，儒学の保護，人材の養成など，カアンの即位，改元詔などに際して，たびたび付せられてきた学校についての条画の内容を広くカバーするものであったから，いくつもの条画を引用するより，この詔ひとつをより所にするほうが便利であった。「加封孔子詔」は精神的な保証であり，「勉励学校詔」は実際的な保証なのであった。

4　詔書の日付

当時の大都から江浙等処行尚書省の官庁所在地である杭州までの，詔の書類処理を含めた伝達時間は，だいたい二十日前後[11]。大都からの距離で考えれば，河南江北行省，陝西行省，および腹裏などもほぼ同じくらい，もしくはそれ以下の時間で伝達されたものと思われる。「加封孔子詔」が，七月十九日に発令されたならば，各地に到着するのは八月一〇日頃。だが，じっさいには，江浙等処行中書省下においてすら，八月付けの該碑は，ひとつとしてない。七月あるいは九月とする碑が圧倒的に多い。これは，いったいどういうわけなのか。儒教の総本山である曲阜の碑，国家刊行物である『国朝文類』[12] がともに“九月”とするのはなぜなのか。ほんとうに閻復撰の詔は七月に発令されたのか。

『至正金陵新志』巻三下「金陵世年表」の大徳十一年（1307）の政事の条には，“九月七日，加号先聖大成至聖文宣王，祀以太牢”とある。同書は，江南諸道行御史台の命をうけた集慶路総管府が，前奉元路学古書院の山長張鉉に『景定建康志』の後をうける新志の編纂を要請，至正四年（1344）に刊行された。張鉉は，五カ月間，他のメンバーとともに集慶路の局につめっきりで，架閣庫に保管されている文書，書籍を資料として最大限に活用しながら，編纂に力を尽くした。劉大彬『茅山志』（天暦元年出版）や蘇天爵『国朝名臣事略』（元統三年出版）などの最新書が使用されていることからもわかるように，まさにリアルタイムの，しかも官撰の地方誌であり，そこに記される記事の信憑性は，ひじょうに高い。この「金陵世年表」に記される各詔の日付は，中書省による編纂物『元典章』に収録される詔のそれとほぼ完全に一致する。「金陵世年表」が記すのは，あくまで文書の発令日であり，江南諸道行御史台への到着日ではないのである。とすると，「加封孔子詔」は，大都で九月七日に発令されていることになる。二十日あまりで各地に伝達されるとすれば，九月末には到着するはずである。各地の該碑のいくつかが“九月　日”とする所以かもしれない（『江蘇金石志』巻一九「加封孔子詔書碑」在揚州が十月付けなのは，少し伝達が遅れた例とも，解釈できる）。ちなみに至正七年刊本の『仏祖歴代通載』巻二二にも孔子の加号は，“九月七日”と記録されている。

『馬石田文集』（中国国家図書館蔵元刊本）巻一〇「光州孔子新廟碑」には，“武宗皇帝，天下に詔して，かく曰く「世嘗て孔子を尊ぶを知れり。しかれども皆未だ至らざるなり。その至聖文宣王の孔子に進封して大成至聖文宣王と為さん」”とある。歴代の王朝の加封ではまだ足りない，という趣旨の文は，閻復の詔には見えない。七月十九日の時点で発令されたカイシャンのモンゴル語の聖旨は，この程度の“おおせ”だったのかもしれない。それから，詔の起草者として閻復が選出され，撰文の後，認可が降り，パクパ字をそえて詔が全国に発令されたのが，九月七日。

あるいは，もうひとつ考えられる原因は，モンゴル政府全体の季節移動である。五月二一日の即位からはじまる加封についての一連の議論は，クリルタイの行われた上都でのことであった。かりに七月十九日の時点で閻復がすでに撰文をすませていたとしても，カイシャン一行が大都に帰還するのが九月甲子の日[13]。大都に帰還してから，あらためて正式に詔が発令された可能性もある。

また,「勉励学校詔」は,『元史』巻一八「成宗本紀」に七月壬戌の日に発令されたことが明示されているが,曲阜孔廟の「学田地畝碑」には,“又照得;至元三十一年九月内,欽奉皇帝聖旨”としてこの詔が引かれており,「加封孔子詔」とおなじように九月に到着したことを伝える。

いっぽうで,『事林広記』後集巻之三「聖賢類」に録される「加封孔子詔」の日付は,十二月二六日となっている(劉応李『新編事文類聚翰墨全書』庚集巻之二も同じ)。七月十九日の発令からじつに五カ月以上経過していることになる。九月七日に発令されていたにしても,三カ月半以上,この時間のずれは長すぎる。ところが,陳鎬『闕里誌』巻七10葉も“成宗大徳十一年十二月詔曰”として,「加封孔子制誥」の全文を引く。呉式芬『攈古録』にも二件,江蘇華亭と直隷鶏沢の該碑が十二月付けで記録されている。『北拓』第49冊(元二)141頁に拓影が載る河北易県の碑も“十二月　日”とはっきり刻されている。また,『孔顔孟三氏志』巻一83葉が唯一,七月二六日付けにするのも,あるいは,七月ではなく十二月の写しまちがいなのかもしれない。じじつ,同書巻五42葉では,“元成宗大徳十一年十二月二十六日,武宗即位加贈孔子為大成至聖文宣王配祀祝文”とある。この書の編纂には,宣聖五十八代孫の孔公璜,孔公易らが携わっており,その資料ソースには,おそらく孔廟に林立する碑文だけでなく,代々保管されてきた文書も使用されていた。とすると,たんに“『事林広記』の記載ミス”,ではかたづけられない。

この疑問にひとつのヒントをあたえてくれるのが,『栝蒼金石志』巻九に収められた「処州路郡学詔旨碑」の録文である。編者の李遇孫によれば,碑は上下二截に分かたれる。上截は全部で17行,大徳十一年に発令された廟学に関連する詔三件(厳密には,そのうち二件は詔の条画)を発令順に記載する。下截には,至大二年(1309)十月十五日付けの処州路の儒学教授であった梅宗説の手になる碑記,そして立碑にかかわった関係者一同のリストが付される。あわせて25行。移録する際,改行には注意が払われているが,抬頭については,碑を忠実にうつしていない可能性が大である。ただ,上截の移録は17行,原碑と一致するのでそのまま紹介する。

01　□□[大徳]十一年五月欽奉

02　□□[詔条]一款：学校風化之源，人材所(出)[在]，仰教官，提調官，勉/
03　励作養，業精行成，以備擢用。応係□[籍]儒，雑(派)[泛]差役，依
04　例蠲免。欽此。
05　大徳十一年九月欽奉
06　[詔旨]蓋聞；先孔子而聖者，非孔子無以明，……
……［中略］……
13　大徳十一年十二月欽奉
14　詔書内一款：興挙学校，乃王政之□[所]先。爰自累朝教養
15　不輟，迄今未見成効。今後路，府，□[州]，県正官，教官，照依累
16　降条画，主領敦勧。廉訪司常□[加]勉励，務要作成人材，以
17　備擢用。其貢挙之法，中書続議挙行。欽此。

ひとつめは，『元典章』巻二聖政「興学校」の“大徳十一年五月　日欽奉登宝位詔書内一款”と，みっつめは，“大徳十一年十二月　日欽奉至大改元詔書内一款”と，それぞれ一致する（文中の闕は，『元典章』の録文と，同時代の文書形式のある種の約束事を参考におぎなった）。ふたつめは，もちろん「加封孔子詔」である。カイシャンは，即位，自身の誕生日，改元と，重要な行事にさいして，たてつづけに儒教保護を謳ったことになる。五月と十二月の二つの条画の内容そのものは，至元三一年（1294）四月，成宗テムルの即位の詔に付された条画をほぼ踏襲するにすぎない。しかし逆に言えば，テムル期に果たせなかった文教政策の完成への決意の表明であり，それらを準備計画してきた朝廷の文人たちの悲願がこめられているのであった。

さて，みっつめの至大改元詔の発令は，『元史』巻二二「武宗本紀」によれば，大徳十一年十二月二九日のことであった。しかし，『元典章』巻九「吏部三」《站官》【整治站官事理】，『站赤』（『永楽大典』巻一九四二四）巻九によれば，それは二七日のことであった。しかも，ことが個々の条画がいかにして定められ，雅文聖旨に付されるかという問題にかかわってくるので，くわしくは触れないが，モンゴル語でのカアンの発令は，すでに前日の二六日になされているのであった。『事林広記』が十二月二六日付けとするのは，ゆえなきことではなく，おそらく「至大改元詔」となんらかの関係があった。

ひるがえって，至大二年十月十五日からそう遠くない時期に立石されているということは，この立碑は，さきに述べた尚書省の指示ではなく，処州路独自の判断，意思によるものである。そして，この碑が他のおおくの「加封孔子詔」と形式を全く異にする理由も，ここにあった。梅宗説の記を読めば，新たなカアンより保証された廟学の権利，正統性を内外にむけて誇示するものであること，あきらかである。じゅうらいの廟学の立碑の動機とかわらない。

そして，そのセレモニーの場には，処州路総管府（処州路は上路）の文武の官のほぼ全員が参加した。儒学教授梅宗説は，したっぱにすぎない。立碑の発案者は，かれであったかもしれないが，上司である総管府達魯花赤兼管内勧農事の脱鉢（ドボ）に許可をとる必要があった。各路のダルガ(チ)は，管内勧農事も兼任するが，『元史』巻八七「百官志」によれば，勧農事の統制機関である大司農司は，“凡そ農桑，水利，学校，饑荒の事，悉くこれを掌る”から，廟学の立碑についての最高責任者は，まさにかれであった。伝達された書類は，架閣庫に，ちょうど『元典章』の分類のように，内容ごとにファイリングされ，きちんと保管されていた。立碑に際して，ドボらは，提控案牘兼照磨承発架閣の陳巨済に命じて，大徳十一年の廟学に関連する書類ファイルをそっくりそのまま持ってこさせればよかったのである。処州路以外でも，書類の保管法はだいたい似たり寄ったりであったろう。そのファイルの最後の日付をもとに「加封孔子詔」の発令日を十二月とする提控案牘，兼照磨承発架閣もいたであろう。まして，立碑は皇慶，延祐，はなはだしきにいたっては至正年間になってなされた。当時の事情を知らない提控案牘が，書類を引っ張り出してくるとなると，なおさらのことであった。

もっとも，あるいは，はじめから至大改元の詔の条画に，確認の意味をこめて，それに先行する五月の条画と「加封孔子詔」が添付された状態で，中書省より送付されてきたと考えるほうが自然かもしれない。ある条画が何度も繰り返し発令されることは，珍しくない。たとえば，至大改元の条画は，のち至大三年二月に大司農司以下の諸役人に発令された農桑に関する聖旨の条画として，まったく同文のまま再び用いられている（『元典章』巻二参「戸部九」《農桑》勧課)。「加封孔子詔」が再び十二月二六日にも発令されたという可能性は，捨てきれない（『両浙金石志』巻一六「嘉興路重建廟学碑」が，“至大元年詔曰”として「加封孔子詔」を引くのも，十二月に発令されたものが，新年になって嘉興路に届いたとみるべきか。『江蘇金石志』巻二〇「句容県加封孔子詔書碑」，『江寧金石記』巻六の江寧県学の「加封孔子碑」，『隴右金石録』所載の臨洮府文廟の碑も同じである。なお，「嘉興路重建廟学碑」，松江府学の「加封孔子詔」などからすれば，路→府→州→県と伝達され，末端の県には，十二月に到着したという説は，なりたたない。そもそも，異なる路に同じ十二月二六日に到着するという可能性は少ない。十二月二六日という日付には，それなりの意味があったと考えるほうが，自然であろう）。なお，ここであえて付け加えておくならば，処州路の碑に引用される五月の即位の詔の条画，十二月の改元の詔の条画が，伝達された月ではなく，発令の月を記すことは，闕復の「加封孔子詔」も正式には九月に発令されたという仮説を裏付けよう。

『高麗史』巻三二によれば，忠烈王の戊申三四年（1308）——つまり至大元年にあたるが——二月辛丑の日に，至大改元の詔が，十五日後の丙辰の日には「加封孔子詔」が，大元ウルスからもたらされた，とある。いっぱんに，大元ウルスで発令された詔が，高麗にも頒布されるのは，だいたい三十日から四十数日後のことであった。とすると，さかのぼれば，大元ウルスにおける「加封孔子詔」の発令は，十二月末ということになる。なお，『高麗史』では，八月，九月の項に，七月十九日の詔に対応する記事はない。九月七日に対応する記事もない。

七月十九日，九月七日，十二月二六日，じっさいのところ，三度にわたって発令された可能性もあるわけである。胡粋中が，その著『元史続編』において，いずれの日付のところにも加封の記事を記さず，大徳十一年のいちばん最後に“是の歳，孔子を尊崇して，大成至聖文宣王と為す”と付したのも，ある意味で当を得た処置といえるかもしれない。

いずれにせよ，十二月の日付については，むりやり地理上，行政上の伝達時間をもって解決する必要はない，ということだけは言える。少なくとも，繰り返しにはなるが，カイシャン政権の見解では，あくまで「加封孔子詔」は，カイシャンの誕生日に発令されたのであり，じっさい至大三年に路，府，州，県の廟学にいっせいに建碑させたさいには，そのことは明記されたのであった。尚書省の牒文を併せ刻する碑においては，日付は七月に統一されている。逆に言えば，九月付け，十二月付けのものは，至大三年より前の段階で，あるいはずっと時を経たのち，廟学自身の発意によって（直隷，山東の碑が多い），架閣庫の文書をもとに，立てられた可能性が高い。

曲阜の碑の特徴は本章の冒頭にて紹介したが，尚書省から指示がでるよりずっと前，大徳十一年の詔の発令からそう遠くない時期に，孔家の発意のもとに立てられたものであろう。そして，おそらくはパクパ字で送付されたものを，『蒙古字韻』などを参考に現地で訳した。「勉励学校詔」碑も元貞二年（1296）に五十三代衍聖公孔治の命によって立てられたものであり，やはり漢字の音を写したパクパ字で刻まれたものであった。この碑は，『八思巴字与元代漢語』の図版八に拓影が載るが，その解説によれば，漢字への引き戻し作業は未完のうえ，誤訳もある。これは，曲阜への詔がパクパ字で送られたことを示している。あえてパクパ字で伝達，刻した理由は，モンゴル帝国の発令であるということを誇示するためであろう。なお，定州の「加封孔子詔」碑もパクパ字との合璧，九月付けであるが，やはり“纂”字を“纘”に作る。あるいは，大徳十一年に発令されたときには，パクパ字の詔が交付され，至大三年いっせいに建碑されたときには，趙孟頫の書写による漢字の詔が確認の意味で再交付されたのかもしれない[14]。

ひるがえって，アユルバルワダ，シディバラの時代は，廟学側の意志によって建碑されたが，碑記中の表現，とくに発令の日付に関して，あいまいなものが見受けられる。ひとつの理由としては，先に述べたような状況が考えられるが，カイシャンと「加封孔子詔」を結び付けたくないかのようにもとれる。江寧県学，直隷鷄沢の碑は，皇慶年間の立石であった。また，『安徽通志金石古物考稿』五に移録される南陵県文廟大成殿東廊の「加封孔子詔碑」は，発令の日付を“大徳十一年　月　日”とする。立碑は，延祐三年のことであった。『攈古録』によれば，山東章邱，黄県，済寧，直隷鉅鹿の碑四件が，たんに“大徳十一年”とするが，それぞれ皇慶元年（1312）四月，延祐六年（1319）四月，延祐七年七月，泰定四年（1327）に立石された。それどころか，至治三年獲鹿県学の教諭張師哲によって書かれた碑記では“大徳十一年，成宗皇帝は聖号を加封し，詔もて天下所在の廟庭に示す。想うに皆刻石す。獲鹿県は事力の未だ集まらざるを以て，久しく是の典を闕く”というように，カイシャンの功がすべてテムルのものにすりかえられてしまうことすらあった[15)]。

5　おわりに

「加封孔子詔」は，大元ウルスの儒教保護政策の一大モニュメントであり，文化史上に屹立する出来事であった。ところが，『元典章』はこの詔を収録しない。成宗テムルの「勉励学校詔」は，巻三一「礼部四」《学校・儒学》【崇奉儒教事理】に掲載するにもかかわらず，である。至治三年（1323），シディバラの命によって刊行された『大元通制』の一部分である『通制条格』も，巻五「学令」《廟学》に「勉励学校詔」は載せるが，「加封孔子詔」は載せない。

ところが，さきに挙げた『山右石刻叢編』巻三〇「加封孔子勒石碑」において，編者の胡聘之は，“制詞は，閻復の撰。『元典章』，『元文類』に見ゆ”というのである。しかも，かれだけではない。阮元主修の『広東通志』「金石略十六」《至聖加号詔》は，つぎのように考証する。

> 謹みて案ずるに，詔は広州学畔，池北の左にあり。『元史』「祭祀志」の載に，「大徳十年の秋，廟成り，至大元年秋七月，詔して加号す」と。しかるに，「武宗本紀」，『元史類編』「天王紀」，『続綱目』は皆，「大徳十一年」と云い，此の刻と合えば，則ち「祭祀志」の誤りなり。詔は，葉経の『続鑑』に拠れば，閻復の作たり。『元典章』も亦た其の文を載す。しかれども，「尭，舜を祖述し，文，武を憲章す」の二句無し。或いは伝写誤脱するのみ。字は篆隷の意を帯び，北朝の碑体なり。

やはり，『元典章』に，「加封孔子詔」が，収録されているばかりでなく，しかもその引用文は，「尭，舜を祖述し，文，武を憲章す」の二句が脱落しているとも指摘するのである。

さらにさかのぼれば，邵遠平『元史類編』巻五はこの詔を引き，“典章に見ゆ”と註する。また『広東通志』がいうように，その引用の中では，たしかに該当の二句が抜け落ちている。むろん，『広東通志』は『元史類編』を参考書として使用しているので，じっさいに『元典章』を見ず，孫引きをしている可能性もある。だが，かりに胡聘之も『元史類編』の孫引きをしていたとしても，邵遠平は確実に『元典章』の実物を見ているのである。しかも，邵遠平の見た『元典章』は，あきらかに台湾故宮博物院所蔵の元刊本ではない。その抄本でもない。現在の『元典章』に見えない記事で，邵遠平が『元典章』の記事として引用するのは，「加封孔子詔」だけではないからである。

カイシャン政権の大徳十一年（1307）五月から，至大三年（1310）十月までの詔を例にとれば，邵遠平は，大徳十一年六月の，やはり閻復撰「皇太子冊文」の出典を『元典章』とする[16]。ほかにも，至大元年七月の「命相詔」，至大二年九月の「頒尚書省条画」などについては，現行の『元典章』にない条画を載せたり，文句が一致しないものがある。『元史』にも記載しない記事を，“『元典章』に見ゆ”として記録するからには，邵遠平の見た『元典章』には，たしかに現行本にない記事が載っていたのである。

ひるがえって，故宮蔵元刊本『元典章』巻三一「礼部四」《学校・儒学》は，まず中統二年（1261）六月【禁治擾擾文廟】，【宣聖廟告朔礼】，至元六年（1269）四月【朔望講経史例】，至元三一年七月【崇奉儒教事理】と，年代順に孔子廟および廟学についての詔を並べる。そのあと大徳十一年の「加封孔子詔」をとばして，いきなり至元二四年閏二月に立ち戻って【立儒学提挙司】に続け，以下，差役の免除に関する詔，銭糧に関する記事をやはり年代順にならべる。そのあと皇慶二年十一月【科挙条制】，延祐元年（1314）二月【科挙程式条目】をもって，この巻を終える。大徳十一年から至大三年までの記事はひとつとして載せない。みごとなまでの抹殺である。邵遠平の見た『元典章』では，おそらく「加封孔子詔」が，至元三一年七月の詔の直後にあった。現行の元刊本の該当箇所の前後は，改行・抬頭の不自然さ，字体の乱れなど，改竄のあとが隠せない。これらのことは，カイシャン政権下で編纂された『元典章』ヴァージョンの存在を推測させる。現行の『元典章』が，アユルバルワダ，シディバラのおもわくを色濃く投影していることは，否定できない[17]。現存の複

二つの『元典章』（武宗カイシャンの詔）

（○×は，詔の録文の有無）

発令年月日	『大元聖政国朝典章』	『国朝文類』	『聖元名賢播芳続集』	『元史』	『元史類篇』	『蒙兀児史記』
大徳十一年五月二一日	○巻一「登宝位詔」	○巻九「即位詔」	○巻五「即位詔」	○	○	○
大徳十一年五月二一日	○巻一「尊皇太后詔」	×	○巻六「追上尊号詔」	×	×	×
大徳十一年六月一日	○巻一「建儲詔」	×	×	×	○（但見『典章』）	○（見『典章』）
大徳十一年六月	×	○巻十「皇太子冊文」	×	×	○（但見『典章』）	○（『典章』載冊文曰：）
大徳十一年七月十九日	×	○巻十一「加封孔子制」九月	×	×	○（見『典章』）	×
大徳十一年八月	○巻二「命相詔書節文」	×	×	×	×（『典章』云：江蘇飢饉……）	×
大徳十一年十二月二七日	○巻一「至大改元詔」	×	○巻五「至大改元詔」	○	○	×
至大元年七月	○巻二「命相詔」	×	○巻六「命左右相詔」	△条画の一部のみ	○（見『典章』。『元史』，『元典章』にない条画あり。八月）	○（見『典章』。『元史類篇』と同文）
至大二年二月	○巻一「上尊号恩詔」	×	×	×	○（見『典章』）	×
至大二年九月一日	○巻二・三「改立尚書省詔」条画	×	×	△条画の一部のみ	○（見『典章』。『元史』，『元典章』に見えない条画あり）	○（見『典章』。『元史類篇』と同文）
至大二年九月	×巻一「頒至大銀鈔銅銭詔」（標題のみ）	×	×	○	○（『元史』と字句の異同あり）	○（『元史』，『元史続篇』と字句の異同あり
至大二年十月一日	×	○巻九「行銅銭詔」	○巻五「行銅銭詔」	×	×	×
至大二年十月	○巻三【霈恩宥】，巻五一【格前失盗革撥】	×	×	×	○（見『典章』。『元典章』にない条画あり。十月日）	○（見『典章』。『元史類篇』と同文）
至大三年二月	○巻二三戸部「論大司農司」	×	×	×	○（見『典章』。至大二年二月に誤る）	×
至大三年三月	○巻二一戸部「数目去零」	×	×	×	○（見『典章』。『元典章』と一致せず。	○（『元典章』，『元史類篇』と一部ことなる
至大三年十月	△条画のみ	○巻九「至大三年十月赦」	○巻六「皇太后上尊号詔」	△条画のみ	△（条画のみ。『元史』にない条画あり）	△（条画のみ。『元史』にない条画あり）

数の版本の綿密な検討，新たな版本の発見が望まれる[18]。

ところで，于慎行『兗州府志』（万暦二四年刊本）巻九「国紀志」は，興味深い記事を伝える。

> 大徳，至大の間，魯王，公主は，皆使を遣わして孔廟を祠りに往かしむ。儀文は隆んに備わり，礼を瞻て崇奉すること，儒流を踰うる有り。蒙古の文字を以て石に鐫る。闕里に其の碑具に在り。

曲阜は，最高の姻族ウルス，コンギラト駙馬家の分封地であった。この時，当主は琱阿不剌（ジュアブラ）。そしてその公主こそ，カイシャンの同腹の妹，アユルバルワダの姉サンガラギであった。サンガラギは兄が孔子に加封し，大掛かりな祭祀を催したのをうけて，自身も至大元年九月，閏十一月とたてつづけに使者を遣わして，盛大な祭祀を催した。現在，『兗州府志』のいうパクパ字（ウイグル文字の可能性もある）の碑は見ることができないが，その一端を伝える碑が曲阜の十三碑亭内にあるひとつの碑の裏表にしるされている。いずれも『民国続修曲阜県志』巻八に録文があるほか，閏十一月のほうは，『孔顔孟三氏志』巻一85葉，巻四27葉にも移録されている。九月付けのほうに，「懿旨釈奠祝文」と篆額があることからしても，こちらが碑陽であろう。

“皇帝の福廕の裏に，皇妹大長公主の懿旨に，魯王の鈞旨に”ではじまる，この九月付けの碑は，承務郎応昌路同知王謙を代祀に派遣したこと，さらに“其の廟宇は常に清潔に務め，褻瀆を致す勿れ。凡そ孔氏の林木，地土は，諸人の侵奪するを得る無かれ。須らく議し文字にすべき者なり”とあり，孔子廟の保護をも保証する。

いっぽう，碑陰の閏十一月付けの記は，サンガラギと魯王の命によって執り行われた祭祀そのものの情景を語る。また，その中で使者は，大集合した孔氏一族，魯国のやくにんたちを前に，サンガラギを讃えて言う。“大長公主は，天人の姿を以て，経史を誦み習い，工をして聖人の像を絵がき，その左に懿諱を金もて書かしめ，居りては常に礼を瞻る。銀盒に至りては，則ち歳月を刻して以て祝辞を銘し，則ち玉印を朱くして以て其の崇を誌す。吾が夫子を奉ずるに，勤懇なること類ね此くのごとし”と。いくぶん誇張はあろうが，サンガラギは，弟のアユルバルワダと同じように，経史のさわりをモンゴル語に訳させて習ったり，画工に孔子の肖像画をかかせて拝礼するくらいには，儒学を尊重した[19]。ときには，お気に入りの宮廷画家，王振鵬に『女孝経』の絵巻を作成させたりもした。ちょうど，アユルバルワダが趙孟頫に『孝経』の絵巻を作らせたように。いご，サンガラギは，約四分の一世紀，文人たちにサロンの場を提供し，儒教文化の発展にもひとかたならぬ貢献をした。かのじょは，歴代の名画を収集し，翰林，集賢院のメンバーを集めて風雅な催しをひらいた。袁桷，鄧文原，王約，呉全節など，アユルバルワダの周辺にいた儒臣，文人は，そのままサンガラギのサロンのメンバーでもあった。しかものちのちまで繰り広げられたカイシャン派とアユルバルワダ派の恩讐と浮き沈みも，かのじょには無縁であった。カイシャンもアユルバルワダも，ダギもみな，かのじょのために尽くし庇護してくれたからである。そのうえ，娘はカイシャンの息子トク・テムル（のちの文宗）に嫁いでいた。この娘婿は，自分が即位すると，徽文懿福貞寿大長公主という名を加封してくれたうえに，やはり毎年，莫大な化粧料も与えてくれたのである。サンガラギは，のちのトゴン・テムルをのぞけば，結局もっとも息の長いパトロンとなった。

大徳十一年は，サンガラギが文化史上に足を踏み入れた年でもあった。

註

1)　杉山正明『世界の歴史⑨　大モンゴルの時代』（中央公論社　1997年），同「大元ウルスの三大王国――カイシャンの奪権とその前後（上）」（『京都大学文学部紀要』34　1995年3月），同『モンゴル帝国の興亡（下）』（講談社　1996年）参照。

2)　本書第I部第1章参照。

3)　『元典章』巻二八「礼部」《礼制・朝賀》，『元史』巻六七「祭祀志」参照。

4)　『元典章』巻三一「礼部」《学校・儒学》はこの詔を題して「崇奉儒教事理」とし，呉式芬の『攈古録』は「崇奉孔子詔」と呼ぶ。

5)　この時期，トクトの名をもつ朝臣は少なくとも三人いるが，『元典章』巻五「台綱」《内台》【整治台綱】に“大徳十一年十月十五日欽奉聖旨節該：「……如今脱脱(奉)［秦］国公右丞相為御史大夫，只児合郎為御史中丞，『整治台綱者』麼道，委付了也……」。”とあることから，カンクリ族のトクトとわかる。くわしくは『元史』巻一三八「康里脱脱伝」参照。アユルバルワダ派とのつながりは，『元史』巻二二「武宗本紀」に“［至大元年春正月］戊子，皇太子請以阿沙不花復入中書，脱脱復入御史台”とあることからうかがえる。もっともアユルバルワダの真意がどこにあったのかは，わからないが。

6)　『北拓』第49冊（元二）「大元勅修曲阜宣聖廟碑」197頁は，太宗オゴデイから，トゴン・テムルまでの大元ウルスの儒教政策の歴史を適確に要約するものだが，“[世祖皇帝]命御史台以勉励校官，国子監学以訓誨冑子，大司農以興挙社学，興文署以板行海内書籍，提挙教授以主領外路儒生，宿衛子弟咸遣入学”とあり，御史台だけでなく，大司農，興文署，儒学提挙などの職務の違いも指摘している。ただし，欧陽玄『圭斎文集』巻九「曲阜重修宣聖廟碑」では，“[世祖皇帝]命御史台以勉励校官，大司農興挙社学，建国子監学，以訓誨冑子，興文署以板行海内書籍，立提(学)[挙]教授，以主領外路儒生，宿衛子弟咸遣入学”となっている。

7)　この大理の碑では，サンバオヌの上奏を，至大二年五月十九日とする。だが，ほかの箚付碑ではすべて，十二月十九日とする以上，あきらかに大理の碑の誤刻である。十二と五の字形が似ているために生じたミスであろうか。尚書省が正式に設置されたのは，じっさいには至大二年八月のことであり，各行中書省を行尚書省にあらためる詔が出たのは九月一日のことであった。また，雲南諸路行尚書省への箚付の日付けを五月十九日とするのもおかしい。そもそもこの碑の題額自体に問題があり，“加封聖詔”と掲げられている。“聖詔”ということばは，はやくは『漢書』に見え，詔書の尊称として使用されるが，管見のかぎり，同時代の『元典章』，『通制条格』などの政書，碑刻の題額には使用されていない。ふつうならば，“制詔”とあるべきところである。くわえて，詔の“上天眷命”の前に，カイシャンの至大二年正月に奉られたばかりの尊号“大元統天継聖欽文英武大章孝皇帝詔”と掲げるのも珍しい。上截は蘇州文廟の碑と同じく，趙孟頫の書体であるが，下截および題額の字は稚拙である。あんがい，この碑のはらむ問題すべては，題額および書丹を担当した僉雲南諸路粛政廉訪事張元の能力に帰せられるかもしれない。

8)　前掲欧陽玄『圭斎文集』巻九「曲阜重修宣聖廟碑」“自漢、唐、宋、金，凡有隳廃，必奉勅繕修，功成則勒之石”。

9)　先行論文に森田憲司「至元三十一年崇奉儒学聖旨碑——石刻・『廟学典礼』・『元典章』」（梅原郁『中国近世の法制と社会』京都大学人文科学研究所　1993年　403-435頁　のち『元代知識人と地域社会』収録　汲古書院　2004年　100-135頁）がある。

10)　『至順鎮江志』巻一一学校「儒学」“徳音亭，在学門之左。元貞元年，教授徐碩創。亭中碑二，一刻《勉励学校詔》，一刻《加封孔子詔》”。

11)　『元典章』巻一「詔令」，『聖元名賢播芳続集』（宮内庁書陵部蔵高麗刊本）巻五「詔」に見える大徳改元の詔は，『元史』巻一九「成宗本紀」，『高麗史』世家巻三一「忠烈王四」，『至正金陵新志』巻三下の年表および『元典章』巻三「聖政・霈恩宥」にのこる赦免細則の日付などから二月二七日に大都で発令されたことは間違いない。ところが，まさにこのときを杭州に過ごしていた周密が『癸辛雑識』別集「彗星改元」において“是歳[丁酉]二月，忽有伝夜後西北角有星光芒曳尾者，余不之信。数夕起観，皆無所見。一夕於西辺見大星，光芒正在胃，昴間，然考之則太白耳。益疑小人妄伝。継而有自呉来者云，船中見之甚的，類景定彗星，而尾短僅数尺耳。余終未之信也。**及三月十七日，詔書到杭，改元大徳。有云「星芒示変，天象儆予」**。始信前者為信然也”と証言する。江浙行省下で編纂された『廟学典礼』巻五「行台監察挙呈正録山長減員」が引用する“大徳元年三月十七日欽奉詔赦内一款節該”もこれを指す。また，至元三一年四月十四日発令の「皇帝の宝位に登る」詔赦は，『江蘇金石志』巻一九「学校撥田地詔書碑（在溧水県学)」では，“至元三十一年五月五日欽奉皇帝登宝位詔赦”として引用されており，やはり大都から江南への開読使臣の行程は，二十日ほどと考えられる。

12)『国朝文類』の元刊本は，現在西湖書院本と翠巌精舎本，いわゆる大字本，小字本の二種が現存する。翠巌精舎本では，目録と巻中の文章の配列が一致しないなど乱れがあり，現行の西湖書院本より旧い可能性がたかい。楊紹和『楹書隅録』は，翠巌精舎本を元統二，三年の初刻本と考える。翠巌精舎本については，『嘉業堂善本書影』にちょうどこの巻一一「加封孔子制」の書影が載るが，やはり“九月”とする。

13)『析津志輯佚』「風俗」，「歳紀」によれば，大都への帰還は，ふつう八月末から，重陽の節句前後にかけてである。『元史』「武宗本紀」の九月の記事は，己丑の日を最後としている。甲子から己丑まで二十六日間，かりに己丑の日が三〇日だったとしても，甲子の日は五日となり，七日には確実に大都に帰還していた。ちなみに，至大元年は九月二〇日に，至大二年は九月七日に上都より帰還している。

14) 杉山正明「元代蒙漢合璧命令文の研究 (1)」(『内陸アジア言語の研究』V　1990年　11-12頁　のち『モンゴル帝国と大元ウルス』第9章に「モンゴル命令文研究導論」として収録　京都大学学術出版会　2004年　395-396頁）に，皇慶元年立石の原武県の蒙漢合璧「加封孔子詔」碑の漢訳についての考証がある。

15)『常山貞石志』巻一九「加号大成詔書碑」。同巻二〇「加号孔子詔書碑」の碑陰に刻された広平路井陘県儒学教諭任秉直の記も“大徳十一年，成宗皇帝命翰長閻復草詔，追封孔子大成至聖文宣王”という。泰定二年閏正月二四日の撰文である。

16) もっとも，ほかのカアンの詔の例からすれば，「建儲詔」を収録する以上，「皇太子冊文」までをのせる必要はない。あるいはこの箇所は，たんに『国朝文類』からの引用を誤って『元典章』としたとも考えられる。しかし，アユルバルワダ側にとって，この冊文は，絶対に掲載させるわけにいかなかったのも事実である。そして逆にカイシャン側にとっては，それは天下に明言しておく必要がある内容であった。カイシャン→アユルバルワダ→コシラというカアン即位の順を公言し，それがもともとは，ダギの希望を容れた結果であることを述べているからである。ダギとアユルバルワダは，カイシャンとの約束を履行せず，シディバラを皇太子としたうえ，コシラを雲南へ追いやった（『元史』巻三一「明宗本紀」，『元史』巻一三八「康里脱脱伝」参照)。

17) すでに前掲杉山正明「大元ウルスの三大王国——カイシャンの奪権とその前後（上)」120頁に指摘がある。

18) 郭畀が至大元年十月二五日，江浙行省の架閣庫にて湯君白から借りたという『典章』が『元典章』であるならば，それは，成宗テムルの大徳七年の『典章』に相違ない。『郭天錫手書日記』(上海図書館蔵稿本）参照。

19)『北拓』第49冊（元二)「皇姉大長公主降香碑」116頁は，延祐年間に，サンガラギが位下総管府の官僚たちを曲阜に派遣し，衍聖公孔思晦，孔顔孟の三氏一族とともに釈奠を行わせたさい，“刻する所の聖象百幅を頒し”たことを伝える。この碑は，『孔顔孟三氏志』巻四30裏にも収録されている。

第6章 『廟学典礼』箚記

1 はじめに

『廟学典礼』は，大元ウルス治下の，とくに科挙再開以前の江南における文教政策の根本資料のひとつとして，利用されてきた。ただ残念なことに，元刊本が伝わらず，『四庫全書』本およびその伝抄本が数種知られているにすぎない。そして，その『四庫全書』本はといえば，『永楽大典』のあちこちに引用されていた記事を拾いあつめたものである。しかも輯逸の際に，人名，地名，官名，訳語等の箇所は，清朝四庫官の改竄を相当に受けている[1)]。現行のテキストでは，太宗オゴデイ丁酉の歳（1237）八月二五日の「選試儒人免差」詔から大徳五年（1301）六月の公牘までの，主として江南の廟学に関する約八十件の公文書を集録する。序文，目録等が無く，本来の配列法，分類法が不明なため，四庫館で時代順に配列，六巻に分かたれたという。編纂者も不明とされる[2)]。元刊本『廟学典礼』がいかなる構成，姿をもっていたかは，正確にはわからない。管見の限りでは，羊児の年，すなわち至元八年（1271）の聖旨の割り註に記された，高智耀（タングトでモンゴル初期の儒学庇護に貢献した）の伝に，かれの第三子高睿が「現在，江南浙西道粛政廉訪使である」ということから，大徳四年前後の成立と見られること，および高睿が『廟学典礼』の成書にかかわった可能性が指摘されているのみである[3)]。そもそも「本書が元代に一冊の書物と呼ぶに値する形を取っていたかどうかも不明」と疑念を抱く研究者さえいる[4)]。そこで，本章では『廟学典礼』の成立，出版に関して，いくつか気づいた点を紹介してみたい。

2 編纂者について

1)『歴代崇儒廟学典礼本末』

永楽元年(1403)七月,朱棣は,自身の即位の正統性を,事後の天下に認めさせる手段のひとつとして,一大百科事典の編纂を翰林院に命じる。古今の書に散らばって記載されている「天文」,「地志」,「陰陽」,「医卜」,「僧道」,「技芸」等についての記事を,『洪武正韻』の韵字にしたがって配列,まとめなおしたその書は,一年あまりの編纂作業ののち完成し,『文献大成』の名を与えられた。しかし,収録された記事の数量,内容上の不備から,再度,文淵閣に事務局を置き,内外の官僚,文人,能書の生員を総動員して重修することになる。編纂に使用された文淵閣の蔵書は,経,史部については粗方備わっていたが,子,集部に欠けているものが多かったので,礼部が遺書の購求にあたり,五年に完成,書名も『永楽大典』と改められた[5]。したがって,『廟学典礼』のテキストは,文淵閣の蔵書中にあったとみて,まず間違いない。

正統六年(1441),楊子奇,馬愉等が勅を奉じて編纂した『文淵閣書目』巻三には,礼書として"歴代崇儒廟学典礼本末一部十九冊残欠"とある。また,この書について『内閣蔵書目録』巻一は,

> 歴代崇儒廟学典礼本末一部十九冊 鈔本。編輯の姓氏を詳らかにする莫し。第一冊より第三冊に至るは,勝国の時の条例。第四冊以後は乃ち歴代の礼制。

と註釈を施す。明朝廷にとって,勝国とは大元ウルスを指す。とすれば,現行の四庫全書本の記事は,『歴代崇儒廟学典礼本末』の第一冊から第三冊目に含まれていたものとも考えられる。

いっぽう,『内閣蔵書目録』より少し前に編纂された『国史経籍志』巻二「廟典」では,"歴代崇儒廟学典礼本末七十巻又八巻胡貫夫"といい,『千頃堂書目』巻三でも,"胡貫夫歴代崇儒典礼本末八巻不知時代,歴代崇儒廟学典礼本末七十巻不知何人撰"とする。七十巻本と八巻本の二種があり,すくなくとも後者は胡貫夫なる人物が編者だと明言するのである。

では，この胡貫夫とは何者なのか。いつ，どこで編纂作業をしたのか。

大元ウルス末期から明初にかけて四明一帯で活動した文人，烏斯道の文集『春草斎集』の巻五「処士倪君仲権墓表」に，次のような一節がある。

> 積書　斎室に盈ち，手ら校讎して書するを倦まず，『倪氏譜系』を修し，胡貫夫の『廟学典礼』を続ぎ，朱氏の『家礼』を補う。有司，方に君を起てんとし，朝に礼するを議す。

烏斯道の友人であった倪可与，字(あざな)は仲権（1323-1376）が，胡貫夫の『廟学典礼』の続編をものしたというのである。倪可与の祖父敬聡，父の天沢はともに処士であったが，死後それぞれ嘉議大夫慶元路総管上軽車都尉，敦武校尉台州路黄岩州判官を加贈された[6]。若年より，『程氏家塾読書分年日程』の編者として知られる程端礼，『唐宋高僧伝』の著者で袁桷とも交流のあった夢堂曇噩のほか，柳貫，貢師泰，陳祖仁，劉仁本，南戯『琵琶記』の作者として名高い高明，ムスリムの丁鶴年，カルルク出身の廼賢といった文官たちの知遇を得た。自身は，大元ウルス末期の混乱にあって，仕官こそしなかったが，方国珍が江浙行省左丞相であったときには，請われてかれの妻の葬祭をとりしきっている。倪可与の交友関係，環境からすれば，官庁に保管されている廟学関係の公牘を閲覧することは，けっして困難ではなかった。

とにかく，『廟学典礼』の編者が胡貫夫であったこと，この書を当時の慶元路で比較的容易に見ることができたことは，まちがいない。そして，それは現行本の『廟学典礼』の公牘がおもに浙東海右道粛政廉訪司，浙東道宣慰司の手を経ている事実とも対応する。ただし，『廟学典礼』が政府の刊行物として慶元路で刻板されたかどうかには留保がつく。というのは，同時代に編纂された極めて詳細かつ周到な地方志である袁桷の『延祐四明志』巻一三，一四「学校攷」，王元恭の『至正四明続志』（上海図書館蔵影元抄本）巻七「学校」の各廟学，書院が所蔵する書籍，版木および奉化州の知事に着任した元曲作家として著名な馬称徳（字は致遠）の活字による印刷物のリスト，これらのいずれにも，『廟学典礼』の名は見えないからである[7]。

2）『聖朝通制孔子廟祀』

ひるがえって，胡貫夫の名は，大元ウルス治下で刊行された『聖朝通制孔子廟祀』（以下，『孔子廟祀』と略す）の牌記にもみえる。この書は，ふつう，王広謀（字は景猷）が撰した『標題句解孔子家語』に，付録として添えられた状態で存在する。『千頃堂書目』巻三「論語類」によれば，『孔子家語句解』自体は少なくとも四巻本として，延祐三年（1316）にいったん刊行されている。金沢文庫の旧蔵にかかる朝鮮覆刻本（現在は，前田尊経閣蔵）の『孔子家語句解』は，上・中・下の三巻構成で，延祐丁巳（四年），陳実夫が精一書舎にて刻したといい，後ろに付される『新刊素王事紀』は，泰定元年（1324）の秋に蒼巖書院より刊行されたものである[8]。さらにその後ろに附録として提供される『孔子廟祀』（版心は『孔子廟式』に作る）は刊行年を記さない。日本の慶長四年（1599）の活字本もこのテキストの系統である[9]。なお，慶長本によって，朝鮮本に欠けている『孔子家語句解』の目録に"今，『素王事紀』を将て別に一巻と作し後に付して刊行す。幸鑒"の一文があったことがわかる。台湾国家図書館が蔵する明初の覆刻本『孔子家語句解』も，やはり上・中・下の三巻構成だが，附録は巻頭に掲げられたとみえ，『孔子廟祀』の途中から残っている。いっぽう，蒼巖書院本をもとに翌泰定二年の夏に崇文書塾から刊行された海賊版『新刊標題句解孔子家語』六巻（台湾国家図書館蔵元刊本）の目録の最後には，やはり"今，『素王事紀』を将て云々"の一文があり，じっさい『孔子家語』のあとに『素王事紀』が付されるが，『孔子廟祀』はない（ちなみに，このテキストは明建文四年に朝鮮で覆刻されており，そのひとつが現在お茶の水成簣堂文庫に蔵されている）。三種一セットで刊行されはじめたのは，泰定二年より後のことなのだろう。もっとも，それ以前から『孔子廟祀』が単独の書として，しかも節略されない本来の形で出回っていた可能性はじゅうぶんにある。関連の文献を集め，ダイジェスト版になおして，付録としてどんどん増やしていくのは，この時代の出版の特徴のひとつであった。ちなみにいえば，後世『孔子廟祀』のあとにさらに『大明会典祀儀』を付け足しているものもある[10]。なお，嘉業堂蔵書の旧鈔本，中国国家図書館蔵の明刻本をはじめとするさまざまなテキストは[11]，『孔子廟祀』の牌記の文章自体はまったく同じで，最後に劉氏日新堂，王氏善敬堂，余氏月新斎といったように，書肆名を記す（朝鮮本，台湾国家図書館蔵の明初刻本には書肆名はない）。その牌記にいう［図 6-1］。

> 朱文公の釈奠儀，陳公碩・胡貫夫の陳設図は，並びに芹・撩を以て前と為す。惟，中祀儀の図のみ倒列す。殊に知らず，所謂「前」なる者は，神に近きを以て前と為す也。姑く記すに此を以てし，以て参考に備え矣。

朱文公の『釈奠儀』は，紹熙年間（1190–1194）に頒行された朱熹『釈奠儀式』一巻のことである[12]。大徳年間（1294–1306）に刊行された何元寿編輯の『紹熙州県釈奠儀図』は，この書をベースにしているという[13]。また，嶺南広西道粛政廉訪司および路の総管によって，静江路の廟学に，大徳元年，延祐五年の二度に亙って刻された「釈奠牲幣器服図」「釈奠位序儀式図」は，まさに朱文公の訂正本を緝勒したものであった[14]。

そのほか，『釈奠儀式』中の「祭器図」は，朝鮮の『世宗荘憲大王実録』巻一二八「五礼」に，『聖宋頒楽図』および元刊本の『事林広記』，『礼書』などとともに引用されている。『攷事撮要』によれば，『釈奠儀式』自体，全羅道全州で刊行されている。南宋最末期，孟之縉が朱子の『釈奠儀』と胡瑗の『冕服図』を一書に編集し，『釈奠須知』，『滄州舎菜儀』を後ろに附録として載せたテキストがあり，それを定宗二年/建文二年（1400）に重刊したのである。このとき，さらに大元ウルスの『至元儀式』も附録として載せたという[15]。『孔子廟祀』と関係がありそうである。

なお，この『孔子廟祀』の牌記において批判の対象になっている「中祀儀の図」とは，劉因の友人であった劉仲祥の『中祀釈奠儀』（至元二五年序）を指すだろう[16]。

陳公碩は，陳孔碩と作るのが正しく（現行のすべての版本の牌記が“孔”を“公”とするからには，祖本で既に孔子の名字を避けて“公”の字に作ったのである），かれの『陳設図』とは，おそらく朱熹の『春秋釈奠儀図』を改訂した『釈奠儀礼考正』一巻の「陳設割牲饌実図」を指す[17]。陳孔碩（字は膚仲）は，朱子の直弟子の一人で，福建路安撫司参議官，広西運判などを歴任した[18]。嘉定年間（1208–1224），広西漕司から建安刊本『脈経』の修訂版を大字本にして刊行した人物でもある[19]。

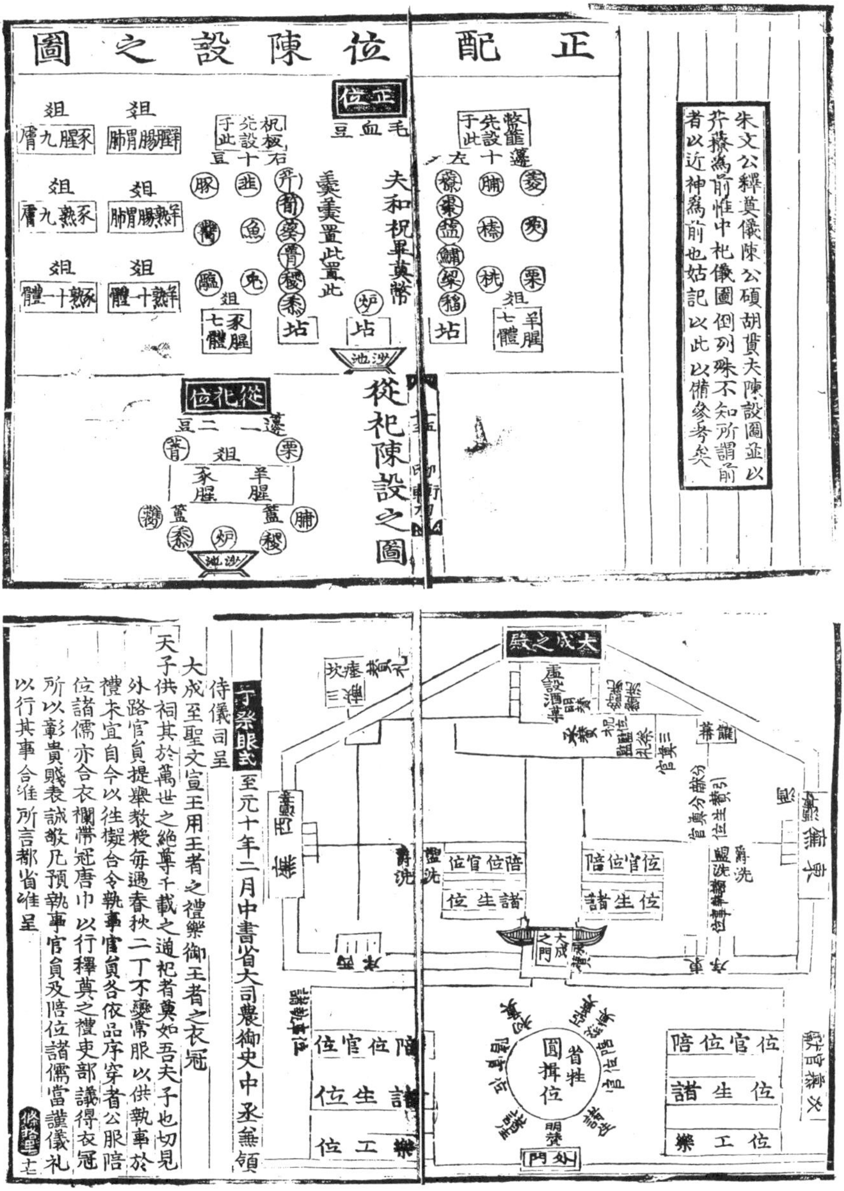

図 6-1　『聖朝通制孔子廟祀』（前田尊経閣蔵）

閩中すなわち福建の道学者である朱子，陳孔碩とならんで名を挙げられる以上，胡貫夫が閩学の系譜の中に位置づけられる可能性も否定できない。そして，なによりもここで注目すべきは，胡貫夫が釈奠の儀式を図で示した『陳設図』の作者であったことである。『孔子廟祀』の刊行以前に，胡貫夫『陳設図』があった。そして，『陳設図』は，「正配位陳設図」，「従祀位陳設図」，「省牲円揖位図」，「大成殿排班図」のように，廟学で行われる釈奠典礼の図解なのだから，『廟学典礼』の中の一部分ではなかったか。『廟学典礼』というその書名からすれば，現在の公牘集としてよりも，釈奠の儀の解説に力点があったはずである（公牘は『歴代崇儒廟学典礼』の「歴代崇儒」のうちモンゴル時代の部分に当たるのだろう）。もっといえば，『孔子廟祀』全体が『廟学典礼』に含まれていたかもしれない[20]。いずれにしても，『廟学典礼』が絵入り本だったことだけは，確実である。

さて，『孔子廟祀』はまず冒頭に，次のようなモンゴル語直訳体白話風漢文による公牘を掲げる。

　　至大二年正月二十二日，集賢院の
　奏に「孔夫子は，
皇帝の宝位に登りて自(よ)り，“大成至聖文宣王”の名号を加封し来った。春
　　秋二丁に合に用いるべきは大牢の祭で有る。今後毎年，常川(とこしえ)の体例と
　　做(な)し祭った呵，怎生(いかが)でしょうか」と奏した呵(ところ)，奉じたる
聖旨(ジャルリク)に「那般者(そのようにせよ)」とあった。此れを欽しめ。

『元史』巻二三「武宗本紀」の至大二年（1309）春正月丙午に“大成至聖文宣王の春秋二丁の釈奠に太牢を用いるを定制とす”という，まさにその案件である。武宗カイシャンによる，大徳十一年の孔子への「大成」二字の加号と，至大二年末〜三年初めの全国の路，府，州，県の学校に出された当該制詔の立碑命令の経緯とその意義については，前章において論じた[21]。そして，生け贄に太牢を用い，礼物として別に銀三錠，綵幣表裏各十三疋を贈る代祀（朝廷からカアンの代理として使者を曲阜孔子廟に派遣して釈奠の儀式を執り行う）の礼も，この時期にはじまった。しかも，至大三年十月には，孔子の五十四代孫で，左三部照磨の孔思逮の上申により，江浙行省下の学校の収益金から，既に製作が

命じられていた登歌の楽器，祭服の完成を以て，曲阜の孔子廟に登歌楽を設置し，釈奠の行礼が盛大に執り行われたのである[22]。その盛大さは「於戯！ 典礼の盛んなること，今日より盛んなる莫し」[23]，「『素王世記』を按ずるに，漢魏以来，皆，未だ我が朝の礼楽備挙して，其の盛を極め為るに如く有らざる也」と自画自賛されるほどであった[24]。至大二年の公牘を冒頭に掲げるのは，至極当然といえる。

こうした釈奠の礼の整備は，じつは「加封孔子制誥」と同様，成宗テムル時代，大都に建設中の孔子廟[25]の落成（大徳十年八月）にあわせて，江浙行省，粛政廉訪司を中心に，着々と進められていたことであった。その成果のひとつが，江浙儒学提挙であった趙孟頫の『祭器図』二十冊の上梓[26]であり，至大年間に江浙行省下において重修された王黼の『博古図』および呉夢賢の『釈奠儀図』もこの流れの中にある[27]。

至大二年の公牘につづいて，『孔子廟祀』は，釈奠の式次第，「迎神・捧俎・徹豆・送神・望瘞」の楽曲を紹介する。そのうち釈奠の式次第は，『元史』巻七六「祭祀志」《宣聖》に見える記事とほぼ一致する。しかも，『元史』のほうに，字句の省略，脱文が何カ所も見いだされる。楽曲についても，やはり『元史』巻六九「礼楽志」《宣聖楽章》に見えるが，『孔子廟祀』のように各楽曲に一字一字，六律六呂の表示を横に小さく添えることはしない。『元史』がもとづいた『経世大典』の時点で，すでに省略がなされていたのか，『元史』の編纂者によってなされたのかは，不明である。だが，いずれにしても『孔子廟祀』の内容が『経世大典』，さらにさかのぼれば“「省牲」「釈奠」自ら礼儀有り，『通制』に載る”といわれるように，『大元通制』にも掲載されていたことは確かであり，それを証言する漢文資料もいくつかある[28]。そもそも『聖朝通制孔子廟祀』自体，『大元通制』からの抜粋，つまり『聖朝通制』「孔子廟祀」といってよいかもしれない。なお，ここにしるされる楽は，モンゴル初期，高智耀の建議によって用いられた西夏の旧楽でもなく，世祖クビライの制定した「大成楽」でもない。宋の旧曲「大晟」十四首（金の「泰和楽」も同じ）である。この旧曲の採用は，やはり成宗テムルの大徳九年から十年にかけてのことであった[29]。

『孔子廟祀』のさいごは，「丁祭服式」についての，至元十年（1273）二月の公牘で締めくくられる。この公牘は，現行の『廟学典礼』巻一「釈奠服色」にもより完全なかたちで見えるほか，『元典章』巻二九「礼部・礼制二」《服色》【秀才祭丁当備唐巾襴帯】，『事林広記』（国立公文書館蔵西園精舎本と台湾故宮博物院蔵椿荘書院本は後集の巻三「聖賢類」《大元褒典》，北京大学図書館蔵鄭氏積誠堂本は丙集下巻「聖賢類」《大元褒典》）にも収録されている。ちなみに，この公牘の引用のあと，ちょうど版木の末尾に，陰文で“条格畢”と刻されていることも，文淵閣本『歴代崇儒廟学典礼本末』では第一冊より第三冊の条例中にあったこと，およびこれらが『大元通制』「条格」の中に含まれていた可能性を示唆する。

3　『廟学典礼』の挿絵

さて，現在見ることのできる『永楽大典』の各端本には，『四庫全書』本『廟学典礼』と重なる記事はまったく残っていない。まず，巻三〇〇七第8葉表の「左人郢」の項目では，『廟学典礼』を引いて，

> （宋高宗製）伯彼臨淄，左行独賢。晞蹤十哲，秀頴三千。心悦誠服，家至戸伝。楽只君子，文声益宣。（宋刑部尚書辺帰讜　建隆）鳳徳既衰，龍戦于野。方領円冠，孰敦儒雅。平平子衡，昼夜無捨。張我国維，是称達者。（宋尚書祠部員外郎直集賢院石中立　祥符）循循善誘，従師希聖。崇仁厲義，奚其為政。業修道隆，終古斯盛。興儒建侯，彰我休命。

と宋人の讃を三首載せる。また，巻五二〇五第25葉表の「原憲」の項目には，やはり出典を『廟学典礼』として，

> 原憲，字子思。一字思。宋人。一曰魯人（『家語』字子思。宋人。『論語』字思。魯人。）少孔子三十六歳，清静守節，貧而楽道。……［中略］……（宋高宗御賛）軾彼窮閻，達士所賓。邦無道穀，進退(絶)[孰]倫。弊衣非病，無財乃貧。賜雖不(悦)[懌]，清節照人。（宋尚書工部侍郎艾頴賛　建隆奉勅撰）博学於文，貧而且楽。道不隣緇，心無適莫。結駟非栄，弊冠自若。図

絵其形，名高灼灼。（宋尚書右丞向敏中撰賛）賢哉子思，介然清静。貧惟固学，道乃非病。衣冠忘弊，草沢遂性。升中進秩，垂芳尤盛。

と，原憲の伝とやはり宋人の讃を三首紹介する。左人郢，原憲ともに，いわずと知れた孔子七十二弟子のメンバーである。さらに，両者に共通して見られる宋の高宗の御賛は，紹興十四年（1144）三月己巳（十八日），太学に御幸したおりに，太祖，真宗，徽宗の所製の賛を観覧し，有司に命じて文廟に従祀されている七十二子の各賛とともに採録させ，それを参考に，自身，新たに作成したものである。紹興二六年十二月に，李公麟の『聖賢図像』に高宗が直筆で賛を書き，秦檜の記を付して十五の石碑に刻ませた。やはり高宗，皇后呉氏筆の石経とともに太学（もとは岳飛邸）に置かれ，その拓本は慶元，撫州をはじめ諸州郡の学校に配布されたという[30)]［図6-2］。大元ウルス治下，政府の出版センターのひとつであった杭州の西湖書院は，南宋の太学を前身とし，右側に孔子廟，左側に江南浙西道粛政廉訪司の官庁（出版事業と江南の儒者の管理，保挙に絶大な権限をもつ[31)]）が軒を並べていた[32)]。これらの碑は，今もなお杭州碑林に現存するが，秦檜の記は明の宣徳二年（1427），巡安浙江監察御史の呉訥によって削りとられ，かれ自身の跋に代えられてしまった[33)]。ちなみに，文宣王および七十二子の高宗賛は，『事林広記』にも全ておさめられている（元禄十二年本は丙集巻一「素王事実」，巻三「聖賢褒賛」「師儒従祀」に，西園精舎本と椿荘書院本は後集の巻三「聖賢類」，巻四「聖賢類」，鄭氏積誠堂本は丙集下巻「聖賢類」に収録）。石に刻み立碑することと，版木に刻み頒行することは，情報伝達の上では，拓本と書物という媒介の違いを意味するだけで，本質的には同じ行為である。

ひるがえって，刑部尚書辺帰讜，尚書工部侍郎艾潁の賛は，太祖が建隆三年，太学の完成を記念して，文宣王，顔子の賛を作成したさいに，十哲以下の賛は，宰臣が勅を奉じて分担して撰したもの，尚書祠部員外郎直集賢院石中立，尚書右丞向敏中の賛は，真宗が大中祥符元年（1008）十月三〇日曲阜に御幸したさい，宰相，群臣に作成させたものの一部である。これらは，高宗の賛とともに，いずれも『通祀輯略』（中国国家図書館蔵清鈔本）巻二「御賛」に収められている。この書は，巻三の末尾に“学生福州州学録梁寧翁同校正，門生文林郎宜差充福建路安撫司幹辦公事呂守之校正”とあること，巻二に“今上咸淳三年”と記し宋を“国朝”と呼ぶことからすると，度宗の時代に，福州で刊行されたとみられる。魯の哀公以来，歴代の「謚号」「廟祀」「殿額」「坐像」「冕服」「封爵」「位序」「配饗」「従祀」「御賛」「釈奠」「楽章」「曲阜廟」「幸学謁廟」「告遷奉安」の変遷を整理したもので，とうぜん文淵閣本『歴代崇儒廟学典礼本末』第四冊以降の「歴代礼制」との関連が予想される。『咸淳臨安志』巻一〇《大成殿》の註によれば，編者は洪天錫[34]である。ちなみに『内閣蔵書目録』巻一は，二種の『通祀輯略』を紹介する。“四冊全”とされる一種は，“孔子の五十三代孫知単州奉訓，朱晦庵の著わす所の釈奠成式を取り編輯す。中に歴代の尊崇典礼を詳らかにし，而して従祀の諸賢は各讃して付”し，“三冊”のほうの一種は，“元至元間，泉州分教黄以謙の纂輯。先聖および従祀諸賢の謚号，歴代祭祀，行幸，諸儀凡そ三巻。末巻を闕く。以謙の姪の元暉，又，楽器の各図を彙めて之に注し，続集一巻を為す”という。廟学の典礼に新制度が導入されるたびに，改訂，増訂版が出されたと見てよい。

なお，本来の『廟学典礼』も，左人郢，原憲のみならず，のこりの七十子および孔子について，それぞれ少なくとも三種の賛を収めていたはずである。

現存の『永楽大典』中，巻一八二二二の2葉表から13葉裏にかけては，出典を『廟学典礼本末』として，(□□)[孟軻]，左丘明，荀况，公羊高，穀梁赤，伏勝，高堂生，毛萇，戴聖，孔安国，劉向，楊雄，鄭衆，賈逵，杜子春，馬融，盧植，鄭康成，服虔，何休，王粛，王弼，范寧，杜預，韓愈，周敦頤，邵雍，程顥，程頤，司馬光，張載，朱熹，張軾，呂祖謙，許衡の像を挙げる。孟軻，楊雄，杜預，韓愈および周敦頤以下の各人については，じっさいに胸像が写されている。また，宣聖および七十二子像と同様，それぞれに像賛を付す。孟軻，荀况，楊雄，韓愈の賛は，宋神宗皇帝の元豊七年（1084）五月（『通祀輯略』は元豊八年二月九日とする）の詔勅によって，鄒国公孟子を孔子に配饗し，鄒国公顔子の次に位を設け，荀况，楊雄，韓愈を従祀したさい，学士院に撰させしめたもの，そのほかは，上述した大中祥符年間の真宗の曲阜御幸にさいして，宰相，群臣が作成したものである。そして，やはりこれらの賛もまた『事林広記』と何カ所か字の異同はあるものの，すべて一致する（元禄十

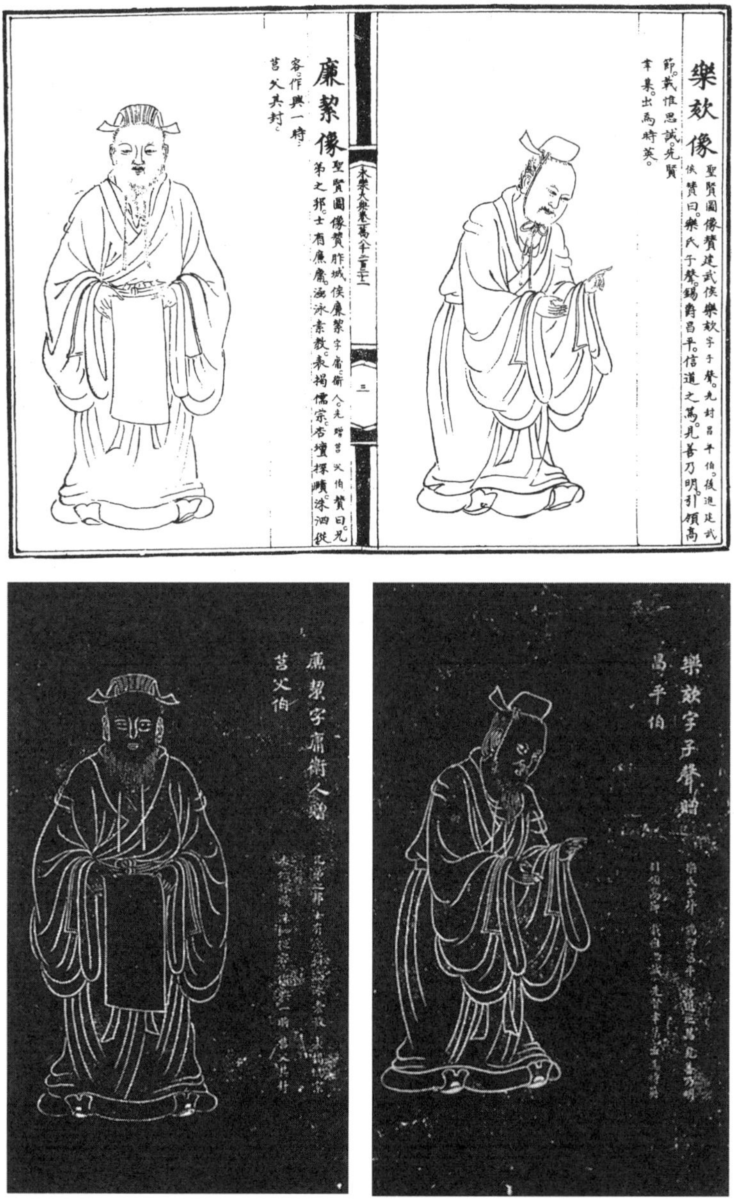

図 6-2 『永楽大典』所収の『聖賢図像』（上）と杭州碑林の『聖賢図』（下）

二年本は丙集巻三「師儒従祀」，椿荘書院，西園精舎本は後集巻四「聖賢類」《孟子配饗》，鄭氏積誠堂本は丙集巻下「聖賢類」《孟子配饗》。『事林広記』が誤っている場合もあれば，『永楽大典』が抄写するさいに誤った場合もあり，両者ともに誤る場合すらある）。のこる周敦頤以下十名のうち，さいごの許衡は，太宗オゴデイ，世祖クビライ時代にかけて，陝西儒学提挙，国子祭酒として朱子学の普及にもっとも貢献した人物である[35]。“今迄，海内の家，朱子の書を蓄え，人の聖賢の学を習う者は，皆，文正公輔相の力なり”ともいわれている[36]。じつは，十人が一セットとして扱われるようになるのは，仁宗アユルバルワダの皇慶二年（1313）六月，許衡の子で中書省参知政事の許師敬が国子学を綱領，国子監に崇文閣を建設，魯斎書院の建設運動といった一連の流れの中で，宋儒九名とともに許衡を孔子廟に従祀することが正式決定されてからのことであった[37]。この事実からすれば，『永楽大典』が収録した『廟学典礼』のテキストは，少なくとも皇慶二年六月二七日以降に刊行されたことになる。そして皇慶二年という年は，儒者にとって，ちょうど区切りとなる記念すべき年でもあった。十月二三日，翌年八月に科挙を再開する旨の詔が下されたからである。しかも許師敬は，その立役者の一人でもあった[38]。

ひるがえって，『廟学典礼』が正真正銘の絵入り本だったことに注目したい。孟子に配饗せられた賢人と，孔子廟へ従祀された宋元の儒者の胸像。孔子および七十二弟子についても，おそらく肖像が付されていたにちがいない。そのメンバーである秦祖，楽欬，廉絜については，同じ『永楽大典』巻一八二二二に李公麟の『聖賢図像』を出処とする全身像を載せる［前掲図6-2］。『廟学典礼』がこれをそのまま収めていたのか，他の先賢と同様，胸像に改めたのかはわからない[39]。『事林広記』（元禄本は丙集巻二「伊学淵源」，椿荘書院本，西園精舎本は後集巻五「先賢類」，鄭氏積誠堂本は丙集巻下「先賢類」）には，周敦頤，程顥，程頤，張載，邵雍，司馬光，朱熹の像を載せるが（ただし，元禄本は周敦頤像のみ），すべて全身像である［図6-3］。ちなみにいえば，この『事林広記』の挿絵は，『新編音点性理群書句解』（台湾国家図書館元建安刊本）前集巻一の「遺像」の版木からそっくりそのまま採られており，それによれば「大貴家の得る所の七先生の子孫の家廟の真本を伝写」したものだという［図6-4］。

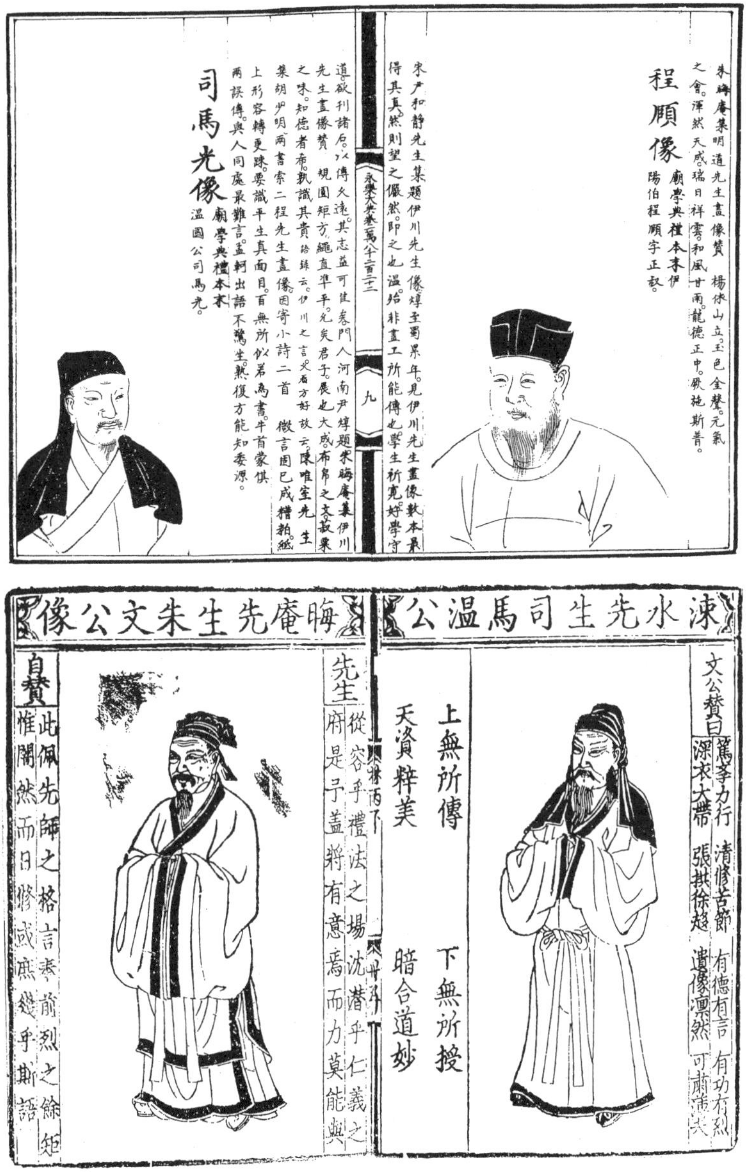

図 6-3　『廟学典礼本末』（『永楽大典』所収，上）と『事林広記』（北京大学蔵，下）。司馬光の頭巾と髭に注目

先賢の胸像を収める同時代の画像資料としては，前漢から南宋の歴代の君臣七十四人をえがく『歴代君臣図像』（杏雨書屋蔵）がある。楊雄，杜預，韓愈と周敦頤から呂祖謙までの宋儒九名が『廟学典礼』と重なっている。そして，その衣冠，容貌——髭の長短や黒子はもとより，表情までそっくりである[40]。『歴代君臣図像』の末尾には，新安の名族汪氏一門の汪従善が，跋文を寄せている。かれの父はクビライの侍医，本人も成宗テムルのケシクという根脚をもつ。大徳十一年の政変のさいには仁宗アユルバルワダをかつぎ上げたメンバーのひとりでもあった。西湖書院，白鹿洞書院等の増改修にも尽力した[41]。跋文は，この図を編纂，模刻して開元寺においた南岳の僧懶牛から依頼を受けて書いたもの，泰定四年（1327），南康路の総管であった時のことである。この図が『新増格古要論』巻三にいう，玉林居士が蘆峯書院に刻し，閩中の張士賢が叙した「歴代帝王聖賢将相像」といかなる関係にあるのかは不明だが，こんにち明刊本，朝鮮版，和刻本のいずれでも見ることができる同名の『歴代君臣図像』（紹興郡に伝来した『聖賢図』一巻をもととする。伏羲から閩王までの四十の君主と倉頡から許魯斎まで六十八の臣を紹介する）への継承は疑うべくもない。『郭天錫手書日記』（上海図書館蔵稿本）の至大二年（1308）六月九日の条には，郭畀が医士の李恒甫を訪ったさいに，『歴代聖賢図』を閲覧したことが記されている。『四庫全書』本『廟学典礼』が，現存の『永楽大典』に収録される挿絵を掲載せず，公牘のみを纏めたのは，こうした図像が当時あまりによく知られたものであり，あえて殊更に紹介する必要を感じなかったからだろう。

『君臣図像』は，明，李氏朝鮮の朝廷において，彩色を施されたものが皇帝，皇太子，諸王等に献呈されたほか，版木に彫って臣下に頒行されてもいる。日本にも伝来，官版が刷られている。この三国における儒学，とくに朱子学の展開は，『明実録』，『朝鮮王朝実録』，建仁寺両足院や足利学校，金沢文庫等，一連の日本の書籍受容の資料といった文献を通して確認できるだけでなく，なによりも『孔子家語』（附『新刊素王事紀』『聖朝通制孔子廟祀』），『新編音点性理群書句解』の朝鮮版，和刻本といったモノそのものの存在が明白にしめしている。

『廟学典礼』と同じく『永楽大典』をもとに『四庫全書』に収録された絵本

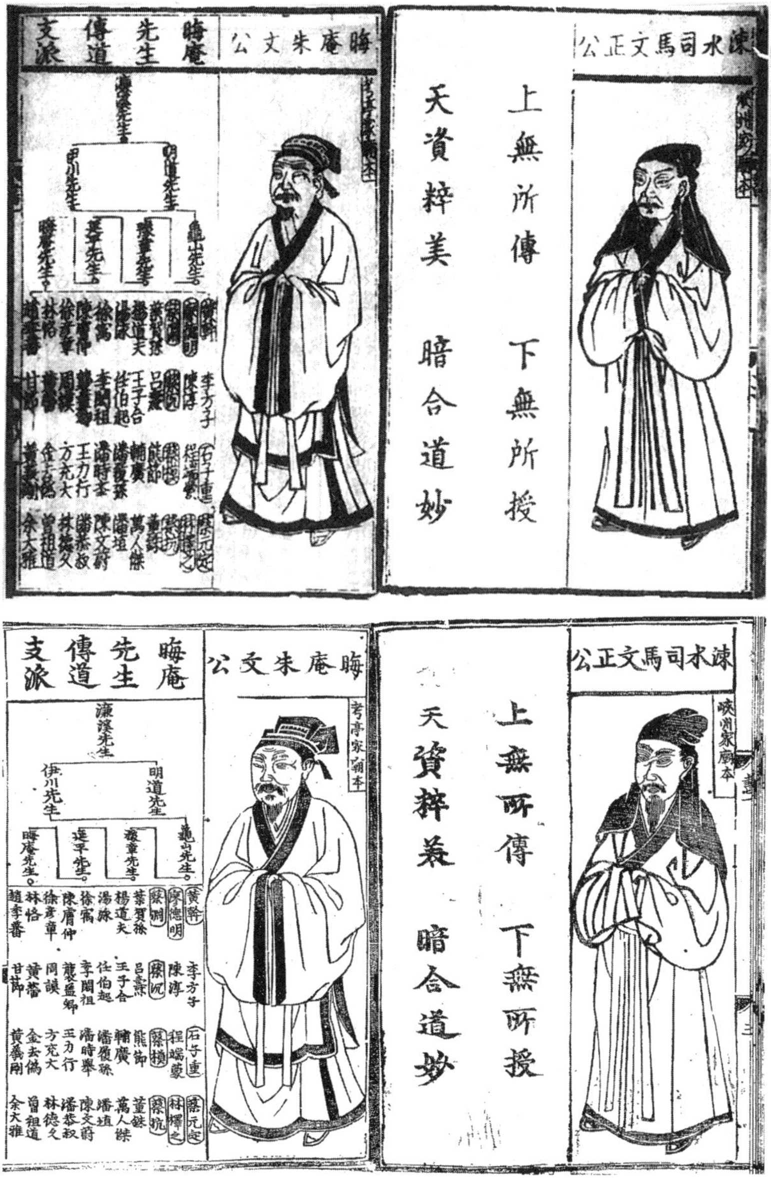

図 6-4　『新編音点性理群書句解』の元刊本（台湾国家図書館蔵，上）と朝鮮版（蓬左文庫蔵，下）

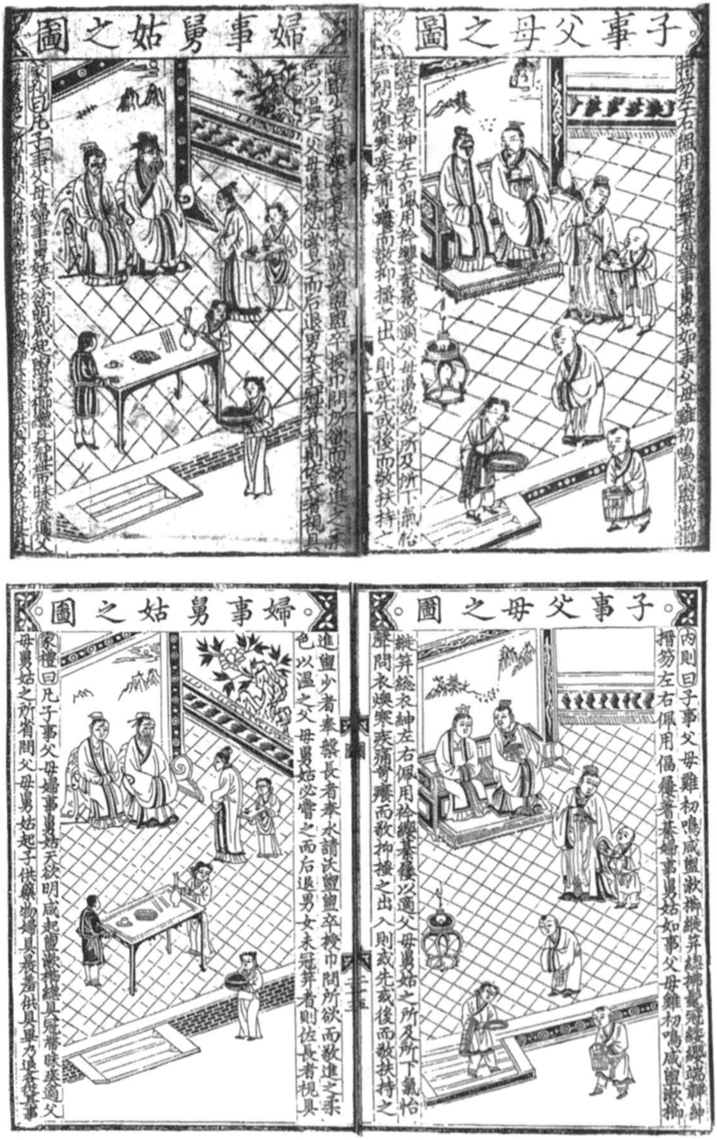

図 6-5　挿絵にみる東アジアの文化の共有。建安で刊行された『小学集成』（前田尊経閣蔵元刊本，上）は，朝鮮に伝わり重刊された（国会図書館蔵朝鮮版，下）。

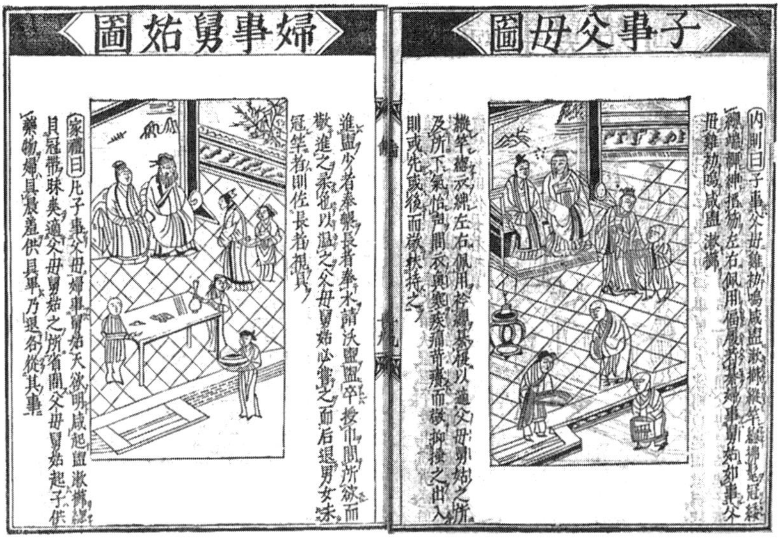

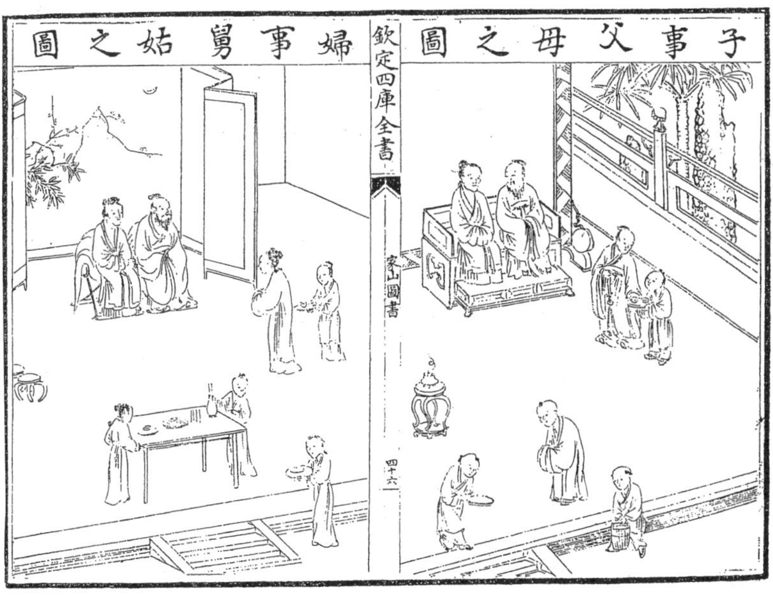

そしてさらに日本へと渡った（京都大学人文科学研究所蔵和刻本，上）。のちの中国では付録の『纂図』のみ『家山図書』と名を変え単独で刊行された（下）。

『家山図書』の正体が，じつは『小学書図』であることも，現物の挿絵を比較すれば一目瞭然である[42]。『小学書図』とは，大徳年間に活躍した建安の何士信の著作『諸儒標題註疏小学集成』の巻頭に付せられた図一巻である。『小学集成』は熊禾の『小学句解』と並んで，広く行われた書であり[43]，高麗，日本にも伝来し，こんにち元建安刊本（前田尊経閣蔵），朝鮮版（国会図書館蔵），和刻本（京都大学文学部蔵）いずれでも見ることができる［図6-5］。そして『小学書図』は，やはり『廟学典礼』の挿絵と同様，『事林広記』にも取りこまれているのである。

こうした書物の挿絵，記述をとおして，国も時代も越えて，ひとびとは，同じ聖賢，先賢のイメージ，儒教文化を共有した。その仕掛けを拵えたのが大元ウルスの官僚たちなのであった。

4　おわりに

四庫全書本『廟学典礼』が収録するまとまった公牘の出所，『至元州県社稷通礼』や『鹵簿図』，『太常集礼』[44]，『太常沿革』[45]，『三皇祭礼』の出版経緯，ほかの釈奠の書の作者が范可仁や趙鳳儀のように宣慰使や路の総管であること，宋，明，朝鮮においても，廟学の典礼についての書物，公牘集は国家が刊行していること等を考えれば，この書が『憲台通紀』，『南台備要』，『水利集』といった書物と同様，政府の出版物であることは，疑いを容れまい。『大元通制』，『大元聖政国朝典章』といった政書とは別に，テーマ別のより詳細な公牘，案件集の編纂も，大元ウルス治下では意図的に行われていたことであった。こうした書物は，その性格上，数年毎に増訂版，続編が出される必要がある。『廟学典礼』も，おそらくは何段階かの編纂を経ている。

『廟学典礼』出版に関与したとされ，成書当時「江南浙西道粛政廉訪使であった」高睿については，曲阜の「闕里廟祭器記」碑に[46]，至元三一年（1294）六月に江南浙西道粛政廉訪使であったこと，廉希貢や李世安，徐琰といった江南行台，江浙行省下の高官たちとともに，曲阜孔廟の祭器購入を援助したことがみえている（ちなみに祭器のひとつ，生贄をのせる俎豆には，日本産の黒檀が用いられた）。また，張之翰が至元三〇年に松江分司下の廟学の高智耀像を修復していることからすると，この時点で既に当該職に着任していた可能性もある[47]。そして，大徳四年（1300）二月，医学の試験の教科書として，江浙行省を通じて杭州で刊行された『聖済総録』の巻末に掲載される提調官のリストによれば，江南浙西道粛政廉訪使はすでに田滋に交替し，高睿自身は江南行台侍御史に転じている。『聖済総録』の刊行の最初の責任者は，それを命じたジャルリク自体が駅伝によって大徳三年九月に齎されているので，高睿であったかもしれない。そのご，かれは江南行台御史中丞に大徳七年，至大四年（1311）と，二度任命されており，この間，『元史』の伝がいう「江北淮東道粛政廉訪使」の職のみならず江南浙西道粛政廉訪使として再度出向した可能性がのこっている[48]。この場合，『聖朝通制孔子廟祀』，現行の『永楽大典』から導き出される「胡貫夫が至大から皇慶年間にかけて編纂した」という推測とも合致する。むろん，大徳三年前後にいちど編纂，出版され，皇慶二年頃に改訂版が出た可能性もある。『永楽大典』所収の『廟学典礼』は，あきらかに皇慶二年（1313）以後の版であるが，胡貫夫の本編以外に倪可与の続編をも含んでいたのかどうかは，現在知るすべをもたない。ただ，たしかなのは，大徳十年の大都の孔子廟の完成以降，全国各地において，廟学の建築，従祀の塑像，画像，典礼の様式が“図制”に照らして，急速に画一化されていったこと，そして胡貫夫『廟学典礼』の完本も一役買ったにちがいない，ということである[49]。

註

1) 『皕宋楼蔵書志』巻三五，『愛日精廬蔵書志』巻一九，『鄭堂読書記』巻二九，『善本書室蔵書志』巻一三，『鉄琴銅剣楼蔵書目録』巻一二，『木樨軒蔵書題記及書録』（北京大学出版社　1985年　147頁）

2) 『四庫全書総目提要』巻八二「史部政書類二」

3) 杉山正明「西夏人儒者高智耀の実像」（河内良弘代表『清朝治下の民族問題と国際関係（平成二年度科学研究費補助金総合研究（A）研究成果報告書）』1991年3月　71–82頁　のち『モンゴル帝国と大元ウルス』に収録　京都大学学術出版会　2004年　490–507頁）

4）森田憲司「『廟学典礼』成立考」（『奈良史学』10　1992年　74頁）
5）『明太宗実録』巻二一［永楽元年七月丙子］，巻三六［永楽二年十一月丁巳］，巻五三［永楽四年四月乙卯］，巻七三［永楽五年十一月乙丑］
6）『畏斎集』巻六「元故処士倪君墓誌銘」
7）ただし，『玉海』の巻頭の公牘によって，慶元路の儒学で刊行されたことが明白である『姚牧庵集』や『文献通考』，『春秋本義』は，このリストに記載されていない。
8）この書は，金末から大モンゴル初期にかけて刊行された『孔氏祖庭広記』を参照しており，「魯司寇像」，「先聖歴聘紀年之図」，「孔子世系之図」，「歴代封謚爵号図」の各図表のほか，「歴代追崇事始」を収録する。『新刊素王事紀』の刊行と同じ泰定二年には，紹興路学において，「至聖世系図像」，顔子が孔子に従行する「小影」図と「弁服坐像」図，周耘の跋文を一石に刻んだ碑を立て，各自の拝礼用としてその拓本を学生たちに広く供した。紹興路学には，至元二九年に立てられた「重建紹興廟学図」もあり，その碑陰には，「至元壬辰重定学式」が刻まれている（『越中金石記』巻七）。また，紹興新昌県の学校には「釋奠図」「釋奠儀」を上下に刻んだ南宋末期淳祐元年（1241）の碑が立っていた（『越中金石記』巻五）ほか，後述するように「聖賢図」も伝えている。なお，「至聖世系図像」碑は，国子監の学生王時の書丹，亜中大夫紹興路総管兼管内勧農事の王克敬の篆蓋に係る。これより先の延祐元年には処州路で孔子の像が碑に刻まれ，吉安路の廟学には顔輝の模した孔顔像二碑が立てられるなど，曲阜の真影——「闕里行教像」（「顔子従後」）は顧愷之の，「杏檀小影像」は呉道子の筆とされる——を各地の廟学で模す例が少なからず見える。
9）『木樨軒蔵書題記及書録』153頁
10）京都大学文学部蔵朝鮮本『新刊素王事紀』
11）『新刊標題明解聖賢語論』四巻首一巻（上海図書館蔵明嘉靖十二年刻本）は，『孔子家語句解』の名を改めただけのもので，巻頭に極めて簡略化した『素王事実』を置き，そのあと『孔子廟祀』をつづける。
12）『宋史』巻二〇四「芸文志」，『宝慶四明志』（中国国家図書館蔵）巻二「学校」
13）『内閣蔵書目録』巻四「春秋釈奠儀図一冊全」“宋慶元間，朱熹定。紹熙間栝蒼典教陳孔碩参考釐正，附以訓説”，「釈奠図八冊全」“内第一至第四冊為釈奠服器，朱熹所定。第五冊釈奠節次，元学録劉芳実彭野編次。第六至八冊為侯国通祀儀礼，宋紹定間，呉郡何元寿釆摭朱熹釈奠儀礼及陳孔碩儀礼考正為書。元大徳間刻於潭州路学”，「釈奠陳設須知一冊全」“同前”。
14）『中国西南地区歴代石刻匯編』第十一冊・広西桂林巻「釈奠位序儀式図」（天津古籍出版社　1998年　4頁），『粤西金石略』巻一四「釈奠図」
15）『陽村先生文集』巻二二「新刊釋奠儀式跋」
16）『静修先生文集』（『四部叢刊』本）巻一九「中祀釈奠儀序」“堂寝之制非古也。像設之儀非古也。而釈奠之礼則従古焉。未免有情文相戾者，如神不地坐而簠簋前陳，神不面東而拝或西向。此皆先儒所欲為之修明而未暇者也。雖然以今観之，其所謂情文相戾者，学者亦不復尽見之矣。而況先儒之所欲修明而未暇者乎。安粛劉仲祥集諸家釈奠儀以成是書，施於今之学者，不為無益。然向之所謂情文相戾与夫先儒所欲修明而未暇者，学者亦不可不知也。至元戊子八月望日劉某序"。

17) 『通祀輯略』巻三「釈奠」"陳氏図最後出，実取於文公，故其参訂最詳，為可拠云"。註13も参照。

18) 『閩中理学淵源考』巻一七「修撰陳北山先生孔碩」

19) 『脈経』(京都大学附属図書館蔵慶長古活字本) 陳孔碩序

20) 『嘉業堂蔵書志』巻二 (復旦大学出版社 1997年 367, 291頁) において，繆荃孫がおもしろい発言をしている。『廟学典礼』を四庫未収書と誤解しているが，『孔子廟祀』と『廟学典礼』六巻を実見して，前者を後者の「第一巻」すなわち巻首におかれるべきだというのである。

21) 本書第II部第5章

22) 『元史』巻六八「礼楽志」。なお，『闕里誌』巻二，『聖門志』巻三下にいう，孔思逮の著作『大元楽書』若干巻は，この時期のものと思われる。

23) 『閩中金石略』巻一一「加封大成至聖文宣王詔」

24) 『北京図書館蔵中国歴代石刻拓本匯編』第49冊 (元二)「句容県大楽礼器碑」(中州古籍出版社 1990年 200頁)

25) 『元代画塑記』「儒道像」"大徳六年九月奉勅建文廟。令都城所会計先建大成殿大成門。工部議；除木植委本部郎中賈奉政収置，石灰於元運計置灰内従実使用，余物官給之。不敷，下大都路和買，仍委賈郎中提調。都城所同提挙王徴事監工。於是下諸色府塑先聖先師像，奉旨，準至聖文宣王一位，亜聖並十哲一十二位"。

26) 『元史』巻二一「成宗本紀」"[大徳十年八月]丁巳，京師文宣王廟成，行釈奠礼，牲用太牢，楽用登歌，製法服三襲。命翰林院定楽名、楽章"，巻六八「礼楽志」"十年命江浙行省製造宣聖廟学器，以宋旧楽工施徳仲審較応律，運至京師。秋八月，用于廟祀宣聖"，『千頃堂書目』巻二「礼楽類」"趙孟頫祭器図二十冊。平江路所製祭器。上之大都廟学，以共祭祀者。孟頫絵図録於泮宮，以永其伝。平江路文学邵文龍為之序"。

27) 『国朝文類』巻二七大徳十年鄭陶孫「舎奠礼器記」，『内閣蔵書目録』巻一「釈奠儀図全」"元至大間呉夢賢譔"

28) 『丹墀独対』巻一三「釈奠」(この書の詳細については，本書第II部第8章にて紹介する)。前掲「句容県大楽礼器碑」にも，"皇朝尊尚聖道，推崇孔子，自国都下逮郡・府・若州県，莫不有学，学必有廟，祭必用礼楽，参酌古今損益，時制釈奠儀式，著于令典"という。

29) 『元史』巻六八「礼楽志」，『閩中金石略』巻一一「泉州路学大晟楽記」

30) 『宝慶四明志』巻二「学校」，『弘治撫州府志』巻一五「文教四・御書」

31) 本書第II部第7章

32) 『玉海』巻三一「紹興宣聖七十二子賢賛」，『咸淳臨安志』巻一〇「行在所録」《学校》，『金華黄先生文集』巻二一「書先聖先賢図賛後」，『夷白斎藁』巻二一「西湖書院書目序」，『両浙金石志』巻一五「元西湖書院重整書目碑」，「西湖書院重整書目記」，『黄文献公集』巻七上「西湖書院義田記」，『金石萃編未刻稿』巻中「西湖書院三賢祠記」等。

33) 『金石萃編』巻一四九「李龍眠画宣聖及七十二子像賛」，『両浙金石志』巻八「宋高宗聖賢像賛石刻」，黄湧泉『李公麟聖賢図石刻』(人民美術出版社 1963年)

34)『宋史』巻四二四「洪天錫伝」
35)『国朝名臣事略』巻八「左丞許文正公」,『魯斎遺書』巻一三「付録」
36)『滋渓文稿』巻三〇「題晦庵先生行状後」
37)『国朝文類』巻四八許約「魯斎先生陞従祀祭文」"維皇慶二年六月十四日癸酉，欽承綸旨，以先師文正公魯斎先生列於大成至聖文宣王従之位。"『元史』巻二四「仁宗本紀」"[皇慶二年六月]辛未，以参知政事許(思)[師]敬綱領国子学……甲申，建崇文閣於国子監……以宋儒周敦頤、程顥、顥弟頤、張載、邵雍、司馬光、朱熹、張栻、呂祖謙及故中書左丞許衡従祀孔子廟廷",『程雪楼文集』巻一三「魯斎書院記」
38)『新刊類編歴挙三場文選』「聖朝科挙進士程式」
39)『滋渓文稿』巻三〇によれば，至正九年の時点で，ジャライル国王家の一員，江浙行省平章政事栄禄公が先聖及顔子以下七十二賢の像を蔵していたという。おそらく，至正九年冬に中政院使から資政院使に転じたドルジバルだろう（『金華黄先生文集』巻一六「資正備覧序」)。
40) 2000年1月，杏雨書屋にて閲覧。『新修恭仁山荘善本書影』（臨川書店　1985年　34-35頁）参照。
41)『野処集』巻三「行状」
42)『無錫県志』巻四下白雄飛「故恵泉散吏顕翁先生李府君墓誌銘」によれば，無錫県の守，劉世常（字は平父）が，大徳八年から九年にかけて，家蔵の『家山図書』（許衡より授けられたという）を李晦（字は顕翁）に命じて無錫県学の銭糧によって校正，刊行させた。ただし，『永楽大典』本と同一の書であったかどうかは，わからない。『家山図書』に附録としてつけられていた『小学纂図』を，『永楽大典』の編集者が誤って『家山図書』そのものとして収録したのではないか。ちなみにこのとき同時に校正，刊行された『白虎通』,『風俗通義』こそ，『四部叢刊』に収録される元刊本にほかならない。
43)『歴代道学統宗淵源問対』（旧北平図書館善本マイクロフィルム成化刻本）「小学総論訂疑凡例」。なお，この書には附録として，三皇五帝，太禹，成湯，文王，武王，周公旦，先聖，顔子，曽子，子思，孟子，周敦頤，程顥，程頤，張載，邵雍，司馬光，李侗，朱熹，張軾，許衡，呉澄の胸像を載せる。この書が，程復心の『道学統宗之図』に基づいていること，大元時代の「聖なる語」で改行抬頭を行っていること，版木は大元時代末期に栄えた劉氏日新書堂が有していたことからすると，この図像も大元時代のものを踏襲している可能性が高く，じじつ，『事林広記』の該当箇所と連動する。
44)『国朝文類』巻三六李好文「太常集礼稿序」
45)『四庫全書総目提要』巻八〇「太常沿革二巻。永楽大典本」"元任栻撰。栻始末未詳。此書乃其為太常博士時所修。前有危素序。素時亦為太常博士故也。上巻志沿革，下巻皆職官題名，始自中統迄於至正，所載当時奏牘文移，皆従国語訳出，未經修潤"。
46)『民国続修曲阜県志』巻八「芸文志・金石」
47)『正徳松江府志』巻三二「遺事」
48)『帰田類稿』（四庫全書本）巻五「甘粛行省創建来遠楼記」によれば，陳英（字は彦卿）が，大徳七年三月から命じられた江西，福建の奉使宣撫の任を終えたあと，大徳十年の秋まで江南浙西道粛政廉訪使を務めている。

49)『説学斎稿』巻五「尼山大成殿四公配享記」によれば，延祐三年に御史中丞の趙世延が南北の祭礼の統一を建言した。そして，『元典章新集至治条例』「礼部・儒教」《学校》【釈奠大成楽】によれば，延祐五年の時点で，すでに釈奠大成の楽が江南，汴梁では，遍く行われており，俳優に俗楽を演奏させていた京兆路の儒学やその他の地域についても，学校の収益金から古楽の教師を雇って生徒に教え正式な祭祀が執り行われるようになったという。『常山貞石志』巻二二「真定路学楽戸記」，『安陽県金石録』巻一〇「彰徳路儒学刱置雅楽重修講堂」等も参照。また，『続修萊蕪県志』巻三五王天挺「宣聖廟記」は“然随路府州郡邑境内名山大川及社稷，孔子祭祀釈奠之儀，朝廷例以公用給之，其於修旧起廃之漸行有日矣”といい，『北京図書館蔵帖（北京九〇六四）』魏必復「房山文廟碑」には，“絵従祀七十二大儒，二十四新示付，十賢儀像，摂斎東西，其冠冕服黼黻並取式監学，応図合礼靡有差。廟門夾両翼，致斎室内外按図制悉具，登降有度有数”とある。この碑文は延祐元年の状況を述べているので，参照された図は『大元通制』ではない。

第7章　程復心『四書章図』出版始末攷

——江南文人の保挙——

1　はじめに

14世紀はじめ，大元ウルスは，空前の出版ブームに突入する。ありとあらゆるジャンルの本が，白話，雅文漢文，ときにはモンゴル語，ティベット語などによって，官民共同で出版された。そして，挿絵や図解入りの本も大流行となる——宋代の版木を用いて再版する場合においてさえ，巻頭に何枚かあたらしく絵を彫ったのである——。套色印刷（多色刷り）も出現していた[1]。要するに何でもありの時代であった。とつじょ爆発的な展開をみせるとされるのちの万暦の出版文化など，所詮は在りし日の大元ウルスの焼き直しにすぎない。洪武以降ながくつづいた政治，経済，文化の暗黒時代のために，万暦がはなやかに見えるだけのことである。洪武から万暦にいたるまでの出版物をたどってみれば，そのかなりの部分は，朝廷，各藩によって重刊された大元ウルスの出版物であった。あらたに編纂された書物であっても，実際には，以前あった書物を改竄，明朝のデータをつけくわえただけのしろものがめだつ。そうでないものも，ほぼ大元ウルス治下で開花したジャンルの上にのっかっているといってさしつかえない。しかも，陶磁器や書画と同じように，版木の彫刻技術は格段に落ちた[2]。

ならば逆に，大元ウルス治下の緻密かつ高度な出版を支えたものはなんだったのか。なぜ出版事業が急速に展開しえたのか。もちろん書物それ自体が背負う事情，背景はそれぞれ異なり，出版のパターンもいくつかに分類される。ひとつひとつの事例を分析することによって，全体像を組み立てていくしか術はない。さいわいなことに，この時代の出版物には，序跋だけでなく，巻頭もしくは巻末に，出版の経緯をしるす官庁の文書が付されていることがある。大量の元刊本に目をとおした銭大昕や葉徳輝も，それらをもとにこの時代の出版システムを分析し，その結論，知見のほんの一端をおのが著に簡潔なかたちで書き留めたのであった[3]。ただ，かれらは，各機関の担当する職務や，各文書から導き出される当時の歴史背景，文化状況などを詳しく説明する暇をもたなかった。また，近年さまざまな意味で資料の閲覧条件が好転し，かれらの仕事をいくつか補い得る点もでてきた。書籍に付せられた序文執筆者の肩書，および抄白文書に付せられた関係者一同の官職と名のリストは，碑文と同様になまの人事記録であり，活用のしかたによっては，『元史』の伝などの闕を補いうる可能性ももつ。

そもそも，この時代の最高の文化機関であるはずの翰林院や集賢院の職務についてすら，ほんとうのところはよくわかっていない[4]。『元史』の「百官志」が『経世大典』の編纂以降の状況を中心にあらわすものであることはもちろん，その記述がおおまかにすぎ，また必ずしも真実を述べていないことは，同時代の典籍，碑刻，出土資料などとつきあわせれば，しばしばきづかされるところである。

本章では，程復心『四書章図』に付せられた四通の文書をとりあげ，一介の布衣の学者が保挙によって中央に推薦され，その著作が朝廷の命によって出版されるまでの経緯を追う。その過程で，地方と中央の文化機関のシステム，およびそれにかかわった文人たちについて考察を加えてみたい。なお，程復心そのひとについては，同時代の，しかもかれと同郷の汪幼鳳[5]の撰になる「程教授復心伝」がある。これは，程敏政『新安文献志』(台湾国家図書館蔵明弘治刊本) 巻七一，同『程氏貽範集』(米国国会図書館蔵旧北平図書館善本マイクロフィルム　鈔本) 乙集巻一五，程曈『新安学繋録』巻三，『弘治徽州府志』巻七「儒碩」，などに収録されている。だが，この一連の文書の分析，紹介は，じつは結果として，程復心の伝記をより詳しく書きなおす行為ともなる。というのは，「程教授復心伝」の紙幅のほとんどすべてが，『四書章図』出版をめぐる顚末に費やされているからである。したがって，この「程教授復心伝」と随時比較検討しつつ，はなしをすすめていくことにしたい。

本章で利用するテキストは，国立公文書館所蔵の『四書章図檃栝総要』三巻

『四書章図纂釈』二十一巻計十二冊，後至元三年（1337）富沙碧湾呉氏徳新書堂刻本。各冊の末尾に昌平坂学問所の印が捺される，まさに『経籍訪古志』に録されるテキストである[6]。このテキストの構成は，「四書章図纂釈凡例」，「大学政教之緒・中庸道統之伝・論語問答弟子・孟子問答弟子」の図，「経進四書章図纂釈朝貴題贈序文総目」，「朝貴題贈序文」，「程復心自序」，『四書章図檃栝総要』巻之上・中・下，『四書章図纂釈』（「大学句問纂釈」一巻，「大学或問」，「中庸句問纂釈」一巻，「中庸或問」，「朱子論語集註序説」，「論語集註章図纂釈」十巻，「孟子集註序説」，「孟子集註章図纂釈」七巻）となっており，問題の四通の文書は，『四書章図檃栝総要』巻之上の最後に付されている。いっぽう，宮内庁書陵部所蔵の同一版本では，「皇朝経進　新安子見程先生編述　文公四書章図纂釈　建安呉氏徳新堂印行」と題する封面をのこす。つづいて「四書章図総目」，四通の文書，「朝貴題贈序文」，「程復心自序」，「凡例」の順になっている[7]。公文書館本では，四通の文書の直前に，『纂釈』の一葉がまぎれこんでいること，宮内庁本にある巻上末尾の最後の一葉が欠落していることなど，かなり錯乱がある。順序に関しては，宮内庁本にしたがうべきであろう。にもかかわらず，公文書館本を用いたのは，国内外でこれのみが零本でなく，『四書章図纂釈』をも完全な形でのこすためにほかならない。

なお，元刊本の多くがそうであるように，この書に付せられた四通の文書は，改行，抬頭のほか，当時の文書形式をほぼ忠実に写す（『程氏貽範集』甲集巻五に，「江浙行省繳申程復心四書章図咨文」，「集賢院保挙程復心咨文」，「礼部程中書省」，付「中書省礼房呈」として，四通の文書の本文がすべて収録されているほか，最初の一件は『新安文献志』に，程復心の序は金徳玹『新安文粋』巻一四に，「朝貴題贈序文」のいくつかについては，朱彝孫『経義考』巻二五五に移録がある）。だが，書式の制限のため改行，抬頭など正確に移録しがたいこと，後述するようにパクパ字が刻されていることを考え，写真を付す［図7-1］。随時参照されたい。また，じゅうらい知られている碑文，典籍，あるいは現物そのものと，さまざまな状態で残る文書の多くは，上級官庁から下された公拠，いわゆる発給文書であり，本章であつかう文書のように，下から上へ，あるいは同じランクの官庁のやりとりである呈文，咨文，それも関連の文書がまとまった形で残るのはめずらしい。そうした意味でも本書を紹介しておく価値はあろう。

2　儒学提挙司と粛政廉訪司――文書その１

【原文】

○江浙等処行中書省咨

皇帝聖旨裏；江浙等処行中書省拠江浙等処儒学提挙司申；備杭州路儒学申；拠耆宿儒人趙与虎等状呈；切見徽州路婺源州儒人程復心，生同朱子之郷，蚤佩先儒之訓。嘗取大学，中庸章句及論語、孟子集註，分章析義，各布為図。又於纂疏，語録諸書，弁証同異，増損詳略，著纂釈二十余巻。発明修斉治平要旨，彪分昕列，粲然可観，誠有補於後学，似此著書之功，良可嘉尚。呈乞照詳。得此。卑学今将本人所著文字繳連前去。申乞照詳施行。得此。又准松江府知事邵従仕牒呈；切見徽州路老儒程復心，年将六袠，学貫四書，楽道安貧，久擅老成之誉，修身謹行，端為茂異之才。本儒生居朱文公故里。曽将文公四書，分章為図，開析言意，本末終始，精粗畢備，粲然可観。又取纂疏，語録等書，参訂異同，増損詳略，編註纂釈二十余巻。凡用工二三十年，始成全書。其間如大学言心而不言，中庸言性而不言心，論語専言仁，孟子兼言義等語，皆発明濂洛諸儒未尽之蘊，誠有功於後学。前建徳路総管方虚谷及前浙東海右道廉訪副使臧魯山先生，倶有序跋，深加賛賞。本儒苦節著書，才徳倶美，不求仕進。若不挙明，豈不有負

朝廷崇儒重道之意。如蒙准保，備申上司，依例優加擢用，庶免遺材。准此。考校得；程復心所著四書，発明蘊奥，開悟学者，用意精覈，誠有可嘉。今将程復心所著文字繳連前去。申乞照験事。得此。本省今将程復心所著文字随咨前去。咨請

照詳施行。須至咨者。

右咨

中書省

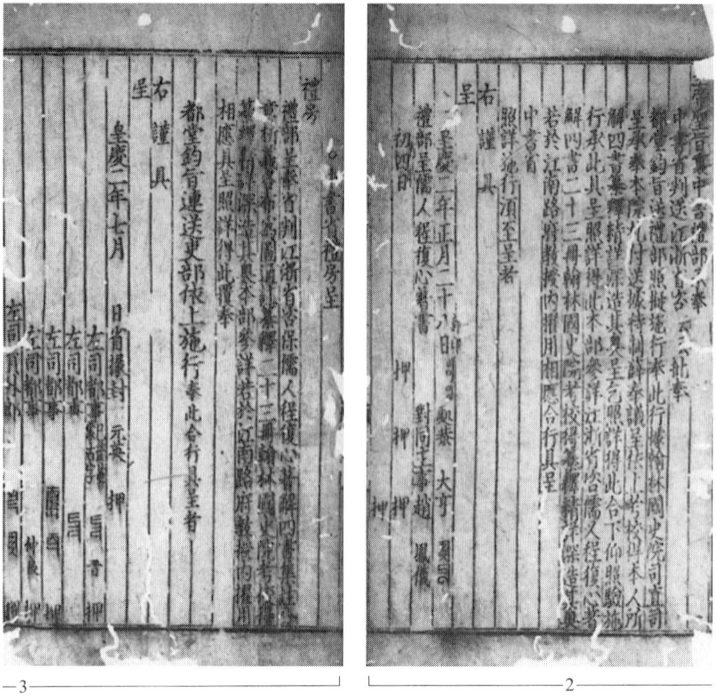

図 7-1　『四書章図』（国立公文書館蔵）所載
文書その 1　「江浙等処行中書省咨」
文書その 2　「礼部呈中書省」
文書その 3　「中書省礼房呈」
文書その 4　「集賢学士趙孟頫咨」

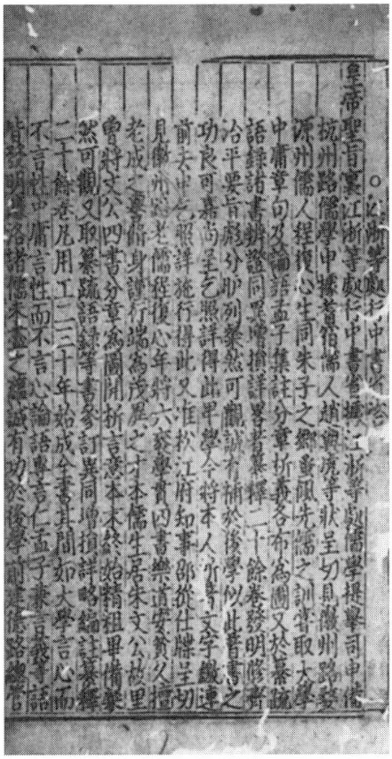
○江浙等處行中書省咨
皇帝聖旨裏江浙等處行中書省據江浙等處儒學提舉司申備
杭州路儒學申據薦賢儒人趙寅旗等狀呈切見徽州路婺
源州儒人程復心生同朱子之鄉番閱先儒之訓書取大學
中庸章句及論語孟子集註分章析義各布為圖又於纂疏
語録諸書辨證同異增損詳畧著集釋二十餘卷發明聖賢
治平要旨彪分炳列粲然可觀誠有補於後學似此著書之
功良可嘉尚呈乞照詳得此畢學令將本人所著文字繳連
前去申乞照詳施行得此又准於江府知事郎從仕牒呈切
見徽州路老儒程復心年將六袠學貫四書樂道安貧久擅
老成之譽修身謹行端為茂異之才本儒生居朱文公故里
嘗將文公四書分章為圖開析言意本末終始精粗畢備粲
然可觀又取纂疏語録等書參訂異同增損詳畧編註集釋
二十餘卷凡用工二三十年始成全書其間如大學言心而
不言性中庸言性而不言心論語專言仁孟子兼言義等語
皆發明濂洛諸儒未盡之蘊誠有功於後學前建德路總管

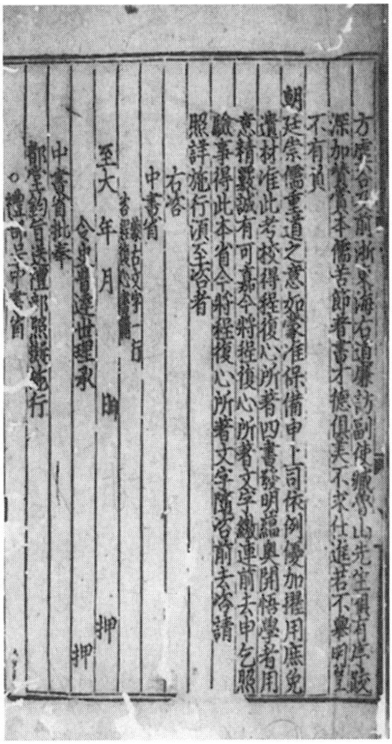
方虞合前浙東海右道肅政廉訪副使[illegible]山先生俱有序跋
深加推賞本儒苦節着書才德俱美不求仕進若不舉明豈
不有負
朝廷崇儒重道之意如蒙准保備申上司依例優加擢用庶免
遺材准此考校得程復心所著四書發明蘊奧開悟學者用
意精嚴誠有可嘉今將程復心所著文字繳連前去申乞照
驗事得此本省今將程復心所著文字隨咨前去咨請
照詳施行須至咨者
右咨
中書省
[illegible]
至大 年 月 日 押
令史[illegible]達世理承 押
中書省批奉
都堂鈞旨送禮部照驗施行
○禮部呈中書省

1

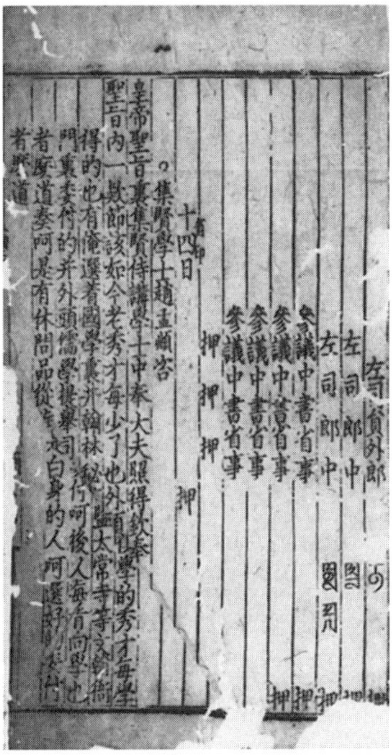
[illegible]員外郎 押
左司郎中 押
左司郎中 押
參議中書省事 押
參議中書省事 押
參議中書省事 押
參議中書省事 押
押 押 押
十四日 押
○集賢學士趙孟頫咨
皇帝聖旨裏集賢侍講學士中奉大夫照得欽奉
聖旨內一款節該如今老秀才每少了也外頭有聖賢的秀才每學
得的也有俺選着國學裏并翰林院秘書監太常寺等文翰衙
門裏委付的并外頭儒學提舉司行呵後人每肯向學也
者麽道奏呵是有休問品從[illegible]白身的人呵選好人行
者聖旨道

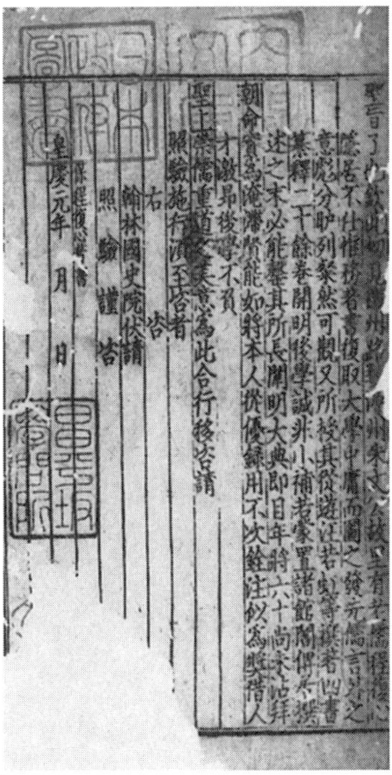
聖旨了也欽此切見徽州路婺源州朱文公故里有老儒程復心
隱居不仕惟務著書復取大學中庸為圖之繪元儒言性之
意彪分炳列粲然可觀又所校其[illegible]等書編著四書
集釋二十餘卷開明後學誠非小補若蒙置諸館閣俾充撰
述之末必能發其所長闡明大典即目年將六十尚未沾拜
朝命實為淹滯賢能如將本人從優録用不次銓注似為與惜人
才激昂後學不負
聖上崇儒重道求賢之意為此合行移咨請
照驗施行須至咨者
右咨
翰林國史院伏請
照驗謹咨
保程復心[illegible]
皇慶二年 月 日

4

蒙古文字一行

咨程復心書籍

印

至大　年　月　日　押

令史普達世理承　押

中書省批奉

都堂鈞旨：送礼部照擬施行

【語釈】

申：『吏文輯覧』に“卑衙門及属司行上司衙門之文”という。至元五年（1268）に中書省吏礼部が定めた「外路の官司間における文書の行移往復」の体例によれば，“五品於六品以下今故牒，回報者，六品牒上，七品牒呈上（七品司県並申），八品以下並申。”であり，杭州路儒学（従八品）より江浙等処儒学提挙司（従五品）への書類は，「申」ということになる[8]。**修斉治平**：修身，斉家，治国，平天下。『大学章句』に“古の天下に明徳を明らかにせんと欲する者は先ず其の国を治む。其の国を治めんと欲する者は先ず其の家を斉え，其の家を斉えんと欲する者は，先ず其の身を修む”という。**彪分昈列**：明確に分類，排列されていること。**繳連**：使者が書類を入れた箱，袋を襷掛けにして駅伝馬で送り届けること。**松江府知事邵従仕牒呈**：従仕郎は従七品，従五品の江浙等処儒学提挙司あての文書は，“五品於六品以下今故牒，回報者，六品牒上，七品牒呈上”と規定されているように「牒呈」の形式をとる。なお，実際の牒呈の書式については，『翰墨全書』甲集巻之五「諸式門」《公牘諸式》【行移往復体例】に，「牒呈首末式」として見本図が載る［図7-2］。邵従仕が送った文書の原形は，この体例に則っていたはずである。**濂洛諸儒**：濂渓の周敦頤，洛陽の程顥，程頤をはじめとする宋代理学の学者を指す。**茂異**：『元典章』巻九「吏部三」《教官》【選取教官】“所謂超出時輩者，即茂異之称”。**須至咨者**：『吏文輯覧』に“須要送至咨文也”といい，『経国大典註解』にも“須至関者，須要送至関文也”という。いずれにしても“以上の咨文は，必要だからこそ提出するのです”という言明にほかならない。

【訓読】

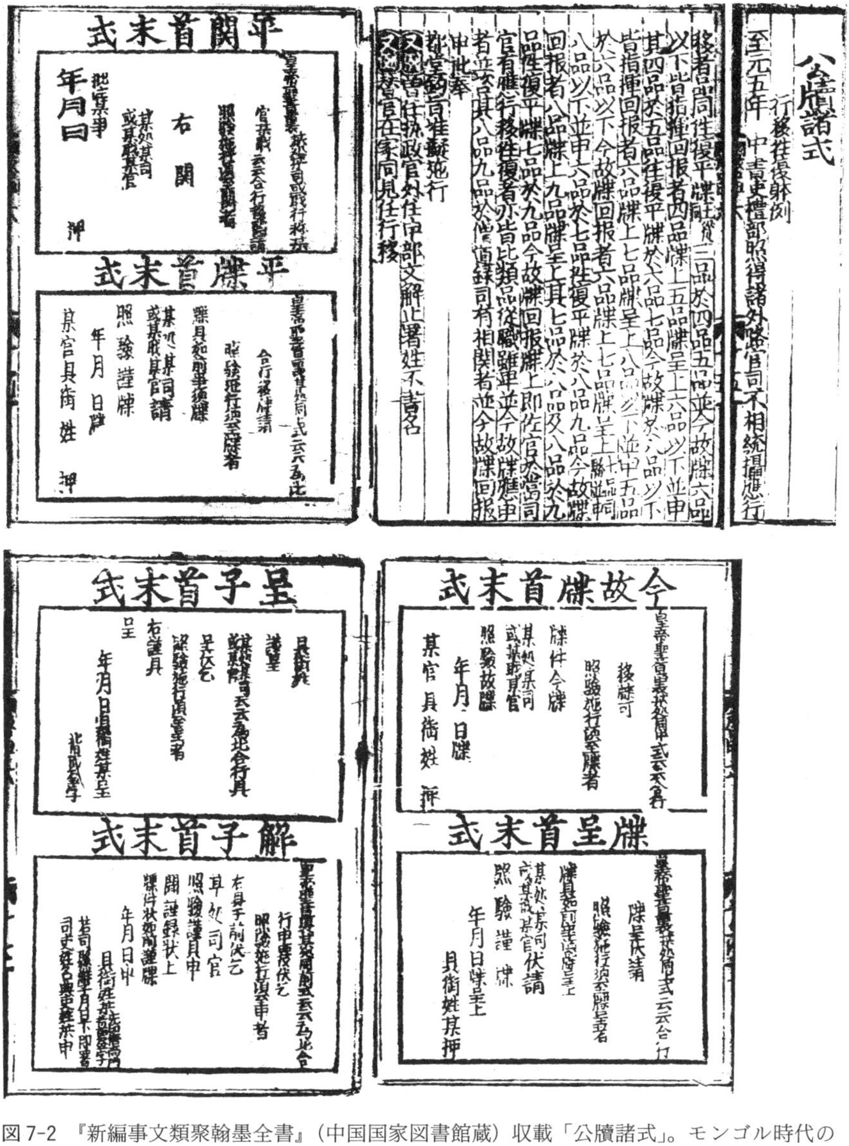

図 7-2 『新編事文類聚翰墨全書』(中国国家図書館蔵) 収載「公牘諸式」。モンゴル時代の漢文公牘のマニュアル

○江浙等処行中書省の咨

皇帝聖旨の裏に；江浙等処行中書省の拠けたる江浙等処儒学提挙司の申に「備したる杭州路儒学の申に『拠けたる耆宿儒人趙与虎等の状呈に【切かに見るに，徽州路婺源州の儒人程復心，生を朱子の郷に同じくし，蚤くより先儒の訓えを佩す。嘗て大学・中庸の章句，及び論語・孟子の集註を取り，章を分け義を析し，各々布くに図を為す。又，纂疏・語録の諸書より，同異を弁証し，詳略を増損し，纂釈二十余巻を著わせり。修斉治平の要旨を発明し，彪分昈列すれば，粲然として観る可く，誠に後学に補い有り，此の似き著書の功は，良に嘉尚す可し。呈シテ乞ウ，照詳セラレンコトヲ。此レヲ得ラレヨ】。卑学，今本人の著す所の文字を将って，繳連して前去せしむ。申シテ乞ウ，照詳シテ施行セラレンコトヲ。此レヲ得ラレヨ』と。又准けたる松江府知事邵従仕の牒呈に『切かに見るに，徽州路の老儒，程復心，年将に六袠になんなんとするに，学は四書を貫き，道を楽しみ貧に安んじ，久しく老成の誉れを擅にし，身を修め行を謹み，端に茂異の才為り。本儒生は，朱文公の故里に居す。曽て文公の四書を将て，章を分け図を為し，言意を開析するに，本末終始，精粗畢く備わりて，粲然として観る可し。又，纂疏，語録等の書を取りて，異同を参訂し，詳略を増損，編註纂釈すること二十余巻。凡そ工を用いること二，三十年，始めて全書を成す。其の間，“大学は心を言いて性を言わず”，“中庸は性を言いて心を言わず”，“論語は専ら仁を言う”，“孟子は兼ねて義を言う”等の如き語は，皆，濂洛諸儒の未だ尽くさざるの蘊を発明し，誠に後学に功有り。前建徳路総管方虚谷及び前浙東海右道廉訪副使臧魯山先生，倶に序跋有りて，深く賛賞を加う。本儒は苦節して書を著わし，才徳倶に美なるも，仕進を求めず。若し明を挙げざれば，豈に

朝廷の崇儒重道の意に負くこと有らざらんや。如し保するに准を蒙れば，備して上司に申し，例に依り優して擢用を加えれば，遺材を免れるに庶からん。此レヲ准ケラレヨ』と。考校し得たるに，程復心の著

わす所の四書は，蘊奥を発明し，学ぶ者を開悟せしめ，用意精覈にして，誠に嘉（よみ）す可き有り。今，程復心の著わす所の文字を将て，繳連して前去せしむ。申シテ乞ウ，照験セラレン事ヲ。此レヲ得ラレヨ」と。本省は，今，程復心の著わす所の文字を将て，咨に随いて前去せしむ。咨シテ請ウ，照詳シテ施行セラレンコトヲ。須ラク咨ニ至ルベキ者ナリ。

右中書省に咨す

蒙古文字一行

程復心の書籍を咨す

印

至大　年　月　日　押

令史の普達世理が承く。　押

中書省の批して奉ぜる

都堂の鈞旨に「礼部に送りて，照擬して施行せしめよ」と。

“皇帝”で二字，“朝廷”で一字，改行抬頭するほか，“中書省”，“都堂”では，改行平出する。文書を刻するいくつかの大元時代の碑の体例からすれば[9]，“蒙古文字一行”とあるのは，パクパ字モンゴル語による添え書きで，本案件の内容を要約する一種の標題であったと考えられる（蒙古文字がパクパ字を指すことは，三通目の文書からもわかる）[10]。印は江浙行省のもので，年月日に重ねて押印するのが，この時代の文書の通例である。

ことのあらましを整理しておくならば，まず，杭州路の儒者趙与虎等が，杭州路儒学に程復心の著作を推薦した。杭州路儒学は検討ののち，江浙儒学提挙司に推薦書と書籍を送付した。いっぽう，松江府知事邵従仕郎（従七品）も程復心とその著作を推薦する嘆願書を江浙儒学提挙司に提出した。二通の文書を受け取った江浙儒学提挙司は，出版に値するかどうか書籍の内容をチェックしたのち，良しと判断，江浙行省に書籍とこれまでの経緯を示す文書を送付した。これをうけた江浙行省は，さらに上級の中書省に判断をあおぐため，書類および書籍を送った。令史の普達世理（ブダシリ Budaširi～ブッダシュリーskr.

Buddaśrī）が受け取り，中書省は宰相に指示をあおぎ，礼部に関係書類一式を廻送した。

程復心が『四書章図』を完成させたのは，かれの自序の日付からすれば，大徳六年（1302）以前。推薦者である杭州路の儒者趙与虎，松江府知事の邵某については，現在詳しいことを知るすべがない。邵某が言及する方虚谷すなわち方回の序跋は，現在残っていないが，その卒年からすれば，大徳十一年以前に書かれていなければならない。方回は晩年ずっと杭州に居を構えていたが，籍貫は徽州歙県であった[11]。程復心が同郷の名士に序文を依頼するのは，ごく自然なことである[12]。また，もうひとりの序文執筆者である臧魯山すなわち臧夢解も，致仕ののちは杭州に住まっていた。程復心は，脱稿ののち，自著の宣伝，出版の模索，序文の依頼を兼ねて一度ならず杭州にやってきたのだろう（至正年間，やはり同じ新安の倪士毅が『四書輯釈』の改訂版を出す前に，書をたずさえ杭州を訪れ，応挙の諸儒士の意見を求めている[13]）。徽州と杭州はなんといっても隣接する路である。

郭畀『郭天錫手書日記』（上海図書館蔵手稿本）は，至大元年（1308）から二年にかけての，鎮江路の学録であった著者郭畀と杭州，湖州の文人たちとの交流を描く貴重な資料であるが，そこには臧夢解のほかに，趙孟頫，郝天挺，鄭鵬南らの名があがっている[14]。そして，臧夢解の知人には，江南浙西道粛政廉訪司僉廉訪司事の呉挙（字は彦昇）がいた。大徳十一年発令の「加封孔子詔」を，大規模な儒教文化政策開始のモニュメントとして，全国各路の廟学にいっせいに立碑することを進言した張本人である[15]。この立碑の進言がなされた至大二年当時，かれは江南浙西道粛政廉訪司の分司にいたが，その官庁がまさに松江にあったのである[16]。松江の大元時代の碑の撰述，書丹，篆額には，杭州在住の文人たちがかかわることが多く，かれらの交流の一端がかいま見える。

では，どのようにして程復心の書が杭州，松江の役所に提出されたのか。参考になるのが，いくぶん時代はくだるが，龔端礼『五服図解』（中国国家図書館蔵元刊本）に付せられた出版経緯に関する文書である。その「進服書文」と題する案件によれば，嘉興路の耆老張文彬らの上申を受けた録事司（城中の戸民の事を掌る）が坊正に命じて著者の龔端礼のところから問題の著作一本を借り受け，儒学教授に可否の審査を委託する。出版に値すると判断されると，さらに江浙行省など上級の役所に上申されていく。また，馬端臨『文献通考』の場合には，大著であったため，まずは馬端臨自身に序目提要を三セット謄写させ，そのうち二セットを省府と集賢院に呈し，もう一セットを，饒州路の総管府に仲介の労をとった正一教の弘文輔道粋徳真人王寿衍[17]に納める。そのご，江浙行省は，儒学提挙司に内容の可否を校勘させ，出版に値すると判断すると，路下の儒学に命じて全巻謄写成帙させ，校勘して誤りがなければ製本して再度省府に呈させる。そして中央の官庁へ送られる。

こうしたことからすれば，程復心の著作も何部か杭州路の儒学で複製本が作成され，校正を経て，儒学提挙司に提出されたのだろう。いっぽう，松江の邵知事は『四書章図』の内容に言及するものの，実際には保挙のみ申請している。個人的に程復心およびその友人たちと知り合いで，直接儒学提挙司に申請をおこなった可能性もある。

では，江浙儒学提挙司から江浙行省にこの文書が提出されたのは，いつのことか。汪幼鳳は，至大戊申すなわち至大元年のことだといい，『千頃堂書目』をはじめ，明清以降の書目題跋は皆これを踏襲する。しかし，文書の内容から判断するかぎり，至大元年ではありえない。というのは，邵従仕の牒呈によれば，提出された書には，すでに方回と臧夢解の序跋が付されており，今日残る臧夢解の序は，至大三年六月六日の日付を持つからである。いっぽう，江浙行省から中書省に書類，および書籍が送付されたのも，この文書の最後の日付からすれば，至大年間，つまり至大四年以前のことである。時間枠はおよそ一年半の間に設定される。だが，汪幼鳳は，中書省への申請を皇慶癸丑二年(1313) のことだという。これにしたがえば，江浙行省は儒学提挙司からの書類を受理したのち，じつに五年近くも未処理のまま放置していたことになってしまう。杭州路儒学，江浙儒学提挙司，江浙行省の役所はいずれも杭州にあるにもかかわらず，である。書籍の内容・量によって，要する校勘の時間は異なるが，参考までに『五服図解』の例をあげれば，江浙行省は儒学提挙司の申請から四カ月後には，県のダルガ(チ)（達魯花赤）を通じて駅伝で中書省に書類を送っている。

もし，江浙行省への申請が至大三年以降ならば，この案件を扱った江浙儒学提挙は鄧文原ということになる。かれはながらく翰林にあったが，至大三年より出向，皇慶元年，再び召されて国子司業の任に着くまでの間，この任にあった[18]。ただ，のちに鄧文原自身『四書章図』の序を書いたが，儒学提挙司を代表して中書省に推薦したのがほかならぬ自分であることについては，おくびにもだしていない。

いずれにしても，この文書での儒学提挙司の役割こそが，まさに『元史』巻九一「百官志」のいう“著述，文字を考校，呈進す”ることであった。また，それだけでなく儒者の保挙をも担当したのである。しかも，儒学提挙司の正官の審査を経なければ，上の機関から書類を受け付けてもらえない場合すらあった。一例として，ほぼ同時期の王申子『大易緝説』に付された「続刊大易緝説始末」をみてみよう[19]。大徳十年，澧州路の推官田沢が澧州路総管府に同書を推薦，湖広等処行中書省および江南湖北道粛政廉訪司に関連書類一式がまわされたが，同年の十一月に，廉訪司から“未だ儒学提挙司の是非相応を考校するを経ず”とクレームがつく。澧州路総管府は，湖広等処儒学提挙司に審査を依頼し，南陽書院の王山長がその任にあたった。廉訪司にその報告書類も添えてふたたび提出したが，“未だ儒学提挙司の正官の考校を経ず”と，またもやつき返されてしまう。書院の山長ふぜいでは信用がおけぬ，というわけである。そこで，儒学提挙の許善勝が審査にあたった。しかも粛政廉訪司は，さらに常澧分司において再度審査させ“考校し得たるに，即ち儒学提挙の許承事と勘を較ぶるに相同じ”という結果を得て，ようやく至大元年三月，澧州路総管府は，いっさいの書類をもって湖広行省へ再申請することができたのであった。

ひるがえって，もし汪幼鳳の記事が間違いでなく，至大元年に儒学提挙司の申請があったとすれば，考えられる可能性はみっつ。杭州路儒学の申を江浙行省にまわしたのが至大元年，至大三年以降に松江府の申があり，ふたたび前件とあわせて申請したと見るのがひとつ。もうひとつは，『大易緝説』の例のように，至大元年に最初の申請が行われたが，同時に申請していた粛政廉訪司の許可がおりて，ふたたび江浙行省に上申したのが至大三～四年と見る。最後のひとつは，臧夢解が至大元年以前（方回の序と同時期）と至大三年に二度序を書いた可能性[20]。いずれにしても，最初に案件を処理した儒学提挙は，大徳十一年から至大三年の間，すなわち趙孟頫と鄧文原の間に任命された人物，おそらくは武乙昌ということになる[21]。

さて，問題の臧夢解の序は，“矧んや今の天子は斯文に嘉恵し，学校を勉励し，教化を宣明す，東宮は経書を聴くを喜び，儒を尊び道を重んじ，善を楽しみ賢を好む。余は是を以て林隠の図の，以て自ずから見わる可きを知れり。之を朝に進むは，惟だ斯文の幸いのみには匪ず，抑も斯世の幸い也[22]”という。あきらかに朝廷への献呈のために付せられた序であった。『元史』巻一七七「臧夢解伝」によれば，臧夢解は大徳元年から江西粛政廉訪副使，六年から浙東粛政廉訪副使をつとめ，九年には広東粛政廉訪使に除せられる。ここにいたって老いと病いを理由に杭州に隠棲，湖南宣慰副使をもって職から退いた。だが，致仕ののち臧夢解がなのった肩書は，至大三年四月の時点で，奉政大夫前浙東海右道粛政廉訪副使であり[23]，『四書章図』に序文をものした同年六月においても同じであった。この序文執筆が，私的なものか公的なものか，判断しがたい。『大易緝説』に，大徳七年序文を寄せた程鉅夫も，当時は江南湖北道粛政廉訪使の役職にあった（このとき，推官の田沢に『棠陰比事』の校勘も命じている）。劉壎のように，自著に箔をつけるためにも，南北に名の聞こえた程鉅夫の印正を得ようとやっきになった者もいる[24]。ちなみにかれは，程復心と同様，著作をもって朝廷に保挙され入選を果たしたが，銓注がいつのことかと焦り，朝廷に推薦してくれた臧夢解に，大徳九年，儒学教授になれたら何とか暮らしもたち，名節も保つことができるのだが，と泣きついている。しかも同じ書簡で知人の保挙の書類を所轄の諸府から受け取ったら，ただちに体察完備を告げて採用してやってくれと，依頼してもいる[25]。粛政廉訪使の権限の大きさを語ってやまない。

じつは，この粛政廉訪司の官は，保挙はもとより[26]，廟学，出版にかかわりの深い，しかももっとも責任の重い役職であった[27]。たとえば，成宗テムルの即位後まもない至元三一年七月発令の「勉励学校詔」に，“徳行文学の時輩に超出する若き者は，有司の保挙して粛政廉訪司が体覆し，相同じければ以て選用に備え，本路の総管府，提挙儒学，粛政廉訪司は教化を宣明し，学校を勉励せよ”とある。廟学の補修に際しても，世祖クビライ時代から“乃ち廉使に白し，乃ち郡侯に告げ，乃ち提挙司に請う”という手続きがとられていた[28]。

また，上で紹介した『大易緝説』の手続きはいうまでもなく，ほかにも『五服図解』「進服書文」の文書によれば，申請者である嘉興路の役人たちは，やはり出版の要請の際に，江浙行省に申告し，同時に粛政廉訪司にも牒文を呈している[29]。大徳八年，王禎『農書』の出版に際して，江西儒学提挙司から江西湖東道粛政廉訪司に書類が送付されているのも，粛政廉訪司が地方の出版物の監察機関であったからにほかならない[30]。しかも，粛政廉訪司の官員もただ呈を受け取るだけでなく，地方の文人との交流を生かし，すぐれた人物をみずから保挙し[31]，積極的に出版に値する書を朝廷に紹介，出版の段取りをつけていった[32]。ちなみに，かれらはカアンの命をうけ，人材を見つけ最新の書物を出版するだけでなく，遺書の購求も積極的におこなった。自身の家に伝わる稀書も秘蔵することなく，四方の学者と共有するために，再版し郡庠に置いた[33]。大元ウルスのこのシステムがなければ，今日滅びて伝わらなかったであろう書は，漢から宋まで，いくらでもある。

要するに，儒学提挙司と粛政廉訪司という中書省系列，御史台系列のこれら二つの機関は，地方の文人たちの保挙，著書の国家出版を中央にとりつぐにあたって，重要な役割を果たしていたのである[34]。そして江浙儒学提挙司，江南浙西道粛政廉訪司の官庁は，ともに杭州にあった。程復心が徽州路からの出版申請の形をとらなかったのは，もっとも迅速かつ効率のよい事務処理を願ったからであろう。

3　翰林院の審査——文書その2

【原文】

　　　　○礼部呈中書省

　皇帝聖旨裏；中書礼部承奉

　　　中書省判送；江浙行省咨云々；批奉

都堂鈞旨；送礼部照擬施行。奉此。行拠翰林国史院司直司呈；承奉本院札付；送拠待制薛奉議呈；依上考校得；本人所解四書纂釈，精詳深造其奥。呈乞照詳。得此。合下仰照験施行。承此。具呈照詳。得此。本部参詳江浙省咨。儒人程復心著解四書二十三冊，翰林国史院考校得；纂釈精詳，深造其奥。若於江南路府教授内擢用相応。合行具呈
中書省，
照詳施行。須至呈者。

右　謹　具
呈

部印
皇慶二年正月二十八日【パクパ字】処恭　大亨　【パクパ字】
礼部呈儒人程復心著書　　　　　対同主事趙　鳳儀
省印
初四日　　　　　　押　押　押
押

【訓読】

○礼部呈中書省

皇帝聖旨の裏に；中書礼部の承奉せる中書省の判送に「江浙行省の咨云々，批して奉ぜる都堂の鈞旨に『礼部に送り，照擬して施行せしめよ』と。此レヲ奉ゼヨ」と。行して拠けたる翰林国史院の司直司の呈に「承奉せる本院の札付に『送りて拠けたる待制薛奉議の呈に【上に依りて考校し得たるに，本人の解する所の四書は纂釈すること精詳にして其の奥を深造す。呈シテ乞ウ照詳セラレンコトヲ。此レヲ得ラレヨ】と。合ニ下シ仰スベク，照験シテ施行セヨ。此レヲ承ケヨ』と。具呈シタレバ照詳セラレンコトヲ。此レヲ得ラレヨ」と。本部は，江浙省の咨を参詳す。儒人程復心の著解せる四書二十三冊，翰林国史院の考校し得たるに，「纂釈すること精詳にして其の奥を深造す」と。若し江南路府教授の内に擢用せられば相応なり。合ニ行ウベクシテ
中書省ニ具呈シタレバ，照詳シテ施行セラレンコトヲ。須ラク呈ニ至

ルベキ者ナリ。

右謹ミテ具呈ス。

部印

皇慶二年正月二十八日【パクパ字】処恭　大亨　【パクパ字】

礼部は儒人程復心の著書を呈す

[以下省略]

部印はいうまでもなく礼部の印。大亨の下のパクパ字はおそらくt‘uo-ši あるいはt‘em-ši だろう。いっぽう，“二十八日”の下の文字は，下部のパクパ字に比べてひとまわり小さく，右に寄せてくずした字体で書かれる。こうした筆記体のパクパ字は，『安徽通志金石古物考稿』巻五に現物そのままに移録される「承天観甲乙住持公拠」や「范仲淹義荘義学蠲免科役省拠碑」の末尾においても現れる[35)]。パクパ字ならばju-□ i と刻すようである。ただ，漢字音を写したものとすれば，そのままju-□ i と読むことはゆるされない。ju というならびは『蒙古字韻』を参照するかぎり，漢字音にはありえない音価だからである。ji-n すなわち知印の“印”あるいはju̯en“掾”かもしれない。とすると処恭，大亨，t‘uo-ši？と三名ともに非漢民族ということになる。もうひとつの可能性は，この時代，林処恭，李処恭，王処恭などの人物が確認できることから，処恭の前のパクパ字を姓と考える。とすると，あんがいsun（孫）などの刻しまちがいかもしれない。いずれにしてもかれらは礼部の印を掌る令史か，訳史であろう[36)]。

対同をおこなった主事（従七品）の職務については，『元史』にはまったく説明がないが，署押を行う前に，書類が完備しているかどうか，内容に誤りがないかチェックする役職に相違ない[37)]。なお，礼部の印は，大徳十年（1306）「兗国公廟礼部禁約碑」[38)] に，中書省の印は，大徳十一年「兗国公廟中書省禁約碑」[39)] にそれぞれ実物のままに刻されている。“初四日”とあることからすると，同じ役所内での書類のやりとりにほぼ一週間を要したことになる。“押”は，同時代の碑文，公拠，度牒，およびカラ・ホト，徽州の文書などからすれば，花押，書き判であろう。

ちなみに，主事の趙鳳儀が，すこしあとの延祐四年（1317），温州路総管兼管内勧農事（正三品）として赴任する趙鳳儀と同一人物であるならば，皇慶二年から延祐四年の間に破格の出世をとげたことになる。かれは赴任後，廟学を創建するなど文教政策の実践にとりかかり，その一環として，中書省に勤めていたころ人より贈呈を受けた宋版『四書集註』を，温州路学稽古閣にて覆刻させたほか[40]，戴侗『六書故』も延祐六年に出版する[41]。中央での経験を地方で生かした例，といえようか。

さて，礼部は中書省の指示に従って，翰林院に審査を依頼した。翰林院は，奉議大夫翰林待制の薛某に『四書章図』をチェック，報告書を提出させ，それを司直司から礼部に伝えた。礼部は，さらにもとの江浙行省の咨文をあわせ参照し，程復心を江南路府教授に任命することを中書省に提案した。これが本文書から読み取れる手続きである。

『説学斎稿』巻三「翰林国史院経歴司題名記」および『元史』巻二四「仁宗本紀」によれば，“[皇慶元年三月戊申（十二日）]，翰林国史院司直司を改めて経歴司と為”したといい，翰林院での審査がそれ以前におこなわれたことを示唆する。とすると，一年近く何をやっていたのかということになるが，ともかく，皇慶二年（1313）正月までに，以上の手続きが完了していた。中書省から礼部に審議が委託されたのは，礼部の職務に“学校貢挙”，“儒医道釈”に関することが含まれているからである[42]。

翰林で審査を命じられた待制薛奉議とは，おそらく延祐三年の時点で翰林直学士（従三品）の薛友諒[43]を指すだろう。翰林の職掌については，「百官志」にはまったく説明がないものの，纂修国史，典制誥，備顧問のほか，太祖チンギス・カン以降の御容，岳瀆后土，孔子廟などの祭祀，釈奠礼の取り仕切りや，祝文，楽章の定撰が，『元史』にちらばる記事からだけでも読み取れる。また，張帆によって，元人文集などの同時代資料から国家政事についての意見の上奏，および“荐士の権”を有したことが指摘されている[44]。だが，著述の審査については，言及されることがなかった。

では，翰林と並び称され，“学校を提調し，隠逸を徴求し賢良を召集することを掌る”集賢院は[45]，審査にまったく与からなかったのだろうか。『大易緝説』の場合，田沢の咨文に“如し省台に繳申し，翰林，集賢の二院に送り考正してこれを表章するを蒙れば”とあるが，実際には，都省から礼部，さらに翰林国史院へとまわされ，修撰であった鄧文原が審査をしたとしかしるされない。『郝文忠公陵川先生文集』の「中書省移江西行省咨文」を見ても，審査を行ったのは翰林の趙穆待制と蒲道源編修らであった。『文献通考』においても考校は，礼部によって翰林国史院にゆだねられている。ただ，『文献通考』の場合には，馬端臨自身が謄写した序目を，省府に送付すると同時に集賢院にも一部呈している。正一教がからんでいるとはいえ，集賢院が関与した可能性は残る。しかも，集賢院に属する国子学の博士の職務のひとつには，“儒人の著述，教官の所業の文字を考較する”ことが含まれている[46)]。また，『廟学典礼』巻六「行省差設教諭」によれば，“在先循行せる教授を選取するの格例は，皆，本路の保申に憑り，廉訪司の体覆相同なる牒文を抄連し，委かに是れ年高徳劭，学問該博，士行修潔にして，自処に恬退し，聞達を求めず，師範に充つるに堪うるの人は充応す。仍お本人親筆の文字十篇を将て部に申し，行して集賢院司直司に下し，本院の下の国子監に転申し，考試して程に中れば，司直司は部に申し，就きて便ち教官の内に銓注す。元行は此くの如し”という。少なくとも儒学教授の保挙に際しては，礼部から集賢院司直司を介して国子監に審査，試験がゆだねられていた。逆にここでは翰林院について触れていない。管見の限りでは，国家出版の対象となっている比較的大部の著述の場合には，確実に翰林院で審査がなされる。集賢院でのみ審査がおこなわれるのは，保挙に際して提出される，まず出版の予定のない文章，小篇ということになろうか。

ひるがえって，翰林内でこうした著述の審査を行うのは，例外なく属官の待制（正五品），修撰（従六品），編修（正八品）であった。実例は見当たらないが，おそらく応奉翰林文字（従七品）も含まれる。かりに集賢院の士が審査をおこなったとしても，同クラスの者に限られていただろう。国子博士も正七品であった。保挙に際しての著述の審査について，『元史』の「百官志」が記述しない理由のひとつも，まさにこれがためであった。

4　江南文人の保挙——文書その3

【原文】

○中書省礼房呈

礼房

礼部呈；奉省判；江浙省咨；保儒人程復心著解四書集註，分意析義，各布為図。通註纂釈二十三冊，翰林国史院考校得；纂釈精詳，深造其奥。本部参詳；若於江南路府教授内擢用相応。具呈照詳。得此。覆奉都堂鈞旨；連送吏部，依上施行。奉此。合行具呈者。

右　謹　具

呈

皇慶二年七月　　日省掾　封　元英　押

左司都事已後並蒙古字　【パクパ字】　晋　押

左司都事　【パクパ字】

左司都事　【パクパ字】　押

左司都事　仲良　押

左司員外郎　【パクパ字】　押

左司員外郎　【パクパ字】　押

左　司　郎　中　【パクパ字】　押

左　司　郎　中　【パクパ字】　押

参議中書省事　押

参議中書省事　押

参議中書省事

参議中書省事

押　押　押

省印

十四日　押

【訓読】

○中書省礼房呈

礼房

礼部の呈に「奉じたる省の判に『江浙省の咨に保す【儒人程復心の著解せる四書集註は，意を分け義を析し，各々布きて図を為す】と』。通註纂釈二十三冊，翰林国史院の考校し得たるに，『纂釈すること精詳にして其の奥を深造す』と。本部の参詳するに，若し江南路府教授の内に擢用したれば相応なり。具呈シタレバ照詳セラレヨ。此レヲ得ラレヨ」と。覆奉せる

都堂の鈞旨に「連ねて吏部に送り，上に依りて施行せよ。此レヲ奉ゼヨ」と。合ニ行ウベクシテ具呈スル者ナリ。

右謹シミテ具呈ス。

皇慶二年七月　　日省掾　封　元英　押

［以下省略］

まず，“礼房”で一字抬頭されているのが目につく。標題によれば礼房の呈であるのに，自身を「聖なる語」とすることはありえない。カラ・ホト文書の公牘書式からすれば，これは出版の際になされたものであろう[47]。

前件の文書において礼部は翰林の審査結果と自身の考えをあわせて中書省に提出した。この中書省とは，直接には本件における中書省の左司に属する礼房を指す。礼房は礼部の呈をそのまま都堂に伝え，その結果，「吏部に書類を転送し，書類どおり程復心を江南の儒学教授に任命する手続きを施行させるように」との指示を都堂より得た。つまり本件の宛て先は吏部ということになる。

省掾に属する封元英は，最終的な書類チェック，および省印を押す知印のひとりであったのだろう。『燕石集』の巻頭に付せられる発令文書においても，年月日の横に中書省を代表して省掾の郭泰亨が署名をしている。省掾のあとには，位階の低いほうから順に左司都事四員，左司員外郎二員，左司郎中二員，参議中書省事四員の名と花押が並ぶ（各役職については，すでに張帆『元代宰相制度研究』（北京大学出版社　1997年）の研究があることでもあり，ここでは，本資料から知り得ることのみ考察するにとどめる）。『元史』の「百官志」と比較する

と，左司都事が二員となるのが異なる[48]。いっぽう，『析津志輯佚』の「朝堂公宇」欧陽玄《中書省左司題名記》を見ると，“大徳元年，置郎中三員，員外郎四員，都事四員。今[至正十二年夏四月]置郎中二員，余如大徳初”という。人員の変動は絶えずあった。本文書は「百官志」の該条を増訂するのにやくだつ。さて，ここにしるされる官僚は，参議中書省事以外は，左司に属する者たちであった。左司の掌る仕事は吏礼房の科，知除房の科，戸雑房の科，科糧房の科，銀鈔房の科，応辦房の科におおまかに分類される。そのうちの吏礼房の科の九つの職務に保挙も含まれていた。参議中書省事は，左司と右司の両方の文牘を典り，六曹の管轄を為す。本件の保挙の書類処理において，参議中書省事（正四品）が最高責任者となっている所以である。そして都堂こそは，中書令以下，左右の丞相（正一品），平章政事（従一品），左右の丞（正二品），参政（従二品）の面々を指す。なお，吏部に書類を転送するように命じられたのは，いうまでもなく吏部が，“天下の官吏の選授の政令を掌る”からである[49]。

ちなみに，汪幼鳳が江浙行省から中書省への申請を皇慶二年（1313）としたのは，おそらくこの文書の日付にひきずられた錯誤であった。またその疑いは『新安学繋録』が“『元鑑』に「皇慶二年秋七月，江浙行省は新安の儒士程復心の著わす所の四書集註章図纂釈を以て来る……」とあり”と述べることからいっそう濃くなる。というのも秋七月とは，四件の文書の一番遅い日付にほかならないからである。虞集の序にいう“皇慶二年，有司，君と書を朝に薦む”は，かれが国子博士としてこの案件を知った日付にもとづいているのだろう。

ひるがえって，大元ウルス治下の書籍に付せられた文書の関係者リストにおいて，パクパ字を写すものは，まずない[50]。その意味で本書は貴重な例である。とはいうものの，『事林広記』が収録するパクパ字『百家姓』と同様，その表記はかなり不正確である。左司都事の下に註があり，“以後はすべてパクパ字”とあるにもかかわらず，実際には，“晋”，“仲良”は漢字，残りはパクパ字表記，と統一もとれていない[51]。参議中書省事の四名の名は，まったくしるされず，押捺も二名分しかない。きわめて不完全な状態である。後至元刊本が初刻本でない可能性をうかがわせる。

左司都事四名のうち二名の姓はいずれも džaŋ（張もしくは章)。『秘書監志』

巻三「泉府作秘書監」には至大四年（1311）五月の時点で左司官楊都事，張都事，忽都不花（クトゥク・ブカ Qutuγ-Buqa。なお Qut-Buqa クト・ブカもありえる）都事の三名がしるされている。張晋ならば，あるいは『遜志斎集』巻一二「大司農張公行状」に見える，張晋（字は徳昭）その人かもしれない。若い頃，中書省の掾をはじめ，工部の主事，御史台の都事，中書省の員外郎などを歴任したという。当時十九歳前後，じゅうぶんに有り得る。いまひとりの名は，非漢民族だと思われるがあきらかに刻し間違い，後考を俟つ。仲良の姓も『元史』からはうかがえない。左司員外郎は□-γu̯o（禾あるいは和）もしくは□-γu̯aj（懐）と u（呉）某なる人物だが，後者は泰定二年（1325）以前に参議中書省事をつとめた呉秉道（字は彦弘，モンゴル名クトゥク・ブカ）のことだろうか。至大四年に都事，皇慶二年（1325）に員外郎という経歴に矛盾はない[52]。左司郎中の下にしるされるパクパ字の音価は γan，“韓”の字があてられる。すなわち『元史』巻一七六に見える韓若愚（字は希賢）にほかならない。皇慶二年二月の時点で郎中の欽察（キプチャク Qïpčaq）[53] なる人物がいるが，本件のパクパ字の標記は Gui-t ‘as？となり，該当しない。参議中書省事の四名については，まず『新刊類編歴挙三場文選』（静嘉堂文庫蔵元刊本）「聖朝科挙進士程式」に，皇慶二年十月二三日拝住（バイジュ Baiǰu）がケシクにあたった第二日とあって，薛忽都牙里参議の名をしるす。本文書より三カ月後のことであり，おそらくかれが含まれるのは確実であろう。さらに，皇慶二年二月の段階で参議中書省事[54]，延祐三年（1316）五月に参知政事に昇進する不花（ブカ Buqa）[55] もふくまれるだろう。のこりの二名は，至大四年五月十二日，延祐七年の時点で参議の回回[56]，至大四年十一月十九日の時点で参議の阿里哈牙（エリク・カヤ Elig-Qaya），禿魯花帖木児（トゥルカ・テムル Turqa-temür）[57] などが可能性として浮かぶが，トゥルカ・テムルは直前の皇慶二年五月[58] に参知政事に昇進しており，エリク・カヤも七月には職を転じていたかもしれない。

じつをいえば以上三件の文書に見られる保挙の手続きは，大徳十年（1306），すでに中書省によって定められていた。前掲『五服図解』に付せられた一連の文書のひとつに，前例，根拠として引用された案件が載る。

　大徳十年，中書省の拠けたる礼部の呈に「江南に若し著述高古にして才学邁倫の士有らば，提挙司の保申に従い，廉訪司，文資の正官が考校すれば相応なり。所業を繳連し，台に申し省に呈し，部に送りて両院と参考し，実を得れば例に依りて定奪し，如し冒濫有れば，罪は保官に及ぶべし」と。都省は擬を准く。此レヲ奉ゼヨ。

はじめから江南の文人に対象をしぼった保挙のシステムであった。南宋接収直後から，クビライはしばしば江南の賢才を求める詔を出し[59]，その姿勢は，いごのカアンにおいても変わることがない。

なお，ふさわしくない人物を推薦した場合，保官の責任が問われることが明言されている。こうした背景には，かつて王惲が懸念し[60]，平陽，益都，太原など華北での実例，『元典章』，『廟学典礼』等に記載されるいくつかの案件が伝えるように，保挙を担当する官員たちの馴れ合い，腐敗があった。“近年以来，儒学提挙司の元例に依らず，恣意に濫保し，年高徳劭の士，聞達を得ず，年少徳薄の人，奔競冒進す。各処の学職，遂に重注，重任，待闕の弊有るは，蓋し此れより始まる[61]”，“近年以来，各路の申する所，止だ儒人の告状に憑り，保挙して文字を上るに到る。別に儒学の正官無く重ねて保結に甘んじ，上下相蒙い，関節附会し，往往にして少年晩進を将て学官に充つ。文字十篇有りと雖も，亦た未だ本人の親作なるか，或いは人に手を仮りたるかを知らず[62]”，“近年以来，儒風浸壊し，富家の子の仕進に急ぎ，謁托経求す。各路の儒学は往往にして情に徇い保挙し，提挙司の校勘は，虚しく褒奨を加え，廉訪司の体察するも相応じ，一牒に二，三十名有り[63]”というありさまだったのである。道理で，王申子の著作『大易緝説』が，何度も神経質なくらいに繰り返し審査されたわけであった。

ただ，ここで注意しておきたいのは，科挙再開以前にすでにこうしたシステマティックな人材登用の方法が確立しており，礼部では詞賦，経義，明経解題などの試験も行われていた，ということである。また，大徳九年に正一教の呉全節がテムルの聖旨を奉じて江南に賢者を求めている[64]ことなどからすると，保挙は少なくとも中央からの訪賢と地方の各機関からの自発的な推薦をくみあわせた二本立てで行われていた。しかもこうした保挙は，科挙とちがって，いご官職につくか辞退するかにかかわらず，その著書の国家出版とだきあわせで行われることが多かった。なお，先述したように科挙再開直後の延祐四年にも，仁宗アユルバルワダの聖旨によって，正一教の王寿衍が江南にあいかわらず“有本事的好人”を保挙しにでかけている。延祐七年十一月の「至治改元詔」の条画の一款においても，まだ科挙に応じない在野の士の保挙を求めている[65]。ほんとうに科挙は，じゅうらい考えられているほどの重み，必要性をもっていたのかどうか。江南の文人でも，保挙による人材登用を肯定し，科挙をひややかに眺めていた者もいた[66]。科挙再開は，文教政策の象徴として兄武宗カイシャンの「加封孔子詔」を越えるものを出さねばならなかったアユルバルワダの“事情”に，朱子の理念にもとづくシステマティックな学校教育促進の意図を秘めた文人たちが乗じた，というのが真相に近いだろう。

5　趙孟頫の貢献——文書その4

【原文】

○集賢学士趙孟頫咨

皇帝聖旨裏；集賢侍講学士中奉大夫照得；欽奉

聖旨内一款節該；如今老秀才毎少了也。外頭後学的秀才毎学得的也有。俺選着国学裏，并翰林、秘書監、太常寺等文翰衙門裏委付的，并外頭儒学提挙司委付呵，後人毎肯向学也者。麼道，奏呵，是有。休問品従。雖是白身的人呵，選好的委付者。麼道，

聖旨了也。欽此。切見徽州路婺源州朱文公故里有老儒程復心。隠居不仕，惟務著書，復取大学，中庸而図之。発先儒言外之意，彪分昈列，粲然可観。又所授其従遊汪若虹等撰著四書纂釈二十余巻，開明後学，誠非小補。若蒙置諸館閣，俾居撰述之末，必能罄其所長，闡明大典。即目年将六十，尚未沾拝

朝命，実為淹滞賢能。如将本人従優録用，不次銓注，似為奨借人才，激昂後学，不負

聖上崇儒重道之美意。為此合行移咨請

照験施行。須至咨者。

右　　　咨

翰林国史院伏請

照　験　謹　咨

保程復心著書

皇慶元年　月　　日

【語釈】

白身：無位無官。『水滸伝』第八四回“後来都投降了，只把宋江封為先鋒使，又不曾実授官職。其余都是白身人”。**館閣**：『石林燕語』巻二“端拱中，始分三館，書万余巻，別為秘閣，命李至兼秘書監，宋泌兼直閣，杜鎬兼校理，三館与秘閣始合一，故謂之館閣”。ここでは昭文館，集賢院，秘書監，翰林国史院などを指すだろう。**闡明大典**：典章，典礼等について深奥な道理を明らかにする。**不次**：『漢書』「東方朔伝」“武帝初即位，徴天下挙方正賢良文学材力之士，待以不次之位”顔師古註“不拘常次，言超擢也”。**銓注**：『元典章』巻一〇「吏部四・職制」《守闕》【銓注守一二年闕】“[大徳]元年十月初五日完沢丞相等官奏過事内一件；前者春裏行詔書時節，「遷転官員的勾当休交送住疾忙銓注的立体例者」麼道，聖旨有呵，俺商量的皇帝根底奏来。「在前遷転官員注一年闕来。後来遷転的人毎多的上頭，俺商量交守二年闕委付呵，怎生？」麼道，世祖皇帝根底奏呵，這言語我好省不得有。後頭説者」麼道聖旨有来……”。**合行移咨**：『吏文輯覧』“行猶為也。言合為移咨也。他倣此”。

【訓読】

○集賢学士趙孟頫咨

皇帝聖旨の裏に；集賢侍講学士中奉大夫の照らし得たるに；欽奉せる聖旨の内の一款の節該に「『如今老秀才毎が少了也。外頭の後学(的秀才)毎には学得[好]的也有ます。俺が選ん着[於国子監](国学)裏，并びに翰林[院]・秘書監・太常寺等の文翰の衙門[に](裏)委付し(た的)，并びに外頭の儒学提挙司[裏](が)委付した呵，後人毎は肯向[前](学)也者』麼道，奏した呵，『是有。休問品従。雖是白身(的)人であって呵，好い的[は](を選んで)，委付者』麼道，聖旨が了也」此レヲ欽シメ，と。切かに見るに，徽州路婺源州の朱文公の故里に，老儒程復心あり。隠居して仕えず，惟だ書を著わすに務め，復た大学，中庸を取りて之を図にす。先儒の言外の意を発し，彪分昈列，粲然として観る可し。又，其の従遊せる汪若虹等に授くる所の撰著四書纂釈二十余巻，後学を開明すること，誠に小補に非ず。若し諸れを館閣に置き，撰述の末に居らしむるを蒙れば，必ずや能く其の長ずる所を罄くし，大典を闡明せん。即目，年将に六十になんなんとするも，尚未だ

朝命を沾拝せざるは，実に賢能を淹滞するを為す。如し本人を将て優に従いて録用し，不次銓注すれば，人才を奨借するを為し，後学を激昂するに似て，

聖上の崇儒重道の美意に負かざらむ。此レガ為ニ合ニ行移スベク，咨シテ請ウ，

照験シテ施行セラレンコトヲ。須ラク咨ニ至ルベキ者ナリ。

右，翰林国史院に咨す。伏シテ請ウ

照験セラレンコトヲ。謹ミテ咨ス。

程復心の著書を保す

皇慶元年　月　　日

趙孟頫が根拠とした前半のいわゆる直訳体の聖旨の節該は，『秘書監志』巻四「纂修」《保挙》に“至大四年七月二十一日，中書省奏准事内一件節該”として，ほぼ同文が載る。ただ，かなり異同があり，それによって意味がまったく異なってくる部分もある。そこで，異同がある場合，原文は（　），『秘書監志』は［　］で示した。原文どおりであれば，国学，翰林，秘書監，太常寺の役人および外路の儒学提挙司が，外路の儒者を自分の部下として採用することになる。いっぽう，『秘書監志』の訳文であれば，中書省が，外路の儒者を国子監，翰林，秘書監，太常寺の役人および外路の儒学提挙司として任命することになる。ところで，『元史』巻二四「仁宗本紀」の至大四年（1311）閏七月の記事には，“丁卯，完沢（オルジェイ Öljei），李孟等の言に：「方今，儒者を

進用す。而れども老成して日ごとに凋を以て謝す。四方の儒士の才を成す者，請うらくは国学，翰林，秘書，太常或いは儒学提挙等の職に擢任せられ，学ぶ者を俾て激勧する所有らしめんことを」と。帝曰く：「卿らが言は是也。今自り資級を限る勿かれ。果才にして賢ならば，白身と雖も亦た之を用いよ」”とある。七月二十一日と閏七月二七日前後と日付にちがいこそあれ，『元史』の記事は，この直訳体の上奏と聖旨を雅文漢文になおしたものにほかならない。また，趙孟頫がこの聖旨をふまえて程復心を館閣に置くよう願い出ていることからすれば，おそらくもとのモンゴル語の文は，『秘書監志』のいう意味であった。こうした直訳の差異は，どうして生じたのか。『四書章図』の彫りまちがいというには，あまりにも異同が多すぎる。直訳体の文書に対し，趙孟頫，王士点それぞれの“節該”の仕方が異なったのか。集賢院，秘書監など部署ごとに直訳がなされていたためか。あるいは，かれら自身がモンゴル語の文書を白話によって直訳したためか（これは，当時のモンゴル語の文書の翻訳，保管システムにかかわる大きな問題なので，ここでは論じない)。なお，日付のちがいについては，趙孟頫が“欽奉せる聖旨の内の一款”としてこの聖旨を引用したことからすれば，まず七月二一日にオルジェイ，李孟の上奏があり，『元史』は，一カ月後，いくつかの条画をまとめならべた状態で，あらためて聖旨として正式に発令された日付を襲っているのだとも解釈できる。

ところで，翰林院や国子監の学官の不足はこのころにはじまったことではなく，補塡をめぐって，大徳七年（1303）にも議論がなされている。それによれば，翰林院は経史に通じ，文辞をよくする者，国子学は“年高徳劭”にして文辞をよくする者，が選定条件であった[67]。アユルバルワダ即位の一カ月あとには，“国子監の師儒の職は，才徳有る者は，品級に拘わらず布衣と雖も亦た選用せよ”との勅が出されている[68]。しかしこの状態は至大四年いごも解消されなかったらしく，皇慶二年（1313）六月には，河東廉訪使の趙簡が方正博洽の士を選んで翰林侍読，侍講学士に任じられるよう，請うている[69]。趙孟頫はこうした状況をふまえて，程復心が資格をじゅうぶん満たしていることを強調したのである。集賢院の侍講学士（従二品）であった趙孟頫の翰林院への咨は，前三件の書類のやりとりに触れず，まったく無関係に趙孟頫自身の発意により，援護射撃したように見える。咨文は翰林国史院での審査のまっ最中に，その翰林院に宛てて呈されたのである。先に述べたように，書籍の審査そのものは正五品以下の属官によっておこなわれるのが常であったから，異例のことであった。よほどの思い入れ，あるいはそうせざるをえない事情があった，と見てよい。

じつは，程復心が『四書章図』を書き上げ，杭州へ出版方法を模索しに赴いたころの，つまり大徳年間の江浙儒学提挙は，趙孟頫であった。職務からも交友関係からも，趙孟頫が程復心とその著作を知っていた可能性はたかい。そもそも，大徳四年，かれが江浙儒学提挙として赴任したのには，大きな意味があった。すでに述べたように，当時の江浙儒学提挙司以下の文化機関は，設立当初の理念を見失い，腐敗が表面化していた。ほぼ同時期，浙東廉訪副使であった臧夢解も，ちょうど中央より派遣されてきた両浙江東奉使宣撫の鉄里脱歓（テレ・トゴン）と戎益に，学校の教化が朝廷の急務であるのに，有司の対策が緩慢としている現状を訴えている[70]。成果のほどはともかく，趙孟頫の派遣はおそらくその立て直しのためであった（同じ大徳四年，程鉅夫が江南湖北道粛政廉訪使に，大徳七年に呉澄が中央から江西儒学提挙司への赴任を命ぜられるのも同じ趣旨によろう）。また，『両浙金石志』巻一四「元嘉興路儒人免役碑」の公文によれば，雑泛，職役によって学校が衰廃し人材不足となることを憂い，儒人の免役を上訴したのも，ほかならぬ趙孟頫であった。儒学提挙から退いても，かれの人材発掘と出版の斡旋が死ぬまで――通念とはことなってカイシャン政権下においても――続けられたことは，さまざまな同時代の文献から確認できる。朝廷と江南をむすび，“儒”の地位をおしあげ，出版事業を推し進め，いごの教育，文化面のシステムをつくりあげたのは，まさに趙孟頫とその周辺のひとびとだといってよい[71]。もちろん，趙孟頫をクビライに推薦した程鉅夫の存在も忘れてはならない[72]。さかのぼれば，クビライじきじきの命令による至元二三年（1286）の江南文人の召し抱え，二四年の集賢院内でおこなわれた儒学教育についての会議討論において，それは始まっていた[73]。いな，構想そのものは，混一まもない至元十五年にすでに存在したのである[74]。そして，至元二五年には，旧南宋領の前進士の処遇，江南の学校の教官選取の保挙のシステムについて，現実に照らした案をまとめあげた[75]。程鉅夫がなぜ，至元二四年という年に江南行台に侍御史として赴任したのか。さらにいえば，翰林院，秘書監，集賢院，江南行台，粛政廉訪司といった文化機関としておおきな役割を果たした職を勤めてまわったのは，なぜなのか。趙孟頫がなぜ，江浙儒学提挙の職に十年近くあったのか。いご，この職に任ぜられた鄧文原，柯謙[76]といった文人たちはせいぜい三年しか勤めていない。今後追究されるべき問題であろう。

6　程復心とその周辺

亡宋の前進士，また同等の実力を有する文人の保挙の際，各路の儒学は，その根脚（出身，履歴）の詳細を粛政廉訪司に申請したという[77]。順序が逆になったが，ここで程復心の根脚および『四書章図』そのものについて確認しておこう。

汪幼鳳は伝の冒頭において次のように述べる。“程復心，字は子見。号は林隠。婺源高安の人。性は敏悟敦厚にして，幼きより理学に沈潜し，朱文公の従孫洪範を師として，雲峯胡炳文を友とす”と。『新安学繫録』「新安学繫図二」によれば，朱子→胡舜卿→朱小翁→程復心と学問の系譜はつらなる。いっぽう胡炳文の父斗元も朱小翁の弟子であったから，程復心にとって胡炳文は友人であるだけでなく師姪でもあった。歙，婺源は朱子の闕里とされ，専祠もあった。州学郷賢祠には，二程も祭られていた[78]。実際に朱子が住まったことはなかったが，朱子の父朱松，外祖の祝確が徽州の出であり，婺源は道学の聖地としてあおがれ，数多くの学者を輩出することになる。趙与虎，邵某，趙孟頫らがいずれも推薦状において，程復心を朱子の同郷の士として紹介したことは，いかに当時の婺源が特別の意味をもっていたかを示している。じじつ当時新安は，“東南の鄒魯”とよばれていた[79]。しかも，三通目の文書の一カ月前には，アユルバルワダの命によって，宋儒の周敦頤，二程，邵雍，司馬光，朱熹，呂祖謙，およびオゴデイ，クビライ時代の儒学教育に功績のあった許衡（ときの参知政事で国子学を領した許師敬の父）らを孔子廟に従祀することが決定されていたのだった[80]。少なくとも，南宋以降の士大夫の精神のありかた，学問を考える際，徽州はひとつのポイントである。

また，自身新安の程氏一族につらなり，それがゆえに『新安文献志』，『弘治休寧志』，『新安程氏統宗世譜』，『程氏貽範集』などをつぎつぎと編纂した明朝廷の大物文人程敏政は，“両夫子の子孫も亦た南渡に従い，池州に居し，再び新安に遷す。而して程氏の女の朱氏に適く者一たび伝えて韋斎を得，再び伝えて文公を得。正思，登庸，前村，月巌，徽庵，林隠の六先生なる者は，又朱氏以上を宗とし，両夫子の学を求め，郷の碩儒と為る。稍後れて則ち学士承旨文憲公鉅夫太史，文を以て元に顕わる”という[81]。

程復心は，二程の後裔であり，程鉅夫の一族であった。もっとも，このことは程鉅夫自身が『四書章図』の序文において，“吾が宗，子見”と明言している。また，同族のよしみで，程復心の母の墓誌銘も撰している。それによると，程復心の父は名を鳴鳳，母は斉氏，名を静真といい，鄱陽の大族の末であった。兄は若水といい，やはり“賢にして文”であったという[82]。また，その兄の子可紹の墓表によれば，“其の先世は邑の鳳嶺に居し，君の高祖宋の待補上舎子敬，高安鎮の西に遷り居せり。曽大父仲賢，大父震昌，父子英，皆義士にして，先世の詩書の沢を承く”とある[83]。さらに，可紹の子達道の行状によれば，その祖先は，少なくとも婺源に始めて居を遷した唐検校尚書湘公，さらにきわめれば新安の歙に移り住んだ晋太守元譚公にまでさかのぼる[84]。程復心は一族の中でも信望があつかったらしく，至大三年（1310），程忠壮公世忠廟のあらたな行祠建設について，じゅうらい廟の住持をつとめていた僧侶らの嘆願をうけた際には，かれらの思惑も見透かしながら，建設をとりまとめている[85]。また，婺源の竹林頭に橋梁も建設した[86]。“南方の儒戸は，往往にして皆門館有り，或いは父兄の自ら教う”[87] といわれるように，程復心もまた家学と朱洪範から学んだことをもとに，『四書』の研究に励み，かたわら汪若虹ら弟子に講義をする毎日だったのである。こうした儒戸の家に代々伝えられてきた蔵書は，数万巻にのぼったともいう[88]。

さて，『四書章図』の構成は「四書章図総目」によると，「総要上巻」：凡二十七条，図二十有五，「総要中巻」：凡四十条，図五十，「総要下巻」：凡五十三条，図四十有八，「大学句問纂釈一巻」：凡経一章伝十章，図二十有三，「中庸句問纂釈一巻」：凡三十三章，図四十有四，「論語註問纂釈十巻」：凡二十篇，図三百九十有五，「孟子註問纂釈七巻」：上下凡十四篇，図一百一十有一となっている。程復心自身が序文において述べるように，初学に理解しやすいようにということを第一に念頭において作成されたチャート式解説本であった。条目，篇と図の数をくらべて見るだけでも，巻頭にのみ絵図のあるいわゆる纂図互註本とちがって，ほぼ毎葉に挿絵，図解があることが推測されるだろう。しかも，それは上図下文，前図後文以外の方式も駆使した，ちょうど『事林広記』のように豪華な書籍であった。難しい概念も図式化することで明確な対比となり，各章全体の意味，要点も整理される。古代の廟制や昭穆の順番も図にしてしまえば，説明文も簡潔にすむ。臧夢解によれば，六経，三礼，地理，器物制度などの書で挿図のあるものはすでに少なからずあったが，『四書章句集註』に図を挿するのは，程復心の書がはじめてであった，という（徽州の文人でいえば，胡炳文は『四書通』のほかに，『四書弁疑』，『大学指掌図』なる書を著わしている。そのほか陳櫟『四書発明』，倪程『四書音義』，汪炎昶『四書集疏』，少しあとの時代では，張存中『四書通証』，倪士毅『四書輯釈』などが陸続として現れる。今日そのうちのいくつかは目にすることができるが，図はない。胡炳文の『大学指掌図』が書名からすれば図が付されていたと考えられる）。

『四書章図』は，朱子の『四書章句集註』やかれの弟子たちによって編輯された『朱子語類』を，逐一吟味しながら著わされた。かれのスタンスは，巻頭の凡例の中の「読書要旨」，「読四書要旨」が朱子と二程の読書法を多く引用することからもうかがえる。そして，『朱子語類』の引用の多さは，おもわぬ副産物をもたらした。『纂釈』の註において，二程，朱子の言葉以外の，自身の考えをしるす際にも，『語類』の白話に近い文体が用いられたのである。この現象は，程復心に限ったことではなく，陳櫟はほぼ同じ大徳八年前後に『論語訓蒙口義』，『中庸口義』を著わした。倪士毅も『作義要訣』を著わすにあたって，同時代の曹涇をはじめとする諸説の引用はもとより，自説についても，語類の文体を使用したのであった。

なお，あえて付け加えておくならば，程復心をはじめとする徽州学派は『四書』のみに強かったのではない。曹涇『通鑑日纂』，潘栄『通鑑総論』，胡一桂『十七史纂古今通要』，『人倫事鑑』，『歴代編年』，胡炳文『純正蒙求』，陳櫟『増広通略』，『小学字訓註』，倪士毅『歴代帝王伝授図説』といったように，全体を一望のもとに見渡せる簡潔な中国通史や，初学のためのテキストも編まれた。かれらが仰ぐ朱子自体に『通鑑綱目』や『童子須知』の著があったからである。

第2節でも少し述べたように，こうした徽州の文人たちと杭州，松江，慶元などの文人を結ぶ役割をした人物が方回であった。たとえば胡炳文が，元貞二年（1296），父の斗元の墓誌銘の撰を戴表元に依頼した際には，仲介者となっている[89]。そしてその戴表元はといえば，今をときめく趙孟頫の友人でもあった。方回，胡炳文，陳櫟といったところの文集をながめるだけでも，官職にある者，在野の士を問わず，かれらの交遊の輪のひろがりの一端をうかがうことができる。そして，徽州の儒学者たちの足は，かつての朱子とその弟子たちの活動の場であり，また書坊のたちならぶ建安へもむけられた。朱子の学問に忠実であろうとすれば，かの地の名士たちを訪れることも必要であった[90]。胡一桂などは，『十七史古今纂要』など著作を脱稿するごとに，はるばる武夷に住まう熊禾のもとを訪れ，討論を重ねたのであった[91]。

いっぽう，程復心と政府の要職にある文人たちとの交遊関係を知るには，『四書章図』の巻頭を飾る「経進四書章図纂釈朝貴題贈序文総目」[図7-3]が格好の資料となる。この「総目」は，序と詩のジャンル別に，序文を寄せたメンバーでは，程鉅夫（従一品・従二品），王約（従一品・正三品）……，詩を寄せたメンバーでは，劉珪（正従一品・従一品），劉夔（従一品・従二品）……というように，まず内官を位階順に排列し，そのあとに外職の臧夢解，徐明善らをそれぞれ置く。そのうち鄧文原が該当する役職についていたのが，皇慶元年（1312）から延祐四年（1317）であること，虞集が，至大四年に将仕郎国子博士，延祐元年従仕郎太常博士に除せられていること[92]などから，「総目」は，延祐元年はじめ（おそらく三月）の時点での翰林，集賢院等の文化機関に所属するメンバーの官位，官職リストともいえる。逆に，各自の行状，伝を補正す

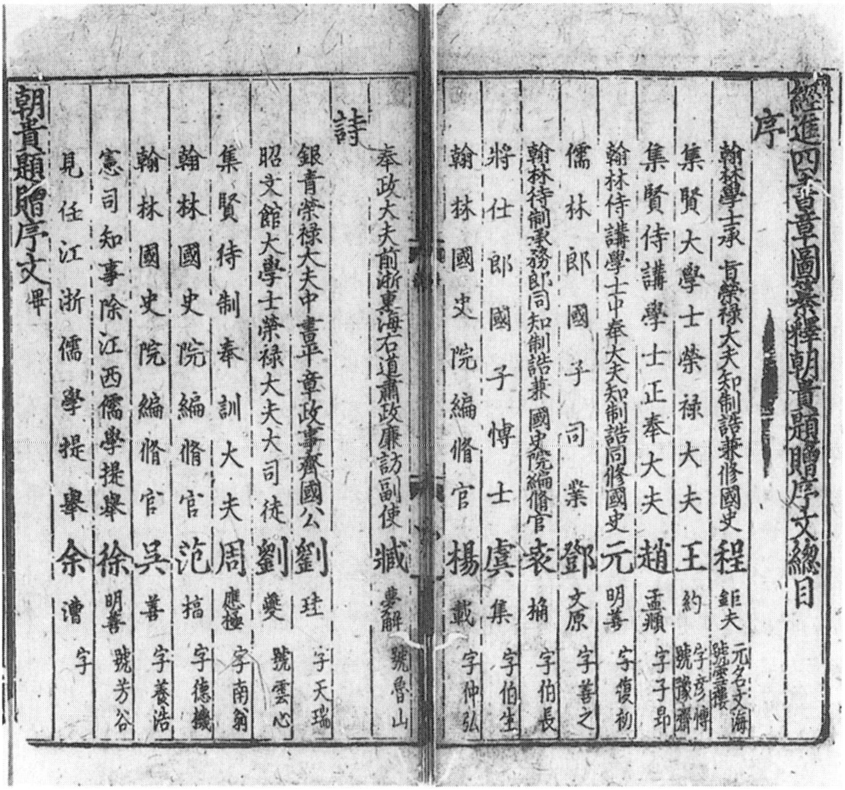
經進四書章圖纂釋朝貴題贈序文總目

序

翰林學士承旨榮祿大夫知制誥兼修國史程 鉅夫 元名文海 號雪樓

集賢大學士榮祿大夫王 約 字彥博 號謙齋

集賢侍講學士正奉大夫趙 孟頫 字子昂

翰林侍講學士中奉大夫知制誥同修國史元 明善 字復初

儒林郎國子司業鄧 文原 字善之

翰林待制承務郎同知制誥兼國史院編修官袁 桷 字伯長

將仕郎國子博士虞 集 字伯生

翰林國史院編修官楊 載 字仲弘

奉政大夫前浙東海右道肅政廉訪副使臧 夢解 號魯山

詩

銀青榮祿大夫中書平章政事齊國公劉 珪 字天瑞

昭文館大學士榮祿大夫大司徒劉 夔 號雲心

集賢待制奉訓大夫周 應極 字南翁

翰林國史院編修官范 梈 字德機

翰林國史院編修官吳 善 字養浩

憲司知事除江西儒學提舉徐 明善 號芳谷

見任江浙儒學提舉余 澧 字

朝貴題贈序文畢

図7-3　『四書章図』(国立公文書館蔵) 所載「朝貴題贈序文総目」

ることも可能であり，記事の年代比定にも役立つ。

実際にかれらの序文を見てみると，まず延祐元年三月の序文の多さに気付く。日付のわかるものだけでも，程鉅夫 (暮春三月)，元明善 (清明後二日)，楊載 (十一日)，趙孟頫 (十二日)，虞集 (甲午) とたてつづけに書かれている。また，王約は，周応極から序文の執筆を依頼されたことを明言する。メンバーの中には，正一教の大立者呉全節の甥で，袁桷の弟子でもある呉善も交じっている (かれものちに江浙儒学提挙となる)。

なお，現行のテキストでは，「総目」に名を挙げられる袁桷，劉珪，周応極の詩文が，実際には録されていない。これは，頁の欠落によるものではなく，後至元三年（1337）に版木を刻した時点で，すでにそうであった。一通目の咨文，および汪幼鳳の伝にいう方回の序文もない。かれの場合，「総目」にすら見えない。たんなる原稿の紛失なのか，意図的な削除なのか——ここまで豪華なメンバーの序跋がならぶ元刊本は，ほかには『金台集』，『程氏家塾読書分年日程』くらいのものであろう。この二書の序跋が，いずれも文人たちの筆跡をそのままに写していることからすると，『四書章図』の初版本でも，趙孟頫らの筆をそれぞれ美々しく刻していたのかもしれない——。編集の段階での紛失だとしても，もっとも位の高い肩書をもつ劉珪の詩が載せられなかったのは，少し気になる。ちなみにかれの名は『元史』にもまったく見えず，従って「宰相年表」の延祐元年の平章政事の欄に，あらたにデータとして付け加える必要がある。周応極は，至大年間にアユルバルワダに召され，シディバラの説書を勤めた経歴をもつ。至正年間，トゴン・テムルの寵を受け，文化サロンの中心人物のひとりとなった周伯琦は，かれの息子である[93]。袁桷の序文については，『清容居士集』巻二一に「新安程子見四書図訓序」として見える。いっぽう，その他の文人の個人文集はどれひとつとして『四書章図』に寄せた序文を収録しない。言いかえれば，ここに見える序跋は，すべて“逸文”なのである。現在残るそれぞれの文集の成立事情を考えれば，それももっともなことではあるのだが。

では，朝廷の文人たちが，なぜ程復心を推薦し，その著作にこぞって共感をしめしたのか。大都の文人と徽州の儒学者の接点はどこにあったのか。

大元ウルスは，南宋接収後いわゆる遺民たちを，適材適所に置くべく積極的に各路の儒学教授や，書院の山長として招いた。かれらは，旧南宋の将軍李世達の略奪によって荒廃の憂き目をみた新安の地の復興や，教育，著述に情熱をかたむけた[94]。汪夢斗のように，官庁の依頼を受けて，郡県の儒人の試験を行い，籍を定めるのに貢献したものもいた[95]。『弘治徽州府志』巻八「宦業」にも，大元ウルスのたびたびの招致をうけ，官職を得たものの名と業績がならぶ。

それゆえ，徽州の儒者たちのなかには，程復心と同じように江浙行省の推薦を受けて上京したものもあれば，みずから大都に赴き，職をもとめたものもいた。兪師魯は，翰林，集賢院の学士たちに認められ，史館の編修の役職に充てられるように上奏されたし[96]，汪漢卿は翰林，集賢院の官の推薦によって自身翰林のメンバーとなり，そのご国子監に職を得た。程文は『経世大典』の編纂に与かっている[97]。また，大徳四年（1300）以前に，「山林に著述有れば，有司は書を具して聞せよ」との詔を受けて，徽州路が婺源の王埜翁の『詿易』を朝廷に進呈し，程復心の手続きとおなじように翰林院で審査が為されたことがあった。当時の翰林の面々はいずれも驚嘆したといい，呉澄の『易纂言』は，かれの説を採用した箇所が多いとされる[98]。

逆に，程直方（号は前村）の場合，諸経の中でもとくに易学に造詣が深く，邵氏不伝の秘を得，“凡そ省院台憲行部の婺源に至る者は，必ず訪問求見す”[99]といわれたほどであった。また，程子敬は，翰林学士の貫雲石（小雲石海涯セヴィンチュ・カヤ Sevinč-qaya）と交流があった[100]。

『四書章図』に序文を寄せたメンバーでいえば，鄧文原は，胡炳文『四書通』をはじめ，汪九成『四書類編』[101]にも序文を寄せているし，程栄秀もかれの推薦によって職を得，いご順調に建康路の明道書院の山長，嘉興路の儒学教授，江浙儒学副提挙ととりたてられていったのだった[102]。また，江東に粛政廉訪使として赴任中には，汪炎昶の文を識り収集してもいる。鄧文原はとくに徽州学派との結びつきが深かったといえ，また虞集も汪炎昶の詩にいたく感心したと伝える[103]。そのたの翰林のメンバーでも，周応極は，程復心を“吾郷士”とよぶ（程復心の母方と同じ饒州路鄱陽の出身である）。

しかし，なんといっても程鉅夫である。先祖が徽州の出であるだけでなく，呉澄とともに程若庸のもとで学んだ，いわば生粋の徽州学派であった。このふたりが大元ウルス治下の学校教育，文教政策において果たした役割の大きさは，いまさら言うまでもないが，象徴的なことがらを挙げておこう。

至大四年，国子監の虞集の建言によって呉澄が国子司業となる。呉澄は，程顥の「学校奏疏」，胡安国の「六学教法」，朱熹の「学校貢挙私議」を用いて，教法四条をうちたてる[104]。

いっぽう程鉅夫も，皇慶二年の貢挙の法の議論の際に，「朱文公貢挙私議」を採用し，損益して実行にうつすこと，さらに経学は程朱の伝註を規範とすること，文詞は宋金の宿弊を改めることを建白した（ちなみに蒙古，色目人の優遇は，かれらへの学問の普及をめざして，程鉅夫らが提案したもの[105]）。詔の起草もかれ自身が行った。それゆえ，受験生，試験官ともに，朱子の貢挙私議を綿密に読み規範として守ること，朱子の『四書章句集註』をテキストにすることが要求され，試院碑においても明言されたのであった[106]。

また，くりかえしにはなるが，朱子の考えを知る手段として，朱子のなまの言葉を記したとされる『語類』のテキストが何度も編纂，改訂して出版され各路の学校に備え付けられるのは，必然であった（葉士龍編『晦庵先生語録類要』十八巻など）。そして元刊本の経書の多くが朱子の『読書法』を掲載し，輔漢卿編『朱子読書法』それ自体も集慶路学から出版された[107]。類書もその性格上，朱子の『読書法』を紹介するのが常であった。また，時代は少し下るが，劉因の朱子の『四書』に関する言葉を整理した『四書集義精要』は，至順年間（1330–1332）に，翰林院の属官であった欧陽玄，蘇天爵らの発案で，科挙の参考書の一として国家の主導のもとに出版されたのであった。

白話，挿図本は，朱子学に傾倒したこの時代の朝廷の文人たちにとって，ごく身近なものだったのである。

7　宮廷文人の対立——李孟の実像

さて，保挙の面接試験のため[108]，程復心は大都におもむくことになる。その前に，三十年をかけた自著の脱稿の報告もかねて，徐明善らをたずね，はなむけを受けている[109]。そして，皇慶二年（1313）の暮れから延祐元年（1314）の春頃，大都に上京する。

前年，翰林院において『四書章図』が審査を受けた際，待制薛友諒だけでなく，編修官の范梈（字は徳機）も意見書を呈した。しかも自分と同じ翰林院編修官に推薦したのである（「伝」固有の性格からして多少割り引いて考える必要はあるが，汪幼鳳によれば，“翰林史院，其の書を校訂するに，率ね皆称賛し”たという）。また，趙孟頫も前年すでに程復心を翰林もしくは集賢院の官に任命することを請うていたのであった。いずれも高い評価であった。しかし，最終的に翰林国史院，中書省がともに下した結論は，中央のポストではなく江南路府教授への任命であった。思わぬところから横槍がはいったのである。序に代えて，范徳機が寄せた詩の冒頭には，以下のような説明が付されている。

皇慶二年，江浙省の咨の発せられ，復心の著わす所の章図は都省の礼部に行移するを蒙り，翰林院に送りて考校するに，范編修の院に呈するありて，本院の同編修官に保す。李道復平章の允さざるに値る。明年，復心始めて都に至る。諸先輩の交もごも薦むるに頼り，甫め教選に入る。而れども復心は親の老ゆるを以て帰を乞う。故に范公に是の作ありて云えらく……。

江浙省，都省，翰林院の諸機関および李道復，范編修の前はすべて一字空格（改行，抬頭とおなじく尊敬をあらわす），また范徳機を范公と呼ぶ。出版に際し，事情をよく知る者が伝記風に加えたに相違ない。程復心を，程君復心とも，号や字でも呼ばず，ただ復心ということからすると，程復心自身が書いた可能性もあるが。

李道復平章とは，いうまでもなくアユルバルワダの側近，科挙再開の功績者として名高い李孟その人である。至大四年（1311）正月，カイシャン暗殺と尚書省の三宝奴（サンバオヌ Sanbaonu/Sanbunu〜サムボドゥ Sambodu/Samboqdu）以下カイシャンの旧臣の誅殺という，一連のアユルバルワダ派のクーデタが成功すると，すぐ即位の詔において，オルジェイとともに中書省平章政事に任じられることが表明された。そのご，国子監学を整飭せよとの命令を受けたほか，皇慶元年正月には，翰林学士承旨に昇任する。要するに，翰林，中書省の結論とは，すなわち李孟の意思にほかならない[110]。李孟の圧力がかかり，ことが順調に進まなくなったからこそ，趙孟頫が集賢院から咨文を呈しなければならなかったのである。

ではなぜ李孟は反対したのか。范徳機はその詩の中で，“ところがときの権力者は，韓愈の「与袁相公書」をふまえて書いた推薦状を見るや怒りだし，私がまいないを受けて褒めるといい，真っ赤になって推薦状をしりぞけ，私の心を鬱々と憂いにしずませた”とうたう[111]。当時，宋の故官，先賢の子孫をかたり，翰林，集賢院にまいないして保挙をもとめ，布衣の人がすぐに教授になる，翰林と集賢が“人物の根脚を問わず，虚奨過褒を加え，関節既に到れば，随って擬するところを准す”といって，不愉快に思うものもいた。高昉，闍復，鄧文原らが賄賂を受け取っているという弾劾があったのも事実である。鄭介夫は“今の翰林は多く字をしらざるの鄙夫，集賢は群を為す不肖の淵籔，編修検閲は皆門館の富児に帰す，秘監丞著は大半これ庸医謬卜なり”などとアユルバルワダ政権下の文官をこきおろしている[112]。しかし，程復心は根脚をごまかしたわけでもなく，字を知らぬ輩でもなく，後述するように，まいないができるほどの富豪でもなかった。また，范徳機は，翰林院での審査の時点では，まだ程復心本人とは面識がなかったと強調している。

好意的にみれば，李孟ものちの薛瑄や全祖望のように，『四書章図』を学術的に評価しなかったのかもしれない[113]。だが，おそらくは単純に個人的な“嫉妬”であった。道学の聖地新安に生まれ，自身儒学者として研鑽をかさねてきた程復心。いっぽう，もと書吏で，懐州時代にアユルバルワダの家庭教師をつとめたというだけで成り上がってきた李孟。程鉅夫，趙孟頫，王約，元明善，呉全節といったひとびとがきらびやかに繰り広げる文化サロンに入り込めない疎外感もあったのかもしれない（この際，北と南の文人の対立という単純な図式は成り立たない。王約にしても元明善にしても華北の文人である。問題があるとすれば，おべっかが過ぎてアユルバルワダにさえたしなめられたこともあるその人品であった[114]）。自分を文人として受け入れないそのかれらが程復心をほめたたえている，すぐれたものをすぐれたものとして正当に評価できない李孟は，所詮その程度の男であった。かれの事績を丹念にたどってみると，ほんとうに賢良をカアンに推薦する気があったのかどうか疑わしくなってくる。趙孟頫が程復心の採用願いの根拠としてあえて引用した聖旨は，もとはといえば李孟が上奏したものであった。しかも皇慶元年六月五日には，中外の才学の士を博選し翰林に任じるようにとの勅もうけていた。だが，程鉅夫や趙孟頫，王約らが次代の若者をつぎつぎと推薦し，実際かれらが後世に名を残したのとは対照的に，「行状」,「伝」にさえ，李孟がとりたてた人物は記録されない。皇慶二年，集賢院のメンバー一同が，呉澄を国子祭酒として呼び戻すことを都堂に願い出た際には，反対してとりやめさせた[115)]。呉澄が国子司業を辞任したのも，もとはといえば“同列の嫉む所となった”ためであった[116)]。科挙の採点においてももめた。趙世延が“異日必ずや名臣と為る”と見込んだ許有壬の第二甲での及第をどうしても認めようとしなかったのである。「宋は東南の一隅なれど，毎に取ること尚数百人。国家の疆宇は是の如きに，首科正七品に多く一人を取るも，多からざる也」との趙孟頫の請いにしぶしぶ従ったものの，あとで許有壬本人に嫌みをたれる始末であった[117)]。また，やはり徽州の陳櫟が，郷試合格者への特例措置にもとづいて書面をしたため，学職を求めた際にも無視した。陳櫟は延祐最初の郷試に合格したのだが，大都での会試の直前，病気のため受験を断念，杭州路録事司でその旨申請，しかるべき手続きをすませていた[118)]。

科挙の再開にしても，李孟の貢献度がはたしてどの程度であったか。確かに，李孟の行状は誇らかに“二年春，命公知貢挙，及親策多士於廷，仍命公為監試官”[119)] と述べる。だが，皇慶二年十月，アユルバルワダに中書省の面々が科挙の科目について翰林院，集賢院，礼部の官と相談した結果を報告した際，李孟の名はなく，いわゆる漢族では許師敬と薛居敬の両参知政事の名しか見えない[120)]。また，同じアユルバルワダの家庭教師で，王磐と安蔵の弟子であった集賢学士の陳顥とても，“科挙の行わるるや，賛助の力尤も多し”といわれている。科挙実施についての議論においても，程鉅夫，元明善，セヴィンチュ・カヤ，趙孟頫らが中心となった。そして，先述したようにかれらの朱子学重視の意見がずいぶんと取り入れられ，廷試も実際にはかれらが取り仕切ったのであった[121)]。李孟の“業績”の多くは，行状においてのみ語られること，李孟に触れる文人の作品の大部分が，アユルバルワダの命令によって書かれていることの意味は，もう少し注意されてもよいのではないだろうか。

かたや，程復心は朴訥静修の人であり，多くの高官たちが好感をいだいた。かれらは程復心をアユルバルワダのオルドへ連れ出した。臣下の中に，でたらめな李孟とはちがって，黒白をみわけられる者がいることを期待したのである[122)]。当時の翰林院，集賢院のメンバーは，よほど腹にすえかねていたのだろう。この程復心をめぐる顚末をどこかに書き記しておかないと気がすまなかった。ただ，程鉅夫や趙孟頫では，露骨にすぎる。そこで，このときまださほどに官位の高くなかった范徳機がひきうけたかたちとなった。錚々たるメンバーの名がならぶ巻頭の「朝貴題送序文」は，時代を越えて，この書を繙く人の目に必ずふれる。それぞれが美辞をきわめた序文を程復心に送る行為自体，李孟に対するあてつけでもあった。

8　出版とそのご

朝廷内の争いにほとほと嫌気もさし，また自分を推薦してくれたひとびとに迷惑をかけてはという心遣いもあってか，程復心は，諸公の序文と，程鉅夫所撰の母の墓誌銘を手に大都をあとにする。序によれば，去るまえに程鉅夫に次のように告げたという。“凡そ吾，此に至る所以の者は，進取を以て為すに非ざる也。天下を俾て吾が書有るを知らしめんと欲すれば也。吾が親，老いぬ。吾，帰りて吾が親を養わむ。復た何をか求めんや”と[123]。

どこまで本心であったかは別にして，ここで注意すべきは，程復心が上京の理由として，天下に自分の書の存在を知らしめるため，と述べていることである。自費出版は富裕な家でなければ無理である。たとえば陳櫟は四書五経すべてについて註釈，研究書を書き，歴史についても『増広通略』をものしたが，貧しくて自力で出版できたのは，『語孟口義』一書のみだったと述懐する[124]。王惲の子で太常礼儀院の司直であった王公孺にしても，父の文集百巻を自力で出版することは不可能であった[125]。むろん，直接建安の書肆に原稿を売り出版することも可能ではあった。朱子の闕里徽州と実際に朱子が出版活動を行った建安には，強い結びつきがあった。倪士毅『四書輯釈』は，建安日新書堂の劉錦文（字は叔簡）が初稿を買い取り，後至元三年（1337）に出版した。だが，倪士毅があわただしい刊行を遺憾とし，結局改訂にむけて十数回，劉錦文と書翰を往復しなければならなかったのも事実である。賈景顒『範囲総括』の場合には，大徳十年（1306）ちょっとした同人誌として出したものが杭州の書肆に流出，さらには建安麻沙の書坊によって海賊版がでまわり，賈景顒はあらためて正確なテキストを印刷して広めなければならなかった。この間わずかに三年。天下にあまねくおのが書を，それも満足のいくテキストをゆきわたらしめようとすれば，多少時間がかかっても，国家出版の手続きを踏む必要があった。南宋末期の出版業の欠点を見てきた程復心には，少なくともそうした認識があったのである[126]。

もっとも，これまでに見てきた『四書章図』の前三件の文書は，保挙についてのみ言及し，出版についてはほとんど触れていなかった。だが，『大易輯説』の例からすれば，『四書章図』も同様に江南の行省下において出版する旨の文書が下されたはずである。もし，関連のすべての文書を付すならば，内容の重複はまぬがれない。そこで，出版を命じる文書は省略されたのだろう（あるいは後至元版が後刻本であり，当初の出版地と矛盾が生じるために，故意に省かれた可能性もある）。『程氏貽範集』乙集巻二〇に収録される明の翰林侍読学士李本の「跋流芳集後」は，程復心の六世孫で，やはり経学によって身を起こし湖広徳安府の経歴をつとめた程徳敷が，公務のあいまに，程復心の行実と当時の名公の贈答の作を重輯，『流芳集』と名付けて出版したものに寄せた跋文であるが，“元の皇慶の時に当たり，有司これを朝廷に奏し，天下に頒行す”という。そもそも，関連の公文書，それも中書省がらみのものをまとめて付し得たこと自体，国家出版であったことをものがたっている。

国家出版となれば，江南の行省，儒学提挙司，御史台系列の粛政廉訪司から，宣慰司および総管府を介し，江南の各路儒学の銭糧をもって出版される(管見のかぎりでは，粛政廉訪司を経由しない出版はない。出版に関しては，ずば抜けた権限をもつ)。校正，対読も上記の機関に委ねられた提調官の監督のもとに，杭州路，慶元路等の儒学教授や書院の山長等によって比較的正確，綿密に行われる[127]。『四書集義精要』や『文献通考』がそうであったように，能書の名儒が何人か選ばれて楷書できっちりと謄写する。程復心とその周辺のひとびとが，朝廷に申請した理由のひとつは，ここにあったのである。しかも，驚くべきことにこうした一連の手続きは，まさに同時代のフレグ・ウルスの宰相ラシードゥッディーンがその著『集史』（*Jāmi ‘al-Tawārīkh*）の「ヒタイの帝王たちの歴史」（*Tārīkh-i Aqvām-i Pādshāhān-i Khitāī*　1310年頃完成）の序文で紹介しているとおりであった。いわく「……この三人はこの歴史書を古の書物から選び出し，当時の学者・賢者全員の協力を得て，検討し校合した。全員が，校訂本は古の書物に対応していて，いささかの疑問もないという証明書を書いた。さらにもう一人の学者が検討した。ヒタイ人の慣行に従いいかなる改変もどのような増減も起こり得ないようにした後，その原本から複製本が作られた，彼らの慣行がこのようであるので，最良の書物は正確であり，その筆跡が極めて美しく，そこに改変の余地はありえないのである。この三つの手続きを踏んで作成され，評価の固められた書物に対して，能筆の書家が呼び出される。彼はその書物の一葉一葉を美しい文字 khaṭṭ で版木 luḥ の上に書く。その方面の専門家たちが細心の注意でこれを校合し，版木の裏側に自筆で署名する。それから熟練の彫師たちにそれを彫らせる」と[128]。逆にいえば，ラシードの記したこの最良の出版方法は，大元ウルス治下においてシステム化された国家出版を説明するものだったのである。

もっとも，国家出版物だからといって，必ずしも学校，書院のみに出版が委託されるのではない。郝経の『郝文忠公陵川先生文集』および『続後漢書』（『三国志』）を例にとれば，延祐四年，南の行省所轄下の儒学銭糧の多い場所——結局は江西行省の書坊におちつくのだが——に下して刊行するように，また上梓の後は，きまりに従ってそれぞれ二十部を献上するようにとの命令が下された[129]。

また，程復心の無二の友とされる胡炳文の『四書通』は，泰定三年（1326），江浙儒学提挙楊剛中（あざなは志行）の命を受けた張存中が，建寧路建陽県の書坊のひとつ余志安の勤有堂に繡梓を委託し，書坊中の四書諸本と校勘をさせ，三年の歳月を経て天暦二年（1329）の秋に刊行されたのであった[130]。官民共同の出版となれば，しかも出版の後はカアンのおてもとに届くとあっては[131]，書坊の気合の入れ方もおのずとちがってくる。大元ウルス治下，数度にわたって，大司農司の頒行した『農桑輯要』も，至元年間（1264–1294）の最初の版本は，建安郡丞張某の指揮下に刻されることによって広く流通した。建安本が往々にしてそうであるように，小字のテキストであったらしい。また，一度国家出版されたものを，各路でさらに再出版することも多く，政府もそれを容認，歓迎していたふしがある。ようは正確なテキストが広まればよいのである[132]。中書省の指示によって編纂された『元典章』にしても，建安で出版されたのであった[133]。

現存のテキストでもっとも古い『四書章図』は，本章で使用した，後至元三年，建寧路下の富沙郡呉氏徳新書堂において印刷された版本である。もしこれが初めての出版だとすれば，脱稿から数えて三十五年以上，延祐元年（1314）からでも，じつに二十三年の歳月が流れていたことになる。これは，ほぼ同時期に手続きがはじまった『大易緝説』が延祐三年頃に出版されている例に照らしてみても，ほとんどありえないことである。しかもこれまで見てきたように，パクパ字の不確かさ，序文の削除などからすると，おそらく現行のテキストは初版本ではない。だが，初版がやはり富沙の呉氏徳新書堂において刷られたのか，あるいは江浙行省，江西行省下の儒学，書院で刷られたものかは，わからない[134]。ただ，「序文総目」によれば，延祐元年の時点で徐明善が江西儒学提挙に除せられ，いっぽう余澧は江浙儒学提挙をつとめており，延祐元年からそう遠くない時期に，結果として，程復心の友人であるかれらが，出版の指揮をとった可能性が高い。

なお，異なる版本としては，旧北平図書館善本マイクロフィルムに，『四書章図櫽栝総要』四巻二冊がある。後至元刊本が「新安林隠程復心子見経進」と題し，首に朝貴の序文や咨文を冠するのに対し，たんに「林隠程復心子見学」という。内容を逐一比較してみると，巻上全部と巻中の最初の一葉の「論四書之学」，「論四書言心性仁義」の記事を欠くことがわかる。また，巻中，巻下の記事および図は，いちおうすべて四巻本にもあり版式も同じであるが，頁の順序がはなはだ異なる。内容によって『大学』，『中庸』，『論語』，『孟子』に分類しなおしたのである。おそらく以下のような作業がおこなわれた。まず後至元刊本をばらし，各葉に薄い紙をあてて写し，完全なコピーを一部つくる（このテキストが覆刻本であることは，ところどころ線を引き忘れていることなどからもうかがえる[135]）。あとは，行数を考えながら，内容別に切り貼りする。編集しおわると，版木の上にそれを写し彫る[136]。巻上の記事全てを欠くのは，それが『易』や理・気の概念とからめて四書全体の問題を論ずるもので，分配のしようがなかったからにほかならない。また，このテキストは，中国国家図書館蔵明初刻本の『四書輯釈』四十三巻（倪士毅撰　程復心章図　王元善通考）のうちの『中庸章図檃栝総要』一巻，『論語章図檃栝総要』，『孟子章図檃栝総要』一巻とまったく同じ版本である。『四書通義大成』（『盋山書影』第二輯上参照），明正統五年（1440）詹氏進徳書堂刻本『重訂四書輯釈』四十五巻なども，程復心『四書章図檃栝総要発義』二巻をおさめるが，やはり後至元三巻本をもとに，適当にカットして二巻になおしたものにすぎない。なお，倪士毅は，『四書輯釈』の改訂にあたって，建安日新書堂の劉錦文にあてた至正元年（1341）の書簡の中で，“四書章図纂釈は，既に成書刊行するありて，初学に便なり。則ち今，亦た輯釈の前に其の図を復附するに及ぶ無かれ。仮にこれを為さしめば，亦たこれ輯釈の中に就きて物を取り出し来たりて舗席を装うのみに過ぎず”という。倪士毅自身は，『四書章図』の便宜性は認めつつも，自身の書に組み込むことには反対であった。だが，のちに建安の書坊は，倪士毅の意志に背き程復心の『四書章図』ばかりか，王元善の『通考』を合わせた王逢の『大成』を出版したのであった。

ところで，宮内庁所蔵の後至元本に清原業賢の墨書が残ることからもわかるように，この程復心の著は，朝鮮はもちろん[137)]，遠く海をこえて日本の室町期の学術にも影響を与えたのであった。業賢の父宣賢は，後柏原，後奈良天皇，方仁親王の侍読をつとめたほか，将軍足利義稙（よしたね），義晴などの師でもあったが，胡炳文『四書通』，陳櫟『四書発明』，張存中『四書通証』，程復心『四書章図纂釈』，倪士毅『四書輯釈』，王元善『四書通考』に目を通していたことがわかっている。また，足利学校でも，上杉憲実の再興以降，『四書章図通義』十二冊朝鮮刊本が収蔵され，講究されていた[138)]。蓬左文庫の朝鮮版『四書輯釈章図通義大成』，前田尊経閣文庫の『章図四書通考』，『通義四書章図大成』などが伝来するほか，よほど需要があったのか，日本でも官版が彫られている[139)]。アユルバルワダへの経進本であった程復心の著作は，明初，程端礼の『程氏家塾読書分年日程』を受け継ぎ，洪武二二年（1389）頃に完成した趙撝謙『学範』（天理大学附属図書館蔵成化十三年重刊本）において，「四書の合に看るべき書目」のひとつとして，『四書輯釈』，『四書通』，『四書発明』等とともに挙げられているほか，『永楽大典』にも収載，皇帝の御覧に呈されただけでなく，高麗，そのごの朝鮮においても，また日本においても，やはり同じような階級のひとびとに読まれたのである。その意味で，まことに三国は近かったといわざるをえない。もっとも大元ウルス治下のひとびと自体が，読者として高麗，日本を視野にいれてもいた[140]。

なお，程復心の著作として，ほかに『孔子論語年譜』『孟子年譜』（北京大学図書館清鈔本）が，今日に伝わっている。ただ，これらの書は，明までの書目にまったく見えず，朱彝孫も言及しないこと，内容も粗末，杜撰なものであることから，四庫官をはじめ，銭大昕，兪思謙，周広業，李遇孫ら清朝の学者は，いずれも明末の陽明学派の妄人が大元の名儒程復心の名を騙ったものとみなしている。

さて，婺源に帰ってからの程復心の生活はどのようなものだったのか。汪幼鳳の伝によれば，“徽州路儒学教授を特授，致仕なるも半俸を給され，其の身に終う”という。終身儒学教授の俸給の半分の額を支給されたのである。この措置は一般には，後を継ぐべき子供が幼少であるか，もしくは家が貧しい場合に適用されるものであった[141]。

程復心のそのごの生活をうかがえる資料のひとつに，『弘治徽州府志』巻九「忠節」の「程択伝」がある。“族兄の復心と討論し，『周礼』に註釈し，三年にして編成る。京に赴き進奏すれば，朝廷これを嘉し，湖南石鼓書院の山長を授く”という。程復心は族弟に惜しみなく自分の知識をわけ与え，かつての自分と同じように，著作をたずさえ大都へおもむくかれをみまもった。ちなみに，程択は，至正十二年，武昌路儒学教授ながら紅巾の乱に対し義兵を集めて籠城，大元ウルスに忠節をまっとうし壮烈な死を遂げる。

程復心は婺源周辺の一族や知己との学問交流をつづけるいっぽう，日夜，甥の程可紹とともに，世譜の編輯[142]，経伝の勘訂にあけくれた[143]。もっとも，研究のあいまには，程可紹のおさない息子達道（泰定三年生まれ）に『四書』の大旨を教える良き爺爺でもあった[144]。

そして，後至元六年庚辰十二月十八日，程復心は故郷徽州の地で永遠の眠りについた[145]。享年八十四歳。汪幼鳳は，ただそうとのみ語る。

註

1) じゅうらい知られているのは，金代の墨黄二色印刷の木版画『東方朔盗桃図』(1973年発現於西安)，至正元年，トク・テムル潜藩の地，中興路の資福寺で刊行された朱墨二色印刷『金剛般若波羅蜜経』(台湾国家図書館蔵) の二点。

2) 明人の陸容 (1436-1494) 自体，その著『菽園雑記』巻一〇において，明の初めは，国子監以外の郡県では出版がほとんどなされていなかったこと，宣徳・正統年間に至っても，書籍印版はさほど広まっていなかったこと，出版事業が盛んになったのちも，程度の低い無益な出版物が多く後学に役立つ古典の出版が少ないこと，上官が出版を独占し“偏州下邑寒素の士”が与かれないことを証言し，大元ウルス時代の出版システムへの回帰を提言してはばからない。また，袁銛『建陽県志続集』(天一閣文物保管所蔵明弘治十七年刻本)「典籍」は，弘治十七年までの建安の書坊において，いかなる書物の版木が保存され，出版されていたかをありのままに証言する貴重なリストである。明太祖以下，皇帝，皇后の制書が，大元ウルス時代の慣例を引き継いで，建安で出版されていること，明朝では弘治年間にいたるまでほとんど新たな開板がなされず，大元ウルス時代の版木で食いつないでいたことが一目瞭然である (詳細は別稿にて論ずる)。なお本章で扱う『四書章図』も“共二三巻”として挙げられているが，著者の名を記録しておらず，このリストの体例からすれば，版木はすでに「不全」となっていた可能性が高い。編纂者の袁銛は，その原因を“近時学者自一経四書外，皆庋閣不用，故版刻日就脱落．況書坊之人苟図財利，而官府之徴索，償不酬労，往往陰毀之，以便己私，殊不可慨嘆”という。

3) 銭大昕『元史芸文志』巻一，葉徳輝『書林清話』巻四「元監署各路儒学書院医院刻書」，巻七「元時官刻書由下陳請」等参照。最近では潘国允「蒙元版刻在中国印刷史上的地位――代序」(『蒙元版刻総録』内蒙古大学出版社　1996年) がくわしい。

4) 呉黼が至正八年，科挙の科目のひとつである対策の参考書として編纂した『丹墀独対策科大成』(国立公文書館蔵明洪武十九年広勤書堂影抄本) は，大元ウルスの官制，典章等について，簡便に要約し，関連の詔，条画等も収載する貴重な資料である (本書第II部第8章参照)。その巻一「翰苑」では，“制略因旧，我国家文学之盛，上古賢聖以来，諸儒経伝之学，史官記載之書，其主典之官，則有翰林国史、集賢等院，秘書、国子、芸文等監，而律暦、陰陽、医卜之事，竺乾之教，老荘之説，又各有其人焉。他如国字之製，国制之述，奎章、宣文之建，文物彬々，号惟掌制詔兼修国史，上有承旨、学士，下有修撰、編修等職六”という。

5)『弘治徽州府志』巻八“字子翼。婺源符村人。宋処士会之子。精敏過人，接詣豪宕，不事辺幅，作詩閑靖平易。以詩経請至正辛巳郷試下第。除衢州学正。転釆石[書院山]長。後為州照磨。嘗著星源続志”。

6) 森立之『経籍訪古志』(光緒十一年印本) 巻二「四書章図纂釈二十巻　元槧本　昌平学蔵」参照。

7)『図書寮漢籍善本書目』巻一「四書章図纂釈零本三冊」，阿部隆一「日本国見在宋元版本志経部」(『斯道文庫論集』18　1982年のち『阿部隆一遺稿集　第一巻　宋元版篇』収録　汲古書院) 参照。なお，国立公文書館には，やはり昌平坂学問所旧蔵の，書尾に

「文化新元夏四月　野邨温謹校」とある『四書章図檃栝総要』三巻の抄本がある。巻上の末尾の「至元歳次丁丑　菊節徳新書堂印」の刊記を欠くほかは，宮内庁本に同じい。

8) 劉応李『新編事文類聚翰墨全書』（中国国家図書館蔵明初刻本）甲集巻之五「諸式門」《公牘諸式》【行移往復体例】［図7-2］“至元五年中書吏礼部照得；諸外路官司，不相統摂，応行移者，品同往復平牒（正従同），三品於四品・五品，並今故牒，六品以下皆指揮，回報者，四品牒上，五品牒呈上，六品以下皆申。其四品於五品，往復平牒，於六品・七品今故牒，於八品以下皆指揮，回報者，六品牒上，七品牒呈上，八品以下皆申。五品於六品以下今故牒，回報者，六品牒上，七品牒呈上（七品司県並申），八品以下並申。六品於七品，往復平牒，於八品・九品今故牒，回報者，八品牒上，九品牒呈上。其七品於八品及八品於九品，往復平牒，七品於九品今故牒，回報牒上。即佐官於当司官有応行移往復者，亦皆比類品従，職雖卑並今故牒，応申者並咨。其八品・九品於僧道録司有相関者，並今故牒，回報申。批奉都堂鈞旨，准擬施行。又例；曽任執政官・外任申部文解，止署姓不書名。又例；替官在家同見任行移”。

9) 「文廟諸碑記」，「范仲淹義荘義学蠲免科役省劄碑」（北京図書館金石組『北京図書館蔵歴代石刻拓本匯編』第48冊（元一）［以下『北拓』と略す］中州古籍出版社　1990年 72，133頁）など。

10) 『元典章』巻一四「吏部・公規」《案牘》【用蒙古字標訳事目】，巻三一「礼部・学校」《蒙古学》【蒙古学校】

11) 『新安文献志』巻九五上洪焱祖「方総管回伝」

12) 方回は，「徽州路総管許公徳政記」，「徽州重建紫陽書院記」など，徽州より撰述の依頼を受けている。また，休寧の程恕，程以南，婺源の江砢などの詩文集に序文をよせてもいる。

13) 『四書輯釈章図通義大成』「新刊重訂輯釈通義源流本末」《至正辛巳冬十月朔答坊中劉氏錦文書》（名古屋市蓬左文庫蔵朝鮮古活字本）

14) 日記によれば，郭畀は至大元年十一月一〇日，賈景顥の恵む所の『範囲数』を趙文卿に贈り，至大二年二月二八日，賈景顥の訪問を受け，かれの著『範囲歌解』への序文執筆を依頼されている。そして，じっさい名古屋市蓬左文庫所蔵の『範囲総括』（朝鮮古活字版　駿河御譲本）には，至大二年二月既望の日付の郭畀序が付されている。日記の正確さが裏づけられると同時に，仲間内できがるに序文を書く当時の雰囲気がつたわってくる。

15) 本書第II部第5章，『正徳松江府志』巻一三「舎田遷学記」，巻三〇「人物五　節義夏椿伝」参照。

16) 『正徳松江府志』巻一一「官署上」

17) 延祐四年，仁宗アユルバルワダの聖旨によって，江南に“有本事的好人”を探訪しにきていた。道士が江南文人の保挙の任務をになうのは，集賢院と関係があるが，さかのぼれば至元十三年の南宋接収の際，バヤンの仲介で世祖クビライに面会した杜道堅（趙孟頫の友人）がすでにそうであった。正一教の道士の文学活動については，別稿にて述べる。

18) 『臨川呉文正公集』巻三二「神道碑」，『金華黄先生文集』巻二六「神道碑」

19)『四庫全書』本は，書の末尾に，『通志堂経解』本は巻頭の各序のあとに付す。台湾国家図書館が蔵する鈔本は，『四庫全書』本と同じく末尾に載せ，元刊本の改行と抬頭をそのまま残しているが，あいにく後半の一葉分が脱落しており，参照するにとどめる。
20) たとえば，鮑雲龍『天原発微』(台湾国家図書館蔵) に付せられた方回の至元二八年，元貞二年付けの序文。胡炳文『四書通』(中国国家図書館蔵天暦二年余氏勤有堂本) の泰定元年，五年の二通の自序など。
21)『註唐詩鼓吹』(台湾国家図書館蔵元刊本) の至大元年の武乙昌の序文の中に，"至大戊申，浙省属儒司以是編鋟之梓，僕寔董其事" とある。『程雪楼文集』巻一一「重修南陽書院記」によれば，かれはすでに大徳五年に湖広等処儒学提挙をつとめている。また，『郭天錫手書日記』の至大戊申九月二〇日，二二日の条にいう武臨清提挙がまさにかれを指す。趙孟頫はすでに提挙とは呼ばれていない。大徳十一年に中書省の命をうけ，国子監用の書籍として刊行された大字本『春秋権衡』に付せられた五月某日付けの公牘では，江浙儒学提挙司の最高責任者は，副提挙の陳公挙となっている (王紹曽・崔国光等整理・訂補『訂補海源閣書目五種』斉魯書社　2002年　507-508頁)。なお，『天録琳琅書目』巻一「春秋分紀」にも同内容の大徳十年の公牘が記されているが，現物を確認していないので，十一年の誤りの可能性も捨てきれない。
22) 臧夢解のいう今の天子とは武宗カイシャン，東宮はカイシャンの同母弟アユルバルワダを指す。大徳十一年以降の二人の関係については，杉山正明「大元ウルスの三大王国——カイシャンの奪権とその前後 (上)」(『京都大学文学部研究紀要』34　1995年3月)，本書第I部第1章，第II部第5章
23)『正徳松江府志』巻一三「舎田遷学記」
24)『水雲村泯稿』巻一一「与程学士書」
25)『水雲村泯稿』巻一一「通問浙東臧廉使書」,「通問雪澗陳提挙書」
26) 粛政廉訪司の前身である提刑按察司の時代から，御史台系列の官として，保挙の監察にあたっていた。『元典章』巻六「台綱」《体察》【察司体例等例】,『通制条格』巻六［二八裏六～二九表八］参照。また『元史』巻八三「選挙志」に "凡保挙職官：大徳二年制：「各廉訪司所按治城邑内，有廉慎幹済者，歳挙二人。」九年詔：「台、院、部五品以上官，各挙廉能識治体者三人，行省、台、宣慰司、廉訪司各挙五人」" とある。
27)『元典章』巻二「聖政・興学校」
28)『至順鎮江志』巻一一「儒学」
29)『五服図解』「五服標目」のおわりに，出版にいたるまでに関与した役人のリストがあげられ，最後に "承事郎江浙等処儒学提挙宋保勘，文林郎江浙等処儒学提挙楊剛中重保，朝列大夫僉江南浙西道粛政廉訪司事尚師簡覆考" とある。
30) 王禎『農書』(国立公文書館所蔵嘉靖九年本)「元帝刻行王禎農書詔書抄白」
31) 一例を挙げれば，金華の許謙は，粛政廉訪使の劉庭直が茂才異として，副使の趙宏偉が遺逸としてそれぞれ推薦している (『金華黄先生文集』巻三二「白雲許先生墓誌銘」)。
32)『勤斎集』(静嘉堂文庫蔵鈔本)「元刊行勤斎文集原序」
33)『韓詩外伝』(台湾国家図書館蔵明活字本) 銭惟善序，『礼経会元』(台湾国家図書館蔵明覆至正二六年江浙行省刊本) 潘元明序，陳基序，『大戴礼記』(台湾国家図書館蔵明刊

本）鄭元祐序，『礼書』（台湾国家図書館蔵至正七年福州路儒学刊本）虞集序，余載序，林光大序など。

34) 泰定四年に刊行された『故唐律疏議』の「議刊唐律疏議官職名氏」（京都神田氏蔵旧鈔本）には，江西湖東道粛政廉訪司および江西等処儒学提挙司の官僚のリストが掲げられている。二機関が出版に深くかかわったまたとない証拠である。
35) 『北拓』第 48 冊（元一）　133 頁
36) 『元典章』巻一四「吏部八・公規二」《案牘》【行移月日字様】
37) 『元典章』巻七「吏部・官制」《職品》，同巻一三「吏部・公規」《署押》【淨検対同方押】
38) 『北拓』第 49 冊（元二）　23 頁
39) 『北拓』第 48 冊（元一）　193 頁
40) 『四書集註』（台湾国家図書館蔵）趙鳳儀序
41) 『六書故』（乾隆四九年李鼎元重刻本）趙鳳儀序
42) 『元史』巻八五「百官志」，『事林広記』（西園精舎本）別集巻之四「公理類」《六案所隷》
43) 『程雪楼文集』巻九「薛庸斎先生墓碑」，巻二二「洛西書院碑」，『清容居士集』巻一八「西洛書院記」等参照。
44) 張帆「元代翰林国史院与漢族儒士」（『北京大学学報（哲学社会科学版）』5　1988 年 77 頁）
45) 『元史』巻八七「百官志」
46) 『元史』巻八七「百官志」
47) 李逸友『黒城出土文書（漢文文書巻）』（科学出版社　1991 年）F116：W361 p. 97，Y1：W30 p. 94 図版参，Y1：W99 p. 123，F116：W555 p. 119 図版肆（2）など。
48) 『元史』巻八五「百官志」
49) 『元史』巻八五「百官志」，『事林広記』別集巻之四「公理類」（西園精舎本）《六案所隷》【吏案掌隷】
50) 管見のかぎりでは，神田喜一郎「八思巴文字の新資料」（『東洋学文献叢説』二玄社　1969 年　のち『神田喜一郎全集第 3 巻』同朋舎　82–119 頁）が紹介する「大元累授臨川郡呉文正公宣勅」，『汗漫唫』所収の張之奐「禅院小紀」に記録される二通の聖旨のみだが，いずれも元刊本ではなく，後世の編輯による。
51) もっとも『北拓』第 49 冊（元二）　89 頁の「蘇済政績碑」，『金石萃編補正』巻三「請就公住持少林寺疏」では寧国路，河南路のダルガの名のみパクパ字で記されている。
52) 『秘書監志』巻九「題名・秘書卿」，『道園学古録』巻一一「書趙学士簡経筵奏議後」
53) 『元典章』巻四「朝綱・政紀」《省部減繁格例》
54) 『元典章』巻四「朝綱・政紀」《省部減繁格例》
55) 『元史』巻二五「仁宗本紀」，『元史』巻一三五「曷剌伝」
56) 『秘書監志』巻三「泉府作秘書監」，『道園類稿』巻四〇「楊襄愍公神道碑応制」
57) 『通制条格』巻二八［十六裏一～十七表六］
58) 『元史』巻二四「仁宗本紀」
59) 『元典章』巻二「聖政・挙賢才」

60)『秋澗先生大全文集』巻八六「論明経保挙等科目状」
61)『廟学典礼』巻六「廉訪分司挙明体察」
62)『廟学典礼』巻六「行省差設教諭」
63)『廟学典礼』巻六「行省差設教諭」
64)『洞霄図志』(台湾国家図書館蔵影元鈔本) 呉全節序
65)『元典章』巻二「聖政・挙賢才」
66)『許白雲先生文集』巻三「送林中川序」"聖朝混一之初，革文華取士之弊，它科未設選官，頗類漢法。而庶人在官者，皆以年労叙遷，可計日以俟進。其任用之重，蓋過於漢矣。故得人有為名公卿大夫，亦不愧於古"。
67)『元史』巻八三「選挙志」
68)『元史』巻二四「仁宗本紀」夏四月
69)『元史』巻二四「仁宗本紀」
70)『通制条格』巻六「教官不称」
71) 本書第I部第1章，第2章
72)『廟学典礼』巻二「程学士奏重学校」
73) 本書第I部第2章，『廟学典礼』巻二「左丞葉李奏立太学設提挙司及路教遷転格例儒戸免差」
74)『程雪楼文集』巻一〇「奏議存藁」
75)『廟学典礼』巻二「学官格例」
76)『帰田類稿』巻二二「江浙等処儒学提挙柯君墓誌銘」
77)『廟学典礼』巻五「行台坐下憲司講究学校便宜」，『元典章』巻九「吏部・官制」《教官》【選取教官】
78)『弘治徽州府志』巻一二胡炳文「婺源州学郷賢祠記」
79)『東山存稿』巻七「汪古逸先生行状」，楊新「跋《婺源朱氏祖巻》」(『中国歴史文物』2005-1　28-32頁)
80)『元史』巻二四「仁宗本紀」[皇慶二年六月十四日癸酉]，『国朝文類』巻四八許約「魯斎先生従祀祭文」
81)『篁墩程先生文集』(京都大学附属図書館蔵明正徳二年徽州刊本) 巻二三「新安程氏統宗世譜序」
82)『程雪楼文集』巻二〇「程某夫人斉氏墓金志銘」は父の名を"某"としてしるさないが，『新安文献志』巻九八程文海「程夫人斉氏墓金志銘」は"鳴鳳"とする。
83)『東山存稿』巻七「孝則居士程君可紹墓表」
84)『新安文献志』巻九〇祝彦暉「高安処士程公達道行状」。なお『新安程氏統宗世譜』(台湾国家図書館蔵) の旧序によれば，程敏政は，程可紹のもうひとりの子である程敬之の編集した『婺源鳳嶺程氏世宝書』六巻を資料の一として用いた。その序にも，晋新安太守元譚，梁将軍忠壮公霊洗の末裔だという。
85)『程氏貽範集』乙集巻二「休寧幹龍山程忠壮公行祠記」
86)『弘治徽州府志』巻二「地理・橋梁」《婺源・竹林橋》"在二十八都竹林頭。元儒程復心建。後壊"。

87)『廟学典礼』巻三「按察副使王朝請俣申請設立小学」
88)『桐江集』巻八「先君事状」“徽州李世達之変，家蔵書数万巻一空”。
89)『新安文献志』巻九二上戴表元「孝善個先生斗元墓誌銘」
90) 新安，福建の朱子学における文人のむすびつきは，たとえば宋，大元時代の二程，朱子に関連する政府の文書を収集した『道命録』（中国国家図書館蔵明刻本）に象徴されている。この書に序文を寄せたのは，新安の朱申と江浙儒学提挙程栄秀，それに先立ち至順のはじめに二程への加封を申請したのは江南行台の監察御史脱因不華（トイン・ブカ）と福建文水県学諭の王克明であった。
91)『勿軒先生文集』巻一（台湾国家図書館蔵影元鈔本）「史纂通要序」，「送胡庭芳序」，「送胡庭芳後序」，巻七「送胡双湖帰新安」
92)『東山存稿』巻六「邵菴先生虞公行状」
93)『元史』巻一八七「周伯琦伝」
94)『新安文献志』巻九五上方回「定斎先生汪公一龍墓銘」
95)『弘治徽州府志』巻七「文苑」
96)『新安文献志』巻九五下程文「松江府知事兪公師魯行状」
97)『弘治徽州府志』巻七「文苑」，『新安文献志』巻六六汪師泰「程礼部文伝」
98)『新安文献志』巻七一方回「王太古埜翁墓誌銘」附「汪幼鳳続志」
99)『新安文献志』巻七〇董時乂「前村程先生直方伝」
100)『弘治徽州府志』巻九「隠逸」程子敬
101)『経義考』巻二五四
102)『新安文献志』巻七一陳祖仁「元故江浙等処置儒学提挙程公栄秀墓誌銘」
103)『東山存稿』巻七「汪古逸先生行状」，『宋文憲公全集』巻三一「汪先生墓銘」
104)『臨川呉文正公集』掲傒斯「神道碑」，『道園学古録』巻四四「行状」
105)『程雪楼文集』附録・掲傒斯「行状」，危素「神道碑」。『知非堂外稿』巻四の行状には科挙の記述がない。ただしケシク時代について言及があり併せて参照すべきである。
106)程端礼『程氏家塾読書分年日程』（元統三年甬東程氏家塾刊本）巻二「学作文」
107)『程氏家塾読書分年日程』「綱領　朱子読書法」
108)『元典章』巻九「吏部・官制」《教官》【選取教官】
109)『四書章図』「徐芳谷先生詩」
110)『金華黄先生文集』巻二三「行状」，『元史』巻一七五「李孟伝」
111)『四書章図』「范徳機編修詩」“吾嘗得其書，黄巻連采纈。読之太史館，霜月中夜縞。私念在館時，比日叢訂攷。是称茂異業，粛々来鴈鴇。小者聯状牒，大者刻梓棗。文従事則已，排飣乱脛脳。毎当欲黜落，慈護尚孩夭。自云獲君賢，聊擬示障堡。欣然写薦牘，陳説恣精皓。譬之篋櫝涸，此実横棄宝。当途見之嗔，謂我以貨好。絶然却其薦，令我心慅慅”。
112)『歴代名臣奏議』巻六七「治道」。なお，宋濂『宋文憲公全集』巻四五「題太平策後」（『四部備要』本）は，鄭介夫の太平策一綱二十目を成宗テムルに呈されたものというが，少なくとも『歴代名臣奏議』所収の上奏文は，「立尚書省詔」（至大二年），「罷用銅銭詔」（至大四年）などを引用していること，儲嗣の項目から，アユルバルワダ期のものであることあきらかであり，シディバラが皇太子位につく延祐三年以前に比定される。科挙に触れていないことからすると，さらに皇慶二年以前に絞られる。

113) 朱彝孫『経義考』巻二五五「四書四」《程氏復心四書章図二十二巻》，『結埼亭集外編』巻二七「題程復心四書章図」
114)『元史』巻二四「仁宗本紀」至大四年四月丁卯
115) 危素『臨川呉文正公年譜』
116)『臨川呉文正公集』掲傒斯「神道碑」
117)『至正集』巻七二「跋首科貼黄」
118)『陳定宇先生文集』巻一〇「上秦国公書」
119)『金華黄先生文集』巻二三
120)『新刊類編歴挙三場文選』「聖朝科挙進士程式」《中書省奏准試科条目》
121)『程雪楼文集』附録，『圭斎文集』巻九「元故翰林学士中奉大夫知制誥同修国史貫公神道碑」，『馬石田文集』巻一一「勅翰林学士元文敏公神道碑」等参照。なお，李孟が会議に参加したことは，『元史』巻一七二「程鉅夫伝」に言及されているが，もととなった掲傒斯の行状，危素の神道碑には見えない。
122)『四書章図』「范徳機編修詩」“終受公卿知，推挽上穹昊。庶幾千万中，有以別白皂。拝命虎闕下，薄言采芹藻。六十不受禄，退往同枯槁”。
123)『程雪楼文集』巻二〇「程某夫人斎氏墓誌銘」も“復心上四書図説，将与秩，以父老引年，以本郡儒学教授致仕，時年六十”という。
124)『陳定宇先生文集』巻一〇「上許左丞相書」
125)『秋澗先生大全文集』附録
126) 南宋時代の建安の出版については，中砂明徳「士大夫のノルムの形成——南宋時代」(『東洋史研究』54-3　1995年) 参照。
127) 劉因『四書集義精要』(台湾故宮博物院蔵元刊本)，『静修劉先生文集』(台湾国家図書館蔵明重刊三十巻本)，『玉海』(建仁寺両足院蔵元刊本)，程端学『春秋本義』(『通志堂経解』本)，『国朝文類』(西湖書院本)『馬石田文集』，『勤斎集』，『戦国策』，『論孟集註考証』等の抄白，『呉正伝先生文集』巻二〇「請郷学祠金仁山先生」等参照。なお，『至正集』巻七五「丁憂委差」の臨江路の例にみえるように，国子監が既に校勘を済ませていて儒学提挙司が校勘者を選定する必要がない場合もある。もとより，出版の手続き，各文化機関のやりとりは，場合によってはそうとう複雑であり，ここでは基本的な例を示したにすぎない。くわしくは別稿において述べる。
128) 本田實信「ラシード・アッディーンの中国史」(『東方学』76　1988年1月　10頁　のち『モンゴル時代史研究』収録　東京大学出版会　1991年)
129)『郝文忠公陵川先生文集』「中書省移江西行省咨文」，『続後漢書』馮良左後序
130)『雲峰胡先生文集』後編「刊四書通題辞」
131)『郝文忠公陵川先生文集』「延祐五年五月九日奉江西等処行中書省箚付」
132)『熊勿軒先生文集』巻一「農桑輯要序」“右農桑輯要一編，迺大司農司頒行之書也。前建安郡丞張侯某，刻而伝之。将以広朝廷務農重本之意於天下”，『銭遵王読書敏求記考証』巻三中「農桑輯要七巻」“延祐元年，皇帝聖旨裏：「這農桑冊子字様不好。教真謹大字書

写開板」。……”，『順斎先生閑居叢稿』巻二〇「農桑輯要序」

133) 本書第 I 部第 2 章参照。

134) 潘国允・趙坤娟『蒙元版刻総録』（内蒙古大学出版社　1996 年　149 頁）は，天暦間建安余氏勤有書堂刻本の存在をしるすが，管見の限り，現存の書目，国内外各図書館の目録には見いだせない。

135) 金子和正「金・元版鑑別についての諸問題」（『ビブリア』84　1987 年　54 頁）

136) 参考までに，著者自身が版木を意識した改訂版の作成を書坊に指示した例をあげておく。前掲「新刊重訂輯釈通義源流本末」《至正辛巳冬十月朔答坊中劉氏錦文書》“一，大学序其学焉者下，元稾所註二十四字，必須刪去。今所刊印中，既有此板矣。茲以此一板，別用紙剪裁補綴，在其上。約計両行有余，重写定序文相接。又増入註字。雲峯胡氏説一条，俾無空欠処。蓋胡氏此説，亦所当増入者，請詳観而依様挑補之。所補綴之板，今粘在楮尾”。

137) 成宗，明宗期，および宣祖三年の官刻本がある。

138) 足利衍述『鎌倉室町時代之儒教』（日本古典全集刊行会〈復刻版〉　有明書房　1932 年　515-663 頁）

139)『仁祖朝実録』巻四二「十九年（1641）辛巳正月」には，“辛巳，倭人求四書章図，楊誠斎集，東坡，剪燈新話，我国地図。朝廷賜以東坡，剪灯新話，余皆不許”とある。

140)『熊勿軒先生文集』巻四「同文書院上梁文」“児郎偉。抛梁東。書籍高麗日本通。一滴龍湖山下水。千源万派走朝宗”。学問所，出版機関としての書院の建設において，このような祝詞がうたわれたということは，棟上げの式典に参加していた文人，学生たちに中国書籍の高麗，日本への流通を当然のこととする共通認識があった証にほかならない。

141)『元典章』巻一一「吏部・職制」《致仕》【致仕家貧給半俸】

142) 明の黎温『歴代道学統宗淵源問対』（旧北平図書館蔵米国国会図書館マイクロフィルム成化刻本）の黎清「題道統問対後序」に，“道統之伝，雖世世相承，然未有書之可拠，至於元初，新安程先生名復心字子見，始作道学統宗之図”とある。この書は，成化年間に編纂，刊刻されたといいながら，「大元」で改行するなど，もとの程復心の元刊本の版木を使い回している可能性も非常に高い。

143)『東山存稿』巻七「孝則居士程君可紹墓表」

144)『新安文献志』巻九〇祝彦暉「高安処士程公達道行状」

145) 汪孟汢等撰『新安名族志』（中国国家図書館蔵明嘉靖刻本）は，“従祀郷賢”という。程復心一族のそのごについては，『弘治徽州府志』巻一二程敏政「婺源高安程氏世忠祠記」を参照されたい。

第８章　「対策」の対策

——科挙と出版——

1　はじめに

漢人南人

第一場「明経」

「経疑」二問。『大学』，『論語』，『孟子』，『中庸』の内より出題する。いずれも朱熹の『四書章句集註』を用い，復た自分の意見を以て結論を述べる。三百字以上に限る。

「経義」一道。各（おのおの）一経を選んで習うこと。

『毛詩』は朱熹『詩集伝』，『尚書』は蔡沈『書集伝』，『周易』は程頤『周易経伝』と朱熹『周易本義』を主とする。以上の三経は古注疏も兼用する，『春秋』については「公羊伝」，「穀梁伝」，「左氏伝」の三伝および胡氏伝を用いることを許し，『礼記』は古注疏を用いる。五百字以上に限り，「格律に拘ぜざる」こと。

第二場「古賦・詔誥・章表」の内，一道を科す。

「古賦・詔誥」は，古体を用い，「章表」は古体，四六文を参用する。

第三場「策」一道。

経・史・時務の内より出題する。「浮藻に矜らず，惟だ直述に務める」こと。一千字以上に限る。

皇慶二年（1313）十一月，長らくの懸案であった科挙を翌年の延祐元年（1314）八月二〇日より再開する旨の詔（程鉅夫撰）が，仁宗アユルバルワダの御名のもとに発令された。科挙の程式は，丞相の哈剌赤（カラチ），章閭（チャンルー）平章，八剌脱因（バラクトイン）右丞，阿里海牙（エリクカヤ）左丞，薛居敬，許師敬の両参政，薛忽都牙里（クトゥクエル）参議等，中書省の面々[1]と，程鉅夫，趙孟頫，袁桷，鄧文原，貫雲石（小雲石海涯（セヴィンチュカヤ））等，翰林院，集賢院，礼部の文臣たちが協議して最終決定をくだした。宋，金時代の科挙の弊害に鑑み[2)]，「詩賦科」を廃し，程，朱氏の解釈にもとづく「格物致知，修己治人」の経学を重んずること，「朱文公学校貢挙私議」に依拠すること，が確認された。このスタンスは，クビライ時代初期の文教政策に大きく与かり，南北混一以前から華北で朱子学の普及につとめた許衡（許師敬の父）[3)]，姚枢[4)]，竇黙，楊恭懿等によってつとに示されていた。すなわち，至元十一年（1274），裕宗皇帝監国チンキムに提出した“学校科挙の法”の大綱である（成宗テムル，武宗カイシャン期の科挙再開の議論はこれを前提に進められた）[5)]。すでに，“天下の学校は，髫齓より経は朱子の説に非ざれば，講ぜざる”状況になりつつあった。至元二四年には，朱子の理想を実現するためのひとつの方法として[6)]，南北の文人官僚たちが，国学のシステム，各地の学校とそれに附設する文廟の建設，儒学提挙司の設立，人材の登用，儒戸の免役，国学で読むべき教科書のリスト作成等，教育方面における基本的なことがらを定めた[7)]。ついでテムル，カイシャンの保護のもと，中央の翰林院，集賢院，国子監，各地の廟学，書院等，文化機関の体制，設備，出版システムを整え，科挙にむけ地道に準備を整えてきたのであった。

そして，アユルバルワダの科挙再開を受け，国子監を筆頭に全国の廟学，書院において，徹底した計画教育が開始される[8)]。袁桷と同じ四明の慶元路出身で，戴表元や鄧文原[9)] とも交流があった池州路建徳県学教諭の程端礼は，延祐二年，経術・理学・挙業合一を目指す新たな科挙の趣意に賛同し，未だ全国一律の学校の教法が確立しておらず[10)]，合否が指導教官の教養次第になりかねないことから，朱子の読書法[11)]，貢挙法にもとづいた『程氏家塾読書分年日程』（以下『分年日程』と略す）を編纂，もっとも要領よく且つ堅実に学ぶための方法，使用するべきテキストを詳細に提示した[12)]。かれは，最初は真徳秀の『応挙工程法』を教則として用いていたが，一日に『四書』の経文を読み，文集を読み，作文の練習をし，史書を読むというハードスケジュールでは虻蜂取らずになると悟り，朱子の法を以て『分年日程』を組んだ。この教則にもとづいて，十五歳から本格的に勉強すれば，二十三，四歳，遅くとも三十歳までに，科挙の学問はマスターできる，という（あまりに年少で合格しても，人の上に立って治めることはできない，というのがモンゴル朝廷の考えであり，二十五歳になってはじめて受験が許された。したがって，それでじゅうぶん間に合うカリキュラムなのである)。しかも，かれ自身と朋友たちが教壇で得た経験，次々に刊行される書籍をふまえ，年々刪訂，改良を加えていった[13]。かれの友人たちが教鞭をとる崇徳路の呉氏義塾，台州路学，平江路の甫里書院，池州路の建徳県学，集慶路（＝建康路）の江東書院等で刊行されたばかりでなく，国子監じたいが全郡邑の校官に頒行したのであった[14]。こんにち伝来する元統三年(1335) ——科挙がいったん廃止された年——の刊本には，鄧文原，翰林の余謙，江南行台の中執法を務めた趙世延，李孝光など錚々たるメンバーが序文を連ねていること，慶元路の経歴として学校振興につとめ，程端礼の師叔でもあった韓居仁（あざなは君美）が，皇慶・延祐とうじ礼部に移り，科挙の議論に大きく与かったこと[15]，延祐七年正月二七日に，程端礼みずからが「経義」の答案の採点基準について，鄧文原に質しに出掛けていること，文宗トク・テムルがケシクの子弟を程端礼のもとに学びに行かせていること等は，この書がやがて名実ともに国家公認の受験教育マニュアルとなったことの傍証となる。また，程端礼の弟で，国子助教，翰林国史院の編修官をつとめた程端学は，泰定四年に『春秋本義』を著わしたが，「点抹例」において，「一，句読，発音は，陸徳明の『経典釈文』と『分年日程』に依拠すること」と述べる。遅くとも現行のテキストを書き上げた元統元年の時点で[16]，国子監の学生が容易に『分年日程』を検索することができた，と見てよい。

科挙の再開と教育体制の整備は，南宋末期の江淮の武俠を尊ぶ気風と文学の衰退から一転[17]，大元ウルス治下における出版に，新たな展開，刊行量の爆発的な増加をもたらした[18]。程端礼が必読本として推奨した書籍は，多くが同時代の文人たちによって評価されており，ものによっては既に復刊されていたものもあった。しかし，ここに至ってより大々的に復刊され，四書五経の欽定のテキストにさらに註釈，解説をほどこしたもの，『朱子語類』をはじめ諸儒の解釈を集成したもの，進士の手になる各科目の解説書，答案の書き方指南，要領よく勉強できると謳う受験対策集，合格者模範答案集などが次々と編纂されていく。試験の会場内に携帯することが唯一許された『礼部韻略』も，金，宋朝治下の平陽や建安のテキストをそのまま利用して巻頭に都省が頒降した印本の格式（科挙の条例と歴代カアンの御名廟諱のリスト）を付しただけのものから，新たに刻されたものまで，各地で刊行される[19]。程端礼の教学法に呼応して，首巻に挿図のあるいわゆる纂図本，巻頭に朱子の読書綱領を付す元建安刊本の四書五経のテキストも大量に出版された[20]。程端礼が指定する性理学の必読書「太極図」，「西銘」，『通書』，『近思録』，『続近思録』や道学の年譜，行状を一冊に綴じまとめた建安書院熊剛大の『新編音点性理群書句解』前後集（台湾国家図書館蔵元建安刊本）のような書も現れた（そもそも程端礼自体が，註において『性理群書』を参照するようにと述べている）。のち至正七年（1347）には，処州より『性理四書』も刊行され郡学に置かれる[21]。『増損呂氏郷約』や『文公家礼』が単独で，あるいは『事林広記』，『翰墨全書』，『居家必用』などに抜粋収録されて刊行されたのも，ひとつには科挙が理由であった[22]。じっさい，こんにち伝わる元刊本，影元鈔本，覆刻本全体においても，このような科挙関連の書物が，相当な割合を占めている。建安を中心とする書坊の営利出版はもとより[23]，有益な書と認められて，粛政廉訪司と儒学提挙司の監督のもとに，江南の各路の儒学の銭糧を用いて刊行された綿密な校勘本も相当数にのぼる[24]。書院や精舎も至元八年以降激増，出版の下請け機関として機能し[25]，ときには書坊に委託する官民共同の出版もありえた[26]。書坊も，各処の儒学提挙司の統轄下にあった。集賢院，翰林院の学士たちが科挙のために率先して編纂，出版した参考書も枚挙に暇がない[27]。

科挙の出題規定は，同時に当時の学術，文学の風潮，流行にいっそう拍車をかけ，それをより広く行き渡らせた。冠婚葬祭から社会事業の在り方までを規制する朱子学は，まさにこの時代に官学として中国全土に普及，浸透し，そして朝鮮半島，日本に共有される文化となっていった。挿図，表を用いてヴィジュアルに解説するチャート式の参考書や，程端礼，程端学兄弟等によって広められた黒，紅，青，黄色の筆を駆使する批点法，圏発[28]，それに対応する套色印刷（多色刷り），この一目瞭然にわかりやすく図示する精神は，科挙のための出版物にとどまらず，時代を風靡した。

また，古賦，詔誥，章表における「古体」の使用は，受験生たちをよりいっそう漢代および唐宋の古文の学習へと向かわせ，『楚辞集註』や，『朱文公校昌黎先生文集』，『増広註釈音弁唐柳先生集』，『元豊類稿』などが陸続として刊行された。『文章正宗』，『文章軌範』，『古文真宝』の流行もこのためである[29]。四六文のアンソロジーとしては，旧本『翰苑新書』が用いられた。これらの出版物は，大元ウルス治下の詩文の作風はいうまでもなく，高麗[30]およびのちの朝鮮[31]，日本の五山文学の形成にも大きな役割を果たした。

このようなモンゴル時代に刊行された科挙用の出版物を，科目ごとに収集，整理し，出版の経緯および内容について分析することは，当時の文化，中央と地方の文人たちの交流と生態，かれらの知識体系を知るためのひとつの手段となるだろう。なかでも第三場の「策」は，古今の経史書に通じ且つ時事問題，“経済の学”にも明るいことを要求される科目である。国子学の出身である蘇天爵は，科挙の目的は，文辞に巧みなものを求めることにあるのではなく，じっさいに世を治めることのできる人材を得るためにあると説く。“他日朝廷に立ち，郡県に仕え，大なれば王体を謀り国論を断じ，次なれば則ち民事を治め獄訟を決す”人材である。また科挙のシステムについて，“居る所の郷に詢するは則ち其の孝悌信義の行を知らんと欲すればなり，其の治むる所の経を問うは則ち其の道徳性命の学を考せんと欲すればなり，これを試するに応用の文を以てするは則ち其の才華の敏を見る可く，これを策するに当時の務を以てするは則ち其の世を治むるに長ずる所を察する可きがためなり”と理由づける[32]。この論法からすれば，「時務策」こそが，科挙本来の目的にもっとも即していることになる。じじつ，至元十一年，裕宗チンキムのもとで科挙の準備が進められたさい，モンゴルの受験生への出題は“時務利害五件”と定められ，各自，所見をパクパ字モンゴル語で述べればよいことになっていた[33]。そして，皇慶二年，モンゴル人と所謂“色目人”に課せられた科目は，「経問」(『四書章句集註』から出題）と「策」の二場であり，策は時務しか出題されなかった。最終試験である御試において課された科目も，ただひとつ「策」のみ（漢人，南人は経史時務策，モンゴル人，色目人は時務策）であった。のちに，いったん科挙が中断し，後至元六年（1340）三月に復活の詔が出されたさい，若干細かい科目の変更があったが，「策」についてはそのままであった[34]。

この“「策」に対える”ために，いかなる受験勉強がなされたのか，いかなる書物が編まれ出版されたのか，当時の受験生たちのモンゴル諸制度，時事問題の知識，教養がどの程度のものだったのかを探ること，大元ウルス治下におけるそれらの出版物がいかに朝鮮，日本の文化に影響を与えたか，その一端，源流を紹介することが本章の目的である。ただし，『分年日程』自体は全国廟学の規範となり，当時の書籍の流通もカラ・ホトの出土文献，タングトの資料『述善集』[35]，高麗の旧本『老乞大』，『朴通事』等を通じて部分的に確認できるようになってきているとはいえ，山東の一部を除き，華北の状況を知ることは難しい。現在のこっている科挙資料および関連の典籍は，じっさいに科挙合格に燃えたのが，受験倍率の高い江南の文人たちであったこともあるが[36]，ほとんど江南で刊行されたものである[37]。本章は，この制約のもとにある。また，「策」以外の科目の対策と出版物については，ここでは必要最小限の紹介にとどめ，別の機会に論じることとする。

2 「対策」の王道――江南文人をつくるもの

2-1 まずは読む

1）『分年日程』

程端礼のメニューでは，八歳から十五歳までの間に，小学書と『孝経』，四書五経の正文を終え，十五歳から『四書章句』の集註，或問，および五経の伝，註および性理の諸書を三，四年で片付ける。そのご五日のローテーションを組んで，うち二日を四書五経と性理書の復習，三日を『通鑑』に割き，『綱目』や歴代正史を参考に読み，さらに諸儒の論断，金履祥の『通鑑前編』や胡一桂の『十七史纂古今通要』などを読んで自身の学識の深浅をチェックする。『通鑑』の次に『文章正宗』に収録されている韓愈の文を読み，欧陽修，曽鞏の古文も学ぶ。それから『楚辞集註』を読み古賦の基礎を作る（この課程の間，四書五経，性理書，『通鑑』と順次マスターしてきた科目の復習は常時継続されている)。そしてこの時期ようやく，夜間に「策」に欠かせぬ制度，治道の考究が始まる。だいたい二十歳から二十二歳頃まで続く。読まねばならない本として，

諸経注疏，諸史志書，通典，続通典，文献通考，鄭夾漈通志略，甄氏五経算術，玉海，山堂考索，尚書中星閏法詳説，林勲本政書，朱子井田譜，夏氏井田譜，蘇氏地理指掌図，程氏禹貢図，酈道元水経，張主一地理沿革，漢官攷，職源，陸農師礼書，礼図，陳祥道礼書，陳暘楽書，蔡氏律呂新書及弁証律準，禮典，郊廟奉祀礼文，呂氏両漢菁華，唐氏漢精義，唐精義，陳氏漢博議，唐律注疏，宋刑統，大元通制，成憲綱要，説文五音韻譜，字林，五経文字，九経字様，戴氏六書考，王氏正始音，陸氏音義，牟氏音考，賈氏群経音弁，丁度集韻，司馬公類篇，切韻指掌図，呉氏詩補音及韻補，四声等子，楊氏韻補。

が挙げられている。

馬端臨の『文献通考』は，至治二年（1322）に中書省の箚付を奉じ，江浙行省下の儒学によって，はじめて刊行された[38]。王応麟の『玉海』二〇四巻の初版は，至順三年（1332）国子学の趙篔翁博士と浙東道宣慰司都元帥府都事の牟応復の建言をうけ，後至元五年（1339）に宣慰使都元帥のエジル・ブカのもと，浙東道の七路の儒学で刷られた。ちなみに国家出版の申請段階では全二〇〇巻だったが，刊行のさい，末尾に『辞学指南』四巻を加え全二〇四巻の構成となった[39]。これは，程端礼が「古賦」「制詔・章表」の科の参考書に王応麟の『詞学指南法』(『辞学指南』)，『玉海』を推奨していることと多分に関係するだろう。『大元通制』は，英宗シディバラの聖旨（ジャルリク）によって，枢密院の完顔納丹副使，御史台の曹伯啓侍御史，イェケジャルグチのブヤン，集賢学士のキプチャク，翰林直学士の曹元用等が，アユルバルワダ時代にいったん編纂が終わっていた累朝の格例を刪訂，中書左丞相のバイジュ，平章政事の張桂等と審議のうえ，至治三年に頒行された。刊行にあたっては，袁桷も大いに与かったという[40]。『成憲綱要』は，現在散逸してしまっているが，『永楽大典』巻一四六八六～九五までを占める，六部分類の政書であったこと，巻一九四二五「駅站」に引用される聖旨条画の日付より，少なくとも『永楽大典』所収のテキス

トは，至治三年の十二月よりあとに成ったことがわかる。ただし，泰定元年(1324) 九月に立石された「西湖書院重整書目碑」に，すでに『成憲綱要』があげられている[41]。碑記によれば至治三年夏から泰定元年の春にかけて，山長の黄裳，教導の胡師安等が書目の整理を行い，闕を補った。これ以前に初版が作成されていたこと，まちがいない。しかも，この西湖書院，前身は南宋の太学（もとは岳飛邸），大元時代は，出版事業に絶大な権限をもった江南浙西道粛政廉訪司の附設の出版センターであった[42]。この時代の国家出版物として知られる大司農司編纂の『農桑輯要』(上海図書館蔵)，郝天挺『註唐詩鼓吹』（台湾国家図書館蔵）等のみごとな大字本も，西湖書院で印刷されたのだった。

これらは，いずれも科挙再開いごに編纂，頒行されたモンゴル政府の出版物である。程端礼は，それら新刊書を随時『分年日程』のカリキュラムに加えていった（元統三年版以前の系統のテキストは，こんにち残っていないので，当初の必読文献リストがいかなるものであったか，これらに取って代わられた同類の書物が何であったかは，知り得ない)。

そのほかの参考書についても，たとえば，版木にして一万数千枚，装丁して百十冊という大部の『通志』は，福州路から刊行されるまでは，容易に見ることができなかった[43]。『通典』は大徳十一年（1307）に撫州路の臨汝書院，臨川県学等の諸学院の協力のもとに刊行されたものと，西湖書院の大字本があった[44]。西湖書院には，四書五経の古注疏はもとより，程端礼のあげる『韓昌黎文集』，『経典釈文』，『群経音弁』，『刑統注疏』の版木もあった。そして戴氏六書考，すなわち戴侗の『六書故』は，温州路に赴任してきた趙鳳儀によって，延祐七年（1320）にはじめて公刊された[45]。郡の博士，諸儒の“是の書，誠に経訓に於いて益有り，宜しく伝えて以て後学に恵むべし”との推薦を受けてのことであった。趙鳳儀は，これよりすこし前の延祐五年には『四書集註』の大字本の刊行を果たし，路学の稽古閣に版木を保管，希望者に印刷を許したという[46]。『六書故』の版木も同じ扱いを受けたとみてよい。『六書故』は，温州路本が刊行される前にも伝写された形である程度知られていたらしく，大徳四年にすでに，吾丘衍にその著『閒居録』，『学古編』の中で批判を受け，またのち『四庫全書』の編纂官たちにも酷評されるが[47]，程端礼の考えは違っていたらしい[48]。

少なくとも元統三年の時点で，学生達は「時務策」に関してこれだけのテキストを見ることを要求され（ただし林勲の『本政書』は，程端礼が註において述べるように，賀州，婺州で刊行されたテキストがあったはずだが，『危太樸文集』巻七「本政書序」によると，程端礼自身はじっさいにはこの書の完本を目睹できずに死を迎えたようである。したがって，若干探求書も掲載している可能性がある），そして，それが可能な環境が整えられつつあった。章如愚の『山堂先生群書考索』が延祐七年に円沙書院から刊行されたのも，のちに陳祥道の『礼書』，陳暘の『楽書』が，粛政廉訪司の僉事として赴任してきた趙承禧の命によって建安で二年間がかりでテキストを捜し求め，至正七年（1347）に福州路で刊行されたのも[49]，おそらくは『分年日程』による需要が最大の理由なのであった。

モンゴル政府は，学校教育，出版をはじめとする文化事業に気前よく出資し，学校の銭糧も有効に運用された。江南の郷試合格者全員に，大都の会試に赴くのに必要な旅費を支給しさえする気のくばりようであった[50]。学校に必要最小限の書籍をそろえ，学生の閲覧に資することは，官僚が率先してなすべき業務のひとつとして意識されていた[51]。

袁桷，鄭文原，程端礼等の地元，四明を例にとりあげるならば[52]，まず奉化州では，延祐六年十月から至治二年まで知州として在任した馬称徳が活版で『大学衍義』等の印刷を行い[53]，後に赴任した知州の宋節は，四書五経，『韓柳文』，『通鑑』，『集韻』などを揃えた。さらに，それぞれ至順三年九月，十月に同知として着任した進士出身のハイダルと項棣孫は，元統二年（1334）の儒者の免役の詔[54]を機に，疲弊，弛緩した儒学の文字どおり建て直しを図り，名儒を教師として迎え，書籍を増やし，祭器を整えた（ちなみに，その記念碑の撰文を依頼されたのが，程端礼である。かれはそこでも延祐の科挙再開の趣旨に賛同し，朱子の読書法を遵守して学ぶことのメリットを説いている。この撰文は，現行の『分年日程』と同じ元統三年に係る。また，程端礼は，至正二年には，『至正四明続志』の編纂者で慶元路総管の王元恭とともに，郷飲酒礼を復活させ，さらに，その一部始終を小冊子に纏めて，王元恭が朝廷に奏上，全国普及を図っている。発想は，『分年日程』と同じであり，じつは『至正四明続志』の刊行自体にも，程端礼の思惑が見えかくれする。なお，『両浙金石志』巻一七「慶元路総管正議王侯去思碑」によれば至正三年の時点で，程端礼は慶元路儒学の訓導であった)。

昌国州では，進士出身で同知の干文伝が，延祐四年三月から六年間の在任期間中に，儒学にやはり科挙指定のテキストのほか，『四書』の各『集成』[55]や正史，『通鑑綱目』，『陸宣公文集』，『韓柳文』，『晦庵文集』を置いた。

定海県の儒学では，県のダルガとなったアチャチの音頭で，儒学の官たちが泰定四年から至正二年の間に，杭州路儒学を範とし，儒学の銭糧を資金源に聚書に努めた結果，経史一五一八巻五七五冊，子集七二八巻二一五冊をそろえた。その中には，科挙で指定された『周易程朱伝』，蔡氏『書伝』，朱氏『詩伝』，『春秋胡氏伝』のほか，『分年日程』が要求する『性理四書』，『通鑑綱目』，『山堂考索』などもあった。『玉篇広韻』，『迂斎古文』，『黄氏日抄』，『三場足用』も購入した。それまでは，十三経の古註疏と歴代正史しかなかった。新たに設立された杜洲書院でも，四書，六経，『通鑑』，『史記』，『韓文』，『柳文』，『黄氏日抄』が置かれた。さらに『袁氏蒙斎孝経』と『耕織図』[56]の版木まで作成されている。

もちろん，これらの書籍，書板は，南宋末，咸淳八年/至元九年（1272）の段階で慶元府学が蓄積していた皇帝からの賜書，官書，書板の量[57]と単純に比すれば，たしかに及ばないだろう。しかし南宋接収後，江南諸郡の官刻善本の書板は，散逸を防ぐために，クビライの命令によって，大都の興文署，秘書監に移管されたこと[58]，のこりの書籍についても至元十九年に発生した旧慶元府学の火災を思うならば，ほとんどゼロからの出発だったといってよい。しかも，南宋とちがって府学だけでなく，路，府，州，県の各廟学に満遍なく必要最小限の書籍，釈奠用の祭器が短期間で揃えられたのである。書籍および祭器設置の事業は，成宗テムルの時代に江南から山東一帯を中心に本格的にはじまるが[59]，延祐の科挙再開後とくに盛んになった。それは，四明に限ったことではない。

南宋景定の始め，十厨に置かれていた書籍が，“帰附後，散軼甚だ多く，存する所の者は什の二，三に及ばざる耳”となり，書板の旧刊甚だ富むに，暗室に閉置し，歳久しく朽ち蠹ばまれ，復た修補する無し。今存する所は止だ二十八種，五千四百四十七板”になったという鎮江路の儒学の例にしても，帰附前から延祐二年に至るまで収入源の学田を豪民に乗っ取られ，鎮南王の投下領との問題も絡んで事態が紛糾していたために過ぎない。復田後の延祐五年には，さっそく教授の家晋孫が三鱣堂の傍らに儲書のための建物を増設している[60]。同じ江南浙西道下の嘉興路の廟学でも，延祐五年に大字本の『通鑑紀事本末』の版木を置き，経史文集も増やしている[61]。江南行台の置かれた建康（集慶）路は，「崇儒」において他郡の及ぶ莫きところとの自負のもとに，“科挙興るに，貢士荘の田糧を以て積貯し発を待つ。大晟の楽器は掌楽を設けて之を主らしめ，惟だ春秋二丁の釈奠のみ則ち用いゆ。書籍は則ち『景定志』の云う所の賜書，板刻，買置する者は，兵火に散失して殆ど尽く。帰附の後，諸路に於いて裒集し，及び学計を捐て続刊す。職を設け買う所の経・史・子・集，図志，諸書を収掌せしむ。他郡を視るに，亦た略全て備わる”状態に至るまで，計画的に事業を進めたのであった[62]。

当時こうした書籍をすべて個人で揃えることは，おそらくよほどの名家の子弟，官僚でもないかぎり，難しかった。出版が空前絶後の盛況をむかえたとはいえ，書物は，やはりまだ高価で貴重なものだった。学生は，程端礼も指示するように，廟学，書院所蔵の刊本を借り[63]，みずから抄写してテキストとし，それに書き込みをしていくのがふつうであった。その状況は，至正年間に至っても変わらず，孔克斉は，抄本をつくる場合には，鼠に齧られることを計算に入れて欄外に余白を一寸以上とって，糸綴じの装丁にすること等，細かく指示している[64]。学校は，『四書』，九経，『通鑑』等必要な書籍を購入し，装丁して“以て検閲に備え，借借出学を許さず，但そ欠闕有れば，教官を令て立便に(見)[現]数を照勘し，本学の銭糧の内に於いて刊補す”ることになっていた[65]。江南の儒学に命じ校勘に校勘を重ねて刊行させた大字本をそろえる最高学府の国学でも，生員“各の用いる経，史，子，集の諸書は，官書の内より関し”――すなわち借り出して，支給された紙劄筆墨によって筆写したのであった[66]。いかに刊本が貴重であったか，逆説的な例として，至元末期から元貞年間（1295-1296）にかけて，江南の廟学において，コネや賄賂で潜り込んだ教授等が学校の聖像や書籍を盗み出した事件が挙げられる。そしてその送り先は，なんと“官員”のところなのであった[67]。任期満了で転任するさいに，学校の書籍を失敬していく者もいた。以下のような話もある。

『易程氏伝』の版本は婺州の儒学が刊行した呂東萊の校定本が，もっとも良いとされていたが，皇慶二年（1313）の火事で版木が焼けてしまい，旧家の蔵する所も多くが散逸してしまっていた。婺州出身の柳貫は，このテキストをもっていたのだが，大都にのぼり，袁桷，呉澄との歓談の中で同書に話が及び，請われて呉澄に譲ってしまった。江南に帰って，再び探求したが購入できず，では張枢にたのんで友人のところから借りてもらって校正しよう，と画策したがこれもだめだった。そのご後至元二年になって，張枢に再会したので，また依頼してみると，かれは，次のように返答した。「つい先日，この本を売りにきた人がありまして，中をみますと官書の印が押してあり，どうやら州学の故物のようです。父が教官をしておりましたものですから，私が隠匿しているのだと，人にとやかくいわれかねないとも思いましてね，断りましたのです。そういうことでしたら貴方のために交渉してみましょう」と。翌日には問題の古書をもってきたので，柳貫は，中統鈔十楮を支払ったという。入手するやいなや，さっそく自分で，わざわざ時代がかった古い紙で装丁し，江浙閩楚で刊行されている数多のテキストと比べて，甚だ悦にいっていた[68]。

また，朱子学の聖地，徽州は婺源の明経書院が，至治元年に科挙の「経疑」「経義」「古賦」の模擬試験を行ったさい，各科目の上位入賞者に賞品を授与したが（試験官には，司評として陳櫟，司糾に胡炳文，司盟に胡澄があたった），その賞品というのが，まさに刊本なのであった。「経疑」の優勝者には『西山読書記』と歙硯一卓（徽州の硯は，この頃すでに地元でも垂涎の的だったのである），二位は『杜氏通典』，三位は『大学衍義』，四位以下は『文公本義通釈』，「経義」の優勝者には『四書集成』と歙硯一卓，二位は『四書纂疏』，三位は『程朱易伝』，四位は『文公詩伝』，五位は『蔡氏書伝』六位以下は『文公本義通釈』，「古賦」の優勝者には官本の『礼部韻略』と歙硯一卓，二位は『近思録』，三位は『楚辞集註』，四位以下は『明経講義』が贈られた[69]。明経書院は，延祐二年に勅賜の額を奉じ，名儒胡炳文を山長にいただき，戴表元，呉澄等との繋がりもあった[70]。そうした著名な書院の学生たちでさえ，朱子学の基本書を刊本でもつことに，有り難みを感じたのである。しかも，この刊本，『文公本義通釈』の印刷用の紙が揃わず，胡澄が新たに紙を購入して，陳櫟のもとへ送ったと，胡炳文が手紙を書いていることからすると，陳櫟所蔵の版木から刷った家刻本であったにちがいない[71]。

ひるがえって，程端礼は，制度と治道のための書物を上記のごとく列挙したのち，それらをいかに読み学ぶかについて，次のように述べている。

> 先ず制度の大なる者を択ぶに，律・暦・礼・楽・兵・刑・天文・地理・官職・賦役・郊祀・井田・学校・貢挙等の如くし，分類は『山堂考索』の如くす。所載の歴代沿革は，本末得失を考覆するの後，断ずるに朱子の意を以てし，後世大儒の論議に及ぶ。朱子の『経済文衡』，呂成公の『制度詳説』の如きは，事類毎に鈔し，仍お余紙を留めて，続添す可からしめ，又自ら之に著論を為す。此れ皆学ぶ者，当に窮格すべきの事也。

歴代の制度を，章如愚の『山堂先生群書考索』のように分類[72]，整理し，その沿革を辿り，事の善悪，得失については朱子を判断基準となす。それからほかの学者の議論，所説を検討する。滕珙『類編標註文公先生経済文衡』，呂祖謙『新刊歴代制度詳説』を事類ごとに筆写して例文となし，余白を大きく残しておいて，同じ事類についてのほかの模範文を書き留めたり，自身の論，答案を書いて練習する。『類編標註文公先生経済文衡』前，後，続集各二五巻（旧北平図書館マイクロフィルム　13行×23字　元建安刊巾箱本　存後集八巻，続集十二巻）は，『晦庵先生朱文公文集』，『朱子語類』から重要な論を選んで，各事類に分け編輯したものである。前，後集は『四庫全書』の編纂官の言葉を借りればそれぞれ論学，論古――おもに経，史の問題を扱う。続集は“二集の遺す所を兼ねて補い”，「財賦」「荒政」「和買」「市糴」「勧糶」「常平義倉」「役法」「経界」「水利」「陂堰」「営寨」「保甲」「辺防」「将帥」「屯田」「刑獄」「学校」「礼楽」「廟議」「陵議」「葬制」「祭祀」「褒録忠義」「異端」「災異」「旱蝗」等の類目に分かたれ，朱子自身が取り組んだ事業，見聞に基づく対策，上奏文が収録される，まさに“時務”に当たる部分である。ぎゃくにいえば，当時の受験生は，古典だけでなく，こうしたタイムリーな政治経済問題全てにアンテナを張り巡らしておく必要があり，また，それが当然と考えられていた。朱子のごとく，地方官として対応できるように，数学，農学，工学，医学等の基礎知識，兵書，刑法等雑学の心得を，身につけておかねばならなかった[73]。いっぽうの呂祖謙『新刊歴代制度詳説』も，「科目」「学校」「賦役」「漕運」「塩法」「酒禁」「銭幣」「荒政」「田制」「屯田」「兵制」「馬政」「考績」「宗室」「祀事」の項目を立てて，歴代の制度の変遷を解説する。朱子と異なり，宋代の制度の知識はほとんど『宋会要』からの引用ではあったが。大元ウルスにおいて科挙が再開されると，「策」のために，書肆は早速この書を刊行した。南京図書館の旧丁丙蔵書には，泰定三年の盧陵の刊本を写した清抄本がある。

ただし，程端礼は，同じ科挙の参考書でも，“特(た)だ『源流至論』及び呂成公，銭学士の『百段錦』に倣って策段を作し，挙業の為に資するのみ”という勉強の仕方については，果たしてそれで良いのかと，注意を促す。科挙合格の先を見据え，将来文官となった後に，応用できる学問でなければならない。朝廷において，机上の空論ではなく，地に足の着いた議論を展開できるように。問題になっている『源流至論』とは，林駉・黄履翁『新箋決科古今源流至論』前・後・続・別集を指す。こんにち『山堂考索』と同じく円沙書院から延祐四年に刊行されたテキストが知られる。制度に関する「類目」の立て方は，『山堂考索』，『経済文衡』，『制度詳説』と変わらないのだが，問題なのは，首尾一貫した論ではなく，より多くの事実を簡単に暗記できるように，さまざまな書の片言隻句をつなぎあわせた論が展開され，そのうえご丁寧に註に出典と引用文まで引かれていることであった。原典そのものを読み検討することが，疎かになりかねない。呂祖謙[74]，銭諷の『百段錦』は，こんにち伝わらず，また宋の三山の方頤孫が編輯したという『太学新編黼藻文章百段錦』（北京大学蔵明弘治刊本）も，弘治年間（1488-1505）に突如現れた抄本を翰林院の蘇葵等が再編輯したと称し刊行したものに過ぎない。だが，その書名から察するに，歴代の策，実際の答案等をテーマ別に並べ，合格のコツを会得させるという趣旨の参考書であったのだろう。

便利は便利だが，『源流至論』，『百段錦』だけでは，所詮小手先の知識しか得られない。結局は，前掲の四書五経の注疏，歴代正史の志，書から『大元通制』，『成憲綱要』まで読み，自分なりに制度の変遷，その善し悪しを理解，纏めていくしかない。それが程端礼の考えであった。

しかし，かれのこうした考え方，読書指南が当時一般的な考え方だったのかどうか，確認しておく必要があるだろう。かれとほぼ同時代の江南文人は，科挙の策のために，どのような対策，書籍を提示しているだろうか。そして，元統三年以降に出版された大量の書籍から，教官，受験生たちはどのようなテキスト，参考書を選出したのだろうか。

2）『学範』ほか諸説

洪武二二年（1389），程端礼の弟子のひとりで，王応麟の『四明文献集』の編集者として知られる鄭真は，とうじ広信府の儒学教授となっていたが，友人趙撝謙が著わした『学範』のために，次のような序文を認めた。

> 趙先生撝謙は，『学範』六篇を著わし，まず人を教える要領を，次いで経典の読み方，標点の施し方，文章の書き方，字の書き方を示した。さらには，文房，芸学，事物，器用に至るまで凡そ述べないものはない。これぞ，“知行体用（認識と実践，原理と応用）”の学問であるから，心を砕いてどうか懸命に励まれよ。昔，私の郷里の程端礼先生は，『読書分年日程』を著わし，経伝，子，史，諸集の四部の読書法についてあらまし解説した。識者は，並の人以上の資質であれば要求される水準に到達できるだろうと考える。しかしながら四十数年来，ひとりとしてこれ以上に力を尽くした者がいないのは，嘆かわしい限りである。撝謙の『学範』と『分年日程』は表裏一体であり，『分年日程』の方法によって日課を組んで勉強し，おろそかにしてはならない。きっと世に名高い大儒となり，経世済民の適任者として，天下のひとびとがただちに推挙して，役職に就けることになるだろう[75]。

趙撝謙は，四明余姚の人で，洪武十二年に，二十八歳で『洪武正韻』の校正[76]に参加したあと，中都国子監の典簿をつとめた。だが，同僚とそりが合わず病身を理由に，故郷に帰り，音韻学の研究と執筆に没頭した。そのご，二二年に再度召され，広東瓊山県学の教諭として赴任[77]，二八年に当地で没した。

かれは若年より意識的に釈道清流を問わず四明の名士の教えを受け，交友の輪を広げた。『周易』を天台の鄭四表に，詩歌を張昱に，篆書，隷書，草書等を呉志淳に学ぶといった塩梅で，なかには，鄭真と同じく程端礼の弟子で経史を渉猟した楽良，袁桷との交流で知られる博学多識の夢堂曇噩もいる。明朝廷の文化事業を担った徐一夔，張九韶，朱右，解縉たちとも親しく[78]，宋濂は子の璲を趙撝謙のもとで学ばせてさえいる。さらに，趙撝謙の直接の師は，前述の鄭四表であるが，その四表は張以忠の弟子，張以忠は婺源の王偁の弟子であったので，学問上の系譜では，婺源の胡炳文にまで溯ることになる[79]。けっきょくのところ，趙撝謙は，まだ大元ウルス治下の教育システム，学術の中にあった。趙撝謙のおかれていた環境，時代背景からだけでなく，じっさいに『学範』の内容を分析するならば，そこに示されている教則，読書指南もまた，大元ウルス末期の文人子弟に要求されていた状況の一端であることは一目瞭然である。鄭真のいうとおり程端礼の『分年日程』の延長にあることは，まちがいない。

趙撝謙は，まず「教範第一」において，教えるべき学問を大きく四つに分類する。すなわち経学，行実，文芸，治事である。これは，至大四年（1311）に呉澄が国子監の改革案として提出した教法を踏襲したもので，程顥『学校奏疏』，胡瑗『六学教法』，朱子『学校貢挙私議』の三つが根底にある[80]。つづく「読範第二」では小学，経，史，子，集部の分類のもとに，読むべき書籍のリスト，および韓性，程端礼，陳繹曽という大元時代の教育に深く携わった三人の文人の読書法を列挙し，さいごに自身の考えを述べる。「点範第三」は，程端礼『分年日程』巻二の批点の方法を転載，若干のコメントと参考書を二，三付す。「作範第四」は，「作文」として陳繹曽の『文説』，陳騤『文則』の抜粋と参考書リストを挙げ，「作詩」については前人の詩話，詩法をあちこちから引用，紹介，最後に詩評書のリストを呈示する。「書範第五」では，陳繹曽の『翰林要訣』を中心に，同時代の書法書から永字八法をはじめとする筆法，各書体の模範となすべき拓本を抜粋するほか，参考にするべき字書，書論を紹介する。「雑範第六」は，琴，硯，筆，紙などの文房具，画，印，表装などの基礎知識と蘊蓄が述べられ，さいごに参考書目が添えられる。

本書に挙げられる参考書は，少なくとも洪武二二年以前に，四明近辺の文人，学生であれば，閲覧することができた。『分年日程』が掲げている参考書は，概ね踏襲するが，程端礼と意見を異にし，敢えて記さず，かわりとなる書をあげる例も見られる[81]。そして，これがもっとも『学範』の資料性を高めているのだが，程端礼が言及しなかった，もしくは見ることのできなかった――すなわち元統三年（1335）よりあとに編纂，刊行された書物が相当数記録されている。なかにはこんにち伝わらず，歴代の『書目』などでも知られていなかった書物もいくつかある。それらの書は，当時，ある程度高い評価を得ていたとみてまず間違いない[82]。じっさい，程端礼のあげる書目と同様，粛政廉訪司，儒学提挙司の監督下に刊行された官刻本もしくは元建安刊本でたしかに存在したことを確かめることができる。また，陳櫟や胡一桂の『尚書』，『易』，『詩』の纂疏，倪士毅『四書輯釈』，程復心『四書章図』，鮑雲龍『天原発微』，胡炳文，汪克寛の一連の経史書の註釈，許謙の『読四書叢説』等がとりあげられていることは，とうじの徽州，金華学派の文人たちの活躍と建安刊本の流通ぶりを示すものにほかならない。とくに徽州の学術が江南で圧倒的に優勢であったこと，これは否定のできない事実であり，明初朝廷の学術継承を考えるうえでも最低限必要な認識であろう。金華もたしかに呂祖謙以来の学問の伝統を誇るものの，出版数からみれば徽州には及ぶべくもない。それは『学範』だけでなく，『礼記集説』（足利学校遺蹟図書館蔵元建安刊本），『書集伝』（『四部叢刊』所収元建安刊本）等，この時代に編纂された書物巻頭の「引用書目」，至正一〇年（1350）「密州重修廟学碑」碑陰「所購密州士大夫書籍」（『乾隆諸城県志』巻一五）をみても，一目瞭然である。ことさらに大元時代の金華学派を強調するのは，宋濂の思惑に乗せられているも同然である。

『分年日程』，『学範』の挙げる書の多くが，前掲碑碑陰の書籍リスト，陳師凱の『書蔡氏伝旁通』（至治元年序　国立公文書館蔵至正五年建安余氏勤有堂刻本）や趙悳の『四書箋義』（泰定元年序　台湾故宮博物院蔵影元鈔本）の「引用書目」にも見えることは，こうした読書規範が単なる理想ではなく，実際に定着していたことを裏付ける――「引用書目」は，じゅうらいほとんど使用されていないが，当時の書籍流通，こんにち伝わらないテキストの存在，文人たちの学術，思想を知る上で，貴重な資料である。加えて曲阜孔家が弘治十五年 (1502) に建安書坊に刷らせ孔廟の奎文閣に置いた書物のリスト，二年後の十七年の時点で建安書坊に保管されていた版木の書名リスト[83]，明嘉靖年間の「杭州府儒学尊経閣書目」[84] 等と一致するものが多いことは，明代半ばにいたっても大元ウルス治下の教育システムの影響下にあったことを，端的にものがたる。『分年日程』は，明版，朝鮮版の『居家必用』にも取り込まれた。そして敢えて付け加えるならば，『分年日程』，『学範』は，朝鮮全羅道の龍潭，泰仁の官庁で版木が作成されている[85]。日本でもひじょうによく読まれ，宮廷，幕府，学校等の所蔵機関，朱子学者をはじめとするひとびとの書籍の刊行，収集，読書のあり方に大きな影響を与えた。たとえば瑞渓周鳳は宝徳三年 (1451) 四月，友人たちと『分年日程』を話題にのぼせている（『臥雲日件録抜尤』第一三)。林羅山は『学範』に目をとおし，程端礼と趙撝謙の推薦書を中心に収集，筆写につとめた（『羅山林先生集附録』巻一)。『分年日程』は昌平坂学問所の官板が，『学範』は明暦二年 (1656) に上村次郎右衛門が開板したテキスト（京都大学附属図書館谷村文庫蔵）が知られている。そして，まさにモンゴル時代にあたる 1320–30 年代以降に創建されたとおぼしき足利学校の学問教育の源流は，つきつめれば『分年日程』，『学範』の二書にあるのである。

さて，趙撝謙が「時務策」のために読むべき「通用」の書として挙げたものを前掲の程端礼のリスト（『通典』から『成憲綱要』まで。『説文』以下は，趙撝謙の範疇では，「字学」に分類されるので除外する）と比べてみると，『通典』から蔡氏『律呂新書』までは，陸農師の『礼図』を欠く以外はすべて同じである。しかし『弁証律準』から『成憲綱要』まではまったく取られていない。かわりに『類説』，『黄氏日抄』，『博物志』，『集古録』，『博古図』，『征賦定考』，『太平御覧』が採用されている。宋の曽慥編『類説』は漢以来の百家小説を集めたもの，『周廬註博物志』十巻は，晋の張華が編んだといわれる小説集の輯逸で，「策」には，まず関係ない。黄震『黄氏日抄』については，後至元三年 (1337) 慈渓黄氏刊本（台湾国家図書館蔵)，および至正三年刊行の小字本（13 行×24 字)[86] が伝わる。後至元三年刊本は，もとの初版の版木が兵火の中で滅びてしまったため，黄震の諸孫が祖訓の失墜を恐れ，端本のテキストを買い集めて，再度刊行したもので，それ以前は，入手が困難だったと考えられる。先に紹介したように，当時四明の廟学，書院で新たに購入された書籍リストにも確かにこの書が含まれており，程端礼も『礼記』の参考書として挙げている。巻一〜三三は十三経，三四〜四五は宋の諸儒の書，四六〜五〇は『史記』から『五代史』までの正史と『宋名臣言行録』，五一〜五四は諸雑史，五五〜五八は諸子百家，五九〜六八は唐宋古文家の文集について，それぞれ解説，六九〜九七は黄震自らが著わした「奏箚」「申明」「公移」「策問」等[87]を収め，いちおう「経史時務策」をカヴァーする内容となっている。欧陽修『集古録跋尾』十巻は，周穆王から五代までの金石文に附した跋文四百篇余りを収録したもの，『至大重修宣和博古図録』は，西湖書院に版木を蔵したことがわかっている。元貞，大徳年間（1297–1306）から次第に各地の孔子廟に釈奠用の祭器が作成，設置されはじめ，至大年間以降は急ピッチで，全国の路，府，州，県の廟学に備え付けられるようになる。この『博古図』は，祭器の見本，カタログのひとつとして用いられた。『征賦定考』は，呉澄の弟子袁明善が著わした，経伝を援引して井田水利の法を説く経世の書[88]であるが，こんにち伝わらない。しかし，何よりも注目すべきは，『太平御覧』全一千巻が挙げられていることである。南宋嘉泰四年（1204）の時点で，四川，福建の刊本の存在が知られていたが，じっさいには楊万里のような文人でも書名を聞くのみで，自身直接閲覧できるとは夢にも思っていなかったらしい[89]。もし個人が容易に閲覧できる状況になっていたとすれば，大元時代末期の出版は，じゅうらいの推定よりもはるかに驚異的な成長を遂げていたことになる[90]。

いっぽう踏襲されなかった書のうち，『大元通制』，『成憲綱要』は大元ウルス朝廷編纂の政書であり，洪武年間の政治状況，体質を考えるならば，削除されるのは仕方がない（大元時代の書でも，『征賦定考』は加えられているが，この書は，大元時代の具体的な征賦関係の公牘を収録して論ずるものではない）。しかし『唐律疏義』，『宋刑統』などの刑法，『禋典』，『郊廟奉祀礼文』のような宋代の礼制の書まで載せず，またかわりに洪武三年に頒行された『大明集礼』，六年編纂，八年より部分的改訂，二二年に根本的改訂がほどこされた『大明律』を採るわけでもない。趙撝謙は，それらのテキストを見られる環境にあり，しかも「教範第一」の「治事」には，ちゃんと選挙，食貨，礼儀，楽律，算法，吏文，星暦，水利，兵法，医薬，卜筮の科目が挙げられているにもかかわらず。受験生たちが『大明集礼』，『大明律』を容易に見られる状況ではなかったのか，あるいは，明朝廷に，受験生たちがモンゴル時代と現行の不備な制度を比較して論ずること，具体的な「時務」の知識を得ることを嫌がる雰囲気が漲っていたのか。おそらくはその両方だろう。明朝廷の版木の管理は甚だいい加減で，希望者への印刷サーヴィスは，想定されていないに等しかった。江南行台を接収後，江南各路の宋元版の版木を集め，明朝廷の国家出版物の管理にあたった南京の国子監でさえ，成化初めには版木の大半を欠く有り様であった。嘉靖七年（1528）の時点で『大明律』三十巻は，“存する者二面，余りは皆欠”していたという。また，洪武二〇年の時点で，科挙は明経科に重点を移し，策試は“唯，経史を以て問う”[91] ばかりになってしまっていた。趙撝謙が「時務」について具体的な書名を挙げようとしても，困難な状況にあったのである。

なお，「治事」のうち算法，吏文，医薬，卜筮は，じゅうらい士大夫の学問ではなく，商人，胥吏，医者，占い師といった“民間”“庶民層”の専売特許のようにいわれてきた。しかし，じっさいには，『本草』，『霊枢』，『素問』，『六壬神枢』，『八十一難経』，『傷寒論』，『葬書』，『農桑輯要』，『太乙福応』のような「雑書」——“九流の説”も，「儒者は一事の知らざるを恥とする以上，雅論でなくとも究めざるを得ない」というのが趙撝謙をはじめ，当時の文人たちの考え方であった[92]。程端礼も，『分年日程』巻一の“『程氏増広字訓綱』を読む”の割り註にて，“医家の『脈訣』の如きは，最も初学に便なり”という。じじつ，大元時代，これらの書物——陰陽や医学の試験の欽定教科書，勧農書は，すべて当該機関から国家出版され，中央および各路，府，州，県の学校，官庁に配布されていたのである。ぎゃくに医学生も指定の教科書のほか，『素問』，『難経』，『脈訣』等の基本書を学ぶことはもとより，小学，典章，案式，算術，四書五経，『毛詩』と『爾雅』の薬草の名に通じることをも要求されていた[93]。儒と医は限りなく近い関係にあった。陰陽についても，『地理葬書』

を呉澄が删定，金華の鄭謐が註釈を施し，新安の儒者趙汸が『葬書問対』を巻末に付す，というような例がある[94]。そもそも，大元ウルスの朱子学隆盛における最大の功労者のひとりで，“南の呉澄”と並び称され，皇慶二年（1313）六月，孔子廟に宋儒九名とともに従祀された“北の許衡”自体が，釈，老はもとより，“医，卜筮，兵刑，貨殖，水利，算数と究めざる所なき”人であった。のち『元史』の編纂者のひとりで，洪武帝にとりたてられた文人王禕が読書指南として書いた『青巌叢録』に，経書以外に仏教，道教，陰陽家，医家が取り上げられているのも，劉基が飲食，服飾，器用，百薬，農圃，牧養，陰陽，占卜，占断，十神の分類のもと『多能鄙事』（名古屋市蓬左文庫蔵明刊本）を著わしたのも，儒道仏の三教兼通，占卜，医学等の雑学の知識が，当時ごくあたりまえのことだったからである（ちなみに高麗末から朝鮮初期においても鄭道伝等が中心となって書籍鋪を設置，活字を鋳て経・史・子書，諸家の詩文はもとより医方，兵律に至るまであらゆる分野の本を印刷した。『三峰集』巻一「置書籍鋪詩并序」参照）。

そして，だからこそ，趙撝謙は，これらあらゆる方面の知識を一書にまとめた『居家必用』のような類書を必読の書に挙げたのである。至正二〇年に趙撝謙と同じ四明の定海県で，県尹の汪汝懋によって，刊行された『山居四要』（台湾国家図書館蔵元刊本　12行×24字）も，太史楊瑀の『山居四図』を骨組みとして，さまざまな書籍から要点のみを抜き出し，「素問格言」，「居宅避忌」，「辟穀救荒」，「六畜病方」，「文房必用」，「行厨須知」等の項目のもとに整理した書だが，士大夫が読んで見聞を広め善政を施せるように，との目的で編まれたのであった[95]。そして，この書に序文を寄せ，版木に字を書いた徐勉之は，慈湖書院の山長であった。なお『居家必用』の後至元五年の建安呉氏友于書堂刊本[96]には，各巻の最初に挿絵が付されているが，やはり通念とはことなって“民間”人のための出版物ではなく，士大夫のためのものであったわけである。そして同じく，まさに『学範』のいう算法，吏文，医薬，卜筮をはじめ，農桑，文芸，文房等の類をたて，さまざまな書籍のさわり，節要を綴じ合わせた『事林広記』も決して庶民のためのものではなかった[97]。のちの明においても，朝鮮においても，そして日本においても。それは，すべての分野の知識，あらゆる書物の精髄を，要領よく，ヴィジュアルに見渡そうとする精神のもとに，編纂，提供された書物にほかならなかった。唐宋以来大元時代までの古今の郡邑の沿革，官制等を調べる際に，とりあえず使用されるのは，手軽な『事林広記』，『事文類聚』，『翰墨全書』，『方輿勝覧』，『輿地要覧』，『啓箚青銭』，『官制沿革』の類いであった。方回や程復心のような儒学者たちにとって，それはごく当たり前のことであった[98]。これらを建安刊本で挿絵がついていることを根拠に，安易に「日用類書」なる語で呼び，定義すらもはっきりしない“民間”の書物と決めつけ，またそれを前提に，個々の記事を理解しようとするのは，本末転倒というものである（そもそも「科挙詔」の全文や「大元官制」，「皇元朝儀之図」，「官員禄秩廩俸給」の記事を載せること自体，同書が，誰のために編纂されたものかはっきり示しているのだが）。それでもなお敢えて「日用類書」という呼び方にこだわるならば，一体如何なる階級のひとびとのための日用類書なのか，常に肝に銘じておく必要があるだろう。

ところで，趙撝謙がしばしばその説を引用する陳繹曽も，その著『文筌』において，経，子，性，礼，楽の五件の書は「専精＝心尽」し，政術，兵，法律，天文，地理，姓氏，小学，名物，図譜，史，伝記の十一件は「博習＝考索」し，草木蟲魚，医，卜筮，陰陽家，古緯，器物，百工の七件は「旁通＝摘要」し，雑芸，異端百家，小説雑書の三件は「汎覧＝渉猟」し，総集，別集は「鈎玄＝遴選」しなければならないという[99]。やはり，いやしくも朱子学を奉ずる者ならば，いずれの分野の書にも通じていることを要求されたのである。

陳繹曽は，父の陳康祖が，同じ呉興出身の趙孟頫，銭選や戴表元等と親しかった縁で，戴表元に師事した。当時のかれらの交友関係の広がり，文学，芸術活動の一端は，『郭天錫手書日記』（上海図書館蔵稿本）から窺える。それによれば陳康祖は，至大元年の時点で杭州路下の儒学教授を務め，翌年十月末からは澧州路へ転任する。息子である繹曽もおそらく同行したのだろう。そのご，延祐年間（1314–1319）に大都に上ったともいう[100]。陳繹曽自身については典籍，碑刻資料から少なくとも至順元年（1330）から後至元五年まで国子助教，至正元年から至正四年まで翰林国史院編修官を務めたことが確認される[101]。陳繹曽は，こんにち修辞学の書である『文筌』，『古文矜式』，字学の書である『翰林要訣』の著者として知られるが，これらは，とうぜん当時の文壇の中心にあったひとびとの考えを反映しており，また国子監での授業においても講じられた事柄だろう。少なくとも『文筌』は至順三年の自序を有し，国子助教の在職期間の執筆である（なお，陳繹曽は，延祐の科挙再開に際しても，各科目について読書と作文の対策，参考書目リストを示した。それはこんにち『文説』（『四庫全書』本）の中に見えている。しかし，「時務策」のための読書については具体的な書名を挙げていない[102]。『文筌』，『古文矜式』自体は，いずれも科挙のためというよりは『翰林要訣』と同様，この時代の特徴である「ヴィジュアルなマニュアル本の作成」によって，全ての文体を解析することに本来の意図があった。この時代の詩評，詩話の流行もこの精神にもとづいている）。主な対象は，さまざまな場面で撰文を依頼される中央，地方の文人，官僚たちだった。しかし，陳繹曽は，至正元年（1341）には，干文伝，林泉生，黄溍，柳貫等とともに江浙行省の郷試の考官をつとめており[103]，かれの説く文体論を学ぶことは，受験生にとっても決して損なことではなかった。その結果，『文筌』が譚金孫の『新刊精選諸儒奥論策学統宗』（『宛委別蔵』所収）の巻頭に附されることにもなったのである。

『学範』がとりあげる韓，程，陳三氏の説のうち，のこる韓氏は，先述したように韓性を指すと見られる。第一に，巻上「読範第二」の『孝経』条において，"最近刊行された呉草廬先生（呉澄）の註した『孝経刊誤』"云々と述べていることから，大徳七年（1303）以降，存命だった人物でなければならない[104]。第二に，『金華黄先生文集』巻三二「安陽韓先生墓誌銘」によれば，程端礼と同様に，四明の名士王応麟・戴表元およびオングト族の大物官僚で国子学を綱領したこともある趙世延[105]等との交際が確認でき，延祐の科挙再開の際，四方の学生達がこぞって作文法について教えを請いに来たこと，朱子学を重んじたこと，元統元年の進士に首席で合格し江南行台の監察御史となった李斉，江南行台御史中丞のオルグ・ブカ[106]等の門人を輩出していること，至正元年に没したことを伝えているからである。そして，程端礼兄弟の伝は，まさにこの「墓誌銘」をもとにして成った『元史』巻一九〇「韓性伝」に附されているのであった。

じつは，韓性の説は，陳繹曽の『文説』(『四庫全書』本) の後半部に丸ごと収載されている。このテキストでは，一読すると韓性ではなく陳繹曽の所説であるかに見える。だが，前段末尾に「答韓荘伯読書説」とあるので，これを前の「科挙のための読書法 (銭大昕のいう陳繹曽の『科挙天階』の可能性がある)」の部分の註と取り，後に「韓荘伯読書説」を附して参考とした，と考えることも可能である。むろん　韓荘伯が韓性と同一人物であれば，の話だが (オルグ・ブカの申請によって，朝廷から賜った諡は荘節先生である)。趙撝謙が，陳繹曽の説を韓性のものに誤る可能性は，ほとんどなく，問題があるとすれば，『永楽大典』からの輯逸本である現行の『四庫全書』本『文説』のほうであろう。『学範』「作範」所収の『文説』，および明の廬陵の曽鼎が『学範』をほとんど剽窃した上に前代の作文の方法を付け加えて編輯した『文式』附『古文矜式』(中国国家図書館蔵明刻本)[107] に引く所の『文説』には，韓性の『読書説』の部分はない。ぎゃくに，『四庫全書』本の他の部分はこれらのテキストに比して簡略化されており，完全なものではない。

こんにち見られる韓性の『読書説』に，「対策」のための直接的な「通用」，「雑書」の読書指南は見えないが，史書の読書法において，やはり程端礼と同様に，『通志』，『通典』を挙げるほか，『旧唐書』，『唐会要』，『宋会要』等の書が見えることは，注目される。また，墓誌銘によれば，韓性自身，専著こそ遺しはしなかったが，天文，地理，医薬，卜筮，浮図，老子の書についても通じない所はなかった，という。

四明の儒者の出世頭で，翰林院に長く勤めた袁桷は，科挙再開の少し前に国学での教育について，次のような建言をしている。

> 国朝の国学の定制は，深く「楽を典（つかさど）り冑子を教える」の古意有り。儻し唐制の如く，五経におのおの博士を立て，之を俾て専ら一経を治め，互いに問難を為さしめば，以て其の意を尽くさん。当世の要務に至りては，則ちほぼ宋の胡瑗の立つる湖学の法の如く，礼楽，刑政，兵農，漕運，河渠等の如き事も亦た，朝夕に講習すれば，以て経済の実を見わすに足るに庶からん[108]。

胡瑗は，モンゴル時代に称揚される宋の范仲淹によってとりたてられ，蘇州の郡学，湖州，国子監などで教鞭をとった文官である[109]。また，袁桷は，この実学，経世の学を疎かにしたことが，宋の滅びた原因だと明言する。

宋の末年より朱熹の学を尊ぶも，唇腐舌弊，『四書』の註に止まり，故に凡そ刑獄，簿書，金穀，戸口の密靡出入は，皆，以て俗吏と為し，而して争って鄙棄し，清談危坐して，卒に国亡ぶに至るも救う可き莫し。

程端礼，趙撝謙等の教法の根底にも，この考え方が流れていたに相違ない。吏の職務を蔑む姿勢は，ここには全く見られない。モンゴル時代の華北の文人たちと同様に，浙東の学問も，“多識を以て主と為し，経史を貫穿し，百家を考覈し，天官，律暦，井田，王制，兵法，民政自(よ)り，委曲に該通し，必ず諸を実用に措せんと欲し，空言を為さざる”[110] ことをモットーとした。

以上のように，この 13・14 世紀のモンゴル時代，文官たちは，古典から現代まで，文系，理系を問わず幅広い教養を身につけることを強く要求された。しかも，官職に就くならば複数の言語に通暁し，ウイグル文字，パクパ字も読めることが望ましく，解由状の記載条項には言語能力も含まれていたのである[111]。そのうえ，古典の註釈，書画や音楽等の各分野に新風を吹き込み，囲碁のような遊息の芸の才，水利事業などに必要な工学，数学の術に長けた趙孟頫，任仁発のような官僚もいた。イタリア・ルネッサンスに先立つ「万能人」の登場であった。

2-2　文体の習得

1）『分年日程』

さて，程端礼の方式にしたがえば，『通鑑』，『韓文』，『楚辞』，策のための読書カリキュラムをマスターしたのち，ようやく本格的な作文の練習がはじまる。学識があってこそはじめて，さまざまな文体が理解できる，と考えるからである。それまで会得した科目を朝食前に復習しながら，二，三年の間，作文に専心する。六日で一周のローテーションを組み，初日の午前は四書の伝註，或問，二日目の午前は五経の伝註，三日目の午前は『通鑑』の復習，この三日間の午後は経書の正文の復習，夜は策のための「制度」「治道」関係の読書，探究，のこりの三日は，午前は模範となる文集を読み，午後は作文の方法の模倣，習得，夜は，それらを筆写，批点を施す作業である。程端礼は，三場の各科目の文体の習得に必要な参考書を具体的にあげ，「策」については次のようにいう。

策を学ばんと欲すれば，我が平日四書於り得たる者を以て本と為し，更に平日学ぶ所の文の法を守り，更に『漢唐策』，『陸宣公奏議』，『朱子封事書疏』，『宋名臣奏議』，范文正公，王臨川，蘇東坡の『万言書』，『策略』，『策別』等を略看す。利害を陳ぶるを学べば則ち得たり矣。況んや性理，治道，制度の三者は已に工夫を下せば，亦た問う所に答うるを以てする無きに患わず矣。今日の時務の得失と雖も，亦た須らく詳究すべし。

平日学ぶ所の文の法とは，経史とくに『孟子』の文を基本としたうえで，それを応用した文体の模範例を学ぶことで，①『文章正宗』[112]におさめる韓愈の文のうち，議論，叙事両体の華・実兼ねそなわる文七十余篇を鈔写し，『晦庵先生朱文公韓文考異』，謝枋得の『批点韓文』[113]を増広した程端礼自身の『程氏批点韓文』の二つの当該文の箇所を参照しながら，毎日熟読して，その篇法，章法，句法，字法を体得する。②韓愈の全集を通読する（韓愈を一生の作文の骨子となすべきだ，というのが程端礼の考えである）。③韓愈から展開して，陳亮が選んだ『欧陽文粋』[114]，曽鞏『元豊類稿』，王安石『臨川集』の三家の文体を学び，柳宗元の文（まず『文章正宗』収録のもの，次に全集），蘇洵の文を読む。④史官の任を務められるように，まず『文章正宗』，湯漢の『東澗先生妙絶古今文選』[115]収録の『史記』，『漢書』の文を読み，次に『史記』，『漢書』全体を通読する。以上の四段階からなる。

『漢唐策』は『文献通考』巻二四八にみえる陶叔献の『漢唐策要』十巻を指すのだろう。ついでにいえば，『両漢策要』なる書もあって，これは，北宋の景祐二年（1035），進士陶叔献が編纂した十巻本を金朝大定年間（1161-1189）に二巻増広して出版したテキストをもとに，趙孟頫が一字一字版木に書いた，といわれている。

『陸宣公奏議』のテキストは，戴表元の友，蘇台の陸子順が編輯した『陸宣公奏議精要』三巻[116]，盧陵の鍾士益（永豊の鍾士荒？）が奏議と制誥に註を施した『陸宣公奏議増註』があったことが文献上から知られ[117]，劉岳申は後者について，“場屋を使て此れを得らしめば，時務は有用の策無きを患わず，廷対に此れを得らしめば，聖朝は晁董の文無きを患わず，奏疏に此れを得らしめば，人主は納諫の明無きを患わず，制誥に此れを得らしめば，天下四方は感泣の人無きを患わず”と，はっきり科挙の対策に有用であることを述べている。現存の元刊本では，至大四年（1311）に，嘉興路から刊行された奏議と制誥を収録する『唐陸宣公集』二十二巻（静嘉堂文庫蔵　大字本10行×17字）[118]，後至元六年（1340）に，嶺北湖南道粛政廉訪司から刊行された潘仁の『陸宣公奏議纂註』十二巻（旧北平図書館蔵マイクロフィルム　大字本7行×17字）[119]，至正十四年（1354）に，建安劉氏翠巌精舎が謝枋得の経進批点正本を入手して重刊した『註陸宣公奏議』十五巻（台湾国家図書館蔵　小字本12行×23字）の三種が伝わる。翠巌精舎の牌記も，この書が，科挙の経史時務策の対策のために刊行されるのだと，言明している[120]。陸宣公は，農桑，学校，常平法，戸口，田野といった大元ウルスがとくに力を入れた分野の奏議を行った先駆者でもあった[121]。

『宋名臣奏議』は趙汝愚の『国朝諸臣奏議』一五〇巻を指す。曽て編まれた『国朝文鑑』の奏疏一五六篇では粗略に過ぎるとして，秘書少監であった趙汝愚が，秘府四庫所蔵の史書を検索して，建隆から靖康までの奏議を大きく「君道」，「帝繫」，「天道」，「百官」，「儒学」，「礼楽」，「賞刑」，「財賦」，「兵」，「方域」，「辺防」，「総議」の各門に分類，収録した。淳熙十三年（1186）に献上され，福建，四川等で刊行されたが，こんにち知られるのは，淳祐十年（1250）史季温が福建で刊行したテキストの版木を，大元時代に補修，再度刊行したものである。

朱子の「封事」，「書疏」，王安石，蘇軾の「万言書」，「策略」，「策別」については，それぞれの文集から特にそれらを選んで読めばよく，また，単行本として売りだされてもいた。

『范文正公政府奏議』は元統二年（1334），范仲淹の八世孫の文英が刊行した范氏家塾歳寒堂刊本二巻があり，少し前の天暦年間（1328-1329）には『范文正公集』附録十四種（台湾国家図書館蔵天暦范氏歳寒堂刊本）[122] も刊行されている。「義荘」で知られる范仲淹は，大元ウルス治下，タングトおよび江南の文人，儒者によって，意図的に特別な先賢として祭り上げられた。科挙再開のさいに，アユルバルワダが「千百人中より一人の范仲淹を得られればじゅうぶんだ」と言ったと伝えられるほどに（『道園学古録』巻三四「送朱徳嘉序」）。その動きは，既にクビライの至元二五年の時点で明白になっており，程端礼も決して無縁ではない。『范文正公政府奏議』，『范文正公集』附録十四種の出版も，祠堂の建設，義荘等一連の事業の産物である（詳細は別稿において述べる）。

以上のような読書を経て，科挙の各科目に対応できる作文の基礎力，模範文がたたきこまれると，こんどは答案をじっさいに作成するためのトレーニングが開始される。程端礼は，真徳秀の「応挙工程」の方法と，戴表元，謝枋得の学習法を組み合わせて採用した。かれは，三場の「経問＝経疑」「経義」「古賦」「制誥章表」「策」の順に，各科目毎に読書九日作文一日のローテーションを組んだ。最初の六日間の朝は四書五経の伝註の復習，残りの三日間の朝は経書，楚辞，韓愈の文の復習である。昼食後は毎日試験の第一場すなわち「経問」「経義」の文章を読み，真徳秀の工程にしたがって，「性理」「治道」「制度」「故事」の順に論を習得していく。夜は三場四類の分類にしたがって，関連の文章を抜粋，編輯，筆写して批点を施す作業を行う。最終の十日目は一日中，模擬試験，夜は自分の書いた文章を壁に貼って他人の答案のつもりで，添削するのである。いかなる文体が適切なのか，じゅうぶんに体得できてきたら，徐々に読書の日数を削り，かわりに作文の日数を増やしていく。ちなみに，この最後の「挙業」の課程において，程端礼の友人で平江書院の山長劉有慶[123]などは，科挙対策として学生に平日からただ“監韻（＝『礼部韻略』）”のみを携えて入室させ，部屋に施錠して試験場の雰囲気に慣れさせたという。

程端礼は，「経疑」，「経義」において，『大学或問』，『中庸或問』の文体をひたすら手本とすることを要求し，宋末のいわゆる“文妖経賊”，“末流軽浅虚衍”，“敷衍虚浮”の弊をを改めようとした。“原講証結を冒す”こと，これをかれは最も忌み危惧した。科挙再開の詔が指示するとおり，“格律に拘ぜず”，“胸中の学ぶ所を直写する”こと，朱子の「貢挙私議法」に依拠することを繰り返し主張した。というのも，科挙が再開されてからまもなく，すでに延祐七年（1320）の時点で，合格答案に，北宋末期の張庭堅の文体どころか南宋末期の体が復活しはじめ，試験官の中にも科挙再開当初の政府の意図，期待を理解していない者がいるとの認識をもったからである。同じ「科挙の詔」で“浮藻を矜まず，惟だ直述に務めよ”と述べられる「経史時務策」にも，同様の現象が見られた可能性は高い[124]。

程端礼の考えでは，科挙の文は，必ず其の意味，理屈が精深で，考証が的確，ことばづかいが典雅でかつ当を得，叙述が明確でのびやかでなければならなかった。すなわち「古文」そのものでなければならなかった。科挙の合格答案は，回を追うごとにレヴェルが下がり，模範とするには足りないように思われた。先儒の策，奏等の名文，佳作に学ぶほうが，ずっと役にたつ，というのがかれの結論であった。では，同時代のほかのひとびとは，科挙の文はどうあるべきだと考えていたか，模範とする文体は誰のものであったか，その読書指南を確認しておこう。

2）『学範』ほか諸説

陳繹曽が『文説』において科挙の策のために推薦する書も，まずは，程端礼と同様，書坊刊行の『漢唐策』である。董仲舒の三策を体となし，賈誼の「治安策」を骨となして，それから蘇軾の『策略助波瀾』（これも程端礼に同じ），白居易の諸策を参考にせよと言う。また，『文筌』「古文小譜五」《一．文体》において，「対」は“答問之詞。対策，対問”と述べ，その源は，『左伝』，『家語』，『孟子』，『董仲舒』にあるといい，参考書として『文選』，『[唐]文粋』，『韓[文]』，『柳[文]』を挙げる。同様に「奏」については『漢疏』，『文粋』，『陸宣公[集]』，『宋[諸臣]奏議』を，「弾」は『文選』，『文粋』，『文劉』を，「表」は『韓』，『陸宣公』，『蘇[東坡]』を，「状」は『韓』，『陸』を，「箚」は『陸宣公』，『欧』，『蘇』を，「書」については『韓』，『柳』を参考書として挙げている。『文筌』「古文小譜五」《二．文体》においても，総集として『文選』，『古文苑』，『文苑[英華]』，『[宋]文鑑』を，別集では唐宋八家の各文集と『陸宣公文集』を挙げる。この選書は，ちょうど“昔者，漢唐七百余年，惟だ董仲舒，韓退之のみ弁学正誼にして，先王遺烈に庶幾（ちか）からん。而れども政理を尚論すれば，則ち賈太傅，陸宣公に如くは莫し”[125] とのべた新安の趙汸の見解に近い。

いっぽう，韓性の取る方法は，文章を読むならまず『孟子』の贍逸なる者二十余章，『韓文』から四，五十篇，そして『蘇文』から三，四十篇，気に入った文を選び書き写して，計百篇に編纂する。百篇以上欲張る必要はなく，ぎゃくに気に入ったものが少なく足りない場合には，無理に選ばず，全部読み終わってから，再度じっくり全集を読み返し，すぐれた文を選び取る作業を繰り返していく。そして，自分だけのアンソロジーができると，勉強の合間に何度も反復して読み，批点を施し，これらの文体をものにする。『読史管見』を敵にみたてて，自説を展開する練習をする。『荀子』，『揚子』，『文中子』，『新序』，『説苑』，『雑家』，『管子』，『召覧』，『賈誼』，『淮南子』や，道家の『老子』，『荘子』，兵家の『孫武』，法家の『韓非子』等，精奇な論説を繰り広げる諸子百家の文章を博覧することも薦めている。

『学範』が「読集」において列挙する総集のうち，『文選』，『唐文粋』，『宋文鑑』，『文章正宗』は，程端礼，陳繹曽ともに「古賦」「詔誥・章表」科の参考書として挙げ，『文苑英華』は，陳繹曽の特にお気に入りの書だった。『太平御覧』と同様一千巻にのぼる『文苑英華』を，陳繹曽，趙撝謙ともに読むべき書とするのだから，少なくとも官庁，学校などで閲覧できる状況に至っていたに違いない。陳師凱も『書蔡氏伝旁通』の「引用書目」にあげている。もっとも，延祐元年（1314），科挙再開の詔に呼応して，趙文（字は儀可，号は青山）が『文苑英華纂要』（中国国家図書館蔵元刊本）甲乙丙丁四集計八十四巻を刊行しているので，こちらの簡約版が流通した可能性もある[126]。趙文は，東湖書院の山長，南雄路学教授等を歴任したが[127]，“此の書に熟精し，文場寸晷の下に鏖戦し，能く朱衣の人（試験官を指す）を使て暗かに点頭せしめれば，則ち雁塔に題し，銅章を綰べるは，特だ芥を拾う耳”とかなり露骨な薦め方をしている——いかにも，受験テクニックに長けた廬陵の出身で，曽て宋の太学生であったことを偲ばせる序文ではある。このような謳い文句は，書坊のみに責を負わせられるものでは決してない。ちなみに，かれは同年，『策準』なる科挙の参考書の序文もものしている——。なお，別集については，所謂「唐宋八大家」の文集を，程端礼，陳繹曽，趙撝謙のいずれもが挙げていることが，特徴的である。ただし，趙撝謙は，「点範第三」において，程端礼が『文宗正宗』中の韓愈の文七十篇に批抹を施した『程氏批点韓文』は，世間でひじょうによく使用され内容も精緻だが，繁雑に過ぎる嫌いがあるので，学生は死守する必要はなく適宜省略してもかまわない，と助言する。そして，蘇洵が批点を施した韓愈の全文集を強く薦めている。

趙撝謙が独自に推薦する文集は，『学範』のリストから，韓性，程端礼，陳繹曽の言及する書を除外して残ったもの，と考えられる。総集では，『続文章正宗』，『文章軌範』，『崇古文訣』，『古文集成』が該当する。前の三者は，いずれも元刊本が現存し，さいごの『古文集成』[128] は，『文章正宗』，『古文関鍵』，『崇古文訣』，『古文標準』等の批点を引用し，註釈に白話語彙が用いられていることで知られる（『四庫全書』の編纂官は，宋の王霆震の撰とし，南宋理宗の頃に書肆が刊行したと推測する）。また，別集として黄庭堅を挙げるのも，趙撝謙ひとりである。いっぽうで，程端礼が推薦する『名公四六』，『四六宝苑』，包宏斎『宏辞総類』，汪藻，周必大，陸遊，劉克荘の文集等は採られていない。

なお，文評に関しては，趙撝謙は「作範上」において蘇洵『批点孟子』，陳騤『文則』，謝枋得『古文様論』，李淦『文章精義』，潘昂霄『金石例』，明初の唐之淳『文断』の書名を示し，「読範」《諸子》において，『文心雕龍』を挙げている。

趙撝謙は，蘇洵，謝枋得の『批点孟子』を，“極めて人を使て作文の法を知り易くせしむ”と推奨する。韓愈および欧陽修の文が『孟子』に学ぶ[129] ことは，当時の常識であって，『韓文』を一生の文体の骨子と為すからには，当然入門として，思想書としてのみならず，作文の教科書として『孟子』を読むことが，要求されたのである[130]。

いっぽう，謝枋得の『古文様論』については，これまで存在したことすら知られていなかった。『疊山先生批点文章軌範』とは，おそらく別書である。なぜなら，先述したように，同じ『学範』の「読範・読集」で，『文章軌範』の書名を記しているからである。

『文章精義』は，岳陽郡教授の于欽止が，十八，九歳の頃，先生の李淦（字は性学）が講義の合間に，古今の文章を論ずるのを書き留めておいたノートを，四十年余り経た至順三年（1332）に，おそらく蘇天爵の援助を得てはじめて刊行したものである[131]。于欽止の後序によれば，『古今文章精義』は，全二〇八条からなるはずだが，現行のテキストでは百条に満たない。明人の葉盛が見たテキストでも，“僅かに百条”といい，すでに完本でなかった。ただ，このテキストには，宋玄僖の署名があって，「文章作法緒論，凡十一条」といい，さらに巻末に大元時代の文人たちの文章に対する論評が付されていたらしい[132]。李淦は，程鉅夫がクビライの命を奉じ江南行台から賢人を探しに赴いた至元二三年（1286）の時点では揚州の郡学で教鞭をとっており，そのごまもなく明道書院の山長，つづいて揚州儒学正に転任した。サンガの失脚後，葉李を弾劾した結果，クビライによって大都に徴せられ，至元二九年，平江路の教授に任じられたことで知られる。こんにち残る至元三一年八月付けの「闕里廟祭器記」[133]，元貞元年（1295）の「平江路儒学祭器記」[134] 等は，この時期の撰文に係る。程鉅夫，于欽止等によれば，そのご国子助教となった[135]。于欽止が聞いた講義は，おそらく揚州路でのものだろうが，国子監でも同様の授業が為されたにちがいない。聞き書きだけあって，口語表現も交じっている。そこで取り上げられる人物およびその文章に対する論評は，趙撝謙等のそれと類似する。ちなみに，李淦も“星官，暦翁，浮屠，道士，百家の言に博通”していたという。

潘昂霄の『金石例』のほうは，『文章精義』よりもわずかに遅く，元統二年(1334)，同知嘉定州事となった息子の潘詡によって，『河源志』とともに刊行された[136]。至正五年（1345）には，前年饒州路の推官に着任した詡が再び家刻本を出し，三年後の至正八年にも，校正を加えて重刊された。潘昂霄は，江南行台の監察御史，都事，済南，福建の粛政廉訪司僉事等を歴任，翰林侍講学士を以てそのキャリアを終えた文官で，延祐二年には，科挙の最終試験である廷試の読巻官をつとめ，また京畿西道の奉使宣撫に任じられてさえいる。『金石例』は，「碑刻の黄金時代」に対応すべく作られたマニュアル本で，『翰墨全書』や『啓箚青銭』に類する書物である。巻一〜五は，神道碑や墓誌銘，先塋碑，行状，徳政碑等の具体的な規定，様式，文章の作法等を過去の著名な碑文の実例や『事祖広記』,『家礼』,『三礼図』といった文献をもとに考証し，巻六～八は「韓文公銘誌括例」，巻九は先賢——韓愈，欧陽修，蘇軾，朱子等の文章の書き方についての言語,『文章正宗』,『古文関鍵』,『崇古文訣』等の抜粋を集めた「先正格言」，巻一〇は，翰林国史院での実務経験をもとに著わした「史院纂修凡例」二十七条が収録されており，当時の漢文ヴァージョンの『実録』(『元史』「本紀」の原資料）の記録，記事の採り方の基準を知り得る重要な資料となっている。『文章精義』と同様，中央の文官の執筆になる文法書であり，韓愈の文への強い傾倒ぶりも共通する。

『学範』がこの二書をとりあげているところに，中央の正統な文の作風を取り入れるために，模範書，必読書として即座に学んでいこうとする江南文人の姿勢が強烈にうかがえる。

そして，趙撝謙のみならず潘昻霄もしばしば引用する『文心雕龍』は，至正十五年，嘉興路から大字本が出た。嘉興路総管に着任した劉貞（字は庭幹）が，父の節斎先生劉克誠の収集した抄本のいくつかを，至正十四年から十五年にかけて，四方の士が享受できるように路学，郡学から10行×20字の統一規格で刊行させた内の一種である。抄本の刊本化，善本の複製は，この大元時代の出版システムの中で急速に進められたことであった。ちなみに，この劉貞，じつは嘉興路への赴任前の至正十一年，江南行台都事であった時にも，金陵すなわち集慶路学から陳騤の『文則』を刊行していた[137]。程端礼等の教則マニュアルに呼応し，各路の総管や粛政廉訪司，儒学提挙司を中心に，官費で出版事業が推進されたことについて，既に多くの例をあげてきたが，何の書を出版するのか，いかなる規格で出版するのか，といったことは，この劉貞の例をはじめ，赴任してきた官僚たちの嗜好に左右されることが多く（たとえば，進士出身者は，程端礼等の推薦する科挙受験の必読書の刊行にとくに熱心であった)，またその地で入手できる紙，木，交通事情等も影響した[138]。

大元時代末期から明初に活動した浙東会稽の人，唐之淳の『文断』は，中国国家図書館所蔵の明天順刊本および成化刊本のほか，成化十六年（1480）に唐珣によって福州府から刊行されたテキストをもとに，嘉靖三一年/明宗七年(1552)，姜昱が刊行した朝鮮版が，韓国奎章閣に蔵される。また，丁丙の旧蔵書には，宋濂の『文原』と綴じ合わせた景泰四年（1453）以降の抄本があった[139]。唐珣の時代には，撰者が誰なのか分からなくなっていたようだが，“『文筌』，『文則』と参看すれば，古文の能事尽くせり”と認められており，同様に朝鮮でも刊行をとりもった尹春年が，“文を学ぶの方法を論ずるは，『文筌』，『文断』より詳しきは莫し”との認識を示している。この書ははじめに「総論作文法」，「雑評諸家文」を置き，諸経，諸子，諸史の文，唐文人，韓，柳，韓柳，宋文人，欧，曽，王，三蘇，韓柳欧曽蘇王六家の文の項目のもとに，さまざまな文献――「援引諸書」としてリストが収録されている――から関連の文評を抜粋して並べるという構成である。「凡例」によれば，大部分を『文話』，『文章精義』，『修辞鑑衡』，『金石例』，『文筌』，『文則』等の書に依拠，そのほかにも『黄氏日抄』，『困学紀聞』，『妙絶古今』，『文章正宗』，『謝畳山文』等，程端礼の推薦書が使用されており，『学範』と同様，やはり大元時代の産物といってよいだろう。そもそも趙撝謙と唐之淳は同じ人脈の中に在った。

ついでに大元時代末期から明初にかけて，四明の文壇で手本とされた同時代の文章は，『国朝文類』，そして虞集，黄溍，掲傒斯，陳旅，趙孟頫の文集であったことも，特筆しておきたい。葉盛の見た『古今文章精義』の末尾に附された大元時代の評文，『至正直記』巻一「国朝文典」でとりあげられている同時代の文集のリストに比すれば，趙復，姚燧，元明善，馬祖常といった古文の盛行を仕掛けた華北の文人たちの文集がまったく取り上げられておらず（いずれの文集も江南で国家出版されたにもかかわらず），些か偏狭な選書に見えるが。それでも，少なくとも選ばれた文集は，カアンの寵愛を受けた趙孟頫，虞集，掲傒斯をはじめ，モンゴル朝廷において要職を得たひとびとの著述なのであった。江南の片隅では知りえない知識に満ち満ちた著述なのであった。趙孟頫の文集は，現行の元刊本では，姻戚であった呉興の沈夢麟の華渓義塾から後至元五年（1339）に刊行されたテキストしか知られず，序跋も，戴表元と湖州路の推官何貞立のものしか付されていない。虞集や黄溍の文集のように国家出版された形跡もなく，複数のテキストが刊行されたわけでもないが[140]，少なくとも四明一帯では，よく読まれていたのである。

また，虞集には，『虞邵庵批点文選心訣』なるアンソロジーもあって，韓愈，柳宗元，欧陽修，曽鞏，蘇洵，蘇軾，蘇轍の序と記を選び，全体，各段，各節に分けて分析，解説する。趙撝謙が“虞邵庵に『韓柳欧蘇曽王文選批点画截』有り，最も法度と為る”というその書である。現行のテキストでは，王安石の文が故意に削除されていること，虞集の時代にすでに唐宋八家の文集が編まれていたことが，ここから明らかである。大元時代に王安石が文の大家として認められていたことは，韓，程，陳三氏の所説および『学範』だけでなく，『臨川呉文正公集』巻一二「臨川王文公集序」，巻一四「別趙子昂序」，巻一五「送虞叔常北上序」，『安雅堂集』「林泉生序」，『呉礼部文集』巻一一「答傅子建書」等によっても知れる。『臨川王文公集』は，宋の靖康（1126）以降，政和年間（1111-1117）の官刻本が散佚，坊刻本も完善なテキストがなく，また王安石その人を卑しむ風潮によって行われなくなっていた。その零落を遺憾として，危素が，諸本を捜し求めて増訂したテキストの刊行を図り，鉅儒呉澄もそれに賛同した。もっとも，王安石の再評価は，危素以前にも既に始まっており[141]，大元ウルス治下の臨川，金陵，麻沙，浙西等数カ所で文集が刊行されていた[142]。そして危素の友人で，四明天台の朱右も，『韓昌黎文』三巻六十一篇，『柳河東文』二巻四十三篇，『欧陽子文』二巻五十五篇，『曽南豊文』三巻六十四篇，『王荊公文』三巻四十篇，『三蘇文』三巻五十七篇からなる『新編六先生文集（唐宋六先生文集）』十六巻を編纂したのであった[143]。かれの文学観，模範とすべき文章の系譜は『白雲稿』巻三「文統」にコンパクトに纏められているが，それはやはり陳繹曽，李淦，潘昂霄等の諸説と一致する。朱右の文集『白雲稿』には，楊翮，劉仁本，李孝光，宋濂等江南の著名な文人たちが序文を寄せており，かれらは朱右を「古文家」のひとりとして認めていた。ふりかえれば，『文断』においても，「評韓柳欧蘇曽王六家文」の項目が立てられていた。「唐宋八大家」を宗とする古文運動は，唐順之や茅坤を待たずとも，大元時代末期には既に確立していたのである。

以上，『分年日程』，『文説』，『学範』等の挙げる書を手掛かりに，四明を中心とする文人たちの読書範囲，どのような文体，作風の文章が尊ばれたのか，それが同時代にあって特異な例でないかどうかを確認してきた。しかし，かれらの採用する書が受験参考書の全てでなく，またあくまでひとつのモデルに過ぎないことは，いうまでもない。じっさいの受験者がいかなる書籍を使用して勉強していたか，いかなる本が編集，出版されていたか，理想と現実のズレ，を確認しておく必要があるだろう。程端礼は“挙業の為に資するのみ”の『百段錦』や『源流至論』に頼ることを戒め，科挙の合格答案もけなしたが，現実には，書坊の刊行した合格答案集にしっかり目を通していた（たとえば，『分年日程』巻二に，“端礼嘗疑方今取中経義，格用冒原講証結，似宋末第二篇義様，書坊又刊，以為定式”といい，また“今日郷試経義，欲如初挙方希愿礼記義者，不可得矣”とあるが，これは次節にて紹介する『新刊類編歴挙三場文選礼記義』戊集巻一「礼記義第一科・延祐甲寅郷試/延祐乙卯会試」《江浙郷試》収載の第二名方希愿（饒州浮梁人）の答案を指す)。また，すぐあしもとの四明は定海県の儒学自体が即物的な看板文句を掲げる『三場足用』を購入してもいたのだから。

3 現実の「対策」——模範答案に学ぶ

1)『三場文選』

延祐元年（1314）の郷試，および翌年春の大都での会試，御試が終わると早速，カアンの命によって国子監に趙孟頫筆の「進士題名碑」[144] が立てられ，『廷試(進士題名)録』が刊行された。大元ウルスは，常にその事業，事績を碑石に刻むこと，版木に刻むことの二本立てで，記録，記念しようとした。合格者の中には，『廷試録』や「題名碑」の拓本だけでは飽き足らず，カアンの策題と第二位で及第した自分の答案の謄写を読巻官をつとめた趙孟頫に依頼し，趙世延等にも識語を寄せて貰って家宝とした楊宗瑞のような人もいる[145]。一〇二年後，明の楊士奇は，曽祖父の楊景行がまさにこの記念すべき延祐二年の進士であったので，自らの根脚を確認する意味もあって，延祐二年の「題名碑」の拓本に，前山東按察使の郭儀より入手した同年の『廷試録』一冊の情報と関連文献を合体させた資料集を作った。『廷試録』には，左右榜五十六人それぞれの応試の家状，初授官，「対策」答案が四巻に分けて収録されていたという[146]。この書はデータの出処を考えるならば，モンゴル朝廷の承認のもとに刊行されたと見てよい[147]。

楊士奇は，『延祐初科会試程文』十巻（存三巻）も見ていた[148]。この書の存在については，延祐元年，江浙行省での郷試に合格したものの，病気のため二年の会試受験を断念せざるを得なかった新安の名儒陳櫟が，書坊の刊行した『会試程文』を目覩したことを証言している。しかも，この『会試程文』，科挙に関する聖旨および条画をも刻していたといい，かれはそこに記された条画を見て，病気や遅刻で受験できなかった者への優遇措置が為されることを知ったのだった[149]。

郷試についても，『至正直記』巻一「国朝文典」が『江浙延祐首科程文』の存在を記録するほか，『延祐甲寅科目江西郷試録』（中国国家図書館蔵）と題する抄本[150]が今日のこっており，全ての試験において程文集が出版されたことがわかる[151]。郷試題名碑も各地で立てられた。

そのごも，科挙が行われるたびに程文集が刊行され「題名碑」が立てられた。『元統元年進士題名録』（中国国家図書館蔵影元抄本）は，当時の『廷試題名録』の姿を伝える貴重な資料である。巻頭に「モンゴル・色目人」，「漢人・南人」それぞれ成績順に，受験の際に提出させた家状[152]と，郷試，会試の成績および合格後授けた官職を載せる「題名」を置き，次にかれらの答案を並べる。まさに，楊士奇が見た『廷試録』の形式と同じである。「進士題名碑」についても，のちの覆刻ではあるが，至正十一年（1351）のものが，北京の国子監にあり，当時の姿をしのばせる。

官庁の刊行したテキスト（場合によっては，書坊に委託した可能性もある）以外にも，自身，郷試の合格者であった慈湖書院の山長徐勉之[153]が，延祐から至順年間の科挙三場における若干名の「経義」「古賦」「詔誥・章表」「策」の程文を集めて数巻に編集したように[154]，また呉澄の知人李縉翁[155]が『三場文範』[156]を編んだように，過去問とその合格答案を選び編集しなおしたテキストも続々と現れた。科挙は元統三年（1335）の郷試のあといったん中断するが，後至元六年（1340）三月に復活の詔が出されると，矢継ぎ早に『至正辛巳復科経文』[157]，巻頭に至正辛巳（元年/1341）の序文を持つ，策の答案ばかりを集めた『策選』[158] などが刊行された。

『新刊類編歴挙三場文選』(静嘉堂文庫蔵元刊本，以下『類編歴挙』と略す)，『皇元大科三場文選』(国立公文書館蔵元刊本，以下『皇元大科』と略す) もそうした答案集である[159]。

『類編歴挙』は，甲集：経疑，乙集：易義，丙集：書義，丁集：詩義，戊集：礼記義，己集：春秋義，庚集：古賦，辛集：詔誥章表，壬集：対策，癸集：御試策の十集からなる。また，巻頭の「綱目」によれば，各集は「詔誥章表」が延祐元年，四年，至治三年 (1323) の郷試の三科三巻，「御試策」が元統元年までの七科五巻とされる以外は，基本的に第一科：延祐元年郷試・二年会試，第二科延祐四年郷試・五年会試，第三科：延祐七年郷試・至治元年会試，第四科：至治三年郷試・泰定元年 (1324) 会試，第五科：泰定三年郷試・四年会試，第六科：天暦二年 (1329) 郷試・三年/至順元年 (1330) 会試，第七科：至順三年郷試・四年/元統元年会試，第八科元統三年/後至元元年郷試の計八科目八巻で構成される。ただし，現行の「経疑」「春秋義」は，七科七巻で第八巻を欠き，「章表」延祐四年江浙郷試以下も欠けている。「春秋義」の欠落は，現行のテキストがたんに一冊紛失しただけのことだが，「経疑」「章表」の欠落は，各集最初に置かれる「目録」においても，あとから版木が削られているので，現行本が初版ではなく，重刊する際に本文の版木が欠落していたことを示している。「御試策」は「綱目」と異なり，延祐二年，泰定元年，四年，至順元年，至順四年/元統元年の五科五巻で二科不足している。

そのうち「経疑」については，庚子小字 (世宗二年/1420) の朝鮮版が誠庵文庫にあり，「古賦」については，大英図書館，蓬左文庫等に庚子字覆刻の景泰五年 (1454) 八月密陽府開刊本[160] が，「対策」については，太宗三年 (1403) の癸未小字による銅活字版があるほか[161]，大英図書館[162]，国立公文書館等に朝鮮版が蔵され，それぞれ単独のかたちで伝来する[163]。ただし，庚子字本の「古賦」，「対策」の板框は，11行×12字のほぼ同寸，もとは十集セットの形で刊行された可能性もある。「御試策」については，中国国家図書館に13行×17字の活字本[164]，高麗大学校晩松金完燮文庫に14行×16字の乙亥 (1455) 小字の朝鮮活字本がある。大英図書館本の『対策』の紙背には，嘉靖二七年

（1548）の高霊県，盈徳県，彦陽県，河東県等の公文書（中には府尹の姜某の花押入りの公文書，観察使へ充てた行県監崔某の花押，官印入りの呈文等もある）が相当数見え，少なくともこの時期まで，本書が必要とされ且つ印刷されていたことを示している。また，日本の資料では，嘉靖十八年に朝貢使節の副使として明に赴いた臨済宗夢窓派の僧侶策彦周良が，八月十六日に范蔡園より『三場文選』三冊を贈られたこと，林羅山が慶長九年（1604）前後に閲覧したことがわかっている。明の『晁氏宝文堂書目』上に録されるほか，蒋冕も，大元時代から，明洪武年間（1368–1398）の湖広の全州出身の科挙合格者を調べたさいに，大元時代の全十六科の科挙のうち前の八科を収める『三場文選』を使用した。まさに現行のテキストと同じものだろう。かれは延祐元年に湖広教試を第十六位で通過した竇衎翁を紹介し，“其の試する所の経義は，有司が刻梓し以て伝えた”と述べる[165]。

さて，各集の「目録」とじっさいの収録答案との比較[166]，朝鮮版との比較[167]，『御試策』巻五と『元統元年進士題名録』との比較[168]，序文，封面，牌記[169]，時代状況等から，次のような経過が考えられる。

①安成の劉貞（字は仁初），劉霽（字は天章），劉霖（字は雲章）[170] 等が友人とともに歴代の答案集から秀逸なものを選抜，編集した（『御試策』が朝廷発行の『廷試録』にもとづくことはもとより，郷試の答案も考官の批評文が刻されているものがあり，もとのデータは，各官庁発行の程文集に依拠する可能性が高いだろう）。その原稿を虞氏務本堂が元統三年より刊行しはじめた。収録内容に照らして目録が作成された（この段階で目録中の誤字，脱落が発生）。ちょうどこの年，科挙が廃止されたが，いったん癸集まで刊行されていた可能性もあり，版木がこののち倉庫で部分的に紛失したとも考えられる。②「科挙復活の詔」によって至正元年に刊行。紛失分，破損分の調整，補刻も行われた（なお，癸集「御試策」のみ「至正元年新集」として，劉貞等編集者の名も，書肆の名も記さない。延祐五年，至治元年の廷試の答案を収録しないこと，「目録」には載っている泰定元年の捌剌（バラク）の答案が，版木の段階から完全に削除されていること等からすれば，あるいは，トゴン・テムル政権下の「事情」を考慮した，もしくは朝廷の指示に従ったものとも考えられる）。③至正三年三月六日以降に，「聖朝科挙進士程式」

等に部分的補刻[171]を施す。④建安，杭州の余氏勤徳書堂でも刊行。共同出版もしくは版木の移動による覆刻，重刊および補刻（明代まで下る可能性がある)。

まず虞氏務本堂が十集全部を刊行したこと，それは間違いない。「古賦」と「対策」を出版した余氏勤徳書堂が虞氏より果たして正式に覆刻，重刊を認められていたかどうかは，定かでないが，朝鮮において「古賦」と「対策」のテキストのみ複数残っているのと同様，中国本土でも全冊セットで売るのみならずバラ売りもされたのだろう。いずれにしても，当時現行のテキストを購入した者は，おそらく一括購入したのではなく，順次揃えていったと思われる。そもそも科挙は三年毎に行われるのだから，問題，答案のデータはどんどん蓄積され，そのたびに追加で出版していく必要があり終わりはない。受験生の側からしても少なくとも合格するまで買い続けねばならない。『山堂考索』や『事林広記』といった類書，『元典章』の『新集至治条例』[172]の刊行や買い方と同じことである。この時代，読者のほうも，自分で装丁しなおす技術はもっていた。

そして，劉貞等と同じ安成の周旉の『皇元大科』は，まさしく『類編歴挙』の続編として，ちょうど三年後の至正四年に編輯，刊行されたのであった。14行×24字黒口左右双辺の書式も踏襲して。「易義」「書義」「詩義」「礼記義」「春秋義」「易疑」「書疑」「詩疑」「礼記疑」「春秋疑」「四書疑」「詔誥」「表」「古賦」「策」「廷試策」と，「経疑」が四書一道，五経一道に変更になったのに対応して，より細かく分類し，『類編歴挙』が江浙，江西，湖広の順に並べるのに対し，江西，江浙，湖広の順に配列するという違いはあったが。むしろ，編者の出身を考えれば，本来の原稿はいずれも『皇元大科』の配列になっていたのを，務本堂が初刻，改訂覆刻版のいずれかの段階で江浙行省の受験生にあわせてならべかえた可能性が高いだろう。

以上を裏付けるのが，中国国家図書館に蔵される一連の『三場文選』である[173]。

A『新刊類編歴挙三場文選詩義』八巻（存二～四巻）

B『新刊類編歴挙三場文選春秋義』八巻

C『新刊類編歴挙三場文選古賦』八巻（存一～六巻）『詔誥章表』□巻（存三巻）

D『皇元大科三場文選四書疑』一巻『周易疑』一巻『易義』二巻『書疑』一巻『書義』一巻

E『新編詔誥章表事文擬題』五巻（存四，五巻）『皇元大科三場文選』二巻『新編詔誥章表事実』四巻

『類編歴挙』が十集揃いで伝わったのは，現在静嘉堂文庫本のみで，そのほかはいずれも各集の端本であり[174]，それどころかDのように『皇元大科』の「易疑」「易義」の間に『類編歴挙』の易義を綴じ込んだものまである[175]。この『類編歴挙』「易義」は，第十一科丁亥（至正七年/1347）の郷試を収録する。つまり，静嘉堂文庫本の『類編歴挙』の第八科のあと，少なくとも至正元年，四年，七年の三科を増補したテキストが存在した。しかも『皇元大科』と体裁をそろえるために，本来存在した「乙集」の二字および編輯者の名を削り取ってさえいる。あきらかに書肆の細工である――銭大昕は，かれの『元進士考』をみるかぎり，至正十三年まで収めたテキストを確実に見ている。さらに大元時代の古賦を集めた『青雲梯』（『宛委別蔵』所収　『善本書室蔵書志』巻三九にいう『至治之音』）の巻上の最初から「王会図賦」までは，『類編歴挙』「古賦」から順次ピックアップしていったものといってよく，至正元年以降についても同様の程文集があったことが予想される――。また，ぎゃくにEのように，『新編詔誥章表事文擬題』五巻と『新編詔誥章表事実』四巻で『皇元大科』「詔誥章表」を間に挟み込んだものもある（『新編詔誥章表事文擬題』五巻『新編詔誥章表事実』四巻は，国立公文書館にも一セットあるが，間に『皇元大科』は挟み込んでいない）。単独で売られた『皇元大科』，二種の『新編詔誥章表』は，いずれも至正四年の刊行，書式も13～14行×24字，黒口左右双辺の統一規格，それぞれ板框16.1cm×10.4cm，16.6cm×10.4cmであり，はじめから科目別に関連の書を組み合わせて売り出す方式が想定されていたことが見てとれるだろう。『類編歴挙』も16.0cm×10.3cmである。規格を統一しておきさえすれば，続編をどんどん追加出版していけるだけでなく，さまざまなパターンの組み合わせにして売ることもできる。

二種の『新編詔誥章表』[176] は，金川の郭明如が編輯した『新編詔誥章表機要』四巻（南京図書館蔵）の麻沙書坊本を安成の劉瑾[177] が増広したもので，序文を寄せた周南瑞も同じ安成の人，劉将孫，呉澄等との交流[178]，『天下同文集』，『風雅通志』[179] の編輯などで知られる。つまり『類編歴挙』，『新編詔誥章表』，『皇元大科』と全て安成の名族劉，周の二氏が関わったわけである。

なお，あえてつけくわえるならば，『三場文選』という科挙資料の価値は，単純作業で作成できる合格者，試験官のリスト，巻頭に纏まって載る「科試程式」のみにあるのではない。むしろ出題と答案そのものにある。それは，大元時代の「正統な」経学資料であり，「正統な」文学観の資料であり，政治社会状況の史料でもある。出題文は，当時いかなることが重要視，問題視されていたのかを，試験官のほどこした批点，じっさいの答案と順位は，この時代，何が好しとされたのかをはっきりと示してくれる。それを詳細に分析し，同時代のほかの資料と比較検討していくことが，必要だろう。そして，その結果が，宋，金から明代の流れの中で，どう位置づけられるのか。

ここでは，じっさいに『三場文選』に収められた「時務策」を見てみよう。「礼楽」（第一科江西），「冗官・銓選・殿最・法律」（第一科湖広），「農桑・学校」（第一科会試），「治道」十事（第二科江浙），「用真儒・考殿最・息訴訟・刑罰・弭盗・勧農」（第四科江西），「吏治八刑」（第五科江浙），「水利」（第五科会試），「両右公田・両浙塩利」（第六科江浙），「備旱災・救荒歉」（第六科江西），「風俗学教」（第六科湖広），「銭楮之法」（第六科会試），「吏治」（第七科江浙），「塩課・茶課」（第七科江西），「古之治道・今之時務」（第八科江浙），「時務六事」（第八科江西），「雇役」（第九科）などの分野が出題されている。

とくに，泰定四年の会試では，畿輔東南河間の諸郡の水害と関陝河南の灌漑への対処，天暦二年の江西郷試の問題では，“今夏亢陽，徂秋雨ふらず，数月江淮の南北，赤地数千里，米価翔貴し，飢饉の憂此れ於(よ)り兆す矣。朝廷義倉を設くと雖も，有司漫として文を為し具するに緩急倚る可からざる也”云々と，じつにタイムリーな具体的な対処案を求める。この状況は，全土に亙って天災続きだったモンゴル時代後半のありさま，そして政府の「救荒」への苦慮をも正直に伝えている。それは，泰定二年十二月，中書右丞の趙簡の上奏によって，宋の董煟の『救荒活民書』を州県に頒行したこと[180]，至順元年，桂陽路総管兼管内勧農事のオルジェイトゥ（高麗出身）が儒学教授の張光大に編纂させた『救荒活民類要』三巻（中国国家図書館蔵明覆刻本）の刊行とも対応する動きである[181]。

天暦二年の会試では，「銭楮の法」が問われた。第六位で合格した江浙福州の人林泉生は，“国初，専ら楮幣を用い亦た一時の宜を量るのみ。至大の間，朝廷は歴代の法を斟酌し，銭楮を俾て交用せしむるは，意甚だ善きなり。然れども之を行するに未だ久しからずして，物価の踴貴して之を廃する者は，銭を用いるの過に非ず，銀鈔の直の大だ高く，当十の銭大（はなはだ）だ重きの故を以てすれば也”という。アユルバルワダ，シディバラ時代には，カイシャン政権発令の至大銀鈔，銅銭の詔は否定されていた[182]。このような答案を科挙において書き得たのは，このときカイシャンの子，トク・テムルがカアンとなっていたからにちがいない。ぎゃくに，受験生は時勢を敏感に察知していたことになる。同じ問題に対して第二十二位の劉聞は，

> 伊れ軽重の宜を権らんと欲すれば，銭の二佰文を以て中統の一貫に准じ，積銭の一千文は至元の一貫に当てるに若くは莫し。今民間日用の小なる者は，銭を以て用と為すを得，而して公私の出の内，至元一貫自り以上は，則ち鈔を以て行う。此くの如くすれば則ち貿易の価自ずから平らかにして，遠近の用，各滞らず。銭の用，寝広すれば則ち鈔至元五佰文而下，漸に造を停め，その工費を損じて以て鋳銭の資を増やすも可也。

云々と具体的な数字をあげて論じる。劉聞は，江西吉安安福州の人，おそらく『類編歴挙』の安成の劉氏に連なる。ちなみに，このあと，劉聞等が受験した御試策の試験官のひとりは，やはり江西出身の虞集であった[183]。

同様に，至順三年の江西郷試において，首席合格を果たした陳植は，

> 至元の初年，塩価は毎引，銀七両，鈔に於いては纔に十四貫のみ。後に累増して五十貫と為り，百五十貫と為る。至治の間に又六の一を増す。江淮の塩，歳辨九十余万引，福建の辨八万余引。広東，海北も亦た福建の数を下らず。此れ塩課の愈増して愈多き也。至元の初め，江南の茶課は纔に千余錠，後に累増して八千錠と為り又二万四千錠，并びに四千錠を門辨して

二万八千錠。又増して十八万錠と為る。後に又，戸部尚書を遣りて江西行中書と講究し，又増して三十万余錠に至る。此れ茶課の愈増して愈多き也。

と述べ，受験生たちが物価の変動を把握していたことをうかがわせる。陳植も吉州の人である。『三場文選』の答案を見るかぎり具体的な数字を挙げたがる傾向が，江西の受験生にはある。かれらは，一体どこからデータを得ていたのか。

さいごにもうひとつ，とりあげておきたい。

策場は，将に通済の才を観んと欲す。諸て腐を作す者は故紙を掇拾し，俗なる者は目に掛くるに堪えず。豈に科を設くる本意ならん乎。読巻将に尽きんとするに，此の篇を得たり。古学に通じて迂せず。時務に達して激せず。磊磊として条陳し，綴るに遺憾無し……

以下の条の時務，指掌の如し。豈に場屋の文に臨みて捏合する者ならんや。

これらの批は，延祐元年湖広郷試で首席に輝いた欧陽玄の答案に附せられたものである。出題は，「冗官の未だ汰されず，銓選の未だ精ならず，殿最の未だ明らかならず，法律の未だ定まらず」という方今の四つの急務についてであった。問題文および答案は，『圭斎文集』巻一二にも収録されているので，紹介しないが，欧陽玄は，この四つが失敗におわった原因をひとつひとつ説きあかし，対処法を述べる。大徳年間以降の朝廷の状況を熟知していなければ，書けない答案である。科挙受験以前から，盧摯や，虞集，江東憲使の蒙古公孫沢等の知遇を得ていたことも大きいだろう[184]。というのも，次のような話があるからである。

元統三年，蘇天爵が大都で開催された郷試の試験官を務めた時，「古今の暦法」を出題した。数多の試験答案の中に，故事を詳細に援引するだけでなく，“クビライの至元年間（1264–1294）に「授時暦」を作成した時，某官は云々”という話まで言及する者があった。蘇天爵は，「これはきっと文献の故家の出身で，父兄の訓えを習い聞いた者にちがいない」として，首席合格させた。蓋を開けてみれば，それがじつは，かれの編纂した『国朝名臣事略』にも載る商挺の孫，商企翁の答案であったので，衆人皆驚異したという[185]。

モンゴル朝廷の諸制度，有職故実について詳しいこと，これが何より重視された。しかし，名家の出身でもなく，官僚とのつきあいもコネもない受験生は，何によってそれを学べばよいのだろう。

2）『太平金鏡策』附『答策秘訣』

至正九年（1349），建安の劉氏日新堂の店主錦文（字は叔簡）[186] は，『答策秘訣』十二条を刊行した。もとの編者は不明とされるが，至正二年江西郷試を第二位で通過した撫州路洛安の録事司の人，曽堅（字は子伯）[187] の関与を匂わせる。曽堅は，結局至正十四年まで進士の第には登れず，本書を著わしたときは，浪人中だったことになる。そのご国子助教，翰林修撰，江西行省員外郎等を歴任し，明朝廷でも礼部員外郎の職に就いたが，洪武帝の機嫌を損ねて処刑された[188]。

この『答策秘訣』なる小冊子は，まず大きく「治道」「聖学」「制度」「性学」「取材」「人才」「文章」「形勢」「災異」「諫議」「経疑」「暦象」に分かち，さらに細かい綱目に分けて答案の書き方のコツを指南する。

たとえば，「制度」ならば，「器用」「儀衛」「兵制」「車服」「宮室」「官制」「祭祀」「礼儀」「礼楽」「田制」「役法」「井田」「園田」「水利」「学校」「五学制度」「古今廃興」「釈奠之儀」「教養之法」等の設問が有り得ることをいい，

> 大凡「制度」は，有司の問う所，必ず多く故事を引援し，反覆して疑を設け，最も弁析し難し。然而ども制度も亦た数端に過ぎず。車服宮室の如く，学校の如く，器用，儀衛の如く，田制，兵制の如く，官制，祭祀，礼儀の如きは，前輩皆定論有り。妄りに自ら説を立てず，問う所如何を看て，先ず一説を立て，包括は却って略し，題中に問う所の疑事を参考と為し，各類を以て分けて三両段と作し渠と為す。問う所を弁析し，是れ常説なれば則ち将来して已事を作し，便ち必ずしも深弁せず，却って総括する所の主意を繳帰すれば，之を荒疏に失せざるに庶(ちか)からん。且つ如し車服，器用，儀衛に答うるならば，只是れ古人の法制を立つるのみにして，皆，尊卑大小の分有り，而して是に居し是に至るを得，必ず是の徳有り，而し

て後に元辰に応ず可し，と。歯簿策に答うるならば，首に古人の設けて儀衛を為し，名分を正す所以を説い，後面は却って問う所を弁析すれば，姚子林に体を得と謂う可し……。

といったように，「もし斯く斯く然々の問題が出題されたら，斯く斯く然々のように答えれば，間違いない」として，各設問に対する対処法，無難な答案の作成を指示する。出題者，採点官に迎合するかなり露骨なものである。

劉錦文は，この『答策秘訣』を，祝尭の『策学提綱』，趙天麟の『太平金鏡策』の巻頭に附して売り出した。ついでに「涂士昭の編輯せる『策訣』も此れに続けて梨行す」と近刊書の宣伝も行った。涂士昭の『策訣』もまた，完成後は，既刊書の巻頭に綴じ合わせられるよう同一規格の紙に印刷して単行本として売り出されたのだろう。のみならず，じっさい『策学提綱』，『太平金鏡策』(中国国家図書館，旅順博物館蔵)，朱礼の『漢唐事箋対策機要』前集十二巻，後集八巻（中国国家図書館蔵至正六年刊本）等，日新堂が刊行するほかの対策集とも組み合わせて売られたことだろう。“涂士昭”は，涂溍生（字は自昭）の誤りではないかと思われるが，もしそうであるならば，撫州路宜黄の出身で，元統三年（1335)，至正元年の江西郷試に及第した人物である[189]。かれは『易義矜式』，『易主意』，『周易経疑』(『宛委別蔵』所収至正九年刊本)，『四書断疑』などの挙業書を著わしており，『策訣』を編輯していてもおかしくはない。そもそも，『策学提綱』の著者である祝尭じたい，延祐五年会試に第七位で及第した[190] 人物で，『大易演義』，『四書明弁』，『古賦弁体』といった挙業書を編んでいるのである。『対策機要』の朱礼にしても江西郷試の第四位[191]，至正八年日新堂から刊行された『書義主意』附『群英書義』(14行×24字）の著者王充耘も，至順三年（1332）江西郷試第二位，元統元年の会試第四位，御試第二甲五位[192] の好成績をおさめている。王充耘には，『書義主意』と同じ14行×24字の『書義矜式』(旧北平図書館マイクロフィルム元刊本）もある。先述の『新編詔誥章表事文擬題』『新編詔誥章表事実』の編者，劉瑾が著わした『詩集伝通釈』二十巻（前田尊経閣蔵至正十二年建安劉氏日新書堂刊本)，虞集の友人謝升孫の『詩義断法』五巻もこの書肆から刊行されている。江西臨川は，もとより多士を号し，呉澄，虞集を輩出しただけでなく，科挙においても曽堅，朱礼，孔元用をはじめ郷貢進士を多く出した地であった[193]。

劉氏日新堂は，トゴン・テムルの時代に，科挙関連の書を多数出版した書肆として知られるが，徽州の文人たちのみならず[194]，江西の受験生，進士とも深いつながりをもっていたわけである（これらの進士たちの著わした挙業書の科目，すなわち得意科目が，じっさい『三場文選』に答案の採用された科目と合致することも，当然ではあるが，興味深い）。しかし，同時に，同じ建安の刊行物であり，進士，文官の著述であっても，徽州の学者の著作とはことなって，趙撝謙の必読書リストには，劉瑾の『詩集伝通釈』以外は全く載せてもらえなかった。江浙のひとびとが読んでいなかったわけでは，ない。『三場文選』にしても，江西ヴァージョン，江浙ヴァージョンが作成されていたのだから。江西の「試験合格」を前面に押し出す学問は，建前では肯定されていなかった，それだけのことである。

なお，『答策秘訣』や『策訣』の類いは，書坊によってのみ刊行されたのではない。たとえば，成化十五年（1479）に南京国子監から重刊された『策準』三巻は，もとは大元ウルスの儒学刻本であった可能性が高い。『南廱志経籍考』下には，“存する者二百零三面，脱する者二十面。孫可淵の纂する所にして，首は賈山至言，終は陳師道の策。延祐元年青山趙文儀可序”とある。著者とされる孫可淵は，『文淵閣書目』巻四によれば『集詔誥章表』の撰者でもある[195]。

ひるがえって，では『答策秘訣』とセットで売り出された『太平金鏡策』とはいかなる書か。

劉氏日新堂が刊行したテキストは，台湾故宮博物院に，完本が蔵される[196]。『答策秘訣』は11行×22字，『太平金鏡策』は13行×25字。中国国家図書館，旅順博物館蔵の元刊本は，巻三から巻八まで，『答策秘訣』もないが，13行×25字の版式であり，やはり劉氏日新堂の刊行したテキストだろう。前田尊経閣には，日新堂本を重刊した明刊本があり，こちらには『答策秘訣』ものこっている。すべて10行×21字で刻され建安刊本の面影はまったくないが，改行抬頭は踏襲されている。

楊士奇等が永楽十四年（1416）に勅を奉じて編纂した『歴代名臣奏議』は，

四十二カ所に亙ってこの現行の『太平金鏡策』を引用するが，ほとんどに“世祖の時，東平の布衣，趙天麟策を上して曰く”と前置きをつける。より具体的にいえば，上奏をクビライの至元十五年（1278）頃と考えていたらしい[197]。しかし，ほんとうに世祖のときのものか。

まず，書中，“廉訪”の字が何度も見えること，これは，“提刑按察司”から“粛政廉訪司”に名を改めた至元二八年五月二三日以降でしかありえない[198]。巻二「峻烏台」にはサンガの弄権に対して御史台が見てみぬふりをしたこと，巻二「杜利門」には“今，国家　邪臣の利を好む者を誅し”とも述べられる。少なくとも至元十五年の筈はない。

第二に，巻頭の「太平金鏡策進表」に，“追想するに先朝，曽て万言の長策を献ずるも，猶，寒窗の論有り，上国の光を遥かに観，因りて一書を撰し，爰に八巻に分かつ”という。クビライへの上奏ならば，先朝は一体誰を指すことになるのか。巻四「寛逃民」に辛酉の詔（中統二年/1261）を引用した後にいう“斯く皆，先帝の天覆地載，克寛克仁の恵みなり”の“先帝”，同じ巻四「禁奢侈」に至元年間の婚姻，喪葬に関する雑令を引用した後にいう“此れ皆先帝の倹徳に慎み”云々，“伏して望む陛下の先帝の意を体し”云々の“先帝”は誰なのか。“そもそも，至元年間”という言い方そのものが，元貞以降の状況で，“先帝の江南を平らぐるは此の故に由る也”というのだから，先帝はクビライにほかならない。また，巻五「汰僧道」には，“太祖”，“先皇帝”に続けて“陛下”という。とすれば，趙天麟に陛下と呼ばれる今上帝は，成宗テムルにちがいない。

ではテムルの治世のいつ頃のことか。巻四「課義倉」は，至元六年八月の聖旨条画を引用したあとに，“是自り以来今に至ること二十余年”，巻七「明制条」は，至元壬申年間（八年）の聖旨の節該を引用したあと，越して今に至ること，二十余年という。少なくとも，テムルが即位した至元三一年（1294）より後，大徳六年（1302）より前に絞られる。その期間であれば，巻二「重東宮」において，太子ティシュが“方に其の幼き也”，“伏して望むらくは，陛下の碩人を慎選して太子を輔導せられんことを”と述べられることとも一致する。

『四庫全書総目提要』は，科挙再開と結び付けて，巻一「厳太廟」の“今国家道光五葉”を仁宗アユルバルワダの延祐二年（1314）と考えたが，もしアユルバルワダへの経進であれば，クビライを“先帝”ではなく“世祖皇帝”と呼んだはずである。チンギス・カンから数えて五代目，ということだろう。

『歴代名臣奏議』の年代比定が当てにならないのは，鄭介夫の『太平策』を単純に大徳七年テムルに上奏したテキストそのものと考える点でもわかるだろう。じっさいには，至大四年よりあと，延祐元年までの間に作成された改訂版なのである。「鈔法」，「抑強」，「戸計」，「僧道」の四事を改めて論じ，湖南廉訪司，宣尉司に投じた策を，以前の原稿の各綱目に附し改訂したテキストで，正確にはアユルバルワダに上奏したものである。おそらくは，宋濂の後至元元年（1335）の記事を鵜呑みにして中身を読みもせずにただ写したのだろう[199]。ちょうど，趙天麟の策の年代比定と逆であればよかったわけである。楊士奇というひとは，自分の先祖の楊景行の過去の栄光について調べるのには熱心だったが，結局，世祖以降のモンゴル朝廷の諸制度に関しては，肝心のアユルバルワダ時代のことでさえ，何もわかっていなかった。

ともかく，趙天麟は，クビライに『万言策』を献じ，テムルにはこの『太平金鏡策』を上進した。このとき，ほんとうに自称するごとく布衣の士であったかどうかは，わからない。しかし，山東それも東岳泰山周辺に居たことは，たしかである[200]。春になると，天子の使者，東方王家のひとびとが祭祀にくるばかりでなく，倡優戯謔の流，貨殖，屠沽の子が千里を厭わず雲集する現状を述べているからである。

『四庫全書』の編纂官は，この書が「建八極」「修八政」「運八枢」「樹八事」「暢八脈」「宣八令」「示八法」「挙八要」の八巻から成り，しかも巻ごとに八項目，すなわち全六十四項目によって論じられるという凝った構成であることから，“其の文は皆儷偶の詞にして建白する所無し”云々とこきおろす。だが，そうともいいきれない。

趙天麟は，まずモンゴルの制度の現状を確認，欠点を述べ，それから“伏して陛下に望む云々”と改善策を述べる形式をとる。かれは，上都と大都の季節移動，巻き狩りのありさま，宗室の娯楽，中書省，枢密院のシステム，各官庁の品秩，選法などのあらましを理解しており，クビライ以降に下された聖旨，条画についてもチェックしていた。

かれは，巻二「立都省」において，都省の下に諫院，六部，随朝九品以上を全て隷かしめ，トップに大中書令を置くシステムへの変更，腹裏の中にさらに別に燕南等処行中書省を設立して，汴梁，北京，遼陽，安西の四省の間に置き，随朝九品以上および外路の受宣官以上は都省が銓注，外路の受勅官以下については行省が銓注し，あとで都省に咨文を呈して勅牒の頒を乞うシステムへの変更を建白する。そうすることによって，宰執は益々崇く，政務は簡略化されるのだ，と主張する。

また，巻三「別儒文」において，御史台の風采を励ますために，弾劾がじゅうぶんに行えない最大の理由である位階の改善，すなわち御史大夫（正二品）と行省の首官（従一品）の品秩を同じにし，その他の官員の位階もこれに準じること，監察御史（正七品）と六部侍郎（従六品）の秩を同じにし，繡衣使者八員を御史中丞（従二品）の下に立て，侍御史と秩を同じにし，行台と粛政廉訪司の糾弾を行うよう建言する。同様に，巻五「革副封」では，趙天麟のように上書陳言する場合に，窓口である外路の官庁が原本から副本を作成して，代奏する現状方式に反対する。内容によっては，邪魔をされる恐れがあり，弾劾機能をもたなくなるからである。

ほかにも，僧尼，道士の試験を粛政廉訪司，繡衣使者にさせる，倉場庫務官を一年交代にする，海道運糧の官の抜擢などの案があり，全く建設的でないわけではない。

じゅうらい，『太平金鏡策』そのものは，大元時代の諸相を明らかにする資料のひとつとして有名であり，また使用もされてきた。にもかかわらず，肝心の著者，東平の趙天麟が何者なのか，知られていなかった。だが少なくとも「繹山白雲五華宮記」（『道家金石略』文物出版社　1988年　750頁，京都大学人文科学研究所蔵拓本 XXIA.No.035）によって，延祐三年孟春から，延祐五年三月二八日より以前の段階で，かれが将仕佐郎（従八品）翰林国史編修官（正八品）の職に在ったことがわかるのである。それによれば，山東鄒県より南二十里の繹山の全真教の道観白雲洞の王志順（益都の人）真人が，延祐三年に白雲五華宮の改額を承認された記念に，門人の張志明を介して，趙天麟に撰文を依頼してきたという。張志明とは同郷のよしみがあったと述べるので，かれが東平の出身であることは間違いない。したがって，『太平金鏡策』の撰者と同一人物だろう。じつにテムルへの献策から二十年を経過して，まだこの官位であった。

しかし，同時に，この翰林院国史編修官となったことが，ふたたび『太平金鏡策』が日の目を見た理由であった。モンゴル朝廷の現職の文官の策であり，またかれがこの書の献上によって，官を得たのだとすれば，習わない手はない。おそらく何よりも，時務，モンゴルの諸制度の何が欠点と見なされているのか，それに対する案はいかなるものか，といった点が注目されたに違いない。『答策秘訣』を巻頭に附したこと自体，『太平金鏡策』に対するまなざしが，「対策」の模範としてのそれであった証拠である。したがって，鄭介夫の『太平策』，『文淵閣書目』巻四にいう呂助教の『万言策』[201] をはじめ，ほかの現職の官の献策も，刊行された可能性はある。

なお曽堅の『答策秘訣』，祝尭の『策学提綱』以外にも，天暦二年（1329），至順三年の江西郷試とも第四位で通過した解観が『策場備要』を[202]，至順元年会試第六位の林泉生[203] が『古今制度通纂』を著わし，また元儒（著者不詳）の『時務策準』，馮子亮の『挙業筌蹄』，劉鼎『策場制度通考』[204] などがあった。書名からして，受験テクニックをつめこんだ，大元時代の科挙では何をすれば受かるか，という，ある意味では，本音のかたまり，究極の受験対策集であったに違いない。当時の進士たちの受験勉強の実態を知るうえで，貴重な資料と思われるが，これらは現在，ひとつとして残っていない。次に挙げる挙業書をのぞいては。

4　対策の現実――『丹墀独対』に見る政書の流通と受容

1）『丹墀独対』簡介

至正八年（1348），撫州宜黄の呉黼（あざなは元章）は，『丹墀独対策科大成』（以下，『丹墀独対』と略す）全二十巻を編纂した。『答策秘訣』の出る一年前のこと，撫州は『答策秘訣』の著者と目される進士曽堅や，涂溍生の故郷でもある。そのテキストの江戸写本が，幸いにも，国立公文書館に伝わる[205]。ただし，当該本は，至正八年の初版ではなく，洪武丙寅すなわち十九年（1386）に建安葉氏広勤書堂から刊行された小字本（14 行×24 字）の抄本で，誤写やもとづく刊本の破損による脱字も多い。最後の巻二〇「正朔」の一，二葉も失われている。だが，“大元”，“天朝”，“世祖”，“文宗”等，「聖なる語」の改行，一字空格は，大元ウルス時代のままである。広勤書堂の版木の多くは余氏勤有堂から得たものであり[206]，初版の刊行は余氏勤有堂による可能性がきわめて高い（勤有堂は，既述のとおり江浙儒学提挙司から『四書通』の出版を請け負ったことで知られる。『古列女伝』，『国朝名臣事略』，『故唐律疏議』等も刊行した）。なお，葉氏広勤書堂は，ほかにやはり場屋応試用の類書である『選編省監新奇万宝詩山』（静嘉堂文庫，台湾故宮博物院蔵明初刊，明中期修補本）の袖珍本も刊行している。北京大学図書館には，公文書館本がもとづいた洪武刊本『丹墀独対』が蔵されているが，巻一から十までしか残っていない[207]。

呉黼は，序文において，編纂の動機を次のように述べる。

モンゴル王朝は，『尚書』「益稷」の“敷納には言を以てし，庶を明らかにするには功を以てす”の意を汲み，科挙の第三場において，経史時務の策を課し，政治のありかたについて論じさせている。経史にしっかり通じることが，受験生に課せられた永遠の業なのだが，読まねばならぬ書籍は汗牛充棟，膨大な数にのぼる。平素の討論，学習では，もとよりエネルギッシュに漁り且つ綿密に研究しなければならないが，記事の提要，纂言の鉤玄となると，いにしえの人もみな，その「博なれども要は寡し」の欠点に，悩まされてきたのである。ましてや，袋詰めにして車に載せ，万里を旅して試験に赴き，一寸の光陰のうちに筆の勝負を終えて帰途につくのだから，暗記するのに簡単で，検索閲覧にも便利であってほしい。自分で，一冊の書物に多くの良い言説を纏めておかなければ，わたくしは白髪になっても，その果てを見極めることはできないだろう。本書は，わたくしが自習の合間の徒然に書き留めたもので，「古」と「今」の二字によって分別し，その後に総括として先賢の論断を置いた。いにしえのことに法らなければ，自説の証拠を挙げることができないし，現在のことに通じていないと，適切に応用できない。論断は，諸説の中で折衷の立場のものを採用した。この書を『丹墀独対』と名付けたのは，同志の士に（御試策まで進むことを）期待するからでもある，云々。

呉黼は，大元ウルス時代の鉅儒，呉澄と同族の可能性が大きいが，こんにち如何なる伝も残っておらず，科挙に合格した記録もない。しかし，訂正を加えた呉旭（字は景暘）は，先述した潘昂霄の『金石例』の王思明の序文に見える，潘氏家刻本の『金石例』に更に校正を加えた“景暘呉君旭”にほかならない。至正七年～八年，まさに『丹墀独対』が出された時点で，饒州路の学校の賓師（正式な官職には着いていない顧問）であった。もうひとりの賓師であった呉以牧が，『正徳饒州府志』巻二によれば，余干県の人で延祐二年（1314）の進士とされるので，呉旭もそれなりの学識を有したに違いない。呉旭の関与は，この書がもとは，饒州路もしくは撫州路の儒学で刊行された可能性をも示唆する。

いずれにせよ，序文によれば，呉黼自身がまさに受験勉強中だったのだから，この書に述べられていることは，策科の試験対策において，必要最低限の知識と考えられ，また求められていたといってよい。

以下に，全体の構成を巻頭の「総目」に従って示す。[　] 内は，各巻のじっさいの内容に照らして校勘したもの，下線を引いた項目は，呉黼のいう「古」「今」二分類が立てられず，「古」のみで「今」に関する記述がないものを表わす。△，▲の記号については，のちほど説明する。

巻一　：官制△，三公▲，宰相，枢密，御史台，翰苑 附. 集賢等官，館閣 附. 芸文監，経筵

巻二　：[史館]，六部，将帥，博士 附，祭酒，司業，助教，東宮官，奉使，遣使△，封建，監司

巻三　：郡守，県令［附. 吏］△，京尹，留守，循吏，廉吏

巻四　：試田，俸禄 附. 公用銭△，銓選，薦挙，任子

巻五　：冗官，考課，久任，学校 附. 国学，儒学，武学△，科挙△

巻六　：賢良，宏詞 附. 進書，明経，孝廉，隠逸 附. 求言，童子，田制△

巻七　：賦税△，戸口▲，役法，四民▲
巻八　：水利［附. 白公引涇歌］△，荒政 附. 賑貸△，常平義倉 附. 和糴△，儲蓄，平準 附. 倉庫，務場△，財用
巻九　：漕運△，坑冶 附. 市舶，銅幣△，楮幣△
巻十　：榷塩△，榷茶△，榷酒［附. 税務］△，鬻爵，鬻僧，站赤 附. 急逓鋪，関市，馬政▲
巻十一：礼，楽▲，礼楽，諸祀，郊祀 附. 社，明堂▲
巻十二：社稷 附. 岳鎮，海瀆，功臣△，廟制△，禘祫，［籍田，蜡祭▲］
巻十三：（籍田，蜡祭），封禅，釈奠 附. 三皇△，射礼，礼器▲，礼服 附. 朝会，燕饗，符宝▲，車旗附. 行幸，廬帳▲，鹵簿
巻十四：宗室▲，氏族，兵制 附. 唐府兵△
巻十五：刑書△，刑制，刑賞，獄訟▲，盗賊 附. 姦盗，詐僞△，赦宥▲
巻十六：風俗，禁奢侈，士風，人才 附. 歴代，元朝，諸儒，節義，明党，廉恥，奔競
巻十七：図籍，六経，周易 附. 太玄，潜虚，皇極経世書，尚書，毛詩，礼記 附. 儀礼，周礼，春秋
巻十八：六経伝註 附. 漢唐石経，論孟，諸子 附. 荀子，楊子，董子，文中子，欧，王，蘇，司馬，諸子百家，諸史総類 附. 史記，西漢書，東漢書，南斎書，梁書，陳書，后魏書，北斎書，三国志，晋史，宋書，後周，南北史，隋書，唐書，五代史
巻十九：史記，西漢書，唐書，五代史，通鑑，［遼史］，文章
巻二十：関洛諸儒，律呂，暦 附. 歳差，閏△，正朔

過去に出題された「策」のテーマには，ほぼ対応できる綱目である。「古」には，古代から宋まで各時代の重要事項が箇条書きにされ，「今」には，至正八年の時点の，江南の一文人が理解する大元ウルスの諸制度が，詔，条画等を引用しつつ，要点のみ簡潔に記述されている。その後に附される「先儒論断」は，宋までの論を中心とするが，大元時代のもの，時には呉黼自身の論断も含まれている。呉黼の説は，巻四「職田」，巻六「田制」，巻七「役法」，巻八「京師賑貸」，「義倉」，「和糴」，巻九「楮幣」に見え，かれがとくにいかなる時

事問題に取り組んだか，また実務官僚として必要な知識を蓄え，たとえ机上の空論であるにせよ自分なりのヴィジョンをどの程度有していたかがわかる。

答案は最終的に中書省，カアンの目に触れることが想定されているのだから，データの殊更な歪曲は，まずないとみてよい。くわえてじゅうらいモンゴル政府の根本資料として使用されてきた『元典章』，『通制条格』に収録される聖旨以下の公牘は，至治二年（1322）までに限られ，『元史』の「志」の原拠資料となった『経世大典』の記事にしても，文宗トク・テムルの至順三年（1332）までにすぎない。これらを補う貴重な資料であること，言を俟たない。しかし，ここでは，テキストの性格を見定めるために呉黼の用いた種本が何だったのかを明らかにすること，特に重要な記事をいくつか紹介し，江南の文人がモンゴルの諸制度をどの辺まで理解していたかを探ること，大きくこの二点にしぼる。北京大学本との校勘，全体の訳註および，諸々の記事から導き出されるモンゴル諸制度の詳細な検討，考察は，別の機会に行うものとする。

2）呉黼の書架

まず，「先儒論断」の宋代までの部分において，呉黼が書名をはっきりあげる引用書は，范祖禹の『唐鑑』と章如愚の『山堂考索』である。とくに，後者は書名をあげていない箇所でも多用されており，「古」の部分も概ねこの書に基づくと考えられる。やはり，書名は挙げていないが，『歴代制度詳説』，『黄氏日抄』，『十先生奥論註』なども使用されている。そのほか，賈誼，董仲舒，陸宣公，柳宗元，欧陽修，曽鞏，蘇洵，蘇軾，王安石，司馬光，范仲淹，胡寅，二程，朱子，呂祖謙等の諸説が引かれている。欽定の四書五経を見ていることは，まちがいないが，胡寅をはじめとする諸儒の説は，『四書纂疏』，『四書通』等から，『史記』，『新唐書』のような正史，林勲『本政書』，『通典』，『東萊先生左氏博議句解』，沈括『夢渓筆談』等の書は，『山堂考索』や『文献通考』，『群書会元截江綱』，といった類書からの孫引きである可能性も否定しきれない。しかし，これらの多くが，程端礼，陳繹曽等の指定，推薦する書籍に一致することは，確かである。呉黼も袁桷等四明の文人と同様，「経学のみならず，兵法，水利，算数等にも兼通すべし」という湖州の学を理想とした

(巻五「儒学」)。また，孔克斉によれば，“江西の学館の読書には，皆成式が有り”，『四書集註』を一冊に綴じ，経伝を一冊に綴じ，『少微通鑑詳節』[208] を綴じ合わせて一冊とし，『詩苑叢珠』を一冊に綴じ，『礼部韻略』の増註本を一冊に綴じて，運びやすく，脱落しにくくして読んだ[209] というから，最低限これだけの書物は自分でもつのがあたりまえだったのだろう。なお，大部の『通鑑』については，節略本を用い，且つそれが朱子の『綱目』でないことも注目される。

モンゴル時代の「論断」については，巻九「銅弊」に“劉聞曰”として銭楮の法に関する献策を載せるが，これはまさに第3節（1）で取り上げた『新刊類編歴挙三場文選』壬集「対策」巻六《中書堂会試》【問銭楮之法】所収の答案である。巻一〇「站赤」の仏家奴は，おそらくコシラの説書秀才を務めたこともある武恪[210] の弟子で，のちに大尉となった仏家奴と同一人物だろう。仏家奴が科挙を受験した記録は見当たらず，あるいは鄭介夫の『太平策』や趙天麟の『太平金鏡策』のような単行本を利用している可能性もある。巻一一「郊祀」の彭廷堅の御試策は至正五年（1345）のもので，現行の『三場文選』には収録されていないが，先述したように至正七年の郷試まで収めたテキストの存在が確認されており，少なくとも呉黼が最新の合格答案集を見ていたことは，確実だろう。

いっぽう，モンゴル時代に関する引用資料のうち，呉黼が直接書名をあげているものは，『至元新格』(巻四「銓選」，巻七「賦税」，巻一五「刑書」)，『大元通制』(巻五「学校」，巻一三「釈奠」，巻一五「刑書」，「刑制」，巻一六「禁奢侈」)，『国朝典章』，『至正条格』，『刑統賦』（以上巻一五「刑書」)，『皇朝大典』（巻九「銅弊」，巻一〇「権塩」)，『名臣事録』（巻一六「人才」，「諸儒」）である。

そのうち『皇朝大典』とは，むろん，天暦二年（1329)，文宗トク・テムルが再度即位した記念として，奎章閣に編纂させた『皇朝経世大典』を指す。兄の明宗コシラを毒殺してカアンの座についたトク・テムルは，自身が名君の器なのだと，世間にアピールする必要があった。唐，宋の『会要』に続く，大元ウルスの国家全般にかかわる一大政書を是が非でも作らねばならなかった。アリン・テムル，クトルグトルミシュ等がモンゴル語で記された典章のうち，公開してもさしつかえないものを漢語に直訳し，趙世延，虞集等がそれを雅文漢文に直していった。至順二年（1331）五月にいちおう完成し，三年三月に進呈された。全八八〇巻，目録十二巻，公牘一巻，纂修通議一巻という，文字通り“大典”であった[211]。『文淵閣書目』巻一〇は“元朝経世大典 一部七百八十一冊闕”と伝えている。この膨大な冊数の国家編纂物を果たして呉黼が閲覧できたかどうか。『文淵閣書目』が記録する“経世大典纂録 一部一冊闕”が“纂修通議一巻”のことでなく，『経世大典』各巻の提要であるならば，これが参考書として用いられた可能性も否定はできない。しかし，呉黼が直接使用したのは，おそらくは『国朝文類』巻四〇～四二に「雑著」として収録される「経世大典序録」であった[212]。というより，故意に一々出典を記すことを避けたのかどうかはわからないが，じつは，「経世大典序録」こそ，『丹墀独対』のもっとも重要な種本のひとつ，であった。先に掲げた目録の各項目の下に，△で表わしたものが「今」の制度の解説の一部分に「経世大典序録」を引用し，▲は「今」の制度の解説すべてが「経世大典序録」で済ませられているものである。呉黼の立てた項目において，いかにこの書が多用されているか，中心に据えられているか，一目瞭然であろう。至正年間，科挙をめざす江南の文人たちが，手っ取り早く簡潔にモンゴル政府の語るモンゴルの諸制度を知ろうとするならば，まずは『国朝文類』だったのである（宋濂をはじめとする『元史』の編纂官が「志」の部分に『経世大典』を多用したのも，ひとつには，『国朝文類』による刷り込みがあったのだろう）。しかも，そこには国子監，翰林を経て奎章閣授経郎にいたった蘇天爵が選んだ一代の名文が並び，翰林院によって保証，推薦され，国家出版されているのだから，文体，修辞上の「時代の好み」を習得するためにも必須の書であったこと，いうまでもない。ふりかえれば，『学範』巻上「読範」《読集》もこの『国朝文類』を挙げていた。

ちなみに『国朝文類』は，西湖書院の大字本（10行×19字）と，建安翠巌精舎の小字本（13行×24字）の二系統が知られているが[213]，呉黼が見たのは恐らく後者である。『丹墀独対』巻一〇の「站赤」等の項目において，「経世大典序録」の記事が引用されていない理由のひとつは，翠巌精舎本では，巻四一の「軍制」以下の記事が欠落していたためであった[214]。ただ，精舎は，既に述べたように，書院とともに，至元八年（1271）の国学，蒙古字学の設立以降，“月益歳増”し，出版機関の下請けとして機能したので，建安本だからといってたんなる坊刻本として片付けることはできない。ほかに建安余氏勤有堂，鄭氏積善堂等も『国朝文類』を刊行したといい[215]，当時，この書の需要が高かったことを裏付ける[216]。

同様に，やはり蘇天爵が編纂した『名臣事録』，すなわち『国朝名臣事略』[217]についても，元統二年（1334）に余氏勤有堂が刊行した精緻な小字本（13行×24字）が伝来する。そして，現存こそしないものの大字本も至順三年以前に，江南湖北道の粛政廉訪司によって刊行されていた[218]。江南行台が至正四年に刊行した『至正金陵新志』にも参考資料として挙げられている。モンゴル初期の国政に大きく与かったひとびとの伝を読むことは，『国朝文類』の「神道碑」「墓誌銘」等と同様，モンゴルの諸制度，システムに通じる手段でもあった。

つづいて『至元新格』は，至元二八年，何栄祖が公規，治民，禦盗，理財等十事を以て編輯した政書で，クビライの命のもと，版木に刻して多方に頒行し，百司に遵守させた[219]。鄭介夫がアユルバルワダへの献策において依拠した資料のひとつもこの書である[220]。こんにちでは散逸してしまっているが，『元典章』，『通制条格』等からある程度復元が可能である[221]。蘇天爵によれば，『丹墀独対』の刊行の翌年，至正九年に江浙行省より重刊されている。“旧版が摩滅したので重刊させた”ということは，もともとの版木も江浙行省下で作成，保管されていたのだろう[222]。“宏綱大法千言を数えず”ともいうので，コンパクトな書物であったにちがいない。そして，この書は，そのご朝廷によって数種の政書の頒行がなされたにもかかわらず，至正九年にいたっても，まだじっさいに使用され，必要とされていた。『皇元大科三場文選』「廷試策」の答案でも，“延祐中，諸儒臣　祖宗の法令を纂定し，大元通制を為すに，十二章律を倣し而して之を成す。愚是を以て方今の治の漢唐の及ぶ可き所に非ざるを知る也。何を以て之を言わんや。嘗て至元新格を読み，而して天朝の「欽哉惟恤」の心を知る也”と述べた受験生がいる。

『大元通制』の成立，刊行については，すでに第2-1節（1）において簡単に紹介した。中書省の発案により，開創以来の政制，法程のうち規範となるものを類集して，所司に其の宏綱を示すことを目的として編まれた。大きく「制詔」（九十四条），「条格」（一一五一条），「断例」（七一七条）の三部より成り，「別類」（五七七条）を附す。計画そのものは，既にカイシャンの時，議場に上っていたらしいが[223]，実際の編纂は延祐二年（1315）からはじまり，延祐三年五月に一旦完成を見る[224]。そのご至治二年（1322）に中書左丞相のバイジュ等の発案で，延祐二年以降の聖旨，詔，条画をも分類して加え，刊行した[225]。泰定元年（1324）には，イスン・テムルの聖旨（ジャルリク）により，モンゴル語版の『列聖制詔』，『大元通制』が刊行され，百官に下賜されている。『山居新話』によれば，モンゴル語版は，次のトク・テムルの奎章閣広成局でも印刷された。

『国朝典章』は，『大元聖政国朝典章』を指す。こんにち台湾故宮博物院に小字本（18行×28字）の建安刊本が伝わる。大徳七年（1303），江西福建道奉使宣撫のムバーラク，陳英の呈を拠け[226]，中書省によって，中統以来の所定の格例を「詔令」，「聖政」，「朝綱」，「台綱」および吏，戸，礼，兵，刑，工の六部，全六十巻に編類，頒行された。“官吏の持循する所有れば，政令廃弛に至らざるに庶からん”という狙いであった。そのご，少なくとも，カイシャン政権下で一度，アユルバルワダの延祐四年に一度[227]，延祐七年から至治元年頃に一度，合計三度は改訂されている。現行のテキストでは，巻頭の「綱目」と実際に収録されている案件が対応していない例，版心の葉数の錯乱等がしばしば見られ，数度の改訂をうけていることを示している。『新集至治条例』を出した至治二年以降は，増訂分は別冊として刊行し，巻末にどんどん附していく形式をとることが宣言された（ただしこの『新集至治条例』も現行のものは，初版ではおそらくない）。現物はのこっていないが，『近古堂書目』上「刑法類」，『絳雲楼書目』に録される“元至正国朝章典十五巻六冊”もあるいは，その至正増訂版かもしれない[228]。『大元通制』も，トゴン・テムルのジャルリクによって，後至元六年（1340），翰林学士承旨腆哈，奎章閣学士巙巙等が刪修している（ただし，後述する『至正条格』の編纂を指す可能性もある[229]）。

『丹墀独対』に収録される至治二年以前の聖旨，条画は，現行の『元典章』，

『大元通制』の一部である『通制条格』から引かれていることは，ほぼまちがいない。ただし，巻一「御史台」にいう“至元五年条画三十七款”は，現行の『元典章』巻五「台綱」《内台》【設立憲台格例】では三十六款，一款足りない。“皇慶元年に又整治台綱の詔有り”に該当する聖旨，条画ものこっていない[230]。巻五「冗官」の「清冗職詔」（至元二三年），巻九「銅幣」の「銅銭詔」（至大二年）は，現行の『元典章』には見えない。『国朝文類』巻九，および同時代の表，牋，詔を収集し，科挙第二場の模範集としても使用されたであろう『聖元名賢播芳続粋』巻五には，それぞれ李謙，閻復（姚燧）[231] の撰として収録するので，こちらを参照したとも考えられる。しかし，邵遠平は，『元史類編』巻三において「清冗職詔」の全文を引き，“典章に見ゆ”という。「頒至大銀鈔銅銭詔」も，カイシャン政権下の『元典章』にはたしかに刻されていた。そのご，“至大四年廃罷銀鈔銅銭。今並不録”として標題を残して本文は削られてしまったのである。現行の『元典章』は，アユルバルワダ，シディバラ政権の思惑を色濃く投影しており[232]，また邵遠平の見たテキストと比べると裕宗チンキムに関わる記事の多くが，削除されている。邵遠平の見たテキストは，トク・テムル以降には不都合ではなくなったはずで，呉騫の見たテキストが，この系統である可能性もある。

『至正条格』は，蘇天爵等の請願もあって，トゴン・テムルが後至元四年三月，中書平章政事阿吉剌に命じて監修させた『大元通制』の続編である。至正五年十一月に完成，翌六年四月に頒行された[233]。中書省はもとより御史台，枢密院，翰林，集賢院の官僚たちが中央官庁所蔵の新旧の条格を検討，李守中，董守簡（『南台備要』編纂の仕掛け人でもある）等の意見も採用して『大元通制』の形式を若干改良，最初に祖宗の制誥百五十をおき，条格一千七百，断例一五〇九を収録する。刊行されたのは，「条格」，「断例」のみで，祖宗の制誥は，一本を宣文閣に置き御覧に備え，中書省と国史院に一本ずつ保管したという[234]。永楽大典本では，二十三巻だったというが，元刊本での巻数は不明，分目は『四庫全書総目提要』巻八四「史部・政書類存目」に挙げられている。2003 年になって，韓国慶尚北道慶州でこの書の一部が発見されたが，現段階では詳細な報告，紹介はなされていない。影印本の公刊を鶴首して俟ちたい。

『丹墀独対』所収の条格，断令のうち至治三年以降のものは，おそらくこの『至正条格』からの引用であり，すなわち佚文と考えられる。現職の官吏ならば，架閣庫に『元典章』の分類のごとく，整理，ファイルされた文書を，チェックすることも可能であり，じじつ歴代の詔，格例，断例を目的別に編集した書物の多くは，かれらによって編纂され，地方で刊行されたのだが[235]，受験生にはまず無理である。むろん，一々，官庁に貼り出される榜文をチェックしていた可能性も完全に否定は仕切れないが，政府が分類し刊行してくれた政書を使用するほうが，よほど能率的だろう。『至正条格』は，至正六年四月の刊行だから，二年後には，もう呉黼は熟読して，

・天暦二年の詔の一款に；台憲を令て各，守令に堪える者各一人を挙ぐ。路，府の五品以上の正官は各，県令に充つるに堪う者一人を挙げ，其の姓名を疏して以て擢用に備う　(巻三「県令」)

・至正元年の詔に；行省，台，宣慰司，其の官職既に職田无ければ，何を以て養い贍わんや。俸は除くの外，毎月量給する禄米は，一品は十石，二品は八石，三品は六石，四品・五品は四石，六品以下は二石。官糧を儲くる所に於いては，賞給す。如し官糧の无ければ，去処毎石中統鈔二十五貫を折す　(巻四「職田」)

・至正三年□□□省台をして常平倉の法を集議せしめ挙行す　(巻八「常平義倉」)

・至順改元の詔の一款に；諸処の金，銀，銅，鉄，窰冶，諸色の課程は倶に定額有り。比年，名を僥め事を生じるの人，妄りに別の衙門，各投下に行して呈献す。今後禁止す　(巻九「坑冶」)

・天暦の詔に；必ず丁銭を先納し，礼部に申覆して度牒を出給して，方に出家を許す　(巻一〇「鬻僧」)

といったような，じゅうらいの規定と異なる新例をピックアップし，整理していたわけである。

『刑統賦』については，“傅霖刑統賦附唐律之後，霖非唐人，蓋五代周人”といい，また“趙子昂曰”との引用があること，柳貫の『唐律疏義』の序を引くことから，呉黼が見たテキストは，“延祐三年集賢学士資徳大夫趙孟頫の序文”

のある元刊本で,『唐律疏議』の後に附録としてつけられたテキストであったことがわかる。集慶路学において,『刑統賦』の版木六十三枚が刻されているほか[236],建安余氏勤有堂刻本(12行×14字)が現存する。『唐律疏議』は,泰定四年の江西龍興路儒学刊行の大字本(9行×18字)とそれに基づく至順三年,至正十一年の建安余氏勤有堂本(12行×24字)が知られている。大元ウルスでは,律書は頒行されず,"例に比して断を為し,然れば例は律を本とし,其の意を参し,其の文に泥せず"というスタンスをとっていた。したがって,唐律や刑統の研究が,最初は特に金朝以来の伝統をもつ華北出身の文人たちによって盛んに行われた(沈仲緯の『刑統賦疏』や,梁彦挙の『刑統賦釈義』は,その成果と現行の通制を対応させた著作である[237])。泰定二年に,江西等処行中書省検校官であった王元亮が,唐律を図表化した『纂例』——『元典章』「刑部」の図表と同じ精神のもとに作成——を『故唐律疏議』の善本,『釈文』と併せて江西儒学提挙の柳貫のもとに持参,四年に江西湖東道粛政廉訪司の協力を得て龍興路から一括刊行された。呉黼が見たのは,これらの書が全てセットになった勤有堂本だろう。なお,『纂例』に序文を寄せた劉有慶は,程端礼の友人でもあり,泰定元年の時点では,江西儒学提挙,すなわち柳貫の前任者であった。趙悳の『四書箋義』の刊行にもかかわっている。ちなみにこの『四書箋義』には,ほかに撫州路崇仁県丞の李粲,吉安路同知太和州事の曽翰も序文を寄せており,江西行省下の文人たちの交流,出版の状況の一端をうかがうことができる。その「引用書目」には,江西行省から官費で出版されたことが明白な陸淳の『春秋纂例』,郝経の『続後漢書』[238],大元時代の編纂であることは確実な『混一輿地要覧』,『豫章熊氏小学書』等も見え,同じ江西は撫州の呉黼が,官刻本,建安刊本のいずれを見るにも恵まれた環境にあったことがわかる。柳貫も泰定四年の時点で,"江西は,声教漸濡の内に在り,諸学の経史の板本は略ね具わる。而れども律文独だ闕す"と証言する。

呉黼は,こうした書物を悉く消化し,モンゴル語の直訳体漢文を適宜ふつうの漢文に直そうとしながら[239],最終的に必要だと思われる事項,規定のみを抜粋,整理し,究極のコンパクトな対策集をつくりあげた。一介の布衣の士(科挙受験をめざす階層)であったにちがいないかれが『大元通制』や『至正条格』を，科挙の時務策の参考書として使用していた。しかも，他の受験生が『大元通制』や『至正条格』をすぐ手元で閲覧チェックすることを想定してさえいた。“外任の官員の資を減ずるは，大徳の詔に見ゆ。内外の官流の普覃は泰定の制に見ゆ。天暦の間に官吏の陞等減員の文有り，至治の中に広海に入るを願うは[等]を陞すの□有り”（巻四「銓選」），“大徳中に「給拠簪剃」の詔有り，至元中に「選試僧人」の条有り”（巻一〇「鬻僧」）という言い方は，それを示しているだろう。この事実は，『分年日程』巻二に，古今の制度を考究するための書物として，『唐律疏議』，『宋刑統』とともに『大元通制』，『成憲綱要』が挙げられていたこととみごとに対応する。

3）『大元通制』再考

嘉興路の一介の布衣の士であった龔端礼の『五服図解』（中国国家図書館蔵元刊本）は，泰定元年（1324），推薦を受けて国家出版され，泰定三年の改訂，至順元年（1330）以降の増訂を経ながら，葬制の根拠として広く使用された[240]。そのかれが司馬光の『書儀』，朱文公『家礼』と当時の五服の制を比較考証するために用いたのも，『大元通制』であった。さらに『至正四明続志』巻九「祠祀」において，編者の王元恭は，社稷の祭礼を考証するさい，やはり『大元通制』を参照している。蘇天爵も，刑法上の事例を調べるさいに『大元通制』を利用し，自説の根拠とした[241]。『大元通制』，『至元新格』，『国朝典章』が，行省，粛政廉訪司や儒学提挙司等の官庁が先例，通例を調べるために用いた[242]だけでなく，当時の文人，官僚に必須の書物であったことがうかがえる。孔克斉が国朝の文典として挙げる書籍のリストの中には，『至元新格』，『国朝典章』，『大元通制』，『至正条格』，『皇朝経世大典』，『風憲宏綱』，『成憲綱要』といった政書，さらに『国朝文類』，『国朝名臣事略』も見えるが，かれの言によれば，当時『和林志』，『国朝国信使交通書』以外の書の閲覧は困難ではなかった[243]。むろん，孔克斉が孔子の五十五代孫であり，また江浙行省での国家出版物の開板の多くを担った集慶路，慶元路に居住したという特殊な条件は考慮しなければならないにしても。

『大元通制』をはじめとする官撰の政書の文人たちへの浸透は，『事林広記』

や『南村輟耕録』等に収録される公文書の源についても，“民間に流伝した材料”[244] ではないことを示唆する。『丹墀独対』巻五「考課」の“大徳七年欽奉せる聖旨に，取受十二章の例有り”以下の引用は，まさしく『事林広記』「刑法類」《大元通制》【取受贓賄】に一致する。そして，少なくともこの記事は『元典章』巻四六「刑部八・諸贓」に一覧表として出ているのであり，『大元通制』にも当然収録されていた筈である。呉黼も『事林広記』の編集者も同じような資料状況のもと，同じような読者層を対象にしていた。『事林広記』の《大元通制》は，その名のとおり，『大元通制』からの抜粋なのである[245]。ちょうど『事林広記』「農桑類」において官撰の『農桑輯要』の要点を選んで並べると言明しているのと同様に。和刻本『事林広記』の「至元雑令」や「泰定体例」も同じことである。そもそも，それらの聖旨，条画，条格の内容をみるならば，官吏もしくは，官吏となるつもりのひとびとを対象としていること，一目瞭然である。軍官の館穀，分例の規定など，一般庶民の誰が必要とするだろう。

じゅうらい，『大元通制』，『元典章』ともに，官員，胥吏の手引書として捉えられていたが，科挙の対策の参考書としての性格も無視できない。しかも，通念とはことなって，同じ官撰書であっても，おそらく『大元通制』のほうが『元典章』より流通し，権威ももった。なぜならば，『大元通制』は，より広くモンゴル諸制度についてカヴァーし，またヴィジュアルな図解を含む政書だったからである。たとえば，葬制の「五服図」は『元典章』にも収録されているが[246]，孔子廟の祭祀の式次第を解説する「釈奠図」は収められていない[247]。また，『丹墀独対』によれば，『至元新格』にも「五服図」が含まれていた。してみると，この書もじゅうらい言われていたような格，条画を集録しただけの代物ではなかったわけである。

1963年，李逸友等がカラ・ホトで発見した『大元通制』の「条格」の残片(整理番号63：01) は，竹紙であること，字体，版式から建安の小字本（おそらくこの時代にもっとも多い13行×24行のタイプ）と考えられる。しかも，硃紅の断句の痕跡があり，それが当時丹念に閲読されていたことを伝える[248]。これは，83-84年の再調査で出土し，大徳八年（1304）正月の「恤隠省刑詔」が記されていることから『大元通制』の「詔令」と推定されている残頁二葉(F146：W5-6)[249]——やはり竹紙に印刷された建安小字本の特徴をもつ——と，まったく異なる刊本である。さらに，『大元通制』の「条格」の一部とされ，あきらかに建安刊本の破片であるF207：W1も加えると，建安刊本だけで，最低三種のテキストが存在したことになる[250]。これらの建安刊本は，官僚，文人の実用に供するための，いわば『コンパクト六法』であった。呉鼒が使用したのもおそらくこの小字本だろう。

いっぽうで，同じカラ・ホト出土の麻紙に大字で刷られた『至正条格』の八葉の残片は，それがこの時代の多くの政府刊行物と同様に江浙行省下において作成されたことを示している。前述の韓国で発見されたテキストは，建安の小字本を覆刻した朝鮮版である。とすれば，その前身である『大元通制』にも，路・府・州・県の官庁に配布，保管するための，名筆家による美麗な大字本があったはずである[251]。医学十三科の試験に必ず出題されるテキストのひとつ『聖済総録』[252]（8行×17字）がまさにそうであった。『大元本草』等とともに，カアンの命令によって翰林集賢院の官僚，諸路の名医，医学教授たちが校訂し，大徳四年〜五年に江浙行省下にて印刷された。そして，路，州，県に各一セットずつ頒行され，医学の教官が管理したのであった[253]。県まで配布するとなれば，『農桑輯要』のように，一度に一千五百，もしくは三千部前後印刷されたものと考えられる[254]。しかも，一度きりとは限らない。各道の粛政廉訪司，勧農の正官が着任するたびに支給し，架閣庫の在庫が無くなるや，ふたたび増刷されるのである。『農桑輯要』の発行部数は，カアンのジャルリクによって江浙行省で刊行されたものだけで，至元二三年（1286）から延祐三年（1316）までで一万部にのぼり，至順三年（1332）までにさらに四千五百部，そして後至元五年（1339）再び刊行されたのである[255]。現在上海図書館に蔵される趙孟頫体の，文字どおり大字で書かれたみごとな大判のテキスト（9行×15字）は，中国刊本の頂点といってもよい。このほかに，路が開板したテキストや建安の書坊にて刊行された小字本の『農桑輯要』もある[256]（これらのテキストは，湖南の桂陽路や遠くカラ・ホトの官庁にも置かれており，参照されていたことがわかっている[257]）。

『大元通制』,『至正条格』,『成憲綱要』そして『故唐律疏議』のテキストにもこれらの書物と同じように，大字本，小字本の二系統があった。

ただし，小字本を通念のごとく“民間ヴァージョン”とするのは，性急にすぎる。至元二三年の『農桑輯要』のように官刻の小字本もあれば，儒学提挙司が書肆に版木の作成を委託したものもある。じっさいには両者の対象とする読者階層は同じであり，その間には，官庁での保管用あるいはカアンから寵臣，功臣への下賜用――そのモノ自体がシンボリックな意味をもつ（むろん大字本のほうが紙も，版下作成にも費用がかかる）――と日常の閲覧用という用途の違いしか存在しない。呉黼も述べるように，当時の受験生たちもたとえ万全の準備をしていようと，試験直前まで不安なことにはかわりなく，試験が開催される都市――会試以降であれば大都（今の北京）までの長い旅の間，試験前日まで復習，チェック機能のある参考書を携帯していくのが常であった。とうぜん，軽量で場所をとらず，可能な限り沢山の事柄をつめこんだ書が好まれた。結果，一葉に小さな字でぎっしり刻された小型サイズの小字本が必要とされる。小字本は，個人が普段の学習において，頻繁に使用するテキスト，参考書にむいている。建安の書坊は，こうした科挙の受験生や官僚，文人，僧侶，道士たち個人の所蔵，携帯用のニーズに応えて小字本（13行×24字が標準)，巾箱，袖珍本[258]を次々と刊行したのであり，官民共同で行われた小字本の出版も，その書の読者層，使用目的をはじめから見定めていたためである。禅宗寺院の儀式や生活を規定する『勅修百丈清規』（京都大学附属図書館谷村文庫蔵元刊本)[259]，科挙の参考書である『四書通』（中国国家図書館蔵元刊本）は，建安余氏勤有堂の元刊本の中でもとびぬけて精緻な彫りであり，じっさい官庁からの委託を受けた出版物だが，いずれも個人の日常の使用が想定されていた[260]。明の洪武帝の子，魯荒王朱檀の墓に収められた六種の元刊本の経書，文集も，いずれも小字本だった。

ひるがえって，『至元新格』,『大元通制』,『至正条格』は，高麗はもとより[261]，のちの朝鮮でも使用されつづけた。それどころか世宗の五年には承文院の申請にしたがって，『至正条格』十五部，『吏学指南』十五部を印刷してさえいる[262]。

日本でも，笑隠大訢の『蒲室集』に註をほどこした中巌円月（1300–1375）が，『(太)[大]元政典』（『大元聖政国朝典章』もしくは呂仲実の『大元省部政典挙要』)，『大元通制』，『至元新格』を確実に参照していた。ほかにも，撫州路で刊行された『通典』（大徳十一年），科挙再開をにらんで出版された『韻府群玉』（延祐元年），文宗トク・テムルの勅命により江浙儒学提挙の余謙によって刊行された『古今韻会挙要』（至順三年〜元統二年），西湖書院から刊行された『文献通考』（泰定元年刊，至元五年余謙補）など，ほぼリアルタイムで新刊書に目を通している[263]。大陸において新旧両『唐書』や『南史』，『北史』を閲読できる条件が整ったのも，大徳十年以降のことである。註釈作業は，春屋妙葩の要請に応じて，戊戌の歳（至正十八年にあたる）に纏められた。中巌円月は，泰定二年から至順三年まで江南に留学し[264]，師で『勅修百丈清規』の編者の東陽徳輝のお供をして大都にのぼったこともある[265]。円月の交友関係，置かれていた環境，遍歴地からすれば，これらの書籍を閲覧，購入する機会は，じゅうぶんにあった。

こんにちのこる朝鮮版，五山版，抄本および旧本『老乞大』の会話[266] 等から判断して，当時商品として流通したのは，小字本である。それを，高麗（のちには朝鮮）や日本の使臣，僧侶等が買っていき，忠実に覆刻もしくは抄写した[267]。かたや，各地の官庁に配布，保管された大字本は，本来永久保存を目的としたが，政権の交替時に，官庁そのものが破壊され，またのちの明朝廷の怠慢もあって，ほとんど残らなかった。発行部数にさしたる差がないにもかかわらず，逆に国内外に販売され，消耗品であった小字本のほうが，個人の蔵書として大事に保管され，長い齢を得たのは，皮肉な結果といえる。

4）受験生の「時務」常識

ひるがえって，上に述べてきた『大元通制』や『国朝文類』以外の出版物，あるいは別の情報源，手段によって，呉黼，そして当時の江南の受験生がモンゴルの諸制度をどこまで理解，把握していたのか見ていこう。

まず，特筆すべきは，各官の職務および制度についての的確な把握である。

・枢密院有り。宋制に因り，専ら兵機を掌る。凡そ調兵は則ち之に由る。而れども軍糧は則ち中書に於いて由る。其の法甚だ善し。大征討有れば則ち行枢密院を置き，無ければ則ち廃す。 （巻一「枢密」）

・内に枢密有り，以て兵を主る。各省に都鎮撫有り，郡に万戸府，千戸，百戸有り，県に尉有り，巡検と与に兵を主る。事有れば則ち有司糧を調し，軍司兵を調す。制，最も美為り （巻一四「兵制」）

・（翰苑の）制は略（ほぼ）旧に因る。我が国家，文学の盛んなること，上古の賢聖以来にして，諸儒の経伝の学，史官の記載の書，其の主典の官は則ち翰林，国史，集賢等の院，秘書，国子，芸文等の監有り，而して律暦，陰陽，医卜の事，竺乾の教，老荘の説，又各其の人有り。他，国字の製，国制の述の如きは，奎章，宣文の建ありて，文物彬々たり。号は惟だ制詔を掌るも脩国史を兼ね，上に承旨，学士有り，下に修撰，編修等の職六有り （巻一「翰苑」）

・許魯斎は嘗て世祖に『孝経』，『四書』の直解を進め，呉草廬は嘗て泰定に「酒誥」を講ず○今亦た経筵官を設くるの外，説書著書の選有り。 （巻一「経筵」）

・国子監，上は祭酒有り，聡明にして威重き有る者を択び之と為す。司業，掌教は其の人の非ざれば居せず，而して博士，助教はその次と雖も，然れば亦其の人を軽んぜず （巻二「博士」）

・其の余，茂異，神童の科の如きは有れば則ち之を挙げ，進士科の定額有るが若きに非ざる也○至正の集議の后は，大同小異にして，又，乙科を置く （巻五「科挙」）

・国朝の武臣の入官する也（や），其の始めは功を以てし，其の子孫は世を以て継ぐ。内に枢密有り，外に宣慰司，元帥軍有り，万戸，千戸，百戸，皆将也 （巻二「将帥」）

・内は刑部を立て以て其の権を総ぶ。外は各処に推官を設けて以て其の事を専らにす。風憲の置に至りては，責する所尤も深し。復た随路に司獄有り，専ら囚禁を管す。重囚の結案の条は，台察が上下半年を審囚するの令有り。囚案の明白なるは，決を听（ゆる）すの例有り。獄医，囚糧は恩の泥に至る也。贖老，存孕は恵の溥に至る也。○捕亡に令有り，恤刑に詔有り，平反に賞有り，獄空に紀有り　(巻一五「獄訟」)

・大都路総管府，其の任は皆廉幹親近の人を以て之を為す。　(巻三「京尹」)

・天子毎歳上都に巡守すれば，則ち留守，都京の事を掌る。世祖自(よ)り来しかた，留守司有り，皆清望威重廉幹の官を選び之を為す。多く親王勲臣を任ず　(巻三「留守」)

文官に詳しいのは当然としても，軍制，大都の統制にも，じゅうぶん注意がはらわれていたのである。大元時代の官制を簡略に述べる書物としては，じゅうらい，富大用の『新編古今事文類聚』新集，外集（泰定三年廬陵武渓書院刻本　13行×24字　各官ごとに歴代の沿革を述べ最後に［大元］の記事を附す形式をとる），『事林広記』「官制類」が知られていたが，その記述とは重ならず，寧ろより核心を突いた解説となっている。たとえば，富大用は，枢密院について，

枢密院を置き，凡そ武備機密の事を掌る。枢密使，同知有り，又副使，簽書，同簽書有り。其の属に判官，経歴，都事，照磨，管勾等の職有り。外に在りては又行枢密院を置き，副使自り始め，以下の諸職は皆同じ。

と述べるのみで，軍糧についても，行枢密院の廃止についても言及しない――ただ，この『事文類聚』の収録する官制の項目数は，『丹墀独対』よりはるかに多く，また武渓書院本，建安雲荘書院本，西園精舎本等，複数の元刊本のテキストが今に伝わることから，この書もやはり必須の事典として，ときには挙業書として，江南文人に愛用されたと考えられる。同時に，これらの情報源がどこにあったのか，なぜこれらの記事が収録されたのか，『事文類聚』そのものの性格，編纂についても見直す必要があろう。

呉韊のみならず，江南の文人が，モンゴルの官制，国制および地名，地理に関して，一定の知識を有し，また必要としていたことは，陶宗儀の『南村輟耕録』や『翰墨全書』，『事林広記』を見ても明らかであるが，至順三年（1332）江西行省の郷試を第五位で通過し，至正十三年（1353）には国子助教となった熊太古（熊朋来の子）にも，“周礼九儀の命を以て首となし，直に我が朝の官制に至る”『官制沿革表』二巻および『在京諸衙門官制』一巻[268]の著作があった。

ひるがえって，呉韊は，巻七「賦税」《食貨賦税塩鉄等項》において次のよ

うな記事を書き留める。

国朝，太祖西征の後自り，中原凋弊し，倉庫皆虚し。中書耶律文正公，太宗に進めて転運所を立つ。又，使副を立てて銭穀の任を専らにす。其の用うる所の人は，燕京の陳(徳)[時]可，宣徳の劉中の如きにして挙げて徴収するに皆良法有り。故に課税の額暴れずして増す。其の初を観るに，秦の地税，商税，塩，鉄，酒醋，山沢の六色，均しく之を辨ず。歳止だ銀五万両，絹八万疋，米四十万石を得可き而已。庚寅歳（1230）に及び，已に増すこと一万疋を為す矣。夫れ金を滅ぼすに暨りて，戸口日ごとに増す。世皇の宋を取り，南北混一に及ぶや，天下の戸口を総計するに又太宗の時に百倍す。収受の式を定め，送納の程を限り，会計の法を立て井井に条有り。而して賦額の増も亦，太宗の時に百倍す矣。元貞元年（1295）の中書省の奏を観るに，腹裏，江南の課程は，金を曰い，銀を曰い，鈔を曰い，絹帛を曰い，絲綿を曰うの数，見る可き也。延祐丙辰（1316）戸部の会計録を観るに及べば，則ち金銀以下の数又其の屯を増す。国初の数を回視すれば又その額を百倍す矣。之を奈何せん。天下の民，窮せず且つ盗する乎。

前半部分は『国朝文類』巻五七あるいは『国朝名臣事略』巻五所収の移剌楚才（耶律楚材）の神道碑に拠る可能性もあるが，至元，元貞，延祐の節目節目の戸口，賦税の変化について把握されている点は注目に値する。地方志や碑刻資料などを見る限り，少なくとも至元二七年[269]，延祐三年（1316）の戸計の数字は公開されていた。この延祐三年の戸部の会計録は，巻一〇「榷酒」においても，“延祐丙辰戸部の会計に，天下の酒課，歳に鈔を以て計る者は，増は自ずから増を作し，額は自ずから額を作す。蓋し増有りて減无し矣”として引用されている。

さらに，呉黼がとくに注意していたのが，塩引，茶引の価格の変動であった。

世祖の時，毎引，銀七両と為す。毎銀一両は鈔二両を折して売り得たるに十四両鈔。延祐の時に至り，毎引，売るに鈔両定。両定鈔は銀子に折すれば，官の定価に依り四両の銀子に該す。七両の銀子に依着すれば，価三定

> 半鈔に該す。広海の塩課は辺遠にして，在前は只一定に売れば，再び一定を添えて二定と作すは除き，其の余の去処は，毎引各一定を添えて三定と作す。銀価を以て尤も少なきを計れば，官司の半定。此れ延祐の塩価を増す也○至治また六の一を増す。江淮の間，歳辨六十余万引。福建，広東，海北は八万余引○泰定二年の詔に；毎引，価二十五両を減じ，以て民力を寛す○只今の実価　　　　　　　　　　　　　　　　（巻一○「榷塩」）

「只今実価」の後は，書き込めるように空白になっており，常に最新の情報をチェックしていた様子がうかがえる。この情報は，至順三年（1333）の江西郷試でトップ合格を果たした陳植の合格答案にも見えており，暗記しておくべき事項であった[270]。ほかにも，職田の石高，奉禄の数字等も暗記せねばならなかった。

ところで，巻一三「鹵簿」には，

> 英宗の時に至りて初めて寺を立て，鹵簿の礼を行う。但（およ）そ其の制は乃ち有司の草創にして時に称わず。曽巽初の奏する所の新儀は未だ上らざる也○至大の初め，曽巽初の「鹵簿図」并びに「書」及び「郊祀礼楽」を著わす。
>
> 召されて玉徳殿に対す。武宗之に官大楽署丞を賜う。延祐中，又「中道外仗図」を進め，駿龍門下に召見さる。英宗大駕して上都自り還り，即ち太室に親祀し，始めて衮冕を服す。大駕の廟に至るに，有司の倉卒，其の制称わず。上，初めて丞相東平王拝住（パイジュ）に命じ，太常の秘書所蔵の曽巽初の図書を取るに曁りて，鹵簿大いに興る。是に於いて改めて大廟を作し，凡そ川蜀，江南の大木の美なるは悉く致す。凡そ旗幟の絵を繡する者は閩浙に於いて作し，人馬の鎧甲の采飾を被る者は江西に於いて作す。庀事は厳速，務使は華好たり。又留守に詔して五輅を造るに未だ行うに及ばず而て国に大故有り。文宗の時，巽初又た前の図書を以て進む。上未だ報ぜず而して曽歿す矣。毎事八々六十四，八脩の義に倣う。

という。これは，おそらく『道園学古録』巻一九或いは『道園類稿』巻四七の「曽巽初墓誌銘」から抜粋したものである。虞集は，呉黼と同じ撫州の出身で，父が呉澄の友人であったこともあって，かれに師事し，大徳六年（1302）大都路学教授に推薦されたのを皮切りに，十一年国子助教，至大四年国子博士，延祐元年太常博士，延祐四年集賢修撰，延祐六年翰林待制，泰定元年国子司業，三年秘書少監，四年翰林直学士，経筵官，五年国子祭酒，天暦三年奎章閣侍書学士，至順三年翰林侍講学士と重要な文官ポストを歴任したモンゴル朝廷の大物である。親友に袁桷や元明善等がいる。延祐四年には大都路の郷試の，泰定元年，四年には中書会試の試験官を，至順元年には御試の読巻官にも任じられた。とくに文宗トク・テムルの寵愛をうけ，勅命によって『皇朝経世大典』の編修に当たり，総裁をつとめたことで知られる[271]。“一時，宗廟朝廷の典冊，公卿大夫の碑板は皆公の手に出ず”と言われ[272]，また既に高橋文治が指摘するように，この「虞集という人は，元朝の諸制度を鋭く洞察して正確に記述した文章家で，どの文章も驚くべき事柄が実に適確に記述されている」[273]。趙撝謙『学範』「読範・集部」に虞集の文集が挙げられていたのも，決して唐宋八家の古文を踏襲するというその修辞を学ぶためだけでなく，モンゴル朝廷の諸制度の学習にも有益なテキストと見なされたからに違いない。呉黼が『丹墀独対』において，はっきり“虞公文”として引用するのは，ただ一カ所，巻八「財用」の《先儒論断》のみであるが，そこに引かれた文は，『国朝文類』巻四二「雑著・憲典」《食貨篇》すなわち『経世大典』の序録の一部である。しかし，『道園類稿』が，至正五～六年にかけて撫州路から官費で刊行されており，呉黼は，それを利用しやすい状況にいた。しかも，虞集は，晩年故郷に帰り『丹墀独対』の編まれた至正八年に亡くなるまで，家塾を経営していたのである[274]。趙撝謙の推薦書『征賦定考』の著者，兄弟弟子の袁明善を教師として招いて。ふりかえれば，『三場文選』の編者のひとり劉霖も，虞集の弟子であった。呉澄，虞集の「臨川学派」と建安書坊の輪の中に[275]，おそらく呉黼もいたのだろう（『丹墀独対』巻一七「礼記」に，“科挙は止（ただ）だ『礼記』を用い，『周礼』『儀礼』は用いず。江西の呉草廬先生に『礼記纂疏』有り”と紹介する）。

ちなみに，虞集の序文や跋文は，大元時代末期からとくに明代において「お墨付き」として有り難がられ，しばしば江西，建安の書肆や骨董屋において，偽造されるようになる。銭大昕は，自身が北京の琉璃廠の書市で二百銭出して購入した『皇元朝野詩集』前後集各六巻すなわち『皇元風雅』（李氏建安書堂刻本）の巻首に「奎章学士虞集伯生校選」と題するのは，書肆の仕業で，“序文浅陋にして，亦未だ必ずしも道園の手に出でざる也”といった[276]。『中原音韻』に附せられた虞集の序文も，『道園類稿』巻一九「葉宋英自度曲譜序」を書き換えたもの[277]，万暦二五年（1597）刊行の『重校評釈歴代将鑑博議』（前田尊経閣蔵閩書林宗文堂刻本）の虞集の序文も内容を見る限り，極めて怪しい代物である。ただ，『皇元風雅』後集のもうひとりの序文執筆者で，自身挙業書の『詩義断法』をものし，『群英書義』，朱礼『漢唐事箋対策機要』などの建安刊本にも序文を寄せる謝升孫は，朱礼とともに虞集の友人であり，すべてが偽物とも言い切れない[278]。むしろ，虞集と建安の出版のかかわりの深さ，そして，かりにそれらが本物であるならば，その粗雑な序文の製作の原因に注目すべきかもしれない。

そして最後に述べておかねばならないのは，『丹墀独対』巻一九において，正統な史書『史記』，『西漢書』，『唐書』，『五代史』，『通鑑』を掲げたあとに，「遼史」の項目が立てられ，トクトの「進遼史表」および「三史凡例」の抜粋が載せられていることである。ところが，この「遼史」の項目は，巻頭の「総目」には見えない。一般に「総目」は本文作成の後に抜き書きして作成されるものだが，単なる不注意ではなく，「総目」を作り直した葉氏広勤書堂によって，故意に挙げられなかった可能性が高い。

大元ウルスの科挙のモデルのひとつ「朱子学校貢挙私議」の提示する諸史の「策」は，“左伝・国語・史記・両漢為一科，三国・晋書・南北史為一科。新旧唐書・五代史為一科，通鑑為一科”であり，ここに『史記』，『西漢書』，『唐書』，『五代史』，『通鑑』の五種のみが択ばれていることには意味がある，と考えるべきだろう。

漢，唐は，中国全土をおさえ東西交流も盛んだった。文化，制度などの面で大元ウルス朝廷が尊重した王朝である。『丹墀独対』が引用する『大元通制』でも，呉黼によれば実際には“その実無し”だったらしいが，“大学生を令て五経及び漢・唐史を習わしむ”（巻五「学校」）という規定があった。しかし，『史記』，『漢書』を取り上げているより大きな目的は，おそらく匈奴の歴史を記す点にある。そして，唐は鮮卑の拓跋氏，五代はテュルク系の沙陀族とモンゴル系のキタイ。ここに至正四年に編纂，五〜六年に江浙，江西の二行省下で国家出版された遼金宋三史のうち，『遼史』のみをつづけるのは，まさに大元ウルスの立場，正統観を表わすといってよい[279]。『遼史』編纂命令の二通の聖旨，『金史』の開板命令の聖旨および『宋史』の「中書省咨文」はいうまでもなく[280]，江南行台で編纂された『至正金陵新志』も三史についてのべるさい，必ず遼，金，宋の順に挙げる[281]。そして公式見解では，遼があくまで正統であることを，江南の文人たちもじゅうぶんに承知していた。たとえ，楊維楨が江西儒学提挙という立場を利用して，「宋遼金正統弁」一巻（版木にして九面）[282] を刊行しようと，天暦二年（1329），至順三年の江西郷試第四位で，『策場備要』の著者でもある解観が，遠路遙々大都に赴き宋の正統を上書しようとも[283]。『丹墀独対』のこの記事は当時の江南文人の三史に関する認識を如実に示している。洪武十九年（1386），この条が総目から削除されたのは，ぎゃくに楊維楨の説を取らざるを得ない明朝廷の立場に従ったにほかならない。宋，遼，金三史という言い方は，『南村輟耕録』を例外として，一般には洪武年間に入ってからなされるようになった。『学範』「読範」《読史》がまさに“宋三史”と言い換えている。鄭鎮孫の『直説通略』が遼，金，宋の順であったのに，明の改編をうけた同じ鄭鎮孫の『歴代史譜』が宋，遼，金となっているのも同様の理由である。後述する寧献王朱権が永楽四年（1406）に刊行した『天運紹統』も宋，遼，金の順に配列する。

なお，呉黼がみた『遼史』のテキストが，至正五年の“上色高紙”に印刷された大字本の初版一百部のうちのひとつだったのか，そのご建安で出された小字本（『建陽県誌続集』「典籍」《史書》に“遼史一百一十六巻板燬，金史一百三十五巻板燬”と伝える）だったのかは不明だが，元好問『続夷堅志』（台湾国家図書館蔵旧鈔本）に附された呉中の王東の後序に，“至正戊子（八年/1348），武林新刻の金史，一観を獲るに因り，謹みて此の伝（元好問伝）を謄し，書する所の後に附す云々”とあることからすると，大字本も閲覧，筆写することは，可能であった。しかし，呉黼に，遼，金の制度を研究する姿勢はみられない。当時，正史をじっくり読む余裕がなくとも，南宋発信の『契丹国志』，『大金国志』なら割に容易に見ることができた[284]。しかし，歴代の沿革については，概ね漢，唐，宋の流れを辿るだけだった。それは，江南の科挙合格者の答案と同じである。むろん正史の編纂までろくな文献がなく，あっても必要量の部数が刊行されなかった南宋時代のツケも大きく影響するのだろうが。この時代，江南の儒者は，通史として遼，金史を語ることには熱心だった[285]。しかし，科挙にかんするかぎり，江南文人に，遼，金へのまなざしはなく，また特に要求もされなかったのである[286]。

以上，大まかながら紹介してきたように，『丹墀独対』は，程端礼等の教育法にのっとり，朝廷の最新情報を可能な限り取り込んだ，極めてモンゴル色の強い書物であった。にもかかわらず，明初期において，まだこの書が必要とされ，洪武二〇年の郷試の直前に刊行されたのは，いったいなぜなのか。ほんとうに明初の受験生が読んだのか。そうでなければ，誰が必要としたのか[287]。そして，この書が江戸時代，昌平坂学問所にて，誰によって，何のために，筆写されたのか。その答えは，現在のこる資料の中には見いだせない。しかし，少なくとも『丹墀独対』を読み，筆写したひとびとが，一般の学者より正確に偏見なくモンゴルの諸制度の概要を捉えることができたのは，確かだろう。

5　むすびにかえて

呉黼と同じ時代を生きた梁寅も，若いころ科挙の「対策」のために『方策稽要』[288] なる書を編み，“四方に板行”した。至正年間（1341-1367），書坊が『古今策海』と書名を改め翻刻本を売り出したので，さらに流通したというが，大元末期から明初の戦乱によって，姿を消した。かれは，大元時代，科挙に落第しつづけたが，翰林学士や儒学提挙といった時の名士たちの知遇を得て集慶路の儒学訓導を務めた。のち洪武帝に請われ『大明集礼』の編纂に携わったものの，朝廷の正官にはつかず石門書院で教鞭をとる道を選んだ[289]。時局が落ち着いて科挙が再開されると，劉徳恭の求めに応じ郡庠のテキストとして『方策稽要』をより簡潔な形に刪訂した。一時，策試から“時務”が無くなり，“経史”のみが問われるようになったためである[290]。しかも，明政府の刊行物の多くがそうであるように，大元ウルスについての記述は，意識的に取り除かれてしまった（したがって，大元時代の諸制度の資料としては，『丹墀独対』には及ぶべくもない）。喩南劉氏竹所書堂の新刊『策要』六巻（台湾国家図書館蔵）がそれであり[291]，『丹墀独対』復刊の一年後の洪武二〇年（1387）に刊行された。14行×21字の小字本である。巻頭には，もと翰林編修の張九韶の序，梁寅の自序が附されている。のちに慶陽府で官刻本として出されたほか，楊士奇によって，清江でも刊行された[292]。

明初の朝廷に仕えた江南文人は，筆頭の宋濂，劉基でさえ，大元時代には地方官どまりであり，モンゴル朝廷を間近で観察，体感する機会を持ち得ず，さまざまな意味で「小粒」で「視野狭窄」な，ものの表面だけを見て前代を踏襲したつもりになったひとびとであった（張九韶にも科挙の参考書『群書備数』（『群書拾唾』）があるが，とても翰林院の学士が作成したとは思えない代物である）。そしてそれが明の文化学術の衰退の一因ともなったが，ともかくも，江南の一文人の眼差しで，受動的に見てとった科挙，教育，出版のありようの一端を明朝廷に伝授する役割は果たした（たとえば，皇帝，皇后の御製の書物が建安で出版されるのも，白話語彙を用い，挿絵を盛り込んだ『孝経』や『列女伝』に類する世教の書を記念事業として刊行するのも，モンゴル時代の名残である）。しかし，それ以降にいたっては，真似どころか無知かつ無恥な剽窃行為が横行する。官撰と銘打つ書物であってさえ，『四書五経大全』をはじめ，大元時代の出版物を丸々引き写すことが往々にしてあった[293]。その選書も，『学範』に示された推薦書そのままであった。前代の善書を重刊するのは褒められるべき行為だが，元刊本に基づくことには触れたがらなかった（明代の官刻本がいかに大元時代の出版物に負うところが大きいかは，『古今書刻』二巻をみれば一目瞭然である）。既にある書物を寄り合わせ，書名を変えて平然と出版した。文学，陰陽学，数学，医学，薬学あらゆる分野で，そうであった。中央，地方の文官を問わず，明の文人たちにまるでプライドはなかった。大元時代ならば，増訂した部分にのみ自分の名を入れ，もとの編著者をあくまで主編として尊重していた。その事実は，こんにち残る版本によって動かぬ証拠としてある。このような風潮の中では，とうぜん学問の進歩は全く見られなかった。寧ろ引き写しを重ねていくことで退化していくかのようであった[294]。

「剽窃の時代」の中でも，洪武帝の子，寧献王朱権は，その地位もあって特に目立つ存在である。かれは歌曲と戯劇をこよなく愛したモンゴル王族の趣味を自らも纏おうとして，雑劇をものし，『太和正音譜』，『瓊林雅韻』，絵入りの『太音大全集』等を著わした。ところが，本章で取り上げた陳繹曽『文筌』の書名を『文章欧冶』と改め，中身を数行書き換えただけで，得意になってあたかも自作であるかのように序文を付し刊行した張本人でもあった。『文章欧冶』が『文筌』を改名したものであることは，じゅうらいから知られ[295]，またそれが朱権の仕業であろうことは，『続書史会要』等の文献から予想できたが，国会図書館蔵朝鮮版の序文に付された「昭回雲漢之章」の印，花押が，最近公開された朱権の悪名高い科挙の参考書『原始秘書』（華東師範大学蔵明刊本）のそれと一致するという，物的証拠によって明るみにでた[296]。じつは朱権の著作のほとんどについては，種本がある[297]。それ故，種本が明らかになっていないものについても，そこに示されている内容は，すべて大元時代に存在した情報という逆説的な信頼すら抱かせられる。『天運紹統』（旧北平図書館マイクロフィルム明永楽四年刊本，冷泉府旧蔵東洋文庫蔵朝鮮版）にしても，洪武二九年（1396）かれが御府においてたまたま見つけた秘書所蔵の『歴代帝王譜図』に基づく。伏羲から大元までの編年世次と系図のうち，伏羲から周までの系図を欠いていたのを諸儒——新安の胡一桂『十七史古今纂要』をはじめとする類似書と校勘，『元朝秘史』の漢文総訳の冒頭を引用しただけで「秘典」となし，編年世次の部分に要らぬ手を加えて改竄した。『四書五経大全』の編纂に共通する姿勢である。それで歴代の研究書より詳しいと自慢するのだから始末に終えないが，少なくとも書中の遼室世系は，『永楽大典』巻五二五二に収録される孫応符の『歴代帝王纂要譜括』と一致し，モンゴル王室の系図は，『南村輟耕録』巻一の「大元宗室世系」と，それより多少簡略化されているが，明らかに連動する。『歴代帝王譜図』は，もとはモンゴル朝廷もしくは官庁所蔵の系図であることから，フレグ・ウルスのペルシア語史料『集史』，『五族譜』との関連も予想される。ぎゃくに，そうした漢文資料を，四明は天台の陶宗儀が閲覧，書き留めて刊行していたという点にも留意すべきだろう。

ひるがえって，明代においては，朱権が『原始秘書』を著わしたにとどまらず，広信府では『策学輯略』，陝西布政司では『策学集要』，西安府では祝尭の『策学提綱』，臨洮府では『策学集成』，成都府，重慶府では『策学集略』といったように，中央，地方の官庁が策学書を刊行する事例が多く見られる。そのひとつ，景泰七年（1456）に，内府にて刊行された『選類程文策場備覧』（旧北平図書館蔵マイクロフィルム明刊本）は，程端礼が使用に注意を促した『新箋決科古今源流至論』，そして骨抜きになった梁寅の『策要』と並び立つことを目標に編まれた。『末場節要』（台湾国家図書館蔵明抄本）の引用書目にも，『源流至論』，『梁氏策略』が見える。所詮はそのレヴェルであった。しかし，いっぽうで，『史記』，『通鑑綱目』，『宋名臣言行録』，『大学衍義』，『文献通考』，『文選』，『文粋』，『文鑑』，蘇軾の『策略』『策別』『策断』の名も見え，程端礼等が指定した読書，作文規範がたしかに生き続けていたことを知るのである。類書の『截江網』や『群書類要』，史抄の『小学史断』も用いられていた。『歴科会試策』，『歴科郷試策』のような合格答案集，『保斎十科策』のような策の模範集，官庁から刊行，配布された『策学輯略』，『策学衍義』を読む。表面的には，大元時代と何らかわらぬ受験生と出版の姿である。むろん『大元通制』から『皇明政要』へ，虞集の『道園学古録』から宋濂の『宋学士文集』へ，という時代の要求による変化はあったけれど。

明以降の「対策」の対策集もまた，当時の諸制度，文人たちに要求された時事の常識，思想の変遷を知るに有効な資料である。こんご活用したい。

註

1）『新刊類編歴挙三場文選』（静嘉堂文庫蔵元刊本）「聖朝科挙進士程式」。なお，エリク・カヤとクトゥク・エルの名を『元史』巻一一二「宰相年表」の皇慶二年の条に補う必要がある。

2）事前に，朝廷は貢挙の旧法を広く講求し，宋の進士姚登孫，熊朋来，牟応龍等の意見も聞いている（『滋渓文稿』巻二九「題咸淳四年進士題名」）。

3）『圭斎文集』巻五「趙仲簡公祠堂記」“皇元熠興，江漢趙氏復能背誦程朱書，北渡江，私筆以授学者許文正公衡。衡神明其書，進以所得，相世祖，興礼楽，文太平。後是四十年，貢挙法行，非程朱学不試於有司。於是天下学術，凛然一趣於正”。

4）姚枢自身，朱子の『小学』，『語孟或問』，『家礼』を刊行したほか，楊惟中に『四書』，田和卿に『易程伝』，『書蔡伝』，『春秋胡伝』等を，弟子の楊古に沈括の活字を用いて『近思録』，『東萊経史論説』を出版させている（『牧庵集』巻一五「中書左丞姚文献公神道碑」，『国朝名臣事略』巻八「左丞姚文献公」，『圭塘小藁』巻六「雲斎書院記」）。

5)　『元史』巻八一「選挙志」《科目》，『国朝名臣事略』巻八「左丞姚文献公」，「左丞許文正公」，『滋渓文稿』巻三「陝西郷貢進士題名記」，巻五「伊洛淵源録序」，巻六「正学編序」，巻三〇「題晦菴先生行状後」，『秋澗先生大全文集』巻三五「貢挙議」，巻七九「元貞守成事鑑」《選士》，巻八九「論科挙事宜状」等。なお，至元十三年（1276）四〜六月に，華北において太宗オゴデイのいわゆる「戊戌（1238）の選試」をひきつぐ儒士の選試が行われている。『廟学典礼』巻三「儒戸照帰附初籍並葉提挙続置儒籍抄戸」に“腹裏儒戸，至元十三年試中者，止免一身差役”とあるのは，まさにそれで，「経義」と「詞賦」の二科目，首席は解節亨，あざなは安卿なる人物であったという（『秋澗先生大全文集』巻一五「題開封府後堂壁」，「潁封人廟」，巻四四「紀異」，巻六三「故尚書礼部郎中致仕丁公祭文」，巻九一「烏台筆補・定奪儒戸差発」，『程雪楼集』巻一三「東菴書院記」，巻二二「故翰林待制権君墓誌」，『清容居士集』巻二九「滕県尉徐君墓誌銘」，『道園類稿』巻一八「焦文靖公彝斎存稿序」等）。『廟学典礼』巻一「歳貢儒吏」の至元十九年九月某日の中書省の箚付の中で触れられている“比及設立科挙以来，定到下項事理”を含め，これらの事実を『元史』が記載しないのは，それがのちに世祖クビライと不仲に至った皇帝監国裕宗チンキムの采配でおこなわれたためで，チンキムとかかわるほかの記事と同様，『元史』が依拠する『世祖実録』の編纂段階ですでに抹殺されていたと考えられる。

6)　少なくとも至元八年以降，漢児人に対しては，『文公家礼』に依拠した冠婚葬祭が規範とされ，大徳八年に再確認がされている（張才卿によって，『文公家礼』のダイジェスト版である『葬祭会要』も刊行された）。朱子が熱心であった救荒，勧農，水利などの社会事業も意識的に進められた。

7)　『廟学典礼』巻二「左丞葉李奏立太学設提挙司及路教遷転格例儒戸免差」

8)　『芳谷集』巻一「贈徐義翁北行序」“漢択年十八以上者，充博士弟子，唐州県学限年十四以上十九以下，而小学無聞。宋三舎法行，而小学一皆肄簡家塾而已。皇元興学崇化，陋漢唐，追三代，外台勉励，倣古八歳入小学，十五入大学，皆訓導之。自皇慶以来，東南学校誦弦声風動雷隠矣，丕休哉”。

9)　『楚石大師北遊詩』（台湾国家図書館蔵抄本）“（天暦二年）[泰定元年]甲子春，鄧公善之，任国子祭酒，試礼部進士，甚公。善之謂予曰：「袁伯長学士在京師，累歳不肯取郷士。今年得程端礼兄弟人，亦不以我為私」余聞之喜因謝”。

10)　至元二四年に集賢院で議定されクビライに奏上された，国学における“合読是甚麼書（まさに読むべきはいかなる書か）”という書目リスト，教程の内容は，明らかでない。また，元貞元年に福建道儒学提挙司が福州路の儒学教授の熊朋来等と講究し福建閩海道粛政廉訪司に上申した学校教程，および江東道儒学提挙司と建康路の儒学教授，山長等が講究し江東建康道粛政廉訪司に上申した教程は，江南行台によって，管轄下の儒学で遍く実行すべく文書が下されたが，どこまで定着したかは不明である。そこでは，紹興の廟学に碑としてのこる至元二九年重定の学式——胡瑗の教法にもとづく——をふまえて，習字，律詩，朱子の『小学』，『孝経刊誤』，『四書集註』，『詩集伝』，『書集伝』，『通鑑』，詞賦の時間割が細かく定められていた（『廟学典礼』巻五「行台坐下憲司講究学校便宜」，「行省坐下監察御史申明学校規式」，『越中金石記』巻七「重建紹興廟学図」）。

11）『南廱志経籍考』巻下「雑書類」《晦庵読書法四巻》によれば，朱子の門人輔広の述ぶる所を程端礼が校正したテキストがあり，前集七巻後集四巻，嘉靖七年の時点で版木は存する者四十三面，壊れたる者六塊，欠する者十一面，であったという。程端礼が『分年日程』「綱領・朱子読書法」の輔漢卿所編の『読書法』について“近ごろ已に集慶学に刊す”と註するテキストそのものだろう。『至正金陵新志』巻九では板木は一百七十張という。

12）『畏斎集』巻四「送馮彦思序」

13）こんにち残るテキストは，元統三年（1335）甬東程氏家塾本だが，『畏斎集』巻四「送教授鄭君景尹赴浮梁任序」，「送馮彦思序」によって，すくなくとも至正元年から五年頃まで刊定が続いていたことがわかる。至正二年に刊行された『至正四明続志』（上海図書館蔵影元鈔本）巻七「学校」によれば，『分年日程』の版木は程氏書塾にて保管されていたが，その版木は計九十片といい，元統本より少ない。ただし，両面に刻されていた可能性もある。『南廱志経籍考』下「雑書」《読書工程三巻》によれば，“脱する者二十三面，存する者一百二十二面”という。

14）『新安文献志』巻七一欧陽玄「積斎程君端学墓誌銘」

15）『金華黄先生文集』巻三三「将仕佐郎台州路儒学教授致仕程先生墓誌銘」，『分年日程』巻二

16）程端学は，泰定四年と元統元年の二度序文を書いている。

17）『滋渓文稿』巻五「曹南李時中文稿序」

18）医学，陰陽学の科目，テキストの指定も，大元ウルス治下のみならず，朝鮮，日本における当該分野の出版に多大な影響をもたらしたが（『元典章』巻三二「学校二」《医学》【医学科目】，『秘書監志』巻七「考試司天科」，「改演新暦選差人」），これらについては，別の機会に詳述する。

19）『新刊類編歴挙三場文選』「聖朝科挙進士程式」

延祐元年六月　日中書省咨；来咨；江浙行省咨；為設立科挙，行拠儒学提挙司講議各項事理。差提挙康奉政馳駅賚咨，計稟送礼部，約会翰林，集賢院官一同講議到後項事理。呈乞照詳。都省准擬。今開各項并抄解拠，家状程式，従式在前。咨請依上施行。

一．郷会等試，許将礼部韻略。講議得；即目南北刊行礼部韻略。因在前避諱字様増減不同。今来科挙既開，未審用何本為主。合従都省頒降，庶得帰一。

前件議得；科挙許用見行礼部韻略外，拠金宋避諱字様，不須回避。

金朝，宋朝治下でそれぞれ刊行されていた版木では，避諱の字の増減が異なっていたが(科挙再開時，江南の監本，毛晃『増修礼部韻略』と華北の平水劉淵の『壬子新刊礼部音韻略』が流通していた)，政権としては，新たに統一のテキストを編輯して使用をそれのみに限る必要性は認めなかった。大元ウルスが科挙の答案において避諱したのは，歴代カアンの御名廟諱とあきらかに凶悪な百六十余りの文字に過ぎなかった（『新刊韻略』（台湾国家図書館蔵大徳十年平水王氏中和軒重刊，至治年間増補本）「聖朝頒降貢挙

三試程式」，「壬子（皇慶元年）新増分毫点画正誤字」，『文場備用排字礼部韻註』（国立公文書館蔵元統三年建安呂氏会文堂刊本，台湾国家図書館蔵至正十二年一山書堂本，中国国家図書館蔵元刊本）「聖朝頒降貢挙三試程式」，「文場備用礼部韻註分毫点画正誤字様」，『古今韻会挙要』（台湾国家図書館蔵元刊本）「熊忠序」，「陳氏牌記」，「孛朮魯翀序」，「余謙序」，「凡例」等参照）。「文場備用礼部韻註分毫点画正誤字様」の牌記は，"聖朝科試，挙子所将一礼韻耳。然唯張礼部敬夫定本最善。今復以諸韻三校，毎一韻為増数字，凡増三千余字，釈焉而詳，択焉而精，敬用梓行，為文場寸晷之助云"という。なお，張敬夫とは張栻を指す。さいきん『敦煌莫高窟北区石窟第一巻』（文物出版社 2000年　228-229頁，図版八四 B59：5-1，5-2）において紹介されたB59窟——ウイグル木活字もみつかっているモンゴル時代の石窟——出土の版心に"排字韻"とある韻書の残頁二葉は，『排字礼部韻註』の当該箇所と一致し，版式，字体等からみて，平水の『新刊韻略』を継承した元刊本であることはまちがいなく，南北の『礼部韻略』のテキストの系統を考えるうえで重要である（ただし，かつて王延徳が，高昌国の仏寺には『大蔵経』，『唐韻』，『玉篇』，『経音』が置かれていると報告したように，敦煌ではおもに仏典の翻訳事業に用いられた）。ちなみに，孔克斉は『至正直記』巻三「経史承襲」において，宋代の避諱——闕筆はもとより，「玄」を「元」，「宏」を「洪」に換える類い，前代に溯って人名を改めるなどの行為は後世の人を誤らせる悪弊であり，翰林院および諸処の儒学提挙司が，書坊に文書を下して，宋代の版木の避諱を訂正，校勘しなおすこと，詩，書，易のテキストから小序，王弼序卦の類いを削除せしめるべきだとの考えをしめしている。至正年間にいたっても，宋代の避諱が踏襲されたテキストが横行していたのである。葉子奇が『草木子』巻之三下「雑制篇」において"至於元朝，起自漠北，風俗渾厚質樸，並無所諱。君臣往往同名，後来雖有諱法之行，不過臨文略欠点画而已。然亦不甚以為意也。初不害其為尊，以至士大夫間，此礼亦不甚講"と述べるとおり，文字獄など起こりようがない大らかな時代であった。

20）『分年日程』巻一「治周易鈔法」「治尚書鈔法」「治詩鈔法」「治礼記鈔法」「治春秋鈔法」。大元時代，経書のみならずあらゆる分野で，巻頭に図をまとめて付す書が大流行した。建安鄭氏宗文堂の『大広益会玉篇』に付せられた「新編正誤正註玉篇広韻指南」や『十七史纂古今通要』（南京図書館蔵影元鈔本）の「歴代皇帝王伝授之図」「歴代伝授統系総図」「歴代帝王国都疆理総図」，『新刊晞范句解八十一難経』（静嘉堂文庫蔵元刊本）等，枚挙に暇がない。

21）『滋渓文稿』巻六「性理四書」

22）『新刊類編歴挙三場文選』「聖朝科挙進士程式」《抄白元降詔旨》"一．科場，毎三年一次開試，挙人従本貫官司於路、府、州、県学及諸色戸内推選年二十五以上，郷党称其孝悌，朋友服其信義，経明行修之士，結罪保挙，以礼敦遣貢……"，『程氏家塾読書分年日程』巻二"又必択友，挙行藍田呂氏郷約之目，使徳業相勧，過失相規，則学者平日皆知敦尚行実，惟恐得罪於郷評，則読書不為空言，而士習厚矣。必若此，然後可以仰称科制。経明行修，郷党称其孝悌，朋友服其信義之実，庶乎其賢材盛而治教興也"。

23）たとえば，『柳待制文集』巻一九「書婺本易程氏伝後」に"今読易者，必曰自程氏，計其梓行於江浙閩楚，無慮数十本，大抵取便紙墨，易於転售，魯魚亥豕，随閲随得，承訛

踵謬，襲為故常”という。また，『古今韻会挙要』の陳某の牌記には“今繡諸梓，三復讎校，並無譌誤，愿与天下士大夫共之。但是編係私著之文，与書肆所刊見成文籍不同。竊恐嗜利之徒，改換名目，節略翻刊，纖毫争差，致誤学者。已経所属陳告，乞行禁約外，収書君子，伏幸藻鑑”とあり，海賊版がすぐに出回った当時のありさまの一端がうかがえる。

24) 楊桓『六書統』二十巻，『六書統溯源』十三巻（台湾国家図書館蔵至大元年江浙行省刊，余謙修補本），周伯琦『六書正義』五巻『説文字原』一巻（台湾国家図書館蔵明覆刊至正十五年本），家鉉翁『則堂先生春秋集伝詳説』（台湾国家図書館蔵影鈔泰定二年寧国路儒学刻本），趙汸『春秋属辞』（旧北平図書館マイクロフィルム至正二四年池州路儒学校正，商山書塾刻本），『礼経会元』（台湾国家図書館蔵至正二六年江浙行省刻本）等。

25)『国朝文類』巻四一「雑著・学校」“内設冑監，外設提挙官，以領郡県学校之事。於是遐陬絶漠，先王声教之所未曁者，皆有学焉。至元八年頒行国字，又設蒙古学，視儒学而加重，自時厥後，書院、精舎月益歳増，及夫大司農之立，則一郷一社，皆有学矣”。また，『分年日程』巻一「自八歳入学之後」に“『四書』本，惟有梅溪書院新刊纂疏，字大少誤，有疏文可纂攷，集注最便初学読誦，毎行二十字，五十行則千字，細段約四、五行則得矣”とあり，古邢の張子禹が刊行させたという梅渓書院のテキストを程端礼が愛用したこと，元刊本に十行あるいは，一行二十字の刊本が多く見られるのは，字数を計算しやすくするためであることがわかる（『陳定宇先生文集』巻一「尚書蔡氏集伝纂疏自序」参照）。台湾国家図書館所蔵の陳櫟『書蔡氏伝纂疏』の影元鈔本は，「泰定丁卯（四年）陽月/梅渓書院新刊」の牌記を有し，確かに毎半葉10行×20字である。梅渓書院本は，版式が建安書坊本に酷似し，ほかに『説文韻府群玉』，『資治通鑑綱目集覧』，『朱文公経済文衡』，『皇元風雅』，『千金翼方』等がある。洪武二五年（1392）には，『事林広記』も重刊している。じゅうらい，建安書坊の刊本として，ひとまとめにされている元刊本の中には，書院，精舎の牌記をもつものが相当数ある。書院の山長は，儒学提挙司の命令によって，書籍の審査，校勘，出版業務の監督も行う。たとえば，『玉海』（建仁寺両足院蔵元刊本）の翁洲書院山長曹性之，紹興路高節書院山長金止善，『大易輯説』の南陽書院王山長等の例がそれである。これらを私営の書肆と見なすことは，できない。ぎゃくに，余氏勤有堂が『故唐律疏議』を刊行するさいに，考亭書院の学生余資が編校したという例もある。したがって，椿荘書院，西園精舎等が刊行した『事林広記』も，通念の「“民間”の日用類書」という性格では解釈することが難しくなる。

26) 代表的な例としては，『四書通』（中国国家図書館蔵元建安余氏勤有堂刊本）がある。また，虞集の『道園学古録』は，至正元年，福建閩海道粛政廉訪副使の斡玉倫徒等が官庁を通じて，建安の劉氏家塾に刊行させた小字本で，版式，字体とも建安書坊の出版物の特徴を有する。劉氏家塾は，翠巌精舎もしくは，のちに『伯生詩続編』を出した日新堂を指す可能性もあり，とすれば官民共同の出版例のひとつとなる——胡一桂『詩集伝附録纂疏』（中国国家図書館蔵泰定四年劉氏翠巌精舎刻本）に附せられた邵武路総管府経歴掲祐民の序に，“翠巌劉氏家塾”とある——。ただし，四部叢刊本の『道園学古録』は，巻頭に，至正五～六年に江西湖東道粛政廉訪司の劉サルバンが撫州路学に刊行させた大字本『道園類稿』に附せられた欧陽玄の序文を加えているので，重刊本の可能性が高い（『危太樸文続集』巻一「道園遺藁序」）。建安における官民共同の出版は，こんご上記の書院，精舎本と併せて考える必要がある。

27）程端礼の弟の程端学が編纂した『春秋本義』，『三伝弁疑』，『春秋或問』（以上，旧北平図書館蔵マイクロフィルム元刊本），劉因の『四書集義精要』（台湾故宮博物院蔵元刊本）などは，その典型的な例である。

28）『分年日程』巻一「読小学書正文」，「治春秋鈔法」，巻二「次読韓文」“端礼有広畳山批点法及韓文叙事議論批点成書二冊”，「批点経書凡例」，「批点韓文凡例」，『春秋本義』（『通志堂経解』所収）「点抹例」。なお，批点そのものは，金華の呂祖謙にはじまり，黄勉斎，何北山，王栢と連なる。王栢の弟子のひとり張盨の尽力によって華北に王栢の著『四書集註』批点本が知られるようになったという。金履祥も王栢の弟子である（『呉正伝文集』巻一七「題程敬叔読書工程後」，巻二〇「請伝習許益之先生点書公文」）。

29）ほかにも，『類編層瀾文選』前・後・続・別各十集（上海図書館蔵元雲坡家塾刻本），王胡与輯『古文会選』十巻（北京大学図書館蔵元至正二四年王氏家塾刻本），張肇釈文，何如愚編校の『附音傍訓古文句解』甲乙丙丁集各十巻（前田尊経閣蔵元刊本）等が出版されている。ちなみに明初建安刊本の『標音句解精粋古文大全』（台湾国家図書館蔵），明の憲宗の重編による明成化十一年経廠刊本『古文精粋』（台湾国家図書館蔵）は，いずれもこの元刊本『古文句解』を節略，編修しなおしたテキストに過ぎない。なお，現存しないが，新安の陳櫟も，『批点古文』を著わしている（『陳定宇先生文集』巻三「論語訓蒙口義自序」，「批点古文序」）。

30）高麗の漢語教科書として知られる旧本『老乞大』には，大都から高麗へ商品として持ち帰られる書籍の名がいくつか見えるが，それらはまさにこの時代に必須の流行最先端をいくテキストだった，といっていい。本書第I部第3章参照。

31）『聖宋名賢播芳大全文粋』の続編として，大元時代の詔誥，章表を編輯した『聖元名賢播芳続集』（宮内庁書陵部蔵）は，洪武六年に高麗の進賢館の文官が筆頭となって覆刻（13行×25字）したほか，朝鮮王朝治下でも活字本が刊行されており（『中宗大王実録』巻三四［戊寅一三年（1518）十一月戊午］），国立公文書館に一本が伝わる。後述する『三場文選』「古賦」，「対策」の朝鮮版の数度の刊行と併せて，明代の文学ではなく，大元時代の文学が，後世まで模範とされた好例といえる。

32）『滋渓文稿』巻四「燕南郷貢進士題名記」。また，巻六「済陽文会序」では，“其為制也，詢之孝弟信義，蓋欲其行之有常，試之経義経問，蓋欲其学之有本。継以古賦詔誥章表，欲其敷揚宏休，以備代言之選，索以経史時務，欲其経済斯世，発為有用之学。是則朝廷設科取士之意，諸君子其亦思之否乎”という。蘇天爵だけでなく，『師山先生文集』巻三「送唐仲実赴郷試序」等も同趣旨のことを論ずる。

33）『太平金鏡策』巻三「飾訳学」“伏望陛下載宣天旨，令有司凡考試蒙古進士，仍限人数，照依至元十一年聖旨，問以時務利害五件，各以所見用蒙古文字為対，如所対事情切当，言語有倫理，字画無差錯者，為中選，全通為上甲，四通為中甲，三通下甲，然後各考等第之高下”。

34）『新刊類編歴挙三場文選』「聖朝科挙進士程式」《都省奏准科挙条画》

35）『元代西夏遺民文献述善集校注』（焦進文・楊富学校註　甘粛人民出版社　2001年）

36) モンゴル人およびいわゆる色目人の右榜のほうが，受験倍率が低く，またトップ合格はたいていモンゴル人か漢人が選ばれることから，南人の中には，前朝の挙人と偽ったり，モンゴルや色目の家に婿入りして籍貫を華北と偽る者さえいた。当時の科挙において発生した問題点については，「山東嘉祥県元代曹元用墓清理簡報」(『考古』1983-9)の「曹元用墓誌銘（門生中議大夫芸文太監検校書籍事宋本譔)」が詳しい。
"国家龍興，国民号蒙古人，而号余国曰色目，漢泊淮之北曰漢人，南曰南人。貢挙之制，蒙古、色目士為右榜，漢、南為左榜。右榜士程試常寛，而魁選率取蒙古、漢人。又以士少登第不可理人，乃限年二十五聴就試。以故挙人，或嘗奴僕贅壻蒙古、色目，即冒主父外舅貫，寔籍南曰吾祖考嘗在北，歯未及，輒偽造之。考官閲程文，因項多不披覧，勒它官所品第語，是之以書巻首。郡国郷試，有司合以意取所知士，為考試官，或不能服多士，且考較鹵莽多遺。於会試下第人不録，而州邑教官，以直学久次者補之。是数事，皆不勝弊。公建議，宜令挙人同郷里者照状，更互薦保，冒濫者，以詐為格，罪之。一状人連坐殿一挙，不得試。有司不覚，当遷秩時，加三十月始理。考官所書語，弥封不使它官見雷同遂其惰。河南、陜西、河東、燕南、東平、済南、遼陽，宜依両都比，朝廷選考官，先期馳伝往其所，郡国自請考官一二副之。庶去取合宜，才徳士輩出矣。士不第非尽劣，額既盈不得不黜，適用者猶衆，宜取以為州県学官直学。職金穀非可教人者，議上。大臣皆歎服其慮之周。泰定三年，雲南行省郷貢三進士出発，奨万里充賦，既即不得選。公以為；国家文命誕敷，遠人漸化，古未見者。宜移其省禄斗升，示激勧，宣道徳之沢。三人遂皆得官。時宰嘗有欲沮罷科挙者，公抗言国家文治僅頼此耳。議遂格"。

37) 大都の興文署，奎章閣広成局および金朝から連続する平陽での出版の実態は，いずれも未解明である。江南では，国家出版と保挙に大きな役割を果たしたことが判明している粛政廉訪司，儒学提挙司（本書第II部第7章参照）にしても，陝西省儒学提挙や甘粛省儒学提挙が果たして全く同じ職務を有していたかどうか，証明すること，出版システムを確認することは，現在の資料状況では困難といわざるを得ない。華北は江南に比して碑刻資料には恵まれているが（ただし，その碑刻資料も江南とは性質がことなり，軍閥，貴族等の神道碑をはじめモンゴル政治史に関わる大型の重要な碑刻が主である)，当地で編纂，刊行された典籍資料は殆ど残っていないからである。一例として，程端礼が八歳の入学後にまず読むテキストとして挙げる朱子の『小学書』は，江南で流通した熊禾の『標題句解』，何士信の『集成』については，前田尊経閣に元建安刊本が現存し，後者は朝鮮版，和刻本もある。しかし，姚枢が弟子の楊古に沈括の活字版の技術を用いて刊行させた『小学』，国子監に蔵されていたという元統元年の燕山嘉氏本を至正十三年に重刻した『晦庵小学』の定本（国子祭酒の王思誠，監丞の危素，助教の熊太古等の題識が附されていた）等は，いずれものこっていない。『牧庵集』巻一五，『水東日記』巻一の記述によって，その存在を知るのみである。

38) 『文献通考』(台湾国家図書館蔵元刊本)「抄白」

39) 『玉海』(建仁寺両足院蔵至正十二年校讐本)「序・指揮」，『至正四明続志』巻七「学校」，『畏斎集』巻四「送薛学正永嘉序」

40) 『元史』巻二八「英宗本紀」，『元史』巻一〇二「刑法志一」，『国朝文類』巻三六「大元通制序」，『滋渓文稿』巻九「元故翰林侍講学士知制誥同脩国史贈江浙行省中書三知政事袁文清公墓誌銘」，巻一〇「元故御史中丞曹文貞公祠堂碑銘」，巻二六「乞続編通制」，『臨川呉文正公集』巻一一「大元通制条例綱目後序」，『刑統賦疏』（台湾国家図書館蔵抄本）等参照。

41）『武林石刻記』巻二「元西湖書目碑」，「西湖書院重整書目記」

42）『始豊稿』（静嘉堂文庫蔵明刊本）巻一三「故元松江府儒学教授孔君墓誌銘」参照。なお，西湖書院の書目の整理，書板の大規模な補修は，至正十七年から二二年という，“兵革搶攘”の際にも行われた。大元ウルスには，まだ経済力・活力があったのである（『夷白斎藁』巻二一「西湖書院書目序」）。また，西湖書院の前身ともかかわる杭州棲霞嶺のふもとの岳飛の墓，廟祠は，六世孫にあたる江州の岳士迪と宜興の岳氏，天台の釈可観，湖州の推官何頤貞等が協力して，復興にあたったが，この宜興の岳氏というのが『相台書塾刊正九経三伝沿革例』（台湾国家図書館蔵鈔本）で知られ，元貞・大徳年間以降，多くの善本を復刊した「荆渓家塾」の岳氏にほかならない。そして，岳飛の称揚運動と西湖書院，荆渓家塾の出版事業には，おそらく方回，趙孟頫，鄭元祐等も密接にかかわっている。詳しくは別稿にて論ずる。

43）『隠居通議』巻三一「夾漈通志」，『通志』（台湾国家図書館蔵至治二年刊本）「抄白」。なお『南廱志経籍考』下「類書類」によれば，嘉靖七年の時点で，南京国子監に，大字本の元刊本『通志略』二百巻が完全な状態で保管されていたが，版木は一万三千七百二十四面にのぼったという。

44）李仲恕の刊跋に“通典の一書は礼楽刑政備われり。学士，大夫の，家に一通を置きて以て考索に便ずるに宜しき所なり。而して板廃れて已に久しければ諸路刊せんと欲すれども克くせず”という。呉澄は同時にこの書を時務の策科で受験するに欠かせない書であると考えている（『臨川呉文正公集』巻一二「通典序」）。なお，『増入諸儒議論杜氏通典詳節』四二巻図一巻（至元二三年刊　14 行×23 字）もある。

45）旧北平図書館蔵マイクロフィルムの元刊大字本（7 行×18 字）が当該本だと考えられるが，残巻本で序跋を欠くため，最終的な判断は保留せざるを得ない。

46）『皕宋楼蔵書志』巻一四「小学類三」，『四書集註』（台湾国家図書館蔵元刊本）趙鳳儀序

47）『四庫全書総目提要』巻四一「経部・小学類二」

48）「小学」のカリキュラムにおいて，程端礼が列挙する字書，韻書は，『説文』，『字林』，『六書略』，『切韻指掌図』，『正始音』，『韻会』である。西湖書院の『爾雅』，『玉篇広韻』，『礼部韻略』，『毛氏増韻』はとりあげられていない。程端礼の字書，音韻に関する考えは概ね王栢の「正始音」を基本とする（『分年日程』巻一“端礼有広王魯斎入韻正始音一冊”，巻三「旁証」）。なお，『四声等子』は，『四庫全書』の編纂官によれば，撰者不明，編纂された年代も不明で，劉鑑『切韻指南』（後至元二年）の藍本と考えられ，銭大昕も『元史芸文志』「小学類」において『切韻指南』を“一名四声等子”だとする。程端礼のいう『四声等子』が『切韻指南』を指す可能性も否定しきれない。ただいずれにしても，『居家必用』（中国国家図書館蔵後至元五年呉氏友于書堂刊本）甲集「切韻捷法」に《四声等子歌括》の項目がたてられ（「甲集目録」，「乙集目録」それぞれに“椿荘書院新刊”とあり，初版は後至元五年よりさらに溯る可能性もある。椿荘書院は至順年間に『事林広記』も刊行している），しかもそれが『四声等子』，『切韻指南』の現行

のテキストに見えないこと，そしてこの『分年日程』の記事により，遅くとも元統三年(1335) までにある程度流通していたことがわかる。

49)『礼書』(台湾国家図書館蔵至正七年福州路儒学刊本)「虞集序」,「余載序」「林光大序」

50)『至順鎮江志』巻一一「学校」《租税・貢士荘》“士之中選者，毎名約支鈔五百貫，資赴京師。延祐二年二月，奉江浙行省劄付：中選挙人遠赴京師，理宜給資，毎名約支至元鈔二定。行下元貢路府于本処贍学銭糧内支給敦遣。三年十二月欽奉聖旨節該；江南赴試挙子，于貢士荘所出銭糧内津助，無者，于贍学銭糧内従宜応副，以礼敦遣”。

51) たとえば，『永楽大典』巻二三四三『梧州府志』文章「藤州儒学集書記」に“聖朝混一四海，文軌万方，建学興科，以造多士。然必資於書籍……邇於癸酉之夏，会儒学官伍直及執事者僉議，毎畝出貲，暨郡邑官吏各裒俸贈助，令鐔津邑諭冢廕諸江広間購文籍，自経史以下至于詩詞韻略若干編。又郡治之南創小楼三間為蔵貯之所，立司書以掌之。誠学校之盛事也。矧今文運方興，以科目取士，他日滕之諸生，博覧万巻，由是而登高科躋膴仕……茲以所置書目刻于後石，置簿鈐記。凡教官考満得代，俾其相沿交割，方許給由，庶幾前書不致有散失之慮，而斯文足為悠遠之計。更冀同志者勉焉。時元統二年歳次甲戌四月吉日記”とある。

52) 以下『延祐四明志』巻一三～一四，『至正四明続志』巻七～八（上海図書館蔵影元鈔本）による。

53)『乾隆奉化県志』巻一二「建尊経閣増置学田記」

54)『江寧金石記』巻七「聖旨碑」，蔡美彪『元代白話碑集録』「一三三四年淇県文廟聖旨碑」(科学出版社 1955 年 84 頁)，『元史』巻三八「順帝本紀一」“[元統二年]二月己未朔，詔内外興挙学校……三月己丑朔，詔「科挙取士，国子学積分，饍学銭糧，儒人免役，悉依累朝旧制・学校官選有徳業学問之人以充”。この詔については，別稿にて論ずる。

55)『四書諸儒集成』「論語」(前田尊経閣蔵)，「孟子」(国立公文書館蔵)，「中庸」(台湾国家図書館蔵) の元建安刊本が伝わる。『論語』では註に，朱子の『集註』，『集義』，『語録』，『或問』，『南軒張子註』，『黄氏通釈』，『蔡氏集疏』，『趙氏纂疏』および諸儒の解釈を，『中庸』では，『語録』と『纂疏』を纏めて引用収載する。

56) これは，杜洲書院の前身と関係があり，大司農司管轄の社学の教材作成の委託を受けた可能性がある。詳しくは別稿にて論ずる。

57)『宝慶四明志』(中国国家図書館蔵咸淳八年以降の刊本) 巻二「学校」

58)『牧庵集』巻三「読史管見序」，『秘書監志』巻五「秘書庫」

59) たとえば，河南江北行省，淮東道宣慰司，江北淮東道粛政廉訪司の管轄下にある淮安路儒学は，大徳六年 (1302) から七年にかけて，杭州路から三千巻の書籍を購入している。『淮陰金石僅存録』「孔廟経籍祭器記」参照。

60)『至順鎮江志』巻一一「儒学」《書籍》，『江蘇金石記』巻二〇「鎮江路儒学復田記」

61)『両浙金石志』巻一五「元嘉興路重修廟学記」“置大字通鑑紀事本末書板四千五百八面，増真経史文集”。なお，『適園蔵書志』巻三「通鑑紀事本末四十二巻」によると，嘉興の学掾であった陳良弼が仲介して，宝祐年間に趙与篡が刊行した大字本の版木を，江南行台，粛政廉訪司に趙与篡の孫から中統鈔七十五錠で買い取ってもらい，嘉興路学に置いて印刷に供したという。

62)『至正金陵新志』巻九「学校」

63)『危太樸文集』巻一〇「上都分学書目序」,『畏斎集』巻四「送王季方序」“余至大間教建徳，始識戚君子実於池。見其読易、朱子本義、啓蒙、発揮諸書，皆手抄”。

64)『至正直記』巻三「書留辺欄」

65)『廟学典礼』巻五「行台坐下憲司講究学校便宜」

66)『廟学典礼』巻二「左丞葉李立太学設提挙司及路教遷転格例儒戸免差」。大字本『春秋権衡』(大徳十一年江南儒学刊本　9行×21字)，宋版『大唐六典』(中国国家図書館蔵宋紹興刊本) に押された大元朝廷の国子監崇文閣の印鑑に「借読者，必須愛護。損壊闕失，典掌者，不許収受」とある(『訂補海源閣書目五種』王紹曽・崔国光等整理・訂補　斉魯書社　2002年　507-508頁,『蔵園群書題記』巻五「職官類・校宋紹興刊唐六典残本跋」　上海古籍出版社　1989年　245-250頁)。

67)『廟学典礼』巻四「教官任満給由」

68)『柳待制文集』巻一九「書婺本易程氏伝後」

69)『明経書院録』(台湾国家図書館蔵明刊本) 巻二「明経書院考試録」

70) 徽州の文人と朝廷の文人たちの交流については，本書第II部第7章参照。

71)『雲峰胡先生文集』巻一「答定宇陳先生櫟并辞求遺逸詔・五」

72) 宋刊巾箱本とされる『新刊山堂先生章宮講考索』(□山書院本) は，甲集から少なくとも己集まで，各十巻の構成だったとみられ，元刊本の章如愚『山堂先生群書考索』(静嘉堂文庫蔵　延祐七年円沙書院本) 前集六十六巻後集六十五巻続集五十六巻別集二十五巻では，面目一新していたことがわかる。元刊本は，〈前集〉: 六経，諸子，諸経，諸子百家，韻学字学，諸史，聖翰，書目，文章，礼，礼器，楽，律呂，暦数，天文，地理，〈後集〉: 官制，官，士，兵，民，財，賦税，財用，刑，〈続集〉: 経籍，諸史，文章，翰墨，律暦，律，暦，五行，礼楽，封建，官制，兵制，財用，輿地，君道，臣道，聖賢，〈別集〉: 図書，経籍，諸史，礼楽，暦，人臣，士，財用，兵，夷狄，辺防の各門に分けられている。前・後集と，続集，別集は，ほぼ同じ部立てに拠っており，重複している。したがって，本来一度に出版されたのではなく，前・後集の刊行ののち，歳月を経て追加，補篇の形で続集が刊行され，さらにまた幾年か経て別集が出たことがわかる。じじつ，別集には，“温陵　呂中　増広”とある。円沙書院本は，それらの最終的なテキストを纏めて刊行しなおしたに過ぎない。また，円沙書院本にしても，今日のシリーズ物，全集が毎月配本や隔月配本であるのと同様に，一度に四集とも刊行されたとは言い切れない。『事林広記』,『事文類聚』等の類書と同様に，セットでも買えたし，バラ売りでも買えた。のち新集，外集が出た可能性もある。その事情は，現在影印されている明正徳刊本からは，うかがえない。

73)『熊勿軒先生文集』巻二「考亭書院記」“重惟文公之学，聖人全体大用之学也。本之身心，則為徳行，措之国家天下，則為事業。其体有健順，仁義，中正之性，其用則有治、教、農、礼、兵、刑之具，其文則有小学、大学、語、孟、中庸、易、詩、書、春秋、三礼、孝経図書、西銘伝義、及通鑑綱目、近思録等書。学者学此而已。今但知誦習公之文，而体用之学曽莫之究，其得謂之善学乎。矧曰体其全而用其大者乎”。

74) 泰定元年前後に完成した趙悳の『四書箋義』(台湾故宮博物院蔵影元鈔本)「引用書目」

によれば,『呂東萊策問』なる書もあった。

75) この序文は,現行の『滎陽外史集』(『四庫全書』本)には見えない。

76)『明太祖実録』巻九八［洪武八年三月戊子],巻二〇五［洪武二三年十月戊寅]

77)『学範』は,じっさいに瓊山県学で使用され,当地で教えを受けた王恵は,この書をより広めるために建安での出版に尽力した。しかし,かれ自身の家庭の事情等もあり,書坊に委託した版木の作成が終わり,瓊山にもち帰って希望者に対していつでも印刷できる状態にこぎつけたのは永楽二年(1404)のことであった。中国国家図書館にその初版本があるらしいが未見。国内で最良のテキストは,天理大学附属図書館蔵の永楽二年倪峻の後序,正統元年(1436)新安朱徽識語を付す成化十三年(1477)重刊本である。『文則』との合本で,『汲古閣珍蔵秘本書目』に録されるテキストと同版と思われる。そのご,少なくとも正徳十六年(1521),嘉靖二五年(1546),崇禎二年(1629)に刊行されている。浙江図書館(嘉靖二五年),国立公文書館(崇禎二年),台湾国家図書館(崇禎二年本の重刊)の三種も利用した。

78)『趙氏鉄網珊瑚』巻一「石鼓文」

79)『始豊稿』(静嘉堂文庫蔵明刊本)巻一一「六書本義序」,『明史』巻二八五「文苑伝」,『趙考古文集』巻一「奉呉耑学書」,『焦氏筆乗』巻四「趙古則」,『曝書亭集』巻六四「趙撝謙」

80) 危素『臨川呉文正公年譜』「至大四年辛亥」割り註参照。

81) とくにそれが顕著なのは,「字学書目」である。『六書本義』,『正音文字通』等の著述をものし,字学,音韻学に相当の自負心を有した趙撝謙は,『説文通釈』,『古文四声韻』,『偏傍小説』などを列挙するほか,程端礼のすすめる『正始音』,『群経音弁』,呉氏の『詩補韻』および『韻補』,楊氏『韻補』のかわりに,『玉篇』,『象類書』,『六書略証篇』,『韻会』,『毛氏礼部韻』等を選ぶ。とりわけ注目すべきは,『四声等子』と『毛氏礼部韻』,『洪武正韻』の間に『天下正音』なる書物が見えることである。この書は,現在伝わらず,明代の瑞州府で刊行されたことのみが知られ,いつ,誰が編纂したのかも不明である。しかしその配列,書名からすれば,大元時代末期の韻書である可能性はひじょうに高い。とすると,大元ウルスは南北の音韻を統一しようとしていたことになる(『蒙古字韻』,或いは『南村輟耕録』巻一〇「国字」にいうウイグル文字,アラビア文字,パクパ字等も収めた杜本の『華夏同音』を指す可能性も否定はできないが)。この時代には,詩の平仄を合わせるのに便利なように,『南北通用事箋字解九十五門対属指蒙』(旧北平図書館蔵マイクロフィルム元刊本)という,二文字の単語を「平平」「仄仄」「上平」「上仄」の平仄別に,天文,地理,宮室,人事,衣帛,飲食,文史,器用,珍貝,草木,禽獣の各類に分けて列挙する類書も刊行されている。版式,字体は,『新編古今事文類聚』(泰定三年盧陵武渓書院刻本),『新編詩学集成押韻淵海』(後至元六年建安蔡氏梅軒刻本)等に類似する。後述の密州の碑によれば,『指蒙八十一門』,『指蒙九十門』もあったという。

82) たとえばそこに挙げられている『九経図』は,大元ウルス以前のテキストは現存しないが,元建安刊本が伝来する各経の纂図本,それらを合体したかたちの『六経図』(台湾故宮博物院蔵南宋末～元建安袖珍本),ぎゃくに『事林広記』の該当箇所に分散し挿入される挿図との関連をうかがわせ，そうした纂図本が，けっして通俗なテキストと見做されていなかったことの証左となる。趙悳は，『四書箋義』の執筆にあたって，楊復の『儀礼図』や『三礼図』，呂東萊の『国語図譜』を利用し，陳師凱も『書蔡氏伝旁通』の執筆のさいに『程氏禹貢図』，『長安禹迹図』，『石刻尚書図』，『東坡地理指掌図』を見ている。馮夢周が温州路で『六経図』を堂々と梓鋟している理由もはっきりする（『僑呉集』巻九「穎昌書院記」）。張枢の『三伝朱墨』は，『金華黄先生文集』巻三〇「張子長墓表」によれば，套色印刷であった可能性が高い。史書については，歴代正史，『通鑑』および一連の『通鑑綱目』註釈のほかに，『読史管見』，『史断』，『古史』，『路史』，『稽古録』，『皇王大紀』等もあがっている。

83)『建陽県誌続集』（天一閣文物保管所蔵明弘治刊本）「典籍」

84)『武林石刻記』巻二

85)『攷事撮要』下

86)『儀顧堂続跋』巻九「元槧黄氏日抄跋」

87)『水東日記』巻二一「黄氏日抄」

88)『道園類稿』巻三五「書袁誠夫征賦定考後」

89)『楊誠斎集』巻一〇九「答蜀帥劉尚書」

90) モンゴル朝廷の季節移動にともない，秘書監の上都分司に毎年ジャムチの車を用いて運搬された書籍の中に，『太平御覧』一五〇冊が掲げられている。ほかに『通鑑』，『通典』，『事文類(集)[聚]』，『播芳』等も見える。いずれも朝廷必備の書と考えられていたことになる（『秘書監志』巻三「分監」）。

91)『策要』（台湾国家図書館蔵洪武二〇年喩南劉氏竹所書堂刊本）「梁寅序」

92) たとえば，『臨川呉文正公集』巻一九「臨川県尉司職田記」に“張尉字志道，益都沂州費県人。其籍儒家也，諳吏文，習国語”という。

93)『元典章』巻三二「学校」《医学》【医学科目】

94)『楚州金石録』収載の至正七年の「孔廟象尊款識」には，医学教授，陰陽教授，官医提領の名が連なる。

95)『羽庭集』巻五「餞定海県尹汪以敬詩序」，『九霊山房集』巻二三「故翰林待制致仕汪君墓誌銘」

96) 詹友諒撰『新編事文類聚翰墨全書』（米沢市立図書館蔵）も，泰定元年に呉氏友于書堂から刊行されている。また，趙撝謙が『四書』の合間に読むべきテキストとして挙げた『潜室陳先生木鍾集』も，建安呉氏友于書堂より刊行されたものが浙江図書館に伝わる。

97)『事林広記』の各記事，纂図——挿絵の原典は，ほぼすべて特定できる。もととなった四書五経，小学，諸子等の纂図，挿図については，国内外の元刊本あるいはそれを覆刻した朝鮮版，五山版，およびそれらと連動する石刻拓本を用い，2001年7月の第一回日中韓版本研究会にて「大元刊本雑記」の題のもとに紹介，資料一式を班員に配布した（発表の内容の一部は本書の序章，第6章，第8章，終章に収録）。そのご，拙稿「『廟学典礼』箚記」（『東方学』104　2002年7月　本書第II部第6章），共著『学びの世界——中国文化と日本』「I. 出版文化のコスモロジー——中国から朝鮮・日本へ」《雑学の受容》(京都大学附属図書館・総合博物館・文学研究科 2002 年 23-42 頁)の解題でも少し紹介した。

98)『増註唐賢絶句三体詩法』(京都大学附属図書館谷村文庫蔵五山版)「諸家集註唐詩三体詩家法諸例」,『歴代道学統宗淵源問対』「小学総論訂疑凡例」,『東里文集続編』巻一七,「密州重修廟学碑」碑陰

99) 陳繹曽『新刊諸儒奥論策学統宗増入文筌』(台湾国家図書館蔵明初建安刊本)「古文小譜一」《三.立本》

100)『山居新話』"因話録云:昔有徳音,捜訪懐才抱器,不求聞達者。有人逢一書生奔馳入京,問求何事,答曰「将応不求聞達科」。因念延祐間,陳伯敷繹曽到都,毎見晦跡丘園者数多。遂有詩云:「処士近来恩例別,麻鞋一対当蒲輪」之譏"。

101) 最近の研究に李長波「陳繹曽の『文筌』とその周辺」(『DYNAMIS』Vol.5 2001 年 10 月)がある。陳繹曽「静春先生詩集後序」(『元代書法』上海科学技術出版社・香港商務印書館 2001 年 160 頁),『麟渓集』(中国国家図書館蔵成化十一年刻本)丑巻「鄭氏義門事蹟伝」,巳巻「題鄭氏義門家範後」,「題事蹟伝序」,『遼史』付録「進遼史表」,「孟廟致厳堂記」(京都大学人文科学研究所蔵中国金石拓本第三六函),『新修兗州府鄒県地理志』巻二「鄒県修学碑銘」「尼山書院碑銘有序」,『鄒県志補』巻一二「金石下」《勅祭繹山万寿宮碑》,《重修集仙宮記》(以上『歴代鄒県志十種』中国工人出版社 1995 年 40,45,71,476 頁),「至正二年皇帝致奠曲阜孔子廟碑」(『石頭上的儒家文献——曲阜碑文録』(駱承烈彙編 斉魯書社 2001 年 307 頁),『山左金石志』巻二四「北海県膏潤行祠碑」,『民国濰県志』巻四一「元霊霈侯廟碑」等参照。

102) 四書五経については,欽定の教科書および『朱子語録』,『文公大全集』を挙げ,特に『春秋』については張洽の伝を,礼記については黄勉斎と楊復の経解を強く推薦する。これらはいずれも『学範』に反映されている。

103)『皇元大科三場文選』「春秋疑」孔陽《宣公十年斉人帰我済西田……》,「四書疑」沈幹・王孔文《顔淵問仁……》,「表」沈幹《擬宣文閣大学士謝除官表》,「古賦」沈幹《浙江賦》

104)『道園学古録』巻四四「臨川先生呉公行状」,『麟原王先生文集』(台湾国家図書館蔵明成化間新安黄氏刊本)前集巻一〇「跋馬融忠経後」,『経義考』巻二二七

105)『元史』巻二五[延祐元年三月]辛亥,『元史』巻一八〇「趙世延伝」

106)『元史』巻一四五「月魯不花伝」,『元統元年進士題名録』「蒙古色目人第三甲三十二名」

107) 巻上は『学範』,巻下は李性学の『古今文章精義』,呂東莱の『古文関鍵』,蘇伯衡の『文法』の節略を収める。

108)『清容居士集』巻四一「国学議」

109)『宋史』巻四三二「胡瑗伝」

110)『滋渓文稿』巻九「袁文清公墓誌銘」

111)『翰墨全書』巻五「諸式門・公牘諸式」《求仕解由体式》。詳細は本書第 I 部第 4 章参照。

112) 台湾国家図書館に元刊本がある。

113) 書坊で刊行され最も流通した『韓柳文』のテキストの中には,謝枋得の批点を朱で,范

徳機が師事した廬陵の羅泰の批点を墨で表わした套印本があったという。『東里文集続編』巻一八「韓柳文」

114)『隠居通議』巻一五「龍川周欧文」,『圏点龍川水心二先生文粋』(台湾国家図書館蔵元刊本)後集巻二〇「書欧陽文粋後」

115)『東山存稿』巻五「題妙絶古今篇目後」。なお,中国国家図書館に元刊本がある。

116)『剡源戴先生文集』巻七「陸宣公奏議精要」

117)『臨川呉文正公集』巻一一「陸宣公奏議増註序」,『申斎劉先生文集』巻一「陸宣公奏議註序」

118)嘉興路の総管王子中の命により,路の儒学において推官胡徳修の家蔵の善本と郡学の旧本二十二巻を校勘させ上梓したものである。

119)至順二年に完成,元統元年に江南行台監察御史の王理から潘仁の保挙と国家出版の推薦状が申請され,湖広行省の命令で宝慶路の儒学正が校勘したのち,中書省に上奏され,館閣で再度,校勘,審査を得て,国家出版が許可された。曽て江東建康道粛政廉訪司に務め,部下の王理より副本を見せられていた嶺北湖南道粛政廉訪使の普顔室理(ブヤンシリ)子謙,嶺北湖南道僉粛政廉訪司事の赫赫の請願により,嶺北湖南道粛政廉訪司での刊行が決定され,天臨路の儒学正顔士顒が校正して,後至元六年に刊行された。この出版,保挙の手続きは,本書第II部第7章で分析したとおりである。なお,ブヤンシリも赫赫も高昌ウイグルの出身である。巻頭に中書参知政事の許有壬の序,ブヤンシリの序,後至元六年の時点の嶺北湖南道粛政廉訪司のメンバーのリスト,潘仁の序,王理の序が付される。許有仁の序は,『至正集』巻三一「陸宣公奏議纂註序」にも見える。

120)“中興奏議,本堂旧刊,盛行於世。近因回禄之変,所幸元収謝疊山先生経進批点正本猶存,於是重新綉梓。切見;棘闈天開,策以経史時務。是書也,陳古今之得失,酌時務之切宜。故願与天下共之,幼学壮行之士,倘熟乎此,則他日敷奏大廷,禹皐陳謨,不外是矣。至正甲午仲夏翠巌精舎謹誌”。

121)『至正集』巻三五「六事備要」

122)『范文正公政府奏議』の台湾国家図書館蔵本は,愛日精廬すなわち張金吾の旧蔵に係り,12行×22字,版木に書かれた書体は,趙孟頫体である。天暦年間の『范文正公集』附録十四種も同じ歳寒堂の刊本だが,12行×20字,字体も異なる。

123)『輿地図』を作成した正一教の道士朱思本の友人でもある。『貞一斎詩文稿』「劉有慶序」参照。

124)『呉礼部文集』巻一一「答傅子建書」“竊怪比年義理之学,日以晦堙,文章之体,日以骫骳,士気日以衰薾懈怠”。

125)『滋渓文稿』「趙汸序」

126)『愛日精廬蔵書続志』巻四「総集類」

127)『程雪楼文集』巻二二「趙儀可墓誌銘」,『養吾斎集』巻二九「趙青山先生墓表」

128)中国国家図書館に宋刻本の『新刻諸儒批点古文集成』が蔵される。

129)『性学李先生古今文章精義』(名古屋市蓬左文庫蔵朝鮮版)“韓退之文学孟子,柳子厚文学国語、西漢諸伝,欧陽永叔学韓退之,子瞻文学荘子、戦国策、史記、楞厳経,曽子固文学劉向”,『金石例』巻九「論古人文字有純疵」“前輩作文,各有入門処,退之本孟子,永叔亦祖孟子。故其講論純正少疵”。

130)『至正直記』巻二「学文読孟」

131)『滋渓文稿』巻二九「題補正水経」

132)『水東日記』巻二三「李性学文章精義」

133)『民国続修曲阜県志』巻八「芸文志・金石」

134)『国朝文類』巻二七，『江蘇金石志』一九

135)『程雪楼文集』巻二〇「故国子助教李性学墓碑」，『元史』巻一六「世祖本紀」[至元二八年秋七月戊申]，一七三「崔彧伝」，「葉李伝」

136)『柳待制文集』巻一七「金石例序」，『南村輟耕録』巻二二「黄河源」

137)『文心雕龍』（上海図書館蔵元刊本）「銭惟善序」，『韓詩外伝』（台湾国家図書館蔵明十行活字本）「銭惟善序」，『大戴礼記』（台湾国家図書館蔵明十行本）「鄭元祐序」，『汲冢周書』（台湾国家図書館蔵元刊本）「黄玢序」，『呂氏春秋』（台湾国家図書館蔵元刊明修本）「鄭元祐序」，『文則』（台湾国家図書館蔵元刊本 9 行×18 字）「楊翮序」参照。なお，趙撝謙はとりあげていないが，王構の『修辞鑑衡』上下二巻（上海図書館蔵元刊本）も，至順四年/元統元年（1333）に監察御史の劉起宗の運動によって集慶路学から刊行されていた。王構は，東平の出身で，クビライからカイシャン時代まで翰林院，中書省で活躍し，学士承旨にまでのぼった大物文人官僚である。

138)詳細は別稿にて述べる。

139)『善本書室蔵書志』巻三九「文原一巻文断一巻」

140)趙孟頫は，あまりにアユルバルワダ，シディバラ政権の中枢に近い官僚であったため，文宗トク・テムル以降カイシャン系統の政権下では，国家出版を申請しにくい雰囲気にあったと思われる。程鉅夫の文集も，何度か編纂は試みられたものの，結局，至正十八年（1358）に至ってようやく建安の余氏，劉氏の書坊で出版準備が開始されたのであった。しかも，二三年に全集の最初の部分の『玉堂類稿』十巻のみが刊行されただけで，二八年には版木が灰燼に帰してしまい，全集の刊行は，洪武二八年（1395），朱氏与畊書堂から出されるまで遅れる（程鉅夫は，『道園学古録』巻四〇「跋程文憲公遺墨詩集」に，“故宋之将亡，士習卑陋，以時文相尚，病其陳腐則以奇険相高，江西尤甚。識者病之。初内附時，公之在朝，以平易正大，振文風，作士気，変険怪為青天白日之舒徐，易腐爛為名山大川之浩蕩，今代古文之盛，実自公倡之”といわれるとおり，若年よりモンゴルのケシクにはいり文化機関の高官を歴任し，科挙再開の詔の撰者で，古文の盛行に一役かった。かれは，江南湖北道粛政廉訪使であった大徳七年に『大易輯説』，『棠陰比事』の校訂，刊行を澧州路の推官田沢に命じるなど，意識的に出版事業をすすめ，大徳八年には，『元豊類稿』の大字本も重刊している）。もっとも，単純に国家出版の『趙孟頫文集』がこんにち残っていないだけのことかも知れない。クビライのブレイン中のブレインであった劉秉忠を例にとれば，現在，『蔵春詩集』のみが行われ，文集は伝わらない。しかし，李冶の序を附した『劉文貞公全集』三十二巻（清抄本　11 行×20 字　おそらく大字本）があったことを，少なくとも 1922 年までは確認できるのである。『蔵園訂補郘亭知見伝本書目』巻一四（中華書局　1993 年　11 頁），『元史芸文志輯本』（北京燕山出版社　1999 年　293 頁）参照。

141) たとえば，『臨川呉文正公集』巻一五「送虞叔常北上序」には，“東漢至于中唐六百余年，日以衰敝。韓、柳二氏者出，而文始革。季唐至于中宋二百余年，又日衰敝。欧、王、曽三氏者出，而文始復。噫！何其難也。同時眉山乃有三蘇氏者，萃于一家。噫！何其盛也”とある。

142)『臨川呉文正公集』巻一二「臨川王文公集序」

143)『白雲稿』（静嘉堂文庫蔵抄本）巻五「新編六先生文集序」

144)『新刊類編歴挙三場文選』「聖朝科挙進士程式」《御試》【延祐二年四月　日中書礼部呈】，『東里文集』巻一〇「書延祐二年進士題名後」。「進士題名碑」は大都の国子監のみに立てられたのではなく，勉学振興の一環として，各路においても粛政廉訪司，総管等が中心となって立碑を行っている。『永楽大典』巻八六四八「衡州府十・碑碣」《衡州路進士題名記》参照。

145)『至正集』巻七一「題楊廷鎮所蔵首科策題」

146)『東里文集』巻一〇「書元首科程文後」，「書延祐二年進士題名後」

147)『滋渓文稿』巻三〇「跋延祐二年廷対擬進貼黄後」によれば，至正五年（1345）の春，浙東海右道の粛政廉訪使であった蘇天爵は，治書侍御史の李好文や翰林直学士の宋褧，工部侍郎の斡玉倫徒（ウルントゥ）と共に読巻官に任命され，朝廷所蔵の延祐二年の御試策の“擬進貼黄”を拝読している。

148)『東里文集続編』巻一七「元程文四集」「元延祐初科会程文」

149)『陳定宇先生文集』巻一〇「上秦国公書」“継獲覩書坊所刊会試程文内有科録程試該載聖旨内一款，如櫟等不曽会試，病患来遅之人，亦許得与寸進”。この顚末については既に本書第II部第7章において触れた。

150)「古賦」の答案八編を記録する。合格者のひとり蘇弘道が『郷試録』から筆写したものらしい。

151)『上善堂書目』に“旧鈔元人一朝未刻試巻典本六十本　伝是楼蔵本，有都穆跋”とあり，現存していれば科挙の好資料となっただろう。

152) 書式は，『新刊類編歴挙三場文選』「聖朝科挙進士程式」《郷試》【行中書省移准中書省部定到郷試程式】参照。

153)『金華黄先生文集』巻一六「科名総録序」

154)『伊浜集』巻一三「科挙程文序」

155)『臨川呉文正公集』巻二八「題李縉翁雑藁後」

156)『文淵閣書目』巻四

157)『至正直記』巻一「国朝文典」

158)『蕘圃蔵書題識』巻一〇「策選」元鈔本

159) これらの書が銭大昕の『元進士考』に使用されたことについては，本書第I部第2章で簡単に述べた。最近，森田憲司「元朝の科挙資料について——銭大昕の編著を中心に」（『東方学報』73　2001年3月），陳高華「両種《三場文選》中所見元代科挙人物名録——兼説銭大昕《元進士考》」（『中国社会科学院歴史研究所学刊』第一集　2001年10月），同『元朝科挙詔令文書考』（『暨南史学』第1輯　2002年　153-171頁）が出た。

160) ただし蓬左文庫のほうが後印で修補も見られる。なお，大英図書館本には，『東維子集』

巻六「鹿皮子文集序」もしくは，陳樵『鹿皮子文集』そのものの楊維楨序と見られる半葉が紛れこんでいる。10行×20字，黒口四周双辺の版式を有し，文中“我　朝”と一字空格にすることから元刊本を忠実に覆刻した朝鮮版と見られる。いずれにしても学界未知の刊本である。

161) 金斗鍾『朝鮮古印刷史』(探求堂　1995年　137頁，付図近-16-1，2)

162) 大英図書館本の「古賦」「対策」の書誌については，藤本幸夫「大英図書館蔵朝鮮本について」(文部科学省研究費補助金特定領域研究（A）118「古典学の再構築」平成10～14年度『第I期公募研究論文集』「古典学の再構築」総括班　2001年8月　252-253頁）に報告がある。

163)「古賦」の景泰本に附された孫肇の跋によれば，密陽府では，李皎然所蔵の庚子字本「古賦」のテキストをもとに覆刻，大元時代に古賦の教科書として推奨された『離騒』とセットで刊行したという。

164) 張秀民，潘吉星等は，これを大元時代の銅活字本と考え，韓国の金属活字の登場——宣光七年/辛禑王三年（1377）の興徳寺の『直指心体要節』——より32-36年，ドイツのグーテンベルクの活版より105-109年先んずる証左とする。現物を実見していないので最終的な判断は保留せざるを得ないが，少なくとも「この書は，元代の中国国内の各民族が科挙受験の参考書として読むもので，明代もしくは，同時期の外国人が手本として読むはずはなく，出版する必要もない」，「朝鮮には，明代の答案集が入手できなかった時，とりあえず大元時代のものを刊行した太宗の癸未活字本『対策』が既にあるのに，内容の重複する『御試策』を後に改めて刊行する必要もない」という二つの根拠は，まったく成立せず，文献と朝鮮，日本に伝来するモノそのものによって否定される。潘吉星『中国，韓国与欧州早期印刷術的比較』(科学出版社　1997年　84-91頁)

165)『粤西文載』巻五八「郷先輩蕭珪及竇衜翁陳孟賓科第考」

166)「経疑」第一科の方希愿の答案が含まれる1葉～2葉が落丁，第二科江浙郷試第一問の銭以道の答案が第二問の答案の末尾に在り，第三科江西郷試第二問の答案二つ，第四科中書堂会試の最後の二つの答案が「目録」にはない。「書義」第二科江西郷試の陳陽鳳の名が「目録」にはない。「詩義」第三科，「礼記義」第七科の最初に置かれるはずの江浙郷試の答案が版木作成の段階から収録されていない。「春秋義」第二科中書堂会試，第六科江浙郷試の応才の答案が「目録」にない。「古賦」第一科湖広郷試は第二科江西郷試の二つの答案が誤って綴じられ，その結果本来あるべき二つの答案を欠く。第五科中書堂会試の徐容の名が「目録」にはない。楊維楨の答案が省略されている。第六科中書堂会試の答案の順序が異なる。第八科江浙郷試の答案の順序が異なる。「詔」延祐元年湖広郷試の孫以忠，至治三年江西郷試の劉泳の名が「目録」にない。「章表」延祐元年江西郷試の夏鎮の名が「目録」にない。「対策」第五科中書堂会試の楊恵の名が「目録」にない。第七科宋夢鼎の答案がない。「御試策」泰定元年の捌剌（パラク）の答案が版木作成の段階から収録されていない。

167)「古賦」第七科江西郷試の王充耘，熊太古，艾雲中，三つの答案が朝鮮版にしかない。「対策」第一科江浙郷試の彭廷玉の答案が朝鮮版にしかない。中書堂会試焦鼎の答案が朝鮮版にはない。第八科の後に朝鮮版は湖広郷試の第三名謝一魯，第五名文逢原の答案計九葉を附録として補刻する。この湖広郷試の二名の名は，曽て明の蔣冕が北京の蔵書家の家で閲覧し抄写し，汲古閣の毛晋の入手した元統三年の『乙亥湖広郷試荊山璞賦』（台湾国家図書館蔵明刊本　楊維禎の『麗則遺音』の附録。別名『古賦程式』）一冊にも見え，『三場文選』と同様，考官の批も収められている。現行の「古賦」第八科は湖広郷試をおさめないが，この『古賦程式』収録の五編を以て補うことができ，じっさいに補った改訂版もあった可能性が高い。『青雲梯』巻下もそれを利用したものと思われる。また『開有益斎蔵書志』巻二は，『延祐甲寅元年江西郷試第二場石鼓賦巻』の抄本が存在し，李丙奎以下八篇の賦を収録していたことを伝える。ぎゃくに朝鮮版のもとづいた「対策」もこのようなテキストを以て追加したのだろう。

168)『類編歴挙』に収録されたものは，全て『元統元年進士題名録』にあり，しかも全文を録するのではなくところどころ省略がなされている。また行替え抬頭も『題名録』ほど厳密ではない。

169) 元刊本の十集において，封面では「対策」のみが「勤徳書堂」とされ，牌記では「古賦」と「対策」のみ「勤徳堂」となっている。朝鮮版の「古賦」の牌記は，虞氏務本堂のままである。初版は全て虞氏の作成に係るだろう。

170)『尚書纂伝』の劉辰翁の序，『元儒考略』巻三，銭大昕『元進士考』によれば，虞集の学生で，至正十六年の江西郷貢，『四書纂釈』，『太極図解』，『易本義』，『童子説』，『杜詩類註』などの著作があり，『呉文正公考定孝経』の序文等もものしている（『東里文集続編』巻一六）。

171) 補刻の時期は，巻頭の「聖朝科挙進士程式」に至正三年三月六日の聖旨を含み，さらにその聖旨が落丁によって途中で切れていることからすると，早くて至正三年，場合によってはかなり後まで下るだろう。

172) 牌記に“大元聖政典章，自中統建元至延祐四年所降条画，板行四方，已有年矣……今謹自至治新元以迄今日，頒降条画及前所未刊新例，類聚梓行”，“至治二年以後新例，候有頒降，随類編入梓行。不以刻板已成而靳於附益也。至治二年六月日謹咨”とある。詳細は次節において述べる。

173) 南京大学留学中の 1999 年 6 月 9，10 日に中国国家図書館にて実見。以下の記述は当時の筆記ノートに基づく。

174)『竹汀先生日記鈔』巻一“読元刻歴挙三場文選，易・書・礼記・春秋各八巻。又大科三場文選不分巻。”，『鉄琴銅剣楼蔵書目録』巻三「類編歴挙三場文選詩義」，『愛日精廬蔵書続志』巻一「新刊類編歴挙三場文選詩義」

175) この『皇元大科』巻頭には国立公文書館本にない序文の破片が残っており，“至正甲申///科詔之歳夏至///西江老圃周”の文字が見える。ただし，これは，後述する国立公文書館蔵の『新編詔誥章表事文擬題』五巻『新編詔誥章表事実』四巻の至正四年周南瑞の序文の最後の葉と一致するので，D と E に裏打ち，補修を加えたさいに誤って綴じたものと考えられる。

176)『文淵閣書目』巻四は“孫可淵集詔誥章表一部一冊闕。塾本四冊”を記録する。

177)『詩集伝通釈』二十巻（前田尊経閣蔵至正十二年建安劉氏日新書堂刊本），『律呂成書』（至正七年）も編纂している。

178)『臨川呉文正公集』巻二二「安福州安田里塾壁記」，巻一四「贈周南瑞序」
179)『雲陽集』巻五「賀勝可詩序」
180)『元史』巻二九「泰定本紀一」，『至正金陵新志』巻九「学校・路学」“救荒活民書一百五十”。天暦二年〜三年の亢旱については『救荒活民類要』「救荒二十目・鬻爵」参照。
181)詳細は別稿にて述べる。
182)鄭介夫のように，「罷用銅銭詔」に“「雖畸零使用，便於細民，然壅害鈔法，深妨国計」。欽此”とあるのを見て，“未嘗不以用銭為便，何為於国有妨？只此一語，可見姦臣之誤国矣”と憤慨した者もいたが，少数派である。
183)『道園学古録』巻八「送進士劉聞文廷臨江録事」，三二「送墨荘劉叔熙遠遊序」。劉聞は，及第後，臨江路の録事，後至元五年（1339）の時点で国子監の助教（正八品）に昇進，太常博士，江西儒学提挙と順調にキャリアを重ねていく（京都大学人文科学研究所蔵拓本内藤34-3-2：「石鼓文音訓碑陰」)。
184)『圭斎文集』附録「欧陽玄行状」
185)『滋渓文稿』「題商氏家蔵諸公尺牘歌詩後」。商企翁は，至正元年閏五月二七日に，翰林国史院典籍官から秘書監の著作作郎に昇進し，至正二年，王士点とともに『秘書監志』を編修したことで知られる。
186)『景泰建陽県志』巻三「文人才子」“劉(文錦)[錦文]字叔簡。忠顕公劉純之雲孫，博学能文，教人不倦，平居多所著述。凡書板摩滅，頼校正刊補，尤善於詩。有答策秘訣十(三)[二]条行於世”。
187)『皇元大科三場文選』「詩義」「詩疑」
188)『宋文憲公全集』巻七「曽学士文集叙」
189)『新刊類編歴挙三場文選』「易義」巻八「対策」巻八，『皇元大科三場文選』「易義」「易疑」「四書疑」「表」に見える。
190)『新刊類編歴挙三場文選』「経疑」巻二,「易義」巻二,「古賦」巻二,「対策」巻二
191)『新刊類編歴挙三場文選』「詩義」巻八
192)『新刊類編歴挙三場文選』「経疑」巻七,「書義」巻七,「対策」巻七,「御試策」巻五。『元統元年進士題名録』「漢人南人第二甲」
193)『道園学古録』巻四「送郷貢進士孔元用序」
194)本書第 II 部第 7 章。劉用章「新刊重訂輯釈通義源流本末」（名古屋市蓬左文庫蔵朝鮮古活字版）参照。程復心の『道学統宗図』の版木をもとにした『歴代道学統宗淵源問対』（旧北平図書館蔵マイクロフィルム成化刊本）も，日新堂から刊行されている。なお，劉錦文と『四書輯釈』の出版などを通じて特に懇意であった倪士毅にも『作義要訣』がある。
195)『千頃堂書目』は，“陸可淵策準三巻”とする。中国社会科学院文学研究所に明刻本の陸可淵輯『策準』三巻が蔵されるらしいが，現時点では，未見のため，いずれが正しいのかは，判断できない。
196)現物は未見。阿部隆一『中国訪書志』（汲古書院　1976 年　B98 頁）参照。
197)『歴代名臣奏議』巻七三「儲嗣」
198)『元典章』巻六「台綱」《体察》【改立廉訪司】

199)『宋文憲公全集』巻四五「題太平策後」

200)『太平金鏡策』巻四「課義倉」,「停淫祀」

201) この呂助教が誰なのか成案をみないが，あるいは泰定元年の進士で，翰林編修，国子司業，監察御史などをつとめた呂思誠かもしれない。

202)『東里文集続編』巻一八「策場備要」,『新刊類編歴挙三場文選』「経疑」,「対策」巻六,「易義」巻七

203)『新刊類編歴挙三場文選』「対策」巻六。林泉生の著述には『明経題断詩義矜式』五巻（旧北平図書館蔵マイクロフィルム明初刊本　11行×21字),『春秋論断』もある。

204)『文淵閣書目』巻四「経済」。なお,「密州重修廟学碑」碑陰に『三場備用』の書名がみえる。

205) 管見の限りでは，この写本に最初に注目したのは，前田直典である。氏は，本田實信等の助力を得て，上述の『三場文選』をはじめ，学界未知の大元時代の漢籍を精査したが，早逝したため，その知見，成果のほとんどが発表されないままに終わった。前田直典「元朝行省の成立過程」(『元朝史の研究』東京大学出版会　1973年　111，191頁註(4)）参照。

206)『書林清話』巻四「元建安葉氏刻書」

207) 傅増湘は，洪武葉氏広勤書堂刊本二十巻（14行×24字黒口左右双辺）を目睹している。『蔵園訂補郘亭知見伝本書目』巻一〇下「類書類」参照。劉文興の稿本『畣龕経眼録』には，不分巻，撰者不詳とされる明初刊本『丹墀独対』の記録があるらしいが，未見。なお,『千頃堂書目』は“呉黼丹墀独対十巻”という。黄虞稷が目にしたのが北京大学の残巻本だったのか，あるいは初版は十巻本であったのを，洪武の重刊のさいに二十巻に分けたのかは現在の資料状況では不明。銭大昕は，この書をじっさいに閲覧する機会をもたなかったので,『千頃堂書目』の記事をそのまま『元史芸文志』に引き写した。明の『晁氏宝文堂書目』中「挙業」にも,『答策秘訣』,『漢唐事箋対策機要』,『詔誥章表機要』などとともに『丹墀独対』が見えるが巻数を記さない。『近古堂書目』,『絳雲楼書目』は「史学類」に分類する。『伝是楼書目』は,“丹墀独対策科大成　二本　元板”を記録するが，やはり巻数は不明。なお,『季滄葦書目』「雑部」には,“『丹墀独対』二本宋校”とあり，つまり宋板によって校勘したという。南宋に同名の書があったか，あるいは呉黼が宋版に大元時代の情報を増補したか，元刊本，明刊本を宋刊本に誤ったかのいずれかだろう。『永楽大典』巻八七〇六第二二葉「釁僧」，巻一九四一六第二葉「站赤」,『元明事類鈔』巻二七「礼楽門・鹵簿図」,『欽定日下旧聞考』巻五一「城市」などにも一部引用されているが，それらが用いたテキストは不明である。

208) 今日伝わる『少微家塾通鑑節要』（旧北平図書館蔵マイクロフィルム元末明初刊本）と同一の書かどうかは不明。なお金刻本，元刊本の『通鑑節要』もあったらしい（『訂補海源閣書目五種』41頁,「密州重修廟学碑」碑陰)。崔巍「明魯荒王墓出土元刊古籍略説」(『文物』1983-12　84-87頁）によれば，至治元年，趙氏鍾秀家塾が『小微家塾点校附音通鑑節要』の小字巾箱本を刊行している。

209)『至正直記』巻二「江西学館」

210)『元史』巻一九九

211)『国朝文類』巻一六「進経世大典表」，巻四〇「雑著・経世大典序録」，『元史』巻三三～三五「文宗本紀」

212)高麗の大物文人，李斉賢が引用する『経世大典』の「高麗」の部分の記述も，じっさいには『国朝文類』巻四一からの孫引きと考えられる。『櫟翁稗説』前集巻一（前田尊経閣蔵朝鮮版）参照。

213)『水東日記』巻二五「蘇天爵元文類」，『儀顧堂続跋』巻一四，『楹書隅録』巻五参照。

214)西湖書院『国朝文類』巻頭「抄白」に“当職近在大都，於蘇三議家，獲覩元編集，検草，較正得；所刊板本第四十一巻内欠少下半巻，計一十八板九千三百九十余字，不曽刊雕，又於目録及各巻内，較正得；中間九十三板脱漏，差誤計一百三十余字，蓋是当間較正之際，失於鹵莽，以致如此”とある。

215)『古文旧書攷』巻四，『嘉業堂蔵書志』巻四（復旦大学出版社 1997年 1147頁）

216)廬陵安成の周南瑞が大徳十一年頃に刊行し，劉将孫が序文をよせる『天下同文集』甲集五十巻（台湾国家図書館蔵影元鈔本 14行×24字）も同時代の制誥，表牋，献書などのジャンル別のアンソロジーだが，『分年日程』はもとより，『至正直記』にも『学範』にもとりあげられていない。おそらく，収録文の出処が，盧摯，姚燧，劉将孫，呉澄を中心とする人脈内に限られ，江西行省下での編纂という色あいがつよいためだろう。同じく盧陵の李文翁が輯めた『大元文鑑』（『臨川呉文正公集』巻一一「続文鑑序」）もとりあげられていない。教官，受験生の目はまことにシビアであったというべきか。小字本であることは問題ではない，もともと誰が，いかなる団体が――同じ政府の編纂物であっても，どのレヴェルの官庁の発令なのかが問われるのである。周南瑞自身は，「随所伝録，陸続刊行」と謳うように，甲集刊行ののち，乙集，丙集と続けて出版していくつもりだったらしく，じっさいに刊行された可能性も否定はできないが（周南瑞は，既述の国立公文書館蔵『新編詔誥章表事文擬題』五巻『新編詔誥章表事実』四巻に序文を寄せており，少なくとも至正四年までは存命であった），乙集以降は，今日伝わらない。

217)呉黼が『名臣事録』として引用する部分が『国朝名臣事略』巻頭に付せられた欧陽玄の序文であることからわかる。

218)『国朝名臣事略』許有壬序。また，『水東日記』巻一六「宋名臣言行録」に，“又嘗見宣府挙人林春有元蘇天爵所編名臣四十七人事略，許有壬諸公皆刻有親筆序”というが，現行の小字本において親筆のままに刻されているのは，許有壬の序のみである。

219)『元史』巻一六「世祖本紀一三」[至元二八年五月丁巳]。『廟学典礼』巻四「学正三年満考」には，瑞州路の学正がこの書を検索して上申している例が認められるので中央官庁だけではなく，各地方の官庁全てに配布されたと見てよい。

220)『歴代名臣奏議』巻六七

221)植松正「彙輯『至元新格』並びに解説」（『東洋史研究』30-4 1972年），『元代法律資料輯存』「至元新格輯存」（浙江古籍出版社 1988年）

222)『滋渓文稿』巻六「至元新格序」

223)『元史』巻二二「武宗本紀」[大徳十一年十二月丁巳]，[至大二年九月癸未]，『伊浜集』巻二三「承務郎南陽陝県尹郭君墓碣」

224)『元史』巻一〇二「刑法志」は，この書を『風憲宏綱』と見做すが，『風憲宏綱』は馬祖常の序が述べるように，御史台の編纂物である。
225)『国朝文類』巻三六「大元通制序」
226)『大元丙子平宋録』（台湾国家図書館蔵影元鈔本）も同じ大徳七年，両浙江東道奉仕宣撫として派遣されたテレ・トゴン，戎益の仲介により刊行された。
227)本書第I部第2章，第II部第1章，仁井田陞「元典章の成立と大徳典章」（『史学雑誌』51-9　1940年），「永楽大典本大徳典章続考」（『史学雑誌』52-4　1941年），昌彼得「跋元坊刊本《大元聖政国朝典章》」（『蟫菴群書題識』台湾商務印書館　1997年）
228)ただし，現在故宮本を収める箱には“元至正二年刊本斉宮旧蔵”と刻まれており，現行のテキストを“至正国朝章典”と見做した可能性もある。故宮本の箱書きは至治二年の誤りとも考えられるが，当時は至正二年の建安刊本である証拠が附されていた可能性も否定しきれない。
229)『元史』巻四〇「順帝本紀」［後至元六年秋七月］戊寅
230)『元史』巻二四「仁宗本紀」［皇慶元年秋七月癸卯］，『憲台通紀』（『永楽大典』巻二六〇八）【命塔思不花，［塔］失海牙並為御史大夫】
231)『国朝文類』（西湖書院本，翠巌精舎本）は作者名を空白にし，『四庫全書』の『元文類』は姚燧とし，『播芳』は閻復とする。武英殿聚珍版『牧庵集』三十六巻は，巻一に「行銅銭詔」を収め姚燧の作とする。しかし，本来の『牧庵集』は全五十巻から成り，至順三年，門人であった翰林待制の劉時中の申請によって，中書省の許可を得て，慶元路学から官費で刊行された。中国国家図書館蔵の（明　劉昌輯）『姚文公牧庵集』では，「行銅銭詔」は採られていない。いっぽうの閻復の『静軒集』は，光緒年間の輯本しかなく，真にかれの作かどうか確認できない。
232)本書第II部第5章の表「二つの『元典章』——武宗カイシャンの詔」参照。
233)『元史』巻三九「順帝本紀二」，巻四一「順帝本紀四」，『滋渓文稿』巻二六「乞続編通制」
234)『圭斎文集』巻七「至正条格序」，『元史』巻一三九「朶爾直班伝」，『滋渓文稿』巻一一「元故嘉議大夫工部尚書李公墓誌銘」，『滋渓文稿』巻一二「董忠粛公墓誌銘」
235)『金華黄先生文集』巻三四「青陽県徐君墓誌銘」，『秋澗先生大全文集』巻四三「嘉善録序」，『臨川呉文正公文集』巻九「平冤集録序」，『至正集』巻三五「六事備要」，『刑統賦疏』（沈仲緯纂　台湾国家図書館蔵抄本）等参照。
236)『至正金陵新志』巻九「学校志」《路学》
237)『淵潁呉先生文集』巻一一「唐律刪要序」，『東維子集』巻一「刑統賦釈義序」，『朱楓林集』巻三「刑統賦解序」，『刑統賦解』（元　東原郄韻釈，元　益都王亮増註　『枕碧楼叢書』所収），『粗解刑統賦』（鄒人　孟奎解　台湾国家図書館蔵抄本），『刑統賦疏』（沈仲緯纂　台湾国家図書館蔵抄本），『文淵閣書目』巻一四「刑法」等。なお，『文淵閣書目』のみによって知られる『唐律明法類説』の11行×20字の元刊本の槧葉二片が東京大学東洋文化研究所大木文庫に蔵され，大字本の『唐律疏義』の槧葉二片と綴じあわせられている。
238)『元史』巻二六「仁宗本紀」［延祐五年十一月丙子］，本書第I部第3章参照。

239) たとえば，巻三「県令」，巻四「薦挙」の延祐二年の南台御史の言は，『通制条格』巻六「五事」を見れば，もとの直訳体を適宜省略，部分的に直していることがわかる。巻一〇「榷塩」の記事は，『新集至治条例』「戸部・課程」《塩課》【塩価】の直訳体で書かれた中書省の「延祐三年正月十一日に奏過せる事の内の一件」に基づくが，こちらは全部普通の漢文に改められている。筆写の段階でのこうした改変は各官庁でも行われており，いくつもの翻訳ヴァージョンが出てくることにもなる。直訳体の中に吏牘やふつうの漢文の文体が混入するのも，同じ理由による。

240) たとえば，沈仲緯『刑統賦疏』第五韻参照。

241)『滋渓文稿』巻二七「建言刑獄五事」

242)『江蘇金石志』巻二二「府学附地経界碑」。また，『郭天錫手書日記』至大戊申十月二五日の条に，郭畀が，鎮江路の儒学学録から転任の申請をするために，江浙行省の架閣庫を訪れ，湯君白から『典章』を借りて書類作成をしたことが記録されている。おそらく成宗テムルの大徳七年のヴァージョンの『元典章』であろう。この時点では，まだ『大元通制』は編纂されていない。現行の元刊本『元典章』の牌記に“庶官吏有所持循，政令不至廃弛”といい，巻四三「刑部五・諸殺」《焼埋》【強盗殺傷事主経革倍徴埋銀】に“至大四年十一月十八日路吏劉允承奉省府令史孫英承行十月初五日札付”，巻四九「刑部十一・諸盗」《強竊盗》【盗賊出軍処所】に“四月二十八日杭州路吏呂憲承”，【剗豁土居人物依常盗論】に“杭州路吏趙世沢承行十月十二日旨揮”，巻五〇「刑部十二・諸盗」《発塚》【子随父発塚刺断】に“三月初九日路吏沈昱奉令史張必達承行二月廿七札付”，『新集至治条例』末尾の「都省通例」といった墨筆による書き込みがあることも，この書がじっさい官庁に置かれて検索に使用されたことを物語る。

243)『至正直記』巻一「国朝文典」

244) 宮崎市定「宋元時代の法制と裁判機構」(『東方学報』24　1954年　203頁)。

245) 金文京「規範としての古典とその日用的変容——元代日用類書『事林広記』所引法令考」(『古典学の現在 II』2001年) は，『事林広記』「刑法類」の「十悪」が，『元典章』や元曲と一致し，『唐律疏議』および『元史』「刑法志」とことなることから，それを民間ヴァージョンとし，『明律』の「十悪」は，民間の通俗書を好んだ洪武帝，永楽帝が『事林広記』等を参照した結果，とする。しかし，こんにち『大元通制』，『経世大典』(『国朝文類』巻四二「名例篇」) ともに「十悪」の内容を遺していない以上，それらが『元史』巻一〇二「刑法志」《名例》と同文で改訂が行われていなかったといえる保証はない。『元史』の「志」がほぼ『経世大典』からの引き写しであることは，よく知られているが，宋濂などの恣意的改竄もあり，また『経世大典』は，『大元通制』，『元典章』等の官撰書と共通の資料ソースを用い，それら既刊の政書を踏まえるからである。一例を挙げるならば，『故唐律疏議』附『刑統賦』と同様，元建安刊本が伝わる『宋提刑洗冤集録』附『聖朝頒降新例』は，『元典章』と同じく江西福建道奉使宣撫のムバーラク，陳英の呈によって，検屍報告の書式を統一し「屍張図画」を印刷，各路に頒行した事業を記念して刊行されたもので，その増訂部分は『元典章』巻四三「諸殺・検験」，『経世大典』(『永楽大典』巻九一一四) にも収録されている。また，楊維楨は，『刑統賦疏』の序文において“……故五刑十悪八議六贓七殺之法，或軽或重，或減或加，極乎万変通而者，欲以索天下之情耳”という。なお，策学書と類書が極めて近しい関係にあることは，明の蕭彦祥『策学集略』（北京大学図書館蔵明刊本）が，巻頭の「策場規矩総例」の次に「歴代伝授宝暦歌」「歴代序略」などを置くことからもうかがえるだろう。

246)『丹墀独対』巻一五「刑書」，『元典章』巻三〇「礼部三・礼制三」《喪礼》，『永楽大典』巻七三八五

247) 本書第II部第8章参照。

248) 李逸友「黒城出土文書続釈」（『北方民族文化遺産研究文集』内蒙古教育出版社　1995年　312-318頁）

249) 現行の『元典章』および『通制条格』はいずれも，大徳八年正月の詔の本文はおさめず，条画の一部のみを伝える。『元史』巻二一「成宗本紀」，『至正金陵新志』巻三下「大徳八年」，『救荒活民類要』「元朝令典」《大徳八年正月》

250) 李逸友『黒城出土文書（漢文文書巻）』（科学出版社　1991年　66-71，144頁，図版37，肆陸）

251)『通制条格』の旧北平図書館蔵抄本は，9行×18字でいっけん大字本の影鈔に見えるが，“聖旨”など「聖なる語」の改行，抬頭がなされていない。

252)『元典章』巻九「吏部三・官制」《医官》【選医学教授】，巻三二「礼部五・学校」《医学》【医学科目】，『通制条格』巻二一「医薬」《科目》

253)『元典章』巻三二「礼部五・学校」《医学》【医学官罰俸例】“況近欽覩聖朝頒賜聖済総録以恵”，『滋渓文稿』巻二二「資善大夫太医院使韓公行状」，『順斎先生閑居叢稿』巻一四「洋州三皇廟記」，『弘治徽州府志』巻四「元郡邑官属」《医学教授一員》，巻五「郡邑公署」《医学》，『至順鎮江志』巻一一「学校」《医学》

254) 版木は五百部印刷すると使いものにならなくなる，という通説は，おそらく成立しない。アユルバルワダが皇慶元年に白塔大寺で版刻させたチョイジオドセルの『入菩提行疏』は千部，トク・テムルの時に翻訳，刊行された『北斗七星経』は二千部，刷られている。また，『至正直記』巻四「乙酉取士」によれば，至正四年の江浙行省の郷試の不正を謗った榜文（全文は『南村輟耕録』巻二八「非程文」に収録）は，五千部印刷されたという。

255)『農桑輯要』（上海図書館　1979年影印本）「中書省咨文」，『国朝文類』巻三六「農桑輯要序」

256)『順斎先生閑居叢稿』巻二〇「農桑輯要」。なお，『蔵園群書経眼録』巻七「子部一」《農桑輯要七巻》存巻二，十一葉，巻三，全二十三葉，巻六，十七葉，共三冊（中華書局1983年　575頁）“元刊本，九行十八字，注双行同，白口，左右双欄，版心上方記字数，下方間記刊工人名，一字，引用各書以陰文別之。字撫顔体，刻印倶精。劉翰臣蔵書”とある清朝内閣大庫旧蔵のテキストは，書影を見るかぎりでは，元刊大字本を明の官庁で重刊したものとおもわれる。大元時代，顔真卿の書体は，至大延祐以降，版本の世界でも趙孟頫体に席捲されるので，原本の可能性としては，至元～大徳・至大年間のテキストが考えられる。清の朱学勤『結一廬書目』「元版」に延祐七年刊四冊本の『農桑輯要』が記録されている。なお，高麗の李穡の友人であった知陝州事の姜蓍は，大字本の“其の字大にして帙重きを患い”あらためて小字本を刊行しなおしたという（『牧隠文藁』

巻九「農桑輯要後序」)
257) 前掲『黒城出土文書（漢文文書巻）』「陸．農桑類」F116：W46 105 頁，「密州重修廟学碑」碑陰
258) 賦や文の作成のための辞典『太学増広新編声律万巻会元』（陽明文庫蔵元建安刊本），『太学新増合璧聯珠声律万巻菁華』（山東省図書館蔵南宋末～元初建安刊本），『六経図』（台湾故宮博物院蔵南宋末～元初建安刊本）の零本，『選編省監新奇万宝詩山』等が現存する。『六経図』は，巻末の跋文によれば，乾隆二一年，公務で善本の収集にあたっていた新安歙県の朱嘉勤が書肆のボロボロの竹行李の中から発見し，装丁しなおしたものである。詳しくは前掲『学びの世界――中国文化と日本』13-16 頁，および『蔵園群書経眼録』巻二「経部二」（中華書局 1983 年 111 頁）参照。
259) 古松崇志「『勅修百丈清規』版本小考」（『古典学の再構築』12 2002 年 9 月），『学びの世界――中国文化と日本』53，54 頁参照
260) 大字本の『勅修百丈清規』も現存はしないが，あるいは大龍翔集慶寺で刻され，五山十刹の官寺に保存用として配布された可能性はある。
261)『稼亭集』巻九「送掲理問序」"聖朝興未遑定法，自至元新格出，至治通制作，然後吏有所守，而民知所避矣。然後吏有所守，而民知所避矣。盱江掲以忠世儒家，文章技芸靡不通暁，尤長於刑名。征東先丞相夙知其才，挙以聞于朝。至元丁丑除本省吏問，余時亦調幕官同日之任。掲君謂余曰：政出多門，民不堪命，方今四海一家，何中朝之法不行于東国乎。余応之曰：高麗古三韓地，風気言語不同華夏，而衣冠典礼自為一法，秦漢以降未能臣之也。今在聖朝親為舅甥，恩若父子，民社刑政，皆仍旧而吏治不及焉……"，『高麗史』巻八四「刑法一」"於是有建議雑用元朝議刑易覧、大明律以行者，又有兼採至正条格言行事宜成書以進者"，『高麗史』巻八四「職制」"[辛禑]三年二月，令中外決獄，一遵至正条格"，『高麗史』巻一一七「鄭夢周伝」"四年，夢周取大明律、至正条格、本朝法令，三酌刪定，撰新律以進"。
262)『世宗荘憲大王実録』巻二二［五年癸卯十月庚戌］，巻五一［一三年辛亥正月丙戌］，巻九四［二十三年辛酉十一月己亥］，『成宗康靖大王実録』巻九八［九年戊戌九月庚午］，『経国大典』巻三「奨勧」等。李玠奭「元朝中期法制整備及系統」（『蒙元的歴史与文化 蒙元史学術検討会論文集』下冊 学生書局 2001 年 481-500 頁）
263) 孫容成「『挿注三釈広智禅師蒲室集』引用漢籍及び漢詩について」（『禅学研究』第 79 号 2000 年 52，57 頁）
264)『仏種慧済禅師中巌月和尚自歴譜』
265)『東海一漚集』巻六"玄理，曩於前朝至元庚辰歳，先師東陽和尚進謝清規表，至金陵船中言朝京，時有日本月中巌書記，在百丈我会中辨事，其人聡辨過人，携之偕行，所至有題，夸美佳作甚多，今祇記得通州蚤行一詩云……"
266) 本書第 I 部第 3 章
267) たとえば，名古屋市蓬左文庫には，『吏学指南』の抄本が伝来するが，もとのテキストは，建安小字本（中国国家図書館蔵元刊本）である。詳しくは，『学びの世界――中国文化と日本』3-4，13-16，23-42 頁参照。
268)『冀越集記』（中国国家図書館蔵乾隆四七年呉翌鳳鈔本）「地名官名」。『千頃堂書目』巻

八は“熊太古『元京畿官制』二巻”を記録するが，誤って明代のものとする。

269)『格古要論』巻一〇「跋傅氏戸券後」において宋濂は，次のような注目すべき発言を行っている。“元太宗以歳月甲午正月平金，越十有九年壬子而北籍方定，世祖以至元丙子正月平宋，越十有五年庚寅而南籍定。開基創業之君，甚不易也”。これによれば，華北は，憲宗モンケの二年，江南は至元二七年がポイントということになる。

270)『新刊類編歴挙三場文選対策』巻七

271)『東山存稿』巻六「邵菴先生虞公行状」，『圭斎文集』巻九「神道碑」

272)『道園類稿』「雍虞公文序」

273) 高橋文治「張留孫の登場前後——発給文書から見たモンゴル時代の道教」(『東洋史研究』56-1　1997年　79頁)

274)『道園類稿』巻四八「袁仁仲墓誌銘」

275) 後至元六年に『伯生詩続編』附『伯生題葉氏四愛堂詩』(中国国家図書館蔵) が劉氏日新堂から刊行されているのも，かれらが特別な関係にあったためかも知れない。

276)『潛研堂文集』巻三一「跋元詩前後集」。『皇元風雅』は，古杭余氏勤徳書堂の刊本を高麗で覆刻したテキストおよび国立公文書館，京都大学附属図書館等の五山版等が伝わり，国を越えてよく読まれ当地の詩文に影響を与えた。余氏勤徳書堂は『新刊類編歴挙三場文選』を重刊した書肆である。

277) 詳細は本書第I部第1章の註65において既に述べた。

278)『道園学古録』巻三四「送尚志序」

279) はやくはクビライ，アユルバルワダ，シディバラの各時代に三史の編纂準備がなされていたことは，袁桷，虞集，蘇天爵の記録によって知られている。本格的な編纂作業も，文宗トク・テムルの至順二年——『経世大典』と同時期に，カアンの命令によってはじまっている。『滋渓文稿』巻九「袁文清公墓誌銘」，『道園学古録』巻一〇「題宋諸陵画象後」

280) 直訳体で書かれたこれらの文書が，じゅうらい歴史研究者にすら注目されず，三史の編纂について，正統論ばかりがクローズアップされてきたのは，一昔前まで，百衲本の元刊本あるいはそれを底本とした中華書局の標点本よりも，銭大昕も指摘するように，文書を全て省略した明の国子監本——『宋史』はともかく『遼史』，『金史』は巻数が少なく一帙から二帙程度であり，個人で入手することも不可能ではない価格であった——をテキストとして使用するのが普通であったためにすぎない。

281)『至正金陵新志』巻三下「至正三年」“修遼金宋三史，行下本路，委官提調購求実録，野史，伝記，碑文，行実，許諸人赴官呈献，給賞”，『広東通志金石略』「徳慶路鎮遏万戸王侯政迹碑」“従事郎徳慶路総管府知事前遼金宋三史校勘楊鋳撰文”。

282)『南廱志経籍考』下「宋遼金正統弁一巻」

283)『文毅集』巻一一「伯仲公伝」は，解観の一族で明初朝廷の大物官僚解縉が著わしたものであり，全てを鵜呑みにすることは危険かもしれない。

284)『書蔡氏伝旁通』「引用書目」

285) 本書第I部第2章参照。

286) 大元ウルス朝廷は，天暦年間に奎章閣に収められた移剌楚才旧蔵の耶律儼の『遼実録』，南宋接収の際にまるごと大都に送った南宋朝廷の図書をはじめ，遼，金，宋の貴重な一次資料を精力的に収集していた。しかし，それらのデータ，とくに遼について，すべてを公開することを故意に避けたため，一般には，現行の三史の知識しか伝わらなかった。とはいえ，そのごも，『世善堂蔵書目録』上によれば，蕭韓家奴『遼先朝事蹟抄』四本，耶律儼『遼実録抄』四本，完顔勖『金実録抄』三本のほか，『契丹疆宇図』一巻，張匯『金人節要図』三巻，張棣『金源記』二巻，『蒙古備録』二巻，李大諒『征蒙古記』一巻等，『文献通考』巻二〇〇「経籍考二七」に載る資料の多くが伝来していたらしい。なお，『集史』においても，キタイの叙述は乏しく，とりわけいわゆる「西遼」についての記述は，『遼史』と同様にきわめて冷淡な扱いをうけているという。杉山正明「失われたキタイ帝国への旅」（『遼文化・慶陵一帯調査報告書』京都大学大学院文学研究科21 世紀 COE プログラム「グローバル化時代の多元的人文学の拠点形成」2005 年 3 月175 頁）参照。

287)『古今書刻』によれば，『太平金鏡策』も明の鞏昌府で重刊されている。

288)『文淵閣書目』巻四“梁寅方策稽要一部二冊完全。塾本二冊”。

289)『新喩梁石門先生集』石光霽撰「行状」

290)『策要』梁寅序に“天朝崇文，興明経之科，蒐選海内士，科場品式，益精於前，策試唯問以経史。竊嘗謂；経史必稽考，其用工為難，時務在識見，其陳之為易，故学者於経史尤当加之意焉”という。また，『大明会典』の洪武十七年三月の詔には，“第三場経史時務策五道，未能者許減二道”とある。

291)『宛委別蔵』に影鈔本が収められるほか，『新喩梁石門先生集』巻六，七，九，一〇にも収録されている。行状は，その著を『歴代史策要断』と呼ぶ。

292)『東里文集続編』巻一七「理学類編二首」，「策要」

293)すでに『日知録』巻一八「四書五経大全」，『経義考』巻二五六「胡氏等四書大全」，『四庫全書総目提要』巻一二「書伝大全」，巻一六「詩経大全」等に指摘がある。

294)その一例は，『学びの世界』31-38 頁に掲げた。既に清朝の考証学者の間では，明儒に対する評価は，大元時代の儒者たちに比して低かった。たとえば，銭大昕は『十駕斎養新録』巻一三「詩伝附録纂疏」において“読是書，知元儒尚守家法，不似明人之鹵莽妄作”と述べる。

295)華東師範大学図書館に『文筌』『古文譜』『詩譜』不分巻の清鈔本，台湾国家図書館に『新刊諸儒奥論策学統宗増入文筌詩譜』の明初刊本，山東省図書館に『文章欧冶』『文譜』七巻『詩譜』三巻の明初刊本がある。『続書史会要』，『明史』等が『文譜』，『詩譜』を朱権の著者とするのは誤りである。『諸儒奥論』前後続別各二集（中国国家図書館蔵明万暦四五年張唯任刻本）が陳繹曽を編輯者とするのも誤解であり，同じ大元時代の譚金孫とするのが正しい。

296)近年の国内外の影印による版本の公開によって，原本に忠実に刻された序文の筆跡，印が，こんご編纂者，改訂者，重刊者等の同定に新たな有効手段となるだろう。たとえば，『直説通略』（北京大学図書館蔵明成化十六年刻本）の希古の序，「梅雪軒」，「読書清暇」，「唐国図書」の印は，『井川撃壌集』（『四部叢刊』所収成化十一年刊本）の希古の序，「梅雪軒」，「読書清暇」の印，および『文選』（静嘉堂文庫成化二三年刊本）希古の序，唐国図書の印，唐世子の跋と『弇山堂別集』巻三二「同姓諸王表」によって，荘王芝址のものであることがほぼ確実となる。ちなみに，この『文選』は，延祐年間に張伯顔（バヤン）が池州路から刊行させた元刊本を覆刻したもので，書中にその証拠が歴としてのこっているにもかかわらず，序も跋も元刊本に基づいたことを隠し，成王弥鍗は，唐藩が独自に删訂したテキストであるかのように述べる。また朱権の兄，慶靖王朱㮵の『文章類選』（中国国家図書館蔵明初刊本）は参考文献として『文選』『文粋』『文鑑』『翰墨全書』『事文類聚』を自己申告するが，大元時代の文章のうち「賦」は『三場文選』より，残りはすべて『国朝文類』から選んでいることを隠す。

297)『古今書刻』上「弋陽王府」に朱権の著作が並ぶ。『続書史会要』に朱権の著として挙げられる『太易鉤玄』（中国国家図書館蔵清抄本）も元統三年の郷貢進士鮑恂の『学易挙隅』の書名を改めたに過ぎない

第III部

地図からみたモンゴル時代

第9章 「混一疆理歴代国都之図」への道

――14世紀四明地方の「知」の行方――

1 はじめに

1402年8月，朝鮮王朝初期の文官として名高い権近（ごんきん）（字は可遠のちに思叔）は，こんにち，かれの文章の中で最もよく知られ，数カ国語に翻訳されることになった次のような一文をしたためた。

天下至広也，内自中国，外薄四海，不知其幾千万里也。約而図之於数尺之幅，其致詳難矣。故為図者，率皆疎略。**惟呉門李沢民声教広被図，頗為詳備，而歴代帝王国都沿革，則天台僧清濬混一疆理図備載焉。建文四年夏，左政丞上洛金公**士衡**、右政丞丹陽李公**茂**，燮理之暇，参究是図，命検詳李薈，更加詳校，合為一図。其遼水以東及本国疆域，沢民之図，又多闕略。方特増広本国地図而附以日本，勒成新図，井然可観**。誠可以不出戸而知天下也。夫観図籍而知地域之遐邇，亦為治之一助也。二公以拳拳於此図者，其規模局量之大可知矣。近以不才，承乏参賛，以従二公之後，楽観此図之成而深幸之。既償吾平日講求方冊而欲観之志，又喜吾他日退処環堵之中而得遂其臥遊之志也。**故書此于図之下云。是年秋八月日誌。**

（『陽村先生文集』巻二二「歴代帝王混一疆理図誌」）

この文が脚光を浴びたのは，文集のみならず，じっさいに権近の跋文を有する「混一疆理歴代国都之図」なる地図の現物が京都の龍谷大学に伝わり，そして，それが西はアフリカ大陸，ヨーロッパ，イスラームから，東は中国，朝鮮，日本まで，北はロシア，モンゴル高原から，南は東南アジア，インド洋までを描く現存最古の世界地図として，20世紀初めより国内外に広く紹介されたからである。いわゆるヨーロッパの「大航海」時代よりはるか前の絶対年代をもつ，アジアから発信されたアフロ・ユーラシア地図であった。しかも，そこに投影されているのは，まぎれもなく13・14世紀のモンゴル時代の世界認識である。

中国部分についていえば，「大都（いまの北京）」を「燕京」に，「集慶路（いまの南京）」を「皇都」へと，明代の呼称に改める以外は，ほぼ大元大蒙古国（ダイオンイェケモンゴルウルス）治下の行政区画，路・府・州・県の名が，もとづいた原図そのままに記されている。原図とは，呉門（いまの蘇州）出身の李沢民による「声教広被図」と天台の僧侶であった清濬の「混一疆理図」という二種類の中国製地図である。これらを，朝鮮王朝の太宗李芳遠の治世の第二年目（1402），左政丞の金士衡，右政丞の李茂が検詳の李薈（わい）に命じて合体させた。さらに，その図では遼水以東および朝鮮半島の描出が不十分なものだったので，自国で作成した朝鮮図や日本図などが新たに描き加えられた。ただ，朝鮮部分の地名，行政区画からすると，龍谷図そのものは，じっさいは1402年の作成ではなく，1470年頃の修訂版と考えられている。最近まで，この龍谷図が，唯一無二の存在であった。

ところが，1988年，さらに旧島原藩松平氏の菩提寺である本光寺からもうひとつの「混一疆理歴代国都之図」[1]が出現した。やはり龍谷図と同様，下部に権近の跋文が記された，アフロ・ユーラシア地図である。もっとも，サイズ，色彩の違いをはじめ，朝鮮の地名，日本や琉球の描き方にかなりの差異が認められ[2]，龍谷図より成立が遅れることも判明したが，それは，ぎゃくに朝鮮王朝が本国および日本，琉球の部分について最新情報にもとづき頻繁に修訂を加え，何度も地図を作り直していた証となった[3]。

この二枚の地図については，最近，杉山正明によって，やはりモンゴル時代に大きな変革を遂げた世界像を象徴する「カタルーニャ地図」（アラゴン王国の庇護のもとにクレスケス父子によって作成された）とあわせて研究が進められており，その中間報告において，既にこれらの地図の特徴，意義，時代背景等の要点は概説されている[4]。こんご龍谷，本光寺所蔵の両図，および熊本本妙寺所蔵の「大明国地図」（仮称），天理大学附属図書館所蔵の「大明国図」（仮称）との綿密な比較検討，そして中東，ヨーロッパ，アフリカの地名の比定，解読の結果も公開される筈である[5]。本妙寺，天理の二図も，やはりアフロ・ユーラシアを描き，「混一疆理歴代国都之図」と同系統に属する朝鮮製地図だが，中国部分を明代のデータに差し替え大幅な増改訂を施しているためか，タイトルと権近の跋が記されない。

いっぽう，ふりかえって，小川琢治・内藤湖南以来の「混一疆理歴代国都之図」の研究は，地図そのものの情報，全体のインパクトが強烈なあまり，それ以前の中国地図や西方地図との比較——地図史における意義，部分的な地名の同定，地名の分析による成立年代の推定などに重心が向けられ，地図製作の過程を語る権近の跋文自体の詳細な検討がおろそかになっていた感が否めない。じつは，跋のひとつひとつの文の解釈すらも，研究者によって様々で，定まっていないのが現状である。二枚の地図の原図はそれぞれどのようなものだったのか，いかなる経緯でいつ朝鮮にもたらされたのか，1402年という年にこの地図がなぜ作られなければならなかったのか，ほとんど不明のまま，といってよい。

したがって，本章では，「混一疆理歴代国都之図」そのものの検討ではなく，中国，朝鮮の，とくにじゅうらいの地図研究において利用されていない資料，最近の国内外の所蔵機関における状況の好転によって利用可能になった文献を中心に，この一枚の地図ができるまでの道程を「人」「モノ」「情報」「地域」といった観点から見直してみたい。

2　清濬と李沢民

2-1　「混一疆理図」と清濬

1）『水東日記』の諸版本

「混一疆理歴代国都之図」のもととなった二枚の地図のうち，清濬（1328-1392）の原図については，明初の頭抜けた蔵書家として名高い葉盛（1420-1474）[6] が『水東日記』巻一七に「広輿疆理図」と題して紹介していることが，はやくから指摘されていた[7]。しかし，その地図が具体的にどのようなものだったのか，ヴィジュアルなかたちで示されたことは，なかった。それは，じゅうらい使用されてきた『水東日記』の版本に原因がある。

『水東日記』は，葉盛の在世中には刊行されず，またこの書は古今の人物，書物に対する毀誉褒貶が相当な部分を占めていたため，筆禍を恐れて，子供たちも当初は公開することを避けていた。版本としてもっとも古いのは，おそらく明弘治年間（1488-1505）に，常熟の徐氏が刻した三十八巻本である。葉盛は，江蘇崑山の出身であったので，徐氏の刊行は“蘇州が生んだ文化人”を顕彰する意も込められていただろう。

これまで，明成化・弘治年間に活躍した呉寛の『匏翁家蔵集』（正徳刊本）巻五四「跋水東日記抄本後」が“則已為湖広刻木，而都下家有之矣”と述べたために，清朝の銭大昕『潜研堂文集』巻三〇「跋水東日記」から『蔵園群書題記』巻八「明本水東日記跋」，『蔵園訂補郘亭知見伝本書目』第二冊巻一一上「子部十二」にいたるまで，湖広刻の三十八巻本をもっとも古いテキストとみなしてきた。すなわち傅増湘の旧蔵に係り，現在中国国家図書館の所蔵に帰す半葉10行×20字，白口四周単辺有界の活字本，正徳年間（1506-1521）の刊行で嘉靖三三年（1554）の王玉芝の識語を附すテキストがそれにあたるとされる。傅増湘は，呉寛が王玉芝と同じ呉郡長洲の人ということもあり，蘇州で流通していたのは湖広刻本なのだから，湖広本こそが徐氏の刻本にほかならない，と断定した。しかし，明代の『古今書刻』によれば，『水東日記』の名は，湖広には見えず，蘇州府に見えている。したがって，少なくとも湖広本は官刻本ではなく，蘇州では徐氏刻本が公認の刊本であったか，もしくは徐氏刻本以外に官刻本が存在した可能性が高い。呉寛の見たテキストが当時それなりに流通していた湖広本だった，それだけのことである。なお，王玉芝本が活字本であるならば，湖広刻本よりさらに時代が下るだろう。また，湖広ではなく，別の地域で作成された活字本である可能性も否定できない。いずれにしても，徐氏刻本と湖広本を同版と考える必要はない。

そのご嘉靖三二年にいたって，葉盛の玄孫の恭煥が，最初の刻本である徐氏の版木を購入し，家蔵の原稿によって二巻を加えた四十巻本（10行×20字　白口四周単辺）を作成する（現在，このテキストは米国国会図書館蔵旧北平図書館のマイクロフィルムによって見ることができる)。さらに二十八年後の万暦九年(1581),さらなる流通を目指して再版される。その経緯は恭煥の後跋に記されている(後述する四十巻本を重刊した明末清初の諸本では,この跋文が相当に改竄されてしまっている)。したがって,このテキストは,最初の徐氏の刻本の姿をほぼ忠実に伝えるテキストといってよいだろう。徐氏の版木は相当摩滅が激しかったようで,闕字のままになっている箇所が相当に見られる。

ひるがえって,三十八巻本には,黒口四周双辺有界10行×20字のテキストも存在する。現在,大倉集古館に蔵される重要美術品『水東日記』がそれである[8)]。版匡縦20.5cm×横14.6cm,竹紙,字体からすると正徳嘉靖間の建安刊本,一般に黒口は明代中期までのものが多く,のち白口に席捲されることを思うならば,むしろ王玉芝本に先行する可能性が高い(もとの徐氏刻本も黒口本だったかもしれない)。ただし,これこそが湖広本である可能性も捨てきれない。北平本と比較してみると,同じ10行×20字ではあるが,巻一三,巻一四,巻一五において字数,改行などにずれが認められること,北平本の闕字箇所を全て踏襲すること,巻一七所収の地図の註に異同が少しくみとめられること,以上からすれば,大倉本は,摩滅の進んだ徐氏刻本を重刊したもので,北平本とは兄弟の関係にある。なお,巻三第9葉から第10葉,巻六第5葉から第6葉,巻一九第3葉から第4葉の欠落部分は,同治四年(1865)に本書の所蔵者であった徐時棟が別のテキストを参照して補写している。しかし,巻八第11葉,巻一七第6葉,巻二九第7葉,第10葉の欠落,巻三三の落丁,乱丁については,校勘されていない。『嘉業堂蔵書志』巻三子部(復旦大学出版社1997年 458頁)掲載の黒口四周双辺本は,現在台湾国家図書館の所蔵に帰しているが,大倉本と同版である。また,傅増湘も『蔵園群書経眼録』に“似是閩中所刊”という,やはり大倉本と同じ黒口本を所蔵していた(巻一から巻九までを欠く)。現在,このテキストは中国社会科学院歴史研究所,上海図書館,復旦大学図書館,華東師範大学図書館,南京博物院等にも所蔵されるというが,国内では大倉集古館以外に所蔵を聞かない。

『四庫全書』所収の三十八巻本(両淮塩政採進本)は,徐氏の原刻本ではなく,この大倉集古館等が所蔵する建安?重刊本にもとづくとみられる。しかも

『四庫全書』の編纂官が適宜，文を省略，あるいは改竄しているので，使用には注意が必要である。

以上を整理すると，大きく分けて①明弘治年間常熟徐氏刻三十八巻本，①$^{\alpha}$嘉靖三三年王玉芝識語，明正徳年間湖広？三十八巻本（中国国家図書館蔵　10行×20字　白口四周単辺），①$^{\beta}$明建安？重刻三十八巻本（大倉集古館蔵　10行×20字　黒口四周双辺），①$^{\gamma}$『四庫全書』三十八巻本，②嘉靖三二年，葉盛の玄孫の恭煥が①の版木を購入し，家蔵本によって二巻を補刻した四十巻本（10行×20字　白口四周単辺），さらに③葉盛の六世孫重華が重刻した葉恭煥四十巻本（京都大学人文科学研究所蔵　9行×19字　白口四周単辺），④葉盛の七世孫方蔚が葉重華本を補刻し，かつ弘治本，嘉靖本，旧抄本の三種のテキストを用いて校勘を加えた康熙十九年（1680）本，の四種が存在することになる。

①常熟徐氏刻三十八巻本
- ①$^{\alpha}$湖広？三十八巻本
- ②葉恭煥四十巻本——③葉重華四十巻本——④葉方蔚四十巻本
- ①$^{\beta}$建安？三十八巻本——①$^{\gamma}$四庫全書三十八巻本

そのうち④の四十巻本がじゅうらい最もよいテキストとして評価され，評点本（『歴代史料筆記叢刊　元明史料筆記』所収　中華書局　1980年）の底本にも採用された。ために，もとの三十八巻本が省みられることは，なかった。だが，じつは②から③へ至る段階で大きな差が生じていた。

以下に巻一七の清濬の地図の条の全文を④に従って録し，校勘を施す。なお，(　)：③，[　]：②・①$^{\beta}$，〈　〉：①$^{\gamma}$である。また，下線部のi，ii，iii，vは①$^{\gamma}$の『四庫全書』本では闕文，ivは「置之坐隅，凡城郭山川，道里遼絶者，悉在掌握焉」に作る。

袁伯長謂：「唐僧一行，陋周畿漢志之(陿)[陿]〈狭〉，始定南北両戒，而山川之肇源止伏，一覧可尽。且言其身至開平，見所謂衍迤平曠，靡有紀極，始謂視両戒之(語)[説]倍蓰不足議也[i]」。予近見広（**輿彊**)[**輪畺**]〈**輪彊**〉理一図[**如右**]，其方周尺僅二尺許，東(自)[因]〈因〉黒龍江，西海(祠)[桐]〈桐〉，南自雷・廉・特磨道站，至歹灘・通西，皆界(為方)[為方]〈以〉格，大約南北(九十余格)[九十余格]〈多〉，東西差少。其陰則清濬等二詩，厳節一跋，因悉録之。

万里山川咫尺中，江河迢遞総朝東。当時漢帝曾披此，鄧禹因之立大功。沙門清濬

(夷夏)[夷夏]〈四海〉都帰掌握中，眼空南北与西東。此図画就非容易，為問沙弥幾日功。武林王逵

此図乃元至正庚子(台)[□]僧清濬所画，中界方格，限地百里[ii]，大率広袤万余，其間省路府州，(別以朱墨)[別以朱墨]〈各以次列〉，仍書名山大川水陸限界。予喜其詳備，但与今制頗異，暇日[iii]因摹一本，悉更正之。黄圏為京，朱圏為藩，朱竪為府，朱点為州，県繁而不尽列。若海島沙漠，道里遼絶，莫可稽考者，略叙其概焉[iv]。旹景泰壬申正月，嘉禾厳節貴中謹識。郡邑間有旧名者，既不尽列，不復(改)[復]也[v]。

〈**右**広輪疆里図〉

①$^{\beta}$，②のテキストでは，巻頭に版木一葉分を使用した「広輪畺理図」が附される［口絵 13，12］。ゆえに後の箇所で“予近見「広輪畺理」一図**如右**”というのである（①$^{\beta}$と②は①を親とする兄弟関係にあるが，地図中の字の異同が相当に認められる。①$^{\beta}$のほうが刷りは鮮明だが明らかな誤字，脱字，衍字も多く，②も①の版木が相当に傷んでいたためか，重刻のさい誤ったと見られる箇所がいくつかあり，綿密な比較が必要である。こんご①$^{\alpha}$の閲覧を俟ってさらに正確を期したい)。①$^{\gamma}$の『四庫全書』本でも①$^{\beta}$，②に比してかなり簡略化され誤字も多い「広輪疆里図」一葉を厳節の跋文の後に挿入する［図 9-1］。次の葉の一行目に〈**右**広輪疆里図〉とあるのは，そのためである。ところが，③以降のテキストでは，基づいたテキストの地図の細部が判別しにくく重刻が困難であったためか，この図を省略，つじつまを合わせるために“如右”，もしくは“右広輪疆里図”の文字も削除されてしまった（なお，②のテキストでは，同巻の第 6 葉に「両広衛所府州県等衙門地方図」なる地図も掲げられているが，やはり③以降のテキストでは刻されず，①$^{\beta}$は図の一葉が落丁，①$^{\gamma}$では，もとづいたテキストのせいか，該当箇所の記事，地図が丸々脱落している)。『四庫全書』本①$^{\gamma}$は，直接には①$^{\beta}$を底本とする可能性が高く[9)]，五カ所の脱文，異文は，筆写のさいの脱落，書き換えとみられるが，現時点では，上海図書館等が蔵する三十八巻黒口本が真

に①$^{\beta}$と同版であるかどうか確認していないので，留保せざるを得ない。

ちなみに，①$^{\beta}$，②の「広輪疆理図」のタイトルは明らかに誤りで，①$^{\gamma}$が訂正したように「広輪疆里図」もしくは「広輪疆理図」が正しい。『国朝名臣事略』序に“聖元基朔方立人極，世祖皇帝混破裂而一之，広輪疆理，古職方所未半”，『義門鄭氏奕葉文集』巻二「元温州路経歴半軒集」《詐馬賦》にも“太師丞相乃謂属掾鄭泳曰：我元広輪之闊，東西尽日之所出没，南至払郎之国，北至北海之北……”とある[10]。字形が近似しているうえに，『旧唐書』巻一六二の“自大暦已来，節制之除拝，多出禁軍中尉。凡命一帥，必広輪重賂”をはじめとして，“広く送る”の意で“広輪”ということば自体も頻用されていたために，写し間違えたらしい。③のじゅうらい通用していた「広輿疆理図」のタイトルは，後述する明の地図——羅洪先『広輿図』等にひきずられたか，あるいは同時代の読者に馴染み深いタイトルに敢えて書き換えられたものだろう。

いずれにしても，じゅうらいの中国地理学・地図学において，まったくその存在を知られていなかった清濬の「広輪疆理図」なる木版地図——権近のいうところの「混一疆理図」をうかがわせる地図が，ここにあらたに出現したのである。

2）新発現の「広輪疆理図」

葉盛が見た「広輪疆理図」は，裏に清濬と杭州出身の王逵[11]がものした二首の詩と，景泰三年（1452）の厳節（字は貴中，嘉興の人）[12]の跋文が記された地図であった。

厳節の跋によれば，「広輪疆理図」は，大元ウルス治下の至正二〇年(1360)，すなわち清濬三十二歳の作で，描かれる範囲は，東のラインは黒龍江から西海桐（南海祠の間違いではないか）まで，南は雷州半島・広西廉州・安南の特磨道站[13]より歹灘・雲南の通西に至るまで。南北に九十本余り，東西は九十本弱の線を百里毎に引く若干縦長の方格地図であった。省・路・府・州を朱墨で色分けして書き，さらに名山・大川のほか水陸，陸路の限界も書き込んであったという。問題は“方周尺僅二尺許”をどう解釈するかだが，一尺＝32cm として，同時代の数学書に見えるごとく四辺で二尺ととれば 16cm 四方，

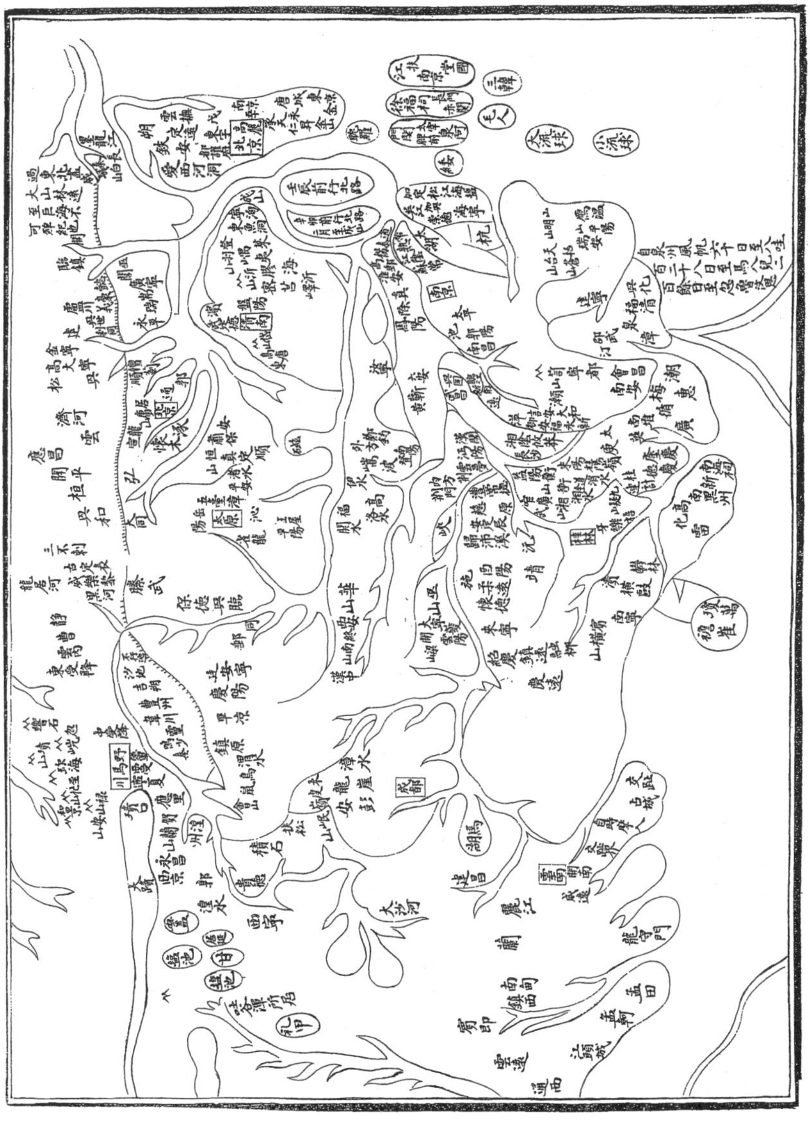

図9-1 「広輪疆理図」（『四庫全書』所収）

これでは巾箱本，小字本サイズである。“正方形の一辺の長さは僅かに二尺”と解すれば64cm四方ということになるが，いずれにしても，「混一疆理歴代国都之図」のサイズには程遠い。清濬自身，“万里山川，咫尺の中”と歌い，王逵の詩にも，“夷夏は都(みな)掌握の中(うち)に帰す”とあるから，確かに両手に持って眺められるサイズではあったのだろう。

じつは，清濬の地図に関しては，もうひとつ資料がある。明の朱元璋のブレインとなった宋濂の『宋学士文集』「翰苑前集」巻八「送天淵禅師濬公還四明序」[14] がそれである。

天淵名清濬，台之黄岩人，古鼎銘公之入室弟子。嘗司内記双径，説法於四明之万寿寺，近帰隠於清雷峯中，盖法筵之龍象也。余初未能識天淵，見其所裁**輿地図，縦横僅尺有咫，而山川州郡彪然在列**。余固已奇其為人，而未知其能詩也。已而有伝之者，味沖澹而気豊腴，得昔人句外之趣，余固已知其能詩，而猶未知其能文也。

この記述からすれば，一辺が一尺八寸すなわち57.6cm～63cm程度の正方形に近い地図であった。“而れども山川州郡は彪然として列に在り”ともいい，たしかに朱と黒で山川と路府州県の行政単位がはっきり詳細に描き分けられていたことを裏付ける。朱と黒の色分け法は，清濬のいた地方の出版物における套色印刷，程端礼，端学兄弟の批点法の流行とも関連するだろう。絹や紙に手書きで描かれた「広輪疆理図」のみならず，套印の「広輪疆理図」が刊行されていた可能性もある。

また，清濬は“当時の漢帝は曽て此を披し，鄧禹は之に因りて大功を立つ”とうたっており，至元二四年（1287）までは生存が確認できる杭州の僧文珦が見たという「禹貢九州歴代帝王国都地理図」[15]，鄒季友『書集伝音釈』の纂図「禹貢九州及今州郡之図」[16]［図9-2］などの伝統を踏まえた歴史地図であったことが推測される[17]。じっさい現行の「広輪疆理図」と「禹貢九州及今州郡之図」の扱う範囲，輪郭は，雲南以南を海岸線まで描くことを除けば，極めて似通っている。“歴代帝王国都の沿革を備さに載せ”ていたという，権近の証言にも対応する。

厳節は，清濬の地図を周到かつ詳細で完備を尽くしたものとして愛用した。

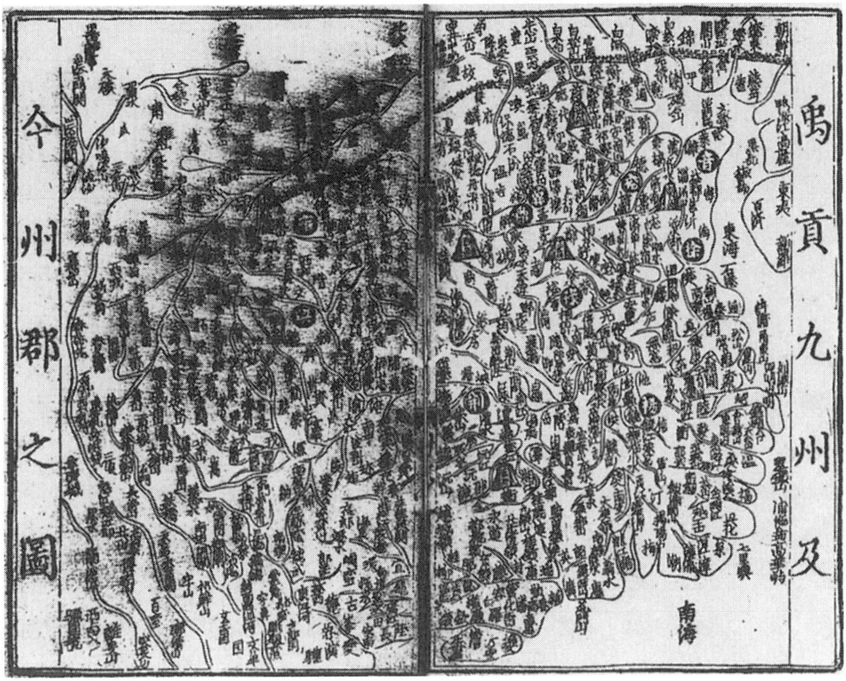

図 9-2 『経伝詳音明本大字纂図輯釈蔡氏書伝』(国立公文書館蔵)

しかし，景泰三年の時点で，至正二〇年の行政単位，地域区分とは非常にことなってしまっていたため，改訂版を作ることにしたのである。まず別に輪郭線のみを謄写した副本を一部作成し，北京，南京を黄色の円，朱元璋の息子たちが分封された各藩を赤色の円，府は赤色の四角の枠でかこみ，州については赤色の点で示した。県については煩雑なので全部は書きいれず，海島や沙漠等，遠方で詳細を知るすべのないものについては，大体のところを記すにとどめたという。

この北京，南京を黄色の円，各藩を赤色の円で囲む等の表現法は，じつは既に「混一疆理歴代国都之図」においてなされている。皇都（集慶路＝南京），燕都（大都＝北京）は，黄色の四角に赤の外枠[18)]で，歴代および各国の都を赤の円で，重要な路を赤色の四角の枠で囲んでいる。黄色は，皇帝の色であり，且つ altan すなわち黄金をもあらわす。のちの楊子器図の色分けもこれらを踏襲したにすぎない。

現行の「広輪疆理図」が方格図でないのは，版木の彫刻技術に起因するにしても，大都であるべきところが北京，集慶路が南京となっていること，地名の多くも明朝になってからのものであること，明代の行政区画にしたがって境界線が引かれていることからすれば，少なくとも至正二〇年に清濬が描いた原図そのままではない。したがって，①弘治年間（もしくは弘治本がもとづいたテキストの）版木の作成者が清濬の原図を現実に照らして改訂した，②厳節の改訂版に基づきつつ，しかし套印本ではないので不要な藩・府・州の色区分，円と四角の枠は採用せず，あらためて版木を作成した，このふたつの可能性が考えられる。②の可能性のほうが高いが，その場合には，葉盛の見た地図自体，清濬の原図ではなく厳節の改訂版であったことになる。なお，景泰三年の時点で朝鮮半島は李氏朝鮮，文宗の二年にあたるが，都は“高麗北京”とされている。

さて，「広輪疆理図」のポイントとしては，星宿海，哈剌児，扎申，忽蘭河，崑崙山等の位置からすれば，翰林侍読学士の潘昂霄が延祐二年（1313）頃に編纂，元統元年（1333），奎章閣の学士柯九思の序文を付して平江路の嘉定（今の上海嘉定県，蘇州近郊）で刊行された『河源志』の知識をふまえていることが，まず指摘される。『河源志』の情報は，至元十七年，クビライの命を帯びて，黄河の源，西域の通商ルートを確認，図を献上した女真族蒲察氏の都実，闊闊出（ココチュ）兄弟のうちココチュから，潘昂霄が直接に得たものである。この地図は，清濬と同じ天台の陶宗儀の『南村輟耕録』巻二二「黄河源」[図9-3]，および王喜の『治河図略』にも採られている。なお，都実兄弟が奏上したこの河源の情報については，江西は臨川の朱思本も，宣政院使のバルギスの家で得た帝師所蔵の梵字（ティベット語？）の図書から漢文に翻訳しており，その知識は延祐七年に作成された有名な「輿地図」の「黄河図」に反映するが，『河源志』とはかなり出入がある[19]。

第二に，漠北に“自和寧西北五千余里至金山……”との註記がみとめられ，それが本妙寺の「大明国地図」，天理図書館の「大明国図」，嘉靖十五年

図 9-3 『南村輟耕録』（『四部叢刊』所収）

(1536) に羅洪先の友人金渓の呉悌が刊行した「皇明輿地之図」（国立公文書館蔵　崇禎四年重刊　臨泉堂翻刊）［口絵 15］とおおよそ一致することである[20)]。遼陽方面，後述の東南海方面に付された註記も同じである。これらの註記は，龍谷図，本光寺図には見られないため，のちの増補と考えられていた。しかし，いずれもモンゴル時代の註記として矛盾しない内容であり，唯一明代の可能性がある雲南方面の註は，本妙寺図以下には存在しない。厳節がいう清濬の原図に記された「水路・陸路の限界」の書き込みとは，まさにこれを指すのではあるまいか。同時に「広輪疆理図」は，本妙寺図，天理図にある註記すべてを採録しているわけではない。これらの註記が本来は全てもともと清濬の地図にあったものなのか，本妙寺図，天理図が厳節の改訂版を参考にしたか，二つの可能性が出てきた。少なくとも「皇明輿地之図」が「広輪疆理図」をベースにしていることは，河川，朝鮮半島の形，全ての註記の類似から明らかである[21]。現在の「皇明輿地之図」のサイズが清濬の原図を踏襲している可能性も，ある[22]。

第三のポイントは，日本が“倭”と，大宰・肥前，長門・徐福祠，西京等の地名を記す三つの島（九州，中国地方，本州）として横に並べて描かれていること，朝鮮半島も現実に近い地形に描かれ，地名もそれなりに記されていることである。じゅうらいの中国地図では両国は，夷狄としてせいぜい国名が記されるのみであった[23]。

第四は，江浙から山東半島，直沽（今の天津），大都にかけての海域に“辛卯前の行北路，二月にして成山に至る”，“壬辰前の行北路”として，海運のルートが二本書き込まれていること，さらに広東の海域に“泉州（ザイトゥン）自（よ）り風に帆し六十日にして爪哇（ジャワ）に至り，百二十八日にして馬八児（マアバール）に至り，二百余日にして忽魯没思（ホルムズ）に至る”[24]と記され，そこからまた二本の線がのびること，第三のポイントとあわせて，海，港への目線が強烈に感じられる点である。海道を記すこと自体は，南宋末期の「輿地図」（京都東福寺栗棘庵蔵拓本）でも行われているが，あくまで東海の範囲にとどまっていた。爪哇，馬八児(嶼)[25]は，汪大淵が自らの航海経験によって著わした『島夷誌略』[26]にも見える。よりはやくは所謂『東方見聞録』のマルコ・ポーロや，イブン・バットゥータが通過した地でもあった。泉州から広州をはじめ各地の港に寄港しながらペルシア湾沿岸のホルムズ[27]つまりフレグ・ウルスへむかう貿易船の旅程は，大元時代の雲南咸陽王サイイド・アジャッルの後裔とされる（つまりムハンマドの末裔ということになる）鄭和[28]の航海（1405-1433）をのぞいて，海禁政策をとった大明時代には必要なく，原図の情報のままに写したものに相違ない[29]。

では，辛卯と壬辰はいったいいつのことなのか。『元史』巻九三「食貨志・海運」に次のようにいう。

> 初，海運之道自平江劉家港入海，経揚州路通州海門県黄連沙頭，万里長灘開洋，沿山嶴而行，抵淮安路塩城県，歴西海州、海寧府東海県、密州、膠州界，放霊山洋投東北，路多浅沙，行月余始抵成山。計其水程自上海至楊村馬頭，凡一万三千三百五十里。至元二十九年朱清等言其路険悪，復開生

道。自劉家港開洋，至撑脚沙転沙觜，至三沙、洋子江，過匾担沙、大洪，又過万里長灘，放大洋至青水洋，又経黒水洋至成山，過劉島，至芝罘，沙門二島，放莢州大洋，抵界河口，其道差為径直。明年，千戸殷明略又開新道，従劉家港入海，至崇明州三沙放洋，向東行，入黒水大洋，取成山転西至劉家島，又至登州沙門島，於莢州大洋入界河。当舟行風信有時，自浙西至京師，不過旬日而已，視前二道為最便云。

『大元海運記』(『永楽大典』輯佚本)，『海道経』(『金声玉振集』収録)，および資料源を同じくする『広輿図』「海運図」にも，類似の記述が見られる。それらを整理しなおし，概略を述べるならば[30]，至元十九年，世祖クビライは，バヤンの勧めにしたがって，江南の海域を牛耳っていた朱清，張瑄を招安し，海道万戸府を設立，万戸府ダルガのマングタイとともに，江南税糧の直沽への輸送を任せた。運送に用いた船は，大きいものでも千石足らず，小さいものは三百石サイズの平底海船であったという。最初は，平江路の劉家港から揚子江まで行き，揚州路海門県黄連沙頭までくねくねしたルートをたどり万里長灘，塩城を経て一カ月余り要してようやく淮水の河口に着く。海寧州（今の連雲港），山東の密州，膠州の境界あたりまで沿岸を航行し，霊山洋に出て東北の延真島（沿津島）を目指し山東半島の突端成山へ，ここまでまた一カ月余り。そこから劉公島，沙門島を経て萊州大洋を渡り界河口へ至るルートであった。しかし，航路が危険であること，運送に時間がかかり過ぎることから至元二九年（『海道経』，「海運図」は至元二七年とする），朱清等の建白によって，新しいルートが開発される。

“辛卯前行北路，二月至成山”とは，すなわち至元二八年までのルートを指す。二カ月を費やして成山に至るというのも，ほぼ当たっている。

いっぽうの至元二九年の新航路は，劉家港から三沙洋子江，匾担沙まで行き，万里長灘を離れて青水，黒水の大洋へと漕ぎ出し，そのまま沿津島を目ざす。成山から沙門島へ行き，萊州大洋を渡り，界河口へ，全ての旅程で一カ月，時には半月で直沽に到着する。

さらに，翌年の至元三〇年には殷明略が，修正案として，劉家港から三沙を経て東に航行し，直接黒水洋に出る，十日足らずで直沽に到着する最短ルートを考え出した。これが，すなわち“壬辰前行北路”が示すルートに他ならない。「混一疆理歴代国都之図」において，延津島の南に“至元三十年海道𤁣まる”とあるのも，実は殷明略の新ルートを指したものである。現行の龍谷図，本光寺図には残っていないが，原図では，やはり「広輪疆理図」のふたつの海路が線で示されていたに違いない[31]（なお，本妙寺図には，ほぼ同じ位置に，東から大陸沿岸に向かって“至元三十年海道路”，“至元二十年海道路”，“至元二十八年海道路”の文字が並んで記されており，じっさいの海路の線は残っていないものの，みっつの海路が示されていたことになる。“至元二十年海道路”は，おそらく“至元二十九年海道路”の誤りだろう。本妙寺図は，明代の増改訂を経つつも，龍谷図，本光寺図に見えないモンゴル時代の情報を相当のこした詳細な地図であり，大元時代の李沢民，清濬の二枚の原図を考える上で重要な意味をもつ）。しかも，この年，閘門式運河の通恵河がわずか一年の工事によって開通，直沽から大都まで水路が連結し，モンゴル朝廷の構想した「海の道」が完成したのである。

以上からすれば，壬辰は，この新ルートが廃止された年，ということになる。辛卯が至元二八年として，壬辰は干支では辛卯と一年違いだが，至元二九年ではありえない。清濬の地図が至正二〇年成立だから，それ以前に求めれば，至正十二年が該当する。まさに『至正直記』巻一「国朝文典」のいう“壬辰の乱”の年である。

『元史』巻四二「順帝本紀五」によれば，この年の五月に海道万戸の李世安が夏の海運による穀物輸送を暫時停止することを建白して認められたほか，十二月には，江南からの海運に依存する大都の食料供給の不安定[32]を解消するために，京畿周辺で水の便のよい地に江南のひとびとを入植させ穀物の収穫を図る案も提出され，じっさいに汴梁には種植を掌る都水庸田使司が設立されている。“是の歳，（江南からの）海運が不通”となったのである。

それは，当時，方国珍，張士誠が叛乱を起こし，浙東，浙西に割拠していたためであった[33]。そして，その状況は，至正十九年，朝廷の命を受けたバヤン・テムルと斉履亨が，江浙行省の丞相タシュ・テムルを通じて，既に招安を受け入れ江浙行省の太尉，平章政事となっていた張士誠，方国珍の説得にあたり，二〇年五月に輸送が再開されるまで[34]——すなわち清濬が「広輪疆理図」

を完成した時点まで続いていたのであった（『水東日記』の「広輪疆理図」が，原図の情報を極めてよく遺している証左といえる。そもそも，このコメントが厳節のものならば，“辛卯”，“壬辰”のように干支ではなく“(胡)元至正～年”という言い方をするはずである[35])。しかも，二三年九月には，張士誠が輸送を拒絶したため，再び海運は不通となるのである[36]。

なお，このモンゴル時代の海路は，『海道経』の「海道指南図」，『広輿図』の「海運図」，延祐七年に海道都漕運万戸府が立石した「海運以遠就近則例之図」碑[37]によれば，さらに平江路から南にむかって，杭州，慶元，台州，温州，福州，泉州へと海路が延びていた――そして泉州からはジャワ，マアバール，ホルムズへの海道が開けていた。「乾坤一統海防全図」[38]に見える海路もモンゴル時代の海路を踏襲しており，直沽口の上部の枠に“此元代海運故道也。自福建梅花所起，至直沽止。国初，海陸兼運。永楽間，会通河開始用漕法，海運廃矣”という。

同時に，「広輪疆理図」には明示されていないが，モノの輸送に関していえば，やはりクビライ時代に，大都と杭州を結ぶ大運河が築かれ，また江南では鄱陽湖や太湖，そして揚子江，新安江，閩江をはじめとする河川が，小運河，細かく張り巡らされたクリークによって海港と結びつけられていたことも，忘れてはならない。

厳節が改訂した「広輪疆理図」は，そのご弘治十三年（1500）に鎮江府の知事であった杜槃が刊行した。現行の『水東日記』に掲載される際わずかにカットされてしまった西と南の部分――黒契丹（カラ・キタイ），天竺，三仏斉，女人などの文字ものこっている。そしてそれは再び朝鮮に渡り，朝鮮半島の部分を書き直した模写本が複数作成された。「天文図」を上に地図を下に配する掛け軸仕立てであるという[39]。“辛卯前”と“壬辰前”の二つの海運ルートが，それぞれ“成化壬辰以前”と“成化甲午以前”に書き改められているが，それが杜槃の指示によるのか，朝鮮での“解釈”によるのかは，わからない。

3）清濬とその周辺

ひるがえって，「広輪疆理図」（「混一疆理図」）の作者，清濬とは，一体いかなる人物か。同時代を生きた宋濂の「送天淵禅師濬公還四明序」，永楽十五年（1417）に径山禅寺の前住持南石文秀（1345-1418）が編んだ『増集続伝灯録』の巻五「径山古鼎銘禅師法嗣・霊谷天淵清濬禅師」，清濬自身が自らの経歴に触れる『山菴雑録』（岩崎文庫蔵慶長元和中刊）「題山庵雑録後」，そして清濬の“法門の従昆季（＝従兄弟）”でかれの詳細を知るという釈道衍，すなわち永楽帝の帝位簒奪のブレインで出版等の文化事業にも貢献するところ大であった姚広孝[40]の『逃虚類稿』（南京図書館丁丙旧蔵鈔本）巻一「随菴記」の記述を中心に辿ってみよう。

天淵名は清濬，台州路の黄岩県の人で，俗姓は李氏，別号は随菴。幼少より父母の訓戒によって郷校に通ったが，十三歳で法門に入り，杭州は径山中天竺禅寺の古鼎祖銘禅師のもとで，内記，双径等を司り，経典を学んだ。姚広孝によれば，人となりは，“亮雅茂重”，外典にも博通していたという[41]。この間，日本にも名の聞こえた高僧恕中無慍等の教えも受けた。そのご四明に戻り，阿育王寺仏照祖庵に居ること五年，鄞県周辺を行脚した。方国珍の幕僚となった劉仁本の文化サロンにも出入りしていたらしい[42]。「輿地図」（「広輪疆理図」）は，中天竺時代の終わりから四明に帰って間もないころに作成されたものと思われる――四明とは，もとは天台山から奉化，慈渓，余姚，嵊県等の県境に亙る山の名であるが，大元ウルス治下の行政区画でいえば，慶元路一帯を指し，紹興路，台州路と隣接する。「東華震旦地理図」や「西土五印諸国図」を収めることで知られる『仏祖統紀』の著者，僧志磐もこの四明東湖の出身である。そもそも，葉盛が『水東日記』の記事を袁桷の『清容居士集』巻四四「平山説」[43]の一節の引用から始めている点，留意しておく必要があるだろう。唐の一行禅師が「山河両戒図」を作成したことから，同じく僧侶の清濬が「広輪疆理図」を作成したことへと結びつける話の枕であることはもちろんだが，袁桷は大元時代の四明が生んだ大物文人官僚であった――。

洪武元年（1368），四十歳の時に郡守の要請によって四明の万寿寺において住持として説法すること三年，また，官寺の重職を棄て四明の二霊寺の山房随菴に籠り，四明の僧侶，文人たちとの交流を楽しんだ[44]。戴良や丁鶴年もそのメンバーで，清濬が風流な庵を設え書籍をそろえ，かれを慕って訪れる四方のひとびととの談論を楽しんだありさまをそれぞれに書きのこしている[45]。

ところが，洪武四年の春，明の太祖朱元璋（洪武帝）は，自分がクビライにつづいて仏教界に金輪王として君臨することをアピールするために，詔を下し，南京の蔣山において大法会を開き，江南の禅・律・教三宗の高僧十名[46]を駅伝によって呼び寄せた。清濬もその中のひとりであった。洪武帝が清濬の「輿地図」（「広輪疆理図」）を既に目にしていた可能性は，高い。ちなみに清濬は，この招聘のさいに初めて宋濂と顔をあわせたらしい。宋濂のほうは，「輿地図」の作者として，また詩にも巧みな僧侶として，名のみは知っていたが，実際に会って討論し，更に文章の才，博識明敏な弁舌に魅せられ，朝廷のひとびとに向かって絶賛した，という。秋には，天界善世禅寺にて客死した前鴻福牧隠謙公禅師のために，宗泐（そうろく），思聡，崇裕，智順，志一，夷簡とともに洪武帝に召されて祭文を撰している[47]。清濬の詩文集に宋濂，危素等が序文を寄せたのもこのころのことである[48]。そのご清濬は，朝廷の文人たちの慰留をふりきって四明の二霊山房に帰っていった。宋濂の「送天淵禅師濬公還四明序」は，まさにこのとき書かれたものである[49]。この二霊山房での隠遁期間にも，文名の高かった清濬に撰文の依頼が舞い込むことは多かったようで，その場合には，前四明万寿禅寺住持の肩書を用いていた。たとえば，銭大昕『乾隆鄞県志』（京都大学人文科学研究所蔵乾隆五三年刊本）巻二三「金石」には“「大梅山護聖禅寺重建記」洪武八年乙卯前四明万寿禅寺住持沙門清濬撰。前国子上舎生天台王寓書并篆。在延福寺”とある。

洪武十四年から十五年にかけて僧録司が設立されると[50]，再び召されて右覚義の職（従八品）に任じられる。モンゴル時代，儒・道・仏においてそれぞれ三教兼通がごくあたりまえのこととして求められていたように，明初の外交，接待の任をも負った僧録司の官の採用において，儒学の素養はやはり必須の条件であり[51]，姚広孝や劉基の理想自体，なんとクビライ時代の黒衣の宰相劉秉忠なのであった。覚義は，諸山の僧侶のうち清規（しんぎ）を守らない者を取り締まり，天界寺の銭糧，産業，御布施，財物の帳簿を管理することを職務とする。ただし，十五年四月二五日の設置の時点では，左覚義は来復，右覚義は宗鬯（そうちょう）である。さらに五月二〇日に聖旨によって，如錦が右覚義に任じられ，その如錦は洪武十八年三月十八日以前に病没，ティベット僧の星吉鑑が右覚義となっており，清濬の着任の記録は見当たらない[52]。しかし，清濬の撰文に係る洪武十七年立石の「烏石福慧寺捨田記」では，肩書が“僧録司左覚義前住四明万寿寺天台沙門清濬”となっているから，十七年以前に清濬が左覚義に昇進していたことはたしかである[53]。『金陵梵刹志』巻一「御製集・勅諭」〈授清濬左覚義〉に任命書の全文が載っている[54]。

いずれにしても，かれは，洪武十九年には，霊谷寺の大斎会における説法を命じられただけでなく，おりしも霊谷寺住持の物先仲義禅師が病気だったため，かわりに御製の山居七律十二首を賜わり，それに唱和した[55]。この催しには，僧録司の官である弘道，夷簡，守仁，宗泐等同僚および翰林学士の劉三吾等も参加したのであった[56]。これをきっかけに，明太祖の待遇は益々厚く，しばしば詩文の製作を命じられるようになった。王侯の将輔，貴介の名士たちも親しく交際を求め，礼遇されたという[57]。ちなみに，この年の春には，弘道とともに虎跑の定巖浄戒禅師の所蔵にかかる蘇東坡の「虎跑泉詩」一巻[58]を，十一月には，大元時代の画家王蒙の「太白山図」一巻[59]を宗泐，守仁等と鑑賞，後ろに詩を題している。ことに，「太白山図」には清濬にとって懐かしい江南五山の一，四明の天童寺とその周辺の風景が事細かに写されていた。清濬の字は，柳貫の書体に似て，あまり上手とはいえない［図9-4］。しかし，この字体で，「広輪疆理図」にも落款したのだろう。

ひるがえって，劉三吾「遊霊谷寺記」は，洪武二〇年冬十一月に，天界僧官左覚義天台清濬上人が霊谷寺へ改住となった，という[60]。したがって，洪武十五年から二〇年の冬までは，じゅうらいの説とは異なり，じつは天界寺にいたことになる。これは，『全室外集』巻一「奉制賀霊谷寺住持濬天淵三首」の一首に“五年闕下　朝班に預かり，新たに綸音を奉じて又山に住む”とあるのに対応する。また，「題山庵雑録後」によれば，清濬は，霊谷寺へ来て三年目に，玄極居頂より恕中無慍が死んで既に四年が経っていることを知らされており，恕中無慍の死が洪武十九年七月[61]だから，やはり霊谷寺の住持となったのは洪武二〇年に相違ない。

そのご，僧録司左覚義霊谷禅寺住持の肩書のもと，二二年の三月には，来

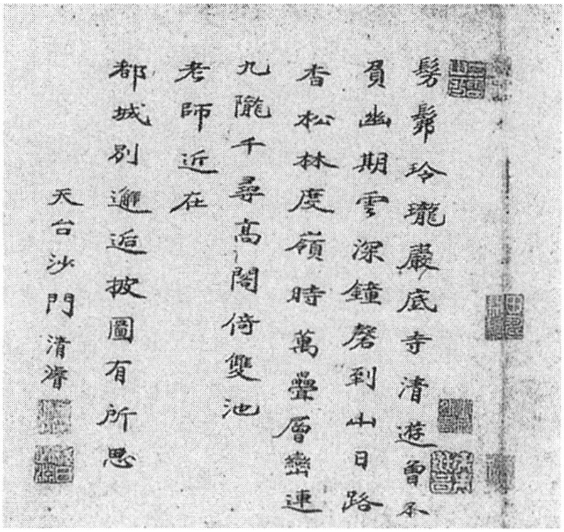

図 9-4　「太白山図巻」に見える清濬の墨蹟（『中国古代書画図目』所収）

復，弘道，守仁，如蘭等とともに趙孟頫の「書門突泉詩」一巻に跋文，識語を記して，清濬の款の下に「釈清濬印」，「釈氏天淵」，「二霊山房」の三つの印鑑を押したり[62]，二三年の十月には王蒙の「楽琴図」[63] を王彦文，張璧，夷簡，溥洽等と鑑賞したり，恕中無慍の『山菴雑録』に後跋を寄せ，二四年五月に宗泐とともに『仏法金湯編』の序文の依頼をうけるなど，四明の二霊山房時代と同様に，天界寺，霊谷寺においても，かれの眼鏡に適ったひとびとと優雅な文化サロンが形成されていたことがうかがえる[64]。というより，四明の文化が宗泐や来復たち僧侶によって明朝廷に持ち込まれていた。方国珍，劉仁本の人脈がそのまま朱元璋にとりこまれた結果であった。「広輪疆理図」が，この二寺に飾られていた可能性は，じゅうぶんにあるだろう[65]。

清濬は，とうじ宗泐とともに，洪武年間の江南の禅僧として，もっとも高い評価を受けていた。清濬と同じ天台の出身で，洪武年間中書舎人を務め，春坊大学士として方孝孺とともに皇太孫すなわち建文帝の教育にあたった林右も，

> 於当今所推重者，其一曰全室泐公，公猶深林茂木，足以帰蔽風雨，凝重人也。其一曰**随庵濬公**，公若三代鼎彝，不翕翕即人世，知其古意独存也。皆通明宗学，用其暇日，出為詩文，蒼深偉麗，播伝人世，継二公而起者，今彬彬矣。余不能尽見也……

と絶賛する[66]。

清濬は，洪武二五年五月三〇日に霊谷寺にて入滅，六十五歳の生涯を閉じた。胡惟庸の乱の加担者として告発を受けた来復[67] と宗泐の死を間近に見て，

一年も経っていなかった[68]。遺骨はその徒によって妙明塔の左に葬られた，という。清濬の塔銘は，蘇伯衡がものしたらしいが，こんにち伝わっていない[69]。

清濬が覚義として五年間住まった大天界善世寺の前身は，大元ウルス時代に文宗トク・テムルが創建した大龍翔集慶寺である。武宗カイシャンの息子であったトク・テムルは，仁宗アユルバルワダ，英宗シディバラ，泰定帝イスン・テムル時代，カアンの座を脅かしうる存在としてうとまれ，不遇の時代を集慶路（建康路，金陵，今の南京）に送った。しかし，いわゆる天暦の内乱ののち，カアンの座につくと，祖宗に報い万民を得済するためと称し，記念事業として，嘗て住まった屋敷の跡地に巨大な官営寺院を建てた。そして，江南の「五山の上」に位置せしめ，笑隠大訢長老を住持として任命，“本事の有る好い僧侶”を選ばせて，再評価がなされて久しい『百丈清規』の体例のうちに修行させた。また，この寺の首座，蔵主等の役職につく僧侶と行宣政院の官人等が，五山の体例に依拠して，各路分にある寺院の住持をランクによって任命するという人事権をも与えた。トゴン・テムルの代には，『勅修百丈清規』を刊行，諸山の寺刹に配布させたほか[70]，さらに笑隠大訢に釈教宗主の名分を与えて五山を兼領させ，いご，この寺の住持は，五山の禅宗の寺の長老より選ぶことも定められた[71]。行宣政院のみならず，江南行台とも深いかかわりをもった同寺は，とうじ儒・仏・道三教兼通が当たり前に求められていたこともあり，禅籍の刊行，収集のみならず，経・史・子・集部の書籍をひととおり集め[72]，僧侶たちの閲覧に供し，諸山の寺院のモデルとなって[73]，朝鮮，日本にも多大な影響を与えた[74]。洪武二年の『元史』の編纂，一〇年の『楞伽経』，『金剛経』，『心経』の校註作業が天界寺において行われ，のちの『永楽大典』の編纂においても，五山の僧侶達が招集されたのは，このためである[75]。やはり洪武初めに，ここに善世院，のちには僧録司が置かれ，禅宗寺院の人事権を掌握するのも，大元時代の踏襲といってよい。しかも，洪武二年の定制によれば，諸外国の王および使者の朝貢に際しては，応天府知府の迎接，宴会，会同館にて礼部尚書が宴会を催したあと，三日間の儀式の予行演習に入るが，その予行演習場が天界寺であった[76]。まさに国際外交の場であり，清濬も様々な国の王，高官たちに書画骨董の解説をしたり，詩文のやりとりをしたりする間に，見聞を広めたに違いないのである。

いっぽう，霊谷寺の前身は，大元時代の鍾山太平興国寺[77]，明初には蔣山寺とよばれ，洪武九年に塔が宮禁に近接していたため，現在の地に移転した。いわゆる洪武南蔵は，ここで刊行した。寺は十四年に完成，霊谷禅寺の名額を賜い，僧千人分の賜田——これは他の寺の二倍にあたる——を給された[78]。また，洪武十八年から二九年の間に七度にわたって太祖から下された口語の聖旨によれば，松，竹の植林，空き地に果樹園をつくることが奨励され，洪武二九年までは，御馬監牧馬所がなだらかな丘陵にある霊谷寺内において“打草放馬”していた。御苑といってよい。こんにち太祖の孝陵と隣接していることからもわかるように，まさに皇室と一体化した特別な寺なのであった[79]。洪武十五年の皇后馬氏の葬儀をはじめ歴代皇后の葬儀，大斎や洪武十七年の征南の兵隊の鎮魂儀礼やティベット僧の大法会などの国家祭祀もここで執り行われている。ティベット仏教カルマ派のテシンシェクパが永楽帝の招請をうけ，永楽五年に明太祖朱元璋と皇后の追善供養の大法会を開催したのも，ここ霊谷寺であった——とうじの霊谷寺の威容は，『如来大宝法王建普度大斎長巻画』（ツルプ寺旧蔵）にうかがうことができる［口絵 11］[80]——。そして，天界寺と同様，外交における迎賓館の役割も果たしており，朝鮮の使節団もしばしばここを訪れたのである[81]。

官位こそ従八品に過ぎないが（洪武帝は，大元時代には極めて高かった仏僧の官位を意識的に引き下げる政策をとった），清濬が天界寺の僧録司に五年いたこと，霊谷寺の住持に任じられたことの意味は，限りなく大きい。「広輪疆理図」と明朝廷，高麗王朝との「近さ」をも示すからである。

2-2 「声教広被図」と李沢民

1）『広輿図』と「大明混一図」にみる原像

いっぽう，李沢民の地図については，明の羅洪先の『念菴文集』巻一〇「跋九辺図」に，

某大夫遺画史，従余書図，冀其可語此者，因取大明一統図志、**元朱思本・李沢民輿地図**、許西峪九辺小図、呉雲泉九辺志、先大夫遼東薊州図、浦東牟・銭維陽西関二図、李侍御宣府図志、京本雲中図、新本宣大図、唐荊川大同三関図、唐漁石三辺四鎮図、楊虞坡徐斌水図，凡一十四種，量遠近，別険夷，証古今補遺誤。

とあることしか，これまで指摘されていなかった。羅洪先は，すでにのべたように，朱思本の「輿地図」をもとに，李沢民の「輿地図」と明代の各種地図を参照，増改訂を加えた『広輿図』の作者である。その『広輿図』の増補部分である「西南海夷図」のアフリカの南端部分が「混一疆理歴代国都之図」のそれときわめて近い。アフリカ，ヨーロッパを描いていたのは，清濬の地図ではなく，李沢民の「輿地図」すなわち「声教広被図」であった。「西南海夷図」，およびそれと対の「東南海夷図」あわせて「声教広被図」の南半分の輪郭を記録していると考えられる［口絵 14］[82]。

じっさい，「東南海夷図」の大陸沿岸の地名を見るならば，慶元のように，大元ウルス治下でしかありえない地名が記される（呉元年に明州府，洪武十四年に寧波府に名を変える）。くわえて，『広輿図』では，海防のために，羅洪先が朝鮮図を，嘉靖四〇年（1561）に胡松が日本図，琉球図等の最新の詳細な地図をあらたに附録として後ろに加えているが，それに即して「東南海夷図」の矛盾箇所を書き改めることはしなかった。したがって，版木にうつす段階で，沿岸の一部の地名を除き，河川，山岳，地名全て省略され，海洋の島々についても多少の省略はあり得るが，おそらく「西南海夷図」「東南海夷図」ともに李沢民の原図のままである[83]。

そして，『広輿図』のとおり，いちおう毎方四百里で描かれる方格図（全体の地図の縦，横の比率は約 35：33，したがって彩色原図の寸法は余白も含めて 175cm×165cm くらいか）[84] であり，アフリカ等は，羅洪先の断り書きにもあるように大凡の形を描いたにすぎないものだった。ただし，原図では，龍谷図・本光寺図に比べれば遙かに広大なインド洋が描かれており，北半分のヨーロッパ・中東についても，もう少しゆとりをもって描かれていたに違いない。

また，この図と「広輪疆理図」の比較によって，龍谷図・本光寺図のエチナ路あたりから南西にむかってインド洋へ流れ込む大河の東側「黒水南摘不立等地面」一帯に生じた空白ベルトは，朝鮮王朝の金士衡等がインド，ティベットを大きく描きたくないがために施した処理であった可能性が高いことを推測させる。「声教広被図」では，こんにちのこっていない北半分にきちんとそれなりの形に描かれていたのだろう。

というのも，『広輿図』の初版本[85] を忠実に謄写したとされる国立公文書館所蔵の抄本では，アフリカと中華地域の間の波涛の中に一カ所，波模様が描かれず，インド亜大陸の突端部分らしき輪郭が浮かび上がっているからである。位置と形からすれば，アラビア半島ではない。むろん，この両地図の下部では，四カ所にわたって波模様を省略しているので，あるいは，ここも単なる省略，もしくは抄本での省略なのだという見方もできるだろう[86]。だが，省略するにはおよそ意味のない箇所——葉数を刻すわけでもなく，しかもごく狭い範囲である。版木に彫るさいに，明確な輪郭線を刻し忘れたのだとすれば，どうだろう。じっさいに，この抄本は，アフリカ大陸中の湖の波模様を謄写するのも忘れている。ちなみに嘉靖三七年以降の『広輿図』刊本では，このインドかもしれない部分は，文字通り波に埋もれてしまう[87]。

インドが描かれていた，というもうひとつの根拠は，やはり李沢民の地図をベースとする「大明混一図」（中国第一歴史档案館所蔵）にある。この地図は，本来の方格を無視し相当に変形させられているが，アフリカ，アラビア半島の東側，龍谷，本光寺図でいえば東天竺，竺国の南側に，中央を山脈が走る長いインド「半島」が確かに描かれている[88]。

「大明混一図」の朝鮮は，『広輿図』の「朝鮮図」に近い形で，龍谷，本光寺の両図およびその後継である本妙寺図，天理図に描かれるそれとは，全くことなっている。したがって，「大明混一図」は，ほかの地図のように朝鮮製ではなく，大明国治下で作られ，のち女真の手にわたり，各地名に満州語訳の絹の付箋を上から貼り付けられたものと考えられる。北平，広元県，龍州などの地名から，成立は洪武二二年（1386）と推定されている[89]。チャイナプロパーの行政区画，地名が洪武二二年の状態を表わしていること自体は，むしろ，とうじの明朝の政治状況からすれば，納得しやすい。というのは，前年，大元ウルス皇帝トグス・テムルが藍玉率いる大明軍の急襲に遭い，カラコルムへ逃走中，トーラ河付近でイェスデルとオイラト部の軍によって殺害され，トグス・テムルの配下のネケレイ等がやむをえず明朝廷に投降してきたからである。この年にいたってようやく，モンゴルの脅威から一息つくことができた。国家の記念事業として李沢民の地図の改訂が行われた可能性もじゅうぶんにある。第4章でも述べたとおり，モンゴル語，漢語の翻訳官養成のテキスト，『華夷訳語』が刊行されたのもこの年のことである。しかし，この地図における九渡河，星宿海の様式化された描き方が，嘉靖年間の楊子器図，『広輿図』「輿地総図」，「黄河図」にそっくりなこと，朝鮮，日本の形状など，気になる点も多い[90)]。現時点で公開されている写真では，全地名を実際に分析することは不可能だが，洪武二二年に改訂された李沢民の地図がベースマップになっていることはまちがいないにしても，この地図そのものの成立は，嘉靖，万暦以降とみておくのが無難だろう。

ひるがえって，『広輿図』「東南海夷図」の日本像，朝鮮半島の最南端部分が清濬のそれともほぼ一致することからすれば，清濬と李沢民が共通の地図にもとづいて，日本，朝鮮を描いた可能性は高い（清濬図と李沢民図の大きな違いは三韓の位置を前者は日本の南に，後者は朝鮮の南に置く点，前者は別の箇所に書かれた日本，倭奴，扶桑等のように本来は一つの地，じっさいには存在しない島を削除している点である）。ちなみに，「大明混一図」では，最新情報として，じっさいより異様に巨大な日本を書き加えているが，三つの島が横に並ぶ李沢民原図の日本像が消されずに並列して描かれている。

権近が，“遼水以東および朝鮮については，「声教広被図」も闕略が多かった”と述べていることも，「広輪疆理図」の朝鮮図を見れば納得される。しかし，それに先んずる朱思本の地図では，『広輿図』の「輿地総図」[図9-5][91)]からすると，日本と朝鮮は，じゅうらいの中国地図の伝統どおり名のみ記して形を描いていなかった。少なくとも清濬と李沢民は，朱思本に比して，朝鮮，日本への関心が高かった，あるいはそうした環境にいた，といえるだろう[92)]（ちなみに，「東南海夷図」の日本の中で，大宰府のみ丸枠で囲まれているのは，当時かの地がいかに重要な交易拠点であったかを示すものにほかならない[93)]）。した

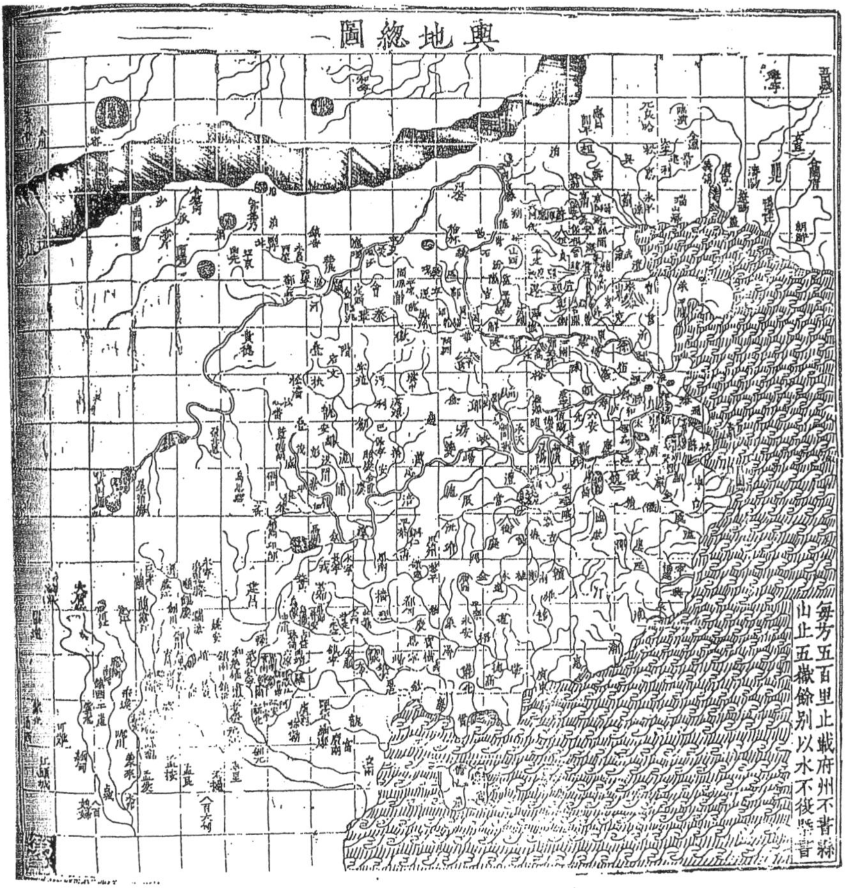

図 9-5 『広輿図』(『続修四庫全書』所収)

がって，権近が“本国の地図を増広して附するに日本を以てし，新図を勒成す”というのは，もともと清濬，李沢民の二種の地図に共通してあった朝鮮，日本図が朝鮮王朝の目からすればきわめて簡略なものだったので，最新の朝鮮，日本地図に置き換えて中国地図に合体させた，と解釈するべきである。

なお，李沢民そのひと自身については，呉門（大元時代の平江路，現在の蘇州）の出身とされるが，『洪武蘇州府志』[94]（静嘉堂文庫蔵）をはじめとする地方志および金石志には，管見の限りまったく記録がのこっていない。

2）新出資料「声教被化図」をめぐって

ところが，烏斯道の『春草斎文集』巻三「刻輿地図序」（台湾国家図書館蔵明崇禎二年刊本）に，きわめて重要な手がかりが，実は存在する。

> 地理有図尚矣。本朝**李汝霖声教被化図**最晩出。自謂考訂諸家，惟**広輪図**近理，惜乎，山不指処，水不究源，玉門陽関之西，婆娑鴨緑之東，伝記之古蹟，道途之険隘，漫不之載。及考李図，増加雖広而繁碎，疆界不分而混殽。今依**李図格眼**，重加参考。如江河淮済本各異流，其後河水湮於青兗，而并於淮済水，起於王屋，以与河流為一，而微存故迹。茲図，水依禹貢所導次第而審其流塞，山従一行南北両界而別其断続，定州郡所属之遠近，指帝王所居之故都，詳之於各省，畧之於遐荒，広求遠索，獲成此図。庶可以知王化之所及，考職方之所載，究道里之険夷，亦儒者急務也。所慮繆戾尚多，俟博雅君子正焉。

烏斯道（字は継善）は，四明は慈渓の人。幼少より，袁桷との交遊で名高い夢堂曇噩禅師のもとで文を学び[95]，古文と書法によって知られる。友人には，『河朔訪古記』の著者でカルルクの廼賢[96]，ムスリムの丁鶴年[97]，戴良[98]，劉仁本[99]，程端礼の弟子鄭真[100]，『廟学典礼』の続編をものした蔵書家の倪可与（字は仲権）[101]，見心来復禅師[102] 等がいる。つまり，清濬の交遊の輪と重なりあう[103]。じつは，清濬の師，恕中無慍の行業記を書いたのも，烏斯道その人なのであった[104]。至正年間（1341-1367）の四明を中心とする文人，僧侶，道士の交遊の広がりの一端は，『余姚海隄集』（南京図書館蔵清鈔本）にもうかがえる。

烏斯道は，洪武年間（1368-1398）に推薦されて化州府石龍県の知事，吉安府永新の県令を務めた。やはり，清濬とほぼ時を同じくした人，といってよい。したがって，かれのいう“本朝”とは，大元，大明の両方の可能性がある。『春草斎文集』は，洪武年間の編纂で，現存最古のテキストは崇禎年間（1628-1644）の重刊本だが，大元ウルスを“国朝”と呼ぶ箇所もあり，もとの原稿にはほとんど手をいれていないようである。“本朝の李汝霖の声教被化図，最も晩く出づ”という言い方からすれば，大元時代を指す可能性が高い。

そして，李汝霖の「声教被化図」は，李沢民の「声教広被図」を自然連想させる。地図のタイトルの類似のみならず，汝霖が沢民の字であある可能性はきわめて高いからである（北宋元祐年間の進士に宗沢，字は汝霖，明の成化年間の進士に梁沢，字は汝霖，弘治年間の挙人に袁沢，字は汝霖，逆に南宋の胥作霖，字は沢民などもおり，沢民と汝霖が同一人物の名と字であってもおかしくはない。『陳定宇先生文集』巻五「趙子用字説」も参照）[105]。

さらに，烏斯道がそれまでの様々な地図を検討した結果，唯一実情に適っていると認めた「広輪図」は，そのタイトル，時期からすれば清濬の「広輪疆理図」を指すに違いない[106]。山岳の正確な場所，河川の源流がはっきり示されていないこと，玉門関，陽関より西，婆娑府，鴨緑江より東の地域に関しては，歴史書等によって知られる古蹟や各地の地勢のありさまが曖昧で描かれていない点，が短所として指摘されているが，これらが「広輪疆理図」の特徴であったこと，既述のとおりである。

李汝霖の地図は，「広輪疆理図」よりもずっとあつかう領域，内容ともに詳しかったが，煩雑に過ぎ，疆界がはっきりせず，じっとみていると目が霞んでくる，という欠点があった。これは権近の“頗る詳備を為す”という評と合致する。そして，この地図もまた清濬の地図と同様に方格図なのであった（李薈が二つの地図を合成する作業は，じつはさほど困難ではなかったのではないか）。『広輿図』において，毎方四百里で描かれる方格図「東南海夷図」，「西南海夷図」――すなわち「声教広被図」が「声教被化図」である可能性は，より高まる。

なお，汝霖と沢民が同一人物であれば，清濬の地図より遅れて登場した「声教広被図」（「声教被化図」）は，至正二〇年（1360）以降の作成ということになり，通念の延祐六年（1319）作成，天暦年間改訂説[107]は，否定される。延祐六年の時点を描いたものとすれば，それには別の理由――たとえば延祐七年成立の朱思本「輿地図」等を踏まえている可能性――があることになる。

李沢民が呉門の出身とされながら，地方志にまったく伝がのこっていないのは，かれが至正年間のひとと考えれば，有りうることである。とうじ呉門をはじめ淮東一帯は，張士誠が押さえていた。かれが，いったん大元ウルスの招安を受けた間は，つかのまの平和が戻るが[108]，そのご淮南に起こった朱元璋との激しい攻防戦によって淮水沿岸の諸郡は惨禍をこうむり，一説に兵乱に死す者，三十万を下らぬ有様であったという。杭州，紹興，そして杭州湾対岸の四明等に乱を避ける人も少なくなかった[109]。『剪灯新話』の瞿佑[110] もそうしたうちの一人であり，『至正直記』の著者，孔克斉も四明に身を寄せた。清濬や烏斯道とともに四明の文化サロンに参加した戴良や丁鶴年もじつは疎開者なのであった。鄭玉も証言するように，紅巾の乱等によって各地の書物が灰燼の憂き目をみていく中で，四明はかなり幸運であった[111]。

さいごに，見落としてならないのは，烏斯道が，儒者むけに，この二種の地図，とくに李沢民の地図をベースに，河川については，「禹貢山川地理図」[112]に依拠してその流塞を審らかにし，山岳については「唐一行山河両界図」[113]に従ってその断続を明確にし，州郡の所轄の範囲を明確にし，帝王の居住した故都を書き込み（歴代帝王国都については，李沢民より清濬の地図の方が詳しかった，という権近の証言に一致），各省に詳しく遐荒を略するという改訂を加えた地図を作成したこと（おそらく彩色をほどこした軸物，衝立式の大型の模本），そしてそれが「輿地図」として版木に刻され，儒者に供されていたことである。「大明混一図」はそのタイトルからすれば，直接には烏斯道の複合図をもとにしていた可能性がある。さらにいえば，のちに羅洪先が参考とした李沢民の「輿地図」自体，烏斯道の木版地図だったかもしれない。

つまり，朝鮮の金士衡，李薈たちのみならず，それより少し先に四明の烏斯道が似たような作業をしていたのである。また，別の見方をすれば，四明で入手できる地図は何種類もあったが，最良の地図としては，清濬と李沢民の二種の地図，というのがやはり当時の実情であり，朝鮮もそれを選び入手したことになる（権近が“天下のこのうえなく広いことといったら，内は中国から外は四海に至るまで，幾千万里あるのかわからない。縮小して数尺の紙幅の中に表わそうとすると，詳備を尽くすのは難しい。だから地図を作ると大概みな粗略なものとなってしまうのである”といい，その中で李沢民と清濬の地図だけを評価していることからすれば，烏斯道と朝鮮王朝の地図のコレクションは，ほとんど同じレヴェルのものだろう)。烏斯道の木版「輿地図」自体が朝鮮に渡っている可能性すらある。

なお，王逵，厳節が清濬の地図を入手しえたのも，かれらが四明の対岸の杭州，嘉興の出身であったことが，大きいだろう。

そして，のち朝鮮で作製される二種類の地図の原図――それぞれ明の楊子器と王泮[114]の跋を有す――もまた，四明からの発信といえるものであった。楊子器（字は名父）は，四明は慈渓県の出身で，成化二三年（1487）の進士。常熟の知県であった弘治九年（1496）から十二年（1499）の間に，「地理図」碑を建て，『弘治常熟県志』四巻（上海図書館蔵清鈔本）を編纂し，『水東日記』の著者葉盛の祠を建てた[115]。しかも，かれは同郷の烏斯道の顕彰を行い，『皇明慈渓詩選』十巻[116]を編纂したのであった。いっぽうの王泮（字は宗魯）は，地図の直接の作製者ではなく，友人の白君可なる人物が広州で入手してきた「輿地図」を版刻したさいに跋を寄せただけだが，四明に隣接する紹興山陰の出身で，嘉靖四四年（1565）の進士，湖広の参政にまでのぼった人物であった。『広輿図』や『輿地図志』の研究もしていた。

以上の点からすると，地図の作成において，四明地方が重要な役割を果たしたことは疑いない。では，清濬や烏斯道，四明周辺の文人たちがとうじ入手できた地図，地理知識とはどのようなものだったのか。そして，かれらの「知」を育んだ土壌，四明地方はいかなる場所だったのか。

3 四明文人の地理知識――時空を越えて

3-1 大元ウルス治下の地図と地誌

1）モンゴル朝廷の記念事業――あらたな「世界」の誇示

モンゴル朝廷の地理書編纂としてもっともよく知られているのは，南宋接収十周年のイベントとして――旧南宋領の分封，行政機関の整備がとりあえずほぼ定まり，中央政府においてもアフマドとチンキムが消え，平穏な時期であった——至元二二年（1285）に秘書監で編纂が開始された『大元大一統志』である[117]。

至元三年の時点で，すでにクビライは江南，海東の「輿地図」を閲覧しており[118]，中書省兵部では『郡邑図誌』が作成されていた。しかし，『郡邑図誌』は不完全なもので，また路，府，州，県の行政区画に多くの改変が有り，各行省の所轄の地域の確認チェックもなされていなかったため，兵部，翰林院との協議のうえ，ジャマール・ウッディーンを長官[119]にいただく秘書監において各地の地志，地図を収集し，一大地理書を編纂することになった[120]。各路での地方志編纂事業にともなう経済効果，人材の登用を促進するという目論見もあった[121]。この一大地理書には，湖広行省の儒学提挙で秘書少監に招聘され，じっさいの編修の中心となった虞応龍[122]が数年にわたって独力で編纂していた『統同志』のデータも採用された（この書は，じゅうらいの地理誌の伝統を受け継ぎ，天下地理の建置，郡県，沿革，事蹟，源泉，山川，人物および聖賢，賦詠等の分類によって編纂されていた）[123]。編纂されていく地誌は，順次尚書省，中書省のチェックを受けながら，至元三一年，クビライが崩御し孫の成宗テムルが即位してまもなく，『至元大一統志』全四五〇冊としていちおう完成し，各路の地誌の巻頭には彩色を施した小地図が付された[124]。さらに元貞二年から雲南行省が編纂した『雲南図志』が兵部に届けられ，秘書監で以下のような凡例に即して再編集が開始された[125]。

一．某路
　　所轄幾州　　開
　　本路現管幾県　開
一．建置沿革
　　禹貢州域
　　天象分野
　　歴代廃置
　　　周　秦　漢　後漢　晉
　　　南北朝　隋　唐　五代
　　　宋　金

[大元]

一. 各州県建置沿革　　依上開

一. 本路親管坊郭郷鎮　依上開

一. 本路至上都[大都]并里至

一. 各県至上都大都并里至

一. 名山大川

一. 土山

一. 風俗形勝

一. 古蹟

一. 寺観祠廟

一. 官蹟

一. 人物

大徳二年 (1298) には, 甘粛の図志と併せて五十八冊が完成, 不備の多かった遼陽行省作成の地理図冊の編纂も大徳三年に完成, 全巻の目録計八冊を付した[126]。しかし, 編纂が長期にわたったため, その間に生じた行政単位の変革等を再度チェック, 校勘する必要があり, また各路・府・州・県の坊郭の情報を追加することになった。その作業ののち, 金字経と同様に能書家を募って清書された[127]。そして, 大徳七年三月, 計一千三百巻, 全六〇〇冊がブラルキ, 岳鉉等によってテムルの御覧に呈された。ただし, この一大地理書は, あくまで大元ウルスの直接の版図のみを収録し, 交趾など越南の地については, 筆が行き届いていなかった[128]。『大元大一統志』は, 秘書監と兵部で保管され[129], 『遼史』, 『金史』, 『宋史』の国家出版の直後の至正六年 (1346) に, 中書右丞相のベルケ・ブカが版木に刻して後世に遺すことを提案, おなじ江浙行省下で刊行, 各路に配布されるまで, 地方官僚, 一般の文人が閲覧することは, 難しかった[130]。

こんにち伝来する『大元大一統志』の残本では地図の部分が欠落しており, 『永楽大典』や『寰宇通志』などに引用される部分にものこっていない。ただ, 官撰の書物における地図のレヴェル, 様式の一端は, いずれも『大元大一統志』の編纂より時代はくだるが, 安西王府で編纂, 大徳二年に刊行された『類編長安志』（静嘉堂文庫蔵明抄本）の「安西路州県図」，至正二年に陝西行御史台の李好文が編纂した『長安志図』のさまざまな地図・絵図，至正四年に江南行御史台から刊行された『至正金陵新志』巻一の諸地図等から類推できるだろう。各地の官庁では，管轄地域の絵地図を屛風等に仕立てて飾っていた[131]。至元二七年，延祐二年（1315）の経理の土地台帳，魚鱗冊等もあった。

ひるがえって，ジャマール・ウッディーンは，『大元大一統志』の編纂のいっぽうで，至元二三年の二月十一日[132]，集賢院大学士のアルグンサリとともに，クビライに次のように奏上し，「那般者（そのようにせよ）」との聖旨（ジャルリク）を得た。

在先漢児田地些小有来。那地里的文字的冊子四五十冊有来。如今日頭出来処，日頭没処都是咱毎的。有的図子有也者。那遠的他毎怎生般理会的？回回図子我根底有。都総做一箇図子呵，怎生？

在先，漢児（キタイ）の田地は些か小さかったので有っ来（た）。那（そこ）の地里的（の）文字的（の）冊子は四五十冊有っ来（た）。如今（いま）日頭（たいよう）が出て来る処（ところ），日頭（たいよう）が没する処（ところ）は都（みな）是れ咱毎的（われらのもの）。（漢児の）有（い）る的（ところ）には図子（ちず）が有る也者（だろう）。（だが，）那（か）の遠い的（ところ）は他（かれ）毎（ら）は怎生（どのようにして）般理会する的（の）か？　回回（ムスリム）の図子（ちず）は我（わたし）の根底（ところ）に有る。都（みな）総じて一箇の図子（ちず）と做（な）した呵（ら），怎生（いかが）か？

秘書監には，南宋接収のさい，散逸を防ぐために，バヤンがまとめて大都に運んだ臨安の秘書監所蔵の典籍，書画のほか，江南諸郡の典籍，版木が収蔵されていた。なかには，「杭州海道図」や「天象図」，「混一図」などの軸物もあった。だが，ジャマール・ウッディーンの目には，それらが描く世界はいかにも小さかった[133]。そこで，地誌の編纂と並行して，モンゴル，華北，旧南宋領，イスラームの西方地図をとりあえず合体させた一枚図の世界地図作成も進められたのである[134]。

さらに翌年の二月十六日には，

福建道騙海行船回回毎有知海道回回文字剌那麻。具呈中書省，行下合属，取索者[135]。

福建道の海を騙（わた）り行く船の回回毎（ムスリムたち）は，海の道を知る回回（アラビア）文字の剌那麻（ラー・ナーマ）を有す。中書省に具呈するに，合属に行下し取り索（もと）め者（よ）。

という秘書監の台旨を出した。ラー・ナーマとは，ペルシア語の“Rāh-nāmah”すなわち「道の書」の謂いである[136]。この書には，福建から大都へはもとより，泉州を経て，ジャワ，ホルムズ，さらにはヨーロッパへの海の道が仔細に描かれていたにちがいない[137]。この海路の主要なものも世界地図の中に写しとられたことだろう。

このジャマール・ウッディーンが提案し作成された世界地図とは，兵部が翰林院の推薦を受け，秘書監において，もと鄂州路儒学教授で『大元大一統志』編纂のスタッフとなった方平に彩色を施させた「天下地理総図」のことだろう[138]。のち『大一統志』の完成した大徳七年，刑部の推薦を受け，やはり兵部が建康路明山書院の山長兪庸に秘書監纂録の「天下地理総図」を分割して彩色させた地図も，中国地図にイスラームの地図を合体させた同系統の地図であったにちがいない[139]。これらの地図と『大一統志』の編纂は，朝廷内の旧金朝・南宋領出身の官僚に広大な版図を誇示すべく行われた記念事業であった[140]。多分に「見せる」ことを意識した装飾的な地図であり書物であった。データそのものは，ほとんどが各地から献上させた伝来の書物，地図（一部各地方の行政単位の新たな調査にもとづく）に依拠しており，モンゴル中央政府が人を派遣して統一基準にしたがって厳密に測量，再調査を行ったものではない。至元二二，三年の時点では，とりあえずまず全てを寄せ集め合体させる行為それ自体に意味があった。また，ジャマール・ウッディーン所蔵のイスラーム地図にも様々なレヴェルのものがあったに違いないのである。この点にはじゅうぶん留意しておく必要がある。

かつてフレグ・ウルスのマラーガの天文台にいたジャマール・ウッディーン[141]は，至元四年にクビライに混天儀，渾天図，惑星，恒星の観測器械などのほか，木製の地球儀（七割が水で緑色に，三割が陸地で白色に塗られ，江河湖海も書き込まれていた。緯度，経度の線も引かれていた）を献上，授時暦の作成に関わり，これらの機器を用いて全国二十七カ所で測量もおこなわれたので，北緯15～65度の“世界”はきわめて精確に知っていた[142]。

しかし，その精確なデータが，あくまで見せるための「天下地理総図」に馬鹿正直に全て示されたかどうか。

当然のことながら，チンギス・カン以来，各地への遠征の前，後に入手した大量のデータ[143]，そして，モンゴルの秘密の超特急軍事駅伝路ナリン・ジャム（すべての道は上都に通ず）までも余すことなく書き込み，周辺の地勢も一目瞭然の，もっとも詳細な世界地図は，モンゴル王室と軍事を担う兵部において秘匿されていたのである[144]。

とうじの測量のレヴェルは，こんにち「経世大典地理図」として知られる地図からも一端をうかがうことができる。ただ，文宗トク・テムルの即位を記念して編纂された『経世大典』ではあったが，モンゴル王室の秘密の綴り『トプチヤン』[145]の使用を見合わせていることからもわかるように，ここに収録された「地理図」でさえ，所詮はモンゴル，準モンゴル以外にも公開して差し支えない程度のものであった。モンゴル朝廷が秘匿した地図は，それよりもはるかに詳細で正確であった。

とはいえ，それでも「天下地理総図」は，のちの李沢民図のような中華地域のみが巨大に描かれ，西方世界，アフリカを画面の左端に押し込めた歪なものでは決してなく，インドも，文字通りモンゴル王室の血が流れる高麗王朝もきちんと描かれていたにちがいない[146]。すくなくとも旧金朝・南宋領出身の中央官僚たち，地図作成に動員された地方の文人，儒学者たちは，このヴィジュアルな「天下地理総図」によって，はじめて華夷思想から脱却した新しい世界像を一瞬のうちに認識し，共有することが可能になったのである。

清濬や李沢民，烏斯道は，その経歴からすると直接この地図を目睹することはなかったと思われるが，すでにこの新しいアフロ・ユーラシアの世界像がある一定の階層には常識となった時代に生を受けたのであった。それに，秘書監纂録の「天下地理総図」を分割して彩色した兪庸の弟，兪康は，**慶元路昌国州**の儒学学正をつとめたこともあったのである[147]。

イスラーム経由の西方地図も，大元ウルス治下では，当時それなりに流通していた。河北定州の例ではあるが，至正八年，詔統領衛兵□御中山府都督の普(プ)顔帖睦児(ヤンテムル)によって重建された河北定州のモスク内の記念碑によると，碑文の撰者である真定路安喜県尹兼管諸奥魯(アウルック)の楊受益は，メディナを描く「輿地図」をみている[148]。

李沢民にいたるまでの文人たちは，地方に派遣されてくる中央官僚との交流の中での見聞によって，あるいはフレグ・ウルスから泉州，慶元へと入港してくるムスリムの船から得た「地図」そのものや地理情報によって，中国地図との合体をはかり，かれらなりに新しい「世界」の広がりを表現しようと努力したのだろう。

なお，秘書監では，地図と地誌のほかに，大徳四年，唐文質の発案により，やはり彩色画である「遠方職貢図」の作成もはじまった。朝貢の使客が宿泊する会同館にて，諸国の国主の名，国土の広さ，都市の名，大都，上都までの距離，ひとびとの風俗衣服，献上品，かの地の珍獣などについて質問，記録し，使客の外見，衣服，献上品を写生して，同じく秘府に収蔵，後世に伝えようとしたのである[149)]。

2）朱思本「輿地図」の位置

こうした朝廷の事業に刺激を受けてか，大徳元年（1297）に龍虎山正一教の大物道士朱思本が『九域志』八十巻を著わした。自序によれば，開闢以来の郡国州県の建置沿革を「禹貢九州の州域」をベースに，『元和郡県志』，『太平寰宇記』，『方輿勝覧』，『天官輿地』等の諸書を参考として，整理，編集しなおしたという。「禹貢州域」に対応する「天象分野」，前代帝王の建置，寇盗の僭竊をつぶさに載せ，千百年の区宇の混合瓜分は一目瞭然，とも謳う[150)]。

至大四年（1311）に仁宗アユルバルワダの即位を記念して開始され，延祐七年（1320）すなわち英宗シディバラの即位の年に完成した「輿地図」は，この『九域志』を土台にしてなったものである。カルルクの迺賢が著わした『河朔訪古記』の王褘の序文に“地理を言う者は，図有れば必ず志あり，図は山川形勢の所在を著わすを以てし，而して志は則ち言語，土俗，博古久遠の事を験すを以てす”[151)] というように，地図と地誌はセットで考えられていた[152)]。

「輿地図」は，石刻「禹迹図」，「混一六合郡邑図」と，酈道元の『水経註』，『通典』，『元和郡県志』，『元豊九域志』，『大元一統志』等の，北魏から大元時代までの国家編纂の地誌を検討しながら作成された。やはり一種の「歴史地図」といってよいだろう。扱った領域は，『広輿図』巻頭の「輿地総図」［前掲

図 9-5］の範囲と考えられている[153]。

この地図は，『広輿図』の羅洪先の序文に，“按朱図長広七尺，不便巻舒。今捌画方易以編簡”とあることから，2.24m 四方の一枚図であったことがわかる。いっぽうで，『柳待制文集』巻一四「玉隆万寿宮興修記」には，

朱君字本初，受道于龍虎山中，而従張仁靖真人扈直両京最久。学有源委，嘗著**輿地図**二巻，刊石于上清之三華院云。

ともいい[154]，版木に刻し冊子本として刊行されたばかりでなく[155]，正一教の本拠地信州路龍虎山の上清万寿宮の三華院に，碑に刻して立ち上げられた（碑石も七尺四方あったかどうかは今となってはわからない）。古来より，寺観，祠廟の壁等に「輿地図」が描かれてきたように。天を告し，「輿地図」に表わされた疆域の安泰，福を祈って祝すためであった。石に刻したのは，むろん永遠を意識し，そして，同時に拓本を取ることも想定した行為であった。正一教が認可すれば，ここから「輿地図」を得ることができた。とすれば，明末に至るまでもっとも精密な地図として認識されてきた朱思本「輿地図」も，じつはモンゴル朝廷からすれば，拓本を取っても差し支えがない程度の地図であったに相違ない。

これより前の大徳五年，安南の使者鄧汝霖が，ひそかに宮苑の図本を作成した上，「輿地図」および禁書を購入，交趾関係の文書，北辺の軍情等を書き写すなどのスパイ行為が発覚して外交問題になったが[156]，「輿地図」そのものは，たとえそれが秘書監纂録の「天下地理総図」の亜流であったにしても，旧南宋，金領の臣下に見せることを趣旨とした以上，じっさいの軍事にはさして役に立たなかっただろう。じっさい，鄧汝霖は処分もされずに本国に送り返され，大元ウルス朝廷は，余裕の態度をみせている。そもそも，朱思本は，参考資料として，『大一統志』は閲覧しているが，「天下地理総図」には言及していない。精度に問題があると看做したのか，中華地域のみを描く地図なので言及しなかったのか，見せてもらえなかったのか。ただ，『大一統志』とて，秘書監を統括する集賢院において，正一教の元締めでもある張留孫，呉全節のコネが利いたからこそ自由に見ることができたにすぎない。

なお二巻の冊子本「輿地図」は，こんにちのこる正一教，全真教の出版物が

いずれも張天師，張留孫，呉全節といった大宗師の認可のもとに，江南において大判の紙に美麗な大字で刻され，極めて精緻な挿絵を付しているように，やはり江南——杭州路もしくは慶元路の可能性が高い——で刊行されたと考えられる。羅洪先は，一枚図を冊子本に直したことを誇ったが，当初より一枚図の掛け物（彩色模本，刷り本の両方の可能性が有る），冊子本，拓本の三種が出されていた[157)]。五代以来，石に彫ること，版木に刻すことは，永遠性と流通性の両方を満たすために，セットで考えられてきた[158)]。儒，道，仏いずれにおいても綿密に校勘を施された完璧な経典の本文を石に刻み，同時にさまざまな註釈書，関連文献を刊行した。そもそも印刷文化は拓本を取る行為から発展してきたものである。だが，この碑石と版木の二本立てをもっとも強烈に意識したのが大元時代といってよい。「後世に遺す」ことにこだわり，万一石が滅んだ場合も考えて，拓本を保管し，碑文の録文集を刊行し，そこからまた碑石を再刻することまで考えた。

そして，版木と拓本の地図も黒白二色とは，限らなかった。印刷された地図に，あるいは謄写，模写本に，自分で彩色を施して楽しむ人もいただろう。書物の中の地図にわかり易いように，あるいは遊び心で「塗り絵」をすることも，珍しくはなかった。それは，いつの時代もかわらない［口絵12］。後述するソウル大学奎章閣所蔵の『歴代指掌図』，李文田旧蔵の『元輿地略』，勧修寺家旧蔵京都大学博物館蔵の『広輿考』などが好例として挙げられる。

3）私家版『一統志』

大元時代の新たな行政区画，最新の地理情報を記した書籍としては，朱思本『九域志』のほか，『文淵閣書目』巻一八に『輿地要覧』三冊，『方輿勝覧』十冊，『元郡邑指掌』十冊，『山林地志集略』六冊が見えている。

『輿地要覧』とは，『千頃堂書目』巻八にいう，郝衡の『大元輿地要覧』七巻を指すだろう。清朝の大学者銭大昕は『元史芸文志』巻二に“郝衡大元混一輿地要覧七巻”としてあげており[159)]，実見していた可能性が高い。清朝康熙年間に厲鶚が撰した『遼史拾遺』にも『元混一輿地要覧』がしばしば引用され[160)]，『欽定日下旧聞考』巻一五五，『光緒順天府志』「金石志三　歴代下」の

「崇恩福元寺碑」の解説にも『元人輿地要覧』が引かれている。さかのぼって，明代の代表的な蔵書家として，葉盛の次にあげられる楊士奇は，『東里文集続編』（国立公文書館蔵明刊本）巻一七「方輿勝覧」においてつぎのように述べている。

> **方輿勝覧**三巻。不著編次者氏名。盖元之人作也。時又有**輿地要覧。二書皆出一統志，互有詳略，而要覧尤簡，又不載沿革。今書坊皆有之**。吾家独有勝覧三冊。其末巻尾題曰「大明」者，後之人改之也。

『方輿勝覧』は，宋の祝穆のそれではなく，こんにち類書の『翰墨全書』に収録される『聖朝混一方輿勝覧』を指す（この書の詳細については，節をあらためて述べる）。『輿地要覧』も，『方輿勝覧』とともに，蕪雑ではあるものの『大元大一統志』の私家版ダイジェストといってよい内容をもち，おそらく建安の小字本が流通していた。趙悳『四書箋義』，陳師凱『書蔡氏伝旁通』の「引用書目」にそれぞれ挙げられる『混一輿地要覧』，『輿地要覧』がそれにあたるだろう[161]。『乾隆諸城県志』巻一五「金石考下」に録文のある至正一〇年（1350）四月の「密州重修廟学碑」は，山東は益都路の密州廟学に当該地方のダルガのハサン，判官の李タシュ・テムルたちの協力のもとに，官費で孔子像や祭器のほか経史諸書五千余巻を揃えたことを記し，碑陰には購入した書籍のリストが刻まれている。朱子学を中心として，とうじの必読図書が並び，とくに貸し出し希望の多い『四書集註』は六部，『四書通』は二部，『資治通鑑』，『通鑑綱目』は二部購入されているように，大元時代の生きた書籍受容資料として貴重である。こんにち建安小字本として伝来する書物が多く含まれ，旧本『老乞大』[162] 等の資料とあわせて福建から山東，大都，高麗まで書籍が流通していたことがわかる。その中に，『輿地要覧』も並んでいるのである。以上からすれば，現在伝わらないものの，『方輿勝覧』にまさるともおとらぬ需要があったといえるだろう。

ちなみにこの書は，確実に日本にも伝来していた。『皇元風雅』（国立公文書館蔵五山版）「皇元風雅群英姓氏」の上欄の書き込みに，

> 『輿地要覧』曰：大元地域，東止高麗新羅百済，南止雲南大理等国，西止西海吐蕃回鶻天竺等国。

とあるほか，巻一「黄金台」の下にも，

『輿地要覧』曰：易東南三十里，昭王所造，置金於上，以招賢士。又有西金台。

と引用されているからである。こんご発見される可能性もあるだろう。

そのほか，『大元大一統志』の編纂にその地理の知識をかわれて招聘されたこともある，陝西京兆府の蕭𣂏（字は維斗）が著わした『九州志』若干巻[163]，翰林院の学士滕賓（字は玉霄）が撰した『万邦一覧集』[164] などがあったが，『郡邑指掌』，『山林地志集略』と同様伝わらない。

4）歴代の地理の沿革を知るために

朱思本の活躍したアユルバルワダ時代は，科挙が再開されたことでも知られるが，それにあわせて四明の学者程端礼が作成した受験教育の対策マニュアルがある。『程氏家塾読書分年日程』がそれで，この書は全国の官学に頒行された。程端礼は，友人たちとともに，江南の各廟学，書院においてこのマニュアルにしたがって教鞭をとった。したがって，そこにあげられる『蘇氏地理指掌図』，『程氏禹貢図』，酈道元『水経註』，張主一『地理沿革』は，当時，科挙及第を志す者ならば最低限見ることが要求された書物と考えてよい。これらの書は洪武年間に編纂された同じ四明の趙撝謙『学範』でも踏襲されている[165]。また，程端礼の友人の劉有慶は，朱思本の文集『貞一斎詩文稿』にも序文を寄せており，ここからも四明の学者達が朱思本の「輿地図」を見聞していたことが推測される[166]。

東洋文庫に宋刻本が蔵される『蘇氏地理指掌図』は，じっさいには蘇軾ではなく税安礼の撰だが，四明が生んだ南宋末期から大元時代の大学者王応麟，そして袁桷も蘇軾の作と信じていた[167]。四明は東湖の僧志磐『仏祖統紀』所収の地図にも参考書として用いられている。暢師文の父，暢訥がこの書に註を施したほか[168]，じっさいに清末まで，元刊本の『地理指掌図』も伝わっていた[169]。『洪武蘇州府志』巻四六「考証・地名考」でも使用されており，歴史地図の定番でありつづけたことが知れる。『地理指掌図』は，「天象分野図」，「二十八舎辰次分野之図」のほか，「唐一行山河両戒図」も収録しており，烏斯道が「輿地図」を作成するにあたって参照したネタ本のひとつも，おそらくこの書であろう[170]。

『程氏禹貢図』は，程大昌の『禹貢山川地理図』のことで，『地理指掌図』と同じく，宋刻本が今に伝わる。ふりかえれば，烏斯道もこの書を用いて，李沢民，清濬の二種の地図を補ったのだった。『水経註』は朱思本も参照している。張主一『地理沿革』は，趙悳『四書箋義』「引用書目」にいう張洽『地理沿革志』のことだろう。ちなみに趙悳は易祓の『禹貢疆理広記』も見ていた。

また，官撰の『至正金陵新志』の「新旧志引用古今書目」にも“水経 魏酈道元註，寰宇記 宋楽史，輿地広記 宋欧陽忞，祥符図経，方輿勝覧 宋祝穆，山川地理図 宋程大昌”があげられ，大元朝廷の太常礼儀院でも，至元二六年（1289），“禹貢，蔡氏書伝，寰宇記，水経，晉太康地記，宋会要”が使用されている[171]。

『蔡氏書伝』の纂図本には「禹貢九州及今州郡之図」[前掲図 9-2]，「禹貢所載随山濬川之図」[図 9-6] が掲載される[172]。なお，蔡沈の『書伝』に限らず，むしろより早い段階で，孔頴達『尚書注疏』にも『新彫尚書纂図』が附されていた。金朝以来，出版で名を馳せた平水の劉敏仲編とされ，「禹貢九州及今州郡之図」と同じ地図が「禹貢九州地理之図」と題して収録されている[173]。おもしろいことに，南宋淳熙年間（1174–1189）の刻と目される建安銭塘王朋甫本『尚書』の巻頭の纂図は系統を異にし，地図をまったく載せない。それより後，やはり建安で刊行された『監本纂図重言重意互註点校尚書』にしても「随山濬川之図」しか載せず，「禹貢九州地理之図」にあたる地図は見えない。

至治元年（1321）の陳師凱『書蔡氏伝旁通』「引用書目」（台湾国家図書館蔵元至正五年建安余氏勤有堂本）には，『程氏禹貢図』，「長安禹迹図」，石刻「尚書図」，『東坡地理指掌図』，楽史『寰宇記』，『輿地志』が挙げられる。長安の「禹迹図」とは，まさにこんにち陝西省碑林博物館に蔵される大斉阜昌七年（1136）の石刻「禹迹図」で，もっとも古い方格地図として名高い。鎮江市博物館には，紹興十二年（1142）の石刻「禹迹図」がある。朱思本も石刻「禹迹図」を見ていた。石刻「尚書図」は，信州路上饒に至元二二年に立てられた『六経図』碑の一だろう。「尚書図」碑には，典籍の『尚書纂図』と連動する

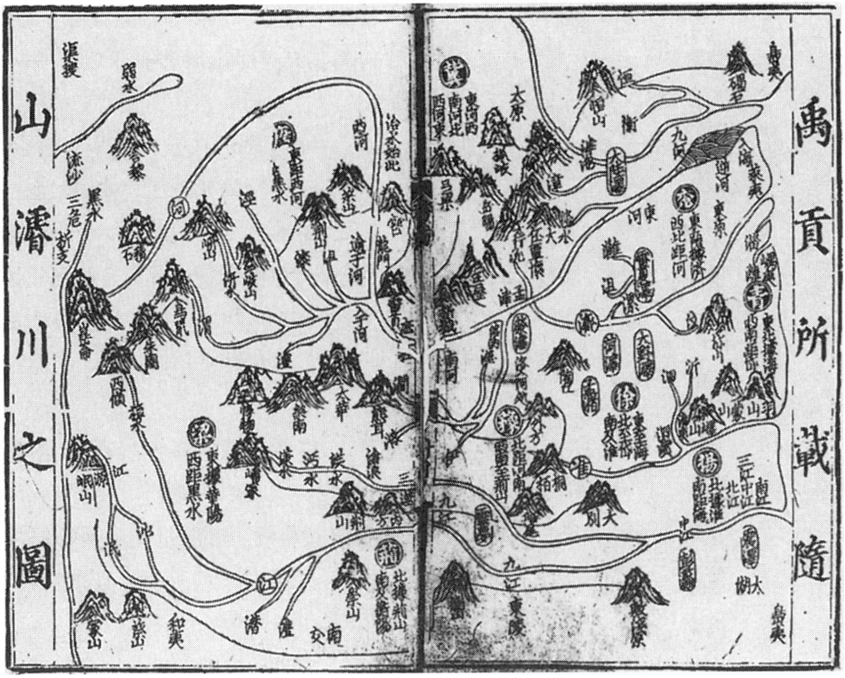

図 9-6 『経伝詳音明本大字纂図輯釈蔡氏書伝』(国立公文書館蔵)

「禹貢九州疆界図」,「禹貢導山川之図」などの伝統的な地図が刻されていた。龍虎山の道士朱思本は,確実に目にしていただろう。台湾故宮博物院には,南宋末から大元時代にかけて刊行,科挙の携帯参考書として使用された『六経図』の袖珍本が蔵される[174]。ここからも拓本と書籍の両方を使いこなす文人たちの姿がうかびあがってくる。なお,現在伝来する『六経図』碑は,至元二二年当時のものではなく,そのうちの「十五国風地理之図」から判断するに,明初に改刻されている。至元二二年の段階では,袖珍本『六経図』の地図と同様,南宋までの情報を載せた石刻であったと考えられる[175]。『東坡地理指掌図』は,『春秋胡氏伝』にも纂図のひとつとして取り込まれている。

いっぽう,胡一桂『詩集伝附録纂疏』(中国国家図書館蔵泰定四年劉氏翠巌精舎刻本)「十五国都地理之図」[図 9-7] をはじめ,『詩伝童子問』(旧北平図書館マイクロフィルム至正四年余氏勤有堂刻本)，羅復『詩集伝名物鈔音釈纂輯』(中国国家図書館蔵至正十一年双桂書堂刻本)，『詩集伝』(台湾国家図書館蔵元刊本)などに付された纂図の「十五国風地理之図」では，一律に“大都”，“上都路”，“今江浙省”等，大元ウルスの行政区画に対応させた地図に改められている。これらが共通して基づく，当時よく知られ流通していた大元時代の地図があったことをうかがわせる。それは，ことによると朱思本の「輿地図」かもしれない。管見の限り，書物の世界で，大元ウルス全体の現勢地図が挿入されはじめるのは，朱思本の地図が出てまもない泰定年間（1324-1327）あたりからである。しかも，山岳，河川，万里の長城，都城などの表現様式において，それ以前の歴代地図と明らかに一線を画す。

陳師凱『書蔡氏伝旁通』，劉瑾『詩伝通釈』，許謙『詩集伝名物鈔』，俞皐『春秋集伝釈義大成』等経書の著述において，“○○，今○○路○○県”という，いにしえの地名を大元時代のそれに対応させる註釈がしばしば見られるが，編者，読者とも，壁や卓上の地図を眺めていたのだろう。それが面倒な，あるいは適わない読者のために，巻頭の纂図は附せられた。

同様に，元刊本の歴史書においても，読みながら随時参照できるように巻頭に歴代帝王の系譜，在位年数の表のほか地図が付されることが多い[176)]。これは，すでに金末からモンゴル初期の平陽の出版物に見える傾向で，建安の纂図本，および諸々の纂図本と深い関係をもつ『事林広記』の挿絵と連動するものもある。弋唐佐の『集諸家通鑑節要』一二〇巻には，甲子譜年，暦年，帝王世系のほか，“古輿地図”を付していたという[177)]。『契丹国志』(中国国家図書館蔵元刊本）にも「晋献契丹全燕之図」，「契丹地理之図」という二枚の地図が附される[178)]。また，趙善誉の『東南進取輿地通鑑』は，まさに地図で歴代の名だたる軍事戦略を確認しながら『通鑑』を読むというコンセプトのもとに編纂された書物だったが，南宋最末期に北のモンゴルを意識して建安で版木に載せられた[179)]。

そして，『増修陸状元百家註資治通鑑詳節』(上海図書館蔵元刻本)，『十七史詳節』(上海図書館蔵元刻本)［図9-8］などの「歴代国都地理図」，『直説通略』(台湾国家図書館蔵影明成化鈔本)「歴代郡国地理之図」［図9-9］，『十七史纂古今

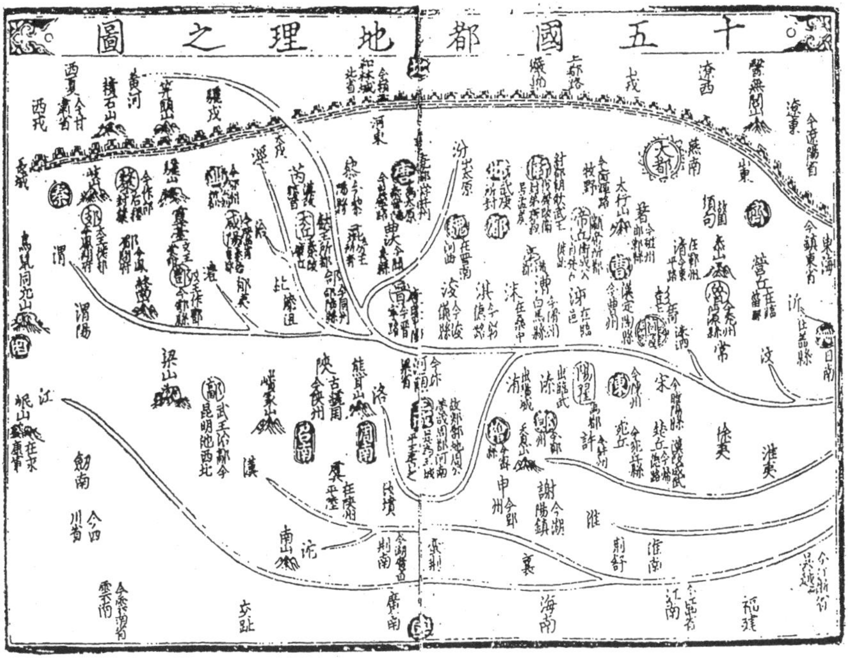

図 9-7 『詩集伝附録纂疏』(『続修四庫全書』所収)

通要』(南京図書館蔵影元鈔本)「歴代帝王国都疆理総図」[180]［図 9-10］は，いずれも『事林広記』所収の「歴代国都図」［図 9-11］とほぼおなじ行政区画で描かれているのであった。

詩に詠まれる当時の時世および場所を確認するのに便利なように，巻頭に唐の世系紀年および唐以前の各代の地理図志を付した『増註唐賢絶句三体詩法』(京都大学谷村文庫蔵五山版) にいたっては，図の作成にあたって，「六合混一図」ならびに『事林広記』などの類書に依拠したことを，正々堂々とのべている[181]。婺源(ぶげん)の儒者程復心[182] の『道学統宗之図』の版木をもとにする『歴代道学統宗淵源問対』[183] も，古今の郡邑沿革の参考書として『翰墨全書』をあげている。とうじ『事林広記』と『翰墨全書』の果たした役割，影響は，みのがせない。

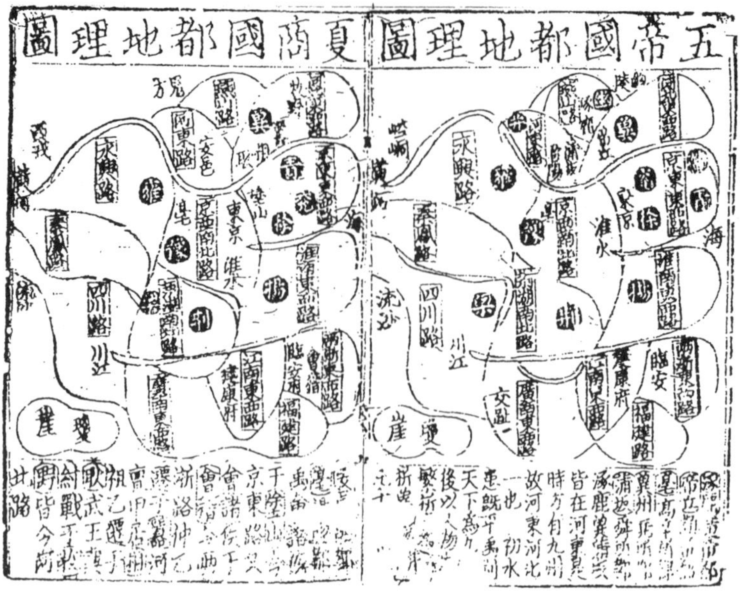

図 9-8 『十七史詳節』(『四庫全書存目叢書』所収)

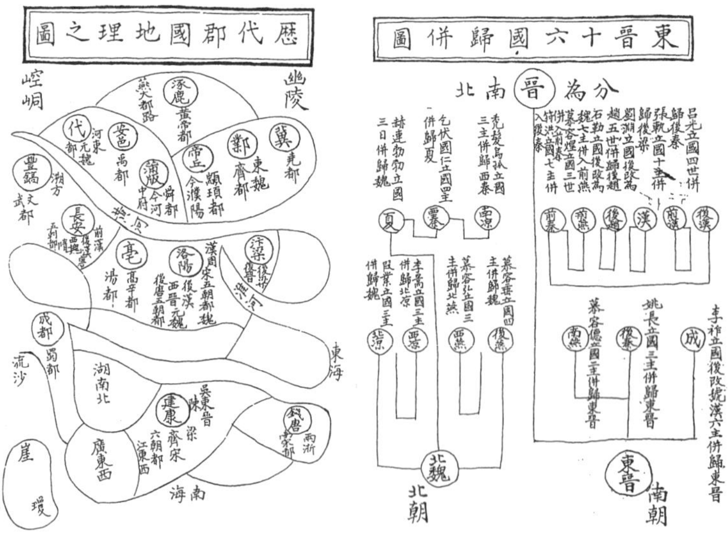

図 9-9 『直説通略』(台湾国家図書館蔵)

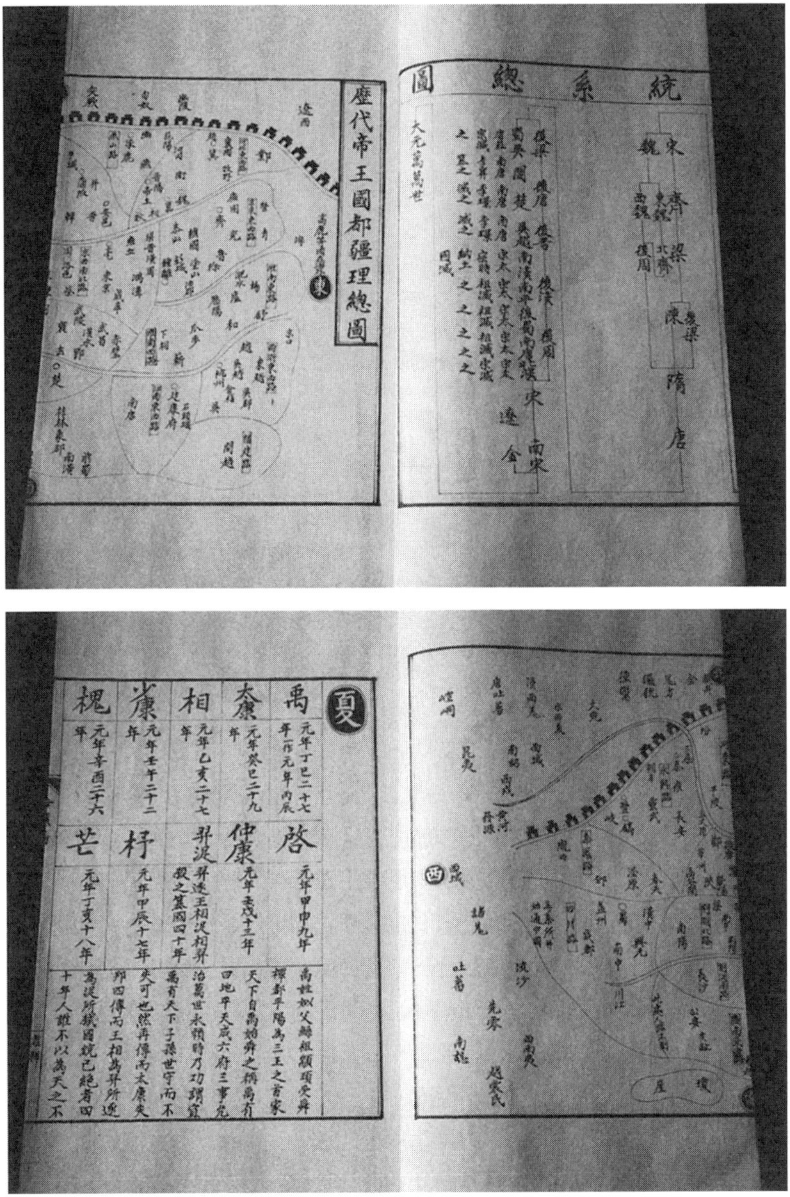

図 9-10 『十七史纂古今通要』（南京図書館蔵 1998 年 10 月筆者撮影）

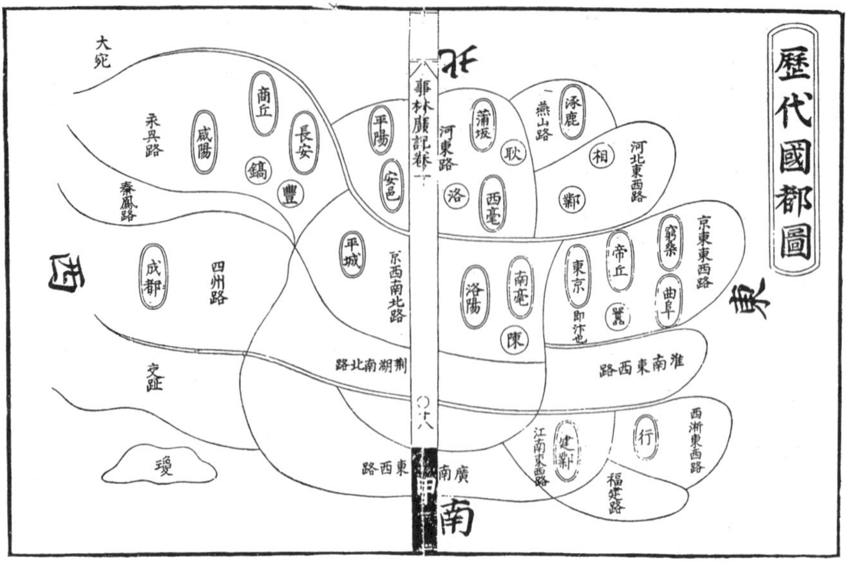

図 9-11　和刻本『事林広記』

5）空間と時間の混一

四明の文人たちは，比較的容易にムスリム将来の西方地図や朱思本，清濬，李沢民等の最新の「輿地図」を見ることが可能であり，大きくユーラシア，アフリカからなる世界の全体像を知っていた。上司，同僚の出身地や，外交使節，商人たちのルート，身の回りの舶来品がどこからきたのか，壁にかけた地図，もしくはてもとの地図帖で確かめることができた。同時に『歴代地理指掌図』，『禹貢山川地理図』，『水経註』，「禹迹図」拓本等の伝統的な中国地図，地理書も必須の教養として身につけ，日常的に纂図本の「六合混一図」や「歴代帝王国都疆理総図」などの歴史地図を目にしていた。翰林侍講学士を務めたこともある張之翰の証言によれば，至元三一年（1294）には，福建の陳光大なる人物が古今三千八百余年の王朝の興廃，疆理の変遷を，朱子の『通鑑綱目』の書法にもとづいて記述し，四葉の挿図を掲げた——すなわち纂図本の『古今指掌図』を出版したという[184]。また，江西行省の郎中熊太古（熊朋来の子）は，その著『冀越集記』において，自身，禹貢九州から当代の州県の名の変革を記した『地理分合表』二巻および『続西南夷志』二巻を編んだと，述べる。清濬の地図が歴代帝王の国都沿革に詳しかったのも，こうした土壌があったためにほかならない。

この過去と現在の地図を並行して学び，地理の変遷を一望しようとする大元時代の姿勢は，明代以降においても踏襲されていく。巻頭に「歴代国統図」と「禹貢九州地理図」を置き，唐虞三代から明までの地図と行政区画，地誌を集めた『中夏古今州郡図譜』（国立公文書館蔵），あるいは羅洪先の『広輿図』に朝鮮などの最新の地図を挿入し，いっぽうで『歴代地理指掌図』，『禹貢山川地理図』の主要な地図，纂図本にみえる歴代王朝の「国都地理図」なども末尾にまとめて収録する万暦二二年（1594）の汪縫預編輯『広輿考』（勧修寺（かじゅうじ）家旧蔵，京都大学総合博物館蔵万暦三九年刊本）は，その好例といえよう[185]。

3-2 類書の中の地図と地誌

1）胡三省のネタ本

『資治通鑑』の註釈者として名高い胡三省（1230-1302）は，清濬と同じ四明は天台の人，南宋宝祐四年（1256）の進士である。蔵書家で知られる袁桷[186]は，かれの親友の一人であり[187]，『通鑑』の註釈作業にも与かるところ大であった。袁桷は必要な参考書を貸与し，その見返りとして，最新の『通鑑』註を片端から筆写し，いちはやく享受したのであった。

その胡三省が，最新の地理情報を得るために，陳元靚（せい）の『事林広記』を見ていたらしい。顧炎武の『日知録』巻一七「本朝」[188]に次のような指摘がある。

> 宋胡三省註『資治通鑑』書成於元至元時，註中凡称宋皆曰「本朝」，曰「我宋」，其釈地理皆用宋州県名。惟一百九十七巻蓋牟城下註曰「大元遼陽府路」，遼東城下註曰「今大元遼陽府」，二百六十八巻順州下曰「大元順州領懐柔，密雲二県」，二百八十六巻錦州下曰「**陳元靚**曰大元于錦州置臨海節度，領永楽，安昌，興城，神水四県，属大定府路」，二百八十八巻建州下曰「**陳元靚**曰大元建州領建平，永覇二県，属大定府路」。（以宋無此地，

不得已而書之也）［宋曰「我宋」，元曰「大元」，両得之矣］。（（　）は張溥泉の原抄本，［　］は『四庫全書』本）

註釈は，至元二九年（1292）七月頃に完成したので[189]，胡三省が参照した『事林広記』はそれ以前の版本，ということになる。

現在伝わるテキストとしては，まず至順年間刊行と推定されている西園精舎本（国立公文書館蔵），椿荘書院本（故宮博物院蔵），後至元六年刊行の鄭氏積誠堂本（北京大学図書館，宮内庁書陵部）および金沢市立図書館蔵の零本[190]の四種の元刊本[191]，洪武二五年重刊の梅渓書院本（慶応大学斯道文庫蔵），永楽十六年の翠巌精舎/呉氏玉融書堂本（静嘉堂文庫蔵），成化十四年の福建官刻本（台湾国家図書館蔵），弘治四年の雲衢菊荘本（天理大学図書館蔵）[192]，弘治五年の詹氏進徳精舎本（米沢市立図書館蔵），弘治九年の詹氏進徳精舎本（国立公文書館蔵），嘉靖二〇年の余氏敬賢堂本（遼寧図書館蔵）および刊記のない数種の明刊本，明鈔本二種（中国国家図書館蔵）[193]，そして元禄十二年の和刻本が知られている。

このうち，もっとも古い至元年間の姿をのこすテキストとして利用されている和刻本『事林広記』は，元禄十二年（1699）に，泰定二年（1325）刊本を底本として刊行された。しかし，この泰定本は，それ以前の通行本の中でも欠落の多い不完全な版木をもとにしており，同時に六十面ほど新たな記事，挿図も加えられていた。第一，日本で重刊するさいに用いた泰定本自体，完本であった保証はまったくない。

ところが，この和刻本『事林広記』にかぎってのみ，乙集巻三「江北郡県」の「大定府路」の項に，胡三省の引用するとおり，たしかに“錦州　臨海軍節度　県名 永楽 興城 安昌 神水”，“建州　刺史　県名 建平　永覇”とあるのである。

『事林広記』は，書肆のたちならぶ建安において刊行された小字本であること，挿絵を多用すること，内容が占いや医学，薬学，数学，双六や囲碁といった遊戯，音楽など多岐に亙ることから，じゅうらい“民間”の日用類書――いささか低俗な百科事典と看做されてきた[194]。しかし，じっさいには，胡三省，袁桷といった四明を代表する文人が，『事林広記』から最新の地理情報を得ていたのである[195]。しかも，上述のように頻繁に改訂され複数のテキストが伝わっており，時代，国を越えて需要があったことがうかがえる。『翰墨全書』とあわせて，そこに収録される地理，地図の記事，情報を逐一検討して，正確にはそれらがいつの時点での行政区画を表わしたものなのか，情報源はどこにあったのか，この時代に出版されたほかの類書の地理情報とも比較して，それら地理の記事が同時代においていかなる意味をもっていたのか，「混一疆理歴代国都之図」に反映されているのか，いないのか，整理する必要があるだろう。地理の分野は，もっとも UP TO DATE な部分であり，出入がはげしかった。だからこそ，類書の編纂方法，版本系統をさぐる手掛かりとしても，有効である。ただ，大元時代〜明初の類書に収録された地理の全情報は，整理，校勘の上，別に資料集として供する予定であり，ここでは，まず，それらの資料群を概観するにとどめたい。

2）『事林広記』の正体

さて，穂久邇文庫が蔵する隋の蕭吉『五行大義』の抄本（巻子本のち折本に改装）は，各巻末に後醍醐天皇の元弘三年（1333）の釈智円の相伝奥書を有し，紙背に詳細な註釈と『図経本草』をはじめとする挿図が写されていることで知られる。じつは，そこに現行のいくつかの元刊本『事林広記』には見えず，和刻本『事林広記』のみに見られる記事，挿図と共通する箇所がいくつかある[196]。しかも，いずれも出典を『博聞録』とする。『博聞録』とは，『千頃堂書目』巻一二に挙げられる“陳元靚博聞録十巻”にほかならない[197]。この書は，こんにち『永楽大典』等いくつかの書物に佚文が認められるのみで，まったく注目されていなかった。したがって，挿図本であることも，もとより知られていなかった。現時点で，和刻本『事林広記』に対応記事が見出せないものが四カ所あり，「禹貢所載随山濬川之図」[前掲図9-6] と連動する「岳瀆海沢之図」もそのひとつであるが，ぎゃくにこれは，『博聞録』が和刻本『事林広記』より古く，より完全な元来の『事林広記』のテキストの姿を留めること，もっといえば『事林広記』の原本そのものであり，『事林広記』という書名はのちの改訂のうちに与えられた可能性をも示す[198]。

袁桷，胡三省が見たテキスト自体，おそらくは『博聞録』であった。現に，

『資治通鑑』巻二五五「唐紀七一・僖宗中和二年十二月」において“箔金”の註に『博聞録』「触箔金法」を引く。この記事は和刻本『事林広記』癸集巻九「珍奇製作門・触薄金法」にも残っている。また，クビライの聖旨によって大司農司が編纂，『資治通鑑』の註釈作業と同時期の至元二三年（1286）六月に諸路に頒行された『農桑輯要』にも『博聞録』の引用が多数見え，やはりいずれも和刻本『事林広記』庚集巻四「農桑門」および辛集巻七「獣医集験」に載る。ちなみにのちの元刊本『事林広記』の「農桑類」は，ぎゃくに『農桑輯要』の抜粋であり，実学・雑学と類書の持ちつ持たれつのファジーな関係をうかがわせる。和刻本が甲集から癸集までの十集構成（版心では十巻に分類）を取るのも，もとの『博聞録』が十巻に分かたれていたからに相違ない。

この『博聞録』の書名は，京都は山科の毘沙門堂が蔵する国宝『篆隷文体』(巻子本一軸)[199]の巻末にも，見えている。第一巻 建安陳元靚編「宝璽文」，同第八巻 西穎陳誠甫編「器物原始・書」として引用されるのがそれで，後者は，和刻本『事林広記』戊集巻六の記事と一致し，前者は『五行大義』巻三紙背所引の『博聞録』と同文だが更に四個の玉璽の図と解説をも載せ，より完全な形を残している。この玉璽の四図は，大元末期から明初にかけて清濬と同じ四明は天台の陶宗儀が著わした『南村輟耕録』巻二六「伝国璽」にも見えている。陶宗儀は，前の三図を薛尚功の『歴代鐘鼎彝器款識法帖』巻一八から採ったが，新増の「螭紐」の図は，おそらく『博聞録』もしくは今日知られていない早期の版本の『事林広記』から写したのである[200]。

そして，伊勢神道の渡会家行が，『類聚神祇本源』[201]の冒頭の「天地開闢篇」の執筆にあたって大いに利用したのも，じつはこの『博聞録』——正式には『新(端)[編]分門纂図博聞録』——なのであった。引用された箇所は，和刻本『事林広記』甲集巻一「天文門」の「太極図説」，「両儀図説」，「三才図説」，甲集巻二「地理門」の「河図之数」，「洛書之文」，「四正四維」とほぼ一致，むしろ脱落のないより完全なテキストにもとづいているといえる。しかし，こんにち残る元刊本『事林広記』「天文類」の図説とは一致しない。『類聚神祇本源』は，元応二年（1320）——延祐七年にあたる——に脱稿，後宇多上皇，後醍醐天皇の御覧に供された。延元二年（1337）には北畠親房によって書写され，『神皇正統記』に及ぼした影響はよく知られている。

以上のように，『博聞録』が鎌倉末期に日本に伝来し，僧侶，公家等によって利用されていたことには，じゅうぶん留意しておく必要があろう。『事林広記』が五山僧によって将来され熟読されていたことは周知の事実だが[202]，『博聞録』から『事林広記』への変化をもかれらは目の当たりにしていたのである。

『事林広記』の前身が『新編**分門**纂図博聞録』であること，和刻本が各集各巻頭において『群書**類要**事林広記』と冠しながら[203]，「天文図説門」，「地理図経門」といったように『博聞録』のまま「～門」で分類すること，いっぽう和刻本の巻末では，「新編分門纂図事林広記」，「新編分門図註事林広記」，「重編分門纂図事林広記」，「重編分門群書事林広記」などと題すること，元刊本は「類要」の名どおりいずれも「天文類」，「暦候類」といったように「～類」に分けることからすれば，『博聞録』から『事林広記』へ名を変えるのは，大徳から泰定年間にかけてのことではないか。いずれにしても，当時の日本における中国書の流通がいかに速かったかがうかがえる。

鎌倉・室町期の抄本，抄物に残る逸文を集めていけば，『博聞録』――最も古い『事林広記』のおおよその全体像，各巻の構成，和刻本『事林広記』の改変，もとづいたテキストの落丁がどの程度なのか見えてくるかもしれない（むろん，それぞれが依拠した『博聞録』の版本が同一である保証はまったくないが）[204]。陳元靚の字がおそらく誠甫であっただろうことは[205]『篆隷文体』によって，『博聞録』の正式名称が『新編分門纂図博聞録』であったことは『類聚神祇本源』によって，はじめて明らかになったのである。本家本元の中国でも，毛扆の『汲古閣珍蔵秘本書目』に，“博聞録一本　陳元靚　旧抄黒格　二銭”[206]との売り立て記録がのこっており，こんご『博聞録』そのものが，発見される可能性にも期待したい。

3）混一直後の地理情報

ひるがえって，和刻本『事林広記』では，甲集全十二巻の巻二に「地理図経門」を置き，「歴代国都」，「九州五岳」，「四浜九沢」等の記事および「歴代国都図」［前掲図 9-11］,「華夷一統図」［図 9-12］の二図が収録され，いわゆるチャイナプロパーをまず概観する（先述の「岳瀆海沢之図」も本来ここに配されていたものと思われる）。ところが，各郡県については，甲集巻三ではなく，乙集巻三，四の「江北郡県」,「江南郡県」に跳ぶ。

乙集は全四巻，巻一，二は「燕京図志」,「朝京駅程」。目録では，巻一には「建都加号」,「到京須知」,「京城之図」,「帝京宮闕」,「東京城図」,「南京城図」の六子目がならぶが，じっさいには，金代の中都と南京の宮室制度を『使金記』のような公的な旅行記[207]にもとづいて描いた計四葉の図（おそらく「南京城図」,「帝京宮闕」,「京城之図」,「東京城図」にあたる）とわずか四行ばかりの解説しかない。解説には,

> 東京旧城宮室制度，已纂為図，刊于前巻。而金人所改東京，南京宮殿楼館，有所損益。今将城壁図制，刻于「燕京図志」之後。覧者可以知古今之制不同也。

とあり，四図があくまで「燕京図志」の付録にすぎないこと，“燕京”の前で，一字空格にするので，現行のテキストでは欠落してしまっている「建都加号」,「到京須知」がモンゴル政府の記事であったことがわかる。また，版心の頁数は,「燕京図志」の欠落をまったく顧慮せずにつけられているので，ここからも底本とした泰定本が完本でなかったこと，明らかである。なお，“東京旧城の宮室制度は前巻に刊す”とあるのは，甲集巻之十一に「京都城闕」という題のもと，北宋東京の「旧京城之図」,「外城之図」の二幅，そして今は脱落してしまっている「宮闕之図」一幅，および城門，宮殿，城内外の諸司，河道，橋，寺観などについての解説が並ぶことを指す[208]。

巻二の「朝京駅程」については，巻頭の「序略」が次のように述べている。

> 今得「帝都図志」并「朝京駅程」。自杭州余杭門起到燕京，計三千九百二十四里。凡経過州県坊村河道，並刻于后。開巻瞭然如指諸掌。

注目すべきは，編者が『帝都図志』,『朝京駅程』の二書を入手したと述べる点である。『帝都図志』とは，巻一の「燕京図志」のことだろう。ここまでの地理の情報は，二書からのダイジェストであるといってはばからない。類書の性質の一端が垣間見える。『朝京駅程』も，大元ウルスの南宋接収後しばらくし

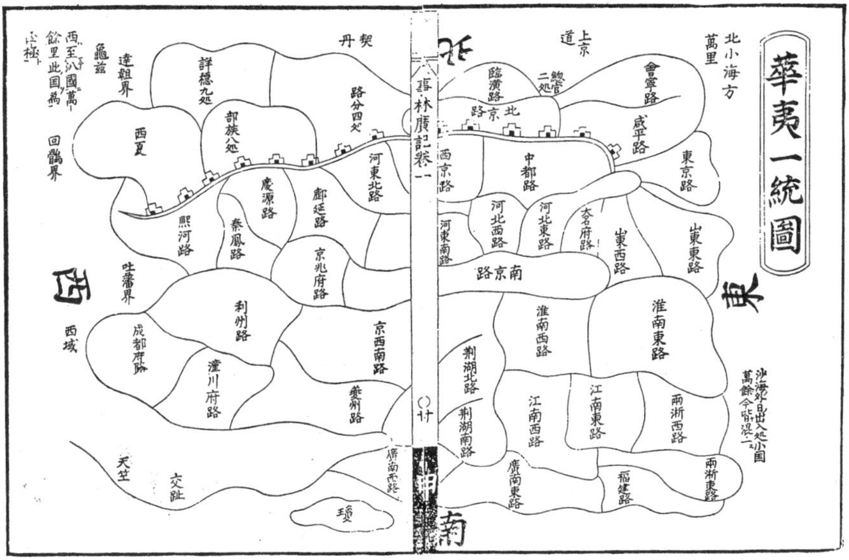

図9-12　和刻本『事林広記』

て，はじめて刊行されたものに相違ない。『銭塘遺事』の巻一「題白塔橋」，あるいは『古杭雑記』[209]に，

駅路有白塔橋，印売「朝京里程図」。士大夫往臨安，必買以披閲。有人題於壁題曰「白塔橋辺売地経，長[程](亭)短[堠](駅)甚分明。如何[只到](祇説)臨安[住](路)，不[説](較)中原有幾程」。([　]は『銭塘』，(　)は『古杭』)

とあるからである。

以上からすれば，巻三，四も至元十三年（1276）以後に編集された可能性が高い。甲集の「天文図説門」，「地理図経門」，「歴代提綱門」といった天・地・人三才の編集構成の中に組み込まれず，「地理図経門」とは別に独立して乙集とされた理由の説明もつく。

では，胡三省も引用した巻三「江北郡県」，および巻四「江南郡県」をじっさいに見てみよう。まず，「書指序略」として，次のようにいう。

開闢以来，堯帝奄有四海，五服止五千里，舜帝肇十有二州，禹王分天下，州不踰九，武王大会諸侯，南止羌髳微盧彭濮人，西北豳岐之外，不能有下，至秦漢唐宋以来，其封域之広，未有大元之盛也。至於四夷八蛮九渓十洞及沙海海外国，罔不帰附，甚盛矣。

今将南北郡県混一，刊作二巻，聊述大略。若欲観天下之大，則有「六合混一図」在。非此而止。

やはり，大元ウルスの混一，空前の疆域を記念して二巻に分け，南北の郡県の大略を述べるという。「六合混一図」は，既述の『三体詩』，朱思本が参照した「混一六合郡邑図」——おそらく『新編事文類聚翰墨全書』（中国国家図書館蔵明初刊本）后丁集巻之五「器用門」《送人混一六合図》にいう一枚図の歴史地図「大元六合混一図」を指す[210]。和刻本『事林広記』の「華夷一統図」，現存する三種の元刊本『事林広記』の「大元混一之図」は，その大まかなラインを写したものだろう。

「江北郡県」は，中都路（至元九年二月以降に改号されたはずの大都路の呼称は用いられていない）にはじまり吾昆神魯部族節度使に終わり，「江南郡県」は浙西路にはじまり利州西路に終わる。路ごとに所属の府，州および県名を挙げるだけの簡略なものである。結論を先に述べれば，前者は大金国の行政区画のうえに，あらたに上都路の区画を加えたもの，後者は南宋の行政区画のままである。

「江北郡県」の記事は，『金史』「地理志」の各路州県の情報を信じるならば[211]，ある一時点での行政区画を切り取ったものではなく，すくなくとも明昌三年（1192），承安三年（1198），貞祐三，四年（1216，17），興定三年（1219）前後，興定五年（1221）よりあと元光二年（1223）十一月より前と，いくつかの断層をもつ。ただ，この時期には華北は既にモンゴルに接収されつつあったので，モンゴルの華北統治の初期におけるある一瞬の区画を示す可能性も完全には否定できない。

そして，この和刻本『事林広記』の「江北郡県」と『新刊増修類編書林広記』（前田尊経閣蔵元刊本　以下『書林広記』と略す）[212] 外集の巻一「州郡門」を比較してみると，中都路から上都路までは，なんとほぼ一致するのである［図 9-13］。目立つ相違点は，各路の下に割り註で付される“鎮務某処　共某州”が“某州　鎮務某処”と左右ぎゃくに書かれること，“県名”を陰文で“県治”に作ること，『事林広記』は，上都路のあとにさらに「長城外直北諸部族招討司三処」，「部族節度八処」，「路分節度四処」，「路分総管二処」，「郡牧十処」，「詳穏九処」，「吾昆神魯部族節度使」をつづけること，以上にすぎない[213]。ただし，『書林広記』と『事林広記』の一致は，この地理の「江北郡県」の部分に限られる。『書林広記』の「江南郡県」は，祝穆の『方輿勝覧』のダイジェスト版で，県名のみならず，郡名，風土，形勝，景致，古迹，名宦，人物，仙釈，題詠の項目を設ける。『事林広記』の「江南郡県」は，江北のデータの少なさにあわせて，あえて体例を改めたのだろう。

混一初期の江南における華北の地理情報については，建安古梅の何士信（字は君実）[214] が編集した『類編古今事林群書一覧』（台湾故宮博物院蔵元刊巾箱本）[215] がヒントを与えてくれる。この書は，前集に天文門，節序門，地理門をおさめ，後集全十巻を「方輿紀要」とする。前集，続集，別集，外集，新集，重集，支集もすべて“某々門”に分類し，各集最初に“建安古梅　何士信君実編集”の一行を掲げる中で，後集のみ編者をあげず，異質である。また，各集目録，各巻頭の書名はだいたい二行にまたがって大字でしるされるが，後集はすべて一行小字である。集によって行数，字数がことなるのもこの書が一時に完成したものではないことを示唆する。おそらく「方輿紀要」は，別の書をまるまる挿入したものだろう（別の版である中国国家図書館所蔵の元刊本『類編古今事林群書一覧』［図9-14］は，目録において「方輿紀要」の編者を“建安　祝穆　和父編”と明記する。やはり『書林広記』と同じく『方輿勝覧』の抜粋，要略ということだろう）。

「方輿紀要」の「総目」の最後には“江北諸路の紀要は，目今編集すれば，陸続として板行す”の陰刻木記一行が見える。『類編古今事林群書一覧』全体の刊行は，何士信が序をものした大徳二年（1298）頃と考えられ，「方輿紀要」の成立は当然，それより遡る。巻一の最初に“大都帝王の行在所”である燕山大興府のみ，郡名，県名，宮殿，風土，山川，古迹の項目をつらね，つづく「江南郡県」の体裁（郡名，県治，風土，形勝，山川，寺観，古迹，名宦，人物，仙釈，題詠，『書林広記』とほぼ同じ）と体裁をかろうじて合わせたが，それ以

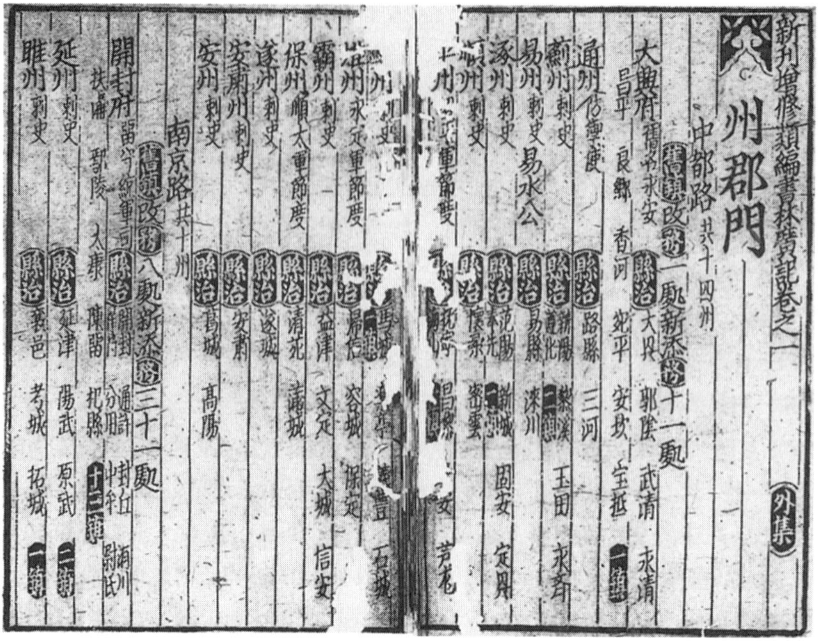
新刊増修類編書林廣記卷之一　外集
州郡門
中都路 共十四州
舊領改路一處新添路十一處
大興府 舊名永安　縣治 大興 郭陰 武清 永清 昌平 良鄉 香河 宛平 安次 宝坻 一鎮
通州 防禦使　縣治 路縣 三河
薊州 刺史　縣治 漁陽 豐潤 玉田 永濟
易州 刺史 易水公　縣治 易縣 淶川
涿州 刺史　縣治 范陽 定興 新城 固安 定興
順州 刺史　縣治 懷柔 密雲
南京路 共十州
舊領改路八處新添路三十一處
開封府 留守統軍司　縣治 開封 祥符 通許 尉氏 封丘 中牟 陳留 扶溝 杞縣 太康 鄢陵 洧川 二鎮
延州 刺史　縣治 延津 陽武 原武
睢州 刺史　縣治 襄邑 考城 柘城 一鎮
安州 刺史　縣治 葛城 高陽
安肅州 刺史　縣治 安肅
遂州 刺史　縣治 遂城
保州 順天軍節度　縣治 清苑 滿城
霸州 刺史　縣治 益津 文安 大城 信安
雄州 永定軍節度　縣治 歸信 容城 保定

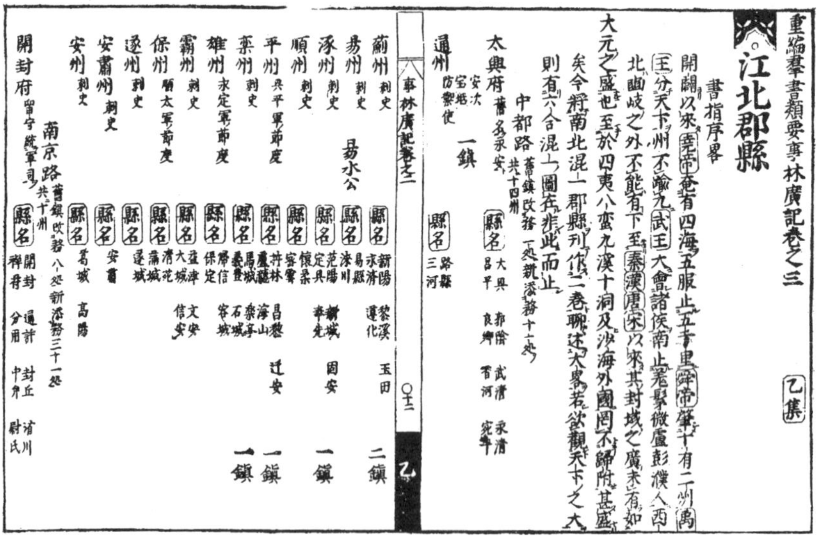
重編羣書類要事林廣記卷之三　乙集
江北郡縣
書指序畧
開闢以來，堯帝奄有四海，五服止五千里，舜帝肇十有二州，禹王分天下九州，不逾九，武王大會諸侯，南止羌髳微盧彭濮人，西北幽岐之外不能有，下至秦漢唐宋以來，其封域之廣，未有如大元之盛也。至於四夷八蛮九溪十洞及沙海外國，罔不歸附，甚盛矣。今將南北混一郡縣，刊作二卷，聊述大畧，若欲觀天下之大，則有混一六合混一圖在，非此而止。
中都路 舊鎮改路一處新添路十一處 共十四州
太興府 舊名永安　縣名 大興 郭陰 武清 永清 昌平 良鄉 香河 宛平 安次 宝坻 一鎮
通州 防禦使　縣名 路縣 三河
薊州 刺史　縣名 新陽 黎溪 玉田 永濟 遵化 二鎮
易州 刺史 易水公　縣名 易縣 淶川
涿州 刺史　縣名 范陽 定興 新城 奉先 固安 一鎮
順州 刺史　縣名 懷柔 密雲
平州 興平軍節度　縣名 盧龍 撫寧 海山 昌黎 遷安 一鎮
灤州 刺史　縣名 義豐 馬城 樂亭 石城 一鎮
雄州 永定軍節度　縣名 歸信 容城 保定
霸州 刺史　縣名 益津 大城 文安 信安
保州 順太軍節度　縣名 清苑 滿城
遂州 刺史　縣名 遂城
安肅州 刺史　縣名 安肅
安州 刺史　縣名 葛城 高陽
南京路 舊鎮改路八處新添路三十一處 共十州
開封府 留守統軍司　縣名 開封 祥符 通許 分用 封丘 中牟 洧川 尉氏
事林廣記卷之三　〇十二　乙

図 9-13　『書林広記』（前田尊経閣蔵，左上・

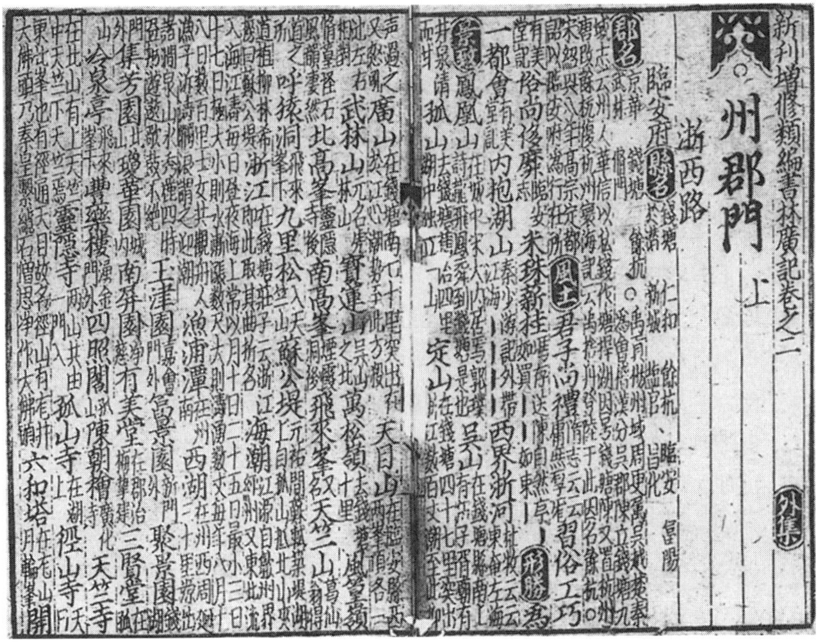

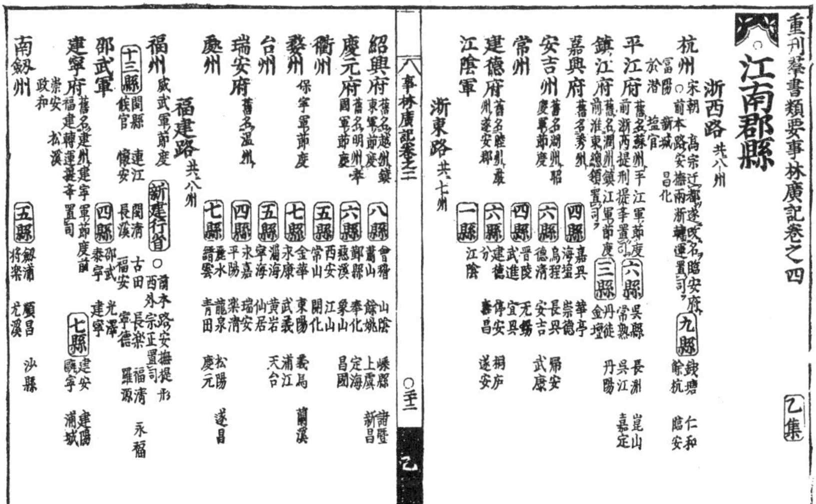

右上）と和刻本『事林広記』（左下・右下）

外の江北のデータは，まだ入手できていなかった。しかも，燕山大興府のデータも「宮殿」の項に“大安殿”，“仁政殿”，“蓬萊閣”，“瑤池”，“応天門”，“宣陽門”，“政和門”，“日華月華門”，“左右嘉会門”，“燕賓館”，“会通館”，“文楼”と，前述の和刻本『事林広記』乙集巻一第2，3葉の金の中都（大元ウルスでは南城にあたる）図に見える名をモンゴル政府のそれとして列挙するように，新たに建設された大都の解説ではなかった。

また，この書は，ところどころで「古今**広記書林**一覧」，「古今**事林広記**群書一覧」の書名を冠しており，「方輿紀要」巻一の末尾でも「**事林広記**群書一覧」と題する。これは，後述する至順年間の二つの元刊本『事林広記』――椿荘書院本，西園精舎本の後集巻二，三で「**群書一覧**事林全璧」と題することと合わせて，当時刊行された複数の類書の相互関係をほのめかしていよう。

いっぽう，『新編事文類聚啓箚天章』十集六十四巻（前田尊経閣蔵元刊本　以下『天章』と略す）の乙集「州郡門」［図9-15］は，『啓箚雲錦』[216] が江南の諸郡の記事しか掲載していなかったのに対し，天下混一を承けあらたに江北の記事も編纂して付け加えた点を誇らかに謳う[217]。ところが，その「江北」は，『書林広記』と同様，大金国の行政区画に上都路を付け加えただけのものだった。むろん可能なかぎり，郡名，県名，風俗，土産，形勝，景致，古跡，名宦，人物，題詠の項目を付してはいるが，遼陽府路や咸平府路，大定府路，臨潢府路，上都路などに関しては新たな情報は得られないままであった。江南の情報も『書林広記』，『群書一覧』とかわらない。

なお，少なくとも中国国家図書館に現存する『新編事文類聚啓箚雲錦』[218] は，じっさいには『天章』の覆刻本である。巻頭の綱目の「天章」の字を削り取って「雲錦」に改め，各集の目録の版式を葉数が少なくてすむように彫りなおしたにすぎない。ただ，甲から癸までの十集の目録の八集までもがそのまま「啓箚天章」の名を冠するにもかかわらず，あえて乙集を「輿地要覧」[219]，丙集を「姓氏源流」と改題する点は，『群書一覧』の例とあわせて，注目される。

以上の類書の行政区画――旧金朝と旧南宋領を単純に合体させた――をそのままヴィジュアルな形にしたものが，和刻本『事林広記』の「華夷一統図」

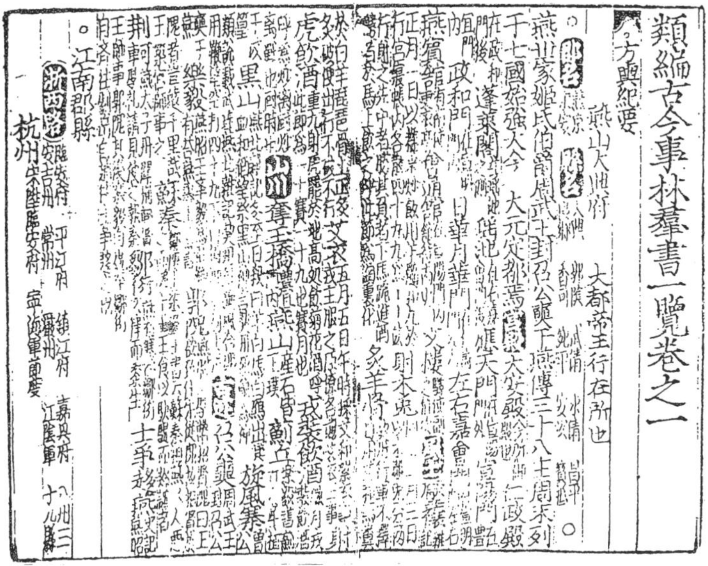

図 9-14 『事林広記群書一覧』（『四庫全書存目叢書』所収）

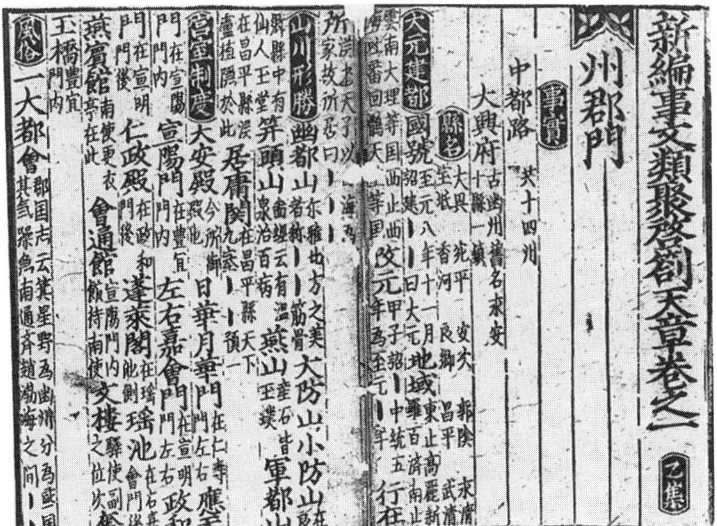

図 9-15 『啓箚天章』（前田尊経閣蔵）

［前掲図 9-12］なのであった。

至元年間から大徳初年ころまで，四明の胡三省，袁桷たちが，書物を通じて知りえた最新の華北・江南の行政区画，地理，地図は，この程度だったのである。「六合」は，我が国では「クニ」と訓ずるが，ほんらい元刊本『事林広記』「地輿類」の［地理名数］にいうように，天，地，四方全てを指し，「六極」と同義である。“沙海の外，日出・日没の地，小国万余，見今並びに皆混一す”という意識は，強烈にあったが，じっさいのモンゴル朝廷の広大な領土を表現するすべをもっていなかった。建安の陳元靚，何士信等が編集に際して使用できた華北の情報は，金末からモンゴル初期の華北の刊行物全体からすればほんの皮毛にすぎず[220]，江南におけるモンゴル諸王の分封，路分，ジャムチの配備等もまだ完全には定まっていなかった。

至元二二，二三年から秘書監で『大元一統志』，「天下地理総図」編纂が開始されたのも，背景にこうした状況があったからだろう。

4）最新情報の導入——「混一疆理歴代国都之図」との連動

ひるがえって，和刻本『事林広記』の「書指序略」とほぼ同文を載せる類書がある。泰定本『事林広記』が刊行される一年前の泰定元年（1324）に建安の劉氏日新堂が重刊した『新編事文類要啓箚青銭』（毛利家蔵本）外集巻一，二の「方輿勝紀」がそれである。“開闢以来”から“罔不帰附”まではまったく同じで，つづけて，

> 是編，今取裏省行省宣慰司、宣撫司、安撫司所轄郡県，釐為二巻，誠便観覧，可不出戸而知天下也。

という。路，府，州の名および所属の県名のみを挙げるシンプルな形は，和刻本『事林広記』と共通するが，路，府，州については，官庁の上下関係を知るさい，官庁の欠員を補充するさいに必要な上中下のランクもしるす。とりあえず，『元史』の「地理志」に記される地名の沿革と対照してみると[221]，ここに配列される行政区画は，江南については，元貞元年（1295）から大徳元年（1297）までの情報，それ以外は至元二八年（1291）から三〇年にかけての情報であることがほぼ確かである。しかし，何士信が大徳二年の時点でこうした

新しいデータを入手できていなかったことからすると，『啓箚青銭』の初版は，大徳三年以降と見るのが妥当だろう。

大元ウルスでは，①クビライ時代の江南接収後の至元十四年の整理，②至元二〇年十一月，全国の路，府，州，県における上・中・下の三ランクの決定・確認から二一年までつづく行政改革（チンキムの死がからむ），③至元二八年から成宗テムル即位後の元貞元年五月の江南の州・県の再編成[222] までつづく改革（サンガの事件を契機に，提刑按察司から粛政廉訪司への改組と行政区画の再編成が行われた）と，結果としてほぼ七年間隔で行政区画の見直しが行われた。

『啓箚青銭』は，これらを踏まえた信頼性の高い資料，おそらく大元ウルス朝廷の示した行政区分表を用いている。「書指序略」の一致からすれば，『博聞録』，初期の『事林広記』のテキストの中にも，旧金朝，南宋領の行政区画を張り合わせただけのものから，この『啓箚青銭』と同じ改訂ヴァージョンに差し替えられたものがあったにちがいない。

元刊本『事林広記』の「天下城邑」は，至順，後至元刊本ともまったく同じ内容であり，冒頭に至元二〇年十一月中書省から発布された〔定奪上下路県〕，元貞元年五月の聖旨〔上県改立州治〕の二つの文書を掲げる。最終的な改訂は，鎮東行省（＝征東行省）の復立について言及すること，武昌路ではなく鄂州路と呼ぶこと，江東道宣慰司の廃止に触れること等から，『啓箚青銭』よりやや遅い大徳三年から大徳五年の間に行われたものと考えられる。ただし，『啓箚青銭』の上に直接改訂を重ねたものではない[223]。編纂時期のズレの中で，雲南，羅羅斯などの行政区画，州名の差異が注目される。

さらに，『啓箚青銭』とことなり，「腹裏（コルン・ウルス）」の各路およびいくつかの州の上には，当該地に分封されたモンゴル諸王の名が書かれている。また，上都，大都の下には相互の距離が，真定・保定，河東山西道の大同（西京）・平陽・太原・隆興・順徳・平灤・大名，山東東西道の済南・淄萊・済寧・東平・東昌，河南河北道の汴梁・河南・南陽・帰徳・襄陽，淮東道の揚州，四川の成都・潼川・順慶・重慶・紹慶という特定の路にかぎって，大都までの距離が記されている。上・中・下の路のランクではなく，江南接収以前の分封と密接な関係をもつ。隆興路の後には，金糸で模様を織り込んだナシジの官営工場が置かれたシーマーリン，塩場のある蓋里泊の名があえて記される。大元ウルス朝廷の目線で書かれた行政区画表であることはまちがいない。中書省から箚付をうけた至元二〇年，元貞元年の文書の中の行政区画表を用いながら，一部について，建安周辺で改訂したものだろう[224]。ただし，元貞元年の文書は，江南のみの区画を扱ったものであるため，腹裏，陝西，四川，雲南等については，至元二〇年以降の改変が必ずしも完全にはたどれておらず，『啓箚青銭』に劣る部分も見受けられる。筆写のさいの誤字，脱落，錯簡としか考えられない箇所もある。

この大徳三年から大徳五年の改訂いごも，多少の統廃合，所属移動はあったが，ほとんど州，県レヴェルのはなしで，大枠が崩れることはなかった。路，府のレヴェルでは，名称の変更程度である[225]『事林広記』の諸版本で『経世大典』を経て後至元六年にいたるまでの変遷がまったくカヴァーされていないのは，そのためかもしれない。

元刊本『事林広記』では，『啓箚青銭』とことなって，和刻本の「歴代国都図」，「華夷一統図」——すなわち至元年間の『博聞録』収録の図のままである「歴代国都之図」，「大元混一之図」［図9-16］の二葉の地図，さらに「歴代輿地之図」［図9-17］と「腹裏」［図9-18］「湖広（左右両江渓峒も含む）」「遼陽・汴梁」「陝西・甘粛」［後掲図9-24］「江浙・江西」「四川・雲南」［後掲図9-23］の行省所轄の地図六葉を付す。この六葉の地図は，太原，平陽，武昌などの路名から，大徳五年から大徳九年の状態を表わしたものと考えられる。くわえて，安西が奉元に改められ，いっぽうで建康は集慶に変わっていないので，そのご皇慶元年から天暦二年までに一部改訂を経ていることはまちがいない。

この六葉の地図は，大元ウルスの大まかな現勢地図であると同時に，新羅国，西夏国，女直旧界，古唐四鎮，古京兆，突厥，沙陀などの字もみえ，一種の歴史地図でもある。孔子宅のほか，東海祠，天妃廟，南海祠も描かれ，清濬等の地図と同様，海へのまなざしも窺える。

ところで，大元時代の類書のひとつ『居家必用』は，『事林広記』と内容面で相当に重複するが（「地輿類」はない），中国国家図書館が蔵する元刊本『居家必用』は，甲，乙の二集のみの端本であるためか，じゅうらいまったく注目

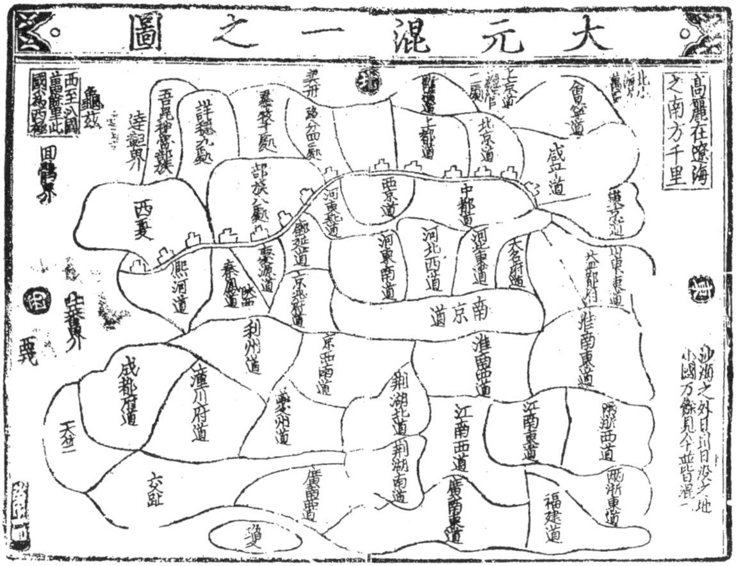

図 9-16 『事林広記』（北京大学図書館蔵　中華書局　1999 年　以下同）

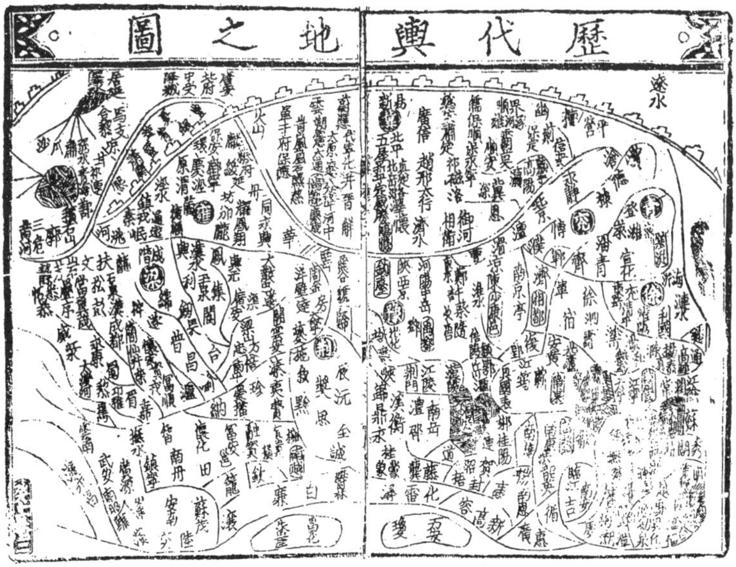

図 9-17 『事林広記』

されてこなかった。甲集目録の末尾の牌記には，「至元己卯（五年/1339）孟夏友于書堂印行」とあり，これが『北京図書館善本書目』，『中国古籍善本書目』などにも，発行者，刊行年として採用されている。しかし同時に甲集目録，乙集目録の最初において“椿荘書院新刊”とあることは，じっさいに現物をみなければきづかない。椿荘書院は，いうまでもなく『事林広記』を刊行した書院である。そして，呉氏友于書堂は，『啓箚青銭』の重刊と同じ泰定元年，毛直方の序文を付し詹友諒の編集とする『翰墨全書』を刊行した書肆である。つまり，『居家必用』を介して『事林広記』と『翰墨全書』が結びつく[226]。

『翰墨全書』は，もとは劉応李が編集した類書で，大徳十一年に，熊禾が序文を書いて売り出された。友于書堂本（米沢市立図書館，お茶の水図書館成簣堂文庫蔵）は，その増改版である。熊禾によれば，じゅうらい書坊が刊行する平日の交際の書簡範例集[227]は，いずれも『啓箚』の名を冠していたのに対し，劉応李は扱う範囲を大幅に広げた百科事典に編集しなおしたので，敢えて『翰墨全書』と名付けたらしい。『翰墨大全』と題するテキストは，明代の覆刻本である[228]。

その『翰墨全書』に，こんにち大元ウルス治下の行政区画を記す地理書として知られる『混一方輿勝覧』が収録されるのである[229]。行政区画は，『啓箚青銭』の系統ではなく，あきらかに『事林広記』と共通の資料，もしくは『事林広記』そのもの（現行のテキストより少し前のヴァージョン）を踏まえている[230]。雲南については，独自の資料ソースをもっていた[231]。最終的な手が入れられたのは，興和路，嶺北等処行中書省の名が見えること，昌州が宝昌州に懐孟が懐慶に改められていないこと，アユルバルワダの生誕地縉山が龍慶州になっていないこと，陳州に南頓，項城が見えないことなどから，皇慶元年(1312) 以降延祐二年（1315）以前と考えられる[232]。

『混一方輿勝覧』は，『啓箚青銭』や『事林広記』のように，路，府，州の上・中・下のランクは記さない。元刊本『事林広記』「官制類」の「大元官制」「雑流品秩」[233]と同様，官吏の銓注，官庁間の上下関係等を知るになくてはならない表であるにもかかわらず。

『混一方輿勝覧』は，形式からみて，『書林広記』，『新編事文類聚啓箚天章』

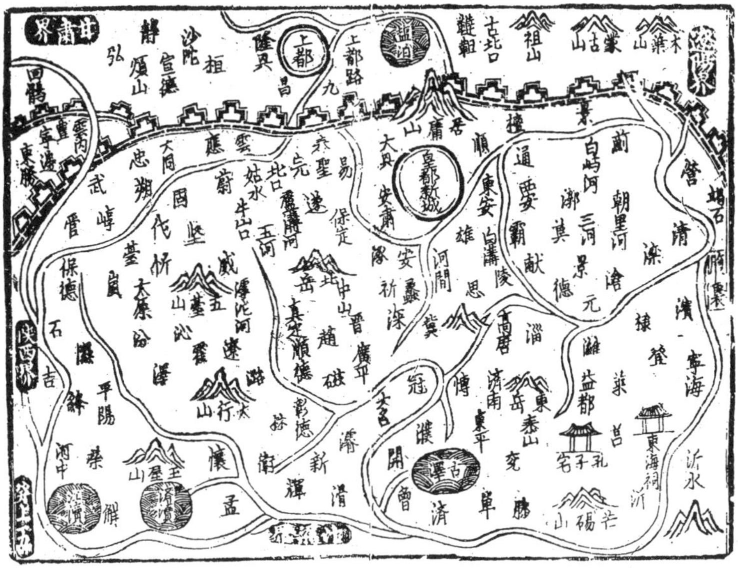

図 9-18 『事林広記』「腹裏」

の「州郡門」から発展してきたものとも考えられ，祝穆の『方輿勝覧』の伝統の上に作成されたものであることは少なくともまちがいない。あくまで，地理の沿革，当地の名所古跡，偉人などを知るため，詩文を書くための書であった。通説のように，この書を『大元大一統志』から直接編集しなおしたもの，と果たして単純に考えられるかどうか。大徳年間に江南で刊行されていた虞応龍『統同志』や朱思本『九域志』を参考にしたか，あるいはそのダイジェストである可能性のほうがむしろ高いだろう。それに，虞応龍は，『大元大一統志』の編纂のさいにも，『太平寰宇記』や南宋李和篪の『輿地要覧』を用いたので，共通する部分があるのは，とうぜんのことである[234]。

『翰墨全書』には，さらに「混一諸道之図」［図 9-19］，「腹裏」［図 9-20］「腹裏」［図 9-21］「遼陽」［後掲図 9-22］「陝西」「四川」「汴梁」「江浙」「福建」「江西」「湖広」「左右江渓洞」「雲南」［後掲図 9-23］「甘粛」［後掲図 9-24］の計十四の地図が附されている。

「混一諸道之図」［図 9-19］は，『事林広記』の「大元混一之図」［前掲図9-

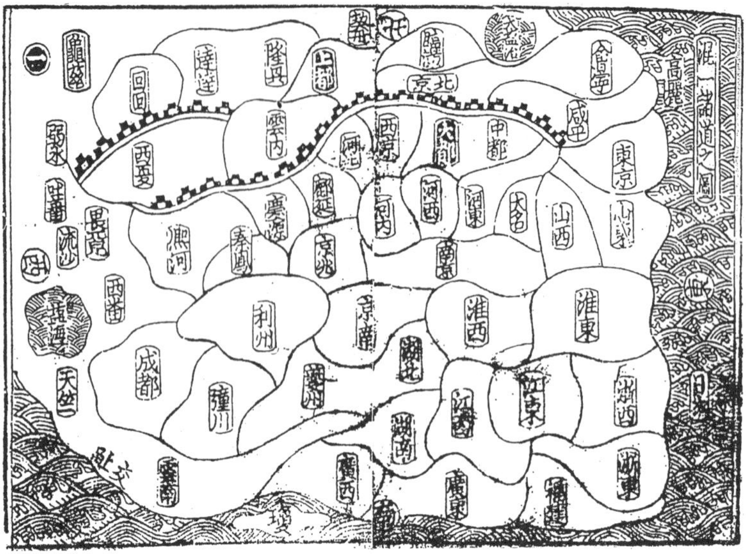

図 9-19　『翰墨全書』「混一諸道之図」(『四庫全書存目叢書』所収　以下同)

16］にくらべて，万里の長城以北がやや新しい行政区分になり“回回”，“達達”などが出現すること，西夏の北にさらにもうひとつの万里の長城が存在すること，南では，交趾の部分に新しく雲南がせり出してきて天竺と隣接して描かれること，西番が登場し，流沙と塩沢が描かれること，高麗と日本を海中に浮かべることなどが，指摘できる。雲南が海に面するのは，「声教広被図」，「混一疆理歴代国都之図」の特徴でもある。この図から，すでに紹介した同じ『翰墨全書』《送人混一六合図》に“若し天下の大なるを観んと欲すれば，則ち在る有り”という「大元六合混一図」が描いていた範囲は，あきらかである。

「大元混一之図」，「混一諸道之図」ともに大都（中都），上都以外，現勢の行政区画でないのは，その目的が征服，獲得した国，地域を表現することにこそあるからだろう。

つづく腹裏から甘粛の十三葉の地図については，福建を江浙行省から独立させているので，『事林広記』の六葉の地図よりやや早い，大徳三年以前の状況を描くものと考えられる。また各省ごとに図を分けているので，『事林広記』

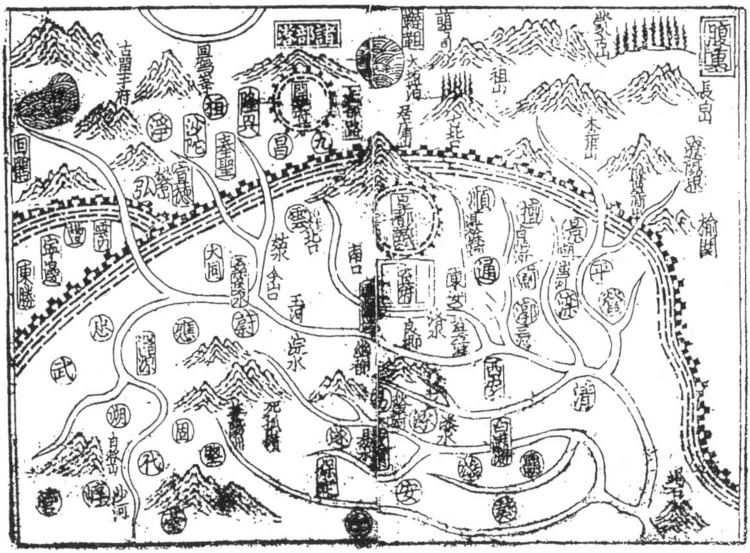

図 9-20　『翰墨全書』「腹裏」1

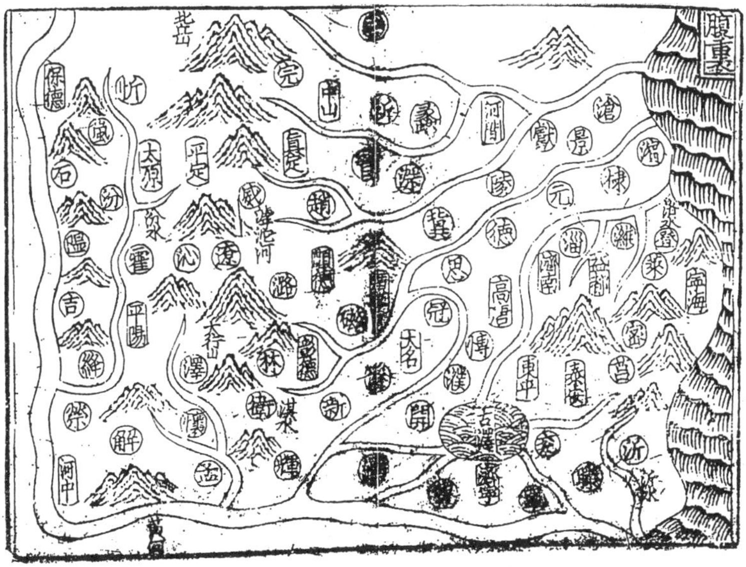

図 9-21　『翰墨全書』「腹裏」2

よりもおおむね詳細であるが，『事林広記』の描いていた四つの廟祠は描かない。

遼陽方面，高麗との国境付近の清濬の地図との類似，朝鮮半島の東に「女人国」を記す点は，とくに注目される［図 9-22］——元刊本『事林広記』の「方国類」に見える，東北海上の伝説上の国である（『西遊記』にも反映される）。しかも，のち弘治元年（1488）の時点で，朝鮮の崔溥が見たことがあると述懐する地図にも，チャンパ，マラッカ，琉球，台湾などにまじって，朝鮮半島の東南にこの女人国が描かれていたことがわかっている[235]。清濬，李沢民の両図，ふたつの「混一疆理歴代国都之図」に，「女人国」は見えないが（それぞれ，「羅刹国」「女国」はある），『翰墨全書』がみた原地図，もしくはその系統の改訂版地図に朝鮮半島，日本を書き加えた地図も存在した可能性がある——。

また，雲南の沅江路，中慶路，大理の相対的な位置が『事林広記』と大きく異なる［図 9-23］。いっぽうで，甘粛以西は，「和林城宣慰司諸小国土併入」の註記，居延路，回鶻，畏吾児，蒲昌海，流沙，黄河源の描き方など全く同一といってよく，それぞれがベースにした地図には，共通の祖本である一枚地図があると考えざるを得ない［図 9-24］。そして，その地図は，符号，河川山岳などの表現様式，描く範囲，現勢地図であると同時に歴史地図でもあることからみて，「混一疆理歴代国都之図」がもとづいた清濬の地図とも何らかの関わりをもつことが，推定される。

ところで，これら十三葉の地図は，『混一方輿勝覧』のように，皇慶元年以降の改訂を受けていない。それは，なぜなのか。じつは，『翰墨全書』中の『混一方輿勝覧』と地図は，根本的な問題を抱えている。

こんにち大徳十一年の序文を付す『翰墨全書』のテキストは，いずれも初版のままではなく大幅な増改訂を受けている。「科挙門」の牌子に皇慶天子云々といい，「科挙門」，「詔誥門」に実際に皇慶二年の科挙の詔，延祐元年の「中書省部定到郷試程式」，延祐二年の「会試程式」，「進士受恩例」が，「表牋門」に延祐元年，三年の「表章迴避例」が収録され，「御名廟諱」では泰定帝イスン・テムルを今上皇帝としている。泰定年間の友于書堂本との合わせ本，友于書堂本をふまえた増改訂本の可能性が高い。じじつ，これらを収める「門」

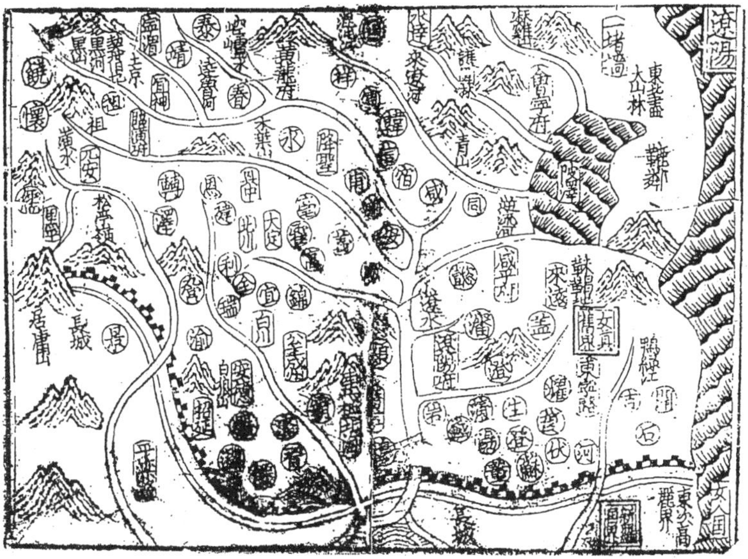

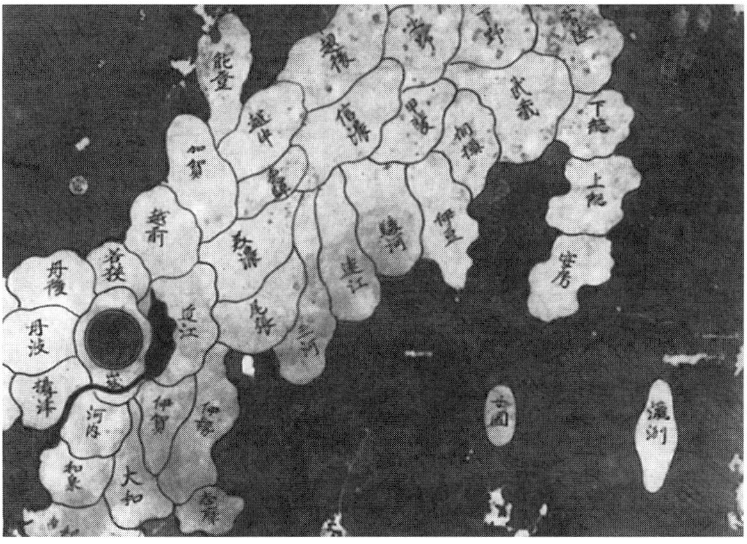

図 9-22 『翰墨全書』（上）の女人国と「混一疆理歴代国都之図」（本光寺蔵，下）の女国

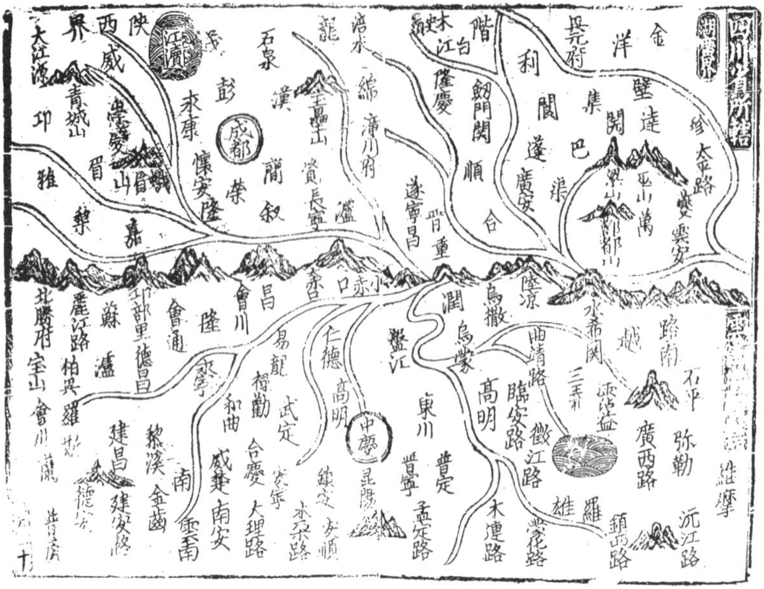

図 9-23 『事林広記』（上）と『翰墨全書』（下）の「雲南」

図 9-24　『事林広記』（上）と『翰墨全書』（下）の「甘粛」

は，いずれも大徳十一年序の『翰墨全書』の巻頭の「総目」には存在せず，友于書堂の「総目」に見える。『混一方輿勝覧』をおさめる「州郡門」もそうである。大徳十一年の時点では，『翰墨全書』に『混一方輿勝覧』は存在しなかった。そして，劉応李の編輯になるものでも，恐らくない。大徳十一年以前の成立を前提とした考証は無意味である。

呉氏友于書堂の『翰墨全書』では，総目に「乙集　天時門　地理門附州郡門」とあり，「方輿目録」の牌記は空白になっている[236]。したがって，泰定元年の時点で，『大元混一方輿勝覧』は別の書院，精舎，書肆から刊行されていたことはほぼ間違いない。それが『翰墨全書』乙集巻一〇～一二に「州郡門」として取り込まれた。その証拠に，『混一方輿勝覧』巻上をおさめる乙集巻一〇では，版心をみると，さいごの一葉のみ「乙集十巻」とし，あとはすべて「方上」とある。巻一二も最初と最後の一葉を「乙集十二」とするほかは，すべて「方下」とする。ただ，“大元”が“大明”に改められており，このテキストにしても，本当に泰定元年の構成のままか，牌記を消し去ったのが果たして呉氏かどうか疑念が残る。加えて，もともと存在した「州郡門」の記事をまるごと『大元混一方輿勝覧』に入れ替えた可能性も否定はできない。

現在の資料状況からは，『混一方輿勝覧』および十四葉の地図が『翰墨全書』に収録されたのは，泰定元年以降としかいえない。経史の纂図本における現勢地図の登場とほぼ同じころである。しかも，この十四葉の地図が『混一方輿勝覧』と一セットで，同時に収録されたものといえるかどうか。別の類書，たとえばある段階の『事林広記』から借りてきたとも考えられる。

現存の『翰墨全書』のテキストでは，地図は劉応李，毛直方の序文のすぐあと，甲集の前の巻頭に掲げられているものが圧倒的に多い。『混一方輿勝覧』の巻頭に配されているものも，果たして最初からその場所に閉じこまれていたかどうかわからない覆刻，後刻本である。

『大元混一方輿勝覧』が単行本として売られていたことは，すでに明の楊士奇の証言があった。ただし，こんにち中国国家図書館，台湾故宮博物院をはじめ，国内外各地の図書館に蔵されている単行本は，『翰墨全書』にとりこまれていたテキストからふたたび取り出されたものである[237]。そして，そこに地図はない。

大徳三年の王淵済序を冠する『事文類聚群書通要』は，もともとは『事文類聚**群書一覧**』と題し，既に紹介した大徳二年の何士信自序を冠する『類編古今事林**群書一覧**』ときわめて密接な関係にあった（おそらくは何士信本の海賊版）[238]。すなわち何士信が附していた「方輿紀要」（当初は華北の記事を欠いていた）から，後至元四年（1338）に至って，辛，壬，癸集に最新の「州郡門」の情報として，梅軒蔡氏刊行の牌記[239]を有する『群書通要方輿勝覧』上中下（実体は『翰墨全書』所収の『大元混一方輿勝覧』の簡略本）に差し替えて，再び販売したのである。そして，需要に応えて至正年間（1341-1367）に重刊される。したがって，『大元混一方輿勝覧』が後至元四年には単行本として出回っていたことはまちがいない。だが，このテキストにも地図は付されていないのである。

ともあれ，『翰墨全書』の『混一方輿勝覧』は，明代に入っても，標題の“大元”を“大明”に代えて売りつづけられた。嘉靖，万暦年間（1522-1615）の重刊本まで存在することからすると，劉基の『大明清類天文分野之書』（南京図書館蔵明初刻本）などよりずっと需要があった。洪武五年（1372）の陳殷の音釈，王逢の点校を付した『十八史略』[240]七巻本（岩崎文庫蔵五山版・覆明正統六年刊本）の「凡例」にも，累朝州郡の沿革については『翰墨全書』を基準としたことが，述べられている[241]。

『啓劄青銭』の建安書堂[242]による明初刊本（国立公文書館，台湾故宮博物院蔵）巻九「輿地門」（目録では「方輿門」に作る）にしても，版式こそ18行×31字に変えて葉数を減らしているが，じっさいには「書指序略」の文中の“大元”を“当今”，“釐為二巻”を“集為一巻”に，「福建等処行中書省」を「福建道宣慰司」に書き換えただけで，大元ウルス時代の行政区画のままに平然と出版された[243]。

ひるがえって，『事林広記』の場合でも，泰定年間にいたってなお至元年間のままの地理書が覆刻されたのは，それはそれで別の使い道があったからだろう。小説，史書等を読むさいに，前の金，宋代の行政区画，地名を知る必要があれば，わざわざ大部の王象之『輿地紀勝』や祝穆『方輿勝覧』を引くまでもなく，これらの類書が簡便な参考書となりえた。

近年，『三国志平話』や『五代史平話』，『水滸伝』の成立時期について，書中に使用される地名，行政区画から宋や金，大元時代に比定する試みがなされている。だが，平話の作者たちが，地名の参考書として，こうした元刊本の類書を使用した可能性も念頭においておく必要は，あるだろう。そして，この状況は，清濬，李沢民，烏斯道の地図にもあてはまる。

5）類書の構造と性格

『事林広記』や『居家必用』は，ありとあらゆることをヴィジュアルに広く知りたいという，モンゴル時代特有の精神にもとづいて，既存の書籍の内容，挿絵のエキスを抽出して寄せ集めたテキストである。しかし，時として，単行本が類書の中にとりこまれるのではなく，類書の中の一部が目的別に単行本として出回る場合もある[244]。取り込まれたテキストの入手が困難となっている，あるいは散逸してしまっていると，より刊行がのぞまれる[245]。台湾国家図書館所蔵の抄本『元輿地略』四巻[246]は，和刻本『事林広記』の乙集から作成されたものである。また，『元輿地略』以外にも，『光緒順天府志』の編集者でもある清末の文献学者繆荃孫が，和刻本『事林広記』の地理の部分と同じものを『元地理書』として所有していた。『芸風蔵書再続記』「伝抄本第七」には，“元地理書二巻。撰人の名氏無し。江北郡県，江南郡県の二巻に分かつ。首に「書指序略」有り”とあるから，「燕京図志」，「朝京駅程」は欠落していたのだろう[247]（『元輿地略』と同様，抄写するに際して使用したのが，和刻本『事林広記』なのか，あるいは元刊本の『博聞録』，『事林広記』であったのかは，たしかめるすべがない）。同様の現象は，『元婚礼貢挙考』がじつは『翰墨全書』の抜粋であること，『永楽大典』収録の『蒙古訳語』と『事林広記』（後至元六年鄭氏積誠堂本）庚集巻下の『蒙古訳語』が一致することにもうかがえる[248]。

『事林広記』の「方国類」を図像化した書物ともいえる『贏蟲録』[249]——中国外辺の諸民族および『山海経』そのた伝説的諸人種を絵解きにし，簡略な説明を施したもの。同じ異域の風俗を描くものとしては，伝統のジャンルで，大元ウルス治下では秘書監で作成された「職貢図」が挙げられる。日本の地図屏風にも影響を与えた[250)]——は，胡三省の著とも，『異域志』の周致中の著ともいわれ，現在，お茶の水図書館成簣堂文庫に『新編京本贏蟲録』二巻（嘉靖二九年刻本）が蔵されるほか[251)]，大元時代の挿図本を次々に復刻した胡文煥が万暦二一年（1593）に刊行した『新刻贏蟲録』三巻がある。ところが，同時にこの書は明代の『新刻天下四民便覧三台万用正宗』（東洋文化研究所蔵），『新全補士民備覧便用文林彙錦万書淵海』（前田尊経閣蔵），『新刻捜羅五車合併万宝全書』（宮内庁書陵部蔵），『全補天下便用文林妙錦万宝全書』等の類書の「諸夷門」に「（北京校正・京本）贏蟲録」として収録されている[252)]。

ひるがえって，『通鑑続編』の著者で四明出身の陳桱は，類書『尺牘筌蹄』も編纂した。『四庫全書総目提要』によれば，とうじ『永楽大典』所収の三巻本（『永楽大典』巻一九六七七〜八〇）があり[253)]，『晁氏宝文堂書目』中に元刻本『尺牘筌蹄』（香河李文通家蔵）一部，新刻『尺牘筌蹄』一部が，『蔵園群書経眼録』巻一〇「子部四」に『尺牘筌蹄』中下二巻（明刊本　14 行×24 字　黒口　左右双辺），巻末に“旹歳丙午孟春会文書堂章氏天沢重新刊行”の牌記があるテキストが記録される。ところが，台湾国家図書館所蔵の成化十四年（1478）本『事林広記』別集の巻六〜一〇は，『新編纂図**尺牘筌蹄**事林広記』と題し，『提要』の記述どおりの構成になっている。

『学範』にも必読書としてあげられた『居家必用』の己集には『養老奉親書』，癸集には『山居要録』が収められる。『養老奉親書』の続増本として大徳十一年に鄒鉉が編纂した『寿親養老新書』は，至正二年（1342），浙東憲使の張士弘の命によって，慶元路で刊行された。そして，楊瑀の『山居四図』をもとに，「素問格言」，「居宅避忌」，「辟穀救荒」，「六畜病方」，「文房必用」，「行厨須知」等の項目をたてて整理した汪汝懋の『山居四要』（台湾国家図書館蔵元刊本）[254)] も，至正二〇年にやはり慶元路で刊行されている。

こうした事実は，『事林広記』のような類書が，いかなる編集方法によっているのか，あるいは個別のデータがいかなる階層のひとびとによってなされたものかを示唆しているように思われる。陳桱，汪汝懋等の類書への関与は，四明文人の「知」のありかたを傍証する[255)]。

日々更新されつづける類書というものは，セットでそのまま買うこともできたし，差し替えの必要な部分，追加部分は，各巻バラ売りでも買えたのだろう（とくに地図，地誌は改訂版が頻繁に出た）。売る側，買う側の編集，選択によって，さまざまなヴァージョンがありえた。こんにちの，自分で好きなようにファイリングする週刊百科，美術集などと状況は似ている。『翰墨全書』，『事林広記』をはじめ，記事の内容によって各巻の成立年代を推測することはできても，それを全体に適用することは，じつは無意味に近い。

6）『事林広記』の享受者たち

『事林広記』が，“庶民の日常生活の書”などでなく，対象が官吏，文人——とくに科挙を目指す階層に据えられていることは，西園精舎や椿荘書院の咨文はもちろん，たとえば「大元官制」や「雑流品秩」，「皇元朝儀之図」，「官員禄秩廩俸給」などの記事，科挙をはじめとする聖旨，条画の引用，理想の人生を図化した「警世之図」と科挙合格のための計画表「競辰之図」などから，簡単にみてとれる——くだんの瞿佑も『四時宜忌』に『居家必用』，『山居四要』，『翰墨全書』を引用したのであった。しかも編纂にあたって，中央政府，および高官から必要なデータが提供されていることは，確実である。『事林広記』だけではない。『啓劄青銭』は，「密州重修廟学碑」碑陰の購入書籍リストに挙げられており，少なくとも官学での使用に堪えたことがわかる。『翰墨全書』には，詔誥，表牋，各行政機関の文書のやりとりにおける細かな体例，解由状をはじめとする公牘のさまざまな書式，実物そのままの文書の見本がヴィジュアルな形で示されている。こうしたマニュアルを必要としたのは，また袖珍本，巾箱本とはいえ一〇〇巻を優に越える大部の類書を購入，所有する財力，空間をもちえたのは，いかなるひとびと，もしくは団体であったか。

そもそも『翰墨全書』に序文を寄せたのは，当時建安の儒学者として評価の高かった熊禾であった。“民間の韻書”だとされる『韻府群玉』にしても，翰林院の滕賓，趙孟頫らが序文を寄せている。洪景修『新編古今姓氏遥韻』には，やはり翰林の大御所，程鉅夫のしたためた序文が掲げられている。

明の文淵閣には，大元ウルスの遺産として，『事林広記』，『書林広記』，『啓劄淵海』，『啓劄青銭』，『啓劄天機錦』，『啓劄雲錦嚢』といった類書が保管され，『永楽大典』にも収録された[256]。景泰年間に勅命によって編纂された一大地理書『寰宇通志』（台湾国家図書館蔵明内府刊本）は，その「引用書目」に『大元大一統志』，『歴代郡県図志』などとともに堂々と『事林広記』，『方輿撮要』を掲げる。杭州府儒学の尊経閣にも，『事林広記』一部計三冊，『翰墨全書』一部計二十冊が置かれた[257]。『居家必用』にいたっては，明朝廷で計十本八百八十頁の版木を蔵していたのである。江西臨江府や陝西西安府において，はては福建の書坊に命じて，『事林広記』，『事文類聚』，『翰墨大全』，『啓箚青銭』などを再出版させもした[258]。『尺牘筌蹄』を取り込んだ成化十四年（1478）本『事林広記』には，福建等処承宣布政司左参政の李昂が序文をよせており，福建の方瑞安，鍾景清が公務のあいまに，旧テキストに増訂をほどこしたこと，大参の劉賓および少参の陳巨源らと相談のうえ，出版されたことが記されている。

明代の初期には，こうした類書は，やはり政府主導のもとに出版されたのである。これらの類書を挿絵がついている，建安の出版物であるという理由で，あるいは明の嘉靖・万暦以降に出版されたさまざまな類書のイメージによって（明では，政府の肝いりで出版されたものでも，内容，印刷ともに劣悪なものがかなりある），即“民間”のものだと，決め付けるべきではない。じつのところ，明の『三才図絵』のようにこの世のあらゆる分野の書物をコンパクトな形でヴィジュアルにみようという発想自体が，『事林広記』の焼き直しにすぎなかった。

『西遊記』第九六回「寇員外喜待高僧　唐長老不貪富貴」には，次のようなくだりがある。

> 正説処，又見一箇家僮来報道「両箇叔叔也来了」。三蔵急転身看時，原来是両箇少年秀才。那秀才走上経堂，対長老倒身下拝。慌得三蔵急便還礼，員外上前扯住道「這是我両箇小児，喚名寇梁，寇棟，在書房裏読書方回，未吃午飯。知老師下降，故来拝也」。三蔵喜道「賢哉！賢哉！正是欲高門弟須為善，要好児孫在読書」。二秀才啓上父親道「這老爺是那裏来的？」員外笑道「来路遠哩。南贍部洲東土大唐皇帝欽差到霊山拝仏祖爺爺取経的」。秀才道「**我看『事林広記』上，蓋天下只有四大部洲。我毎這裏叫做**

西牛賀洲。還有箇東勝神洲。想南贍部洲至此，不知走了多少年代」。
三蔵法師の生きた時代に，インドで『事林広記』が読まれたはずは，むろんない。また，現存の『事林広記』の諸版本の中で，仏教の世界観にもとづく四大部洲の地理区分をもちいるテキストも，ない。しかし，『西遊記』が書かれた時期に至っても，『事林広記』の読者とは，あくまで科挙をめざす秀才達であり，地理の知識を得ようとすれば，『事林広記』を見るのが普通，だったのである。

朝鮮では，太宗元年/建文三年（1401），『大学衍義』，『通鑑輯覧』などとともに，中国帰りの使臣，領議政府事李舒，摠制安瑗等によって，王の御覧に呈された[259)]。「混一疆理歴代国都之図」完成の一年前のことである。それが，どの版本だったのかは不明だが，こんにちソウル大学奎章閣には，洪武二五年（1392）の梅渓書院重刊本の端本が現存する[260)]。太宗以来，公侯および品官の祀神の儀，廟儀，釈奠の制定のほかさまざまな行事の有職故実，朝廷の薬膳，医療，駅伝の牛馬の診療等の参考書として使用された[261)]。崔世珍が司訳院の教科書『老乞大』，『朴通事』の改訂にあたってモンゴル時代のさまざまな事物を解説するためにしばしば参照，引用したのも，『事林広記』，『居家必用』であった[262)]。『事林広記』は，つねに王室とともにあった。『攷事撮要』（前田尊経閣蔵朝鮮版）[263)] の冊板目録にこの書が見えないことからすれば，おそらく限られた人しか見ることのできない特別な書籍であった[264)]。

日本では，成宗十六年/成化二一年/文明十七年（1485），大内氏が，僧元粛を朝鮮に遣わし，購入できなかったテキスト——すなわち四書六経，『翰墨全書』，『事林広記』，『韻会』，『碧菴』等の書物の下賜を願い出た。その結果，四書六経，『韻府群玉』，『韻会』，『翰墨大全』，『事林広記』，『荘子』，『老子』のテキスト各一件を得ることができたのであった[265)]。大内氏は朝鮮から「大内殿は他の島夷の比に非ず，国家の厚待已に久しくす」と認められた特別の外交相手であった[266)]。

また，『臥雲軒日録抜尤』第三三冊長禄二年（1458）正月八日の記事によれば，笑雲瑞訢は大明国に渡った時，扇子一本で『翰墨全書』を一そろい得ている。日本の扇子は，大元時代以来，江南の僧侶，文人たちに珍重された高額商品であった[267)]。

室町時代の朝廷でも，こうした舶来のテキストが下賜品，贈答品として用いられた。三条西実隆をはじめ，近衛家，勧修寺家，清原家等の公達や五山僧の間で盛んに貸し借りがなされ，その知識が抄物に反映，集積されていくのである[268)]。

『事林広記』，『翰墨全書』――これらの類書におさめられた行政区画の情報，地図は，中国，朝鮮，日本の三国において，王侯，貴族，高級官僚，僧侶，文人たちといった限られた階層のひとびとによって確実に共有された知識なのであった。そしておそらく，清濬や李沢民，烏斯道の地図の享受も同じことであった。

いっぽう，『事林広記』，『居家必用』，『混一方輿勝覧』の名は，大元時代宣政院の管轄下にあったティベット仏教僧たちにもよく知られていた。ちょうど厳節が清濬の地図に跋文を書き，改訂版を作成した景泰三年（1452），明朝廷は，外交使節を通じて，重さ十両もある銀製の酒甕と金珀珠一顆とひきかえに，『御製大誥』，『為善陰騭書』，『孝順事実』，『洪武韻』，『礼部韻』，『広韻玉篇』，『周易』，『尚書』，『毛詩』，『小学注解』，『(士)[事]林広記』，『居家必用』，『方輿勝覧』，『成都記』，『釈文』，『三注古文』の下賜を求められた。しかし，その気になれば貢使が書肆から勝手に購入できることはじゅうぶん認識していたにもかかわらず，『方輿勝覧』，『成都記』（おそらく『事林広記』も）については与えなかった。四川の成都の地形，情報を詳細に記す『成都記』，“天下”の形象関隘をあまねく載せる『方輿勝覧』は，軍事目的に利用される恐れがあり，隣接するティベットに与えてはならないと本気で考えられたからである[269)]。

明朝廷は，朝鮮の使臣に対しても書籍の売買を禁じたが，オイラトのエセンによるいわゆる土木の変前後から締め付けが特に厳しくなった。じつは景泰三年は，大明国のまさに危急存亡のときであった。エセンは，かつて大元ウルスの駙馬国であった高麗，パクパをはじめとする国師を中心に絶大な権力をもった宣政院ティベット，これらの国の後裔と再び手を結び，大明国の三方を包囲して南へと追いやり，最終的には大元時代の版図を取り戻すつもりであった[270)]。じじつ，翌年，エセンはみずから大元天聖大可汗（カアン）を称するのである。

7）明朝廷の哀しき「勘違い」

大元時代の最高の地図は，兵部が秘匿・管理し，のち大都陥落のさいにはモンゴル朝廷とともに北へ持ち出され，ついに明朝廷の手に渡ることはなかった。トグス・テムルとともに滅びずに，エセンが当初傀儡として担いでいたモンゴル大カアンのトクト・ブカの代まで，この地図が伝えられていたかどうかはわからないが，明朝廷にとっては，朱思本，清濬，李沢民，烏斯道等の地図が最上のものであった[271)]（「経世大典地理図」の価値を理解していたかどうかは，甚だ怪しいといわざるを得ない）。しかも李沢民の広大な領域を描く地図，朱思本の精緻な地図は，嘉靖年間の『広輿図』の刊行まで潜伏，明代地図のレヴェルは低落しつづける。来朝国が多数に亙ることは誇示したがったが，官僚，文人たちの知識，資料の欠如から各国の正確な地点，地形を図に示すことはできず[272)]，『皇明一統志』巻九〇の「外夷」に載る洪武，永楽年間（1368–1424）の来朝国の名を西南海地域に適当に点在させてこと足れりとした。それがモンゴル時代の国々のどれにあたるのか，どの王朝の後を受け継いでいるのかなど，考えようともしなかった。本妙寺図，天理図，楊子器図等のもととなった中国地図がまさにそうである。モンゴルの脅威は，明朝廷をひたすら萎縮させ，裏返しとして華夷思想がエスカレートする。その姿勢がこの時期の地図の描く範囲に如実に反映されているのである。

同様に，もともと大元ウルス朝廷にとっては，公開して全くさしつかえのないレヴェルのものであった『方輿勝覧』の情報にさえ，明朝廷は神経を尖らせた。『大元大一統志』そのもの，および類書の地図，地誌の真の位置づけを知らなかったとしか思えない。複数の種類のテキストが残る『事林広記』改訂版においても，すべて明代の行政区画，地図は，目録のみが存在し，記事自体は残っていない[273)]。ある段階で削除命令が出された可能性も高いだろう。類書における明代の行政区画リスト，地図，旅程記の登場は，やはり嘉靖・万暦年間（1522–1615）まで待たねばならない。

4 慶元――中国・朝鮮・日本を結ぶ「知」の港

1）朝鮮半島の脅威

1259年4月，鄂州の役の半年前，高麗王室がモンゴルに講和のために世子を送り出したその月，南宋の四明に同じ高麗国礼賓省から一通の牒文と三人の捕虜が送還されてくる。捕虜のうちふたりは，それぞれ1245年の秋に揚州湾で，1249年に淮安州塩城でモンゴルの攻撃に遭い，カチウン（チンギス・カンの弟）家アルチダイ大王の所領へ拉致されていた。いまひとりは徳安府の出身で，1234年もと金国の武将で南宋に投降していた楊大尉が李全の妻と内通，叛乱を起こしたためにやはりカチウン家の捕虜となり，まず沙陁河で十二年，咸平府の食糧輸送の業に六年就いていた。いずれも，1257年7月から11月のジャライル部のジャラダイ・コルチと洪福源の高麗侵攻のさいに高麗に亡命し，漢語都監に三カ月収容されたのち，ちょうど四明に帰還する綱首范彦華の船で送りとどけられたのである[274)]。

前年1258年の11月には，昌国州（いまの舟山）石衕山に配備されていた南宋水軍が，漂流船から高麗人六名を収容，モンゴルの侵攻を避けて江華島に遷都中の高麗政府と，モンゴル，モンゴルに寝返った洪福良の情報，高麗水軍の軍備などについて聴取，皇帝に報告している[275)]。

南宋政府にとって，四明は貴重な情報収集の場であり，外交の窓口でもあった。さらに高麗のみならず，日本から漂着する船も多かった。しかも，とうじモンゴル，高麗，日本の状況，とくに水軍，海寇の情報にナーヴァスにならざるを得ない事情もあった。万一，高麗と日本がモンゴルに属してしまった場合，南宋は完全に四方を囲まれてしまう[276)]。南宋は大モンゴル初期からの高麗侵攻の目的をさすがに理解していた。高麗からの漂流船がかならずといっていいほど，四明に着岸する潮の流れは，四明と首都臨安府の距離を思うとき，脅威であった。さらに山東からの侵攻も念頭に置かざるを得ない。結果，杭州，四明，台州，温州にかけての海岸線にはいくつもの要塞，烽台が設置され，相当量の軍船と武器を有する大規模な水軍を常備し，海路，行き交う高麗，日本の商船の監視を怠らなかった[277]。そして，この南宋の水軍の一部が，のち 1281 年のモンゴルの日本遠征に流用されたのであった。ここ慶元を出発し，おのおの朝鮮半島の南の耽羅（済州島）をめざして海を横断，そこから竹島，対島，壱岐，博多へとむかったことはよく知られている[278]。

しかし，高麗を駙馬国とし，同時に行省としてモンゴルの行政単位のひとつに組み込んだ大元ウルスにおいては，慶元におかれた浙東道宣慰使司都元帥府のまもりは，もっぱら日本をはじめとする海寇に向けられ，水軍のやくめは，泉州から海道を航行してくる外交船，商船の護送，パトロールであった[279]。

ふたたび，海のむこうの朝鮮半島を強烈に意識せざるを得なくなるのは，至正十八年（1358）以降のことである。台州に拠る方国珍，平江一帯に勢力をはる張士誠，いずれもモンゴルが高麗から軍艦をさしむけてくることを警戒した。かれらがひっきりなしに高麗王朝に外交使節を派遣し，さまざまな貢物を献上，良好な関係を保とうとしたのは，そのためである[280]。いっぽう，モンゴル側の江浙行省，そして集慶から紹興に官庁を移動していた江南行台も[281]，高麗の協力が必要だった。現に，これより前の至正十四年，大元ウルスの太師トクトが八百万の兵を率いて高郵の張士誠を討伐にむかったとき，高麗は大都に駐屯中の軍兵二万三千および水軍を先鋒として供出していた[282]。高麗は，キタイや女真をはじめ，さまざまな部族との折衝の長い歴史において培われてきた経験から，客観的にときの情勢をながめ，さまざまな手がうてるよう，モンゴル政府，瀋陽方面をおさえるナガチュ，そしてココ・テムルなどのモンゴルの有力諸王，江南の諸勢力との外交を展開した。

そのご，方国珍，張士誠を破り，南京に都を置いた明の朱元璋も，高麗が済州島を経て明州（寧波）に入港してくることを極端に嫌がった。高麗の使節は，明朝廷から要求された軍馬の調達にあたって，大元時代以来モンゴルの放牧地となっている耽羅（済州島）[283] で軍馬を用立てて船に乗せ，明州府定海県へ着岸，そこから鎮江，南京へとむかうルートをとっていた[284]。モンゴリア，マンチュリアからのびる朝鮮半島を隻腕とすれば，拳の部分にあたり，いつなにが飛んでくるかわからない耽羅のモンゴルの存在も，明朝廷には気になった。そこで，南京到達まで時間のかかるルート，すなわち定遼衛を経由，燕京をとおり陸地を南下して朝貢するように強要したのである。ときに洪武六年（1373）四月[285]。所詮は島国であり，国全体でまとまってたちむかってくる恐れもない日本や琉球の扱いとはあきらかにことなっていた。そのくせ，自国から高麗への使節は海路を使用しており[286]，またぎゃくに“我如今征不征，不敢説。不得不如此。恁来呵也由恁，不来呵也罷。我若征恁去呵，明州造海船五百隻，温州五百隻，泉州，太倉，広東，四川三个月内修造七八千隻船，明白征去也者”とうそぶいていた[287]。高麗と江南の双方の攻撃のルートは，やはり海から，が定石だったのである。しかも，胡惟庸の乱が諸蕃と連動する動きを見せたとして，軍民人が諸外国のひとびとと接触をもたぬよう海上での自由貿易を徹底的に禁止し，永楽帝にもその方針はひきつがれる[288]。

２）補陁洛迦信仰の流行

四明の入り口にあたる慶元の定海県は，南は広州，福建に通じ，東は日本に接し，北は高麗を隔て，軍港，外交の窓口[289] としてのみならず，天然の貿易港としても機能していた。ゆるやかに蛇行する奉化，余姚の二つの河は，慶元路鄞県に入って合流し甬江となる。そしてそのまま定海へと流れ出る。早瀬，断崖がなく，万石の船が直接城下町まで入ってこられるので，小船から大艦へ（あるいはその逆）移し変える手間が省ける[290]。大元ウルスはこの港を未曾有の規模で活用した。

その結果，さまざまな国の商船が行き交い，慶元には珊瑚や玉，瑪瑙，水晶，真珠，象牙，鼈甲のほか，さまざまな衣料，食料，調味料，薬剤など舶来の品々が溢れかえっていた[291]。高麗からは漆や香，銅器が，日本からは，金，銀，硫黄，材木などが持ち込まれた[292]。さらに，広州，泉州からの船は，はるかアフリカ，ヨーロッパから，ペルシア湾沿岸のホルムズ，マアバール，ジャワなどインド，イスラームの方面から輸送されてきたさまざまな高額商品を積んでいた。最終目的地はカン・バリクすなわち大都であったが，慶元はその重要な中継地のひとつとなった[293]。これらの輸入品の税関手続き，ひとびとの入国管理を行う市舶司が置かれたほか，東南，ならびに海の諸郡において収穫された穀物を集積，官費で船を購入，乗組員を雇いあげて華北に運送する慶紹海運千戸所も設置された[294)]。

そして，定海県とならぶ海道の険要として，大元ウルスに重視されたのが，高麗，日本，琉球等の船舶が寄港する定海沖の昌国州（いまの舟山諸島）である[295)]。

昌国州は，九世紀中ごろ，日本から入唐した僧慧蕚が五台山で得た観音像を祭ったことからはじまる補陀洛迦信仰で知られる。宋代にはすでに五台山の文殊，蛾眉山の普賢とともに天下の三大道場として信仰を集めていた。その観音信仰のまと宝陀禅寺は，州の東の周囲百里にも満たない小島の梅岑山にある。

至元十三年（1276）六月，大元ウルスのバヤンが江南を平定すると，カラダイ[296)] がさっそく有名なこの寺を参拝に訪れた[297)]。十五年には昌国自体が州に格上げされる。そして，モンゴルの日本への二度目の侵攻のあとの至元二〇年八月，翌二一年四月，クビライの聖旨を奉じて正式な外交使節として王積翁とともに慶元から出航，いったん耽羅，高麗の合浦に寄港したのち，日本をめざした愚渓如智は，この南海観音宝陀禅寺の住持にほかならなかった[298)]。成宗テムルの大徳三年（1299），宣命と錦襴の袈裟，中統鈔百錠を拝領し，外交使節として来日した一山一寧も[299)]，この宝陀寺の後任であった。大元ウルスのカアンがあえてつづけて宝陀寺の住持を日本への外交使節に任じたのは，この寺と日本のえにしを意識してのことにちがいない。そして，衆知のごとく，一山一寧は，建長寺，浄智寺に歴住，後宇多法皇に招かれ南禅三世となり，日本の僧侶の留学熱を高めることになるのである[300)]。留学僧の多くは，まず，最初に着岸した昌国の宝陀寺を訪れてから，四明入りするのが通例となる。

補陀洛迦は，サンスクリット起源で，ティベット仏教のポタラクに通じることもあり[301)]，歴代の大カアンとカトンの手厚い保護を受けた。一山一寧の日本派遣に先立つ大徳二年の春には，実権を握りつつあった成宗テムルの夫人ブルガン・カトンが内侍の李英を派遣して祭祀を執り行わせたほか，寺，観音像の修繕の指揮もとらせた。翌三年の春にはケシクのボラドを派遣，祭祀奉納の儀式を行わせたほか，さらに金百両を下賜，江浙行省の官僚たちとともに前年からの工事を監督させ，寺宇を一新，絢爛豪華な仏具を奉納した。四年の春には，魏イスン等を遣わし，大法会を開催，玉の聖像を献じ，さらにまた使者をつかわし式典のさまざまな布飾りや内帑金二千緡を下賜，演法堂を建立，その他の建物を増築したうえ，江浙行省下の官田から二千畝を観音寺の僧に与え，正月，五月，九月にカアン，カトンの福を祈禱させる資金とした。また特別に護持聖旨を与え，毎年の国家祭祀を定例化した。このとき，聖旨を受けて，翰林直学士の劉賡の撰文，集賢直学士であった趙孟頫が書丹を担当して，記念に碑石が立てられている[302]。そのことばどおり，五年には，集賢学士の張蓬山が成宗テムルの聖旨もしくはブルガン・カトンの懿旨を奉じて祭祀に訪れた[303]。

武宗カイシャン，仁宗アユルバルワダの母でティベット仏教に耽溺していた皇太后ダギもまた，皇慶二年（1313），法華奴を祭祀に遣わし，住持に袈裟を賜い，十方僧に斎を施し，江浙行省から鈔八六八定を贈らせ，私田三頃を買い与えた。そのごも泰定四年にイスン・テムルのカトンが鈔千定，僧の衣百八件，黄金の布飾り，寺の修繕費用に田二頃二十六畝を寄進した[304]。そしてトク・テムル，トゴン・テムルにいたるまで，歴代カアン，カトンの信仰はつづく[305]。

となれば，モンゴル諸王，高級官僚たちも寄進に走る。じっさいに現地へ参拝に訪れる者も増える。元統二年（1334），宣譲王テムル・ブカは鈔千定を施し，高さ九丈六尺の石塔を建てた。至大元年（1308）正月には，粛政廉訪司僉事の阿里答（アルダ）が書史と僧官を引きつれて参拝し[306]，延祐年間に，ウイグル貴族のセヴィンチュ・カヤ[307]やティベット仏教僧のパンディタ[308]もこの地を訪れたことがわかっている。そして，やはり延祐元年（1314）には，高麗の忠宣王王璋（モンゴル名エジル・ブカ）が，カアンに願い出て，李斉賢，権漢功等をともなって，この補陀洛迦へ代祀に訪れているのであった[309]。至順二年（1331）には，江西の万安，陳覚和なる者が衆を率いて勧進を行い，八年がかりで銅製の大士像，千尊仏，鐘などを揃えて寄進している。クチャ出身でモンゴル朝廷のケシクにいた盛熙明は，六カ国語を話すポリグロットで『法書考』の著者として知られるが，かれが至正二一年（1361）にじっさいに現地を訪れ編纂した『補陀洛迦山伝』[310]には，趙孟頫や劉仁本[311]，杭州霊隠寺の住持竺曇敷の詩が掲載されている（後世の増補部分には洪武十七年の季潭宗泐の詩も見える)。補陀洛迦信仰のもとに，四明，昌国はたいへんなにぎわいをみせ，さまざまな人と人との出会いの場，文化交流の場となった。なかでも，モンゴル諸王や，高級官僚の場合，単独ではなく，ほとんど参勤交代のような大掛かりな一行となる。その経済効果，人の流れは，無視できないだろう。しかも，こうした集団の参拝旅行の場合の宿泊施設となれば，ほとんど確実に寺社や道観ということになる。寺社や道観は，とうじの蒙漢合璧碑文，モンゴル語直訳体白話風漢文の碑文からも知られるように，ホテルを営業しているのが普通だった。そして，四明には江南五山の天童寺，ほんものの仏舎利をおさめるという阿育王寺[312]を筆頭に，禅，律，教の寺が林立していたのである。四明出身の袁桷も，次のように証言する。

予繇京師回，艤舟駅亭，望之則朱甍碧瓦，傑然為人天居……而梵宮宝刹，合郡県山水之勝，悉為所拠，日増月益，有不可勝言者。四明海之東絶処為補陁巌，大士顕焉。鄮之東為育王山，釈迦舎利塔焉。遵南為岳林，為天台。皆游歴之所。而**補陁、育王，自天子至於王公百司，乗駅奉香幣，不絶於道**。四方之民，終歳膜拝。（『清容居士集』巻二〇「海会庵記」）

清濬は，まさにそうしたモンゴル朝廷に端を発する流行の最先端，各地の情報，異文化の触れ合う場で接待をしながら暮していたのだった。海へのまなざしが培われるのは，ほとんど必然だった。日本や高麗から空前絶後の規模で押し寄せていた留学僧にしても同じである。

ちなみに，ほぼ同時期の建武三年（1336），後醍醐天皇に反旗を翻した足利尊氏の命で，阿波に秋月城を築いて軍府を置いた細川和氏は，その名も補陀寺という寺を建立した。康永元年（1342）開山第一世として招かれたのは，なんと和氏と親しく交流のあった夢窓疎石であった。夢窓疎石は，周知のとおり後醍醐天皇より国師号を賜り，大元ウルス治下の五山十刹をはじめとする諸制度を導入していく禅僧である[313]。そして，興国三年・康永元年/至正二年（1342）には，かれの依頼によって，一山一寧に師事したことがある大道一以が，貞和三年/至正七年（1347）には，夢窓疎石の弟子で，留学から帰ったばかりの鉄舟徳済が住持となる。鉄舟徳済は，廬山の竺田悟心や金陵の古林清茂などのもとに学び，水墨画で名を馳せ，順宗トゴン・テムルからは円通大師の号を賜っている。さらに，細川頼之が貞治元年（1362）補陀寺の側に建てた光勝院の落成式には，春屋妙葩みずからが赴いたのである。阿波補陀寺は，京都の東福寺に似せて創建された雄大な寺だったというが，四明帰りの禅僧たちの見聞にもとづいて，本家本元の南海観音宝陀禅寺を模倣した可能性もあるだろう。時代状況と，吉野川をはじめ水路にめぐまれ，海の囲繞する阿波の地形の相似を想うならば，その命名は偶然ではありえない。

3）出版からみた文化交流

至治三年（1323），韓国新安沖で沈没した貿易船は，慶元を出発し，博多を目指していた。博多の承天寺の塔頭釣寂庵の名が記される木簡が引き揚げられていることから，京都の東福寺と深いかかわりのある船だったといわれている。留学僧も多数乗っていたにちがいない。おそらくかつて愚渓如智がそうしたように，いったん高麗の合浦などに立ち寄るつもりだったのだろう（時代はくだるが，1400年の八月，この博多の承天禅寺は，朝鮮王朝の定宗に礼物を献上している）[314]。沈没船には，大量の銅銭，龍泉窯，越州窯，景徳鎮窯などの青磁，白磁が積み込まれていた。

円覚寺の塔頭仏日庵の財産目録には，北条得宗家旧蔵の青磁の大花瓶と香炉のセットが数点記録されている。鎌倉の鶴岡八幡宮，建長寺，称妙寺，足利の鑁阿寺，京都の建仁寺，大徳寺，相国寺などには，じっさいに龍泉窯の大花瓶，大香炉が伝来する。

そして，それは『至正四明続志』巻七「学校・奉化州儒学」に“磁器　香炉花瓶一副青磁器　大香炉花瓶一副”，同巻八「学校・奉化州医学」に“磁器　大香炉一箇　花瓶一副　小香炉九箇”とあるように，またこんにちのこる各種清規に見られるように，大元時代の寺院，道観，各学校においてそれぞれの規範にもとづいて設置された必須の備品なのであった。くだんの元刊本『事林広記』「家礼類」の［大茶飯儀］にも，大掛かりな宴席を設けるさいには，部屋の入り口中央に大香炉と大花瓶を据えること，という指示がある[315]。

新安の沈没船にも，典籍や書画はおそらく相当量，積み込まれていた。海水に溶けてしまった以上，どのような書物があったのか，こんにち韓国，日本に伝来するテキストから類推するよりほかはない。

慶元は，儒・道・仏を問わず学問に熱心な土地柄で，しかも博学をよしとした。『玉海』の著者で袁桷の師でもある王応麟，『資治通鑑』の註釈者の胡三省，いずれも四明が生んだ学者である。南宋以来，四明では陸九淵の学が盛んであったとされるが[316]，すでに述べたように，延祐元年（1314）に科挙が再開されると，もともと朱子学教育に熱心であった四明の程端礼はそれに呼応して，教育マニュアル『程氏家塾読書分年日程』を作成，国子監を筆頭に全国の官学で採用された。そして，朱子の読書法にもとづくさまざまなテキストの刊行が促進されることになる[317]。

四明は，鄞県の皮紙，奉化州の皮紙，竹紙と，紙の生産地で，またやはり竹紙で有名な紹興[318]と隣接することもあり，南宋以来，出版業が盛んであった[319]。版木，碑石の彫刻技術にもすぐれており，特に大元時代に入ると，朝廷の熱心な文化振興政策のなかで，杭州路とともに国家出版の事業の相当部分を支えた。至順元年（1330）の劉因『四書集義精要』[320]，馬端臨『文献通考』，姚燧『姚牧庵文集』[321]，後至元三年（1337）初版，至正十二年（1352）重刊の『玉海』，至正五年刊の程端学『春秋本義』，『春秋弁疑』，『春秋或問』[322]などの大著が，つぎつぎと江浙行省，儒学提挙司の指令を受け，浙東道宣慰司都元帥府，浙東海右道粛政廉訪司，慶元路総管府，慶元路儒学の協力のもとに刊行されていった。

また，至正元年に浙東の粛政廉訪使に任じられた張士弘は，さっそく翌年，『十八史略』，『寿親養老新書』の大字本を慶元路，婺州路の儒学から刊行させた。

至順二年，十二月に慶元に着任した総管シャムス・ウッディーンは，『延祐四明志』や『至正四明続志』の編纂，刊行のみならず，『宝慶四明志』の重刊をも命じるなど，四明の歴史を過去から現在まで通史的に検討できるように努力した。ちなみに，この精神はのちのちまで受け継がれ，慶元では宋から現在までずっと当地の官僚，文化人たちによって詳細な地方志が編纂，保管されてきた。結果，さまざまな角度からの江南史研究を可能にした[323]。だからこそ清朝の大学者で『元史』を書き直そうとしていた銭大昕は，志願して『乾隆鄞県志』編纂の総裁官となったのである。

ひるがえって，慶元路の玄妙観では，至正二二年，方国珍の夫人から黄金三十両，白金二百両，米粟一百斛の寄進を受けて，道蔵が重修され経典が置かれた[324]。

仏典もさかんに四明で刊行された。大徳年間に阿育王寺から天童寺に移った東巌浄日は『碧巌録』や各種語録のみならず，白蓮教の『廬山蓮宗宝鑑』にも序文を寄せた。泰定二年（1325）袁桷が序文をものした『禅林備用清規』は四明の僧善付が募縁を担当し，天童寺，阿育王寺を中心に刊行された[325]。やはり袁桷が泰定元年序文をよせ翌年杭州で刊行された『律苑事規』は，四明の演忠寺の住持省悟が編纂した律宗の清規である[326]。清濬と同じ黄巌出身の本無が刊行に尽力した『楞厳集註』は，後至元二年（1336），四明の景良居士王元明のところで作製された。至正二五年には，慶元路太白山天童景徳禅寺の宝生が慶元から台州一帯の僧侶一七六名の寄付を募って，延祐三年湖州道場禅幽庵刊本『景徳伝灯録』を重刊した。版木は祇桓精舎に保管されたという。台州黄巌瑞巌禅寺住持であった恕中無慍が疏を書いているほか，助縁者のなかには，見心来復等の名もみえる[327]。袁桷の友人の曇噩が著わし，至正二六年に上梓された『新修科分六学僧伝』[328]は，護境寺の前住持等が助縁を行い，四明の胡氏が刻した。

方国珍の政権下においても，劉仁本が熱心に出版事業を進めた[329]。至正二〇年の朱右『白雲稿』，二二年の陳恬『上虞県五郷水利本末』（中国国家図書館蔵嘉靖一五年重刊本）[330]，二三年のカルルクの廼賢が著わした『河朔訪古記』，二五年の舒天民『六芸綱目』，二六年の『難経本義』などがあげられる。

清濬が「広輪疆理図」を製作していた至正末期，四明ではあらゆる方面の出版事業がさかんに行われていたのである。

しかも，建安で刊行された経・史・子・集の多岐にわたる小字本のテキストも，水陸海運を使ってこの学問好きの地にどんどん入ってきていた[331]。至正二四，五年（1364，65）の段階でも，建安から慶元の海道は通じていた。とうじ都水少監だった楊有慶は，トゴン・テムルの聖旨を宣読しに福建に派遣され，帰途につくさい海路をとり，慶元に寄港，見心来復のもとを訪問している[332]。

建安からの書物の一部は，高麗，日本の外交使節，留学僧，貿易船が購入して持ち帰り，本国の王侯貴族，家臣たちに珍重された。さらに，それを忠実に覆刻した五山版，朝鮮版が現れ，大元ウルス治下の文化の受容，伝播に多大な役割を果たした。日本は，大量の金，銀を慶元にもちこんで，それとひきかえに「モノ」と「知」を買い込んで帰ったわけである。

こんにち日本に伝来する元刊本，現存の五山版には，仏典や清規のみならず，経書，当時もてはやされた杜甫や韓愈の詩文集，大元時代の高官たちの文集，詩を作る際に必要な韻書，『十八史略』などの通史，『八十一難経』のような医学書があり，留学僧たちが，まさに同時代の禅林の「知」のありかた，最先端の流行を汲み取って帰った様子がうかがわれる。

なかには，『仏説目連救母経』（京都金光寺蔵）や，『分類合璧図像句解君臣故事』（前田尊経閣蔵）［口絵 16］のように，もとの元刊本がのこらず，五山版によって，はじめてその存在を知りえるものもある。両書とも，上図下文式の絵本であり，和刻本における版画の登場にも，なんらかの刺激をあたえたものとみられる。前者は，その刊記によれば，大元国浙東道慶元路鄞県，迎恩門外，焦君廟界新塘保の程季六という人物が甲辰大徳八年（1304）五月に広州で買い求め，辛亥の年すなわち至大四年（1311）に刊行したもので，それを五山僧が日本に持ち帰り，貞和二年（1346）に石塔，赤松，細川，佐々木氏等の助縁を得て法祖なる僧侶が重刊した。法祖は夢窓疎石の門下と見られている[333]。後者は四明の楊伯嵓が惟善書堂から刊行したもので，二十四孝の話なども含まれる。享徳三年（1454）の秋に霊智なる僧に付与された。

高麗版，朝鮮版からも同様に，大元時代の「知」の受容をうかがえるが，清濬の生きた時代に的を絞って事例を紹介するならば，高麗の王城の南，白馬山の北に大伽藍のあった報恩寺では，至正三年，至正二七年の二度にわたって，江浙から『大蔵経』を取り寄せている[334]。

しかも，『高麗史』巻四〇「恭愍王世家」に，

［十三年六月］乙卯，明州司徒方国珍遣照磨胡若海，偕田禄生来献沈香、弓矢及**玉海、通志等書**。

とあるように，至正二四年，方国珍が大部の書物である『玉海』，『通志』を高麗に献上していた。この『玉海』は，先述の慶元路で刊行された大字本，『通志』はおそらく福州路で刊行された大字本にちがいない。高麗王朝に大元ウルスの官刻本の献上が何よりも有り難がられることを，方国珍のブレインの劉仁本はよく知っていたのである。

権近の『陽村先生文集』巻一五「贈金仲顕方砺詩序」に次のような記事が載っている。

> 金海金君汝用，号築隠，吾母党族也。初仕栢堂，材出衆。癸卯之難，徵兵交州，大為玄陵器重。其年，使宰相田公禄生修聘浙東，君為副，皆時之選也。浙東人称其知礼。既反，拜御史歴顕秩，端介不阿，不久立於朝，帰侍其親有年矣。今来京師語予曰：「**吾之奉使浙東也，文章鉅儒，若金公元素、張公翥、劉公仁本皆有詩文之贈，今已燬於兵燹矣。曩者人自日本来，得羽庭藁，即浙東劉公所著也。当時贈我詩在焉。所謂贈東韓金築隠者是也**」。予得而閲之，因竊自喜且悲焉……

癸卯は至正二三年，高麗では恭愍王の十二年にあたる。このとき権近の母方の親族であった金汝用は，方国珍への答聘使田禄生の副使として同行した。そのおり，金哈剌，張翥，劉仁本等と詩文のやりとりをした。だがそのおりの色紙は兵火によって灰燼に帰してしまった。それが，二十年を経た洪武十六年(1383)，日本から入手した劉仁本の『羽庭藁』に，金汝用への贈答詩も収録されていたという（現在『永楽大典』から再編輯された『羽庭集』には，この詩はのこっていない)。

清濬と同時期の烏斯道，丁鶴年，宋禧等，四明の文人たちが高麗の使者を見送り，詩を詠んだのも，まさにこの方国珍時代から洪武の初期のことであった[335)]。なお，宋禧（字は無逸）は，『元史』編纂に際して，「高麗」以下の外国伝を任された人物である。

いずれにせよ，とうじ，大元ウルス，高麗，日本が典籍というモノを通して，また四明に会したヒトを通じて，ほぼ時をおかずに同じ文化を共有していたことを象徴する逸話ではあろう。清濬，烏斯道，李沢民の地図が高麗を経ずに直接日本に渡っている可能性もじゅうぶんにあるわけである。そもそも，洪武二年に渡航し，季潭宗泐の教えをうけ，楚石梵琦とも交流のあった絶海中津や見心来復の法嗣であった以亨徳謙が清濬を知らなかったはずはない。こんごの発見に期待したい。

5 「混一疆理歴代国都之図」の誕生とその後

1）四明から朝鮮へ——二枚の地図は誰のもの？

では，この四明の「知」の結晶，象徴ともいうべき，清濬と李沢民の地図は，いつ，誰の手によって朝鮮に運ばれてきたのか。通説では，定宗元年/建文元年（1399）に，南京に外交使節として派遣された金士衡が朝鮮に持ち帰った，とされている。しかし，ほんとうにそうか。根拠となった『定宗恭靖大王実録』の記事は，じっさいには，かれが明の建文帝の即位の祝賀使節として派遣されたことしか述べていない[336)]。たしかに，定宗の即位に際し，平壌府尹の成石璘が「欹器図」を，左道監司の李廷俌が「歴年図」を，右道監司の崔有慶が「無逸図」を献上し，定宗は経筵の部屋の壁にそのうちの「欹器図」を掛けさせているので[337)]，同様の目的のために，明朝治下で購入してきた可能性もなくはない。しかし，それならばなぜ，代のかわった太宗二年（1402）まで，放置されていたのか。

また，そもそも同じ1399年の使節団には，偰長寿もいた。かれは，「科挙合格者を輩出する家」としても名を馳せたウイグル名門貴族の出身で，至正十八年（1358）の紅巾の乱のさい，父偰百遼遜にしたがい，一家で高麗恭愍王を頼って亡命，その多言語能力を買われて外務官僚となっていた[338)]。翻訳システム，儒学教育，出版事業など大元ウルス時代の文化の導入に多大な役割を果たし，またつごう八回に亙って，明朝廷に派遣された。ぎゃくに，明朝廷から高麗に派遣されたのも，偰百遼遜の弟，つまりは偰長寿の叔父にあたる偰斯（セルギス）だった。高昌偰氏が，朝鮮と明の外交を握っていたのである[339)]。ちなみに，偰長寿は，この1399年の派遣から帰国してまもない十月に死亡，結果的には最後のご奉公となった。

「混一疆理歴代国都之図」に先立って太祖四年（1395）に作成された「天文図」は，やはり権近の跋が附されることで知られるが，書写は偰長寿の弟の偰慶寿が担当した。おなじく弟の偰眉寿，のちの世宗朝における偰慶寿の子偰循の文化事業面での活躍なども考え合わせると，ことによると，「天文図」および清濬，李沢民の二枚の地図のいずれも，偰氏家蔵の品だった可能性さえある。

なお，この1395年には，金士衡とともに「混一疆理歴代国都之図」の作成にかかわった李茂も，南京に外交使節として赴いている[340]。

そして，じつは権近自身も，太祖五〜六年/洪武二九〜三〇年（1396-97）に，朱元璋と対面しているのであった[341]。洪武二九年の正月の賀に朝鮮王朝から明に贈った表箋中に“軽薄戯侮”の文辞があるとの言いがかりをつけられ，その釈明に赴いたのである。朱元璋に気に入られた権近は，さしたる咎めも受けず，それどころか文淵閣に留められ，三日間南京の観光を楽しんだうえ，内府での宴会に招かれ，迎接にあたった劉三吾，許観，景清，張信，戴徳彝等の前で，朝鮮から南京までの旅程を詩二十四篇に詠まされ，お返しに御製の詩三首，文官たちの詩を戴いて帰国したのであった。文官たちの応制詩の中には，清濬の後任の霊谷寺住持，円庵僧録左闡教玄極居頂——清濬に恕中無慍の死の報告と『山庵雑録』の序文依頼にきた僧——，そして天界寺の僧録司右善世溥洽[342]の詩もあった。権近にも清濬図との接点は，ありえたのである。ただし，この二人の僧侶の詩は，『陽村先生文集』には収録されていない。

それは，京都大学附属図書館河合文庫所蔵の『陽邨先生能言』（版心には「応制詩」とある）と題する朝鮮版によってはじめて知れる[343]。しかも，このテキストによって，朱元璋の御製詩と権近の応制詩は，「混一疆理歴代国都之図」の製作と同じ，建文四年（1402）の四月，即位したばかりの太宗李芳遠みずからの命令によって，議政府において記念出版，朝鮮王朝の功臣として表彰されていたことが判明する[344]。芸文館提学の李詹のほか，明から軍馬の調達のために使節として朝鮮を訪れた陸顒[345]，端木智，祝孟献に序文執筆を依頼して[346]。端木智（字は孝思）は，趙撝謙，鄭真等四明の文人，唐之淳，解縉，徐一夔，張九韶といった洪武期の高官とも交流があった[347]。

その建文四年の刊本をもとに，世宗二〇年/正統三年（1438）頃，世宗の命令のもと，一族の権孟孫が重鋟し，権近の甥の権採が跋をものしたテキストが刊行された。そして，さらに権近の孫の権擥（ごんらん）（父は権踶，母は太宗の娘）が祖父の栄光を自分に重ねて思い出させるべく，天順元年（1457）から七年にかけて詳細な註釈を加え，世祖に献上，国家出版されたのである[348]。これが，こんにちの京大本の原本であり，のちに朱彝尊がみた『高麗権秀才応制集』も，まさにこのテキストにほかならない[349]。

権擥は，天順元年の『皇華集』の編者であることからもわかるように，自身明の北京への外交使節を何度も務め，その職務，人脈を生かして，当時の明朝廷の文人官僚にせっせと新しい序文を依頼したのであった。玄極居頂の詩は，天順三年に序文を書いてもらった翰林学士の倪謙[350]に教えてもらったもの，溥洽の詩は，権近の外孫の徐居正が成宗元年/成化六年（1470）に溥洽の『雨軒集』八巻をめくっていて見つけたものである。

権近は，モンゴル時代の後半期に高麗の権臣であった権溥の曾孫で，権準は大伯父にあたる。父は永嘉検校左政丞の権僖である。恭愍王十八年（1369）に十八歳の若さで科挙に及第，王府のビチクチ（書記）を務め，二三年に成均館に転任した。同年の恭愍王の暴御ののち，鄭道伝，鄭夢周，李穡，李成桂等によって繰り広げられた政治の駆け引きの中でしたたかな動きを展開し，恭譲王の即位後に弾劾されて一旦は流刑処分になったが，李成桂の王朝成立ののちは，ふたたび文人官僚として活躍をみせる[351]。太祖の「皇考恒王定陵之碑」の撰文，開国功臣教書の文の修改もみな，権近が担当した。学術的には，李斉賢，李穡の朱子学を継承したといわれる。李斉賢は高麗時代，モンゴル朝廷の屈指の文化人で朱子学の伝播に大いに貢献した姚燧，閻復，趙孟頫等と，李穡も翰林院の欧陽玄等と深い交流があった。権溥，権準ともにモンゴルの学術，文化，諸制度の導入につとめたこともあり[352]，権近自身も，幼少より大元ウルスの文化人たちと同様，朱子学の徹底したカリキュラムにもとづく教育を受け，モンゴル時代の学風の中で，そして典籍，書画，工芸品などの「モノ」に囲まれて育ったのである。

権近は，金士衡等とともに，「混一疆理歴代国都之図」より少し前の太祖七年/洪武三一年から定宗元年/建文元年（1399）には，済生院，医学院の設置という国家事業を記念して『郷薬済生集成方』およびその附録である『馬医方』，『牛医方』の出版にも関わっている[353]。定宗二年/建文二年には，成均館から州・県にいたるまで孔子廟の釈奠の儀式の整備，統一をはかるために，朱子の『釈奠儀式』に大元ウルスの「至元儀式」を附した『新刊釈奠儀式』の刊行にも与った[354]。定宗に『通鑑』の撮要の講義も行っている[355]。また，翌年，太宗元年/建文三年の夏には，高遜志『学則』の覆刻に際しても跋文を書いている。この書は，建文帝より誥命，金印を奉じて太宗の冊封のために遣わされた外交使節の端木礼（端木智の兄弟）が太宗に献上したものだが，太宗自身は国家出版にまったく乗り気でなく，とうじ平壌府の尹であった李杏村の嫡孫がそのテキストを筆写して，刊行に踏み切ったものである[356]。著者の高遜志は，貢師泰，周伯琦等の弟子で，『元史』の編纂官のひとりでもあった。

これらの事業はいずれも大元ウルスの制度の踏襲であり，その刊行物のもとのテキストはみな大元時代の所産であった。

ようするに権近の家も，偰長寿と並ぶ高麗末期以来の外交・政治の屈指の名門の家柄であり，がっちりとスクラムをくんで朝鮮初期の文化事業を先導し[357]，そして，のちのちまで繁栄を保ち続けていくのであった。

以上の状況からすれば，二枚の地図の原有，入手者が権近である可能性も，否定はできない。

とにかく，状況証拠だけならば，いろんな可能性がある[358]。太宗元年十二月に『事林広記』と『大学衍義』，『通鑑輯覧』を携え帰国した李舒，安瑗かもしれない。金士衡かもしれないが，そうでないかもしれない。そしてじつは，太宗自身，太祖三年に，朝鮮屈指の外交官趙胖等とともに燕京，南京を訪れ，朱元璋のみならずのちの永楽帝とも対面しているのであった[359]。

だいたい，いちどきに二種の地図を朝鮮に持ち帰ったのかどうかもわからない。両図が同一人物の所蔵に係るともかぎらない。もっといえば，朝鮮王朝が大明国治下の中国から入手したものかさえも，ほんとうは怪しい。というのは，『高麗史』巻一一四「羅興儒伝」に，

羅興儒，羅州人。骨貌圭軽儇，善詼諧，頗渉書史，屢挙不第，開塾舎，以

訓童蒙。恭愍朝，補中郎将，為影殿都監判官，……遂以技巧称陞司宰令，遷司農公卿，**撰中原及本国地図，叙開闢以来帝王興廃疆理離合之迹，曰好古博雅君子覧之，胸臆間一天地也。遂進于王，王見而嘉之。**興儒能言前代故事，王愛幸，常目為老生，朝夕在左右，或命賦詩，或戯語，時賜御膳，至手調羹予之。

とあるからである。高麗の恭愍王（1352-1374）の時，羅興儒なる人物が中原[360]と高麗の合体地図を作成し王に献上していた。しかも，この地図，「開闢以来の帝王の興廃，疆理の離合の迹を叙していた」というから，あきらかに歴史地図でもあり，「混一疆理歴代国都之図」と極めて似たものだったに違いない。この場合の「中原」がアフロ・ユーラシアまでを含んでいたかどうかは，現物がのこっていない以上，なんともいえないが，清濬，李沢民の地図は，ほぼ確実に登場しており，四明の烏斯道の試みと同時期でもある。

そして，恭愍王といえば，偰百遼遜と，大元ウルス朝廷のアユルシリダラ皇太子の教育所，端本堂以来のつきあいであった。恭愍王の十二年/至正二三年(1363)，権近の母方の親族金汝用が高麗の正式な外交使節の副使として浙東の方国珍のもとを訪れ，劉仁本，金哈剌といった四明の文人たちと接触していたこと，翌年には方国珍が恭愍王に『玉海』，『通志』等の書物を献上してきたことも思い合わされる。四明から船で出入国できた時期も洪武年間以降は限られている。恭愍王は，さらにこの地図の完成前後，恭愍王十五年/至正二六年の七月，太祖の私邸が前身の高麗王朝にとって特別な寺，奉先寺へ御幸し，「星象図」を拝観した[361]。壁画だったのか，軸物だったのか，あるいは庭内に立つ石碑だったのかは，今となってはわからない。しかし，この「星象図」は，しぜん，先述の洪武二八年（1395）に立てられた柳方沢，権近，偰慶寿等の「天文図（天象列次分野之図）」碑を連想させる[362]。果たして，両者は関係があったのか，なかったのか。『高麗史』は，モンゴル朝廷を駙馬国という立場を生かして内と外の両方の視点で眺める，漢文資料としては極めて貴重なものだが，同時に所詮は朝鮮王朝の立場で編纂しなおされた資料であることも忘れてはならない。『太祖康献大王実録』が太宗の立場から編纂されているように[363]。「混一疆理歴代国都之図」のもとになった二種の原図，「天文図」，そしてさまざまな典籍，書画，骨董品が高麗王宮からの伝来品でないと，果たして断言できるだろうか[364]。李成桂，金士衡等は，高麗の最後の王，恭譲王の経筵をも担当していたのである。だいたい朝廷内部の事情を熟知するはずの権近の跋文が，いずれにおいてもその出処を黙して語らないのは，なぜなのか。

ちなみに羅興儒は，辛禑元年（1375）二月から二年九月まで，志願して外交使節として日本も訪れた[365]。かれの詩文集『中順堂集』には，日本での紀行詩二百五十篇，日本の禅僧より贈られた詩二十篇も収録されていたという[366]。その新しい知見の盛り込まれた改訂版の地図があったとしたら，朝鮮王朝の「混一疆理歴代国都之図」のオリジナリティは，いったいどこにあるのだろう。

2）天と地と

「天文図」と「輿地図」が対にされるのは，『事林広記』の配列などにもうかがえる中国伝統の三才思想にもとづく[367]。測量には天文暦法の知識が不可欠であり，くわえて古来より天の動きが地上の政治，群雄割拠に対応するとされ，占いのために星の分野を地上に対応させる必要があった。はやくは「山河両戒図」の一行禅師も渾天儀を作り，大衍暦法を編み出したという[368]。そのほか，南宋朝廷旧蔵の「天象図」，「混一図」一幅対，蘇州の「天文図」，「華夷図」両碑，南宋末期から大元時代の潮州に立てられていた「乾象地理図」碑[369]，婺源の王偁が著わし四明の鄭真等へ伝授された「天象考」，「坤象考」[370]，雲南の「天文地理図」など枚挙に暇がない[371]。

洪武十七年（1384）に，建国の記念編纂物のひとつとして献上された劉基『大明清類天文分野之書』にも，

> 本朝応運肇基，而南京応天府，寔星紀斗牛之分，**且与天地人三統之正相協**。自周以来，数千年間，帝王之運，適符於今。則是書之作，豈偶然哉。今将直隷府州県及十三布政司，遼東都衛府州県数，分配十二分野星次。

とある[372]。

「広輪疆理図」を持っていた葉盛は「星文図」ももっていたし，さらには，南宋蘇州の「天文図」の拓本やさまざまな星図を収集していた[373]。弘治十三

年（1500）に杜槃が刊行した「広輪疆理図」と対になっている「天文図」も，葉盛の所蔵品に基づいている可能性がある。また，同じ弘治年間，楊子器は，宋代の「天文図」，「華夷図」碑を補正して，江蘇常熟に「天文図」・「地理図」の碑を立てた[374]。ほんらい衝立の裏表に仕立てられていたという，妙心寺麟祥院の「混一歴代国都疆理之図（楊子器図）」と「天文図」，国立公文書館所蔵の「天文地輿図」（清写本）は，楊子器がはじめからこれらをセットで作成したことを物語る。さらに，呉悌もほぼ同じ頃，「皇明輿地之図」と「昊天成象之図」を校梓した[375]。この伝統的な天・地一対の形式は，マテオ・リッチの地図が登場して以降も根強くのこった[376]。

ただし，「混一疆理歴代国都之図」の場合は，はじめから「天象列次分野之図」と一セットで作成されたとは，現在の資料状況では，単純に言うことはできない。なぜ簡略化した地図でもよいから両者とも碑刻にしなかったのか（天は不変としてはじめから石に，地は絶え間なき情報の更新を見越して絹，紙に描いたのか。あるいは，さまざまな難癖をつけてくる明朝廷を気にして，使節が到来した時に隠せるようにしたのか，拓本に採られることを恐れたのか）[377]。「天象列次分野之図」のほうは，漢陽の新宮・宗廟の完成にあわせて作製されているので，太祖の建国の「モニュメント」のひとつであることは，確かだろう[378]。しかし，かたや太祖の四年（1395），かたや太宗の二年（1402），この時間のずれをどう説明するのか。

3）なぜ 1402 年だったのか

「混一疆理歴代国都之図」の跋文の日付は，建文四年/太宗二年（1402）の八月，権近によれば，地図の作成がはじまったのは同年夏。すなわち四月から六月の間，ということになる。さらに，十月二日には「建文」の年号を用いる可からず，という永楽帝の聖旨が号令されているから，少なくとも「十月までに完成した」というスタンスを取っている[379]。

太宗の即位は，明の永楽帝と同様，多くの血を流して勝ち取られたものだった。太祖李成桂は八人の息子のうち，後妻康氏（顕妃）を重んじて末子の芳碩を世継ぎに擬していたが[380]，高麗の権臣鄭夢周の暗殺の首謀者とされ，李朝開国において功績が大きかった五男の芳遠は，はなはだ不満であった。太祖三年（1394）には，危険を犯して燕京，南京訪問を志願し，世子の資格をじゅうぶんに備えていることを内外にアピール，じょじょに王朝の高級官僚をとりこみ，やがて七年八月自ら軍兵を以てクーデタを起こし，建国の功臣鄭道伝と邪魔者の芳碩，芳蕃等の殺害に及ぶ。その結果，太祖は太上王に退き，芳遠に譲位せざるを得なくなるが，あまりに露骨な政権交代となるためか，芳遠はいったん固辞，兄の芳果（定宗　かれには嫡子がいなかった）を王位につける。そしてまもなく，こんどは朴苞の叛乱のそそのかしにのったとして，もうひとりの邪魔者四男の芳幹が追放処分となる。この重圧に，定宗はまず芳遠を世子とする手続きを踏み，わずか二年で譲位する。

太宗は，即位してすぐ，権近より『大学衍義』の経筵講義をうけ，元年正月の八日には『尚書』の写本の献呈があり，閏三月の十八日には権近による「古今天地の変」に関する進講，二三，二六日，四月十六日，とんで十一月二〇日，十二月二二日まで，金科，李詹，権近による『大学衍義』の経筵講義を聴いているが[381]，そのごは，飽きたのかパタリと記録が途絶える。ようは，つとめて勉強熱心な王を演じていただけのことであった。ところが，翌年——「混一疆理歴代国都之図」の作成された年の四月末になると，がぜん文化行事に励みだす。まず，礼曹に命じて宮殿に模範とすべき中国の故事の壁画を描かせ，壁画の完成と同日には「豳風図」の献上をうけている[382]。太祖への孝行息子ぶりもしきりに演じてみせる。権近の『応制詩』の国家出版の命令もこの月に出されたのであった。そして，五月にはいると，『尚書』の本文を清書させ，権近に句読点を打たせている[383]。

そして，五月十六日，太宗の誕生日をむかえる。あいにく雨が降ったため，祝賀のセレモニーは中止になったが，各道の観察使，節制使，巡問使たちがつぎつぎと表箋，贈り物を献上しに王宮に参内する。その贈り物のさいごを飾ったのが，議政府が献上した朝鮮地図であった。

> 宥笞以下罪，以上誕晨也。是日雨，停賀礼。各道観察使、節制使、巡問使，進賀箋方物，議政府献上**本国地図**。

（『太宗恭定大王実録』巻三「二年壬午（1402）五月戊戌」）

すなわち李薈の「八道図」である。『成宗康靖大王実録』巻一三八「十三年壬寅/成化十八年（1482）」［二月］の記事に，

東国地図，高麗中葉以上有五道両界図，**国初有李薈八道図**。

と述べられるから，ほぼ間違いない。

じゅうらい，権近の跋文から，清濬と李沢民の地図を校勘し，合体地図を作成したのが李薈で，朝鮮図と日本図を加えたのは，権近だと強引に解釈されてきたが，それは無理な読みだろう。李薈は，おそらく自分の作成した地図を清濬，李沢民の地図の上に合体させたのである。権近は，自身も跋文の中で述べるように，金士衡と李茂の二公の後にしたがって，合体地図の完成を眺めて喜んでいたにすぎない[384]。権近は，このとき五十歳，建文三年（1401）十二月から建文四年九月まで推忠翊載佐命功臣，正憲大夫参賛議政府事，判刑曹事，宝文閣提学，知経筵春秋館事，兼成均大司成，吉昌君の肩書きを有していた。ちなみに金士衡は六十二歳，李茂は四十八歳であった[385]。なお，権近の跋文に「つねづね書物を研究してじっくり眺めてみたいものだと願っていたその気持ちが叶ったうえに，後日狭い我が家に隠居して寝ながらに名所・旧跡の地図をみようという夢が果たせそうだと喜んだ」ということからすると，少なくとも大振りの李沢民地図は権近の所蔵品ではなく，またこの新しい地図の複製を一枚貰い受ける約束が金士衡たちとの間に出来ていたのだろう。

では，李薈が朝鮮図と同様に付け加えた日本図は，どこからきたのか。『世宗荘憲大王実録』巻八〇「二〇年戊午（1438）」の条に以下のような記事がある。

［二月癸酉］礼曹進日本図。**初検校参賛朴敦之奉使日本，求得地図而還**。仍誌其図下以贈礼曹判書許稠。稠遂倩工粧績以進。至是，上命礼曹改模以進，仍命応教柳義孫誌之。**敦之誌曰：「建文三年春，予奉使日本，聞備州守源詳助，国之名士，有往見之志，源先来請見，労慰甚厚。予因請看其国地図，源出而与之。図頗詳備，宛然一境之方輿。唯一岐・対馬両島闕焉。今補之而重模云**」。義孫誌曰：「日本氏，国于海中，距我邦遼絶，而其疆理之詳，莫之能究。建文三年春，検校参賛議政府事臣朴敦之奉使是国，求見其地図，而備州守源詳助出視家蔵一本，独対馬・一岐両島闕焉。敦之即令

補之，模写而還。永楽十八年庚子，持贈于礼曹判書今判中枢院事許稠，稠見而幸之，越明年辛丑，遂倩工粧纉以進。第其為図細密，未易観覧。宣徳十年夏五月，上命礼曹，令図画院改模，仍命臣誌其図下。臣竊惟天下図籍，固歴代之所重。況隣国形勢乎。今按此図，雖若疎濶，然内而国邑，外而諸島，布置之規模，区域之大略，瞭然於一幅之間。不待足履目睹而可考也。于以見方今王化之無外也。是宜蔵之，以伝永世云」。

「混一疆理歴代国都之図」の前年，建文三年に朴(惇)[敦]之（字は季信）が，外交使節として日本へ赴き，備州の源詳助[386]から，ひじょうに詳細な日本地図を入手した。ただ，壱岐・対馬が欠けていたので，両島を補った模本を作成し，図の下部に跋文を記した。それを永楽十八年/世宗二年（1420）に礼曹判書の許稠に贈呈し，許稠は翌年美々しく仕立てなおして，世宗に献上した。ただ，きわめて細密な地図で，閲覧に不向きであったため，宣徳一〇年/世宗十七年（1435）に図画院に命じて写しなおさせ，あらためて柳義孫に命じてその地図の下に跋文を書かせた，と言うのである。

ところが，『朝鮮王朝実録』によれば，朴敦之が日本の大内義弘への回礼使として派遣されたのは，太祖の六年十二月のことであり，帰国は，定宗元年（1399）五月のことなのであった[387]。太宗元年に日本に派遣された記録は存在しない。少なくともこのとしの八月の段階で，かれは検校漢城尹として上奏を行っており，翌年五月三日――「八道図」の献じられる直前，いったん検校中枢から安東大都護府使に抜擢されながら司諫院により太祖三，四年/洪武二七，八年（1394，95）の「不行跡」をつつかれ，すぐに罷免されるという憂き目にあう[388]。同じ五月の四日に承枢府提学に任じられ，二〇日には，明への外交使節，それもピンチ・ヒッターとして派遣され，八月一日に，靖難の変で遼東までしか入ることができず，結局，「皇帝」の詔のみ伝写して帰還する。そして九月には恭安府の尹となっている。『太宗恭定大王実録』の元年から二年の朴敦之に関する記事は，以上のみである。この間に日本に赴けたはずがない。

それどころか，ぎゃくに『双梅堂篋蔵集』巻二五「朴判事日本行録跋」，『騎牛先生文集』巻一「正憲大夫検校参賛議政府事朴惇之墓誌」[389]によって，日本に1397年から二年間滞在したことは確実であり，また朴敦之の出立にあたって餞（はなむけ）のことばを贈ったのは，ほかならぬ権近なのであった[390]。

つまり，朴敦之自身にこの日本地図の作成を，太宗が即位した「建文三年」の成立，と敢えて言わねばならない政治事情があったか，許稠が世宗に献上する際に朴敦之の跋文の年号を改竄したか，『実録』が改竄したか，以上しかありえない。いずれにしても，1397から99年の太祖・定宗時代の産物では，まずかったわけである――ちなみに，朴敦之は，洪武二一年/高麗辛禑王十四年(1388) に李穡とともに外交使節として南京にも赴いている。

そして，清濬・李沢民の地図もまた，上に見てきたように，太宗元年以降に入手された可能性は限りなく低い。もし1395年の「天文図」と一対のものとして作成する意図があったとすれば，それは本来，太祖の事業であったに違いない[391]。

朝鮮本国の「八道図」が1402年の太宗の誕生日をあえて選んで，衆人環視のもと仰々しく献呈されたのは，この朝鮮地図を以てはじめて中国，日本将来の地図との合成作業を開始するのだという形をとるためであった――すなわち「王権」の所在が太祖，定宗ではなく，太宗にあることを，宣言するためだったのである[392]。跋文に地図の製作が建文四年の「夏」に開始された，と書かれるのも，臣下に常にそれを思い出させんがためであった。前年度の誕生日は，大赦のみで，「此れ実は父母の劬労の日なれば，宴楽に忍びず」として，宴会すらも取りやめていたのだから，「八道図」の完成，一年後のこの日を盛大な式典の準備をして待っていたとしかいいようがない。しかも，その前年の誕生日のすぐあとの六月に，太祖時代に得られなかった朝鮮国王の誥命と金印を明朝廷から正式に受け取っていた[393]。地図に堂々と「朝鮮」と記す，外からの権威づけ，権利も手に入れていたわけである。

そしてまた，権近が「混一疆理歴代国都之図」の完成を八月と明記するのにも，じつは朝鮮王朝にとって重大な意味が込められていた。

『太宗恭定大王実録』巻四「二年八月」の記事を見ると，太宗が李茂等並み居る臣下たちとともに，檜巌寺にて仏教信仰のゆえに精進料理を取りつづける太祖に，遂に肉料理を以て破戒させた顚末が半ばを占めている。そして，この太宗の目論みが果たされた八月四日には，大宴会が開かれているのであった。

さらに，さっそく王都として，太祖の創建の地である新都がよいか，旧都がよいかという議論まで始めている。太宗は，王朝による仏事を極力廃止しようとするスタンスをとっていた[394]。朝鮮王朝が，インドとティベットをかぎりなく小さく描く「混一疆理歴代国都之図」の完成を，この八月に設定する意味はじゅうぶんにあったわけである。そして，羅興儒の合成地図との違いをもとめるならば，このインド，ティベットの扱いにこそあった。

歴史に「もし」はないが，かりに太祖李成桂の治世に「混一疆理歴代国都之図」が完成していたならば，少なくとも地図から「インドが消える」ことはなかっただろう。儒・道・仏の三教兼通があたりまえであった世代の李成桂は[395]，朱子学を重んじるいっぽうで[396]，太上王として，建文三年春，新都の興天寺に大蔵仏事を行った。夏には，高麗の太祖が三韓を統一したさい，おのが私邸を広明寺，奉先寺としたのに倣い，新たに徳安殿を建設したが，中央に『密教大蔵』一部，東に『新雕大字楞厳経』の板木，西に『新雕水陸儀文』の板木を安置して王朝の保護を祈願する等，大元ウルス・高麗時代と同様，極めて仏教色の強い国家事業を行おうとしていたからである[397]。

朝鮮建国以来，朱子学を中心に中国文化の導入に大きな貢献を果たしてきた金士衡，李茂，権近ではあったが，かれらがこのとき果たして大元ウルス時期における『事林広記』や朱思本，清濬，李沢民の地図の真の位置づけを理解していたかどうかは，わからない。理解していたとしても，極端にいえばそれはどうでもよかった。かれらの目的は，その時点で入手しえた最良，最新の中国図，朝鮮図，日本図を合体させる行為に，唯一無二の王の権力を示す意味を込めることだったからである（天台の僧侶である清濬の地図を使ったのは，広大な「空間」だけでなく，同時に過去と現在を同時に見渡す「時間」をも一幅の地図の中に込めようとしたためだろう）。そして，その「王権」の象徴を作り出す自分たち，特別な臣下である自らも地図の写しを所有できるのだという悦びに酔いしれていた。烏斯道の「輿地図」との違いも，そこにこそあった。

ひるがえって，朴敦之の「日本図」は，対馬，壱岐をも描く非常に細密な地図だったが，世宗が書画院に仕立てさせた地図では，かなり大まかな，国邑，諸島の境界，区画を描いただけのものとなったという。ということは，1402

年の時点の「混一疆理歴代国都之図」の日本像は，龍谷図，本光寺図よりもずっと精密なものだった可能性もじゅうぶんにある（嘉元三年（1305）の仁和寺の「日本図」[398]，称名寺金沢文庫，妙本寺の「日本図」，そのごの行基式地図，桃山時代の日本図屛風等からすれば，朴敦之の地図の精密さに過剰な期待は禁物だが）。また，ぎゃくに，世宗の即位に合わせて，朴敦之が「日本図」原図をあらためて献上する意味・価値があったということは，1402年の「混一疆理歴代国都之図」には，その全貌が写し取られていたわけではなかったのかもしれない。

のちの龍谷図の日本が90度傾くのは，下加茂神社所伝の図にしたがって書かれたという延暦二四年（805）「輿地図」（国立公文書館蔵江戸時代写本）や，『拾芥略要抄』[399] の「大日本国図」，「南瞻部州大日本国正統図」（唐招提寺蔵弘治三年（1557）前後写本）等と同系列の「日本図」に依拠したためだろう――『拾芥抄』は，延文五年（1360）没の洞院公賢の撰，1341年頃の成立とされ，『博聞録』（『事林広記』）の影響をあきらかに受けている[400]。

なお，上掲『世宗荘憲大王実録』の述べるごとく朴敦之が検校参賛議政府事であったのは，太宗十一年（1411）前後のことである。管見の限りでは，これ以後『実録』には登場しない。墓誌銘でもこれが最後の官職である。1420年にこの地図を礼曹の許稠に献呈したのが更なる昇進を願ってのことだったのか，引退の花道を飾るためだったのかはわからない。かれは，二年後の九月に八十年の生涯を閉じた。

ところが，そのご突如，世宗の十七，八年（1435，36）になって，この日本図が再びクローズ・アップされることになる。むろんしかるべき理由があった。

前年に朝鮮地図の改訂のために，全土にわたって測量事業が始まっていたのである。新版「混一疆理歴代国都之図」の製作をめざして[401]。

4）朝鮮王朝の執念

最良，最新の中国図，朝鮮図，日本図を合体させる行為が王権の証となれば，改訂版を出しつづける必要がある。先に一部紹介した『成宗康靖大王実録』巻一三八「十三年壬寅/成化十八年（1482）」に，次のような記述が見える。

> [二月]南原君梁誠之上疏曰「……一．臣竊惟：**地図不可不蔵於官府。又不可散在於民間也**。東国地図，高麗中葉以上有五道両界図，国初有李薈八道図。世宗朝有鄭陟（ちょく）八道図、両界大図小図。世祖朝，臣誠之撰進八道図、閭延茂昌虞芮三邑図，方今臣誠之撰進沿辺城子図、両界沿辺防戌図、済州三邑図、安哲孫沿海漕運図，又有魚有沼永安道沿辺図、李淳叔平安道沿辺図，又下三道監司営各有図、**倭僧道安日本・琉球国図、大明天下図，絹紙簇各一**，又臣所撰地理誌内八道州郡図、八道山川図、八道各一両界図、遼東図、**日本・大明図**，右緊関者，並収於官蔵弘文館，其余一皆官収，蔵議政府，軍国幸甚。一．……」

朝鮮図に関しては，李薈の「八道図」ののち，世宗朝において鄭陟（ちょく）の「八道図」，「両界大図小図」，世祖朝では梁誠之自身の「八道図」等が現れた。鄭陟の「八道図」とは，前述した世宗十六年（1434）の全国測量の結果に基づく地図に違いない。梁誠之の並べる地図以外にも，「混一疆理歴代国都之図」の完成より十一年後，ふたたび太宗に献上された「朝鮮図」があるが，これはおそらく李薈「八道図」[402]の改訂版だろう。

日本図については，朴敦之の地図のあと，博多の僧で，たびたび琉球の外交使節としても朝鮮を訪れた道安[403]が，端宗元年/景泰四年（1453）に，「日本図」と「琉球図」を献上した[404]。この「日本図」「琉球図」両図から，それぞれ複製が四つずつ作られ，軸物に表装して，うち一つを内裏に，あとの三つを議政府，春秋館，礼曹で保管していた[405]。この両図をもとに，成宗二年/成化七年（1471），議政府領議政兼経筵・芸文館・春秋館・弘文館・礼曹判書であった申叔舟の『海東諸国紀』所載の地図が作られたのであった。

梁誠之がいう「大明天下図」が，建国以来，保管されてきた清濬，李沢民，烏斯道の原図なのか，中国第一歴史档案館の「大明混一図」の原図に近いものなのか，厳節の「広輪疆理図」改訂版なのか，はたまた別に入手した中国地図なのかはわからない。しかし，おそらく睿宗元年/成化五年（1469）六月に献上された「天下図」（『実録』に“天下図成る”とあるからには，やはり中国・朝鮮・日本の合成地図であったとみられる）の中国原図と無関係ではないだろう[406]。ちなみに睿宗は，この「天下図」を使って，明に赴いた使節たちに中・朝の境界線，長城線周辺の地勢を報告させ，軍備，スパイ派遣の相談をしており，じっさいに軍事地図として使用されていたことがわかる。なお，梁誠之の上奏よりすこし後の弘治元年（1488），朝鮮半島から漂流して四明にたどり着いた崔溥は，既に紹介したように，かつて朝鮮，日本，琉球，女人国，中国，チャンパ，マラッカ等をひっくるめて描く地図を見たことがある，と述べているのであった。かれの見た地図は，古閩を「今の福建路なり」というように，いわゆる中華地域に関しては宋もしくは大元時代のままの地図だった可能性が高い[407]。

考えてみれば，1470年代にはいっても，龍谷図，本光寺図のように，朝鮮半島については最新の地図で，中華以西は，大元時代のままという地図が作成されつづけている。朝鮮と明の冷たい外交――明朝廷からの下賜品以外には，書籍や青花磁器等の購入が制限，禁止されていた中で[408]，この時期まで新しい明朝治下の地図を入手できなかった可能性が高いが，もう一つの可能性として，たとえば厳節の改訂版「広輪疆理図」が現勢地図であり，古から今までの「時間」が表現されていなかったこと，それが中華地域のみの地図で，以前の広大な領域を示す地図が「王権」の象徴としては望ましかった，とも考えうる（朝鮮は少なくとも典籍に関しては明朝廷の監視を掻い潜って，相当量を入手，覆刻刊行している）。現に，そのご中華地域のみ最新情報に差し替え，ヨーロッパ，アフリカ方面については大元時代のままという，広大な領域に執着した本妙寺図，天理図も現れてくる。ことによると，最新の中華地図との合成ヴァージョン，大元時代の地図をもとにした合成ヴァージョン，目的別に同時に二種類が作成されていたのかもしれない。

ひるがえって，上掲の梁誠之の上奏文からは，少なくとも，この1482年の時点で，①「日本図」，「琉球図」，「大明天下図」について，それぞれ絹製，紙製のものがひとつずつ，弘文館[409]に収蔵されたこと，②そこに列挙された地図は官庁に秘匿されるべきものであり，民間に散じてはよくない，と考えられていること，③梁誠之自身が地理誌を編纂しており，その中に「八道州郡図」，「八道山川図」，「八道各一両界図」，「遼東図」，「日本図」・「大明図」が収録されていたこと，がわかる。

まず，①については，現存の龍谷図が絹製，本光寺図が紙製であること，のちの本妙寺図が紙製，天理図が絹製であることが，すぐ念頭に浮かぶ。②については，この上奏の前段，後段により詳しくかれの考えが述べられており，それを要約するならば，「書籍は後世に残すことを考えて，最低四部ずつ保管するほか，三史庫の不急の雑書もとりあえずはみな紙に印刷しておくこと，とくに重要なものについては，春秋館，三史庫で一セットずつ保管すべきである。しかし，たとえば『高麗史』のごとき，戦争，駆け引き，朝鮮の山川，境界線について詳細な記載がある書物は，軽々しく領地内のひとびとに見せたりしてはならない。女真などに入手される恐れがある行為は断じて避けねばならない」。つまり，とうじ『八道地理誌』や『東国勝覧』，『高麗史節要』などを閲覧できるのは，中央・地方の高級官僚たちにすぎなかったのである。地図の場合はもっと厳しく制限された。明朝とひじょうによく似た発想である。なお，「混一疆理歴代国都之図」の毎回の改訂とともに「天文図」が，「天」・「地」一対のかたちを取ったこともありうるが，のちの宣宗四年（1571）の例に，「天文図」が一度に一二〇軸作製され，二品以上の文官三十名までに配布されているように[410]，それぞれの価値に大きな隔たりがあったことは，やはり念頭においておくべきだろう。③からは，朝鮮でも地図と地誌の両方が作られることはもとより，そこにしるされる「遼東図」が注目される。いにしえよりさまざまな民族のコロニーが存在する遼東方面の情勢については，朝鮮王朝はとくに注意を払っており，のち1501年には『海東諸国紀』の対になる『西北諸蕃記』と「西北地図」が献上され，前者は刊行されたらしい[411]。こうした情報がやがて本妙寺図等において反映されることになる。

しかし，何よりも，この上奏文で興味深いのは，ここに挙げられる朝鮮図，中国図，日本図はいずれも単独の地図であって，権近図は挙げられないことである。三国を合体させた地図は，官庁にも所蔵させない特別な地図，とすればまさに王宮にのみあるべき地図と考えられたことになる。合体地図を作る行為そのものが，朝鮮の唯一無二の王の権力を示す役割を果たす。それぞれの地図は現実には最上でなくともかまわない。その時点で入手し得る各国の最良，最新の地図をもっていること，集めて合体させることそれ自体に意味がある。以上を，確認させてくれる記事である。

ちなみに，龍谷図，本光寺図は1470年以降の作成であるにもかかわらず，権近の跋の「建文四年」を「洪武三五年」に改めることはしない。ほかの書籍と同様，明朝に見せることを想定していないからである。

じつは，王朝の中枢部における日々の詳細な記録を遺す稀有な資料であるはずの『朝鮮王朝実録』には，一連の「混一疆理歴代国都之図」の作成，存在自体を明示する箇所は一カ所も存在しない。関わったメンバーからすれば，あきらかに国家事業であるにもかかわらず，意図的に記述を避けているとしか思えない。

そのご，中宗の時代にはいると，まず六年（1511）の八月に弘文館が「天下輿地図」を献上，十四年十月に内裏に「大明輿地図」を納めさせている[412)]。さらに『中宗大王実録』巻八一「三一年丙申/嘉靖十五年（1536）」に次のような記事がある。

> [五月甲子]伝于政院曰：前者弘文館進**天下地図**簇，此必貿於中原矣。後有増減之理。**天下地図**一件，聖節使行次貿来何如。若貿則価布及論書，須速于聖節使之行可也。……○政院以礼曹意啓曰**天下輿地図**事，問於事知通事，則前者出来地図，乃閭閻間所有也。其為区別未詳。但自癸巳甲午年間題督主事張鏊，有志於此，如我国道路遠近，並皆探問，而為図詳尽。**乃於常坐処，掛置如屛，釘之以金，勢不可取観**，而欲令善書者模之，則亦不可一二日而畢也。是又在官之物，亦或禁之而使不得見也。幸閭閻間如有此図，則可以貿来矣。**図乃一紙幅所印之物，其値必不甚重**。今姑下論聖節使之行，可貿則貿来，不可則待後行貿之何如。伝曰：**天下地図**，中原閭閻間，豈無有之者乎。今若不送価布，而私自貿来，則或托以不貿。即令該曹，価布磨錬，為書状給馬下論。**此雖禁物**，多般広求貿来事，并下論可也。

以前，弘文館が献上した「天下地図」は，中原すなわち明朝治下で購入してきた地図（の朝鮮，日本の部分を差し替え合成したもの）に違いない，いご改訂版を作製するにあたっては，聖節使として明朝に派遣される者が，毎回探求，購入してきたらどうか，と中宗自らがもちかける。それに対する礼曹の報告によれば，「中宗二九，三〇年/嘉靖十三，十四（1534, 35）に明の礼部提督会同館主事の張鏊が朝鮮についても相当に詳しい地図を作って，礼部に屏風仕立てにして飾ってあったのを朝鮮国の使臣蘇洗讓等が目睹したが，いかんせん動かせないように釘づけしてあって，時間もなくまた官庁のものでもあり，模写することが適わなかった[413]。ただ現在では，明朝治下の巷でこうした地図があれば[414]，購入できる状況となっており，一枚物の版画だから値段もさほど高くはない」と。そこで，いちおうご法度の品ではあるけれど，聖節使の一行にとにかく入手させようと，話はまとまる。

翌年には，明からの外交使節にまで，中宗じきじきに地図のおねだりをして，どうやら一年後の八月までには「天下図」一幅と明の簡単な地図を描く扇子を贈ってもらったらしい[415]。この「天下図」が，本妙寺図，天理図の中国部分を描く地図だったのか，それとも現在，旅順博物館や水戸彰考館に蔵される楊子器の原図と同じ地図だったのか，現時点では確かめる術がない。ただ，この「天下図」とあるいは同じ地図を指す可能性がある記事が存在する。『中宗大王実録』巻八七「三三年戊戌/嘉靖十七年（1538）」に次のようにある。

> [六月癸卯]海陽君尹熙平以**皇明一統地理図**入啓曰：「塞外胡虜部落，皆載本草。臣猶未詳見之。雖自上見之，亦不得備諳。故只採元遼金大綱而書啓。且朝鮮地略，書於海隅之中，是華人不知而然也。是故臣以八道，列書大綱矣。**其曰寧波府定海県，乃古之明州也**。**南宋時，我国朝貢者，由海路必至於此**。**漂風之人如崔溥者，亦到泊於此矣**。且歴代地理不同，**下傍列書十三布政者，大明之制也**。其曰北京直隷者，不係於布政司而直隷於北京也。且福建，古之閩越也。本草則只書布政司所隷郡県之数，不書其郡県之名，似不分明。故臣皆書其郡県之名矣。臣家所蔵稍詳而本草則多有違錯。臣与左議政洪彦弼同議，増減書啓」。伝曰「知道」。

地図の下部に明の十三布政が列挙されていること，統括する郡県の数しか記されていないこと，タイトルの類似，朝鮮がまともに描かれていないことからすると，1536 年に王清泉が楊子器の「地理図」を重刊した木版刷りの「皇明一統地理之図」[416] か，同年の呉悌「皇明輿地之図」かもしれない。尹熙平等が私蔵する地理・地図資料によって，相当に補った手引書を附録としてあわせて献上していること，違錯の多さからすると，この地図自体はさほど優れたものでなかったようである。もし，これが王清泉の地図だとすれば，この時点でなお，嘉靖五年の彩色版楊子器図そのものは，朝鮮王朝の手には入っていない可能性が高い。なお，地図の解説において，まず寧波府からはじめる点は注目される。

本妙寺図，天理図は大元時代の広大な領域に固執した合成地図だったが，楊子器図の合成においては，朝鮮王朝の「王権の象徴」としての執着は，そのタイトルに窺える。中華地域と朝鮮だけで，「混一疆理」と題するのは，さすがに躊躇われたのだろうか。そこで少し順序を入れ替えた，あたかも時間軸を混一するようなタイトル「混一歴代国都疆理之図」とした。仁村紀念館所蔵の楊子器図の篆書のタイトルの下には龍谷図，本光寺図と同じ大元時代のままの「歴代帝王国都」が並ぶ。あきらかに，この地図もまた，権近図からつづく改訂版のひとつであることを強烈な意識を以て表示したものにちがいない[417]。しかし，にもかかわらず，この楊子器図においては，原図で○と▽の記号でしか表わされていなかった朝鮮，日本のうち，自国のみ詳細な地図に差し替え，日本については敢えて手を加えなかった。1402 年以来のしきたりは破られた。それもまた，そのときの朝鮮王朝の心情・意思を反映したものなのだろう[418]。

5）朝鮮から日本へ——鍵は本妙寺にあり

では，これらの朝鮮製地図が，いつ，いかなる経緯で日本に到来したのか，なぜ今，そこにあるのか。残念ながら今のところ，確かな答えは見出せない。しかし，いくつかのてがかりはある。

龍谷図は，一説に，文禄の役ののち豊臣秀吉が西本願寺に与えたという。こんご，この図が，正確には，いつ，西本願寺に入ったのか，さかのぼって調査，確認していく必要があろう[419]。そして，秀吉は文禄元年から慶長三年頃のものと考えられる中国・朝鮮・日本を描く扇子を所持していたという。中国に対する朝鮮と日本の大きさの比率からすると，龍谷図など朝鮮製の地図を参考に，作製されたものだろう[420]。

本光寺図は，そのひときわ巨大なサイズと鮮やかな色彩が目をひくが，筆跡，所々の誤字，紙質等からすれば，朝鮮から到来した地図を江戸時代に日本で写した可能性がある。とくに“州”の字の書き方は，国立公文書館の「大明省図」のそれと酷似する。「大明省図」は，一部，清朝初期の情報が追加で書き込まれているが，明朝治下で作成された地図を江戸時代（1644 年以降）に写したものであることは，まちがいない。大阪枚方市の久修園院，京都府立総合資料館にも，「大明省図」が蔵され，いずれも江戸初期に比定される彩色地図で[421]，とうじいくつかの写本が作成されたことがわかる。公文書館本は東と西の二帖から成り，小さく折りたたまれているが，広げて貼り合わせると約 4m 四方の地図となる。久修園院本も縦横 4m 近い大型図といい，資料館本は四枚一組で，広げてつなぎ合わせると約 3m60cm 四方になる。

本光寺図も，龍谷図および後述する同系統の朝鮮製の地図が大体 1m40cm～70cm 四方であるのに比して，2m20cm×2m80cm と群をぬいて大きく，また本来折りたたまれていた。畳に広げて見ていたのだろう（現在は修復され軸装に仕立てなおされているが，本来の折り方も気になるところである）。あるいは，その使用目的のために拡大謄写されたのかもしれない。ただし，こんご紙質，顔料などの分析を行った結果，かりに本光寺図が日本製であることが判明したにしても，あくまで朝鮮から伝来した地図の忠実な複製であり，そこに描かれるデータが，誤字脱字は別にして，原図そのままであることにかわりはない。資料としての価値は減じない。むしろ，日本製であるならば，この巨大な折りたたまれた地図が，日本で展開する国絵図と関係があったのか，あるいはなかったのか，が大きな問題となるだろう。朝鮮製の原図は国内のどこかにまだ眠っているのかもしれない。

また，この系統の地図のひとつは，少なくとも 1673–80 年の間，すなわち延宝年間には，日本で眺めることが可能となっていた。近年，李元植によって紹介されたように[422]，正徳元年（1711）十月，朝鮮通信使が訪日したさいに，新井白石，室鳩巣等とともに迎接の任に当たった深見玄岱（1649–1722）が，『正徳和韓集』の「再呈東郭李学士」において，次のように述べているからである。

> 適々憶往者在京，嘗見**陽村権先生親手所画皇明一統輿地図，曁歴代沿革，幅員可六尺，図下有小記，係建文四年秋八月四日，**顧其記中寓意深矣。今不識其図無恙否也。

歴代の沿革をも表わし，ほぼ六尺（180cm）四方のサイズ，図の下部に権近の小記があるというからには，この「皇明一統輿地図」も同系統の地図であるに相違ない。権近の直筆原本というのは，玄岱の誤解で，おそらく写本だろうが，ほんとうに“四日”と明記されていたとすれば，龍谷図でも本光寺図でもない別の写本ということになる。そして，この八月四日が，まさに太宗朝の政体に関わって，ひいては朝鮮王朝の歴史において特記すべき日であり，権近自身がもともと四日と記していたのか，そのごの朝鮮王朝の思惑による書き足しかは別にして，「混一疆理歴代国都之図」の完成をこの日付にする意味がじゅうぶんにあったことは，すでに述べたとおりである。玄岱のいう“顧みるに其の記中に寓意深し”が，もしこれを指したものだとすると，かれはかなりの朝鮮通だったことになる。

「皇明一統輿地図」というタイトルからすれば，この地図は，本光寺図よりさらに時代が下り，明代の行政単位，名称に直した改訂版，ことによると中宗の時代の「皇明一統地理図」をベースとする合体地図かもしれないが[423]，それが玄岱の仮称に過ぎないならば，よりオリジナルに近い地図であった可能性もある。京都に遊学中の玄岱が何処で実見したのかについては不明だが，この地図の性格からすれば，こんご，御所，二条城近辺，あるいは朝廷，徳川将軍家ゆかりの寺，家臣の文庫などから出現する可能性もあるだろう[424]。

さらに，権近図の改訂版のひとつ熊本本妙寺（加藤清正の菩提寺）の「大明国地図」は，これまで，豊臣秀吉が天正二〇年（1592）の朝鮮出兵のさいに清正に持たせたものという寺伝が，さしたる根拠もなく鵜呑みにされてきた。しかし，『宣宗大王実録』[425]によれば，宣宗の二六年（1593），咸鏡道の戦いに敗れ，清正の軍に降り娘二人を差し出した韓克諴の子，すなわち韓格[426]が抄写して献上した「中国・朝鮮地図」そのものである可能性がきわめて高い[427]。肉眼で見た限りでは朝鮮製らしき紙に描かれていること，龍谷図，本光寺図のように海の波線を描かず山岳と同じ淡い顔料でベタ塗りに彩色し，原図で剝落していたと思われる地名は補うことなくそのまま空白になっており，短期間のうちに写されたと見えること，『実録』を否定すべき事実は今のところない。とすれば，この地図は，1593年筆写という絶対年代のもとに見ることができる。韓格が参照した原図の成立年代は，こんごの研究を俟たねばならないが，既述のとおり，江南から直沽への海路が三本描かれるなど，龍谷，本光寺図より清濬・李沢民の地図の情報を詳しく正確に残している部分も相当にある。天理図，さらには楊子器図への展開もふくめて，いご，この地図の解析が一連の地図研究の「鍵」となることは疑いない。そして，韓格の「裏切り行為」を知った宣宗と大臣たちの激怒は，とうじ朝鮮王朝にとってこの地図がいかに重要だったかを示している[428]。

1609年，本妙寺の住職となった日遥上人は，本名を余大男という朝鮮人であった。1593年に慶尚道と全羅道の境の河東で加藤清正の軍勢に捕らえられ，熊本で仏門に入り，京都の五山で修行して帰ってきたのだという[429]。いわば運命を共にしたこの地図を，かれは万感の思いをこめて，日々護り眺めたにちがいない。

註

1) 篆書で書かれたタイトルは，じゅうらい「混一疆理歴代国都地図」と読まれているが，“地”もしくはその異体字と解釈された字は〓と書かれており，じっさいには“地”とは読めない。京都大学人文科学研究所の浅原達郎の教示によれば，「比干墓銘」に見える〓のごとく，この字もやはり龍谷図と同じ“之”の字である（『古文四声韻』「上平之第七」。「比干墓銘」については，『書史会要』巻一「列国」参照）。したがって，楊子器の跋を有し，嘉靖五年（1526）二月付けの別系統だが類似の名をもつ「混一歴代国都疆理地図」の“地”の字〓も，この篆字を踏襲し更に装飾化したものなので，同様に「混一歴代国都疆理之図」と改めねばならない。『SEOUL, Heaven・Earth・Man』「34. 海東八道烽火山岳之図（17～18世紀）」（ソウル歴史博物館，高麗大学校博物館　2002年　61頁）にも，より装飾化された篆字〓が見える。龍谷図の“之”の字からわざわざ「比干墓銘」の“之”の字に変えられたのは，「周の武王（殷の）箕子を朝鮮に封じ，平壌に都し，八条を以て民を教す。今の国人の礼義を以て俗を成すは此に始まる」という朝鮮王朝の一種のアイデンティティによるのかもしれない（崔溥『漂海録』「弘治元年（1488）戊申二月初四日」）。いずれにせよ，この“之”の字だけでも本光寺図が龍谷図より時代が下ること，明らかである。夏竦の『古文四声韻』は，大元時代の楊鉤が『増広鐘鼎篆韻』（中国国家図書館蔵清抄本　延祐元年馮子振序，熊朋来序）の増訂に使用した新たな参考書のリストに挙げられるほか，趙撝謙の『学範』巻下「字学書目」にも見え，大元，明代を通じて四明地方（現在の浙江省寧波一帯）の文人が篆書を学ぶための必読書であった。『学範』は朝鮮でも刊行され読書規範として使用されたので，『古文四声韻』を参照して𡿪の字に改められた可能性も高い。『学範』については，本書第II部第8章参照。後述するように，大元ウルス治下において刊行された『十七史纂古今通要』前後集（南京図書館蔵影元鈔本）の巻頭の「地理総図」は，「歴代帝王国都疆理総図」をタイトルとしており，『陽村先生文集』の「歴代帝王混一疆理図」のほうが，むしろ本来のタイトルである可能性もある（龍谷図，本光寺図のタイトルの下には，「歴代帝王国都」が列挙されているので，文集は，それをタイトルの最初の四文字「混一疆理」に合体させて呼んだものにすぎないのかもしれない。「歴代帝王国都混一疆理之図」の“国都”が省略され，篆字の“之”が読めなかったものか）。しかし，いずれにせよ，「混一疆理歴代国都之図」のタイトルが普及しているので，これを通称とする。なお，こんごの研究において，「混一歴代国都疆理之図」（高麗大学仁村紀念館，京都妙心寺麟祥院，宮内庁書陵部所蔵）と併せて論じる必要が出てきた場合には，混乱を避けるために，前者を「権近図」と総称し，後者は「楊子器図」と呼ぶことにしたい。

2) 申叔舟の『海東諸国紀』(1471) と連動する。

3) 本光寺図については，現時点では川村博忠「島原市本光寺蔵『混一疆理歴代国都地図』の内容と地図学史的意義」(『島原市本光寺所蔵古文書調査報告書』島原市教育委員会　1994年　12-21頁）が詳しい。

4) 杉山正明「モンゴルによる世界史の時代——元代中国へのまなざし」『世界美術大全集東洋編7　元』(小学館　1999年　9-16頁）のち『逆説のユーラシア史』「第2章文物と文学が照らし出す大モンゴル」(日本経済新聞社　2002年　131-151頁）に再録，同『世界史を変貌させたモンゴル——時代史のデッサン』「第一章　アフロ・ユーラシア・サイズの歴史像」(角川書店　2000年　5-78頁)，同「モンゴルから見た蒙古襲来」(『平成13年度　海事講演会　海・船セミナー2001～蒙古襲来を再検証する～講演録』2002年　船の科学館　36-66頁)，同「東西の地図が示すモンゴル時代の世界像」(『国際Symposium　15～16世紀の東Asia地図』日本京都大学‘15・16・17世紀成立の絵図・地図と世界観’研究会，韓国誠信女子大学校韓国地理研究所　2003年3月　ソウル大学校　湖巌館　1-15頁，『論集　古典の世界像』平成10～14年度　文部科学省科学研究費補助金　特定領域研究（A）118「古典学の再構築」研究成果報告集V　A04「古典の世界像」班研究報告　2003年　169-183頁)

5) 21世紀COEプログラム「15・16・17世紀成立の絵図・地図と世界観」の共同研究に微力を求められることになったとはいえ，それ以前に杉山正明個人が諸々の手続きを経て将来された写真を分析，使用する権限は，当然のことながら筆者にはないと考える。したがって，地図に書かれた情報について言及せざるを得ない場合は，京都大学文学部地理学研究室所蔵の龍谷図の写本にもとづいて行う。『学びの世界——中国文化と日本』(京都大学附属図書館・総合博物館・大学院文学研究科　2002年　4-6頁）参照。なお，龍谷図の実物は，2003年9月29日にCOEのメンバーとともに参観させていただくことができた。本光寺図，本妙寺図については，2003年10月1，2日に同上COEプログラムの団体調査旅行において実見・確認した情報のみについて言及するものとする（個人による写真撮影は一切行っていない。当日の筆記ノートによる）。天理図は実見していないので，先行論文の情報に依拠する。楊子器図については，COEに先行して，村井章介・橋本雄等を代表とする地図研究グループの妙心寺麟祥院所蔵図（2001年11月23日），宮内庁書陵部所蔵図（2002年8月23日）の調査がまずあり，杉山正明・藤井譲治・古松崇志・井上充幸とともに同行，閲覧させていただいたほか，妙心寺図については，杉山以下5名で2001年12月19日に再度調査，撮影をさせていただいた経緯がある。仁村紀念館所蔵図は2003年3月6日，楊普景をはじめとする韓国の研究者の方々のご好意により，COEの海外調査旅行で実見することができた。本書では，あえて京都大学文学部地理学研究室所蔵の写本を使用するにとどめる。以上，断っておきたい。

6) 葉盛の蔵書の概略については，『菉竹堂書目』，『涇東小藁』（上海図書館蔵明刊本）巻四「書目序」に詳しい。蔵書の中の希少なテキスト，拓本については，かれ自身が『水東日記』，『涇東小藁』，『菉竹堂稿』（山東省図書館蔵清抄本）の中で随時個別に紹介している。今日，散逸して伝わらない大元時代から明初にかけての刊本の概要を知るための必須の資料である。一例を挙げるならば，江浙行省に保管されていた『遼史』，『金史』，『宋史』の元刊大字本の版木は兵革によって焼失してしまっていたこと，したがって，今日書誌学者によっていわれるような元刻明修本などほとんどありえず，じつは『南廱志経籍考』下の版木も，元刻本の子供，孫の関係にある覆刻本にすぎないことが指摘される。これは『菉竹堂稿』巻八「書三史後」によって初めて知られる事実である。

7) 羽離子「元代傑出地図学家清濬法師」（『法音』1986-3　41-44頁），張江華「《水東日記》中元僧清濬地図的記載与系統図例符号的使用年代問題」（『中国歴史地理論叢』1992-1　245-248頁）

8) 2003年7月10日に大倉集古館学芸員伊東京子，および慶応大学斯道文庫の高橋智両氏の立会いのもと，実見させていただいた。

9) たとえば「疆理図」において，②の「倭」を，①$^{\beta}$，①$^{\gamma}$はともに「矮」の字に作っている。

10) 『周礼』「地官」《大司徒》に“大司徒之職，掌建邦之土地之図与其人民之数，以佐王安擾邦国，以天下土地之図，周知九州之地域広輪之数”とあり，賈公彦の疏は馬融の説を引いて“東西為広，南北為輪”という。東西南北への広がりを言い表わす「広輪」は，「混一」に近い語と言えるだろう。

11) 『成化杭州府志』巻四四「志隠・皇朝」“王逵字志道。銭塘人。足一跛。家貧，売薬市卜文錦坊，博究子史百家，客至，輙談今古，衮衮不休。人知其弁博，毎以疑難事質之。有蘭埜集”。

12) 現時点では，厳節に関するほかの記録を発見できていない。葉盛とまさに同時代の人物だが，『水東日記』のほかの箇所，および『涇東小藁』，『菉竹堂稿』には言及がない。明の地方志では比較的まともな『正徳嘉興志補』（上海図書館蔵），『弘治嘉興府志』（上海図書館蔵）にもその名は見えない。のち『殊域周咨録』をものした嘉禾の厳従簡は同族だろうか。

13)『元史』巻六三「地理志六・安南郡県附録」“宣化江路，地接特磨道”。

14) 巻頭の目録では，「送濬天淵還鄞序」に作る。『宋文憲公全集』の『四部備要』本の目録では巻六に「送濬公還四明序」とあるが，もとづいたテキストにおいて乱丁，落丁があったようで，該当箇所には見えない。『四庫全書』本では，巻八に「送天淵禅師濬公還四明序」として見える。

15)『潜山集』巻一〇「観禹貢九州歴代帝王国都地理図」“万里江山幾廃興，覧図真合拊吾膺。三王二帝皆難問，両漢六朝何所称。此日中原全拱北，異時深谷或為陵。看来今古皆如夢，夢境虚無豈足憑”。

16)『書集伝音釈』は，現在，中国国家図書館，上海図書館蔵の至正五年虞氏明復斎刊本，至正十四年劉氏日新書堂刊本，国立公文書館の至正十一年徳星書堂/余氏双桂書堂刊本のほか，北平図書館旧蔵の建安宗文書堂刊本などがのこっており，元末明初に盛んに刊行されたことがわかる。なお，国立公文書館本の封面には，「経伝詳音明本大字」「纂図輯釈/蔡氏書伝」とあり，「浄長捨入」の墨書がある。全巻にわたって室町時代の朱点朱引が見られる。明本とは，“四明刊行のテキスト”の謂いである。なお，宋版とされる『監本纂図重言重意互註点校尚書』には，この図がない。

17)『澹生堂蔵書目』巻五にみえる黄仁浦「歴代国都地理図」一巻もあるいは，この系統の地図か。

18) 上都が円を枠とすることからすれば，本来は黄色の円に赤の外枠だったと考えられる。なお大金国都，女真南京がほかの歴代国都とことなり，皇都および燕都と同じ扱いを受けているが，これは朝鮮王朝の，女真と朝鮮は祖を同じくするという，特別なメッセージ，意思表示にほかならない。『直説通略』巻一一（北京大学図書館蔵明成化十六年重刊本，台湾国家図書館蔵明鈔本）「金・太祖」“太祖，姓完顔氏，名阿骨打，又名旻。本是女(貞)[真]人，女貞元名朱里真，又喚做慮真，在契丹東北長白山下鴨緑水裏面是粛慎的後代，渤海的別族。又有人説道：本姓拏，是三韓国辰韓的後 三韓近東方有三種，一種名馬韓，一種名辰韓，一種名弁韓。弁韓，辰韓各有十二国，馬韓有五十四国，大国有万余家，小国有数千家。高麗，百済等国，皆是三韓之後。 唐時才方与中国来往。這的又有数種。生在女貞的族類更多有。完顔揹蒲名字的本是新羅人，号完顔氏 称完顔的，即是中国称王一般 。女貞将女嫁揹蒲，生両子。大的名胡来，三世有孫，名楊歌，又喚做楊割太師，遂強女貞部，有子，名阿骨打，即太祖”。鄭夢周の『圃隠集』巻二「女真地図」“曽聞砮矢貢明堂，粛慎遺民此一方。雪立白山南走遠，天連黒水北流長。完顔偉量呑遼宋，大定豊功逼漢唐。坐対地図還嘆息，古来豪傑起窮荒”にも，大金への特別な「想い」が読み取れる。

19)『元史』巻六三「地理志六・河源附録」

20) 海野一隆「天理図書館所蔵大明国図について」（『大阪学芸大学紀要』A 人文科学　第六号　1957 年　60-67 頁），任金城「国外珍蔵的一些中国明代地図」（『文献』1987-3 総 33 期　123-133 頁）。

21)『水東日記』の①$^{\alpha}$のテキストを作成した湖広では，布政司が「輿地図」を刊行しており，「広輪疆理図」との関連が推測される。また，『中夏古今州郡図譜』（国立公文書館蔵抄本）の図「明両京十三省」にも「広輪疆理図」の影響がうかがわれる。

22)「皇明輿地之図」は，厳節のみた清濬の「広輪疆理図」と同様，僅かに縦長である。
23) 清濬，李沢民とほぼ同時代，同地域で活躍し，『元史』の編纂にも携わった王彝の『媯蜼子集』（台湾国家図書館蔵明鈔本）巻一「制倭」で認識されている日本は次のようなものである。“倭在海東，高麗、新羅之南，以其矮点故号之。倭奴考之，日本、琉球、百済、拘耶韓、南夷洲、紵嶼，無慮百国，皆為倭種。一云惟日本為倭，在海島中，左右島五十余，皆自名国而臣附之。今皆与会稽、四明、杭蘇相望。大者如中国之一郡，小者如一邑。再小者如一郷。無城郭以自固，少米粟以為資，散処山林，捕海錯以為活。漢魏之際，已通中国，其人弱而易制。慕容廆嘗掠其男女数千，捕魚以給軍食。其後種類繁植。稍知用兵，航海而来。艨艟数十，剣戟戈矛，悉具其銛，利倍蓰公，然出其重貨，若銅鑞，硫黄，髹漆器用貿易，即不満所欲，遂燔城郭，刼居民……”。
24) 本妙寺図では，“泉州風帆六十日至爪哇国，二百二十日至馬八児，一百余日至忽魯没思”となっている。
25)『元史』巻二一〇「外夷三」〈爪哇〉，〈馬八児等国〉
26) 至正十一年に，泉州路のダルガ高昌ウイグルの偰玉立（セウル）が編纂した『清源続誌』の附録として刊行された。
27) Paul Pelliot, *Notes on Marco Polo* I, Imprimerie Nationale Librairie Adrien-Maisonneuve, Paris, 1959, 576-582.『大徳南海志』巻七「舶貨・諸蕃国附」
28)『鄭和家世資料』（紀念偉大航海家鄭和下西洋580周年籌備委員会・中国航海史研究会 人民交通出版社 1985年）参照。
29) 洪武帝から開始された勘合貿易は，大元時代の通商システムはもとより，活発な海外貿易による文化の交流を台無しにした。『戊子入明記』「行在礼部為関防事該」に引用される洪武十六年の聖旨には“南海諸番国地方遠近不等。毎年多有番船往来進貢及做売買的。売買的人多有仮名託姓，事甚不実，難以稽考。致使外国，不能尽其誠欵。又怕有去人詐称朝廷差使，到那裏生事，需索擾害他不便。恁礼部家置立半印勘合文簿。但是朝廷差去的人及他那裏差来的，都要将文書比対硃墨子号，相同方可聴信。若比対不同，或是無文書的，便是仮的，都拏将来”とある。
30)『存復斎続集』「海道都漕運万戸張侯去思碑」，『国朝文類』巻四〇「経世大典序録・海運」，『洪武蘇州府志』巻四六「雑志」も参照。
31) 彩色地図である「乾坤一統海防全図」（『中国古代地図集 明』文物出版社 1995年）や，栗棘庵の「輿地図」，『広輿図』の「海運図」では，海道は，波の上に直接線を引いて示すのではなく，その部分だけ波を描かないことによって線の輪郭を白く浮き上らせる手法をとる。したがって，模写のさいに見落とされた可能性がある。
32)『水利集』（上海師範大学図書館蔵抄本）至大元年二月任仁発「浙西水利序」“国家混一江南，創開海道，亦歳運糧米二三百万碩，京師・内郡頼以足食。所謂蘇湖熟，天下足者，此也”。
33)『僑呉集』巻八「贈李憲僉序」“至正壬辰春，海寇焼刼嘉定、崑山，而得朝鮮李公分憲呉下。深惟：呉乃財賦所由出，実国家東南大藩屏”，巻九「記平江路新築郡城記」“至正十一年紅巾賊起汝陽，明年浙東海寇焼刼崑山。是年，廉訪憲司僉朝鮮李公巡案呉下”，『夷白斎藁』巻二六「省委官河南杜君政蹟記」“至正十二年壬辰春，海冠襲漕運，汝寇陥湖襄，蔓延江東西。江浙行中書省出師捕禦，選材略素著者，備瀕海要地，嘉興為郡，負海控江，左拱銭塘，右連呉，而其地若海塩旧邑，澉浦黄湾，境接島夷，商通卉服，大艘巨舶，与醜類鯨鯢相出沒。有司防禦，雖不敢懈，尚慮勢庳事緩”，『元史』巻四二「順帝本紀」[至正十一年三月，閏三月，五月]，『元史』巻一四二“明年（至正十二年），盗起汝、潁，已而蔓延于江浙、江東之饒、信、徽、宣、鉛山、広徳，浙西之常、湖、建徳，所在不守……十八年，……時南行台治紹興，所轄諸道皆阻絶不通。紹興之東，明、台諸郡則制於方国珍，其西杭、蘇諸郡則拠於張士誠。憲台綱紀不復可振，徒存空名而已。二十年，召還朝，慶通乃由海道趨京師”など。

34）ただし，この間も『羽庭集』巻五「餞将作院使曲有誠公序」“至正十有四年，淮海漕粟，不継進於京庾。廟堂有憂之。廼今将作院使曲公任兵部郎中，以明年三月奉制署海道防禦官于東浙，事具親率其徒旅漕舶千余艘，転粟数百万斛以帰。上嘉奨之”というような例もあり，完全に不通であったとはいいきれない。

35）1574年にスペインのフェリペ二世に献上されたことで知られる明の喩時の「古今形勝之図」（嘉靖三四年/1555年刊）は，この海路の解説に“成化壬辰以前□□□北路三五日至成山……”という。清濬の図の壬辰を勘違いした可能性がある。「乾坤万国全図古今人物事跡」はさらに“成化以前運糧□北路三五日至成山……今不敢行”と改める。

36）『元史』巻九七「食貨志・海運」“及汝、潁倡乱，湖広、江右相継陥没，而方国珍、張士誠竊拠浙東、西之地，雖縻以好爵，資為藩屏，而貢賦不供，剝民以自奉，於是海運之舟不至京師者積年矣。至十九年，朝廷遣兵部尚書伯顔帖木児，戸部尚書斉履亨徴海運於江浙，由海道至慶元，抵杭州。時達識帖睦邇為江浙行中書省丞相，張士誠為太尉，方国珍為平章政事，詔命士誠輸粟，国珍具舟，達識帖睦邇総督之。既達朝廷之命，而方、張互相猜疑，士誠慮方氏載其粟而不以輸於京也，国珍恐張氏掣其舟而因乗虚以襲已也。伯顔帖木児白於丞相，正辞以責之，巽言以諭之，乃釈二家之疑，克済其事。先率海舟俟于嘉興之澉浦，而平江之粟展転以達杭之石墩，又一舎而後抵澉浦，乃載于舟。海灘浅渋，躬履艱苦，粟之載於舟者，為石十有一万。二十年五月赴京。是年秋，又遣戸部尚書王宗礼等至江浙。二十一年五月運糧赴京如上年之数……二十三年……九月又遣戸部侍郎博羅帖木児，監丞賽因不花往徴海運。士誠託辞以拒命，由是東南之粟給京師者，遂止於是歳云”。

37）移録されていないが，碑陰に当時の「海道図」，「路分画図」が刻まれていたはずである。

38）『中国古代地図集　明』44「乾坤一統海防全図局部　錦州衛部分」

39）海野一隆『東洋地理学史研究　大陸編』第二部「朝鮮地図学の特色」第八図（清文堂出版社　2004年　206-210頁）

40）『明史』巻一四五「姚広孝伝」。なお，道衍は『逃虚子道余録』の序において“余曩為僧時，慣元季兵乱，年近三十，従愚庵及和尚於徑山，習禅学，暇則披閲内外典籍，以資才識”と述懐し，愚庵智及の行状，祭文も手がけるごとく，徑山愚庵智及禅師の法嗣で，愚庵智及は清濬の師古鼎祖銘とともに徑山原叟行端禅師の法嗣である。ゆえに清濬の“法門の従昆季”にあたるわけである。

41）『逃虚類稿』巻一「随菴記」“丹丘濬公天淵，亮雅茂重，博通内外学，嘗搆室于四明之青山，為恬養之所，命其名曰随菴，徴衍為記。衍与天淵為法門従昆季也。知天淵為詳”。

42)『羽庭集』巻四「題天囦上人扇面」

43) 唐僧一行，陋周畿漢志之陋，始定南北両戒，而山川之肇源止伏，一覧以尽，可謂善矣……余嘗出居庸，上桑乾，始識其衍迤之勢，千里若一，方若布席，円若拱璧，氈廬蔽空，凝雲積雪，杳不察其高下，故其行者如升虚，騎者如凌風，忘登頓之労，繇是達於金山，靡有紀極，而視両戒之説，倍蓰未足以議也。

44)『逃虚類稿』巻一「随菴記」“天淵居青山之日，禅叟，墨客，樵人，牧竪相与往来，無賢愚賤貴之有間，其熙々自若也”。

45)『恕中無愠禅師語録』巻四「光明室為二霊天淵和尚作」，『了堂惟一禅師語録』巻四「光明室為天淵和尚題」，『九霊山房集』巻一二「二霊山房記」，巻一六「湖下対雨有懐天淵老禅」，「承天淵天敘二禅師下顧適出不及一会而去詩以謝之」，巻一八「風光軒賛并序」，巻二九「寄天淵老禅時住二霊」，『丁鶴年詩集』巻三「寄東湖濬天淵長老伯仲」，「題濬天淵長老二霊山房」在東湖，「元旦与天淵長老雪中泛渓因而嘲及」

46) 朱彝尊『明詩綜』巻八九「夷簡・鍾山法詩」では，洪武四年の冬十二月に宗泐，来復，梵琦，守仁，万金，清濬，曇噩，慧日，居頂，夷簡の十人を召喚し，翌年春正月に国殤の大法会を開催したことになっている。

47)『全室和尚語録』(京都大学附属図書館蔵抄本，建仁寺蔵鈔本) 巻三「祭文」〈祭牧隠和尚〉。この書は，長谷部幽渓「季潭宗泐伝の原資料」(『明清仏教教団史研究』同朋舎 1993年 539-558頁) において紹介されたほか，最近，佐藤秀孝「季潭宗泐と『全室和尚語録』——『全室和尚語録』とその翻刻」(『駒沢大学仏教学部研究紀要』第56号 1998年 167-212頁) に全文が移録された。なお，季潭宗泐の詩文集として『全室外集』がよく知られているが，じつは建仁寺両足院の蔵書第55函に，それに先んずる『全室藁』の抄本一冊がある。巻頭に朱右の序を附し，古楽府，古詩，「西天紀行」(『千頃堂書目』にいうところの『西游集』だろう)，疏，記など未紹介の詩文を多数収録する。併せて参照すべきだろう。詳細は拙稿「幻の『全室藁』」(『漢字と情報』11 21世紀COEプログラム「東アジアにおける人文情報学研究教育拠点——漢字文化の全き継承と発展のために」2005年10月 4-5頁) 参照。

48)『万暦黄巌県志』巻七「仙釈」〈清濬〉

49)『宋学士文集』巻八「送天淵禅師濬公還四明序」“余初未能識天淵，見其所裁輿地図，縦横僅尺有咫，而山川州郡彪然在列。余固已奇其為人，而未知其能詩也。已而有伝之者，味沖澹而気豊腴，得昔人句外之趣，余固已知其能詩，而猶未知其能文也。今年春，偶与天淵会於建業，因相与論文。其弁博而明捷，宝蔵啟而琛貝焜煌也。雲漢成章而日星昭煥也。長江万里，風利水駛，龍驤之舟藉之以馳也。因徴其近製数篇読之，皆珠円玉潔而法度謹厳。余愈奇其為人，伝之禁林，禁林諸公多嘆賞之。余竊以謂天淵之才，未必下於秘演，浩初，其隠伏東海之浜而未能大顕者，以世無儀曹与少師也。人恒言文辞之美者蓋鮮。嗚呼。其果鮮乎哉。方今四海会同，文治聿興，将有如二公者出荷斯文之任，倘見天淵所作，必亟称之。浩初，秘演当不専美於前矣。或者則曰：「天淵浮屠氏也。浮屠之法，以天地万物為幻化，况所謂詩若文乎」。是固然矣。一性之中，無一物不該，無一事不統，其大無外，其小無内，誠不可離而為二。苟如所言，則性外有余物矣。人以天淵為象為龍，此非所以言之也。天淵将東還，賢士大夫多留之，留之不得，咏歌以別之。以余与天淵相知尤深也，請序而送”。釈守仁『夢観集』（建仁寺両足院蔵抄本　釈如蘭編）「欽御製詩賜天淵禅師帰隠」も参照。

50）『金陵梵刹志』（万暦三五年南京僧録司刻天啓七年印本）巻二「欽録集」［洪武十四年辛酉］

六月二十四日礼部為欽依開設僧道衙門事。照得；釈道二教流伝已久，歴代以来皆設官以領之。天下寺観僧道数多，未有総属。爰稽宗制，設置僧道衙門，以其掌事。務在恪守戒律，以明教法。所有事宜，開列于後。

一．在京設置僧録司、道録司，掌管天下僧道，選精通経典，戒行端潔者，銓之。其在外布政府州県，各設僧綱、僧正、僧会、道紀等司衙門，分掌其事。

僧録司掌天下僧教事

善世二員正六品　左善世　右善世

闡教二員従六品　左闡教　右闡教

講経二員正八品　左講経　右講経

覚義二員従八品　左覚義　右覚義

『明太祖実録』巻一四四「洪武十五年夏四月辛巳」

51）『金陵梵刹志』巻一「御製集・勅諭」〈授了達，徳瑄，溥洽僧録司〉“邇来僧録司首僧闕員，召見任者，命詢問其人，各首僧承命而還不数日来曰「臣弘道等若干人前奉勅詢高僧於諸山，即会叢林大衆，皆曰『惟浙右上天竺僧溥洽，京師鶏鳴寺僧徳瑄，能仁寺僧了達，東魯之書頗通，西来之意博備，若以斯人備員，僧録司実為允当』……」”。

52）『金陵梵刹志』巻二「欽録集」［洪武十五年］

四月二十二日准吏部咨：除授各僧道録司。咨本部知会。

［僧録司］

左善世戒資　右善世宗泐　左闡教智輝　右闡教仲義

左講経玘太朴　右講経仁一初　左覚義来復　右覚義宗𠆸

四月二十五日礼部為欽依開設僧道衙門事。今将定列本司官員職掌事理。開坐前去。仰照験，遵依施行。

一．来復　宗𠆸　検束諸山僧，行不入清規者，以法縄之。并掌天界寺一応銭糧産業及各方布施財物，置立文簿，明白稽考其各僧官職掌之事。宗𠆸皆須兼理。

『金陵梵刹志』巻三「鍾山霊谷寺・人物・明」“清濬：洪武四年設普度大会於鍾山。師其一也。引見上労問甚至，錫賚還四明。後召補右覚義。二十年被旨即霊谷設普度大斎陞座説法，感仏放光現瑞。補住霊谷。上嘗親製詩十二首，以寵其行”。

53）『民国衢県志』巻一九「碑碣志四・寺」《明洪武烏石福慧寺捨田記》

54）夫僧者，立身於物表，以化人，初不可煩以宮守也。然而聚廬以居，合衆而食，銭穀有出納，簿籍有勾稽，不有所司，何以能治。故僧官之設，歴代不廃。今命爾僧清濬為僧録司左覚義。爾其往慎乃職，勿怠以私，使彼学道之徒安居飽食，而不懈於進修，以称朕興隆爾教之意。欽哉。

55）『金陵梵刹志』巻三明大学士呂柟「遊霊谷記」によれば，霊谷寺の青林堂の前に，この明太祖の御製山居七律十二首を刻した木榜が建てられていたという。

56) 『全室外集』（東洋文庫蔵五山版）巻一「欽和御製山居詩賜霊谷寺住持」，『夢観集』巻四「奉旨賦送左覚義住霊谷寺詩三首」，「欽和賜霊谷首僧天淵昌雪来朝」，『霊谷禅林志』巻一三明太祖「御製山居詩十二首」，劉三吾「御製賜僧清濬詩欽和十二首」，釈清濬「上命和山居詩十二首」，釈宗泐，釈守仁「上命賦詩三首賀清濬」，釈弘道「上命賦詩三首賀清濬」

57) 『逃虚類稿』巻一「随菴記」“今官於僧録，寵承天眷，王侯将輔，貴介名士，情交而礼遇，其亦熙々自若，曽不以栄誉，少動乎心”。

58) 『式古堂書画彙考』巻一〇「蘇東坡虎跑泉詩巻行書白紙本高七寸七分長一尺一寸共七行前後緝熙殿宝」

59) 『中国古代書画図目（十五）』「遼寧省博物館 1-080」（文物出版社　1997 年　65-66 頁），『世界美術大全集東洋編 7　元』（小学館　1999 年　104 頁）

60) 『坦斎劉先生文集』（中国国家図書館蔵明万暦六年刊本）巻上「遊霊谷寺記」

61) 『増集続伝灯録』巻六「霊谷(円)[玄]極居頂禅師」

62) 『故宮書画録』巻一「元趙孟頫書趵突泉詩一巻　調二二四 40」（72-74 頁）

63) 『書画題跋記』巻八「楽琴図」

64) 『金文靖集』巻九「径山南石和尚塔銘」に“霊谷僧随庵，名重一時，非其人弗接，聞和尚名，即招之，与之分門説法”という

65) 『坦斎劉先生文集』巻上「遊霊谷寺記」に“観壁上諸画図皆出天下高手芸”とあり，『客座贅語』巻二「海水雪景」にも霊谷寺画廊の壁画について言及がある。ちなみに呉道子画，李太白賛，顔真卿書の「宝公像」三絶碑に，趙孟頫の跋文を附して重刻した大元時代の碑も霊谷寺に立っていた。また，『滎陽外史集』巻九七「計偕録」に“二十五日定海某主簿行，附家書，午後与夏尚忠，范敬中，遊天界寺，周観画壁輝耀，遂造国学而帰”とある。

66) 『天台林公輔先生文集』（静嘉堂文庫蔵抄本）「送嘉興天寧住持竹庵禅師序」

67) ティベットおよび少林寺を中心とした華北禅宗にも強力なパイプをもっていた来復は，一説に非漢民族――クビライ時代に活躍したミンガンの後裔で，出家前の名を元明濬，字は天淵，大元ウルス朝廷の学士であったとされる。天淵清濬の名との類似も気になるところである。倪綰『群談採余』（国会図書館蔵明刊本）巻五戊巻「僧梵」参照。来復の至正年間，四明での交遊関係は，かれ自身が往復書簡，贈答詩文を編集した『澹游集』によって知ることができる。ここには，四明の僧侶，文人官僚のほかカルルク，タングト，ウイグル，ナイマン，モンゴルなどの非漢民族の官僚たちの名が少なからず挙げられ，全ての人物に経歴，官職が註記されている。当時の僧侶のじっさいの書簡の形式を知りえるのみならず，科挙及第者のリストを補うのにもやくだつ。なお，来復が，洪武十六年に南京天禧寺に葬られたインド出身の仏僧サキャツァシリの塔銘を撰した際，書丹を担当したのは“日本沙門釈中巽”，『書史会要』の補遺にも見える僧である。中巽は絶海中津の法孫で，洪武八年，夢窓疎石の塔銘の撰文を無逸克勤を介し洪武帝に依頼した人物でもある。来復は，五山僧との関係も深かった。『北京図書館蔵歴代石刻拓本滙編』第 51 冊（明一）（中州古籍出版社　1991 年　17 頁）参照。

68) 『清教録』がこの一連の事件の顛末を詳細に述べていたようだが，現存しない。『牧斎初学集』巻八六「跋清教録二則」，『銭遵王読書敏求記』佚文「清教録一巻」参照。

69)『万暦黄巌県志』巻七「仙釈」〈清濬〉

70)『古今書刻』下「江西・南昌府」に“天下清規鐫字　趙孟頫書。倶奉新県百丈山”とあり，「百丈清規碑」が「大智院碑」とともに百丈山に立っていたことが知られる。これが『勅修百丈清規』と同文であれば，至治二年に没している趙孟頫の書ではありえないが，趙孟頫体，あるいは趙孟頫の字を集めて彫ったものとも考えられる。また，『百丈清規』が碑刻として存在した例として，銭大昕『乾隆鄞県志』巻二五「寺観」〈彰聖禅寺〉に，大元時代に礼楽，新清規碑が立石されたことが見えている。カアンの命令によって刊行された書物が諸山の寺刹に配布され，名刹，僧侶の側もお布施を出して複数部印刷し，所属の寺へ配布に努めた好例として『護法論』(国立公文書館蔵元刊本）が挙げられる。この書は延祐元年，アユルバルワダの聖旨によって刊行され，のちやはり宋の張商英の撰に係る「洛陽白馬寺記」を巻末に附し，後至元元年再び出版された。巻末に“大元国　　道　　路　　謹捨浄財，印施斯論　　部……年　　月　　日施”云々とあらかじめ空白を設けて刻されており，そこに各自で記入するようになっている。

71）以上，『至正金陵新志』巻一「龍翔寺図抄白」，『道園学古録』巻二五「大龍翔集慶寺碑」

72）金陵での官刻事業と所蔵した版木リスト，書籍収集の一端については，『至正金陵新志』巻九「学校志・路学」参照。また，洪武四年金陵王氏勤有書堂刊『魁本対相四言雑字』等によっても，とうじ集慶路には，建安と同様，挿絵入りの書物等を刊行する書肆が立ち並んでいたことが，推測される。天界寺の僧が詩文集を集めていた例のひとつとして，『東里文集続編』巻一八「録掲文安公文四集」“比聞僧録司官溥洽有公文集十冊。詢之巳失其一。所存九冊，其徒持帰四明，不及得観也”があげられる。

73）禅寺で書籍の閲覧が行われた実例として，建仁寺両足院が所蔵する影元鈔本『禅苑清規総要』の標記をあげておく。同寺にはこの鈔本の原本たる元刊本ものこっているが，この標記の部分はすでに失われている。“南贍部洲大元国江西道龍興路寧州雲岩寿寧禅寺刹贖此清規，永充交割。諸人有疑於内，検閲証拠，却不許帯将他処。如違即唯盗論。旹天暦弐年天運己巳仲呂月越廿二日，随住自楽道人書于座元寮”。

74）たとえば，『新増東国輿地勝覧』巻一七「林川・仏寺」〈普光寺〉に元朝危素重創碑を引いて，後至元四年に入滅する冲鑑禅師が呉楚に留学，鉄山瓊禅師を高麗に迎え学んだあと，龍泉寺に住持してはじめて百丈清規を取って行い，のち禅源寺に十五年住持し，国の矜式となしたことが見えている。日本への影響については，古松崇志「元代江南の禅宗と日本五山——『勅修百丈清規』の成立と流伝」(『古典学の現在』V　文部科学省科学研究費補助金特定領域研究「古典学の再構築」2003年1月　127-147頁）参照。

75）洪武，永楽年間の出版事業は四明の僧侶，文人たちを中心に展開されたといっても過言ではない。来復，宗泐が序，識語を付す『潞国公張蛻菴詩集』もそのひとつである。

76)『礼部志稿』巻一七「蕃王来朝儀」，『大明集礼』巻三〇「朝見儀注」，「陛辞儀注」，巻三一「受蕃国来附遣使進貢儀注」，「受蕃使毎歳常朝儀注」，「蕃使陛辞儀注」，『陶隠先生詩集』巻二「天界寺」

77)『道園学古録』巻二四「集慶路重建太平興国禅寺碑」

78)『始豊藁』巻一一（静嘉堂文庫蔵明刊本）「勅賜霊谷寺碑」，『御製文集』(台湾国家図書館蔵明初内府刊本）巻一六「霊谷寺記」，『蒲庵集』（台湾国家図書館蔵明初刊本）巻五「鍾山霊谷禅寺記」

79) 『金陵梵刹志』巻二「欽録集」，『霊谷禅林志』巻四

80) 『宝蔵：中国西蔵歴史文物（第三冊）』（朝華出版社 2000年 94-137頁）

81) 『太宗恭定大王実録』巻一五「八年戊子（1408）四月庚辰」"謂世子[禔]曰「終日在館，無乃寂寞乎。可游朝天宮、霊谷寺、天禧寺、天界寺、能仁寺」"。

82) 本章で底本とする『広輿図』は嘉靖三四年頃の初版本の姿を忠実にとどめるとされる国立公文書館所蔵の清鈔本とし，必要に応じて中国国家図書館所蔵の嘉靖四〇年刊本，万暦七年刊本を参照する。海野一隆「広輿図の諸版本」（『大阪大学教養部研究集録 人文・社会科学・外国語・文学篇』14 1966年 149-164頁），海野一隆「広輿図の資料となった地図類」（『大阪大学教養部研究集録 人文・社会科学篇』15 1967年 24-34頁）参照。

83) 羅洪先があえて「声教広被図」の南半分のみしか使用しなかったのは，漠北，ロシアはもとよりアラビア半島，ヨーロッパに及んだ嘗てのモンゴルの大領域を示さずにすみ，あくまで中国を中心とする「華夷図」の伝統に従うことができるからである。清濬の地図が「皇明輿地之図」をはじめとする明代の地図に歴々と受け継がれたのに対し，李沢民の地図が，中国第一歴史档案館所蔵の「大明混一図」を除き，羅洪先以前の地図にまったく見えないのは，明朝廷の内向きな姿勢が反映された結果といえるだろう。

84) 中国の地図の大きさは縦横それぞれ180cm前後くらいが伝統のようである。正倉院北倉の弘仁五年（814）から天長三年（826）までの「雑物出入帳」には，弘仁五年，売却のため，出蔵された宝物のリストの中に，「唐国図一帖 高六尺。小破。緑綾戚」とある。これは，「天平勝宝八歳六月二十一日献物帳（国家珍宝帳）」の"国図屏風六扇 高六尺 広二尺二寸 紫綾縁 前図及両端碧牙撥鏤帖 金銅隠起釘 上頭縁木怗金銅浮漚釘 下頭縁木怗黒柒釘 背後紅牙撥鏤怗 金銅浮漚釘 碧綾背紫絁接扇 縁綾帙浅緑裏"，「弘仁二年勘物使解」の"一怗唐国図"と同一の屏風だろう。この「唐国図」は756年（唐の至徳元年）より前の状態を描く相当詳細な中国地図であったことはほぼまちがいなく，場合によっては突厥，安西都護府の管轄地，玄奘三蔵が辿った国々が描かれていた可能性もある。遣唐使等によって将来され，聖武天皇や光明皇后，藤原不比等などが眺めていたものだろう。現存していれば，唐代史はもとよりさまざまな分野の研究に多大な寄与を齎す資料であっただけに，そのごの行方がわからないのが残念だが，多少の破損で売却されていることからすれば，複数の「唐国図」が保管されていた可能性もある。『第五十六回正倉院展』（奈良国立博物館 2004年 26，117頁），『正倉院宝物3 北倉III』（毎日新聞社 1995年）参照。

85) 写すさいに，こんにち行方不明となっている羅振玉旧蔵の嘉靖三四年？刻本を参照していることは，少なくとも間違いないようである。

86) 国立公文書館所蔵の抄本のみ，東南の波模様を青海波に描き分けていることも，謄写した人物の恣意的な改竄の可能性が完全に否定できない理由のひとつとなっている。

87) アメリカ国会図書館が所蔵する嘉靖三七年本の「東南海夷図」・「西南海夷図」については，前掲海野一隆「広輿図の諸版本」の附図6を参照。

88）W. Fuchs（織田武雄訳）「北京の明代世界図について」（『地理学史研究』II　1962年），『中国古代地図集　明代』「1　大明混一図」―「5　大明混一図局部　黄河源部分」，汪前進・胡啓松・劉若芳「絹本彩絵大明混一図研究」51-55頁参照。満州語の表題は，Dai Ming gurun-i uherilehe nirugan。絹布に着色したもので，縦約380㎝，横約480㎝という巨大な地図である。ただし，掲載写真では地名の判読は困難である。この長い「半島」は，位置と形状からすると，マレー半島に見えなくもないが，W. Fucks，汪前進等ともにインドとする。

89）汪前進・胡啓松・劉若芳「絹本彩絵大明混一図研究」

90）最初にこの地図を紹介したW. Fucksは，17世紀後半の地名と判断している。17世紀成立であれば，マテオ・リッチの地図等を参照してインド「半島」を付け加えた可能性も完全には否定しきれない。

91）海野一隆「朱思本の輿地図について」（『史林』47-3　1964年　84-108頁）が，すでに『広輿図』巻頭の「輿地総図」が羅洪先によって縮小簡略化された朱思本の原図にほかならないことを指摘している。

92）のちの楊子器図においても，朝鮮と日本は円形としてしか表現されない。

93）初版本を忠実に写した国立公文書館所蔵の鈔本，嘉靖三七，四〇年刊本を見てはじめて指摘できる。万暦本は丸で囲まない。

94）洪武十二年の宋濂の序文によれば，この書は，大元時代，『六書故』，『四書集註』等の刊行事業で知られる趙鳳儀が至治二年（1322）から翌年まで，平江路総管であった時に企画・資料収集した地方志の原稿にもとづく。趙鳳儀は，転任のため刊行が果たせず，洪武年間に至って呉県の教諭盧熊が最新情報を加えて再編纂，十一年（1378）に知府の李亨が刊行を命じ，後任の湯徳がじっさいの監督をつとめた。その巻頭に付された「春秋呉国境図」，「秦漢会稽郡境図」，「東漢呉郡境図」，「三国六朝郡境図」，「隋唐五代州境図」，「宋平江府境図」，「元平江路境図」，「本朝蘇州府境図」，「府城図」，「府治図」，「府学図」，各「県界図」からは，「混一疆理歴代国都之図」と同様，南宋最末期から大元時代に育まれた地図のレヴェルの高さ，地名，設置官庁の歴史的変遷を図によって一望しようという精神が見て取れる。蘇州は，南宋淳祐七年（1247）の「天文図」「地理図」「帝王紹運図」「平江図」の石刻でも知られる。

95）『宋文憲公全集』巻一二「題永新県令烏継善文集後」，『明史』巻二八五「文苑伝」

96）『春草斎詩集』巻四「答馬易之編修次来韻」，『春草斎文集』巻三「送馬易之編修北上序」。廼賢の人脈については，かれの文集『金台集』（至正刊本）の巻頭の複数の名公による序文を参照されたい。

97）『丁鶴年詩集』巻一「次烏継善先生見寄韻」，『春草斎詩集』巻二「賦得呉王避暑宮陶侃読書堂二詩送丁鶴年帰武昌」，『春草斎文集』巻二「丁孝子伝」

98）『九霊山房集』巻一六「訪烏継善不値明日以詩見寄遂次韻答之三首」，『春草斎文集』巻一「九霊山房記」

99）『春草斎詩集』巻四「劉羽庭太守携酒訪余北郊贈詩答之」，「劉羽庭太守携酒宴倪氏池亭」，「倪氏池亭陪羽庭太守燕集分韻得東字」

100）『滎陽外史集』巻二七「送烏先生帰四明序」，巻九二「寄烏継善先生」，巻九三「用韻烏先生留別二首」，巻一〇〇「上任録」

101) 本書第 II 部第 6 章，『子淵詩集』巻一「倪仲権宅城北隅鑿池植蓮環以翠竹，友人烏継善顔其斎曰花香竹影，蓋取慈湖楊氏之言曰花香竹影無非道妙，因賦十韻」，『羽庭集』巻六「履斎記」，『春草斎文集』巻四「書倪仲権所蔵南軒先生墨蹟後」

102)『春草斎詩集』巻一「病中興感因成七詩寄蒲庵老禅」，巻四「次蒲庵長老韻二首」

103)『春草斎詩集』巻四「東湖」，「二霊山」は，清濬に贈った詩の可能性がある。

104)『恕中無慍禅師語録』巻六「天台空室慍禅師行業記」

105) 明洪武年間に，岳州府臨湘県の知県をつとめ，県署を創建した李汝霖なる人物もいるが，同一人物であるかどうは不明（『隆慶岳州府志』巻四「秩官年表下」，巻一〇「建置考」)。汝霖，沢民は，救荒政策に力を入れた大元ウルス時代に流行した名前であり，同姓同名とも考えられるからである。

106)『嘉靖江西通志』巻二九「吉安府」に洪武期の人として“楊偉字季真，永新人。性狷介，博通五経，尤精天文地理之学。嘗取尺紙作広輪図。山川曲折，郡邑遠近，如指諸掌，取古図志較之，無少異”を挙げる。烏斯道は洪武九年に永新県に赴任しているので，これを指す可能性も否定できないが，現物が伝わらず，同時代の文人による言及もみあたらないこと，『万暦吉安府志』，『永新県志』は楊偉を取り上げないことからすると，ぎゃくに清濬の地図の剽窃，もしくはかれの地図を版木に載せて刊行したにすぎない可能性も高い。

107) 青山定雄「元代の地図について」（『東方学報（東京）』第八冊　1938 年 1 月　1-50 頁＋5pls.）

108)『洪武蘇州府志』巻一「沿革・蘇州府望呉郡」“至正十六年淮東張士誠拠之，改為隆平府，十七年復為平江路。本朝呉元年王師下郡城，改蘇州府，直隷中書省，立蘇州衛指揮使司総軍政以鎮焉”。

109)『剪灯新話句解』（名古屋市蓬左文庫蔵朝鮮版）巻上「富貴発跡司志」“蓋至辛卯之後，張氏起兵淮東，国朝創業淮南，攻闘争奪，干戈相尋，沿淮諸郡，多被其禍，死於兵乱者，何止三十万焉”，巻下「秋香亭記」“適高郵張氏兵起，三呉擾乱（図経：蘇常湖三州，為三呉）生父挈家，南帰臨安，展転会稽，四明以避乱。女家亦北徙金陵，音耗不通者十載，呉元年国朝混一，道路始通”。「秋香亭記」は作者瞿佑が自身の体験を綴ったといわれている。ちなみに，「牡丹灯篭」をはじめ，明清，朝鮮，日本の文学に多大な影響をあたえた文言の伝奇小説『剪灯新話』は，洪武十一年の編輯とされるが，すべて大元時代の話で，とくに至正年間の設定が多い。至正末期江南の文化サロンの中で生み出された作品といってよい。

110) 二つの時代にまたがって生きた瞿佑は，明代後半には，大元時代の人として認識されていたようである。倪綰『群談採余』（国会図書館蔵万暦刊本）甲巻巻一「地理」参照。

111)『師山先生文集』巻三「周易大伝附註序」“至正壬辰蘄黄紅巾攻陥吾郡，禍及先廬，累世蔵書無片紙存者，求之親旧，悉皆煨燼。雖欲一周易白文読誦，亦不可得。後三年乙未被召至四明，始従友人胡伯仁氏，仮得程朱伝義”，『貞素斎集』「洪武辛亥冬十月六日華陽逸者舒頔道原甫序」“自壬辰寇，変家蔵譜画、書籍，与所作旧藁，蕩然無遺”。

112) 中国国家図書館に『禹貢山川地理図』の宋刊本が蔵される。また同図書館所蔵の宋刊本

『帝王経世図譜』巻五にも「禹貢九州山川之図」が収められる。

113)『歴代地理指掌図』(東洋文庫蔵宋刊本),『帝王経世図譜』巻六にそれぞれ「唐一行山河両戒図」,「唐一行山河分野図」を載せる。于欽の『斉乗』巻一「分野」も「唐一行山河両界図」を引用する。

114) Carte de Chine par Wang P'an, 1594, Paris, Bibliothèque Nationale Res. Ge. A. 1120 (l'original mesure 190×180cm) Supplément au *Journal Asiatique*, t. CCCLXII, 1974-3・4;楊普景「17世紀　朝鮮本　天下輿地図의考察」(『絵図・地図からみた世界像』2004年3月　180-189頁)参照。

115)『呉都文粋続集』巻一五呉寛「葉文荘公祠記」

116)『百川書志』巻一九「集・総集」

117) 1963年に発掘された「陳孚壙志」によると,この同じ至元二二年に,旧南宋の進士陳孚(字は剛中)が江淮行省に「大一統賦」を献上して,上蔡書院の山長,翰林国史院編修官に任じられている。『臨海墓誌集録』(馬暁明・任林豪主編・丁伋点校　宗教文化出版社　2002年　86頁)参照。

118)『国朝文類』巻六〇下「中書左丞姚文献公神道碑」"帝規自将南伐,与上閲地図,俾公跪指瀕江州郡津歩要地可舟越者。遂復上兵,遣由鄂入",『元史』巻二〇八「日本伝」"今年[十八年]三月,有日本船為風水漂至者,令其水工画地図,因見近太宰府西有平戸島者,周囲皆水,可屯軍船。此島非其所防,若径往拠此島,使人乗船往一岐,呼忻都,茶丘来会進討為利",『元史』巻一五四「洪君祥伝」

119)『秘書監志』(中国国家図書館蔵影元鈔本)巻九「題名・行秘書監事」は"扎馬剌丁　至元　年　月以集賢大学士,中奉大夫行秘書監事"といい,ジャマール・ウッディーンの就任の時期を記さない。ただ,贍思丁(シャムス・ウッディーン)が同職に着任した大徳五年九月十三日より前に離任したことは確かである。

120)『秘書監志』巻四「纂修・大一統志奏文」

121) たとえば『光緒垣曲県志』巻一〇宋景祥「沿革碑記」には,"至元二十三年詔秘書監編類天下地理図誌,郡域適委文資正官、通書能吏,与本処学官,尋討古書、碑刻、近代野史,州県分野、山川、土産、古跡、人物、風俗,集録呈献。時予守絳陽,学官県以図説来講究,因拠所録雑考、古文、伝記,応上命焉"とある。

122) 至元十九年,湖南道儒学提挙として,府尹張国紀から寄贈された『春秋分記』『紫陽四書』『昌黎文』『黄陳詩註』『折獄亀鑑』『廉吏伝』『先儒講義』『南陽活人書』『局方医書』等を校勘し,同知の郝居正とともに官費で刊行,至元二七年正月に秘書少監に任じられている。

123)『秘書監志』巻四「纂修・虞応龍」。『統同志』は,至元二七年以前に湖南道で出版されている可能性がある。

124)『秘書監志』巻四「纂修・地理小図,収管大一統志」

125)『秘書監志』巻四「纂修・編類雲南図志,雲南志,凡例」

126)『秘書監志』巻四「纂修・未完事蹟,装楷物料,書写董可宗」

127)『秘書監志』巻四「纂修・四至八到坊郭凡例,書写食銭」

128)『安南志略』劉必大序によれば,大徳十一年武宗カイシャンの即位の祝賀使節として派遣された黎崱の『安南志略』は，『大元大一統志』を補うものとして，増改訂を経て，秘府に保管されたという。事実，この書は，のち『経世大典』の編纂のさいに参照されることになる。巻頭には，大元ウルスの文人官僚がものした十一編の序文が掲げられるが，そのなかには，虞応龍と同時に秘書監に著作佐郎として採用され，『大元大一統志』の編集に力をつくした趙烣——朱思本と同じく道士である——の序もみえる。しかも，『安南志略』のもっともすぐれたテキストである台湾国家図書館所蔵の乾隆五五年銭大昕父子手抄本をみると，欧陽玄の序文にも言及されていることではあるが，総序の前に本来「地理図」が収録されていたことが知れる。

129)『滋渓文稿』巻五「斉乗序」，『至正集』巻三五「大一統志序」，『永楽大典』巻一九四二一「站赤六」天暦二年四月十五日の条："中書省判送兵部拠大都申「大都至上都一千里路，起運伯亦斡耳朶顔料并竹地席，和雇車輛脚価斤重，依例支付」。覆実司，提挙楊奉訓体度得「大一統志内，大都至上都止是八百里路。合依典故改正」。本部議「大都至上都，跋渉山嶺，険阻崎嶇，車程搬運，難同坦途。若依典故一概定論，似渉偏執。況兼此例，循行已久。合依大都路已擬相応」"。

130)『秘書監志』巻四「纂修・進呈志書」。『説学斎稿』巻三「送徐時之還勾呉序」に"至正九年，江浙行省承詔刻大一統志"という。『潜研堂文集』巻二九「跋元大一統志残本」によれば，銭大昕が目睹した大字本は，毎冊官印が押してあり，処州路儒学教授の官書であることが判明したという。なお，至正五年から八年にかけて，『遼史』『金史』『宋史』，『至正条格』，『六条政類』，『后妃功臣伝』等の大型編纂物の刊行が推進されていることは注目される。

131)たとえば『乾隆芮城県志』巻一二段禧「重修段干木先生祠堂記」"明年，泰定改元，分部河南監禁，道出芮城。館於県廨，屛絵其境地図，起而観之，東西近郊，表題「段干木之祠」三処，一在東張，一在神林，一在段邸"とある。

132)『秘書監志』巻四「纂修・地理奏文」"至元二十三年三月初七日，准嘉議大夫秘書監扎馬剌丁於二月十一日也可怯薛第二日対月赤徹児、禿禿哈、速古児赤伯顔、怯憐馬赤愛薛等就徳仁府斡耳朶裏有時分当職，同阿児渾撒里奏過下項事理裏：除已蒙古文字具呈中書省照詳外"。イェケ・ケシクの第二日，徳仁府のオルドでクビライに侍っていたのは，オチチェル，トクトガ，シュクルチ（天蓋持ち）のバヤン，ケレメチ（通事）のイーサー等である。

133)『秘書監志』巻五「秘書庫・省庫書籍」。なお，宝祐四年（1256）の段階で，「混一内外疆域図」が刊行されている。『雪坡集』巻三八「混一内外疆域図序」に"得之蜀，愛而刋之。其法如坡翁指掌図彙列区析，江而淮，襄而蜀，河之南北，山之東西。若関四州，若陝五路，以至不毛之地，窮髪之郷，隠抉顕披，無所匿伏"云々とあり，東福寺栗棘庵の「輿地図」に近い地図であったと推測される。

134)ジャマール・ウッディーンは，ペルシア語はもとよりモンゴル語も流暢に操ったが，漢語に関しては通訳を必要とした。『秘書監志』巻一「設吏属」至元二五年の条。

135)『秘書監志』巻四「纂修・回回文字」

136)杉山正明の教示による。

137)1953年，泉州で"大元進貢宝貨，蒙聖恩賜賚。至于大徳三年内，懸帯金字海青牌面，

奉使火魯没思田地勾当，蒙哈賛大王特賜七宝貨物呈献朝廷，再蒙旌賞……”と刻まれ，成宗テムルとフレグ・ウルスのガザン・カンの外交使節の交流を伝える碑文が発掘されている。呉文良・呉幼雄『泉州宗教石刻（増訂本）』（科学出版社　2005年　643-644頁），楊欽章「元代奉使波斯碑初考」（『文史』30　1988年　137-145頁）参照。

138)『秘書監志』巻四「纂修・彩画地理総図」

139)『秘書監志』巻四「纂修・彩画地理総図」

140) 以上『至正集』巻三五「大一統志序」，『滋渓文稿』巻五「斉乗序」，巻八「元故集賢学士国子祭酒太子右諭徳蕭貞敏公墓誌銘」，『清容居士集』巻二一「四明志序」，『説学斎稿』巻三「送劉子鉉序」，「送徐時之還勾呉序」，『国朝文類』巻四〇「経世大典序録・都邑」参照。

141) W. M. Thackston, Rashiduddin Fazlullah, *Jami'u't-Tawarikh, Compendium of Chronicles*, Part Two, Chapter Two, Section Twelve : HÜLÄGÜ KHAN, Harvard University, 1999, pp. 501-502.

142)『元史』巻四八「天文志一」

143) たとえば『高麗史』巻二九「忠烈王世家二」[辛巳七年/至元十八年（1281）] に，“春正月戊戌朔，元遣王通等頒新成授時暦，乃許衡、郭居敬所撰也。詔曰：……。通等館道日寺，晝測日影，夜察天文，求観我国地図”，『皇元征緬録』に“[至元]二十年十一月，王師伐緬，克之……遣使持輿地図奏上”とある。

144) クビライは，中統年間にジャムチのターミナルをオゴデイ時代のカラコルムから上都へ遷した。至元二七年の時点でトトカスンなどを統括する通政院がジャムチに関する地図をみている。『永楽大典』巻一九四一八「站赤三」至元二七年正月一〇日の条。また，翌二八年には，都省が，雲南，羅羅斯，四川方面のナリン・ジャムを書き込んだ詳細な地図をサルバン，ラーチンといった官僚に調べさせている。『永楽大典』巻一九四一九「站赤四・経世大典」至元二八年三月十七日の条。また，それに先立つ至元二一年九月の時点で，すでに行省は福建，江南，広東に官を派遣し，ジャムチの設立場所を検討させ絵図にして，都省に上奏させている。『永楽大典』巻一九四一八「站赤三」至元二一年九月四日の条。また，『元代画塑記』に“天暦二年十一月十九日，勅留守臣闊闊台等差祇応司官一員，引画匠頭目一人，乗駅往隆鎮衛守隘処，図其山勢四，進図四軸，用物，熟西碌二十斤、熟石青一十斤、紫膠十斤、心紅一斤、細墨一斤、鉛粉五斤、羅絲絹二百、江淮夾紙五百張、藍綾三十尺、黄綾二十尺，装褙”とあるのは，地図作成に必要な物件を知るためのみならず，この時期に詳細な防衛地図を作ったこととあわせて，重要な資料となる。

145)『元史』巻三五「文宗本紀四」「至順二年四月戊辰」。トプチヤンは，歴代カアンのもとで，モンゴル，ウイグルの貴族，高官たちによって編纂された公式の歴史書である。ラシードゥッディーンの『集史』の基礎資料となったモンゴル王室共有の黄金の書冊『アルタン・デプテル』を祖本とするという。モンゴル，準モンゴルとされたひとびと以外には非公開の書物であった。そのうちチンギス・カンとオゴデイのトプチヤンに擬されるのが，いわゆる『元朝秘史』である。仁宗アユルバルワダの時代にチャガンが命を受けてチンギス・カンのトプチヤンを翻訳した『皇元太祖聖武開天紀』はこんにち伝わらないが,『皇元聖武親征録』が密接なかかわりを持つと推定されている。詳細は杉山正明「チンギス・カンのイメージ形成」(『天皇と王権を考える⑨ 生活世界とフォークロア』岩波書店 2003年 271-301頁)参照。

146)『東文選』巻八四崔瀣「送鄭仲孚書状官」“自臣附皇元以来,以舅甥之好,視同一家,事敦情実,礼省節文,苟有奏稟,一介乗伝,直達帝所,歳無虚月,故使不復択人,恩至渥也”。

147)『至順鎮江志』巻一九「人材・僑寓」

148)馬生祥「定州清真寺《重建礼拝寺記》碑在中国伊斯蘭教史上的重要地位」(『文物春秋』2003-3 総53期 20-27頁),余振貴・雷暁静『中国回族金石録』(寧夏人民出版社 2001年 14-16頁)参照。

「重建礼拝寺記」(承務郎真定路安喜県尹兼管諸奥魯楊受益撰文并丹書)“予惟天下之教,儒教尚矣。下此而曰釈与老,虚無寂滅不免於妄。且其去人倫,逃租賦,率天下之人而於無父無君之域,則其教又何言哉。惟回回之為教也,寺無像設,惟一空殿,蓋祖西域天方国遺制其房,四面環拝:西向東,東望西,南面北,北朝南。中国在西域之東,是教中拝者則咸西向焉。考之輿図曰黙徳那国,即回回祖国也。初国王謨罕蓦徳生而神霊有大徳,臣服西域諸国,諸国尊号為別諳攏,猶華言天使云。其教,専以事天為本而無像設。其経有三十蔵,凡三千六百余巻,其書体傍行,有真草篆隷之法,今西域諸国皆用之。又有陰陽星暦,医薬音楽”。

149)『秘書監志』巻五「秘書庫・職貢図」

150)咸豊六年(1856)の時点で,蔣光煦が元刊本『九域志』の槧本八巻を蔵していた。『東湖叢記』巻一「九域志」に“九域志八十巻。元朱思本纂集。有自序云:「天地大矣。万国九州之夥,五湖四海之広,而山川原湿,人物動植,毛挙浩繁。況乎郡国州県,自開闢以来,其間建置沿革,混合瓜分,世異代殊,不可枚数。所以誌疆宇者,往往校勘少疎,使漏遺弥広。思本切有慨焉。因取元和郡県志,以及太平寰宇、方輿勝覧、天官輿地諸書,詳加検校,思欲輯理一書,以附諸君子之後。又以拙性迂疎,天資譾劣,恐貽画虎之譏,輟而復作者再矣。竊惟我皇元肇運,自世祖龍飛漠北,定鼎燕南,雖為遼金旧都,自聖朝混一区寓,奠安黎庶,為億万年不抜之鴻基。況幽冀之域,在禹貢,惟九州之首,蓋深有合于邃古皇図之制焉。矧歴代以還,自嬴秦破九州為郡県,中古之下迄而不改。遂使九州之域,僅僅徒有其名,幾於漫遺湮没。暇日因取群籍,参考異同,分条晰理,一以禹貢九州為準的,乃以州県属府,府属都省,都省分隷九州焉。九州既分,然後繫以星躔画為疆宇,系前代帝王之建置,寇盗之僭竊,悉為詳載,使開巻者,於千百年区宇,混合瓜分者,瞭然如睹諸掌。書成,凡得八十巻,題曰九域志云。時皇元大徳元年長至日沛国朱思本識」”とある。

151)『王忠文公集』巻二「河朔訪古記序」“河朔訪古記二巻,合魯君易之所纂。予為之序曰:合魯実葛邏祿,本西域名国,而易之之先,由南陽遷浙東已三世。易之少力学,工為文辞,既壮,肆志遠游,乃絶淮入潁経陳蔡以抵南陽,由南陽浮臨汝而西,至於雒陽,由雒陽過龍門,還許昌,而至於大梁,歴鄭衛趙魏中山之郊,而北達於幽燕。於是大河南北,古今帝王之都邑,足跡幾偏,凡河山、城郭、宮室、塔廟、陵墓、残碣断碑、故基遺跡,所至必低徊訪問。或按諸図牒,或訊諸父老,考其盛衰興廃之故,而見之於紀載……言地理者，有図必有志，図以著山川形勢所在，而志則以験言語土俗，博古久遠之事……易之名迺賢，其北游歳月，具見篇中，茲愛不著”。

152)いわゆる元刊雑劇三十種のうちのひとつ『新刊関目陳季卿悟道竹葉舟』（題目：呂純陽顕化滄浪夢　正名：陳季卿悟道竹葉舟）にうかがえる。この芝居，陳季卿（外末：ワキ）という，長安での科挙に落第した失意の秀才が，同郷（武林余杭）人の恵長老が住持する青龍寺に身をよせる。望郷の思いの募る陳季卿は［満庭芳］の詞を壁にかきつける。そこに，終南山の道士呂道賓（正末：シテ）が，神仙の素質をもつ陳季卿を教化しにやってきて，列御寇等四仙の故事を説き出家を勧める。文官としての立身出世をねがう陳季卿はとりあわない。呂道賓は壁の「華夷図」を見て詩を題し，笹の葉を「華夷図」に貼り付け，舟に変じて余杭への道を指し示し，陳季卿を眠らせて夢のうちに悟りを開かせる。以上のような粗筋をもつ。“(正末看華夷図題詩科）閑観九域志，如同下眼観，軍府抬頭覷，辺廷咫尺間。県排十万鎮，州隠五千山。雖无帰去路，好把画図看。(外末做不采正末科）（正末起身読外末［満庭芳］了）（外末云。吟［鳳棲梧］了）（正末起身読外末［満庭芳］去了）（正末冷笑科云）愚漢又有思郷之意。秀才，我不曽来時，你作一詞，我尚記的。(等外末云了）（正末云）貧道終南山野叟是也。(等外云了）秀才，你肯根貧道去，贈你一帆清風，不用盤纏便到。(指壁上華夷図）此一条道，正是帰郷之路”。鍾嗣成の『録鬼簿』によれば，この芝居の作者の范康は，杭州の人，朱子学に明るく，議論，文章に巧みで音楽にも造詣が深かった。この芝居の本事は，『太平広記』巻七四，『古今事文類聚』続集巻二七等に見え，のちには烏斯道の『春草斎文集』巻一「九霊山房記」にも見えているが，呂道賓による教化は范康の創意により，かれが全真教信者であったことをうかがわせる（大徳九年に刊行された正一教系列の『洞霄図志』（台湾国家図書館蔵影元鈔本）の巻一「洞晨観」，巻六「洞晨観記」では呂道賓は登場しない)。青龍寺の壁の「華夷図」は，本来は「寰瀛図」であったが，とにかく『九域志』を読み，その具象である「華夷図」を眺めるように，地図と書籍をセットで考えている。

153)『貞一斎詩文稿』「輿地図自序」“予幼読書，知九州山川，及観史，司馬氏周遊天下，慨然慕焉。後登会稽，泛洞庭，縦游荆襄，流覧淮泗，歴韓魏斉魯之郊，結轌燕趙，而京都実在焉。繇是奉天子命祠嵩高，南至於桐柏，又南至於祝融，至於海，往往訊遺黎，尋故迹，考郡邑之因革，覈山河之名実。験諸滏陽安陸石刻禹迹図、(樵川)［建安］混一六合郡邑図，乃知前人所作，殊為乖謬。思構為図以正之。閲魏酈道元註水経、唐通典、元和郡県志、宋元豊九域志、(皇天)［今秘府大］一統志，参考古今，量校遠近，既得其説，而未敢自是也。中朝(夫士)［士夫］使于四方，［遐邇攸同］，冠蓋相望，則毎嘱以質諸藩府，博采群言，随地為図，乃合而為一。自至大辛亥，迄延祐庚申，而功始成。其間河山繡錯，城連径属，旁通正出，布置曲折，靡不精到。(至若)［若夫］漲海之東南，沙漠之西北，諸番異域，雖朝貢時至，而遼絶罕稽，言之者既不能詳。詳者又未(必)可信。故於斯類，姑用闕如。嗟(夫)［乎］！予自総角，志於四方，及今二毛，討論殆遍。茲［図蓋］其平生之志，而十年之力也。後之覧者，庶知其非苟云。［是歳日南至臨川朱思本本初父自叙］”。（　）は，『貞一斎詩文稿』［　］は『広輿図』「輿図旧序」。

154)『至正集』巻三二「朱本初北行稿序」にも，“余早聞提点玉隆万寿宮本初朱君之賢，観所作輿地図，知其問学之博，考覈之精”とある。

155)『蔵園訂補郘亭知見伝本書目』巻五下「史部十一地理類」によれば，嘉慶年間に江西の張氏が原本の「輿地図」を覆刻したという。

156)『元史』巻二〇九「外夷伝二　安南」“大徳五年二月，太傅完沢等奏；安南来使鄧汝霖竊画宮苑図本，私買輿地図及禁書等，又抄写陳言徴収交趾文書，及私記北辺軍情及山陵等事宜，遣使持詔責以大義。三月遣礼部尚書馬合馬、礼部侍郎喬宗亮持詔諭日燇，大意以汝霖等所為不法，所宜窮治，朕以天下為度，勅有司放還。自今使价必須選択，有所陳請，必尽情悃。向以虚文見紿，曽何益於事哉。勿憚改図以貽後悔。中書省復移牒取万戸張栄実等二人，与去使偕還”。既述の大徳十一年における『安南志略』の献上は，この信用回復の意味もあったのだろう。

157)楊子器図についても，つとに青山定雄が『光緒常昭合志』巻四五「金石」を用いて指摘したように，江蘇常熟県学の礼門の右側に，左に「天文図」（現存），右に「地理図」の対の形で，碑が立てられていた。弘治九～十二年（1496-99）に立石されたが，拓本がひっきりなしに採られるので，すぐに摩滅し，正徳元年（1506）に重刻されたという。青山定雄「明代の地図について」（『歴史学研究』7-11　1937年11月　279-294頁），中国科学院紫金山天文台古天文組・江蘇省常熟県文物管理委員会「常熟石刻天文図」（『文物』1978-7　68-73頁）参照。『常熟県儒学志』（国立公文書館蔵明万暦三八年刊本）巻八「碑文志下」に掲載される楊子器の「地理図」の跋文が，水戸彰考館，旅順博物館の嘉靖五年（1526）の彩色版楊子器図のそれと一致することからすると，同じ地図が描かれていたものと考えられる。また，この「地理図」の碑陰には，「冠婚葬祭図」が刻まれており，尊経閣に備え付けられた拓本の「冠婚葬祭図」は七軸に分けられているので，相当大きな碑であったと推測されるからである。碑石のほか，さらに，冊子本として「天文地輿図」（国立公文書館蔵清鈔本）が刊行されている。福建省莆田県文化館「涵江天后宮的明代星図」（『文物』1978-7　74-76頁）のように，ひじょうに装飾的な明末の軸物仕立ての「天文図」も報告されている。

158)明代の例でいえば，『古今書刻』上の「蘇州府」には，輿地図，六経図，天文図，地理図，「雲南・臨安府」には，交趾図　歴代甲子図　天文地理図，「貴州・布政司」には，諸夷図が刊行された書物として挙げられている。いずれも該当する碑刻の存在が知られる地域であり，『古今書刻』において碑刻は，下巻におさめられるので，書籍と考えてよいだろう。唐の閻立本以来の伝統がある諸夷図については，『近古堂書目』上「地誌類」に貴州諸夷図，雲南諸夷伝図，雲南三十七種夷人図，建昌諸夷図が見え，『百川書志』巻五「地理」に“貴州諸夷図一巻　不著作者。諸夷凡存八十余種。中多残闕，前後無序文，可考。雲南諸夷図一巻　不著作者。凡載夷人三十七種，前有本朝御史甌閩杜琮序文”という。

159)『伝是楼宋元板書目』に“輿地要覧四巻　四本　元板”，『季滄葦書目』に“輿地要覧十二巻四本”が録されるが，いずれも巻数がことなり，これらが同一の書かどうかは不明である。

160)『遼史拾遺』巻一三「東山白狼山」，「懿州寧昌軍節度羊腸河大斧山」，「西掖門」“元混一輿地要覧曰：大寧路，遼為中京。有瑇瑁山，熊山”，「錦州臨海軍中節度大広済寺」，巻一四「覚山双泉山」，巻一五「朔州順義軍下節度馬邑城統万城元姫山白楼」等。

161)『書蔡氏伝旁通』巻二「三危在燉煌」“燉徒門反。今沙州路，属甘粛省。輿地要覧云：三危山有三峯，俗名昇雨山。後漢西羌伝注亦云：三危在沙州”，巻四上「盧彭在西北」“輿地要覧云：襄陽路。周穀鄧鄾盧羅鄀之地也”。

162)“更買些文書。一部『四書』，都是晦庵集註。又買一部『毛詩』，『尚書』，『周易』，『礼記』，『五子書』，『韓文』，『柳文』，『東坡詩』，『淵(源)[海]詩学押韻』，『君臣故事』，『資治通鑑』，『韓(院)[苑]新書』，『標題小学』，『貞観政要』，『三国志評話』，這些行貨都買了也”。本書第I部第3章参照。

163)『秘書監志』巻四「纂修」，『滋渓文稿』巻八「元故集賢学士国子祭酒太子右諭徳蕭貞敏公墓誌銘」“世祖皇帝既一四海，而遐荒小邦，擴目窮髪，悉皆来庭。命開秘府，詳延天下方聞之士，選述図志，用章疆理一統之大。使者来徴公辞焉……所撰九州志若干巻，法史記年表，由三代迄宋金，詳疏沿革於下，山川貢賦附焉”。

164)『存寸堂書目』一六「編年」（中国国家図書館蔵抄本）に“元　滕賓　万邦一覧集一巻一册　抄本”，『伝是楼書目』「史部」《編年記録》に“元滕賓万邦一覧集　一本”，《運歴》に“万邦一覧集　元滕賓　抄一本”とある。この書は歴史書として分類されるものの，じっさいには地理書であった可能性が高い。銭大昕も「地理類」として分類する。滕賓は，『韻府群玉』の序文で知られる。

165)『程氏家塾読書分年日程』，『学範』については，本書第II部第8章参照。なお，趙撝謙には，ほかに『造化経綸図』（国立公文書館蔵文政二年官版）なる教育書もある。

166)『四明洞天丹山図詠集』（『道蔵』洞玄部・記伝類）に見える危素の「四明山銘」，「白水観記」によれば，四明山の玉皇殿は大元時代，国家祭祀を受けたが，もともと龍虎山の三華道院——朱思本の「輿地図」碑が立てられていた上清三華院に淵源が有り，朱思本の門人毛永貞が住持したという。この道観は甲乙住持なので，朱思本自身も晩年この地に身を寄せた可能性がある。

167)『清容居士集』巻一「楽水図賦」には，“東坡先生脱遠游之履，衣紫絲之衣……余嘗披神禹之地図，考先生之轍迹而誦之”とある。

168)『元史』巻一七〇「暢師文伝」“暢師文字純甫，南陽人。祖淵贈中順大夫上騎都尉魏郡伯，父訥有詩名，注地理指掌図，仕為汴幕官，贈太中大夫上軽車都尉魏郡侯”，『圭塘小藁』巻九「賜推忠守正亮節功臣資政大夫河南江北等処行中書省左丞上護軍追封魏郡公諡文粛暢公神道碑銘」

169)胡爾栄『破鉄網』（中国国家図書館蔵宣統二年繆荃孫刊本）巻上に“元刻地理指掌図及源流至論，皆陳簡荘徴君旧蔵”とある。

170)四明の例ではないが，至正二一年，広西清湘県の県丞楊子春は，“国家混一寰宇，建元帥府，立廉訪司，以糾劾一道，稽之分野，則唐僧一行，宋蘇文忠公諸説，以湘南為鶉尾之次，桂林当軫十一度，其論乃有所拠”というように，やはり『地理指掌図』をもちいて天地の分野の対応を考証している（『広西少数民族地区石刻碑文集』広西人民出版社 1982年　144頁）。

171)『嘉靖宿州志』巻二趙栄祖「磬石頌并記」“大元至元二十六年閏十月二十四日，中奉大夫太常卿兼領侍儀司忽都于奏曰「宗廟宮内懸編磬，雑以異石搏拊。金雖有国，泗浜浮磬在宋封域，弗克致之。我国家華夏混一，是宜復古」用是太常集議。按禹貢、蔡氏書伝、寰宇記、水経、晋太康地記、宋会要，或曰在泗水県、臨淮県、呂梁霊璧県，又云磬石山在下邳，今隷帰徳府之宿州”。

172)『補陀洛迦山伝』「盛熙明題辞」“九州之山川具載於書伝，山海之詭奇亦見於図記，其来尚矣”。

173) 天理大学附属図書館に蔵されるほか，『鉄琴銅剣楼宋金元本書影』にも写真が掲載されている。金末刊本，モンゴル刊本の諸説がある。

174) 任金城「木刻本《六経図》初考」(『中国古代地図集　戦国―元』文物出版社　1990年 61-64頁)

175) 元刊本の『詩伝図』「十五国風地理之図」と比べると，“大都”が“北平”，“江浙行省”が“浙江省”に改められている。“上都”の名も削除され，かわりに“灤州”の字が刻まれる。『中国古代地図集　戦国―元』91拓片参照。

176) 本書第I部第2章参照。

177)『元遺山集』巻三六「集諸家通鑑節要序」

178)『世善堂蔵書目録』上の「偏拠偽史」に“契丹疆宇図一巻”が記録される。

179) 現在台湾国家図書館に，『趙公類攷東南進取輿地通鑑』として三十巻を存する。『直斎書録解題』巻八「地理類」の“南北攻守類攷六十三巻　監進奏院趙善誉撰。進以三国六朝攻守之変鑑古事，以攷今地毎事為之図”，『宋史』巻二〇三「芸文志・史鈔類」の“趙善誉読史輿地攷六十三巻一名輿地通鑑”が当該書であろう。ちなみに趙善誉は『延祐四明志』巻八「城邑攷上・亭」に“昌国州　氷壺亭，宋乾道六年主簿趙善誉建”とあるように，四明地方とも縁が深い。

180)『四庫全書』では，こうした巻頭の諸図は低級なものとして省略されてしまっている。可能な限り，原本，あるいはその影印を閲覧すべき所以である。

181)『増註唐賢絶句三体詩法』「諸家集註唐詩三体家法諸例」“一．唐世系紀年并唐地理図志，附見集首。庶幾作詩時世及所指処所，便於稽攷”，“一．都邑州県歴代沿革，並依書伝、史記、及漢、唐書地理志、方輿勝覧等，出処即繫以六合混一図并事林広記等所載皇朝混一各処所管道路於後，雖溢四海之遠可見”，“一．官職歴代沿革，並依史記及漢唐書并職林等，出処印以事文類聚等所載皇朝当今設立名称為證”。

182) 本書第II部第7章

183)『歴代道学統宗淵源問対』(旧北平図書館蔵米国国会図書館マイクロフィルム明成化劉氏日新書堂刻本)「小学総論訂疑凡例」“一．唐宋以来，古今郡邑沿革不一，初学多所莫知。愚与士友偰文珍，同為参考方輿勝覧及翰墨全書与当今大元官制，以為一定，使初学則知沿革之由”。

184)『西巌集』巻一四「古今指掌図序」“天地開闢，未有疆理。神農之王天下，東西九十万里，南北八十五万里，黄帝経制万国。尭遭洪水，命禹治之，別四海為九州。舜釐為十二。夏禹塗山之会，執玉帛者万国。商湯革命，呑滅過半。周之封建，不過千八百国，呑滅又幾半矣。春秋止百七十国，戦国止七国。秦始皇兼并四海，分四十郡。漢武開広三辺後，置十三部。光武併省郡県，其後亦為十三州部。自是分為三国，至晋而混一。裂為南北，至隋而混一。唐太宗分十道，玄宗分十五道，昭、哀之亡，五季擾攘，至宋而混一。建炎渡江，遼滅金強，至国朝而混一。嗚呼！由五三而下，有疆理者，凡幾変更，幾分争，幾混同矣！此閩士陳某光大古今指掌図，不得不作也。纂図四，上下貫穿。三千八百余年，国之所以久近，所以興廃，披図一覧，尽在目前。名為指掌，孰曰不可？”

185) 2003年7月19日開催の21世紀COEプログラム「15・16・17世紀成立の絵図・地図と世界観」第4回研究会にて見学。なお，この書については，京都大学文学部博物館『公家と儀式』（思文閣出版　1991年）の49頁に書影，98頁に解説があること，礪波護より教示を得た。

186)『至正直記』巻二「別業蓄書」“又見四明袁伯長学士，承祖父之業，広蓄書巻，国朝以来，甲于浙東。伯長没後，子孫不肖，尽為僕幹竊去，転売他人，或為婢妾所毀旧刻，皆賤売属異姓矣”。

187)『清容居士集』巻三三「先君子蚤承師友，晩固艱貞，習益之訓，伝於過庭，述師友淵源録」“胡三省，天台人。宝祐進士，賈相館之，釈通鑑三十年，兵難藁三失，乙酉歳，留袁氏塾，日手抄定註，己丑，寇作以書蔵窖中得免，定註今在家”。

188) 1933年，張溥泉が北平で入手したいわゆる原抄本に依拠する。かれが章太炎，黄季剛とともに校閲した結果，『四庫全書』本，黄汝成の集釈をはじめ，通行本は清人によってかなり改竄されていることが判明した，という。通行本では同条は，巻一三に収録される。

189) 尾崎康「上海図書館蔵宋元版解題　史部（二）」（『斯道文庫論集』32　1997年　1-33頁）に胡三省の註の作成の経過，状況を示す貴重な自跋が，移録・整理されている。

190) 磯部彰「加陽所見宋元版・旧鈔本・古活字本提要——金沢市立図書館所蔵本及石川県立郷土資料館蔵本について」（『富山大学人文学部紀要』9　1985年　230-288頁）

191) ヴァチカン図書館に中国刊本が蔵されるらしいが未見。P. Pelliot, Les Grands Voyages Maritimes Chinois, *T'oung Pao*, Vol. 30, p. 445.

192) このテキストは，森田憲司「王朝交代と出版——和刻本事林広記から見たモンゴル支配下中国の出版」（『奈良史学』20　2002年　56-78頁）の「附三　現存『事林広記』諸本表」には取り上げられていない。同じ弘治年間の国立公文書館所蔵刊本に比べるとはるかに誤字，脱字も少なく，ほかの明刊本に見えない増訂部分，編纂過程をうかがわせる頁もあり，貴重なテキストだといえる。2003年6月4日に天理大学附属図書館のご好意により，実見，調査することができ，9月16日に開催された京都大学人文科学研究所「元代の社会と文化」研究班『事林広記』後集巻九「幼学類・切字要法」を担当したさいに，レジュメおよび口頭で報告した。

193)『纂図類聚天下至宝全補事林広記』残巻（14行×30字），『纂図増新群書類要事林広記』外集二巻，別集二巻（12行×26字）。2000年9月に実見。なお，『汲古閣珍蔵秘本書目』に“事林広記十二本　内府硃腔抄本　十二両”とある。

194)『事林広記』の性格についての私見は，拙稿「『廟学典礼』劄記」（本書第II部第6章），『学びの世界——中国文化と日本』「雑学の受容」（23-42頁），「附属図書館の珍本——公開展示『学びの世界』の選書から」（『静脩』Vol. 39/No. 3，2002年12月　6-9頁），「『対策』の対策——大元ウルス治下における科挙と出版」（本書第II部第8章）などでも一部紹介してきた。

195) 顧炎武の指摘以外に，『資治通鑑』巻一七二「陳紀六　宣帝太建八年十一月辛亥」の註

に“大元以朔州置順義節度，領鄯陽、窟谷二県，而以馬邑県置固州”，巻一八七「唐紀三 高祖武徳二年閏月己巳」の註に“大元以豊州置天徳軍節度，属大同府路”，巻二四六「唐紀六二 武宗会昌二年八月」の註に“今大元大同府治大同県，領雲中、白登二県，又有雲内州，領柔服、蛮川二県”という。それぞれ和刻本『事林広記』の「江北郡県」の西京路（大同府路）の朔州，固州，豊州，大同府，雲内州に対応する。なお，胡三省が華北の地の註を書くのに，『金人疆域図』，『匈奴須知』を多用することも注目される。前者は，燕都までの里程を記すことからすれば，『遂初堂書目』「地理類」にいう「北都駅程図」の類似書か。後者については『郡斎読書志』巻二下，『直斎書録解題』巻五，『文献通考』巻二〇〇に“契丹帰明人，田緯編次。録契丹地理官制”とある。

196）中村璋八・築島裕・石塚晴通解題『五行大義（二）』（古典研究会叢書 漢籍之部8 汲古書院 1990年）

巻一紙背 106-108『博聞録』「律暦門図」：和刻本『事林広記』甲集巻五「律暦門・権生五則」

巻一紙背 580-594『博聞録』「置潤之法」：和刻本『事林広記』甲集巻五「律暦門・置潤之法」

巻二紙背 498-504『博聞録』「十二次日月交会図」：和刻本『事林広記』甲集巻一「天文門・十二次日月交会図」

巻三紙背 599-601『博聞録』「毛詩」：和刻本『事林広記』丁集巻一「経書門・毛詩」

巻三紙背 607-609『博聞録』「尚書」：和刻本『事林広記』丁集巻一「経書門・尚書」

巻四紙背 249-252『博聞録』「晦朔弦望之図」：和刻本『事林広記』甲集巻一「天文門・晦朔弦望之図」

巻四紙背 326-332『博聞録』「北斗図」：和刻本『事林広記』甲集巻一「天文門・北斗璿玉衡之図」

巻四紙背 609-614『博聞録』「箕畢図」：和刻本『事林広記』甲集巻一「天文門・箕畢風雨図」

現時点で和刻本『事林広記』に対応記事が見つからないものは，巻一紙背 769-784『博聞録』「岳瀆海沢之図」，巻二紙背 89-93『博聞録』「居葬雑儀篇」，巻三紙背 52-55『博聞録』「玉璽」，巻五紙背 445『博聞録』。

197）『文淵閣書目』巻一一には，“博聞録一部五冊闕”とある。

198）陳元靚のもうひとつの著作として知られる『歳時広記』も，元刊本は存在せず，現行の四十二巻本（銭曽，陸心源旧蔵）のテキストでは，書中『博聞録』を引用するなど，陳元靚の名に仮託して編集，もしくは大幅な改訂をなされた書物と思しい。『農桑輯要』に書名自体は見えるものの，『至正金陵新志』の引用書目にも挙げられる徐鍇の『歳時広記』一二〇巻である可能性も否定できない。『永楽大典』所引の『歳時広記』は，著者名を記さない。なお，『永楽大典』巻二〇一三九によれば，陳元靚は陰陽についての書，『差穀撰良玉暦撮要』の編者でもあり，北京大学には陳元靚の撰として『上官拝命玉暦大全』一巻の明抄本が蔵される。

199）『篆隷文体』（山田孝雄解説 古典保存会 1935年）

200）『雲麓漫抄』巻一五にも収録されるが，テキストの成立に問題があり，陶宗儀がこれを参照した可能性は低い（『近古堂書目』上に“伝国璽譜”，“玉璽博聞”の二書が見えており，後者はあるいは『博聞録』からの抜書きかもしれない）。丁日昌の『持静斎書目』巻三に著録される『事林広記』前後集には，陶宗儀と宋濂の所蔵印があったという。このテキストは，莫友芝の鑑定では元刊本らしいが，丁日昌が宋刊本に比定してしまった一因は，それが至順以降の『事林広記』のテキストより早期の，『博聞録』の姿を相当にのこした内容であったからかもしれない。なお，『通制条格』巻二八「雑令」に“至元三十一年十月，中書省：御史台呈：山南江北道粛政廉訪司申：博文録内有聖朝開基太祖皇帝御諱及次皇帝宗派。擬合拘収禁治。省准”とある。“文”は“聞”と通じる。現に大徳三年の李衎『竹譜』（『永楽大典』本）巻四「鶏頭竹」にも『博文録』が引用されており，元刊本『事林広記』の「竹木類」“鶏頭竹”の註とたしかに一致している。李衎は，吏部尚書，集賢院学士もつとめた人物である。『博聞録』が『博文録』と同一書であるならば，『南村輟耕録』冒頭のモンゴル王族の系図がどこからきたのかという疑問が氷解する。おそらく，しばしば禁令が出されたにもかかわらず，『事林広記』のいくつかのテキストでは，至正年間まで新しいデータを入れた系図が掲げられつづけたのだろう。またこの『通制条格』の記事によって至元末年には，華北でも『事林広記』が流通していたことが証明された。

201)『続々群書類従』「神祇部」に収録。『神道大系　論説編　伊勢神道（上）』（精興社 1993年）所収のテキストが神宮文庫所蔵の橘秀治奉納本を底本とし，同文庫蔵の大中臣定美書写本（久邇宮家御下賜本），度会実相書写本および真福寺本と校勘しており，便利である。

202)たとえば，はやくは『歴代帝王紹運図』（国会図書館蔵五山版）が『事林広記』を用いて増訂作業をおこなっている。また，『看聞日記』によれば，永享十年（1438）三月十四日には，伏見宮貞成親王が内裏に召されたさい『事林広記』一部十二帖を献上している。

203)「祭器儀式門」を収める戊集巻一のみ「新編分門纂図事林広記」と冠す。

204)巻中「今は蒙古に攻められ，いと心憂き世の末の有様也」の一文があることから，鎌倉末期，京都岩倉観勝寺の僧が編纂したと推測されている『塵袋』（東京国立博物館蔵）の巻一4表「虹霓」，8表「天狗」，巻三2裏「不死」，巻五22表「行李」，巻七31表「篳篥」，巻九7裏「糉」に，『博聞録』の引用があり，それぞれ和刻本『事林広記』の甲集巻一「虹霓説」，辛集巻九「天狗」，壬集巻六「祖州」，丁集巻七「古文奇字・四紙」，戊集巻八「篳篥」，戊集巻六「魚袋」とほぼ対応する。『塵袋』は，永正五年（1508）の写本までしか遡れないが，原本が鎌倉末期，室町初期のものであることは，この『博聞録』の引用からもほぼまちがいない。また，大和国大福寺の法師訓海が文安四年（1447）から翌年にかけて著わした『太子伝玉林抄』（法隆寺蔵尊英本）巻一二（第十一冊10裏）にも，和刻本『事林広記』庚集巻一「渉世良規門・居処」と同文が『博聞録』として引用されている。伊藤東涯は，『制度通』巻一一「学校の事」において，『事林広記』を出典として，こんにちいずれのテキストにも見えない「宋国子監図」を載せるが，これも『博聞録』から『事林広記』へと移行する初期のテキストによったものであろう。伊藤東涯所蔵の『事林広記』のテキストは，天理大学附属図書館の文庫には収蔵されておらず，こんにち行方が知れない。なお，現存する数種の元刊本『事林広記』と和刻本の共通の祖本を想定，各巻の記事から編纂時期をさぐる試みが，近年なされている。しかし，『事林広記』は，既存の書籍，新刊書の挿絵，内容を抜粋して寄せ集めたものであり，各書院，精舎，書肆が独自にどんどん増改訂を施している。『磧砂蔵』と同様，成立時期を確定することは，不可能かつ無意味に近い。さらに，和刻本と至順以降の『事林広記』の刊本には，相当な段差がある。単純に諸本の系統を図化することは，避けるべきである。なお，北京大学，宮内庁所蔵の後至元六年刊本は，ほかのテキストが「天・地・人」の構成をとるのとことなって，「天象」を最初の甲集に最後の癸集に「地輿」「郡邑」「方国」「勝跡」「仙境」を置き，間に「人紀」「人事」等の類を配する「天・人・地」のまさに「三才」の厳密な構成をとる。

205) むろん，陳元靚と陳誠甫が別人で，『新刊類編歴挙三場文選』の劉貞，劉霽，劉霖のように一族で編纂している可能性も否定はできない。

206) 一冊本であること，ほかの抄本に比べても低価格であること，同じ二銭の値段の抄本の葉数から見積もっても，端本にちがいない。ちなみに内府硃腔抄本の『事林広記』十二本は，十二両で売りたてられている。

207)『百川書志』巻五「地理」によれば，理宗の端平元年（1234）すなわち金朝の滅亡の年，朝奉大夫京湖制置大使司参議官の鄒伸之が史嵩之等とともに大モンゴル国へ派遣された時に，かの地の風俗，地理および使節の行跡を詳細に記録した『使韃日録』一巻があった。

208) 当該箇所は，ふたつの至順刊本『事林広記』では，後集巻六「宮室類」に移動させられ「東京旧制」として収録される。「京城総説」の後半の一部が異なるほか，さらに「京闕之図」一葉も収める。この部分に関しては，和刻本のもととなった泰定刊本より完全かつ古い姿を残している可能性が高い。なお，後至元刊本では「宮室類」が設けられず，この箇所の記事は完全にカットされてしまっている。明刊本の「宮室類」は，いずれも「東京旧制」を収録しない。

209)『新刊古杭雑記詩集』（台湾国家図書館蔵伝元鈔本）の「総目」の末尾には，“已上係宋朝遺事，一新繡梓，求到続集，陸出售与　好事君子共之”とあり，同書が大元時代の刊行に係ること，まちがいない。にもかかわらず“宋朝”の前を空格にする点にも，注意すべきである。

210) 客有惠闊幅紙者，展而視之曰「大元六合混一図盛矣乎。大哉乾元，至哉至元。秦三十六郡、漢四属、唐十道四鎮、宋二十四路，風斯下矣。敢納一本以備観覧」。答：「某蒙恵六合混一図，前乎此未之見也。東元次山浯渓頌而鋪張之。名山大川，随顧奔走，殊方絶域，挙意而到」。

211) 中書省，翰林院のメンバーを中心に編纂，至正五年（1345）に江浙行省下杭州路より出版された。なお，『金史』の州の配列は，路の分類，配列こそ異なるものの（『金史』の路の配列方法は，最終的な行政体系にではなく，建国初期のそれにもとづく），ほとんど和刻本『事林広記』と一致する。それぞれがもとづいた資料は，かぎりなく近いものだった，と考えざるを得ない。『金史』の「地理志」の資料としての限界もじつはそこにある。

212) 2000年6月6日に後述する『啓箚天章』とあわせて実見。なお，この書は先述の『太子伝玉林抄』に引用されているので，少なくとも1447年に日本に伝来していたことは，たしかである。

213) むろん子細に見ていけば，和刻本の中都路平州の属県“杵林”は『書林広記』では“撫寧”に，南京路開封府の“中弁”は“中牟”に，“鄗陵”は“鄢陵”に，山東東路中山府の“五極”は“无極”に，河東南路栄州の“力泉”は“万泉”に，徳順州“通還”は“通辺”に，益都府路寧海州の“牟車”は“牟平”に，浜州の“滿台”は“蒲台”になるなどの異同が見られる。これらはいずれもあきらかに『事林広記』の誤りである。『事林広記』は，遼陽府路の下に“八州”と，大定府路泰州の下に長春県を，河東南路の平陽府に“平陽公”を刻するのも忘れている。だが，いっぽうで『書林広記』も，“河東南路”とあるべきところを“河南東路”と刻しまちがい，さらに同項目において沢州，河東北路において“隩州”の記述を落としている。また山東東路の邢州に“三鎮”，中山府に“二鎮”，陝西西路の隴州に“四鎮”と，陰文で註を施すのを忘れ，益都府路莒州の“東莒公”を刻していない。覇州の属県“文安”を“文定”に，河北東路蠡州の“任丘”を“任兵”に，陝西西路の平凉府“潘源”を“番源”に，陝西東路の“耀州”を“淮州”に誤っている。『事林広記』の方が正しい場合もあるのである。両者がまちがっている場合さえある。たとえば，磁州の“滏陽”をそれぞれ“淦陽”，“塗陽”に作っている。

214)『増広事聯詩苑学吟大備珍珠囊』（天理図書館蔵元刊本）の序文には，“彊圉作諤嘉平建安晩学何士信書”とあり，大徳元年（1297），かれが金の李君璋の編纂した書を増補したことを伝える。金朝治下平陽で編纂された出版物も，すくなくとも大徳初年には建安で入手することが可能であった。なお，この書には延慶三年（1310）の識語があり，禅僧によって将来されたものと考えられる。また「芳春常住」の署名があり，おそらく大徳寺の塔頭芳春院に伝来したものである。何士信の編纂として，ほかに『類編群英選前後集』（至正陳氏刊本），前田尊経閣文庫所蔵の『諸儒標題註疏小学集成』十巻纂図一巻がある。元貞元年（1295），瑞州路医学教授胡仕可が編纂した『図註節要補注本草歌括』六巻にも増註を施している。

215)『経籍訪古志』巻五にみえるテキストで，楊守敬の手を経て台湾に齎された。2000年7月に実見。以下の記述は当時の筆記ノートによる。

216)『文淵閣書目』巻一一によれば，『啓箚雲錦囊』が正確な書名である。また，『天一閣明抄本聞見録』「類書類」（駱兆平『新編天一閣書目』中華書局　1996年　304頁）には，“名公新編翰苑啓箚雲錦五冊　不著編者名氏。藍絲欄抄本。見阮目。薛目作“翰苑啓雲錦前集十巻後集九巻，鈔本”とある。

217) 巻頭の「新編事文類聚啓箚天章綱目」においても「州郡門　乙集　江北附」と強調する。

218) 2000年9月6日に調査。以下の記述は当時の筆記ノートに基づく。

219) 郝衡『大元混一輿地要覧』七巻との関連が想像される。

220) 金朝末期からモンゴル初期の華北（たとえば平陽）の出版の隆盛については，たとえば『山右石刻叢編』巻二九「潞州州学創建斯文楼記」参照。大徳七年の時点で，官が購入した一万一千五百二十巻の書籍の中には，『雷氏易』，『祖庭記』，『聖政要括』，『宋実録』，『輿地類考』，『五朝言行録』，『唐三百家詩』などこんにち伝わらない貴重書が含まれていた。元貞二年に安西王府の幕僚駱天驤が編纂した『類編長安志』の「引用諸書」にも地誌，地図をはじめさまざまな典籍の名が見える。

221) 概ね，至順二年に国家編纂された『経世大典』の「都邑」から引き写したもの。「本紀」と異なる部分，漏れも多く，過信は禁物である。たとえば，武宗カイシャンがオングチャドゥに建てた中都開寧路について，言及しない。西京路が至元二五年に大同路と改称されたのち，ふたたび西京路にもどされたことにも言及しない。『元史』地理志は，こんご同時代の地方志はもとより，各種典籍，碑文，出土文書などの資料，願文，題記などのデータを集積して再構築する必要がある。その作業を経てはじめてここに扱う類書収載の地理情報の精度も真に測ることができるのである。こんごに期したい。

222)『元史』巻一八「成宗本紀一」[元貞元年五月庚辰]

223) たとえば，淮西府は至元二七年正月に廃止，泗州に統合され，『啓箚青銭』はそれを反映するが，『事林広記』では至元二七年以前の状況のままである。臨濠府は至元二八年に濠州となるが，それも『事林広記』では反映していない。海寧州は『啓箚青銭』に記されるとおり淮安路に属するが，『事林広記』は，廬州路に置く。

224) 至順年間以降の新増部分の編集も建安近辺で行われたことは確かなようである。たとえば西園精舎本，鄭氏積誠堂本以降の『事林広記』「音譜類」に加えられた「正字清濁」以下の記事は，当時の韻書と現在の方言からみて，「浙江沿海地区で通行している曲家の正音で詞曲を唱おうとする閩北の文人学士，佳人仕女」を対象としているらしい。平田昌司「『事林広記』音譜類“辨字差殊”条試釈」(『漢語史学報』5 上海教育出版社 2005年) 参照。

225) 大徳五年に鄂州がクビライ親征の地で大元ウルスの成立の鍵となったことを記念して武昌にあらためられたほか，大徳九年に山西の大地震の「御払い」として，太原から冀寧，平陽から晋寧へ，クーデタによってカアンの座についたアユルバルワダが皇慶元年に新政権の火種になりかねない和林を和寧，隆興を興和とした。いずれも以後の安泰を祈願する改称である。なお，皇慶元年には陝西行省の安西も奉元に改められている。泰定元年に邕州を南寧に改めたのも同じ意図が込められているだろう（『傅与砺詩文集』巻五「送南寧路総管宋侯之官詩序」は，天暦年間のこととする)。また，延祐六年にアユルバルワダの潜邸の地懐孟を懐慶に，天暦二年にトク・テムルの潜邸，潜藩の地建康・潭州・江陵がそれぞれ集慶・天臨・中興に改められた。後至元四年には，地震を以て，宣徳府を順寧府，奉聖州を保安州に改称する。

226)『事林広記』の研究では，これら同時代の類書の徹底的な収集，比較が，最低限の準備，基本作業であること，敢えて注意を促しておきたい。たとえば，元刊本『居家必用』の構成は現行の明刊本，朝鮮版と相当に異なり，これら後世のテキストにもとづいて立論することは，ひじょうに危険である。それを示すために，元刊本の総目を掲げておく

甲集 童蒙須知，文公訓子帖，初読書法，永字八法，姜白石書譜，切韻捷法，翰墨新式，家書通式

乙集 薦響儀範，袁氏世範，省心雑言，勧善録，太上感応篇，養生秘訣

丙集 拝命暦，衛生方
丁集 宝貨弁疑，文房備用，滴漏捷法，造諸墨法，造古経牋法，諸品香譜，造燭炭法，烏髭鬢法，閨閣事宜，洗染衣帛法
戊集 諸品茶湯，諸品奨水，法製香薬，糖蜜煎法，収蔵菓子，造酒酢醤鼓，造菜蔬法，醯造淹蔵日
己集 養老奉親書，救荒辟穀，李氏食経
庚集 吏学指南，為政九要
辛集 定本策，四事十害
壬集 営造宅経，興工造作日，入宅移居日，冠婚儀礼，喪服図式，五服図，作神主式，族葬図説
癸集 山居要録，種花菓法，耕育種植法，牧養良法，牧養択日法，百怪断経。

現在，中国国家図書館に甲，乙集（四周双辺　細黒口　10行21字　17.2cm×11.0cm）が，台湾故宮博物院に『経籍訪古志』所載の壬，癸集（左右双辺　黒口　13行22字　17.5cm×11.2cm）が蔵される。以上，2000年9月5日の調査時の筆記ノートにもとづく。2003年9月16日開催の京都大学人文科学研究所「元代の社会と文化」研究班で担当した『事林広記』後集巻九「幼学類・切韻要法」のレジュメにおいても紹介した。とくに，李沢民と同じ呉郡出身の徐元瑞が編纂した『吏学指南』（大徳五年刊行），金末元初の全真教の道士趙素の『為政九要』（かれのもうひとつの編著『風科集験名方』は，大徳十年にかれの弟子で湖広官医提挙の劉世栄の運動によって杭州路で国家出版されているので，この書もこの前後に江南で刊行されている可能性が高い）など最新の書籍の内容が収録されていることは，とうじの類書の性格を象徴するものであり，注目される。

227) マニュアル本の出版は，この時期の世界的傾向のようである。イタリアでも，“法的な証書の書き方や書式ばかりか，あらゆるタイプのものものしい緒言や新書の文例などを集めた手引きがたくさん出た”らしい。ちなみに，プラートの繁栄の基礎を築いたフランチェスコ・ディ・マルコ・ダティーニのいわゆる“ダティーニ文書には，シモーネ・ダンドレアに宛てたフィレンツェの象牙細工師で宝石商のバルダッサーレ・デリ・ウブリアキの数通の手紙が残っている。ウブリアキは宝石を売るために，スペイン，ボルドー，イングランド，アイルランドを旅した時，バルセロナで二人のユダヤ人の地図製作の専門家に数枚の精巧な地図を注文した。彼はそれを，領土内の通行許可への感謝のしるしとして，アラゴンとイングランドとナバラの各王に献呈しようとしたのである。それらは合計111フィオリーノもかかった。製作したのは，「ユダヤ教から改宗したキリスト教徒で航海図の名匠」のマエストロ・ジャーメ・リーバと，「航海図の絵師」マエストロ・フランチェスコ・ベッカで，その作品は「誰も目にすることがないように，ひそかに厳重に包まれて」，バルセロナの商館に保管された”とある。イリス・オリーゴ著・篠田綾子訳・徳橋曜監修『プラートの商人——中世イタリアの日常生活』第二部第三章「家族の友人」，第一部第三章「国内および海外の通商」（白水社　1997年　120，262頁）参照。また，シエナ市庁舎には，14世紀に活躍したアンブロジオ・ロレンツェッティが描いた世界地図の巻物を掛けた「世界地図の間」があった。この地図は，

1784年までのこっていたという。田中英道『光は東方より——西洋美術に与えた中国・日本の影響』（河出書房新社 1986年 132，137頁）参照。

228) 台湾国家図書館蔵の『翰墨大全』は，熊禾の序文中の『翰墨全書』の書名を改竄し忘れているほか，友于書堂本を踏まえた増訂本を覆刻しあらためて前甲集から后戊集までとおして巻分けしたテキストである。その結果，「混一方輿勝覧」が后甲集から后乙集にまたがっている。中国国家図書館蔵の『翰墨全書』の明初刊本よりさらに時代がくだることはまちがいない。

229) 最近，郭声波整理『大元混一方輿勝覧』（四川大学出版社 2003年），盧雪燕「元刊本《聖朝混一方輿勝覧》所載附図考述」（『故宮学術季刊』20巻3期 2003年）が相次いで公刊された。

230) たとえば，至元二七年に廃止されたはずの臨淮府が見えること，平灤路が永平路に訂正されていないことなどは『事林広記』の踏襲例といえる。いっぽう，威楚の定遠州，鶴慶路は，現行の元刊本『事林広記』では最新の情報にもとづいて定遠県，鶴慶府に改められているのに，踏襲されていない。

231) あるいは，それは大徳五年から二年間，烏蛮の宣慰司に勤務し，六詔，金歯，百夷の間を奔走した李京が著わした『雲南志略』四巻であったかもしれない。李京は，そのご至大元年，吏部侍郎として武宗カイシャンの即位の詔をもって安南に使いする。

232) いっぽうで，大徳八年正月，二月の荘浪路の州への降格，汝寧府の遂平県，息州の新蔡，真陽県，裕州の舞陽県の設置，皇慶元年の安西路から奉元路への名称変更などがカヴァーされていないことも，『事林広記』系統の情報に改訂を加えたことを示唆する。

233)『元典章』，『南村輟耕録』などにも収録されている。

234)『安南志略』夏鎮序

235)『漂海録』「弘治元年戊申（1488）閏正月初八日」"臣謂権山、高回、以福等曰「汝等執舵正船，向方不可不知。我嘗閲地図，自我国黒山島向東北行，即我忠清、黄海道界也。正北，即平安、遼東等処也。西北，即古禹貢青州、兖州之境也。正西，即徐州、揚州之域，宋時交通高麗，自明州浮海，明州即大江以南之地也。西南，即古閩地，今之福建路也。向西南，稍南而西，即暹羅、占城、満剌加等国也。正南即大小琉球国也。正南而東，即女人国也。一岐島也。正東，即日本国也。対馬州也」"。

236) 成簣堂文庫本は，肝心の乙集の巻九以降が欠けているため，米沢市立図書館本に拠って論ずるほかない。

237) 故宮博物院本にいたっては，目録にもと「新編事文類聚」とあったのを，「新編」の二字を残し，「事文類聚」の四字以下を切り取り，別紙を裏から貼って「方輿勝覧」と墨書し，本文巻首の題目の下に陰刻で「后乙集」とあったのを切り取って別紙を裏からはって，単行本に見せかけているらしい。阿部隆一『中国訪書志』（汲古書院 1976年 B59頁）参照。

238)『事文類聚群書通要』存己集十巻（旧北平図書館蔵マイクロフィルム元刊本 13行×24字 巾箱本）は，「儒業門」，「永達門」，「仕進門」を収め，『宛委別蔵』所収の影元鈔本『群書通要』の己集と行格，内容とも一致するが，前者は「己集目録」において『事文類聚群書一覧』と題する。そして，『群書通要』と何士信の『類編古今事林群書一覧』

（12～13行×24字　巾箱本）の構成内容を比較すると，甲集＝前集（天文・節序・地理），乙集＝続集（人倫・人物・仙仏・人品・芸術・技巧・優賤・養生・喪事），丙集＝別集（人事），丁集＝重集（文物・珍宝・楽器・器用・衣冠・枕席・香火・食饌・歌唱・性行・孝義），戊集＝外集（帝系・朝制・官制），己集＝新集（儒業・栄達・仕進），庚集＝支集（百花・草木・果実・飛禽・走獣・鱗蟲・譬喩）と対応する。したがって，辛・壬・癸集の「方輿勝覧」は，後集の混一直後で華北の情報のなかった「方輿紀要」を最新のデータに差し替えたものということになる。

239）蔡氏梅軒は，後至元六年に，『老乞大』の高麗商人が購入した書物リストにも見える厳毅の『新編詩学集成押韻淵海』を刊行した書肆である。

240）『十八史略』については本書第I部第2章参照。

241）一．類朝州郡，沿革不一，難於尽述。今以翰墨全書為宗，県属於府，府属於各道管轄軍民等司，但除前元直隷大興等府編属北平，江東饒信編属江西，前称路者，今悉依本朝改称曰府，余並不敢強為之説。

242）至治年間に建安虞氏務本堂の『新刊全相三国志平話』の覆刻『新刊全相三分事略』（天理大学附属図書館蔵）を出版した書肆。

243）劉氏日新書堂の泰定刊本『新編事文類要啓箚青銭』が前・後・続・別・外集に分類するのに対し，建安書堂本『新編事文類聚啓箚青銭』は，十巻構成である（旧北平図書館蔵の元刊本とされるテキスト，および景泰六年刊本も，版は異なるが同じ内容）。ただし，後者は前者の単純な撮要本ではなく，底本にしたテキストも泰定刊本ではない。たとえば，「婚礼門」の「撒帳致語」は全く新しいものに書き換えられ，合同婚書の範例を集めた「北書新啓」も挿入されている。「公私必用」に収録された様々な契約書のマニュアルも，新式に改められている。「輿地門」では前者で部分的に脱落していた上・中・下のランクなどもきちんと刻されている。増改訂部分には，『翰墨全書』と共通する記事も多い。なお，戦前，『啓箚青銭』と『翰墨全書』の書誌学的考察を計画していた前田直典が，正統元年（1436）虞氏務本書堂刊本の『新編事文類聚啓箚青銭』を入手していたらしい。前田直典『元朝史の研究』（東京大学出版会　1973年　101，102，106頁）参照。

244）たとえば，『百川書志』巻九「子・徳行家」に“官箴一巻　宋紫微舎人呂本中著。此好事人於家範中鈔出者，如樵談於梅屋献醜集，心鑑警語於事林広記鈔出，不可枚挙，必各有所主也”とある。

245）天理図書館所蔵の『学範』は，南宋天台の陳騤の『文則』を合刻するが，それは正統元年（1436）に新安の朱徽が，大元時代の類書のひとつで高恥伝が編んだ『群書鉤玄』（北京大学図書館蔵至正七年刊本）から摘出したものであった。『文則』は，大元時代の江南では科挙受験生たちにとって必須の書であり，わりに普通に見ることができた。官刻本もあった。ところが朱子学の栄えた新安は大元時代末期の反乱で各家の蔵書が甚大な被害を被ったといわれ，明朝の出版も「冬の時代」が続いたために，朱徽は閲覧，入手することができなかったのである。代々学問熱心な新安文人たちの環境でこのありさま，相当に深刻な状況だったといってよい。

246）1999年9月，2000年7月の二度にわたって，マイクロフィルム（補修される前に撮影されたもの）および現物を閲覧。版匡縦 19.5cm，幅 14.6cm，四周単辺。毎半葉 10 行×20 字。版心白口，単魚尾。淡黄色の紙に緑格，一字一字端正な楷書で写され，数葉にわたる地図の河川の部分には，薄青の顔料で着色がなされた美本である。書中，徹底はしていないが，孔子の諱を避忌して“丘”の字を“邱”に作ること，乾隆帝の諱の“弘”を缺筆にすること，および宣宗の諱の“寧”の字を“甯”に代えることからみて，道光年間以降の抄本と考えられる。くわえて巻頭には「読五千巻書室」の朱方印が捺されるので，この書が清末に礼部侍郎にまでのぼり，経筵講官をつとめた李文田の旧蔵と知れる。李文田は，初期のモンゴル帝国史，および西北の歴史地理の研究とその資料収集に情熱をかたむけ，『皇元聖武親征録』や『耶律文正公西遊録』の校註，耶律鋳『双渓酔隠集』の箋をはじめ，『和林金石録』，『和林詩』などを著わした。中国国家図書館には『元史地名考』と題する自筆原稿ものこっている。そうした事情および筆跡からすると，本書のところどころに朱筆で校勘を施し，付箋に批語を記したのも，おそらく，かれだろう。巻頭の目録によれば，本書の構成は，巻一「燕京図志」，巻二「朝京駅程」，巻三「江北郡県」，巻四「江南郡県」となっている。和刻本『事林広記』は版匡縦 21.1cm，幅 16cm，毎半葉 14 行×24 字と，版式は異なるが，改行抬頭はまったく同じ箇所でなされている。『元輿地略』の行数が原本のままでないことは，巻四の成都府路成都府に属する九県を写すさいに，郫県，新都，新繁，広都，霊泉の五県を割り註で記す一行分を書き漏らし，後で欄外に朱筆で補っていることからも窺える。両者の差異としては，巻頭の“重編群書類要事林広記目録”を『元輿地略』は単に“目録”に作り，つづく“万里車書新一統，千官爵禄総多才”の対聯を欠く点，第 4 葉の図が 90 度横転し，たちならぶ木々の絵を“樹”の字で代用，さまざまな建物を正方形で表わすなど，きわめて簡略な図になっていること，巻二の「経過河道」と巻三「江北郡県」の間に，南は杭州余杭から北は大興府まで，三葉にわたる河川図が綴じ込まれていることがあげられる。この河川図は，現在の南京をそのまま“南京”としるし，朱筆で“建康”に訂正することからもわかるように，原本そのままではありえない。じじつ，欄外の付箋に“此の三葉は新たに附す。原本に非ず。金人の建つる所の□[南]京坊は，即ち宋の汴京，今の河南開封府也”と註記されている。字の異同は，おおむね『事林広記』の略字を繁体字に訂正するもので，また，いったん引き写した『事林広記』の彫りまちがいを朱筆でところどころ訂正してもいる。そのいっぽうで，“无錫”を“呉錫”に，“建始”を“始建”にうっかり誤っている。巻三の河東南路の下の割り註が左右逆になっているが，これは『元輿地略』がほかの箇所の体例に合わせたもの，と解釈できる。さらに注目すべきは，巻四の淮西路廬州の割り註の欠落部分が，『元輿地略』でも記されていないことである。以上のことからすると，『元輿地略』が直接もとづいたテキストは，和刻本『事林広記』がもとづいた元刊本ではなく，和刻本そのものと考えてほぼまちがいないだろう。朱偰「金中都宮殿図考」（『文物』1955-7　67-75 頁），閻文儒「金中都」（『文物』1959-9　8-12 頁），徐苹芳「南宋人所伝金中都図——兼弁『永楽大典』本唐大安宮図之誤」（『文物』1989-9　54-58 頁，96 頁）参照。

247) ただし，繆荃孫が「燕京図志」の金中都の宮闕図模本を有していたことは，前掲徐苹芳論文に言及がある。

248)『四庫全書総目提要』巻四三「経部・小学類存目一」

249) 朝鮮の『世宗荘憲大王実録』巻八八［二二年庚申正月］すなわち正統五年（1440）の丙午，辛亥の記事に，朝鮮の通事金辛が伝旨前正郎の金何を通じて「遼東の人家に胡三省の『臝蟲録』を所蔵する者がいて売りたがっているので，臣がすでに予約をしておきました」と上奏し，王の許可を得て麻布十五匹で購入したことを伝える。胡三省に『臝蟲録』なる著作があったことは，管見のかぎり中国資料には見当たらない。『中宗大王実録』［戊辰三年（1508）正月丙午］に執義の慶世昌が中宗に“臣嘗見臝蟲録，唯我朝有笠纓，笠纓非中朝制也。華議其頤下垂珠，中原人造笠纓，為我国也”と述べていることからすると，この絵本の原本がいわゆる胡三省『臝蟲録』である可能性は高い。いっぽう，大元ウルスの知院で，“外番に奉使すること六たび，四夷の人物，風俗を熟知せる”周致中が著わした『異域志』ももとの名を『臝蟲録』といったという。すでに『四庫全書』の編纂官が考証するように，重編のうえ書名を改めたという胡惟庸の序，その弟の胡開済の跋はおそらく偽託で，洪武二二年よりのちに手が入っている。寧献王朱権が編纂したという『異域志』はおそらくこれらの剽窃だろう。『新編京本臝蟲録』と現行の『異域志』の文は相当に異なるが，こうした地理に関する書物は時代とともに改訂を経るのが普通である。『四庫全書』の存目には『異域図志』なる書も記録される。彭元瑞の『知聖道斎読書跋尾』巻一「異域図志跋」によれば，書中，明が元の梁王の子を耽羅に封じたとあり，応天府までの紀程が記されている。いっぽうで，クビライを帝と呼び“今之和林路”云々という語が見えるという。もとの書は大元時代の成立で，洪武年間に増訂されたものではないか。

250) たとえば，寛永期（1624-1644）の「世界地図・万国人物図屛風」（出光美術館蔵），正保二年（1645）の「万国総図人物図」（神戸市立博物館蔵）など。西方において，地図のなかに異域の人物を描く例としては，はやくは「カタルーニャ地図」，ブラウの「アジア図」があげられるだろう。『大航海時代と博多』（福岡市博物館開館記念展　対外交流史Ⅰ　福岡市博物館　1990 年　65，67-68，78 頁）

251) 朝鮮表紙で，壬辰の役のおり，宇喜多秀家が将来したという。

252) これらの類書の「地輿門」の地図，記事は，『新鋟増補大明官制天下輿地水陸程限便覧』（国立公文書館蔵）等のダイジェスト版といってよい。「諸夷門」については，ほぼ同内容をもつが，『便覧』では，方向感覚ゼロの不正確きわまりない「東南浜海諸夷国図」も載せている。

253)『文淵閣書目』巻一一に“尺牘筌蹄一部一冊闕”とある。

254)『九霊山房集』巻二三「故翰林待制致仕汪君墓誌銘」“君所著書有春秋大義百巻、深衣図考三巻、礼学幼範四巻、善行啓蒙四巻、歴代紀年四巻、山居四要四巻、遯斎稿三十巻，蔵於家”，『羽庭集』巻五「餞定海県尹汪以敬詩序」

255) 四明の文人が類書の編纂に手をそめる伝統は，明代以降にも受け継がれる。『群書類編故事』は四明の王罃が編集，江西泰和の梁軿が校正している。

256)『文淵閣書目』巻一一

257)『武林石刻記』巻二「杭州府儒学尊経閣書目」

258)『古今書刻』上，『建陽県誌続集』「典籍」には，明の皇帝，皇后たちの著作と並んで，

『翰墨大全』二百七巻，『事林広記』四十巻，『群書一覧』十巻，『居家必用』十二巻等があげられている。

259)『太宗恭定大王実録』巻二「元年辛巳十二月癸亥」“領議政府事李舒、摠制安瑗等，回自京師，舒等進大学衍義、通鑑輯覧、事林広記各一部、角弓二張、色絲二斤”。

260) 2003年3月5日実見。『奎章閣図書館韓国本総合目録』では類書類ではなく，雑家類に分類，元版覆刻本の朝鮮版とされるが，慶応大学斯道文庫の洪武二五年（1392）の梅渓書院重刊本と同版で，続集と別集の残本を包背装に綴じあわせたもの。朝鮮の楮紙で裏打ちされているが，版心が全て切られているために，版面と裏打ちの頁が交互にきて，ちょうど胡蝶装のようになっている。裏打ち面は筆記帳として使用されたが，表紙に「雑記」と記すように，最終的には，むしろこちらが重要視されたようである。しかし，版面にも所々に書き込みがあり，丹念に読まれていた形跡がうかがえる。こんにち「大明国図」を所蔵する天理図書館，楊子器図を所蔵する遼寧にも『事林広記』の古版本があるように，地図のあるところに『事林広記』あり，といった感がある。葉盛は清濬の地図のほか『翰墨全書』本の『方輿勝覧』をもっていた。『菉竹堂稿』巻七「書方輿勝覧後」（山東省図書館蔵清初鈔本）“方輿勝覧上中下巻，元時修。曰「大明」者，書坊以明易元字耳。此書，予以進士使湖広過家時，范元徳所恵，中有紅点抹及批字，皆祖従文先生手筆。先生洪武中人物，晩以学官致仕，家居優遊数十年以終”。

261)『太宗恭定大王実録』巻二一「十一年辛卯正月丙子」，『世宗荘憲大王実録』巻八八「二二年庚申春正月辛亥」，『世宗荘憲大王実録』巻一二八「五礼・吉礼序例（祭器図説）」，『宣宗大王実録』巻八「七年甲戌五月癸巳」，『学びの世界——中国文化と日本』23-42頁。

262)『老朴集覧』。そのた，モンゴル時代の参考書として，崔世珍は『吏学指南』，『至正条格』，『飲膳正要』，『南村輟耕録』，『事文類聚』などを用いている。ちなみに『西遊記平話』，『大宋宣和遺事』などモンゴル時代に白話（口語の漢語）で書かれたテキストにも目を通している。

263)『攷事撮要』自体，挿絵こそないが『事林広記』の影響を受けて編纂された類書である。

264) 韓国誠信女子大学校博物館所蔵の彩色抄本『伝世宝』（誠信女子大学校博物館 1999年）は，「日月五星図」，中国，朝鮮，日本を描く「天下図」，詳細な部分地図，盤古から皇明までの「中国歴代系図」，韓国地図のほか，『事林広記』や各種纂図本の挿絵とも連動する「日冬夏九道之図」，「日永日短図」，「六呂図」，「太極図」なども収録しており，朝鮮における地図作成と『事林広記』の影響，関係を示唆する貴重な資料といえる。なお，この資料および上記奎章閣の『事林広記』，その他漢籍，韓国の地図コレクションについては，2003年3月4〜6日のCOEによるソウル調査旅行のさい，楊普景をはじめとする韓国の研究者の方々のご厚意によって，実見することができた。

265)『成宗康靖大王実録』巻一八四「十六年乙巳一〇月」なお，大内氏はこれより先，同年九月にも大蔵経の下賜を求めている。

266)『定宗恭靖大王実録』巻二「元年己卯（1399）八月」に“日本国六州牧左京大夫義弘，本百済始祖温王高氏之後，其先避難徙於日本，世世相承，至于六州牧，尤為貴顕”とい

い，『攷事撮要』「接待倭人事例・大内殿」には“百済王温遠孫某入日本，泊于多多良浦，因多多良為姓，世号大内殿。以係出百済最親我国”とある。

267) たとえば『蒲庵集』巻三「日本聚羽扇為史靖可題」，「日本聚扇為朱編修題」等参照。また『善隣国宝記』巻中によれば，応永八年（1401）日本から大明国皇帝へ献上された品の中に，扇百本が見える。

268)『実隆公記』巻二「長享元年（1487）十一月七日」，巻三「明応八年（1499）一月八日」，巻四「文亀三年（1503）四月二日」，「永正二年（1505）八月二八日」，「永正三年六月十七日」，「永正四年四月二九日」に，『翰墨全書』，『事林広記』，『居家必用』が見える。ほかに『学びの世界——中国文化と日本』「III-2．清家文庫」，「III-3-1．抄物」（古勝隆一，木田章義執筆）等を参照。

269)『于謙集』奏議巻四「兵部為辺情事」（中国文史出版社　2000年　142-144，171-173頁）。ちなみに『明実録』では，『(士)[事]林広記』，『居家必用』の書名は省略されてしまっている。

270) 明のオイラト部に対する低姿勢は『吏文』巻四「禁約欺侮瓦剌使臣事」の正統八年九月十六日付けの榜文からも窺える。

271) 朱元璋は，洪武九年（1376），絶海中津を英武楼に召見し，板房に引き入れて，日本図を指差して，海邦の遺蹟，熊野の古祠すなわち徐福の伝説について尋ね，詩を賦さしめたという。また，『漂海録』「弘治元年（1488）三月二九日」の条には，“詣兵部……又有職方清吏司郎中戴豪引臣至庁上，**庁壁掛天下地図**，臣所経之地一見瞭然。郎中等指謂臣曰「你発自何地？泊於何地？」臣以手指其漂舟之地，所歴之海，所泊之渚。海路正経於大琉球国之北”とある。

272) いわゆる鄭和の航海図は，天啓年間（1621-1627），『武備志』巻二四〇に収録，刊行されるまで秘匿，忘却されていた。

273) 洪武二五年梅渓書院重刊本の目録によれば，前集巻三「地輿類」に「大明混一図」，同巻三「郡邑類」に直隷府州，浙江，江西，湖広，福建，広東，広西，河南，山東，山西，北平，陝西，四川，雲南の十三布政司を収録していたはずだが，削除されている。少なくとも巻末の最後の一葉の版木は細工されている。成化十四年福建官刻本は，至順刊本と同じ前，後，続，別の四集構成をとるが当該部分の内容は梅渓書院本と同じ（目録は欠けている）。弘治四年雲衢菊荘新刊本，弘治九年詹氏進徳精舎新刊本は梅渓書院本と同様，目録のみに「大明混一図」，「郡邑類」が見え，巻下「地輿類」に当該地図，記事は収録されずそのまま「方国類」（梅渓書院本では巻四）に続けられる。ただ，雲衢菊荘本では，「地輿類・宋四京二十三路」の記事の途中に「元十二省」，「元二十二道」が挿入され，加えてほかの明刊本に見えない記事がまとまって載る。挿入箇所を間違えていること，記事の配列に混乱があることからすると，基づいたテキストに乱丁があったのをそのまま踏襲した可能性が高い。

274)『開慶四明続志』（中国国家図書館蔵宋刊本）巻八「収刺麗国送還人」

275)『開慶四明続志』巻八「収養麗人」

276)『開慶四明続志』巻八「蠲免抽博倭金/奏状・申状・再申」

277)『開慶四明続志』巻五，六

278)『桐江続集』巻三二「孔端卿東征集序」“閲東征集，乃知辛巳六月，君従軍発四明，自神前山放洋三日，而至耽羅，又三日而至日本海口，泊竹島，尽一月逗留不進，八月旦夜未艾遇颶風，舟師殲焉。帥独帆走高麗，死者三数十万，与予所聞皆合”，『黄文献公集』巻一〇上「故参知政事行中書省事国信使贈栄祿大夫平章政事上柱国追封閩国公謚忠愍王公祠堂碑」“以夏四月発慶元。五月抵躭羅。躭羅人或勧公勿軽徃。公不聴。秋七月至日本境”，『秋澗先生大全文集』巻四〇「汎海小録」“十七年已夘冬十一月，我師東伐。明年夏四月次合浦県西岸，入海東行約二百里，過拒済島。又千三三里至吐剌忽苫。倭俗呼島為苫。又二千七里抵対馬島。又六百里踰一岐島。又四百里入容甫口西。又二百七十里至三神山……又東行二百里巍志賀島下，与日本兵遇”。

279)『元史』巻一五「世祖本紀」“[至元二六年二月]丙寅，尚書省臣言「行泉府所統海船万五千艘，以新附人駕之，緩急殊不可用。宜招集乃顔及勝納合児流散戸為軍，自泉州至杭州立海站十五，站置船五艘，水軍二百，専運番夷貢物及商販奇貨，且防禦海道為便」。従之”（『永楽大典』巻一九四一八「站赤」至元二六年二月十六日の条にも同様の記事が載る），『永楽大典』巻一九四一九「站赤四」“[至元二八年三月]是月江淮行省，備行泉府司言「『蔡沢始陳；海道立站，摘撥水軍，招募稍碇，差設頭目，準備毎歳下番使臣，進貢希奇物貨，及巡捕盗賊，且省陸路遞送之労。以此奏准設置』。今本省再令知海道人慶元路総管府海船万戸張文虎，講究得『下番使臣，進貢物貨，蓋不常有，一歳之間，唯六七月，可以順行，余月風信不便。莫若将福建海站船隻，撥隷本処管軍万戸府，其在浙東者，隷於沿海管軍上万戸提調，聴令従長区処，以遠就近，屯住兵船，遇有使客進貢物貨，自泉州発舶，上下接遞以致杭州，常加整治頭目軍器兵仗船舶，於沿海等処，巡邏寇盗，防護商民，暇日守鎮陸地，倶無防礙，公私順便』。所拠海站不須設置」。都省准擬，奏奉聖旨，令罷去之”，『至正四明続志』巻一「職官　浙東道宣慰使司都元帥府」“大徳六年十月四日中書奏陞為都元帥府，七郡兵民之政，悉隷総裁，命重臣渾忽図佩金虎符，開都元帥府事。明年徙治命于四明，明拠沿海要害，扼制日本諸蕃”。

280)『高麗史』巻三九「恭愍王世家」“[七年]五月庚子，台州方国珍遣人来献方物”，“七月甲辰，江浙行省丞相張士誠遣理問実剌不花来献沈香、山水精、山画木屏、玉帯、鉄杖、彩段”，“[八年夏四月]辛巳，江浙張士誠、丁文彬遣使献方物”，“[秋七月]甲寅，張士誠遣范漢傑、路本来献彩段、金帯、美酒。丁文彬亦献方物”，“江浙省平章火尼赤，漂風来泊黄州鉄和江，賜米一百石、苧布二十匹，以行省員外申仁適女妻之”，“[八月]戊辰，方国珍遣使献方物”，“[九年三月]丙辰，張士誠遣使来聘”，“[四月]壬申遣金伯環、權仲和，報聘于張士誠”，“[七月]丙子，江浙省李右丞遣張国珍来献沈香、匹段、玉帯、弓剣，復遣少尹金伯環豊聘”，“[十年三月丁巳]張士誠遣人来献綵段、玉斝、沈香、弓矢。淮南省右丞王晟遣使来献綵帛、沈香”，“秋七月壬子，張士誠遣千戸傅徳来聘。戊午又遣趙伯淵，不花来聘”，『高麗史』巻四〇「恭愍王世家」“[十一年七月]庚戌，張士誠遣使来献沈香仏、玉香爐、玉香合、綵段、書軸等物”，“[十二年四月]壬子張士誠遣使賀平紅賊献彩段及羊、孔雀”，“[十三年四月]甲辰，張士誠遣万戸袁世雄来聘”，“[五月]癸酉，遣大護軍李成林、典校副令李韧報聘于張士誠”，“[六月]乙卯，明州司徒方国珍遣照磨胡若海，偕田禄生来献沈香、弓矢及玉海、通志等書”，“[七月]丁亥，呉王張士誠遣周仲瞻来献玉纓、玉頂、綵段四十匹”，『高麗史』巻四一「恭愍王世家」“[十四年夏四月]辛卯，呉王張士誠遣使来献方物”，“八月庚寅，明州司徒方国珍遣使来聘”，“冬十月癸巳，方国珍遣使来聘”等。

なお，『誠意伯文集』巻一〇「慶元路新城碑」に“上嗣位之二十年，詔浙東道粛政廉訪使納琳哈喇，以中奉大夫為浙東都元帥，適海寇再叛之明年，浙東帥府治慶元。慶元与台州鄰，寇発台之黄巌，与慶元相密邇。守臣議治城以防不測，衆口聒聒弗克定。公至召属吏庭諭之曰：重門撃柝以待暴客制也”とあるように，大元ウルスにとっては方国珍も「海寇」にすぎないのであった。

281)『庸菴集』巻一四「碣記・謝都事善政碣記」“江浙土宇弗靖。行省視浙東為善地，行台又遷治於越。皆急於征謀，需歛州県，其使交集，罔克悉応。浙東既置分省，所属儲餽，唯統兵官所，酌用詔旨也。至正十八年秋七月，天台謝侯以分省，命治賦余姚……於時朔南中阻繇海道以達而余姚為要衝。且密邇省台，徃来之使，日夜沓至，直伝舍以奉食飲者，其費百倍於昔，尤疾苦焉”。

282)『高麗史』巻三八「恭愍王世家」［三年六～十一月］

283)『高麗史』巻四四「恭愍王世家」［二三年十一月戊申］“中書省咨；欽奉聖旨；已前征進沙漠，因路途窵，馬匹多有損壊。如今大軍又征進。我想高麗国，已先元朝曽有馬二三万，留在耽羅，牧養孳生偮多。中書省差人将文書去与高麗国王，説得知道，教他将好馬揀選二千匹送来。於是遣門下評理韓邦彦往耽羅取馬”。

284)のちの『漂海録』「弘治元年戊申閏正月初七日」にも“臣謂権山等曰「在高麗時，爾済州朝大元，自明月浦，遇便風，得直路，七昼夜之間，過白海渡大洋……」”とある。

285)前年の洪武五年に，高麗以外に琉球，瑣里，占城，烏斯蔵が入貢していた。朱元璋にとっては，とくに琉球の朝貢がうれしかったらしい。かれにとっては，「大元時代を超える」モニュメンタルな意味をもっていた。『明史』巻三二三「外国伝・琉球」“五年正月，命行人楊載，以即位建元詔告其国。其中山王察度，遣弟泰期等随載入朝貢方物。帝喜賜大統暦，及文綺紗羅有差”。

286)たとえば，『東文選』巻八六李穡「送徐道士使還序」に“洪武建元之三年四月，朝天宮道士号玉巌者，奉香幣祝冊，自金陵航海至王京”とある。『東文選』巻八九鄭道伝「圃隠奉使藁序」に“皇明有天下，四海同文，先生三奉使至京師，蓋其所見益広，所造益深，而所発益以高遠。渡渤海登蓬萊閣，望遼野之広邈，視海涛之洶湧，興懐叙言，不能自己。於是有渡海宿登州公館詩，蓬萊駅示韓書状詩，道龍山邐迤逾淮河，登舟沿范光湖，絶大江至龍潭，皆有題詠”とあり，渤海を渡って山東半島から陸路で南下する大元時代以来のルートもとられたようである。

287)『吏文』巻二「朝貢往来陸海道路事」“又准賛成事姜仁裕等関：洪武五年十二月欽奉宣諭聖旨節該：恁毎如今連三年依旧累来之後，可三年一遭来進貢。欽此。洪武六年四月十四日又奉宣諭聖旨節該：去年姓洪的，海面上壊了船，見海上難過，教恁往登州過海。今後休海裏来。欽此。除欽遵外，当月二十五日止差密直副使鄭庇進賀洪武七年正朝，及差判繕工寺事周英賛進献馬匹，経由定遼衛駅道去後，回准鄭庇関該：九月初一日到頭館站地面，見榜文該写；遠方使臣到来，即仰回還。毋擅入境。蒙此，不敢前進……銭鎮撫出来言説；衛官説将来：咱這裏無脚力，一来金州有倭賊，又無船隻。這道子上難行，早些回本国，打水路裏去……”。洪武五年十二月の聖旨全文は『高麗史』巻四四「恭愍王世家」，七年の咨文全文は同書巻四五「恭愍王世家」参照。

288)『吏文』巻四「禁約販売番貨事」“礼部為禁約事。照得：洪武三十五年十一月初一日早，本部左侍郎宋礼同刑科都給事中周璟等官，於奉天門，欽奉聖旨：「近有軍民人等，私自下海，販売番貨，誘引蛮夷，為盗走透事情。恁礼部将洪武年間諸番入貢禁約事理，申明教各処，知道犯了的照前例罪他」。欽此。曩自洪武九年間計諸番入貢者，国雖大小不同，遣使来庭之国，一十三王。是王等，因航海之便，歳貢如常。後丞相胡臣，相乱其諸番，従謀生詐。問験是実。更遣使各諭番国，究其所以然事果多詐而不実。遂断番商，不許往来……”。

289)『清容居士集』巻一八「定海県重修記」“定海為県，自昔号重地，鎮遏戍守，異於它所。南受諸蕃絶域之颿舶，東控島夷不庭之邦，商賈舟楫，噴薄出没，拠会済勝，実東南之奇観也。皇元考図受貢，益倍於異代，信使香幣渡海歳不絶。県令将迎，曰疲於供事”。

290)『至正四明続志』（上海図書館蔵影元鈔本）巻三「鄞県・坊巷橋道・馬道」

291)『至正四明続志』巻一「土風」“南通閩広，東接日本，北距高麗，商船往来，物資豊溢，出定海有蛟門虎蹲，天設之険，実一要会也。山川清淑之気，発泄無余，衣冠文物，日以盛大，躬行篤実，家戸詩書，観乎，慶暦諸賢，淳熙大儒，其言百世不能泯”，同巻三「定海県・公宇」“蛮夷諸蕃舟帆所通為一，拠会総隘之地也”，『羽庭集』巻五「餞定海県尹汪以敬詩序」“定海邑当鄞海口，東接三韓，倭夷島嶼，南通閩広，番船商賈之往来，編氓竈丁，衣食雑居，自昔為重鎮，人慣風涛，従事舟楫”。

292)『至正四明続志』巻五「土産・市舶物貨」

293)『至正四明続志』巻六「土産・賦役」［市舶］“抽分舶商物貨，細色十分抽二分，麁色十五分抽二分。再於貨内抽税三十分取一。又一項；本司毎遇客商於泉・広等処，興販已経抽舶物貨，三十分取一”。

294)『至正四明続志』巻三「公宇・慶紹海運千戸所」，『畏斎集』巻五「重修霊慈廟記」，同「慶元紹興等処海運千戸朱奉直去思碑」

295)『至正四明続志』巻三「昌国州」“入国朝，至元十五年，謂海道険要陞県為州，以重其任”，“宋元豊年間改曰昌国。登高而望，鯨波汗瀾，極天無岸，若高麗、流求、毛人之属，綿亘海外，諸番船道所経，日本市易，則遣兵戌守，以鎮海道。近皇朝至元中，陞州，凡官署符移，圭田俸賜，悉易其旧”，『補陁洛迦山伝』「洞宇封域品第二」“宋熙寧間，創県為昌国，東控日本，北接登萊，南亘甌閩，西通呉会，寔海中之巨障，皇元至元十五年陞為州”，『延祐四明志』巻一「昌国州境土」“東五潮至西荘石馬山与高麗国分界”。

296)『大徳昌国州図志』巻一「沿革」にいう中書左丞行浙東道宣慰司の哈巴岱（清朝の改字を受けている。哈剌歹が正しい）だろう。なお，天一閣が四庫全書編纂のために呈した『大徳昌国州図志』のテキストでは，「州官請耆儒修志牒」，「郭薦等繳申文牒」が附せられていたといい，官撰の書物であったことがわかる。目次によれば，巻頭に「環山図」「環海図」「普陀山図」の三図も収録されていたが，こんにち伝わらない。『淵穎呉先生文集』巻三にも「偶閲昌国志賦得補怛洛迦山図」とある。

297)『補陁洛迦山伝』「応感祥瑞品第三」

298)『善隣国宝記』巻上“南海観音宝陀禅寺住持如智「海印接待庵記」曰：癸未八月，欽奉聖旨，同提挙王君治奉使和国，宿留海上八箇月，過黒水洋遭颶風云々，半月後，忽飄風至寺山之外，幸不葬魚腹，大士力也。甲申四月，**又奉聖旨，同参政王積翁，再使倭国，五月十三日，開帆於鄞，住耽羅十三日，住高麗合浦**二十五日，七月十四日，舟次**倭山対馬島**云々，危哉此時也，非大士孰生之云々，**至元二十八年歳次辛卯**六月日，宣差日本国奉使前住宝陀五楽翁愚渓如智記"，『大徳昌国州図志』巻七「寺院」

299)『国朝文類』巻四一「日本」"日本海国，自至元大徳間，黒的、殷弘、趙良弼、杜世忠，何文著、王積翁、釈如智、寧一山，与高麗之潘阜、金有成輩，数使其国。惟積翁，中道為舟人所殺，余皆奉国書以達，而竟不報聘"，『元史』巻二〇八「日本伝」"三年遣僧寧一山者，加妙慈弘済大師，附商舶往使日本，而日本人竟不至"。なお，『一山国師語録』（建仁寺両足院蔵五山版）附録には，虎関師錬による「行記」のほか，一山一寧にかかわる文書が数件，とうじの改行抬頭そのままに移録されている。

300)『海蔵和尚紀年録』「六年戊戌　皇帝正安元年（1299）己亥」"是年，寧一山来朝，館于上都。師往而為儀封人之見也。師自惟曰：近時此方庸緇，嘄然例入元土，是遺我国之耻也"。

301)『補陁洛迦山伝』「題辞」"謹按；補陁洛迦者蓋梵名也。華言小白華。方広華厳言，善財第二十八，参観自在菩薩，与諸大菩薩，囲繞説法，蓋此地也。然世無知者，始自唐朝梵僧来覩神変，而補陀洛迦山之名遂伝焉"，「附録第五」"僕（盛熙明）嘗遊五台山，従密得哩室利師獲聆番本補陁洛迦山行程記，始自西竺至葛剌掺迦羅国，有霊塔……此其大略，不能具録，以是考之，則法非凡境，豈造次所能至哉。似匪此地比擬也。後至四明屢有邀余同遊補陁山者，心竊疑之，不果往也……既集成伝，附以天竺霧霊事跡并以旧聞，庶顕非同非異，無別無断，用祛来者之惑也。至正辛丑歳四月望，寓四明之盤谷玄一道人盛熙明記"。

302)『補陁洛迦山伝』「興建治輩品第四」

303)『補陁洛迦山伝』「応感祥瑞品第三」

304)『補陁洛迦山伝』「興建治輩品第四」

305)『補陁洛迦山伝』「興建治輩品第四」

306)『剡源戴先生文集』巻四「宝陀山所見記」

307)『皇元風雅』前集巻一　貫酸斎「観日行 丁巳春三月，余之所謂宝陀山顛有石，曰盤陀，往観之，初疑其大不可量，既帰宿作詩，時方夜半。僧魯山同賦」

308)『西湖遊覧志』巻一五"布政分司五。曰管糧道在峨眉山麓，曰杭嘉湖道在朝天門外，旧為巡視都察院，元時西天寺旧基也。延祐間，西僧班板特達降香普陀山，過銭唐建此"。

309)『高麗史』巻三四「忠宣王二」"六年三月請于帝降御香，南遊江浙至宝陀山而還。権漢功，李斉賢等従之。命従臣記所歴山川勝景為行録一巻"，同巻一二五「権漢功伝」，『山菴雑録』巻上"高麗駙馬瀋王被旨礼宝陀観音，過杭，出褚中銭，就明慶寺設斎，斎諸山住持，省官以下諸衙門官董其事，及班列位次，以瀋王中居講堂法座上，衆官以次班法座上，諸山列両廡，既坐定，而師後至，竟趨座上，問王……"。

310)『宛委別蔵』所収本と台湾国家図書館所蔵の鈔本の二種を用いた。

311)盛熙明と劉仁本には至正二一年以降にも交遊がみとめられる。『羽庭集』巻四「癸卯新正次盛熙明見寄韻二首」，「次韻寄盛熙明」参照。

312)『明州阿育王山志』巻八下袁桷「阿育王寺住持東生明禅師塔銘」“至几山於東南禅林巨刹，釈迦舎利塔在焉。歳時使者香幣踵至，善士之信奉者，不遠数千里，裹糧以来”。

313)『海蔵和尚紀年録』「建武二年（1335）乙亥」“南禅夢窓和尚来告曰；皇帝比者，宣疎石曰：朕欲黄天下僧服可矣乎。疎石雖奉勅意，未断以謂何。師（虎関師錬）曰：焉用黄無，以則青黒乎。是仏衣屈眴之遺製耳。近世庸緇之自元国還者，咸称大元釈服以梔易甚。其言必曰：彼国主上黄々中也。是命之也。蓋尊僧也。且價廉而易辦。皇朝若襲，是則豈不尊且廉也哉……”。

314)『定宗恭靖大王実録』巻五「二年庚辰八月」

315) 国立公文書館本と故宮本にはそれぞれ異なる挿絵が付されている。故宮本は，あきらかにモンゴル貴族の習俗に則った宴会の様子であるが，大香炉，大花瓶も描かれている。北京大学本には該当する部分がない。

316)『桐江続集』巻三一「送家自昭晋孫自庵慈湖山長序」“王尚書応麟伯厚嘗語予曰：朱文公之学行於天下，而不行於四明。陸象山之学行於四明，而不行於天下。此言亦復有味”。

317) 詳細は本書第 II 部第 8 章参照。

318)『嘉泰会稽志』巻一七「紙」

319)『至正四明続志』巻五「土産・器用」“紙：皮紙出鄞県章渓。竹紙出奉化棠渓，亦有皮紙”。

320) 台湾故宮博物院にみごとな元刊本が現存し，巻頭には江浙等処儒学提挙司が杭州路に出した文書の抄白が掲げられているが，じっさいには版刻にあたって慶元路が協力している。建仁寺両足院至正十二年重刊本『玉海』巻頭の「抄白」参照。

321)『玉海』「胡助序」「李桓序」「阿殷図序」「王介識語」「抄白」「慶元路儒学刊造玉海書籍提調官」，『至正四明続志』巻七「学校」

322)『通志堂経解』所収『春秋本義』「張天祐序」，「抄白」，「提調刊行春秋本義各官姓氏」

323) 2001 年 3 月，寧波で大元時代の慶元路の官庁のひとつ永豊庫の遺構と当時の海上貿易の一端を示すかのように，越窯，龍泉窯，景徳鎮窯，磁州窯，鈞窯，そして吉州，福建産の白磁などさまざまな地域の陶磁器，そのたの文物が発掘された。そのほかの官庁がどこに埋もれているか推測が容易になった結果，こんご文献と考古学，フィールドの両側面から慶元の実態が明らかになっていくことは間違いない。「寧波元代慶元路永豊庫遺址：新世紀中国城市考古又一重大発現」（『中国文物報』総 1081 期　2003 年 1 月 15 日）参照。

324)『羽庭集』巻六「慶元路玄妙観重修道蔵記」

325) 国会図書館蔵の元版『禅林備用清規』残本（鹿王蔵書の印が押される）の目録のあとには，天童景徳禅寺の住持雲岫を筆頭に助縁者のリスト，金額等が並ぶ。なお，『お茶の水図書館新修成簣堂文庫善本書録』（石川文化事業財団　お茶の水図書館　1992 年　992 頁）掲載の元刊本，建仁寺両足院の影元鈔本のほうが全十巻完備しており，これによって助縁者も慈渓県，定海県，鄞県，奉化州と慶元路全域の禅寺，さらには隣接する紹興路の禅寺まで協力していることが判明する。

326)『学びの世界』54–55 頁（古松崇志執筆）参照。

327)『神田鬯盦博士寄贈図書善本書影』（大谷大学図書館　1988 年　50–53 頁），藤島建樹・

梶浦晋「大谷大学図書館蔵宋金元版仏典目録」(『大谷大学真宗総合研究所研究所紀要』7　1989年　110-115頁)

328)『お茶の水図書館新修成簣堂文庫善本書録』985頁参照。

329)『山菴雑録』巻上は“戊戌方国珍為行江浙省分省参政，屯守明州。左右司官劉仁本者，頗嗜文学，自編平昔作詩文，成帙刊板印行，取在城僧寺蔵経，糊為書衣，掲去経文，写自詩文。吾人見之，雖心酸骨苦，無如之何……”という。

330)この書の詳細については，別稿で論じる。

331)たとえば，『山菴雑録』巻上に“竺元先師聞如一菴自浙西多購文籍帰太白”とある。

332)『滄游集』巻上楊有慶（字自升。筠陽人。都水少監。）「至正甲辰冬，余以都水少監奉詔，宣諭江閩。明年乙巳四月北還復命，浮海至鄞。遂同礼部趙希顔，便道由慈渓，謁見心禅師於定水之天香室……」

333)宮次男「目連救母説話とその絵画――目連救母経絵の出現に因んで」(『美術研究』255　1969年3月　155-178頁）参照。ただし，辛亥の年を憲宗元年（1251）とするのは，あやまりであろう。程季六に冠せられる“大元国浙東道慶元路”という行政区画は世祖クビライの至元十三年（1276）の江南接収以後でしかありえない。貞和二年（1346）までに辛亥の年をもとめるならば，至大四年（1311）のみである。

334)『牧隠文藁』巻六「報法寺記」

335)『春草斎詩集』巻四「送高麗相還国」,「送偰尚賓使高麗」,『丁鶴年詩集』巻四「送人使高麗」,『庸菴集』巻五「送人還高麗」

336)『太祖康献大王実録』巻一五「七年戊寅十二月庚午」“上坐報平庁，餞賀登極使右政丞金士衡、陳慰進香使政堂河崙，夜半罷乃。引士衡入寝殿，賜酒，又賜毛衣、毛冠”,『定宗恭靖王実録』巻一「元年己卯（1399）春正月癸酉」“幸弘済院，餞右政丞金士衡。士衡如京師賀登極。政堂河崙，行陳慰弔祭礼”,『定宗恭靖大王実録』巻一「元年己卯（1399）六月丙寅」“賀登極使右政丞金士衡、陳慰使政堂河崙、進香使判三司事偰長寿，捧礼部咨文，回自京師”。

337)『定宗恭靖大王実録』巻一「元年己卯（1399）春正月朔壬申」“上率宗親，朝太上殿行賀礼。太上王以水陸斎斎戒，不受賀礼。上進表裏一套，還殿冕服，賀登極，仍賀正訖，服冠袍受朝，宴群臣，夜罷。平壌府尹成石璘進欹器図，左道監司李廷俌進歴年図，右道監司崔有慶進無逸図，皆嘉納”,『定宗恭靖大王実録』巻一「元年己卯（1399）春正月甲戌」“御経筵，命掲欹器図于壁”。

338)『高麗史』巻一一二「偰遜・長寿伝」,『陽村先生文集』巻一九「題三節堂詩後序」“北庭偰氏，知元季将乱，挈家避地于海東，封君食禄，終其身而子孫亦保。其智之明如此。有男四人。伯氏位宰相，屢奉使上国，応対弁敏，毎蒙太祖高皇帝称賞，有功我国家。卒諡文貞公。仲氏寛厚長者，亦至枢相。叔季皆有才名，為達官。予皆友善”。なお，のちの靖難の変のさい，建文帝の臣僚の何人かが朝鮮に逃げ込むが，それはやはり高麗・モンゴル時代の両国間の人，モノの交流の記憶が生きていたからではないか。『太宗恭定大王実録』「癸未三年」“[四月甲寅]使臣黄儼等賚来宣諭聖旨内：永楽元年二月八日奉天門早朝，宣諭聖旨「建文手裏多有逃散的人，也多有逃去別処的。有些走在你那裏。你対他毎説知道，回去対国王説，一介介都送将来」”。

339) 詳細は，本書第I部第4章参照。

340)『太祖康献大王実録』巻七「四年乙亥（1395）正月丁酉」“謝恩使李茂、賀千秋使鄭南晋，回自京師”。

341)『太祖康献大王実録』巻一〇「五年丙子（1396）七月甲戌」“判司訳院事李乙修為管押使，館学士管送撰表箋人芸文春秋権近、右承旨鄭擢，当該啓稟使，具奏于帝曰……”，『太祖康献大王実録』巻一一「六年丁丑（1397）三月辛酉」“参賛門下府事安翊、同知中枢院事金希善、芸文春秋館学士権近，賚擎皇帝勅慰詔旨及宣諭聖旨、御製詩、礼部咨文二道，回自京師……”。

342) 溥洽については，『東里文集』巻二五「僧録司右善世南洲法師塔銘」が詳しい。なお洪武二九年に重刊された大元時代の編纂物『教苑清規』の募縁，勧縁者名によれば，七月の段階でまだ僧録司右善世は紹宗で，溥洽は左闡教天禧講寺住持である。なお紹宗や勧縁者のひとりで左善世の大佑等も，権近と対面している可能性が高い。

343) お茶の水図書館成簣堂文庫，天理大学附属図書館にも同版が蔵されるが，幾分配列がことなっているようである。川瀬一馬『お茶の水図書館蔵　成簣堂文庫善本書目』「第一章古版本　第五編朝鮮本　応制詩一巻一冊」1143頁，『天理図書館稀書目録和漢書之部第四』（天理大学出版部　1998年　491頁）参照。

344)『太祖康献大王実録』巻一一「六年丁丑三月辛丑」にも「応制詩」二十四首全部が引用される。よほどの功績と考えられたのだろう。同「四月壬寅」，巻一二「六年丁丑十二月庚子」も参照。ただし，このとき同行した鄭揔，金若恒，盧仁度の三名は，朱元璋に殺害されている。同書巻一二「六年丁丑十一月戊寅」参照。

345) かれは，外交使節として朝鮮に派遣されたさい，妓委生にいれあげて，そのご，かのじょに会うべく，軍馬の調達を口実に再度朝鮮を訪れたあげく，遠距離恋愛の末のノイローゼで首吊り自殺を図ったり，半狂乱になって夜中に迎賓館を逃げ出してつれもどされたり，帰国したくないために，太宗に「建文帝に私は死んだといってくれ」と駄々を捏ねるなど，王宮のひとびとを困らせた。『実録』の記録者もその様子を逐一書きとめながら，ずいぶん可笑しがっていたようである。明朝廷から派遣された外交官たちの不始末，不行跡は漏らさずことさら事細かに書いてある。あとで妓生等諜報活動をするひとびとに逐一報告させていたにちがいない。

346)『陽村先生文集』巻一八「送祝少卿使還詩序」，「送天使端木公使還詩序」“大僕少卿祝公，兵部主事端木公奉天子命来，市馬也。其従事者十人，皆是上庠之秀，相継以来，毎満千匹，分運押遣”，明朱睦㮮撰『革除逸史』巻二“[洪武三十有四年即建文三年]，秋七月命太僕少卿祝孟献使朝鮮市馬”，『太宗恭定大王実録』巻二「元年辛巳十二月癸亥」，『太宗恭定大王実録』巻三「二年壬午（1402）」正月丁未，己酉，二月乙卯，壬申，乙亥，四月辛丑，癸卯，壬戌，癸亥，五月丙戌，『陽村先生文集』巻三三「謝端木先生書」

347)『趙氏鉄網珊瑚』巻一「石鼓文」

348)『世祖恵荘大王実録』巻一九「六年庚辰（1460）/天順四年三月甲申」“上令右政権擥，持陽村応製詩一部示張寧曰「此人乃陽村権近之孫。大人幸看高皇帝御製詩」。寧起謝云「吾在国，飽聞久矣」。看訖，即賦詩以進……”，『世祖恵荘大王実録』巻三〇「九年癸未

(1463)/天順七年五月庚寅」“擥進夾註陽村応製詩，因歴叙祖父勲旧世係”。なお，京大本にはじっさいに，天順四年の張寧の詩，序が収録されている。このテキストの巻末には，刊行に携わった官僚のリストが掲げられているが，その中に「参校」担当として，梁誠之の名が見えるのは，興味深い事実である。

349)『曝書亭集』巻五二「高麗権秀才応制集跋」“高麗秀才権近，字思叔，別字陽村。洪武中至南京，高皇優礼待之，賜衣賜食，爰命賦詩，陽村先之以本国廃興之由，道塗経過之所，次之以本国離合之勢，山河之勝，与夫鄰境之情形，兼述東人感化之意，既成，精華炳蔚，音響鏗鏘，帝覧之称歎，因命与劉公三吾、許公観、景公清、戴公徳彝、張公信輩，偕游南北市，来賓重訳，鶴鳴酔仙諸楼。帝又賜以御製三詩。此洪武丙子歳事建文四年春，朝鮮恭定王李芳遠，令知申事朴錫下議政府，鏤版以行。於是嘉靖大夫芸文館提学国人李詹、曁奉使翰林史官兵部主事金陵端木孝思，均為作序。而淮南陸顒、番易祝孟献題詩其後焉。陽村賜游酒楼，実録未之載，予所見応制集，則天順元年朝鮮本也”。なお，権擥が施した詳細な註釈は，景泰二年（1451）の『高麗史』のみならず，権近，河崙，そして李詹が編纂したという『東国史略』を資料として用いている可能性があり，大元末期から明初にかけての中国・朝鮮関係史の貴重な資料となりうること，豊臣秀吉の朝鮮侵略より前の成化六年の希少な版本であること，以上を鑑みて，別に訳註と論考を提出することとし，内容については，ここでは言及しない。ただ，『海東諸国紀』より早く，『海東諸国紀』が踏まえている資料と考えられる本書，1463年の時点での朝鮮王朝の日本についての理解がわかるので，少々長いが全文を紹介しておくことにする。

倭国在東海中。以其在日辺，故亦名日本。其国地方数千里，凡六十六州六百二郡。有天皇尊之，不与国事。於大臣中推一人，以主国事。大明太宗皇帝封為国王。今其国中只称御所。有官位者，皆世襲。自天皇而下各有分地，国王見于天皇，如君臣礼，大臣於国王亦然。天皇嫡長当嗣者，則娶于其族，不得娶諸大臣。其余諸子皆不娶妻。為以男子年少者御，或出家為僧，欲其無嗣也。皇女則悉為尼不嫁，以為貴無其子，不可従人也。国君嫡長当嗣位者，娶諸大臣，其余諸子及女亦不嫁娶，皇子皇女。居無城郭，以板為屋，飲食皆用漆器。尊者用土器，一用輒棄。有筯無匙専用。仏教寺塔半於閭閻，有子愛且聡慧者，必為僧。俗善用槍剣，男子佩刀不離身，怒輒相殺。弱者避入于寺，則不敢害。国有攻戦之事，則国王命大臣一人率其管下赴之。戦勝則以所獲土地与之。大臣京極世主刑罰。軽者籍没流貶，重者斬之。無笞杖之刑。男子束髪，年過四十則剃之。女子被髪。男子皆衣班衣，染黒其歯。唯僧尼不染。僧及尊者，出行皆自奉小傘以蔽日。相遇則蹲踞為礼。遇尊者，脱其笠鞋。婦人出，則以表衣蒙其首，不見面。尊者則或以車或以轎。子死則焼葬。収税取三分之一。無他傜役。用「以路波仁保辺土知利奴留越和加与太礼所津根南羅武宇為乃於久也末計不古江天安左幾油女微之恵飛毛世寸」等四十七字以為書契，婦女亦皆習知。唯僧徒読経史。獣無虎豹熊羆。

350)倪謙は，これらの詩を『円庵集』から見つけたものとおもわれる。『東里文集』巻二五「円庵集序」参照。なお，倪謙は，正統四年，景泰元年に朝鮮へ使節として訪れたことがあり，『朝鮮紀事』の著者でもある。『四庫全書総目提要』によれば，朝鮮使節のさいの記録を『遼海編』四巻として公にしたが，現存しない。また，『寰宇通志』の編纂にも与った。『殿閣詞林記』巻五「学士拝礼部侍郎倪謙」参照。

351)『高麗史』巻一〇七「権近伝」,『太宗恭定大王実録』巻一七「九年己丑二月丁亥」,『陽邨先生能言』「陽村先生文忠公行状」。ただ,高麗末期の権近の動きについては詳細がわからない。のち息子の権踶が『高麗史』の改撰を担当したさいにも,権準,権溥,権近等一族について,そうとう筆が曲げられたフシがある。しかも権踶の妻は太宗の内親王である。『世宗荘憲大王実録』巻一二三「三一年己巳二月辛亥,癸酉」参照。

352)『陽村先生文集』巻一六「鄭三峯道伝文集序」“吾家文正公始以朱子四書,立白刊行,勧進後学。其甥益斎李文忠公師事私炙,以倡義理之学,為世儒宗,稼亭、樵隠諸公,従而興起”,巻三五「東賢事略・権政丞諱溥」“嗜読書,老不輟。将朱子四書纂疏,立白刊行。東方性理之学,由公始倡”,巻二〇「孝行録後序」等参照。

353)『陽村先生文集』巻一七「郷薬済生集成方序」,巻二二「郷薬済生集成方跋」

354)『定宗恭靖大王実録』巻三「二年庚辰正月己丑」“門下府劾奉常少卿金瞻。瞻建議:本朝国学,遇春秋二丁祭文宣王,僭用大牢,未合於礼。乞依至正条格諸郡県品式,只用羊三。然本朝用大牢久矣。瞻欲軽改。故劾之”,『陽村先生文集』巻二二「新刊釈奠儀式」

355)『定宗恭靖大王実録』巻三「二年庚辰正月朔,乙亥」

356)『陽村先生文集』巻二二「学則跋」

357)偰長寿と権近は高麗末期の政局において,高麗王朝の臣下として太祖に抗する動きも見せたが,朝鮮王朝建国ののちは高官として取り立てられた。権近のほうが要領がよかったようだが,太祖の六年には同時に弾劾された。しかし,このときも明朝廷への派遣で功績のあった権近が偰長寿を救おうと上奏文をしたためている。『太祖康献大王実録』巻一一「六年丁丑四月壬寅,十二月庚子」参照。

358)たとえば,『太祖康献大王実録』巻七「四年乙亥(1395)三月壬寅」に“商山君李敏道卒。敏道中国河間人。元慶元路捴官公埜之子。以父死事授同知涿州事。元朝多難,寓居外家明州。前朝使臣成准得,回自張士誠所。敏道請与倶来。以医卜見称。往往有験。授書雲副正,遷典医正,以至慈恵府司尹,兼判典医寺事。当上潜邸之日,陰有推戴之意,陳説歴代沿革,及上即位,得与功臣之列,官至商議中枢院事”とあるように,高麗末期に大元ウルス治下から乱を避けて身を寄せそのまま朝鮮王朝のブレインとなった者が多くいたのである。また,『太宗恭定大王実録』巻一「元年辛巳閏三月丁未」によれば,陳友諒の子,陳理は朱元璋の命令により洪武五年に一族を引き連れて高麗に蟄居,朝鮮王朝の庇護のもとに暮らしていた。さまざまなひとびとがさまざまな文化を持ち込んでいた。太宗の腹心,朴訔は建文四年七月に元刊本の『新刊孔子家語句解』六巻,『新刊素王事紀』一巻を覆刻している。なお,鄭夢周も羅興儒と同様,明・日本両国に赴いており,司訳院の曹士徳は,中国のみならず日本にも1397年以前に派遣されている。『高麗史』巻一一七「鄭夢周伝」“嘗遣羅興儒使覇家台説和親,其主将拘囚興儒,幾餓死僅得生還。三年,権臣嗛前事,挙夢周報聘于覇家台請禁賊。人皆危之。夢周無難色”,『復斎先生集』巻上「送曹士徳往日本」等参照。

359)『太祖康献大王実録』巻六「三年甲戌六月己巳朔」,同「十一月乙卯」。趙沖は,十二歳で父の趙世卿とともに大都へおもむき従姉妹の夫の段平章のもとで漢文,モンゴル語をものにし,大元ウルスのときの丞相トクトに気に入られ,中書省の訳史をつとめた経歴の持ち主である。かれは幼少より禅宗に心を寄せていた。高麗にもどったのちは,そのまま朝鮮王朝に抱え込まれ，太祖期の外交担当として力を発揮した。南京までの往復の早さにはみな驚いたという。

360)『文淵閣書目』巻一八「古今志」にいう「中原地理総図」なる地図と関係があるかどうかは，不明。

361)『高麗史』巻四一「恭愍王世家四」［丙午十五年/至正二六年（1366）七月］“戊寅，幸奉先寺，観星象図”。

362)『陽村先生文集』巻二二「天文図詩」

363) 永楽十一年/太宗十三年（1413）三月に，勅命をうけて河崙等が編纂，献上した実録に，世宗三〇年/正統十三年（1448），鄭麟趾等が増修を加えたものである。

364) たとえば『太祖康献大王実録』巻一三「七年戊寅三月甲寅」に“［閔］安仁嘗以家蔵綱目通鑑，献前朝世子，伝在今世子府”とある。

365)『高麗史』巻一三三「辛禑伝」，『高麗史』巻一一四「羅興儒伝」“……辛禑初，判典客寺事，上書請行成日本，遂以通信使遣之。自辛巳東征（1281年弘安の役）之後，日本与我絶交好，興儒初至，疑諜者囚之，有良柔者本我国僧也。見興儒，遂請之”，『高麗史』巻一一七「鄭夢周伝」“嘗遣羅興儒使覇家台説和親，其主将拘囚興儒，幾餓死僅得生還”。

366)『牧隠文藁』巻九「中順堂集序」，『円斎先生文稿』巻中「羅興儒判書奉使日本。既迴，以行録示予。用録中所載綴句贈之」

367) 敦煌博物館架蔵番号076は『事林広記』の地理沿革にいう「唐十五道，州凡三百五十八」の具体的な地誌——各道所属の州，府，郡，およびその等級，京に至る里程数，土貢等の一覧であるが，この巻子の背面には「紫微宮星図」と書「占雲気」が記されている。『甘粛蔵敦煌文献』6（甘粛人民出版社　1999年　224-231頁）

368)『読書叢説』巻二「七政疑」“唐一行鑄渾天儀”，『書蔡氏伝旁通』巻四中「歴数者，占歩之法，所以紀歳月日星辰也」“愚按占歩之法，歴代不同，三代不可考矣。後世作者，莫善於唐一行大衍歴法，其詳具載唐史。今之授時尤精焉”。なお，一行禅師は，『汲古閣珍蔵秘本書目』によれば，風水の書『青鳥経』の著者にも擬される。

369) 陳香白輯校『潮州三陽志輯校』「碑刻」（中山大学出版社　1989年　101頁）

370)『新安文献志』巻七一汪幼鳳「王伯武先生伝」

371)『古今書刻』上「雲南・臨安府」“天文地理図”，『晁氏宝文堂書目』下“天文輿地略　天文地理図一”，『万巻堂書目』巻二「雑志」“天文輿地略一巻”

372) 劉基は，クビライの命を受けて上都，大都の設計にあたった劉秉忠に自らを擬し，十二分野，さらには風水にこだわった。

373)『涇東小藁』巻五「星文図考異記」

374) 前掲中国科学院金山天文台古天文組・江蘇省常熟県文物管理委員会「常熟石刻天文図」所引『海虞文徴』巻一五「地理図跋」，『東洲初稿』巻一〇「天文便覧叙」“夫柳塘楊先生，釐正宋人天文図，鑱石以徧学者”，“天文便覧一帙，地志附焉。不以名天至大也。地其中物也。故古惟難知天者，博雅君子心亦大苦矣。孤自知学見栁塘楊先生釐刻天文地理図跋”。なお，地理図碑陰の「冠婚葬祭図」のほか，同地には，別に「冠礼図」碑，「婚礼図」碑，「発引図」碑，「祭礼図」碑もそれぞれ独立した碑として立てられていた。『事林広記』をはじめとする類書の編集と同じ感覚といってよい。石碑と類書の図の関係，天・地・人の三才思想についての私見は，2001年4月に開始された日中韓版本研究会，2001年11月23日，12月19日の妙心寺麟祥院所蔵の楊子器図・天文図の調査，2002年の京都大学附属図書館公開展示「学びの世界」の準備調査等において示してきた。

375) 前掲任金城「国外珍蔵的一些中国明代地図」は，『康熙金渓県志』巻六を引いて，呉悌が「皇明輿地之図」（嘉靖十五年校梓）と対になる「天文図」を作成したことを指摘している。また，『呉疎山先生遺集』巻七（湖南図書館蔵咸豊二年刻本）には，じっさい呉悌が刻して嘉靖十七年に中央政府に纏頭として献上した「昊天成象之図」および「天文図説」，そして丁天毓の「天文図跋并讃」が収録されている。跋文には，「既著天文，併図輿地，都邑辺徼，山川険隘，井井如也。豈惟備職方之考鏡，抑且為経理之権輿，其用心亦勤矣哉。嘗展読先生遺藁，其著述最夥所，関国是世風者，具在台中諸疏，而其表章古文孝経，有功于先聖尤不小，直両図之為沾沾乎。乃其出処進退，消息盈虚，円以為用，而方以為体，則両図其心印矣」云々とある。そもそも，「昊天成象之図」のタイトル自体，「皇明輿地之図」とあきらかに対になっている。なお，この図は，嘉靖年間に昆陵の陳奎が刊行した『歴代地理指掌図』にも新増として組み込まれたらしい。陳美東「両幅明代伝統星図初探」（『中国古代地図集　明代』86-89頁）参照。

376) 天啓三年（1623）の徐敬儀『天象儀全図』（北京大学図書館蔵抄本）は末尾に「坤元図」「皇明坤円図」「九州分野図」を，崇禎五年（1632）の袁啓『天文図説』（浙江図書館蔵抄本）は末尾に「大地円球五州全図」「亜細亜一大州図」を，崇禎十一年，順天府の司天監で黄道時が編集した『天文三十六全図』（北京大学図書館蔵抄本）は「十三省分野図」を置く。清朝咸豊三年（1853）の張汝璧『天官図』（浙江図書館蔵抄本）にいたっても，附録に「皇清一統輿地全図」のほかアメリカ，ヨーロッパ図などを収める。朝鮮においても粛宗三四年（1708）に湯若望（アダム・シャール），マテオ・リッチの「乾象図」「坤輿図」屏風一対が作製されている。鈴木信昭「朝鮮粛宗三十四年描画入り『坤輿万国全図』攷」（『史苑』63-2　2003年3月　6-35頁）参照。

377) 「天象列次分野之図」の彩色木版も少なくとも陰刻・陽刻の二とおり，作成されているが，太祖四年の碑ではなく，粛宗十三年（1687）の再刻碑にもとづいた図である。東京古典会『古典籍展観大入札会目録　平成十四年十一月』「1863. 天象列次分野之図」，前掲『SEOUL, Heaven・Earth・Man』「14. 天象列次分野之図」

378) 同書巻七「四年（1395）乙亥四月甲子」，「六月戊辰」，巻八「七月甲辰」「九月乙未，丁未」，「十一月丙子」によれば，三軍府に鄭道伝が撰した「蒐狩図」「五陣図」を刊行させたほか，権近に冠婚葬祭の礼を詳しく定めさせ，鄭道伝からは『経済文鑑』の献上をうけ，長生殿の壁に「功臣図」を描かせ，礼曹に『貞観政要』の校正を命じ，朝鮮各道の孝子，順孫，義夫，節婦の顕彰を行い，宗廟の楽章を改める等，文化方面の事業がめだつ。また定都，新宮建設にあわせて，大元ウルスの大都のように市街に楼閣を建て，大鐘を鋳て吊るしたといい，その銘文も権近が書いた。そもそも新都の選定のさいに，風水，水運の便を重視している点は，大都がモデルとなっている可能性を示唆する。『太祖康献大王実録』巻一三「七年戊寅四月庚辰」参照。

379) 『太宗恭定大王実録』巻四「二年壬午（1402）」“[十月]壬子，令中外不用「建文」年

号”。建文の年号が抹殺された好例として『宋学士続文粋』（台湾国家図書館蔵浦陽鄭氏義門書塾刊本）があげられる。同書には洪武十三年，建文元年の序跋が附されるが，方孝孺の名が抉り取られ，建文元年もただ辛巳としか記さない。

380)『太祖康献大王実録』巻一「元年壬申八月己巳」

381)『太宗恭定大王実録』巻一「元年辛巳正月戊辰」，同「閏三月壬子，乙卯」，「四月甲戌」

382)『太宗恭定大王実録』巻三「二年壬午（1402）四月乙亥」“命図前古可法之事於殿壁。上召礼曹典書金瞻曰「壁上欲画前古可法之事而観之」。瞻対曰「文王世子時問寝，漢高帝献寿於太上皇，周宣王后諫宣王晏起，唐張孫皇后賀主明臣直，皆可図也」。上即命瞻曰「卿使画工図於壁中」”，「四月戊寅」“賜礼曹典書金瞻内廏馬，以文王問寝等図成，且進豳風図也”。

383)『太宗恭定大王実録』巻三「二年壬午（1402）五月壬辰」“命書尚書経文。令権近点句読以進”。

384) ただし，『陽村先生文集』巻一四「五台山観音菴重創記」に“建文四年夏五月，予以病在家”というので，五月の誕生セレモニーに権近は出席していない可能性がある。

385)『陽村先生文集』巻一九「後耆英会序」の会目より逆算。

386) 中村栄孝『日鮮関係資料の研究　上』（吉川弘文館　1965年　365頁）は，備州守源詳助を『大内氏実録』「諸臣列伝」の平井祥助，すなわち大内義弘の重臣平井備前入道祥助に比定する。周防，長門両国にわたって所領を有し，瀬戸内海沿岸に勢力をはっていた豪族だという。

387)『太祖康献大王実録』巻一二「六年丁丑」［十二月癸卯］“日本国六州牧義弘使者永範、永廓還。上以前秘書監朴惇之為回礼使，遣之”，『定宗恭靖大王実録』巻一「元年己卯（1399）」［五月乙酉］“通信官朴惇之回自日本……歳戊寅（1398），太上王命朴惇之使于日本，惇之受命至日本，与大将軍（足利義満を指す）曰……”。前掲中村栄孝『日鮮関係史の研究　上』364頁は，建文三年を単純に建文元年の誤り，とみるが，自跋なら普通は間違えないだろう。ちなみに，高麗，朝鮮初期において，日本への外交使節として派遣される人物は，弾劾を受け政治上の失点回復が必要な者が多かった。それだけ，危険な任務と考えられていたのだろう。

388) この事件は，二年後の五月にもむしかえされ，後まで尾を引いたらしい。権近の「応制詩」の序文を書いた李詹もこのとき槍玉にあがり，左遷されている。『太宗恭定大王実録』巻七「四年甲申五月」乙卯，乙丑，巻一五「八年戊子五月丁卯」参照。

389)『騎牛先生文集』巻一「正憲大夫検校参賛議政府事朴惇之墓誌」“国初，倭寇尚陸梁，侵擾海邦。太祖欲遣侯使於日本，難其人，公售是選。戊寅三月発東萊，海雲浦開帆，屈膝告天曰：「果若昔日負謗之言，豈惟辱王命，必葬於魚腹中」。風順海道無少滞塞，下岸入国。奉伝辞命已。大将軍与大内殿見公風儀灑落，聴公言辞懇惻，甚愛敬之。大内殿請大将軍勤王，出号治兵，親率討賊，斬首五百余級。建文己卯五月初五日復命仁徳殿，喜甚厚賜，擢公通訓判殿中，所以異之也”。

390)『陽村先生文集』巻一七「送密陽朴先生敦之奉使日本序」“嘗奉使，航遼海，歴斉魯之郊，過江淮，以朝于天子之所，今又渉風涛不測之険，以使遠国。洪武三十年冬十有二月下澣”。

391)『太祖康献大王実録』巻六「三年（1394）甲戌八月」［乙卯］～［辛卯］に，遷都をめぐって，鄭道伝，金士衡等が太祖に対して中国歴代の国都について議論を展開しているのも，あるいは「混一疆理歴代国都之図」の作成に関係するのかもしれない。「天文図」の作製された1395年の時点では，太祖はまだ明朝廷から朝鮮国王の印信と誥命を得ておらず，対外的には権知国事の肩書きしか名乗れず，高麗王朝と「肩を並べる」あるいは「超える」ことができないでいた。地図作成が遅れる理由のひとつだろう。

392)『太祖康献大王実録』に，「天文図」の作製，完成について記されないのも，あるいは太宗の意思による削除かもしれない。

393)『太宗恭定大王実録』巻一「元年辛巳六月」［己巳］

394)『太宗恭定大王実録』巻一「元年辛巳正月」［丁丑］"設水陸斎於観音窟。上謂侍読金科曰「国行仏事，予已罷之。宮中婦女，冀其子延寿，用私財或設礼懺，或行水陸，欲禁而未能耳"，同「閏三月辛亥」，「閏三月壬子」等。

395)『太祖康献大王実録』巻二「元年壬申十二月壬子，庚辰」

396)『太祖康献大王実録』巻一「総書・辛禑十四年二月」

397)『太宗恭定大王実録』巻六「三年甲戌九月癸卯」"以天台宗僧祖丘為国師"，『定宗恭靖大王実録』巻六「二年庚辰十一月乙卯」，『陽村先生文集』巻一三「徳安殿記」"建文三年夏，太上王命相地于潜龍旧邸之東，別構新殿。秋功告訖。乃命臣近若曰：高麗太祖統一三韓，以其私第，為広明，奉先二寺，図利国也。予以否徳，代有国家。仰惟前代時若，将以此殿舎為精藍，永作世世福国之所，思以上福先世，下利群生，宗社永固，垂統無疆。故於正殿，掲釈迦出山之影，又於北楣，為庋其上，中安密教大蔵一部，東置新雕大字楞厳板本，西蔵新雕水陸儀文板本，開廡左右，以便禅講，傍起小閣，俯臨方沼，厨庫門廊，具置宜処，功雖劣於側金，願已周於転輪，冥冥沾益，昭昭獲利，推沢無垠，伝祚罔極，竟睨凡塵，証明正覚，是所期也"，『太宗恭定大王実録』巻一「元年辛巳五月」"［己酉］太上王作別殿于新宮之側，以新宮未愜意也。上嘗令百官随品出丁，輸材木，欲待農隙営文廟。太上取而用之"，同巻三「太宗二年壬午二月乙卯」"太上王営宮室于崇仁門内……太上王曰此宮後当為寺，即如前朝太祖広明寺之例矣" など例を挙げればきりがない。『陽村先生文集』巻二二「別願法華経跋後」，「水陸儀文跋」は，太祖三年（1394）の事業について述べており，「大般若経跋」は跋文の日付は1406年6月ながら，定宗元年（1399）に完成した経典である。

398)『宇多天皇開創1100年記念　仁和寺の名宝』（東京国立博物館　1989年　89，172，173頁）

399)『尊経閣善本影印集成17　拾芥抄　上・中・下』（八木書店　1998年）を用いた。

400)同書に収められる「天竺図」は，法隆寺所蔵の貞治三年（1364）に僧重懐が書写したという「五天竺図」と同様の仏教系の世界観を表わすが，契丹，胡国，高麗などが見えることがとくに注目される。

401)『世宗荘憲大王実録』巻六四「十六年甲寅（1434）」"［五月庚子］伝旨戸曹，前此画成，本国地図頗有相錯処。今已改画。令各道各官守令，各其境内官舎排置向，排処所，及山川来脈，道路遠近里数，与四面隣郡四標，備細図画，転報監司，監司各以州郡次第，連幅上送，以備参考"。

402)『太宗恭定大王実録』巻二六「十三年癸巳」［九月甲戌］“議政府進本国地図、道里息数二簇”。

403) 道安は，『朝鮮王朝実録』にしばしば登場するが，『海東諸国紀』「日本国紀・西海道九州」にも“護軍道安：曽為琉球国使。来聘於我，因是往来。乙亥年（1455）来受図書。丁丑年（1457）来受職大友殿管下”とある。

404)『魯山君日記』巻七「端宗元年癸酉」「五月丁卯」“一．琉球国，与薩摩和好，故博多人，経薩摩往琉球者，未有阻碍。近年以来，不相和睦，尽行擄掠，故却従大洋迤邐而行，甚為艱苦，今我等出来時，商船二艘，亦被搶擄，因示博多、薩摩、琉球相距地図”。

405)『魯山君日記』巻七「端宗元年癸酉」［七月己未］“礼曹啓：日本僧道安賷来日本琉球両国地図，模画四件，粧褙成簇，一件入内，其余分蔵議政府、春秋館、及本曹。従之”。

406)『睿宗大王実録』巻六「元年己丑」“［六月癸酉］天下図成。上出示諸宰曰「卿等，朝大明，備諳山川。観此図，以審形勢」。韓明澮曰「棘城，真要害之地，可築城以備不虞」。又指碧潼等界曰「此，中朝所築長墻之境，請遣人審築長城之処，因勢隄備」。従之”。

407)『漂海録』「弘治元年戊申（1488）閏正月初八日」“臣謂権山，高回，以福等曰「汝等執舵正船，向方不可不知。我嘗閲地図，自我国黒山島向東北行，即我忠清、黄海道界也。正北，即平安、遼東等処也。西北，即古禹貢青州、兗州之境也。正西，即徐州、揚州之域，宋時交通高麗，自明州浮海，明州即大江以南之地也。西南，即古閩地，今之福建路也。向西南，稍南而西，即暹羅、占城、満剌加等国也。正南即大小琉球国也。正南而東，即女人国也。一岐島也。正東，即日本国也。対馬州也。今漂風五昼夜，西向而来，意謂幾至中国之地……」，「二月初四日」“臣即倣謝詩再拝。三使相亦起答礼致恭。又謂臣曰「看汝謝詩，此地方山川汝何知之詳？必此地人所説」。臣曰「四顧無親，語音不通，誰与話言，我嘗閲中国地図，到此臆記耳」”。なお三使相とは，紹興府の総督備倭署都指揮僉事黄宗，巡視海道副使呉文元，布政司分守右参議陳潭を指す。

408) 本書第I部第1章第4節参照。『吏文』巻四「禁約売与外夷青花磁器事」“正統十二年八月十四日欽奉聖旨：「旧例白地青花磁器皿，凡外夷往来使臣人等，都不許私帯出境。近者，外夷来朝，中間多有通同通事館夫人等，私下貨売，其在京買売之家，亦有無知之徒，貪図微利，私自売与，致多将帯出境，好生不便。恁礼部便行五城兵馬指揮司会同館，着落厳切暁諭，禁約官員，軍民人等，買売之家，今後敢有仍前故違，将白地青花磁器皿，買与外夷使臣人等，将帯出境的正犯処死，全家発辺遠充軍，家財抄没入官，通同買売之人，治以重罪不饒」。欽此。照得：陝西、河南、湖広、甘粛、大同、遼東、直隷府、州、県，衛所、衝要去処及沿途駅遞衙門、鎮店，倶有客商，軍民鋪戸，興販白地青花磁器皿，未蒙禁約。誠恐無知之人，売与経過外夷使臣，私帯出境，深為不便。如蒙乞勅該部転行陝西，河南等処衝要水陸路，着落沿途軍、衛、有司、駅遞等衙門、鎮店，一体厳切暁諭禁約官員、軍民、鋪戸人等，不許将前項白地青花磁器皿，違例売与経過外夷使臣，私帯出境，如有違反之人，許諸人首告，擒拏解京，照依内事理発落以警其余，係転行禁約事理……”，『世宗荘憲大王実録』巻一一九「三〇年戊辰（1448）三月戊子」“伝旨礼曹，聞中朝禁青花磁器，売与外国使臣，罪至於死。今後赴京及遼東之行，貿易磁器，一皆禁断”。

409)『弘文館志』（京都大学附属図書館河合文庫蔵朝鮮版）「建置第一」“弘文館即古之集賢

殿。世宗大王二年庚子（1420）始置集賢殿于禁中。聚古今経籍，択有才徳文学者，討論典故，進講論思。世祖大王二年丙子（1456）命罷集賢殿。九年（1463）癸未，因梁誠之建言置弘文館。成宗大王元年庚寅（1470）置芸文館僚，移弘文館書籍於芸文館。十年己亥又因大臣建白本館改弘文館，而別置芸文館於古書筵庁，只掌辞命之事。宣祖朝壬辰之乱，景福宮荒廃，移設於昌徳宮都摠府之南"，「館規第四」《雑式》［什物］"内賜観書台一，内賜銀杯一、内賜橘杯、内賜大磁硯、伝来小銀盃一、御製懸板四、王灯八、自鳴鍾一、大硯一、投壺一、交椅二、農作図屏二、万国図屏一（以日本進献之物，内下于本館，而年条未詳）、聖学十図屏一，善可為法屏，悪可為戒屏各一，天下地図簇子一（粛宗朝甲寅（1710）六月造成二本，一本内入，一本在館，校理金万重監造）"。

410)『宣宗大王実録』巻五「四年辛未（1571）」"［十月戊申］観象監，天文図一百二十軸，進上。政院啓曰「天文図余数三十件，而文臣二品已上五十一員，而其中三十員落点」。伝曰「知道」"。

411)『燕山君日記』巻四〇「七年閏七月甲申」"左議政成俊，右議政李克均等，撰西北諸蕃記及西北地図以進"，『燕山君日記』巻五二「一〇年甲子/弘治十七年（1504）」"二月辛未，承旨李懿孫啓「倭人則有海東諸国記，故其世系可考矣。若野人則無書記，故考之無拠。請印出西国諸蕃記」。伝曰「可」"。

412)『中宗大王実録』巻一四「六年辛未/正徳六年」"［八月己丑］弘文館進天下輿地図"，巻三七「十四年己卯/正徳十四年」"［一〇月庚申］命納大明輿地図于内"。

413)『礼部志稿』巻四三「歴官表・主事」"張鏊（済甫。江西南昌人。丙戌進士嘉靖十三年任館。至南京兵部尚書）"，『南宮奏稿』巻五「一遵旧制以便出入疏」"主客清吏司案呈：奉本部送：提督会同館主事張鏊呈：拠朝鮮国使臣蘇洗讓等呈……嘉靖十三年閏二月初九日具題本月十一日，奉聖旨是。欽此"。なお，この時の案件によれば，朝鮮の外交使節が自由に明朝治下の商品の購入をすることが聖旨によって許可されるようになっていた。『中宗大王実録』巻九八「三七年壬寅/嘉靖二一年（1542）」に"［五月丁酉］上引見承旨安玹問曰「安南国莫登庸叛，中原起兵討之。彼既投降，以為都統使，而使之襲封。中原之事，不可是非，此事似未尽也」。玹曰「登庸乃前王外孫，時王四寸兄弟親也。叛乱二十余年，中原不能制禦。臣于主事所掛地図見之，安南境連上国，而海水環境，路極絶険」"とある地図も張鏊のそれを指すのだろう。

414)楊子器とほぼ同時代の成化・弘治年間のひと，鄒智の『立斎遺文』巻四「与呉献臣」に"輿地図，若有善画者，煩更展拓，令寛大好観。若山，若水，若都城，若外国，若省名、郡名、県名，各用五采顔色標塡，各省疆界，各用分別，庶幾挙目瞭然。此須委一有心計的閒人，与画工計議，非県主所能為也。其愚慮所不及者，更以高見擺布，毎読史全得此図気力，但則様太小，重以目細，総不得端的耳。留意千万"とあり，読書用に嘉靖五年の楊子器図のような大型の彩色地図が作製されていたことがわかる。

415)『中宗大王実録』巻八四「三二年丁酉/嘉靖十六年（1537）」"［三月甲午］上曰：我国遠在海外，天下地図，不可得見，大人之行，幸有之，願借一見。両使曰：其図在家，回還当付謝恩使以送也。［乙未］伝于左副承旨姜顕曰……天下地図及忠靖冠帯与聖旨，従天使覓来事，詳言之可也"，同巻八九「三三年戊戌/嘉靖十七年（1538）」"［十一月乙未］上御思政殿，引見聖節使許寛。寛曰：「……八月十二日呉天使以綵段二匹遣于臣曰『表情耳。

且今日与襲天使共訪矣。汝不必致謝，恐襲天使見之怪也』。食後，襲、呉両天使果一時来訪，問殿下安否。臣答以安寧。又言前日見大人手字，如見大人容儀，又見呈文題本，尤為多謝。皇華集誤印官吏，皆已罪之，其誤印処亦皆正之。且上使所送天下図，下使所送地図扇子，我殿下多謝意爾"。

416) A. Funakoshi, Some New Lights on the History of Chinese Cartography（『奈良女子大学文学部研究年報』19　1975年）に写真が掲載されている。なお，海野一隆「ヨーロッパにおける広輿図——シナ地図学西漸の初期状況」(『大阪大学教養部研究集録　人文・社会科学篇』20　1979年　3-28頁）にも，楊子器図以降の明代地図のひとつとして紹介がある。

417) 李燦『韓国の古地図』(汎友社　1991年　13-15頁）参照。妙心寺図，宮内庁図では，タイトルのみが記され，下段の「歴代帝王国都」は省略されている。

418) 現在確認できる最も遅い朝鮮製の合成地図は万暦二二年（1594）の王泮「輿地図」をもとにしたものだが，ここでは再び日本が描かれている。跋文によれば，中宗の時代の「天下輿地図」は，いわゆる文禄・慶長の役のあと，見えなくなってしまった。そこで朝鮮があらためて入手した印本「輿地図」八幅から，『大明官制一統志』等を参照して行政区画の変化を校訂，さまざまな情報を増補し，そのうえに朝鮮の地図，日本，琉球，奴児忽温を合成した。朝鮮王朝は，このヌルガンをあらたに付け加えることに特別な意味を込めていた。地図上部の奴児干都司の列挙は，とうじの状況を示唆する。日本については江戸が特記されているいっぽう，琉球内の情報はまったく描かれていない。作製時期は1630年前後と見られている。

419) 大谷光瑞が朝鮮で入手した，という説もある。

420) 岡本良知『十六世紀における日本地図の発達』(八木書店　1973年　口絵X)

421) 久修園院に所蔵される「大明省図」由来書によると，長崎奉行保管物の中から発見された中国図が幕府の文庫に秘蔵されることになり，そのご綱吉のときに林春斎が模写したものを，さらに元禄四年（1691）に久修園院の宗覚が写したのだという。筆者が実見した国立公文書館本，京都府立総合資料館本によって紹介すれば，まず禹貢九州によって中華地域全体を色分けした上で，北京・南京，中都・興都，布政司，府，州，県の行政単位を六角形，長方形，正方形（青・赤・黄・黒・白の五色を使い分ける）等の符号によって表示する。各府には，南京，北京までの距離が記される。歴代帝王の国都，五岳五嶺，五山十刹，各地の寺観，歴史遺蹟，観光名所なども描く。とくに注目されるのは，泉州を起点とし高華，彭湖嶼，黿鼊，琉球までの航行日数が記され，高華から黿鼊まで朱線が引かれ，周辺に中国江南の朱船が数艘描かれること，四明の補陁洛迦には，格別豪華な船が描かれること，浙東に“独山置烽堠，防海寇”との註記が為されること等である。東に朝鮮国，日本国，中国の南の海には「南蛮阿蘭陀」を大まかに書き加えるが，これは日本でなされたもの，と考えられる（朝鮮については，あるいは原図にもともと描かれていたものかもしれない)。この系統の地図は，管見の限り本家本元の中国では報告されていない。

422) 李元植「朝鮮通信使と江戸時代の文人たち」(近畿大学文芸学部論集『文学・芸術・文化』1-1　1990年3月　88-91頁)

423) 明の宗室朱睦㮮の『万巻堂書目』巻二「雑志」に「大明一統輿地図」が記録されており，これにもとづくネーミングの可能性もある。
424)「混一疆理歴代国都之図」の異本の出現の可能性は，本家本元の韓国でもじゅうぶんにあり得ることである。近年，韓国では，モンゴル時代の重要な典籍である旧本『老乞大』(朝鮮司訳院の漢語の教科書)，『至正条格』(元建安刊本の覆刻)，至正末期，大元ウルスから乱を避けて高麗に移り活躍したウイグル貴族偰百遼遜（偰長寿，偰慶寿等の父）の『近思斎逸稿』(活字本）等，名家の所蔵に係る資料が次々と発見されている。
425)『宣宗大王実録』巻三八「二六年癸巳/万暦二一年（1593)」"[五月丁卯]臨海君珒、順和君珏，自賊中致書有云「韓克諴降納二女於清正，至画謀議四十条，其子格以中国及我国地図与之」云云。○大臣啓曰「韓克諴媚賊至以二女与之。為人臣罪悪莫大於此。前日台諫，論請拿推，欲得其情，而今已暴露，速為処置」。上曰「韓格則中国地図，亦画給云，何以処之」"。
426) 韓格は能く倭語を解した，という。或いは博多商人などと関係の深い家柄，環境にあったのかもしれない。『宣宗大王実録』巻三六「二六年癸巳（1593）三月」，巻四一「二六年癸巳八月」参照。
427) 本妙寺には，「大明国地図」とは別に，「朝鮮図」一軸も伝来するが，日本製の紙に描かれており，また地図そのものもきわめて簡略・不正確であることから，『実録』にいう「中国及び我が国の地図」は，権近図を厳節の中国地図と最新の朝鮮，日本地図にもとづいて改訂した「大明国地図」一軸のみ指すものと判断した。また，これがぎゃくに，高麗末期の羅興儒の「中原及び本国の地図」も権近図に先んじて中国地図に高麗地図を合体させた一枚図であった，と推定する理由のひとつでもある。
428) 1641年，すなわち徳川家光の時代に，日本の朝鮮使節は書籍とともに朝鮮地図を求めたが，許可されなかった。前年，対馬の宗家は，その地図を頂戴しているにもかかわらず，である。『仁祖朝実録』巻四〇「十八年庚辰六月」"[丁巳]，対馬島主，請見文廟祭器及釈奠儀註、我国地図、清国鎧甲、鞭棍、環刀、馬上長刀，又求駿馬及鞍、鷹連、黄鷹、野鶴、魚皮、人参、筆墨、薬材等物，皆許之，而不与清国鎧甲"，巻四二「十九年辛巳正月」"辛巳，倭人求四書章図、楊誠斎集、東坡、剪灯新話、我国地図。朝廷賜以東坡、剪灯新話，余皆不許"。
429)『大系朝鮮通信使　第一巻』「日遥上人父子の手紙　熊本・本妙寺蔵」(明石書店　1996年　76-77頁）参照。

終　章

王振鵬のみた大都

「加封孔子制誥」を発令し，大元ウルスの出版事業の隆盛の直接のきっかけをつくった武宗カイシャンは，中都の建設をはじめ，大掛かりな事業の好きなカアンであった。至大二年（1309）に，至大銀鈔，銅鈔の頒行およびそれらと歴代の銅銭の併用を命じたさいには，参考資料として『歴代銭譜』も記念刊行した[1]。クビライ以降懸案であった典章の整備もじつはこの時期に集中的に行われたのである。孔子廟の釈奠はもとより，南北郊祀の礼の制定，太廟への親饗もこのカイシャン時代のことである[2]。英宗シディバラによって開始されたという鹵簿（るぼ）の礼も，じつは至大初年に曽巽申がカイシャンに献呈した『大駕鹵簿図』，『郊祀礼楽書』，アユルバルワダに献呈した『中道外仗図』がもとになっている[3]。カイシャンが即座に曽巽申を大楽署丞に任じていることからすれば，鹵簿の大典の整備にもとりかかっていたことがうかがえる。ただ，カイシャンの治世はわずか四年，その文化事業は結果として延祐・至治年間（1321-1323）に完成をみる。『大元通制』をはじめとする大型の政書の編纂も同様である。

大都の宮廷オルドおよび南北二城にてくりひろげられた正月元旦，元宵節，二月の仏祭，四月の天寿節等の年中行事における，カアンや投下のジスン宴，の賑わいは，『析津志輯佚』「歳紀」によれば，“武宗，仁宗の朝より盛んなる莫し”という[4]。また，北城の官員，士庶の婦人，女子が南城（金朝旧都）にピクニックに出掛ける「踏青闘草」の行事も“成宗，武宗，仁宗の世より盛んなる莫し”だったと伝える。

こうした行事のさいには，中書省礼部の指示のもとに，教坊司，儀鳳司，雲和署などが音楽や雑劇の出し物を準備し，ひとびとの耳目を楽しませた。雑劇や平話は，口語の使用のゆえに，「俗」な民間文学として扱われがちだが，『東京夢華録』（静嘉堂文庫蔵元刊本）以来の筆記が伝える皇都の芸能は，じつは宮廷行事の描写にほかならず，雑劇は教坊の官，楽人，妓女等によって行われるのが常であった。大元ウルス治下においても，『青楼集』（台湾国家図書館蔵清抄本）に雑劇の女優，諸宮調の歌い手として著録される南北の名妓たちは，阿魯温参政，貫只哥平章（貫雲石セヴィンチュ・カヤの父）といった中書省，行省の高官，趙孟頫，閻復，姚燧等翰林の学士と馴染みであり，『録鬼簿』に録される元曲作家の多くは官僚，文人であった[5)]。

世界中から珍奇な品々がことごとく集まる大都には，江南の富商も多数店を出していた[6)]。書籍や紙を売る店は，中書省の官庁の前にあり，趙孟頫等も幾度となく足を運んだことだろう。そうした品々を，得意先を回って売り歩く貨郎もいた。貨郎の中には，詞話を説唱できる者もいたから，あるいは邸内で楽しまれたこともあったろう[7)]。そもそも，王振鵬は，戯文（南戯）で名高い温州の出身であり，至正五年（1345）の進士で『琵琶記』の作者でもある高明（字は則誠）とも同郷である[8)]。とうじ，大都では，雑劇のテキストと同様，『張協状元』，『宦門子弟錯立身』，『小孫屠』（いずれも『永楽大典』巻一三九九一に収録）など戯文のテキストも買えた。

王振鵬が生きた大徳後半から至治年間にかけては，かつてない東西交流の隆盛，経済の繁栄によって，あらゆる分野で著しい変化，革新が見られたときだったのである。

王族と絵本

上図下文式の全相本が登場したのも，まさにこの至大・延祐年間（1308-1319）であった。『孝経直解』，『列女伝』，『全相啓聖実録』など，いずれもカアンの肝煎りで刊行された。挿絵のもとになったのは，宋代の宮廷画家，李公麟や馬和之，モンゴル朝廷の王振鵬，趙孟頫等の原画であり，高官，文人たちによる提供があればこそであった[9)]。

全相本と同時代のフレグ・ウルスにおけるミニアチュールとの連動は，すでに杉山正明によって紹介されているとおりであり[10)]，ガザン・カン，オルジェイトゥ・カンが宰相ラシードゥッディーンに編纂させたモンゴルを中心とする世界史『集史』が絵本であった，ということは，注目すべき事実である。モンゴルのカアン，皇子，王族たちに献呈，進講された書物の多くは絵本であった。はやくはクビライの中統二年（1261），王惲は歴代の君臣の法るべき政治の要点，および古の太子の賢孝等を図写して進講に備え[11]，またかれが裕宗チンキムに進呈した『承華事略』が，成宗テムルたち皇子の教育に用いられ，仁宗アユルバルワダの時にはさらに大司農の張晏にそれを“絵写”させてシディバラに賜ったように[12]。のちの明朝廷において，『国朝忠伝』[13] をはじめ，焦循『養正図解』，張居正『帝鑑図説』など，絵入りかつ口語体で書かれた書物が次々と編纂されていったのは，あきらかにモンゴル朝廷にその源流がある。満洲族の起源から清朝成立までを記述した『満洲実録』が満，蒙，漢合璧の絵本であることも，またその挿絵が『集史』のミニアチュールの構図に類似する点も，注目すべき事柄であろう。

高麗における『孝行録』，李氏朝鮮の『三行綱実図』なども大元ウルスの歴代カアンが刊行した出版物の影響であった。とくに朝鮮の世宗は，その文化事業をもって歴代最高の王として称えられるが，出版，勧農，救荒などすべて大元ウルス時代の事業の踏襲であることは否定できない事実である。

『小学日記切要故事』，『君臣故事』を覆刻した朝鮮版，五山版といったモノそのものも，元刊本の挿絵が朝鮮，日本の出版物に全相本を登場させる原動力になったことを示している［口絵 16］。朝鮮版，五山版において，覆刻でない自国編纂の書物に挿絵が登場するのは，ヨーロッパにおける活版印刷の発明と挿絵の登場と同じく，いずれも大元ウルスより後のことなのだから。

歴史資料としての陶磁器

同じ「挿絵」という点に注目するならば，大元ウルス治下，作成された螺鈿細工や堆朱などの工芸品の中に元曲，平話と連動する人物故事図が描かれたものが数点ある[14]。また，景徳鎮の官窯（至元十五年/1278 年に設立された浮梁局）[15] で生み出された青花と呼ばれる白地にコバルト・ブルーの模様入りの磁器のうち，大型の梅瓶や壷の側面にも描かれる[16]［口絵 17］。かりに展開図を描いてみれば，そこには全相本の挿絵の世界が出現する。同型の壷や梅瓶に描かれた龍は四爪もしくは三爪であり，これらを入手できたのは，「出版文化」を享受できた階層と同じく王侯貴族，現職の高級官僚，全真教や正一教の特別な道士，富裕な文人の子弟等に限られていたと考えられる[17]。元曲，平話の愛好者であったかれらは，一目みればそれがどの場面を描いたものなのか，たちどころに分かったはずである。

景徳鎮では，ほかにも，藍釉や紅釉，卵白釉，孔雀緑釉，釉里紅，そして金箔を使った磁器――これはモンゴル王族専用である――が作られていた。釉里紅については，後至元四年（1338）に亡くなった“景徳鎮長薌書院の山長凌穎山の孫女”の副葬品で“大元至元戊寅（四年）六月壬寅吉置”，“劉大使凌氏用”と釉薬で書かれた壷，戯台と穀物倉の二階建ての楼閣をかたどった墓誌銘，俑が有名である[18]。信州路玉山県にある正一教の道観に奉納された有名な至正十一年の象耳瓶一対（それとセットであったはずの大香炉は現在うしなわれている）とあわせて，モンゴルの王侯貴族，高級官僚以外も，富裕であれば，相応のレヴェルのものは買え，作製してもらうことができた証となる（ちなみに同地域からは『白蛇伝』の故事をかたどった青白磁の枕も発見されており，第I部第3章の附篇において述べたように，南曲，詞話が盛んに行われていたことも裏づけられる[19]）。五色花すなわち五彩も遅くとも至正年間（1341-1367）には現れていた[20]。これらの磁器は，モンゴル諸王が押さえていた重要な路からつぎつぎと発掘され，『元典章』や『大元通制』，『格古要論』などの記述が裏づけられつつある。

ことに，ごく最近，モンゴル時代において重要な交通の拠点であった集寧路の古城遺跡から，景徳鎮，龍泉窯，鈞窯，定窯，建窯，磁州窯，耀州窯といった各地の陶磁器が纏まって出土した。青花については，イスラーム圏に輸出された大ぶりの優品よりは劣るが，それでも相当なレヴェルのものである。発掘された陶磁器のいくつかには製作年も記されており，じゅうらいの陶磁史は大きな書き換えを迫られている[21]。

朝鮮半島沖の新安の海底から引き揚げられた至治三年（1323）の沈没船は，慶元（いまの寧波）から出航し，荷主の一は，京都の東福寺であったが，浙江の龍泉窯青磁が大量に積み込まれていた。白磁，福建の建窯の天目茶碗などもあり，集寧路の発掘品とまったく同形式のものも多い[22]。当時，鎌倉や京都の有力な寺院では，龍泉窯の大花瓶，香炉が重要な調度として揃えられるようになっていた。

また，沈没船の青磁の中には，金沢文庫で名高い金沢実時の子，顕時の墓(称名寺境内）の骨壷に使われていた龍泉窯の酒会壷と瓜二つのものがあるが，同様の壷は，『国朝名臣事略』にもとりあげられたクビライの重臣，かの史天沢一族の墓からも出土しているのである。しかもその墳墓からは同時に，象嵌を施した高麗青磁の梅瓶も出土しており，ぎゃくに大元ウルスに高麗の工芸品が輸入されていたことも判明している[23]。史天沢，金沢顕時の墓の青磁と同形の壷は，トプカプ・サライにも収蔵されており，東へ，西へと輸出されていたことがわかる。

典籍のみならず，青磁についても，国を越えて愛玩されていたのである。新安の沈没船から，青花は発見されなかったが，いつ将来されたかは別として，大元時代の青花の破片が各地の遺蹟で見つかっている。沖縄のグスクでもつぎつぎと発見されている。

青花の販売ルートは，いっぽうで水陸路から陝西，河南，湖広，甘粛，大同，遼東，腹裏に展開され，イスラーム方面に大量に輸出された。官窯のとくに優れた作品はフレグ・ウルスのモンゴル王族，貴族に贈呈，珍重され[24]，モスクで用いるタイルも，景徳鎮で作成，輸出された[25]。さらに，イタリアのマジョリカ焼きの中には，モンゴル時代の青花のデザインの影響を受けた作品が認められる[26]。世界中が，後世にいたるまでモンゴルの文化，美術の影響を受けつづけた。

ひるがえって，景徳鎮のみならず，よりはやく金末以降，河北の磁州窯でも，「元曲」の中で演じられる物語の一場面あるいは散曲の小令を書いた陶器の枕が盛んに作られていた。河北は，山西に次いで，金から大元時代にかけて廟祀で盛んに演じられた演劇の戯台の遺構，戯曲関連の文物が多く報告，発現される地域である。『西遊記』の一場面を描いた「唐僧取経図枕」［口絵 18］のほか，『三国志』や二十四孝の図柄もある[27]。磁州窰の枕は，宋，金代の詩人の愛好するところであった。じじつ，金代の俳優をかたどった俑をはじめとする戯曲文物と同じく，中流階級と見られるひとびとの墓から見つかることが多い。そうした枕が，じつは京都にも輸入されていた。京都市考古資料館には，その動かぬ証拠がある[28)]。

じゅうらい，慶元から運ばれた江南の品々，販売ルートに注目があつまりがちであるが，とうじの日本においては，慶元を中継していたにせよ，華北からも相当に影響を受けていた可能性がある。出版についても，この時代の文化の全容を明らかにするためには，資料は少ないものの，ほとんどなにもわかっていない遼金代からの華北の実態をこんご出来るだけ探っていく必要があろう。

典籍は，鼠や紙魚に食べられたり，焼けたり，水中で溶けたり，考古資料として発見される場合には王侯貴族の墓からということが多く，流通のルートを知ることは必ずしも容易ではない。そうしたさいに，けっして朽ちることのない陶磁器のような文物が手がかりとなるにちがいない。

朱元璋の息子たち

青花人物梅瓶のなかでも有名な“蕭何月下に韓信を追う”場面を描くそれは，1959年に南京市の黔寧王沐英（1345-1392）の墓から発見された[29)]。沐英は朱元璋の養子で建国の功臣である。息子の沐晟（1368-1439）の墓にも青花梅瓶（人物は描かれていない）が副葬品として納められていた。

いっぽう，同じ功臣でも養子でない徐達の家族墓には，金細工や玉製品，白磁，青磁の壷等が副葬されているものの，青花磁器はまったくない[30)]。

1970年には，山東の鄒県九龍山において，魯荒王朱檀（1370-1389）[31)]の墓の発掘調査が行われた。朱檀は洪武帝朱元璋の第十子。“文を好み士を礼し，詩歌を善くした”とされる。副葬品として“天風海涛”の銘のある唐琴のほか，『書集伝輯録纂註』，『増入音註括例始末胡文定公春秋伝』，『四書集註』，『少微家塾点校附音通鑑節要』，『黄氏補千家註紀年杜工部詩史』，『朱文公校昌黎先生文集』の六種の元刊本があった。いずれも，大元ウルス治下，科挙を目指す子弟に必須とされた書籍であり，建安の書体をもつ小字本であった。さらに，墓には宋人の画に高宗の題を附す「葵花蛺蝶紈扇」，銭選の「白蓮図」も納められていた。両方の絵ともに，大元ウルスの朝廷で活躍した文人馮子振と趙巌の跋が附され，かの魯国大長公主サンガラギの旧蔵であることを示す「皇姉図書」の印が捺されていた[32]。この事実は，内府本の雑劇のテキストや『永楽大典』に収められた平話，戯文のテキストの出処を暗示させるものでもある。

洪武帝の第十六子寧献王朱権（1378-1448）[33]は，第II部第8章で述べたように，経・史・子・集部全てにわたって大元時代の著作を剽窃して自身を万能の人のように見せかけ虚栄心を満足させようとした人物であったが，それは同時にかれがさまざまな元刊本を収集していたことを示す。また，『太和正音譜』や『瓊林雅韻』を著わし，『原始秘書』巻一〇に「俳優技芸門」を設けて雑劇，院本について解説したり，自身，散曲や雑劇をものしたのも，じつはモンゴル王族，高官，道士たちの趣味を身に纏おうとしたからにほかならなかった（少しあとの周憲王朱有燉――朱元璋の第五子朱橚の子も雑劇作家として知られる）。かれは，朱檀と同様，琴を愛し，『臞仙神奇秘譜』や絵入りの『太音大全集』も刊行した。1958年に江西の新建県で朱権の墓が発掘されたが，棺の傍には，かれが生前使用していたと思われる七弦の琴が置かれていた。そのほかの副葬品としては，金銀の細工，玉器，こまごまとした日用品等があり，白磁の壷もいくつかあった。ただし，青花はなかった。遺体周辺の布，木製品等は朽ち果ててしまっているので，書画，典籍が添えられていたとしても，同じ運命をたどったものと思われる[34]。

朱元璋の後，帝位を簒奪したかれの息子永楽帝朱棣の陵墓，長陵（明十三陵の一）については，現時点では発掘報告がないため，副葬品の詳細を知ることができない。しかし，かれがクビライと大元ウルスに憧憬の念をもち，模倣につとめたことは，北京への遷都，鄭和率いる大艦隊のイラン，アフリカ東海岸への派遣など様々な政策から，容易に見て取れる。国家出版についても，それなりに熱心であった。そのひとつ永楽十七年（1417）に朱棣が刊行・頒布した『感応歌曲』（別名『仏曲』。台湾国家図書館蔵）は，南北の曲調による一大散曲集で挿絵も附されている（『双槐歳鈔』巻三「聖孝瑞応」によると，永楽五年二月，ティベット仏教僧カルマパが南京の霊谷寺で開催したかの大法会［口絵11］に感動して永楽帝自らが編纂したものだという。1956年，甘粛は張掖の大仏寺で大小二種のテキストが見つかったほか，2004年，東京古典会の古典籍オークションに出陳されたことは，記憶にあたらしい)。そもそも，『永楽大典』がモンゴル語直訳体で書かれた大元ウルスの主だった政書を，雅文漢文，吏牘体に改めることなくそのまま収録したこと自体，モンゴル朝廷のシステムに学ぼうとする姿勢の現われともいえた[35)]。同じ永楽年間（1403-1424），正一教の四十三代天師張宇初は“疎浅凡近多し”としてモンゴル語直訳体を嫌い，アユルバルワダ時代の勅撰『龍虎山志』をまったく別の書に編修しなおしてしまっていたし[36)]，明の地方志も，モンゴル時代の直訳体を記録するものは皆無に近い。それからすれば，永楽帝の見識は褒められていいのだろう。少なくとも，我々は今，その恩恵を受けているわけである。

東アジア史の大元

13・14世紀，中国大陸において空前の繁栄を誇った大元大モンゴル国，そしてそのあとの明の時代，朝鮮半島の高麗王朝・李朝時代は，日本でいえば鎌倉・室町時代から江戸時代，すなわち中世と近世にあたり，それぞれの国の文化の基層を形成した時代である。三国全体（かりに東アジアと呼ぶ）を通史，断代の両面から捉えようとする試みは，いつの時代，いずれの国を中心に扱うにしてもつねに必須の命題であり，とりわけこの時期はそれ以前に比して格段に史資料が増えるにもかかわらず，これまでほとんど為されてこなかった。

本書において，言語，書物，挿絵および地図を切り口として考証してきたように，14世紀，大元ウルス朝廷の主導によって展開した朱子学を中心とする学校教育，出版活動は，かつてない活況を呈していた。出版に値すると考えられる書物は，各地の政府の出先の文化機関に申請し，念入りな審査を経て良書であることが認められれば，国家が官費によって，主に江南の儒学や書院において綿密な校勘を施し刊行するというシステムが整備された。ヴィジュアルにすべてをわかりやすく解析，把握しようとするモンゴル時代特有の精神によって，絵入りの出版物があらゆる分野において見られるようになった。多言語社会の中で翻訳，行政・外交文書のシステムが整えられ，国を越えてゆるやかな繋がり，前代にくらべて遥かに広い視野が生まれた。後世への貢献は多大なはず，であった。のみならず，大元ウルスを起点として，朝鮮半島，日本にまたがる「ヒト」と「モノ」の流通によって，政治，経済，文化，思想，学術，言語，芸術，技術など多領域にわたる広範な交流が生まれていたこともわかってきた。

大元ウルス治下において刊行された書物の一部は，ほぼ時をおかずして，高麗，日本の外交使節，留学僧が持ち帰り，本国の王侯，貴族，家臣たちに珍重され，さらにそれを忠実に覆刻した高麗版，五山版が現れ，中国文化の受容，伝播，各国独自の出版事業，学術活動の活性化に大きな役割を果たした。北条氏や後醍醐天皇，足利幕府も，このモンゴル時代の「モノ」と「知」の中心的な享受者であり，それを貪欲に吸収，咀嚼して，いくばくか変容させていったのである。

大元ウルスの朱子学をはじめとする学術，出版活動の流れは，のちの明，李朝の出版文化の興隆にも多大な影響を及ぼした。日本では，明，朝鮮との外交を一手に担当した五山僧とそのパトロンが書籍の輸入，文化の普及を相変わらず先導しつづけたが，江戸時代の出版文化の隆盛の最大直接の要因は，豊臣秀吉の二度の朝鮮出兵によってもたらされた朝鮮版と活版技術であった。ただし，その朝鮮版の多くは，元刊本の覆刻，重刊，もしくは元刊本を覆刻・重刊した明刊本のさらなる覆刻，重刊本だった。

ぎゃくにいえば，高麗の後半から李朝にかけて，鎌倉から室町，江戸時代にかけて，あるいは明・清時代を理解しようとするとき，流行の最先端，モデルを示した大元ウルスに遡り，その実態と向き合わねばならないことになる。大元ウルスは，文字通り大元（おおもと）なのである。

大元ウルスの事象を理解してはじめて朝鮮半島，日本のことがわかる場合がある。朝鮮半島，日本の資料からはじめてわかる大元ウルスの事象もある。朝鮮の『高麗史』，『実録』，文集は，他者の目で，大陸の情勢を観察，記録しており，時には，遼から清にいたる王朝内では忌避して書かれなかった事実をも平然と記す。保存の天才ともいえる日本には，中国とは比較にならないレヴェルで，多種多彩の詳細且つ膨大な典籍，なまの文書等が全国津々浦々にあり，美術資料や寺観等の建築物等もきわめて良好な状態でのこっている。三つの異なる資料源を絶えず往復することによって，新しく見えてくる世界は，きっとあるだろう。領域を越え，視点を変えて見ることによって，資料の発掘や再発見，歴史の再構築がなされていくにちがいない[37)]。朱子学は，その重要な鍵のひとつであり，こんごもより詳細に研究を進めていく必要がある。

いっぽうで，日本において，朱元璋の息子たちの墳墓と同じ状況，すなわちモンゴル時代の典籍，陶磁器，書画が一堂に会する場所はといえば，それは北条氏や後醍醐天皇，足利幕府のブレインの五山僧たちが住持した古刹，菩提寺にほかならない。禅寺を中心にヒトとモノを追っていくことは，確実に国を越えて各王朝の一部分を解き明かすことになるだろう。

京都五山のひとつ建仁寺の両足院は，宋元刊本，五山版，抄物の宝庫として知られている。大元末期から明の洪武期にかけて活躍し，文化史，日中交流の上でもキー・パーソンとなる禅宗界の大物，季潭宗泐の詩文集，『全室藁』（抄本），『全室外集』（五山版），そして『全室和尚語録』（抄本）の三点セットがすべて見られるのもここだけである。

この両足院蔵書の第一六八函の中に『仏観禅師語録』という一冊の抄本（1449-50年の筆写）がある。夢窓国師に師事し，建仁寺，建長寺等の住持をつとめた青山慈永（1302-1369）の語録だが，巻末に驚くべき記事が載る。大日本国管領天下都大元帥亜相大夫征夷大将軍仁山大居士，すなわち足利尊氏が，文和三年（1354），母の十三回忌の法要のために自ら『大般若経』十巻を書写し，さらには天下の禅，律，教の僧侶に命じて『毘盧大蔵尊経』五〇四八巻を筆写させ，三昼夜にわたって水陸大会を開催し，諸山の僧侶と大小の官員が参加したというのである。しかもそのときの記録に跋文を附すのは，大元ウルスの四明の僧侶で，足利直義の招聘をうけて観応二年（1351）に来日，鎌倉，京都五山の住持を歴任した東陵永璵。

尊氏が書写したという『大般若経』は，近江の園城寺をはじめ数カ所に現存することが知られ，またそれによって水陸大会が母の十三回忌の供養のみならず後醍醐天皇の霊を慰め，元弘以降の戦死者の孤魂を祭るためでもあったことがわかる。足利尊氏の肩書の“管領”という用語自体，大元ウルスからしきりに用いられるようになったものだが，なによりも水陸大会の開催とそのありようは，カアン，カトンを筆頭に，モンゴル諸王，貴族によって為されたそれを彷彿とさせるものであった。足利尊氏は確実に大元ウルスの流行の享受者だったのである。

ちなみに，東陵永璵は，同じ渡来僧である大鑑禅師清拙正澄の塔銘を撰したことでも知られるが，じつは清拙正澄の舎利塔銘は，即休契了（しっきゅうかいりょう）もものしていた。大元ウルスの江南の禅宗を統べた大龍翔集慶寺の住持笑隠大訢や曇芳守忠と親しかったかれは，いっぽうで愚中周及や性海霊見等，日本の留学僧を通じて足利尊氏の倒幕や，後醍醐天皇の建武の新政等，同時代の日本の動きについてそれなりの知識を仕入れていた。第五五函の抄本『即休了和尚拾遺集』は，そのことを露骨にものがたる。

また，両足院には，1560年頃の抄本ではあるが，『安山清規』という書物ものこっている。娑婆世界南瞻部州大日本国西海道筑前州博多津扶桑最初禅窟安国山聖福禅寺，すなわち1195年に栄西によって創建された禅寺の日常の様々な規範を述べたもので，『禅林備用清規』や『勅修百丈清規』といった大元ウルスの清規を参考に作られており，義堂周信の作製した「近来京中禅院諸件」と題する五山以下の僧侶の規範の箇条書きも収録されている。建仁寺は，1202年に，同じく栄西によって創建されたので，その繋がりで，『安山清規』が蔵されているのだろう。聖福禅寺の歴代の檀那として月命日に勤行がなされるのは，匠作大尹平公時房（北条時房），最勝園寺殿（北条貞時），等持院殿（足利尊氏），澄清寺殿（大内持世）。“祝延今上皇帝聖寿万安”（モンゴル命令文の一節と同じである）のための回向，読経において，いわゆる蒙古襲来のときの寺社の祈願と同様，禅寺であるにもかかわらず，伊勢天照大神宮，八幡大菩薩，宗像大菩薩，白山妙理大権現，彦山三所大権現，住吉大明神，櫛田大明神，祇園牛頭大王等，日本国内のありとあらゆる神霊に祈る[38]。そして，なんと大明国祠山正順昭顕威徳聖烈大帝や南方火徳星君等，道教の神々にまで祈願するのであった。祠山帝は大元ウルス治下でも加封され，ひとびとの信仰を集めた神様で[39]，日本の窓口の博多にそれが流入してきたのは，不思議ではない。しかし，結局道教は日本の文化には馴染まず浸透しなかった。

さいきん，木田章義が述べたように，現在残されている五山版，古活字版，抄物，つまりモノを中心にみた場合，中国文化をそっくり模倣している姿，それを日本的に変えたとしてもあくまで中国典籍の理解という形でしか日本文化が発達してこなかったように見える，という欠点が確かにある[40]。受容の過程で棄てられた部分にも注意を致すこと，その両方の作業を経てはじめて，それぞれの国の文化の基調，固有の精神の理解に繋がっていくのだろう。

やるべきことは，限りなくある。我々は，モンゴル時代の研究の，まだほんの小さな一歩を踏み出したに過ぎないのである。

註

1) 『元史』巻二三「武宗本紀」[至大三年春正月乙未]，『銭遵王読書敏求記校証』巻二中

2) 『元史』巻二三「武宗本紀」[至大二年十一月乙酉]，[至大二年十二月乙卯]，[至大三年冬十月丙午]，『丹墀独対』巻一二「廟制」，『永楽大典』巻五四五三，五四五五，二〇四二四所引の『太常集礼』，『経世大典』参照。

3) 『秘書監志』巻五「秘書庫」，『道園類稿』巻四七「曽巽初墓誌銘」，『申斎劉先生文集』巻一「送曽巽初進郊祀鹵簿図序」，『丹墀独対』巻一三「鹵簿」，『内閣蔵書目録』巻一"郊祀礼十冊全　鈔本。元廬陵布衣曽巽申編"。なお，中国歴史博物館が所蔵する「大駕鹵簿図」には"□[延]祐五年八月日翰林国史院編修官臣曽巽申纂進"とあり，同図がとうじの朝廷の儀礼を知る上でまたとない画像資料になることはまちがいない。詳細は，別の機会に論じたい。『中国美術全集　絵画編5　元代絵画』(文物出版社　1989年　98-99頁)，『中国絵画全集9　元3』(文物出版社・浙江人民美術出版社　1999年　114-115頁)，『中国古代書画図目㈠』(文物出版社　1986年　221-225頁)

4) 『鶴田蒋先生文集』(静嘉堂文庫蔵抄本) 巻一「送楊坊鎮巡検序」によると，建陽の県境にあり物流の拠点であった楊坊鎮の天寿節の祭りでも，"至大間，有曳剌馬丹者来巡検，追集郷都工商技芸、僧道俳優、虎豹獅象之群、神鬼傀儡之状，至百有余隊。窮山深谷，扶老携幼，咸来観睹，充溢闐闠，塡塞衢路。如是者累日而後散。若元夕則自入日已後，鼇山綵棚，闘試灯火，星毬月殿，燦爛緯煌，奇葩異卉，珍禽瑞獣，紛紅駭緑，交翔而列峙，簫鼓沸天，歌舞隘路，百戯優雅，達曙未已，名都壮邑，或不能過也。数十年来，閭井蕭条，人民凋耗，居貨者弗積，行貨者弗留，無復曩時之繁盛矣"といい，至正十二年の兵乱を待つまでもなく，至大年間を頂点として衰退していったことを伝える。

5) 江南は，たとえば温州の戯文にしても，『癸辛雑識』別集上「祖傑」に見えるように，『武林旧事』の著者で，大徳二年まで活躍した周密が，楊璉真迦の一党の非道を世間に告発する目的で一編をものしている。受容層を再検討する必要がある。また，至正八年になされた御史台の上奏によれば，「御史台系列の官庁に任命された官員，吏人たちは，楽人を用いてはならない」という禁令をカアンより受けていた。しかし，じっさいには，かれらは，役所以外，すなわち自宅や別の場所を設けて宴会を開いて楽人を呼び遊んでいた。そこで，天寿節，正月元旦，詔書の迎接を除き，いかなる場合であっても，

"做雑劇並弾唱的婦人"を呼んではならない，という聖旨がくだったという。『南台備要』(『永楽大典』巻二六一〇)「風憲不用楽人」参照。

6) 『馬石田文集』巻九「李氏寿桂堂詩序」"我国家都全燕之地，以恒碣為城，以瀚海為隍，生聚教養，十百於古。万方之珍怪貨宝、璆琳、琅玕、珊瑚、珠璣、翡翠、玳瑁、象犀之品，江南呉越之髹漆、刻鏤，荊楚之金錫，斉魯之柔纊纖縞，崑崙波斯之童奴，冀之名馬，皆焜煌可喜，馳人心神"。

7) 『元典章』巻五七「刑部一九」《雑禁》【禁弄蛇虫，唱貨郎】によると，至元十二年に，琵琶詞を唱う貨郎児のもとには，ひとびとが群れ集まり，事件を惹き起こす可能性があるので，大都の市街で演ずることが禁じられた。元刊本ではなく明人の改訂を経ているが，『元曲選』の「風雨像生貨郎旦雑劇」の第四折に，「韓元帥偸営劫寨」「漢司馬陳言献策」「巫娥雲雨楚陽台」「梁山伯祝英台」等の詞話の演目が見える。

8) 高明は，時代設定を至正年間とする艷情小説『灯草和尚』(別名『灯花夢』,『風流浪史』)の作者に偽託される（いずれも「元臨安高則誠著，明呉周求虹評」という）。じっさいには，清初の作とされ，蒙古車王府の子弟書の中にもこのプロットが取り入れられた。あまりに猥褻すぎるというので，近年の評点本では公開されていないが，この書の石印本が清末民国初期の粤東，上海などで出回ったこと，類似の書『浪史』の時代設定が至治年間であること等は興味深い事実である。いずれにしても白話小説とモンゴル王族，文人の繋がりを象徴する逸話ではあろう。

9) たとえば，広平路の総管であった鄭衎は，父の鄭抧の墓志の裏面に，生前こよなく愛した先祖の鄭居中以来代々家に伝わる李公麟の「擁馬酔帰図」を刻ませた。陳瑞農・趙振華「鄭抧墓志与李公麟《擁馬酔帰図》」(『東南文化』1997-1 総第 115 期）参照。

10) 杉山正明「モンゴルによる世界史の時代――元代中国へのまなざし」(『世界美術大全集　東洋編 7　元』小学館　1999 年)

11) 『秋澗先生大全文集』巻八〇「中堂事記」

12) 『秋澗先生大全文集』附録

13) 『四庫全書総目提要』巻六一史部「伝記類存目三」《忠伝四巻『永楽大典』本》。"不著撰人名氏。載於『永楽大典』中，題云国朝忠伝，則明初所作也。其書集古今事蹟，各絵図繫説，語皆鄙俚，似委巷演義之流。殆明太祖時官書歟"。『永楽大典』巻四八五，四八六参照。

14) 陳階晋「元代工芸に見る人物故事図」(『世界美術大全集　東洋編 7　元』小学館　1999 年)，同「故事的真相与意涵――試談元代工芸作品中的幾件人物図像与当時文学之間的関連(上)(下)」(『故宮文物月刊』220・221　2001 年　22-34，60-83 頁)

15) 『元典章』巻七「官制・職品」【内外文武職品】正九品の匠職に局副使のひとつとして浮梁磁が挙げられる。『元典章』巻八「官制・選格」【循行選法体例】○雑例に"一．管匠官，上於管匠官内流転。一百戸之上大使，正九品，両考升従八。二百戸之上副使，従八品，三考升従七。三百戸之上大使，正七品，両考升従六"とあることからすると，景徳鎮の職工はせいぜい百戸程度だったと考えられる。

16) 劉良佑「元代晩期的雑劇人物青花器」(『故宮文物月刊』64　1983 年)，胡聞・雷秋江「広西横県出土元青花人物故事図缶」(『文物』1993-11)，姚永春「元代青花竹節人物紋

高足杯」(『中国文物報』2003 年 3 月 26 日)

17) 至正六年頃の時価で，大宝瓶は花銀一両に等しいという。しかも景徳鎮産ではなさそうである。杉村勇造「元公牘零拾」(『服部先生古稀祝賀記念論文集』(1936 年　571–583 頁)

18) 楊后礼・万良田「江西豊城県発現元代紀年青花釉里紅瓷器」(『文物』1981–11　72–74 頁，図版壹)

19) 豊城県歴史文物陳列室「江西豊城発現元影青彫塑戯台瓷枕」(『文物』1984–8　82–83 頁，図版参)

20) 叶佩蘭『元代瓷器』(九洲図書出版社　1998 年)，張英『元代青花与五彩磁器』(遼寧画報出版社　2000 年)

21) 陳永志「発掘集寧路元代城址及第三批窖蔵」(『文物天地』2003–3　22–33 頁)，同「集寧路古城発掘集市窖蔵几千件瓷器嚢括元代九大名窑」(『文物天地』2003–3　16–25 頁)，同「内蒙古集寧路元代古城出土的青花磁器」(『文物天地』2004–12　10–15 頁)，『内蒙古集寧路古城遺址出土磁器』(文物出版社　2004 年)

22)『日本人が好んだ中国陶磁』(京都国立博物館　1991 年)

23) 河北省文物研究所「石家庄市后太保元代史氏墓群発掘簡報」(『文物』1996–9　47–57 頁)

24) 杉山正明『世界の歴史⑨　大モンゴルの時代』(中央公論社　1997 年)

25) 弓場紀知「青花タイルが紡ぐ夢　中国の磚をめぐって」(『中国のタイル』INAX BOOKLET　1994 年)

26)『イタリア・ファエンツァ国際陶芸博物館所蔵マジョリカ名陶展』(日本経済新聞社 2001 年)

27) 張子英『磁州窑瓷器』(人民美術出版社　2000 年)，邯鄲市博物館・磁県博物館合編『磁州窑古瓷』(陝西人民美術出版社　2004 年)

28)『はるかなる陶磁の海路展』(朝日新聞社　1993 年)

29) 南京市文物保管委員会「南京江寧県明沐晟墓清理簡報」(『考古』1960–9　31–35 頁，図版捌) によれば，沐英の墓は盗掘されており副葬品は発見されなかったという。のちに南京博物院が副葬品のいくつかを買い戻したとのことで，当該品はそのひとつと推測される。沐英の子，晟の墓からも大元時代の青花梅瓶が出土している。

30) 南京市博物館「明中山王徐達家族墓」(『文物』1993–2　63–76 頁)

31)『明史』巻一〇九「諸王列伝」“魯荒王檀，太祖第十子。洪武三年生。生両月而封。十八年就藩兗州。好文礼士，善詩歌。餌金石薬，毒発傷目。帝悪之。二十二年薨。諡曰荒”。

32) 山東省博物館「発掘明朱檀墓紀実」(『文物』1972–5　25–36 頁，図版貳・参・肆) 参照。なお，2005 年 2 月 3 日の『江南時報』によれば，山東省博物館に収蔵されていた出土品が，三十五年の歳月を経て，南京孝陵梅花山において一挙公開されたとの由である。王莉『中華文明伝真 9　明　興与衰的契機』(商務印書館　2004 年　46–47 頁) に出土品の一部がカラー写真で掲載されている。また，出土品のうち書画については，劉九庵「朱檀墓出土画巻的几个問題」(『文物』1972–8　64–65 頁) を，刊本については，

崔巍「明魯荒王墓出土元刊古籍略説」(『文物』1983-12　84-87 頁) も参照。

33) 現時点では，姚品文『朱権研究』(江西高校出版社　1993 年) が比較的詳細でよく纏まった研究書である。

34)「江西新建明朱権墓発掘」(『考古』1962-4　202-205 頁)

35) 編纂官にそれだけの能力と暇がなかっただけかもしれないが，蘇州，松江の水患の対策にあたっても，モンゴル語直訳体の命令文書を大量に含む任仁発の『水利集』を部下に研究させている。『明太宗実録』巻二二「永楽元年八月丁未」“初，上以蘇松水患為憂，遣都察院右僉都御史俞士吉，齎水利集，賜戸部尚書夏原吉，使講求拯治之法”。

36) 拙稿「『龍虎山志』からみたモンゴル命令文の世界——正一教教団研究序説」(『東洋史研究』63-2　2004 年 9 月　97-99 頁)

37) 最近の研究でいえば，韓国慶北大学校の張東翼が，2003 年，京都大学文学部図書館において『異国出契』なる書物の中に，1269 年に北条時宗が受け取った蒙古国中書省の牒，高麗慶尚道按察使の牒が，ほぼ原文書のままに忠実に写しとられ収録されていることを発見した。この二通の牒文は，じゅうらいの日本史の学界では現存しないと考えられ，『本朝文集』などの関連資料から内容を推測するにとどまっていた。その全文がはじめて明らかとなり，やがては北条政権の瓦解，足利氏の台頭を齎す蒙古襲来の研究，モンゴル時代の文書の研究に重要な一頁を加えたのである。張東翼『日本古中世高麗資料研究』(SNU PRESS　2004 年)，同「1269 年『大蒙古国』中書省の牒と日本側の対応」(『史学雑誌』114-8　2005 年 8 月　59-80 頁)

38) じっさい，正月初めの祈祷文の中に“若得法輪再転，蒙古皆瓦解氷消”という一節がみえる。

39) 拙稿「徽州文書新探——『新安忠烈廟神紀実』より」(『東方学報 (京都)』77　2005 年 3 月　222-160 頁) 参照。

40) 木田章義「『学び』の世界」(『静脩』39-4　2003 年 3 月　1-5 頁)

あとがき

銭大昕をはじめとする清朝考証学の世界に最初に触れたのは，学部四回生のとき，平田昌司先生の段玉裁『説文解字註』の演習を介してだった。毎週，翻訳はもとより，そこに典拠・傍証として引用されている書物を逐一探し出し，かれらの思考のあとを辿る訓練が宿題として課せられていた。一種，宝探しゲームみたいなところもあり，連日文学部の書庫にはいり，わくわくしながら棚にならぶ背表紙の文字を眺め，結果として経・史・子・集四部の代表的な中国古典，『皇清経解』，『通志堂経解』等の叢書は，ひととおりめくることになった。提出したレポートは，毎回，丁寧に細かいところまで添削されていた。さらに皆のレポートの出来具合を踏まえて，詳細な解説，補足がなされた。同様に，翌年は段玉裁『古文尚書撰異』，その翌年は王念孫『読書雑志』とつづいた。まがりなりにも漢文資料が扱えるようになったのは，この三年間の“古今伝授”のような演習のおかげである。演習の眼目であっただろう肝心の上古音や文字学には歯がたたなかったが，かれらの博引旁証ぶり，緻密な考証方法，簡潔明解な記述には魅せられた。

卒論，修論は平話，雑劇を扱った。しかし，清朝考証学のような方法でそれらを研究することは，資料的に限界があり不可能に見えた。行き詰るのは時間の問題だった。修論を書きながらもどうしたものかと思い悩んでいた。そうした折，なにかのご縁であったのだろうか，やはり学部四回生のときに英書講読を受講させていただいた東洋史の杉山正明先生より，次年度から開講されるという『元典章』の演習にお誘いいただいた。NHK が嘗て放映した有名な「大モンゴル」を見たことがなかった私は，そのときまで杉山先生のご専門が「モンゴル時代」ということも知らず，講読に使用されていたテキストの内容から宋代か金代史の研究者だろうと勝手に思い込んでいた。それどころか，高校時代に学んだ断片的な世界史も既に記憶のかなた，“クリルタイ”が何かさえ覚えていない始末であった。まったく暢気な話だが，直訳体の資料には興味があり，春，無事に博士課程に進級するとさっそく演習の末席に加えていただいた。

演習は衝撃の連続だった。まず，とうじの価値観が露骨に示される改行抬頭の施された元刊本。しかも政書であるがゆえに，一行一行，ときには一字の違いにも中央政権の意図が色濃く反映されている。予習をしていても，同じ事件を別の角度から記述する一次資料が次から次へと面白いように出てくる。かつての清朝考証学の演習が重なった。また，毎回披瀝される，いわゆる中華の世界とはかけはなれたペルシア語資料の話も新鮮だった。半年もたつころには，モンゴル時代に首までどっぷりつかり，とうとうその年提出した研究報告書では，“中国文学”はどこかに行ってしまった。この時代の資料が少ないというのは，不勉強ゆえの思い込みだったと，痛感した。『孝経直解』や「加封孔子詔」の抱える問題点に気づいたのも，この時期から博士二回生の春にかけてのことである。

そして，とりあえず，論文を二本書きあげ，秋から中国の南京大学に留学した。朝から晩まで時間はたっぷりあり，『元史』や『永楽大典』といった基本書を頭から読み直す絶好の機会となった。また，さいわい近くに南京図書館の善本書室があり，丁丙の旧蔵書や旧北平図書館のマイクロフィルムを見に通うことができた。現物を見ることの大切さ，楽しさは，ここで知った。ちょうど，中国では全国の図書館が所蔵する古籍善本の整理が国家事業として進行中で，それらを影印した大型の叢書も刊行されはじめていた。閲覧，複写をめぐる状況は格段に好転しており，北京や上海にも元刊本を中心に数回，調べに行ったが，とくに，北京大学図書館で念願の『直説通略』を閲覧し，そしてそれが予想通りの書物であったときの，全身総毛立つようなぞくぞくする興奮は，いまもなお忘れがたい。正直なところ，その感覚をいつか再び味わうために研究をつづけている，といったほうがいいだろう。この二年の滞在期間に鉄道，バスに乗って中国各地のモンゴル時代の遺蹟や遺物を見てまわったが，大都（今の北京）ではなく，金陵——江南行台のあった集慶路，のち明初期の首都となった南京——を拠点に動いたことは，期せずしてのち江南に重点を置くことになる私の研究に役立った。

帰国後も，日本学術振興会特別研究員，そして現在奉職している京都大学人文科学研究所の助手に採用されたおかげで，研究に割ける時間，身近で即座に使用できる資料の量など，環境面では圧倒的に恵まれた。共同研究の場におけるさまざまな分野の先生方との出会いも有り難かった。また，なによりも資料調査は，国内外の各所蔵機関の方々のご厚意があってのことだった。さらに，毎年，文部科学省科学研究費補助金（特別研究員奨励費，若手研究B）の交付も受けた。私費だけでは，とてもここまで資料収集，研究は進めてこられなかっただろう。ふりかえってみれば，とにかくラッキーであったというよりほかない。

本書のもとになったのは，2002年3月8日に京都大学大学院文学研究科に提出した博士学位請求論文『大元ウルスの言語資料と出版文化』である。主査は平田先生，副査のひとりは杉山先生であったから，感慨もとりわけ深かった。そのご，名古屋大学出版会の橘宗吾氏より出版のお誘いがあり，本書を刊行するはこびとなった。なお，第3章の附編，および第8章，第9章は，博士論文提出後に執筆したものである。序章，終章，第1章を除いて，基本的には各章ともほぼ初出論文のままであるが，全体の体例の統一のため，また，あらたに収集しえた資料，データをふまえて，微修正，加筆を施した部分がある。橘氏には，本書が少しでも読みやすくなるよう，全体の構成から校正上の問題にいたるまで，諸般に亙りご助言いただいた。特記して感謝の意を表したい。

『元典章』の講読に参加しはじめてからちょうど10年。モンゴル時代に取り組む研究者の端くれとしては，本書の刊行を一つの区切り，起点として，やはり銭大昕以来多くの人が試みそして挫折してきた『元史』の改訂，再編纂を少しでも進めていきたいものである。

さいごにこの場をかりてあえて一言。ここ数年，モンゴル時代に関する論文数は激増し，「活況を呈している」との評価も見られる。しかし，冷静にみれば，じっさいには銭大昕の著述はもとより1930–50年代の中国，日本両国の堅実な研究から何歩も後退している例が目に付く。新資料の奔流，検索版電子テキストの登場という状況の下で，目新しさや利便性に依存するあまり，かえって読解，分析，根本資料の把握が不十分，疎かになっているのではないだろうか。全体像を把握しようとする姿勢，逆に資料そのものをまずモノとして直視し，その政治的，文化的背景，刊行，立石の経緯に留意する姿勢は，ともに希薄な感が否めない。資料の切り口や論の展開等に独自性が見出しがたい研究もある。未解決の問題は山ほどあるのに，流行を追い，同じ分野に群がり同じように分析しても，モンゴル時代史の研究全般からみれば，あまり建設的とはいえまい。また，典籍や拓本，考古・美術資料といったモノを扱う上での素養，作法，モラルの欠如がしばしば見られることも気になるところである。具体的には，無許可のデジタル写真撮影，各所蔵機関で焼き付けたテキスト・画像資料のインターネット上での公開，複写物の再配布，フィールド調査による遺物の無断採集等が挙げられる。その結果，国内外を問わず所蔵機関における現物の閲覧，ときには複写申請自体が困難になりつつある。他人に迷惑をかける行為は慎みたい。同様に，学会，研究会，演習等のレジュメや口頭報告の取り扱いにもエチケットがあることは忘れてはならない。本人の論文として公刊される前に，諒承なしに発表に引用したり，国内外の関連研究者への送付，情報提供が行われ，さらには別人の論著として公刊されるという不愉快な事例もしばしば目の当たりにし，また仄聞するところである。こうした行為を国際的な学術交流として容認，評価する土壌にあっては，学問の向上，発展などありえない。研究者としての矜持は，まずは史資料のとり扱い，プライオリティの尊重において発揮されるべきものだろう。個々が厳正な態度を以って処することが望まれる。

2005 年 10 月

著　　者

【付記】本書の刊行にあたっては，日本学術振興会より平成 17 年度科学研究費補助金（研究成果公開促進費）の交付を受けた。関係各位に深く御礼申し上げたい。

初出一覧

第 1 章

- 「『孝経直解』の挿絵をめぐって」『東方学』95　1998 年 1 月　79-93 頁
- 「『孝経直解』の出版とその時代」『中国文学報』56　1998 年 4 月　20-57 頁

第 2 章

- 「鄭鎮孫と『直説通略』(上)(下)」『中国文学報』58・59　1999 年 4 月・10 月　46-74，99-132 頁

第 3 章

- 「モンゴル朝廷と『三国志』」『日本中国学会報』53　2001 年 10 月　165-179 頁
- 「花関索と楊文広」『汲古』46　2004 年 12 月　36-41 頁

第 4 章

- 「モンゴルが遺した『翻訳』言語――旧本『老乞大』の発見によせて (上) (下)」『内陸アジア言語の研究』XVIII・XIX　2003 年 8 月・2004 年 7 月　53-96 頁，157-209 頁

第 5 章

- 「大徳十一年『加封孔子制誥』をめぐる諸問題」『中国――社会と文化』14　1999 年 6 月　135-154 頁

第 6 章

- 「『廟学典礼』箚記」『東方学』104　2002 年 7 月　50-63 頁

第 7 章

- 「程復心『四書章図』出版始末攷――大元ウルス治下における江南文人の保挙」『内陸アジア言語の研究』XVI　2001 年 9 月　71-122 頁＋図版 6 葉

第 8 章

- 「『対策』の対策――大元ウルス治下における科挙と出版」木田章義編『古典学の現在』V　文部科学省科学研究費補助金特定領域研究「古典学の再構築」2003 年 1 月　5-126 頁

第 9 章

- 「『混一疆理歴代国都之図』への道――14 世紀四明地方の『知』の行方」藤井譲

治・杉山正明・金田章裕編『絵図・地図からみた世界像』京都大学大学院文学研究科 21 世紀 COE プログラム「グローバル化時代の多元的人文学の拠点形成」「15・16 ・17 世紀成立の絵図・地図と世界観」2004 年 3 月　3-130 頁

・「釈清濬二則」『15・16・17 世紀成立の絵図・地図と世界観　NEWS　LETTER』No. 8　2004 年 10 月　14 頁

・「「『混一疆理歴代国都之図』への道」拾遺」『15・16・17 世紀成立の絵図・地図と世界観　NEWS LETTER』No. 9　2004 年 12 月　2-4 頁

人名索引

あ 行

か　行

さ　行

た　行

な　行

は　行

ま　行

や　行

ら 行

わ　行

図書索引

あ 行

か　行

さ　行

た　行

な　行

は　行

ま　行

や　行

ら　行

わ　行

《著者略歴》

宮　紀子（みや　のりこ）

1972年生　徳島県出身
1999年　京都大学大学院文学研究科（中国語学中国文学）博士課程単位取得退学
2009年　日本学術振興会賞，日本学士院学術奨励賞を受賞
現　在　京都大学人文科学研究所助教，博士（文学）
著　書　『モンゴル帝国が生んだ世界図』（日本経済新聞出版社，2007年）
　　　　『モンゴル時代の「知」の東西』（上下巻，名古屋大学出版会，2018年，
　　　　パジュ・ブック・アワード著作賞受賞）他

モンゴル時代の出版文化

2006年1月10日　初版第1刷発行
2022年4月30日　初版第2刷発行

定価はカバーに
表示しています

著　者　宮　紀子
発行者　西澤泰彦

発行所　一般財団法人　名古屋大学出版会
〒464-0814　名古屋市千種区不老町1名古屋大学構内
電話(052)781-5027 / FAX(052)781-0697

Printed in Japan
印刷・製本　亜細亜印刷㈱
ISBN978-4-8158-0526-5
乱丁・落丁はお取替えいたします。